中華大藏經 續編 177

漢傳撰著部（一） 第三册

中華書局

第一七七册目録

大乘義章卷第十

遠法師撰

淨法聚因法中，此卷有十二門。三歸義。三學義。三聚戒義。三種律儀義。止觀捨義。三慧義。三種般若義。三智義。三量智義。同相三道義。別相三道義。三種住義。

三歸義，三門分別。釋名，一。所歸，二。能歸，三。

第一釋名。言三歸者，歸投依伏，故曰歸依。歸投之相，如子歸父。依伏之義，如民依王，女性[一]依勇[二]。歸依不同，隨境説三，所謂歸佛、歸法、歸僧。依佛爲師，故曰歸佛。憑法爲藥，故稱歸法。依僧爲友，故名歸僧。問曰：何故偏歸此三。以此三種畢竟歸處，能令衆生出離生死，稱涅槃故。名義如是。

第二門中，別明所歸三寶境界。三寶義中，三門分別，一釋其名，二辨體相，三明次第。

先釋其名。所言佛者，外國正音，名爲佛陀，此云覺者。覺行成人，故名覺者。又人有覺亦名覺者。覺有兩義，一覺察名覺，二覺悟名覺。言覺察者，對煩惱障，煩惱侵害，事等如賊，唯聖覺知，不爲其害，其猶世人覺知有賊，賊無能爲，彼亦如是，故名爲覺。言覺悟者，對於智障，無明昏寢，事等如睡，唯聖獨悟，不爲覆障，如睡得寤，故名爲覺。所對無明，有其二種：一、迷理無明，對除彼故，覺法實性，故名爲覺。二、迷事無明，對除彼故，覺知一切善、惡、無記三聚之法，故名爲覺。《地持論》中同此後義。所言法者，外國正音名爲達摩，亦名曇無，本是一音，傳之別耳。此翻名法。法義不同，汎釋有二：一、自體名法。如《成實》説，所謂一切善、惡、無記三聚法等。二、軌則名法。辨彰行儀，能爲心軌，故名爲法。今三寶中所論法者，軌則名法。所言僧者，外國正音名曰僧伽，此方翻譯名和合衆。行德不乖，名之爲和。和者非一，目之爲衆。此之三種何故名寶。世間瓊瑶，人之所珍，此之三種，世所尊重，如世珍奇，是故就喻説之爲寶。《寶性論》中釋有六義，喻之如寶：一、希有義。如世寶物，貧窮之人所不能得，三寶如是，薄福衆生有[三]千萬世不能值遇，故名爲寶。二、離垢義。如世真寶，體無瑕穢，三寶如是，絶離諸漏，故名爲寶。三、勢力義。如世珍寶，除貧去毒，有大勢力，三寶如是，具不可思議六神通力，故説爲寶。四、莊嚴義。如世珍寶，能嚴身首，令身殊好，三寶如是，能嚴行人清淨法身，故説爲寶。五、最勝義。如世寶璧，諸物中勝，三寶如是，一切世中最爲殊勝，故名爲寶。六、不改義。如世真金，燒打磨等，不能變改，三寶如是，不爲世間八法所改，故名爲寶。名義如是。此二[四]門竟。

次辨體相。於中略以三義辨之，一明別相，二明一體，三明住持。

初別相者，經中亦名階梯三寶。三寶寶[五]相異，故稱別相。隨化階降，佛上法中，僧爲冣下，故曰階梯。此階梯中，先明佛寶。佛寶之中，四門分別，一定其體性，二開合辨相，三明佛德，四論修成。

體性如何。經論不同，所説各異。毗曇法中，宣説如來[六]五陰之外無別假人，但就陰上假施人名，如貧賤人名字富貴，彼亦如是。以無人故，不説假人以爲佛寶。就五陰中唯取方便修成善陰，以爲佛寶。報無記者非是佛寶，以無記法非可重故。修成德中無漏功德，是其佛寶。有漏則非，有漏功德非可重故。是故彼宗諸佛如來相好之形、種智之德，斯非佛寶。相從説佛，亦得無漏[七]。《成實》法中，唯説假人以爲佛寶。五陰實德於彼宗中法寶所收，故非佛寶。何故彼宗唯説假人以爲佛法〔八〕。彼宗説有假名行人，爲師匠益，要在假中，故説假人以爲佛寶。大乘法中佛寶門攝，假人實德悉是佛寶。體性如是。

次開合辨相。開合不定，總唯一佛。或分爲二，二有兩門：一、生身法身開分二種，父母所生相好之形是其生身，方便修起戒定慧等五分功德名爲法身。二、真應分二。或分爲三，三有兩門：一、法報與應，開分三種，如《地論》説。二、化應及真，開分三種，如《金光明·三身品》説。或分爲四，四有兩門：一、開真合應，以論四種。是義云何。如《楞伽》説，一應化佛，二功德佛，三智慧佛，四如如佛。四中初一猶上應身，中二報身，報隨福智故分二種，後一法身。二、真應並開，以論四種。是義云何。真中有二，謂法與報，應中亦二，謂應與化。土宫所生，示修成佛，名之爲應。依此應身，起餘化佛。如《涅槃》説，釋迦如來化無量佛，受諸大衆所奉供等。或分爲十，如《華嚴》説。廣則無量。此等如後三佛章中具廣分別。辨相如是。

次明佛德。佛德雖衆，要唯二種，一菩提行德，二涅槃斷德。行德不同，一門説三，所謂般若、解脱、法身。依於般若而起解脱，依於解脱而成法身，此三同時，義别先後。涅槃斷德亦有三種，一煩惱斷，二者業斷，三苦報斷。先斷煩惱，斷煩惱故業結不生，業不生故苦報隨已。由前般若故斷煩惱，與〔九〕前解脱故能離業，與前法身故能滅苦。佛德如是。

次辨修成。《大智論》中明迦旃延子所説修成，略有四階：第一，先於三阿僧祇劫修習有漏六波羅蜜，不習無漏，不斷諸結，以其不修無漏道故，則無習種、性種、解行，乃至法雲聖位差别。第二度於三阿僧祇，次於百劫，修相好業，是中亦未修習無漏斷諸結縛。第三分中，於寂後身修世八禪，以有漏道，攀上厭下，斷除欲界至無所有一切煩惱，修習初禪，斷欲界結，修第二禪，斷初禪結，乃至修習非想地定，斷無所有結。非想一地，無上可攀，等智不除。第四分中，修習諦觀，觀察四諦十六聖行，斷非想[一〇]地見修兩惑。有十六心斷除見惑，謂見道中八忍八智。有十八心斷除修惑，謂非想地九無礙道九解脱道。通合具有三十四心。前三十三心，因中無漏，非佛寶體。第三十四，果中無漏，是佛寶體。毗曇宗中在[一一]依此義。《成實》與前大同少異。所言同者，四分所修與前相似。所言異者，第三分中所修八禪但能伏結，不能永斷，第四分中所修聖道總觀諦空，通斷三界見修兩惑，不同前宗別觀諦有局斷非想。又復《成實》多心斷結，不局在於三十四心。大乘法中行修多階，略有十五：一、於外凡善趣位中修習淨信。第二，次於習種位中修習正解。第三，次於性種位中修起諸行。第四，次於解行位中修學如觀。第五，次於歡喜地中發諸大願。第六，次於離垢地中修習淨戒。第七，次於明地之中修治淨定。第八，次於炎地之中修道品觀。第九，次於難勝地中修習諦觀。第十，次於現前地中觀十二緣。第十一，遠行地中修習一切菩提分法。第十二，不動地中修淨佛土。第十三，善慧地中修習一切説法智行。第十四，法雲地中修習一切殊勝智行。第十五，十地窮終，起金剛定，斷絶微障，入佛境界。當知於此一一位中皆具修習法界行德。隨其説相，且分如是。佛寶門竟。

次辨法寶。於中義別，略有五種，一者教法，二者理法，三助道法，四涅槃法，五化用法。

言教法者，所謂三藏十二部經。是義如前教法聚中具廣分別。

言理法者，毗曇法中宣説四諦十六聖行以爲[一二]法寶。十六聖行如四諦章具廣分別。《成實》法中宣説四諦名用假有，爲世諦理，無性之空，爲真諦理。大乘所論，義別有三，一就相明理，二相實相對，三唯就實。言就相者，就彼妄情所起法中以辨道理，離相之有爲世諦理，無性之空、無相之空爲真諦理。所言相實相對辨者，以彼妄情所起之相，對於真實如來藏情[一三]，以辨道理。諸[一四]相之法，相有體無，爲世諦理。如來藏法[一五]，相界[一六]體有，爲真諦理。此義如彼《地經》中說，觀十二緣法，相有體無，名世諦觀，觀察真心，名第一義觀。言就實者，直就真實如來藏中，作用法門，爲世諦理，寂滅如門，爲真諦理。理法如是。

助道法者，所謂三十七道品法。毗曇法中，釋有兩義，一者壞緣，二不壞緣。言壞緣者，不分三寶境界差別，故名壞緣。於此門中，一切三乘無漏功德，悉皆是其助道法寶。不壞緣者，三寶境界各別建立，名不壞緣。於此門中，唯取菩薩無漏功德及緣覺人因果無漏爲助道法。自餘聲聞無漏功德判爲僧寶，如來無漏判爲佛寶，是故不說爲助道法。問曰：助道，道諦所收。前理法中已說道諦，何須更說助道法乎。釋言：道中有理有事。通者是理，別者是事。戒、定、智慧，三十七品，行數差別，是其事道。道、如、跡、乘，四義寬[一七]通，是其理道。前理法中所明道諦，是其理道。今此所論助道法者，其事道。事理不同，故復明之。《成實》法中宣說假人爲佛僧，故一切三乘無漏功德悉是助法。大乘亦說一切三乘無漏功德爲助道法。

涅槃法者，毗曇唯說煩惱業思盡滅之處，數滅無爲，爲涅槃法。問曰：涅槃體是滅諦，前理法中已說滅竟，何勞更說涅槃法寶。釋言：滅中亦有理事，別名爲事，通名爲理。約對所除煩惱業等品數上下以論其滅，滅則階降優劣不等，名爲事滅。盡、止、妙、出，四義寬通，是其理滅。前理法中所論滅諦是其理滅，今涅槃法是其事滅。事理不同，故復須論。《成實》法中，煩惱業苦盡無之處，同爲涅槃。大乘法中，涅槃有二，一數滅無爲爲涅槃法，二以善有萬德圓寂爲涅槃法。

化用法者，如經中說，行於非道，通達佛道，如是法也。法寶如是。

次辨僧寶。於中三門，一定體性，二明僧德，三開合辨相。

體性如何。毗曇法中，僧有二種：一、應供僧。與[一八]盡諸佛，下極至於凡夫沙彌，通皆是僧。是故檀越僧次請人，不簡上下，皆悉得於供僧之福。二、三歸僧。唯局分處聲聞人中四果四向以爲僧寶。凡夫比丘無德可歸，是以不取。緣覺出世，無和合衆，不成僧故，所以不論。彼論之中，住聖菩薩單一無侶，只不成僧，所以不說。佛是佛寶，亦非僧故，所以不論[一九]。又聲聞中唯取五陰實法功德爲僧寶體，不說假人以爲僧寶，彼宗陰外無別人故。又實德中無漏功德是其僧寶，有漏則非，有漏功德不可量[二〇]故。《成實》法中，僧亦有二：一、應供僧，與前相似。二、三歸僧，大況同前，唯取聲聞，不取餘衆。所言異者，聲聞人中四果四向假名行人爲僧寶體，不取實德，受供生福唯假人故。大乘法[二一]中，通而論之，三乘聖衆皆是僧寶。簡大異小，唯取菩薩。於中以彼僧門統[二二]攝，假人實德悉是僧寶[二三]。體性辨之麤爾。

次辨僧德。德有二種，一行二斷。行德雖衆，要唯三種，一福二智，三者淨報。施、戒、忍辱是其福分，般若智分，精進與禪亦福亦智。依精進故，修施戒忍、四無量等是其福分，起聞思修是其智分。依禪，修習四無量等是其福分，修陰界入巧便觀等是其智分。菩薩成就八種勝報，是其報也。此等具辨如《地持》論。行德如是。斷德亦三，所謂煩惱、業、苦斷也。由前智故，能斷煩惱。由前福故，能絕諸業。由前淨報，能離諸苦。僧德如是。

次辨其相。於中開合廣略不定，總唯一僧。或分爲二，二有三門：一、就位分二，如《涅槃》說。一假名僧，在見道前，未有僧德，假與僧名，名假名僧。二真實僧，位分在於見諦已上，內有實德，名真實僧。二、約境分二，謂事和僧及理和僧。隨有行同，名事和僧。證理行同，名理和僧。三、隨法分二，謂羯磨僧及法輪僧。法別不同，汎有三種：一、出家衆法，所謂百一羯磨之事，出家比丘四人已上同崇此法，名出家衆法。二、出家行法，所謂四依，唯出家者所共行之，名出家行法。何等爲四。所謂比丘盡形乞食，著糞掃衣，於樹下坐，有病服[二四]陳棄藥，是爲四依。問曰：比丘所受禁戒亦是出家同行之法，何故不名出家行法，偏名四依爲出家行法。釋言：戒是比丘正體，故廢不論。四依乃是比丘所行，是以偏說。三、道俗通法，所謂坐禪學問[二五]、觀空斷結，如是一切，道俗同行，名爲通法。三中前二是其僧法，約之辨僧。於彼出家衆法之中，四人已上同一界內，許崇不乖，名羯磨僧。於彼出家行法之中，十方同遵，和而不乖，名法輪僧。有人說言，四諦之理是其法輪，會諦之解是法輪僧。然彼四諦乃是道俗通行法輪，非是出家僧行法輪。若言四諦是僧法輪，調達破僧，說相似語，應說五諦，以何義故宣說五邪。以說五邪爲相似故，明知不用四諦之理爲僧法輪。又復若以會諦之解爲法輪僧者，在家之中三果聖人皆會諦理，應名爲僧。彼非僧故，明知不以會諦之解爲法輪僧。以此推之，但令出家，莫問凡聖，同遵四依，情無乖異，斯皆名爲法輪僧也。

法輪、無漏，同異難分。今此具以四句辨之。何等爲四：一、法輪僧而非無漏，謂出家凡夫，同遵四依故名法輪，未有聖德故非無漏。二、是無漏非法輪僧，謂在家聖人，內具聖德故名無漏，不行四依故非法輪[二六]。三、亦法輪亦是無漏，謂出家聖人，遵行四依故是法輪，內具聖德故是無漏。四、非法輪亦非無漏，謂在家凡夫，不行四依故非法輪，不具聖德故非無漏。以此推之，法輪無漏同異可知。不得唯將無漏聖人爲法輪僧。

上來三門，分僧爲二。或說爲三，於中亦有三門差別。一、就位分三：一假名僧，位在外凡，未有僧德，假與僧名，名假名僧。二清淨僧，位在內凡。三真實僧，位[二七]在[二八]於見道已上，內具真德，名真實僧。二、就行分三。如《涅槃》說，

七

一破戒雜〔二九〕，身雖持戒，慎過不犯，與破戒者共同止住，布薩説戒。二愚癡僧，身雖持戒，見己弟子有所毁犯〔三〇〕令悔除，見他有犯，嘿而不舉。三清淨僧，身自持戒，見他有犯，能教悔除。三、大小分三，所謂聲聞、緣覺、菩薩，故經説言僧者謂三乘衆。

或〔三一〕分爲四。如《大智論》説：一、啞羊僧，愚癡比丘不識善惡、持犯輕重，隨所犯罪，不知悔除，猶如啞羊至死無聲，名啞羊僧。二、無羞僧，雖知善惡、持犯輕重，内無羞耻，故爲毁犯。三、有羞僧，識知善惡、持犯輕重，内懷羞耻，慎過不犯。四、真實僧，内具聖德。

或分爲五。如《律毗婆沙》説，一、群〔三二〕僧，與前四中啞羊相似。二、無慚僧，與前四中無羞相似。三、別衆僧，身雖不犯，而不和〔三三〕布薩説戒。四、清淨僧，與前四中有羞相似。五者實僧，與前四中真實相似。

若復廣分，僧有無量。如毗曇中説十四賢聖，《成實》宣説二十七賢。大乘宣説四十一賢，謂十住、十行、十迴向、十地，合爲四十，加一等覺，爲四十一。若通十信，有五十一。此等如後賢聖章中具廣分別。別相三寶，辨之麤爾。

一體如何。於中分別，略有三義：一、就事論。就佛體上，隨義分三。覺照義邊，説爲佛寶。即彼佛德有可軌義，説爲法寶。違諍過盡，説爲僧寶。此三義別，德體不殊，故名一體。此之一義，毗曇、《成實》、大乘法中，齊具有之，不偏在大。二、就破相空理，以論三寶。事別，體空不殊，故名一體，亦名同體。此義唯在大乘。《成實》、毗曇中無，彼宗不説法體空故。三、就實論一。三寶雖別，莫不皆用實性爲體。於中辨一，隨法不定。若就涅槃開出三寶，三寶即於一大涅槃名爲一體。故《涅槃》云，我示三事，即是涅槃。若就性以辨三寶，三寶即性，名爲一體。故《涅槃》云，如是三歸，即是我性。若就真諦以分三寶，三寶即真，名爲一體。故《涅槃》云，若能觀三寶常住同真諦，我性佛性，無二無別。若就常義以辨三寶，三寶即常，名爲一體。故經説言，我曾不説佛法聖僧有〔三四〕差別相，唯説常恒，無有變易，無差別耳。若就不二法門以辨三，三即不二，名爲一體。故經説言，佛即是法，法即是僧。此之三寶，皆無爲相，與虛空等，一切法亦爾。斯乃一切法界門中，隨就何法辨一皆爾。一體三寶，辨之既然，諸法一體，類皆像此。此之一義，局在大乘，小乘中無。一體三寶，辨之略爾。

住持云何。小乘法中，泥龕木像爲住持佛，綿素竹帛爲住持法，凡夫比丘爲住持僧。大乘法中，住持有二，一化用住持，二實德住持。言化用者，諸佛如來大悲作用充遍法界，八相成道，爲住持佛。隨化所説一切言教，流布益世，爲住持法。依法化成三乘諸衆，爲住持僧。又復諸佛雖得涅槃，畢竟不捨菩薩所行，常能示爲菩薩、聲聞、緣覺等事，此亦名爲住持僧也。化用如是。實德云何。諸佛如來法身常住〔三五〕，爲住持佛。法性常恒，爲住持法。諸佛如來僧行不滅，爲住持僧。住持三寶，辨之麤爾。此二門竟。

次明三寶次第之義。次第不同，略有三義：一、起化次第。先明佛寶，次法，後僧。佛爲化本，故先明之。由佛起説，故次明法。依法化成三乘諸衆，故後明僧。二、化益次第。亦先明佛，次法，後僧。先明佛寶，化人生信。次明法寶，變〔三六〕化人生解。後明僧寶〔三七〕，人起行化，令供養起福行故，又欲令人學之行故。三、修成次第。或先明法，次僧，後佛。或先明僧，次法，後佛。於中若以行儀爲法，先明法寶，依法集起僧寶行德，故次明僧，僧行成滿，便得成佛，故後明佛。若就〔三八〕理性以爲法寶，則先明僧，僧行成就，便證法性，故次明法，證法窮滿，便得成佛，故後明佛。所歸如是。

第三門中，別明能歸。於中有二，一明歸相，二辨歸意。歸相有三：一、異相歸依。於彼外相佛法僧中歸心憑伏，名異相歸依。二、自德歸依。於已當來三寶功德，起心歸趣，名自德歸依。三、自實歸依。如《涅槃》説，三歸真性，是已自實，捨彼異求，歸趣自實三寶真性，名自實歸依。歸相如是。此一門竟。次辨歸意。異相歸依所爲有三：一、爲離故歸，爲離生死惡不善故。故《涅槃》云，一切衆生怖畏生死惡獵師故，求三歸依。《勝鬘》亦云，聲聞、辟支以怖畏故，依於如來。二、爲得故歸，爲得樂果及善法故。三、爲益故歸，爲依三寶，利衆生故。自德歸依所爲亦三：一、爲離故歸，爲離生死惡不善故。二、爲得故歸，爲得出世涅槃道故。三、爲益故歸，爲求當果利衆生故。自實歸依所爲亦三：一、爲離故歸，爲離妄想虚僞法故。二、爲得故歸，爲證自性如實法故。三、爲益故歸，爲證自實化衆生故。三歸之義，厥趣矗爾。

三學義，五門分別。釋名定體，一。辨相，二。就位分別，三。攝相，四。對治，五。

第一釋名。言三學者：一、增戒學。二、增定學，亦名增意，亦名增心。三、增慧學。防禁名戒。澄靜曰定，定神内靜，故復名意，亦名爲心。觀達稱慧。於此三中，進習稱學，學進名增。名義如此。問曰：是中何者學體。釋言：能學以心爲體。若論所學，用戒定慧三行爲體。問曰：三學爲局在因，爲當通果。釋言：學心局唯在因。若果德窮滿，學心(三九)停息，是故經中説爲無學。若論所學，通因及果。問曰：果中名爲無學，云何學行得通於果。釋言：果中戒定慧等由學成故，亦名爲學。此一門竟。

次辨其相。戒學有三，一律儀戒，二攝善戒，三攝生戒。此義如後三聚戒中具廣分別。定學亦三：一、有覺有(四〇)觀，謂欲界定，乃至初禪。問曰：欲界云何有定。釋言：毗曇不説有定。大乘、《成實》宣説有之。《成實》宣説如電三昧爲欲界定。龍樹宣説，欲界禪定，佛常住之，不如電光暫現而已。二、無覺有觀，謂中間禪。於初禪上，二禪定下，除覺，觀在，名爲中間。三、無覺無觀，謂三禪上，乃至非想。此義如後八禪章中具廣分別。慧學有三，謂聞、思、修。此義如下三慧章中具廣分別。此二門竟。

次就位論。三學之行，遍通始終，隨位真[四一]分，非無差異。異相如何。小乘法中，義別有二。一義，別五停心觀總別念處未得定水，修習戒品。煖等四心已得定水，修習定品。見諦已上，修習慧品。第二義者，從内凡漸學戒行，至初果時戒行成就。以得聖戒，不可壞故，斯陀行去，漸學定品，至那含果定行成就。那含金剛漸學慧品，究竟盡智無生智時慧行成就。大乘法中，亦有兩義。一義，分別淨行賢首修習戒品，種性解行修習定品，初地已上同修慧品。第二義者，始從世間漸學戒行，至離垢地戒行成就，故《地持》中無[四二]離垢地爲增上戒住。三地方便漸學定品，住三地時定行成就，故《地持》中宣説三地爲增上意住，《相續解脱》説爲定淨。四地已上漸學慧品，至第十地慧行成就，故彼《相續解脱經》中説四地上以爲慧淨。位分如是。此三門竟。

次辨攝相。於中有四，第一約對五分法身共相收攝，二約六波羅蜜共相收攝，三對七淨共相收攝，四約八正共相收攝。

五分身者，所謂戒身、定身、慧身、解脱身、解脱知見身，是其五也。此五種中，戒身是戒，定身是定，慧及知見是其慧學。解脱一身，諸論不同。若依《成實》，體是慧學，彼宗解脱體是慧故。若依毗曇，是解脱數，非是慧性，三學不收，相從爲論，攝入定慧，多與定慧相隨逐故。

次約六度共相收攝。依如《地持》，前之四度是其戒學。故彼論言，衆具、自性、眷屬、無盡，是其戒學。施爲戒因，故名衆具。戒度正是戒學之體，故名自性。忍行助戒，名爲眷屬。由精進故，持戒不斷，故名無盡。禪是定學，般若慧學。問曰：精進通策諸行，何故偏攝在於戒中。釋言：實通。今以三義偏攝在戒。一、戒學在初，故攝戒中。二、戒學中攝行度多，廣多之行由精進成，故入戒中。云何廣多。戒中具有三聚法故，又復具攝施、戒、忍故。三、以戒學散心修行，未與法合，難成易敗，必須精進佐助方立，故攝戒中。若依《相續解脱經》中，前三戒學，禪是定學，般若慧學，精進之行通策三學。問曰：何故五分身中慧分多身，六度之中戒分多度。釋言：諸行開合不同，各隨一義。或時開戒，如六度等。或復開定，自所未見，道理應有。或復開慧，如五分身及七淨等。或時俱開，如八正等。或復俱合，如三學等。法門不同，寧可一類[三]。

約七淨共相收攝。何者七淨。一者戒淨，二者定淨，三者見淨，四度疑淨，五道非道淨，六者行淨，七行斷智淨。此義如[四]後七淨章中具廣分別。於此七中，初一戒學，第二定學，後五慧學。

次約八正共相收攝。言八正者，所謂正語、正業、正命、正念、正定、正思惟、正見、正精進。於此八中，正語、正業、正命是其戒學，正念、正定是其定學，正思惟、正見是其慧學，精進一種通策三學。問曰：戒中正語、正業、正命何別。釋有三義：一、離瞋癡所起口業名爲正語，離於瞋癡所起身業名爲正業，離貪所起身口二業名爲正命。第二義者，離貪瞋癡所起口業名爲正語，離貪瞋癡所起身業名爲正業，離四邪命名爲正命。言四邪者，如龍樹説，一、下口食，所謂種殖，合和湯藥，治生販賣而自活命。二、仰口食，所謂占相，日月星宿、變現等事，以求活命。三、方口食，所謂諂媚豪勢貴勝、通致使命、巧言求利，以自活命。四、維口食，所謂習學種種呪術、卜筭吉凶、諸妓藝等，以自養活。離如是等，名爲正命。第三義者，如龍樹説，以無漏慧離口四過，名爲正語。用此聖慧離身三惡，名爲正業。離五邪命，名爲正命。言五邪者，一、爲利養，詐現奇特異人之相。二、自説功德。三、占相吉凶，爲人宣説。四者，高聲現其威嚴，令人畏敬，以取其利。五、自説己所得利養，以動人心。五中前一是其身邪，後四口邪。離此五邪，名爲正命。問曰：定中正念、正定，有何差別。釋言：此二始終爲異。求定方便，守心住緣，名爲正念。終成不動，説爲正定。又問：慧中正思、正見，有何差別。釋言：此亦始終爲異。始心分别，名正思惟。終成而[四五]徹，説爲正見。攝相如是。此四門竟。

次辨對治。於中有三：一、約業煩惱使性辨治。戒防業非，定除起惑，慧斷使性。二、對五蓋辨治。如《成實》説，貪嗔二蓋能發惡業，障於戒品，戒能治之。掉[四六]悔障定，定能治之。睡眠障慧，慧能治之。疑返[四七]障三品，三學返治。三、對六弊以辨對治。慳貪破戒，瞋恚懈怠能障於戒，戒能治之。亂意障定，定能治之。愚癡障慧[四八]，慧能治之。三學之義。辨之略爾。

三聚戒，七門分別。釋名，一。論體，二。辨相，三。制立，四。大小不同，五。大小異，六。總別，七。

第一釋名。三聚戒者，謂律儀戒、攝善法戒、攝衆生戒。律儀戒者，亦一名離戒，亦名正受戒。言律儀者，制惡之法，説名爲律，行依律戒，故號律儀。又復内調亦名爲律，外應真則目之爲儀。防禁名戒，即此律儀離殺等過，故名離戒。正是所愛離過之行，是故亦名正受戒也。攝善戒者，順益名善，要期納善，故名曰攝，離不攝過，名攝善戒。攝生戒者，論中亦名利衆生戒，衆多生死名曰衆生，要期攝化，故名云攝，離不攝過，名攝衆生戒。以道益物，是故亦名利衆生戒也。此三積聚，故云三聚。名義如是。

第二門中，辨其體[四九]。於中有五：一、受持分別。二、作無作分別。三、止作分別。四、自利利他二行分別。五、色心等三聚分別。

言受持者，戒行雖衆，要唯受持。始心納法，名之爲受，順法防護，説以爲持。受則對法要期而成，持則對緣防護以成。此受與持，以種分別，開之爲四。所言四者，受中有二，一從他正受，二善淨心受。持中亦二，一專精護持，二犯已能悔。故《地持》中説此四德爲自性戒。此一門竟。

次就有作無作分別。先就受行明作無作，後就持行明作無作。受行云何。受中之作，汎有二種：一、因中作。求戒方便，禮師乞戒，如是等也。二、果中[五〇]所[五一]謂最後一刹那頃與法相應身等業。因中之作是作戒因，非作戒體。果中之作，是作戒體。作戒如是。次辨無作。准依毗曇，文[五二]中無作，略有三分：一、因時無作，謂前因中有作善邊無作隨生。二、果時無作，謂彼最後一刹那項有作善邊無作隨生。是中即有二種無作同時俱起，一作俱無作，二要期無作。隨彼作戒無作善生，名爲作俱。由前要期無作法生，名爲要期。問曰：此二同在一時，何故偏名一爲作俱。釋言：作俱親從作生，故名作俱。要期無作由前方便要期力起，爲是義故不名作俱。此是第二果時無作。三、果後無作，於作戒後無作續生，名爲果後。此三時中，因時無作一向非是無作戒體。果時果後，有是有非，作俱則非，要期則是。准依《成實》，亦有三分，一者因時，二者果時，三者果後。因時果後，與前相似。果時無作，大況同前。所言異者，毗曇法中作俱、要期二種並生，此宗果時唯有作俱，要期未有，以未有故唯名作俱。此云何知，如《成實》説。彼論問曰：齊何當名無作。論自釋言：第二念項名爲無作。彼名作戒，以爲初念故名無作，爲第二念。此三時中，因及果時一向非是無作戒體，果後所發要期無作是無作戒。大乘戒中，亦有三分，一者因時，二者果時，三者果後。因及果後，與小乘同。果時無作，文無定判，或同毗曇，或同《成實》。此三時中，因時無作，非無作戒。果時不定。若説果時單有作俱，非無作戒。若説果時二種並生，是則分取要期無作爲無作戒，作俱則非。果後亦爾，作俱則非，要期則是。受戒如是。

次就持戒明作無作。義釋有四：一、就行業明作無作。對緣防護，名爲作持。依作則有無作善生，名無作持。二、據行修始終分別。學戒之始，作意防護，名爲作持。修心純熟，任運離過，不假作意，名無作持。如杖轉輪，與杖相應名爲作轉，去杖自動名無作轉，此亦如是。三、就行位明作無作。一切凡夫習戒未成，通名作持。一切賢聖戒行成就，名無作持。故《涅槃》云：戒不具者，是人但有作戒，無無作戒。謂凡夫人但有方便始作之戒，無其終成無作戒也。四、約境界明作無作。從凡至佛，隨事離過，通名作持。證實捨過，名無作[五三]義。辨之麤爾。此二門竟。

次就止作二門分別。三聚別論，律儀是止，止諸惡故，餘二是作，作諸善故。三聚通論，一一之中皆有止作。律儀戒中防禁殺等，名之爲止。修習慈心、安穩心等對治殺果，修施治盜，修不淨觀對治邪行，如是一切，名之爲作。攝善戒中，離其懈怠不攝善過，名之爲止，修行六度，說之爲作。攝生戒中，離其獨善不化生過，名之爲止，修行四攝，饒益衆生，說之爲作。良以三聚皆止惡故，經說三聚通爲律儀。皆作善故，經中說爲善集諸善。此三門竟。

次就自利利他分別。行門有二：一、分相門。三聚戒中，前二自利，後一利他。二、助成門。三俱自行，三俱利他。自修三聚爲涅槃因，故通自利。修此三聚，爲得菩提，利益衆生，故皆利他。此四門竟。

次就色心非色心等三聚分別。依薩婆多，作無作戒一切是色，以是身口色業性故。相狀如何。謂受戒時最後一念身口調善，是其作色。此之作色，爲眼所行，眼見身口不作惡故。口之止業不可耳聞，以無聲故，於此作邊無作善生，名無作色。以此無作是其色業，從色法生，防禁色過，故說爲色。故《雜心》云：以作色故，無作亦色，其如樹動，影亦隨動。此無作色爲意所行，故論說言爲不可見無對色也。依曇無德，作戒唯色，亦以身口色業性故。然此宗中是假名色，爲意所行，非眼識見。正義如是。有人說言，依曇無德，作戒是其色心自性。若言作戒是色心性，何所依據。又〔五四〕若作戒是色心性，聲聞應受十善道戒，何故唯受七律儀戒。聲聞唯受七律儀故，明非心性。又若作戒是色心性，比丘二百五十戒中應有一戒獨防心過。無有一戒獨防心故，明非心性。問曰：若言聲聞戒法不防心過，何故律言汝以何心。釋言：彼遮成身口心，非謂制戒獨防心過。以如是義，當知作戒一向非心。無作戒者，於彼宗中非色非心。以非形礙，所以非色。又非慮知，所以非心。大乘法中，作戒是其色心自性，以大乘中作戒是其三業性故。問曰：若言大乘法中作戒是其色心性者，有人於彼受戒之時最後一念心想異緣，是人云何得具作戒。釋言：是人心雖異緣，由前方便要期力故，身口意上離惡義成，說〔五五〕爲作戒，故得具足。無作戒者，於大乘中是色心法，非色心事，以無作戒三業自性從三業生，防三業故說爲色心。是色心故，異曇無德，故《涅槃》云：我諸弟子不解我意，唱言如來說無作戒定非色心。彼無作戒雖復是其防色心法，不是〔五六〕其色心之事，是故說爲非色非心。非色心故，異薩婆多，故《涅槃》云：我諸弟子不解我意，唱言如來說無作戒一向是色。是義云何。薩婆多中說無作戒性四大造，體是障礙，故欲色界有，無色則無。大乘法中說無作戒真是制法，如結界處所有界法，是制法故不爲大造。非大造故，非定隔礙。不定礙故，身生四空，亦常成就。是以不同。以小乘中情見未融，或有聞說是色心法，便即取之以爲色事，或有聞說非色心事，便即取爲非色心法，故成諍論。大乘通取，所以非諍。體性如是。

第三，開合以辨其相。先就律儀開合辨相。律儀戒中開合不定，總之唯一，謂三聚中一律儀戒。

或分爲二，如《地持》說，一在家戒，二出家戒。

或分爲三，一別解脫戒，二者禪戒，三無漏

戒。別解脱者，戒是正順解脱之本，故名解脱。又免業羇，亦名解脱。此之解脱，不與定道二種心俱，故稱爲別。言禪戒者，經論亦名定共戒也。有人意謂，定心無過，名爲定戒。此事不然。蓋乃世俗禪定心邊戒法隨生，名爲禪戒。依《阿毗曇》，四根本禪、未來、中間六地禪邊戒法隨生，以爲禪戒。依《成實論》，八禪心邊及彼欲界電光定邊戒法隨生，以爲禪戒。無漏戒者，經論亦名道共戒也。有人意謂，道心無過即名道戒。此亦不然。蓋乃出世無漏道邊戒法隨生，名無漏戒。毗曇法中，依色界禪所起道邊戒法隨生，説爲道戒。《成實》、大乘，三界道邊戒法隨生，悉名道戒。又《成實》中更説三種，與前少異。何等爲三。一別解脱戒，二者禪戒，三者定戒。別解脱戒與前相似。欲界電光及色界定，此等心邊所生有漏及無漏戒，通名禪戒。無色定邊所生有漏及無漏戒，通名定戒。依如毗曇，戒是色故，四空無之。《成實》無作非色心故，四空定邊亦得有戒。

或分爲四，一別解脱戒，二者禪戒，三者道戒，四斷律儀戒。別解脱戒，義如上[五七]釋。餘三云何。四根本禪及中間禪所生禪戒，一切皆是禪戒所收。依未來禪所生禪戒，有是有非。是非如何。未來淨禪，唯治欲惡。彼治有二，一無礙道，二解脱道。解脱道邊所生禪戒，是四種中禪戒所收。無礙道邊所生禪戒，是斷律儀，非禪戒攝。以此親斷欲界不善，故與斷名。又依四禪及中間禪所生聖戒，一切皆是道戒所收。依未來禪所生聖戒，有是有非。是非如何。依未來禪所生聖道，能治三界九地之中所[五八]業煩惱，隨其地別，各有無礙、解脱之道。於此九地解脱道邊所生聖戒，一切皆是道戒所收。無礙道邊所生聖戒，義則不定。依治初禪乃至非想無礙道邊所生聖戒，是道戒收。對治欲界無礙道邊所生聖戒，是斷律儀，非道戒攝。以此親斷欲惡不善，故與斷名。問曰：欲界有其不善，能治道邊可有戒生。上二界中無其不善，能治道邊云何有戒。釋言：上界雖無不善而被[五九]對治，於欲界惡有持對治、遠分對治，故得有戒。

或分爲五，謂五支戒。如《涅槃》説，一、是根本業清淨戒，謂離根本不善[六〇]體。二、前後眷屬餘清淨戒，謂離業道前後方便。三、離諸惡覺覺清淨戒，謂離八種惡覺煩惱。八覺，如前煩惱聚中具廣分別。四、護持正念念清淨戒，謂修六念，助成戒行。言六念者，念佛、法、僧、戒、施及天。五、迴向阿耨多羅三藐三菩提戒，謂以戒行正向佛道。

或分爲六，所謂五戒、八戒、十戒、式叉摩那、比丘及尼，合爲六也。或分爲七，謂七衆戒。言七衆者，在家有二，謂優婆塞、優婆夷，出家有五，比丘、比丘尼、式叉摩那、沙彌、沙彌尼，合爲七也。或分爲十，謂十善戒。或復宣説二百五十五百戒等。廣則無量。律儀如是。

次就攝[六一]善開合辨相。此亦不定。總唯一善。或分爲二，唯福與智。或分爲三，謂聞、思、修。或分爲四，聞、思、修、證。或分爲五，如《地經》説，凡夫、二乘、菩薩及佛五品善法，即爲五也。或分爲六，謂六波羅蜜。又《地持》中，身口意善，加聞思修，亦爲六也。或分爲十，謂十善道。廣則無量。攝善如是。

次就攝生開合辨相。總之唯一。或分爲二，一離惡攝，二修善攝。或分爲三，謂身、口、意攝取衆生。或分爲四，謂四攝法攝化衆生。或分爲五，五品善法饒益衆生。或分爲六，如《勝鬘》説六波羅蜜攝取衆生。或分爲十，謂十善法饒益衆生。或分十一，如《地持》説，彼分四攝以爲十一。何者是乎。布施有四，一者財施，二者法施，三無畏施，四報恩施。愛語有一，通前爲五。利行有四：一、無德善人，方便隨順。二、有德善人，稱揚讚悦。三、易調惡人，隨過治罰。四、難調惡人，神力降伏。以此通前，合爲九也。同事有二，一苦事中同，二樂事中同。以此通前，合爲十一。廣則無量。辨相如是。

第四門中，制立三聚。於中略以五義制之：一、起因不同，故立三聚。言起因者，一厭有爲心，起律儀戒。二求菩提心，起攝善戒。三念衆生心，起攝生戒。二、依法不同，故立三聚。所言法者，一離惡法，依成律儀。二集善法，依成攝善。三化生法，依成攝生。三、離過[六二]不同，故立三聚。言離過者，初律儀戒，離煞等過。二攝善戒，離不攝善過。三攝衆生戒，離不攝生過。四、功能不同，故分三聚。言功能者，如《地持》說，初律儀戒，能令心住。二攝善戒，成就菩提。三攝衆生戒，成就衆生。以此不同，故分三聚。五、品分不同，故分三聚。律儀最下，以能離惡，未修善故。攝善爲次，依前離惡，能修善故[六三]。《地持論》言，攝善法戒於律儀爲上，攝生爲勝，依前自善，能利他故。故《地論》言，利益衆生戒，於攝善爲上。以此五義，故立三聚。

第五，明其大少不同。於中有五，一起因不同，二有無不同，三寬狹不同，四長短不同，五受捨不同。

言起因者，菩薩戒法三種心起，一厭有爲心，二求佛智心，三念衆生心。於中別分，爲厭有爲故受律儀，爲求佛智故受攝善，爲念衆生故受攝生。通則三聚一一皆從三種心起。爲厭有爲，必須離惡，故受律儀。爲求佛智，離惡方成，故受律儀。欲化衆生，離惡方能，故受律儀。又厭有爲，非善不治，故須攝善。爲求佛智，非善不成，故須攝善。爲念衆生，非善不救，故須攝善。又厭有爲，獨善不去，故須攝生。爲求佛智，獨善不到，故須攝生。爲念衆生，必須要期，以法攝取，故受攝生。菩薩如是。聲聞唯從厭有爲心而起律儀，是故不同。此一門竟。

次辨有無不同之義。大乘法中，猶[六四]具三聚。小乘法中，單受律儀，無餘二聚。以何義故無攝善戒。有人釋言，小乘之人意存息滅，故受律儀，無心起作，故無攝善。若爾，小乘三學之中，但應修戒，不習定、慧。彼存息滅，三學俱修。雖存息滅，三學俱修。雖存息滅[六五]，何妨攝善。以有斯妨，更爲異釋。夫爲制戒，流類均齊，故制律儀。云何均齊。莫問利鈍，同皆遠離五篇諸過，得聖果故。攝善不等，是故不制攝善法戒。云何不等。彼小乘中作善無量，無有一人具修諸善方得聖果，故曰不等。如八禪等隨修一二亦得聖果，不要具[六六]修。問曰：何故離惡均齊，集善不等。以惡易離，善難成故。問：縱使攝善不等，制攝善戒，竟有何過。釋言：不得。若小乘中制攝善戒，有人不能具修善法，便是犯戒，云何得聖。又不齊等，云何名制。爲是義故，無攝善戒。問曰：若言小乘法中無攝善戒，亦應小乘無有止犯作持之義。釋言：小乘雖不制於攝善法戒，非全不修，故有止犯作持之義。雖有作持，量分而爲，非制齊修，是故不名制攝善戒。又小乘中設有作持，助止之作，非攝善戒。問曰：若言小乘作善是助止法[六七]，三聚戒中無攝善者，三學之中亦應不立定慧兩學。釋言：三學隨義分別，非制法故，不得齊等。爲是義故，説有無過。以何義故無攝生戒。彼在獨度，不兼他故。有無如是。此二門竟。

次辨寬狹。小乘律儀，但防身口，不遮心過，名之爲狹。大乘律儀，通防三業，目之爲寬。云何得知小乘律儀但防身口，不遮心過。彼小乘中但説身口七善律儀以之爲戒，不説十善以爲戒故。故《成實》言，戒防身口，定慧防心。云何得知大乘之戒通防三業。如《地經》中説十善道爲律儀故。問曰：何故小乘法中單防身口，大乘法中通防三業。釋言：小乘一身求果，習道不久，心過難裁，非戒能制，要修定慧，方除心過，故[六八]戒不防心。大乘法中，多身求果，習道長久，堪裁意非，故戒防心。此三門竟。

次辨長短不同之義。小乘之戒，止在一形，不通異世，名之爲短。菩薩戒法，一受得已，若不退失菩提之心，及不增上起煩惱犯，盡未來際，畢竟不失，名之爲長。故《地持》云：菩薩無有捨身失律儀戒。何故如是。聲聞爲欲一形期果，受戒之時自誓要故[六九]，言盡形壽。一形已來，是彼要期分齊之限，故不失戒。一形已後，不復是彼要期之限，所以失戒。菩薩爲欲多身求果，受戒之時，自誓要期，盡未來際。盡未來際是彼要期分齊之限，故不失戒。此四門竟。

次辨受捨不同之義。先就受戒以明不同。受中有二，一就初受以明不同，二就重受以明不同。初受云何。小乘法中得戒有二，一者自得，二從他得。自得有三，一自然得，二上法得，三自誓得。言自然者，謂佛一人，於最後身初出家時，自然發得別解脱戒。不從師受，故曰自然。言上法者，或有沙彌及與俗人，修道證得無學聖果，證得如是增上法時，發得出家具足禁戒。從其所依，名上法得。言自誓者，如[七〇]大迦葉聞佛出世，自誓要期，佛爲我師，我爲弟子，於此言下，得發具足，名爲自誓。從他得中，差別有四：一者善來，有諸衆生上品利根，佛命善來，於我法中快修梵行，得盡苦源[七一]，即發具戒。二者三語，所以[七二]一切沙彌俗人及佛初出諸比丘等，師教三遍，歸依三寶，即便得戒。三者八敬，如大愛道比丘尼等，諸比丘僧遥宣敬儀，令其奉行，彼聞頂受，即發具足。四、羯磨得，僧數具足，和合作法，與受具戒，有五人、十人、二十人等。大乘法中亦有二種：一、從他受，唯對一師，不藉多人，因力强故。二、善淨心受，無如法人可從受時，於佛像前自受而得，此即是其自誓得也。問曰：大乘何故不説自然得戒。釋言：大乘説佛過去爲菩薩時先已成就別解脱戒，非最後身初出家時方始得故。何故不説上法得戒。義同自然，佛先成就，非最後身證上法時方得戒故。何故不説善來得戒。大乘戒廣，具緣三聚無盡之法，要期領納，方始得戒，直稱善來，攝戒不具，故闕不論。何故不説三語得戒。義同善來。何故不説八敬得戒。菩薩尊勝，不如尼衆常敬他故。何故不説羯磨得戒。菩薩受戒，唯從一師，不藉多人，不假和合作法與故。亦可菩薩從他受者，即是菩薩羯磨受矣。初受如是。

次就重受以明不同。如《地持》說，小乘法中犯重禁已，遇緣捨戒，後若重受，終不得戒，邊罪難故。菩薩不爾，犯重禁已，捨菩薩戒，後若重受，還復得戒。何故如是。菩薩法中有二緣故，重受得戒：一、多身求果，微善亦去，所以得戒。故《地持》中，若有善心，搆牛乳頃，亦得受戒。二、菩提心是廣大意，能滅重罪，是以得戒。小乘法中，有二種義，不得重受。一、現世求果，純善方得，若曾犯重，障難深極，爲是不得。二、小乘心劣，不滅重罪，故不得戒。

次就捨戒以明不同。聲聞法中，別解脱戒有四種捨：一、不用道捨。二、命終捨。三、斷善根捨，謂邪見人起大邪見，斷善根時，失律儀戒。四、二形生捨，所謂男女二形生時，失律儀戒。菩薩法中，別解脱戒有二種捨。如《地持》說：一、退菩提心，壞本故捨。二、增上煩惱犯波羅夷，過重故捨。此同聲聞斷善根捨。何故菩薩無不用道捨。釋言：聲聞受形俱法，是故不用道失出家戒，菩薩通受七衆法故，不用道不捨。何故菩薩無命終捨。此如前釋，聲聞受戒，要期一形，故命終捨，菩薩要期盡未來際，故不失戒。何故菩薩二形生時不失禁戒。釋言：聲聞別受七衆隨形法故，二形生時，七衆不分，是以失戒。菩薩通受一切戒法，不隨形別，故不失戒。何故菩薩退心失戒，聲聞不爾。釋言：菩薩行業微細，受捨持犯多隨心本，是故退失菩提心時失菩薩戒。小乘法中行業浮麤，受捨持犯多皆約相，不隨心本，是故退心不失禁戒。問曰：若言小乘法中受者約相，直爾退心，不失戒者，斷善根時内心邪見，何故失戒。釋言：邪見極違正法，能滅善根，是故失戒。退出世心，不壞世善，是故不類。何故菩薩增上煩惱犯波羅夷，失菩薩戒，聲聞不爾。釋言：大乘多隨心制，故上煩惱犯波羅夷，失菩薩戒。小乘法中，約相而制，不隨心故，輕重煩惱犯波羅夷，齊不失戒。不同如是。

第六，明其大小一異。大乘律儀與小乘戒爲一爲異，是義不定。攝大接小，得言是一。以是一故，小乘所受即大乘戒。故《勝鬘》説，大乘威儀以爲毗尼，出家受具。《地持》亦云，菩薩律儀即七衆戒。據小望大，小外有大，得言是異。以是異故，《地持》説言，聲聞波羅提木叉戒，比菩薩戒，百千萬分不及其一。問曰：若言菩薩律儀即是小乘七衆戒者，有人在俗受得菩薩三聚戒竟，然後出家更須别受出家戒不？有人釋言：不須更受，菩薩戒中已通得故。此義不然。菩薩戒中雖復通攝七衆之法，一形之中不可並持七衆之戒，隨形所在，要須别受。如人雖復總求出道，隨入何地，别須起心，方便趣求，此亦如是。

第七，明其三聚總别。總别不定。離惡爲宗，律儀一戒，亦總亦别。餘者唯别。統收三聚爲一律儀，名之爲總。故《地持》云，一切三聚皆律儀攝，同離惡故。於中分出攝善、攝生，餘二不收，還復攝在律儀戒中，名之爲别。若就攝善以之爲宗，則攝善戒亦總亦别，餘二唯别。統收三聚，莫不皆善，故名爲總。於中别分，餘二之外，還復攝在攝善戒中，名之爲别。若就化生，以行爲宗，是則攝生亦前[七三]總亦别，餘二唯别。菩薩修習三聚行德，皆爲利物，故名攝生，以之爲總。於中别分，餘二之外，還復攝在生[七四]戒中，名之爲别。當知大乘一切行德，總别相望，類皆同[七五]。

三聚戒義，厥趣略爾。

三種律儀義，八門分别。釋名，一。辨相，二。所防同異，三。就界分别，四。就趣分别，五。就形分别，六。就人分别，七。得捨分别，八。

第一釋名。無作之善，説爲律儀。所言律者，法之别稱。調惡之法，名之爲律。行依律戒，故號律儀。又復因調亦名爲律，外應真則故曰律儀。律儀不同，一門説三。三名是何？一别解脱律儀，二禪律儀，三無漏律儀。别解脱者，戒是正順解脱之本，故名解脱。又復戒體免絶業羇，亦名解脫。不與定道二種心俱，故稱爲別。禪律儀者，經中亦名定共戒也。上界靜心，思惟終[七六]起，名之爲禪。依禪發得防惡之法，名禪律儀。禪心不亂，目之爲定。戒與定合，名定共戒。無漏律儀，經中亦名道共戒也。聖慧離垢，名爲無漏。依此發得防惡之法，名無漏律儀。亦可戒體離垢清淨，名爲無漏。此與道合，故復經中名道共戒。名義如是。此一門竟。

次辨其相。別解脫中，開合不定，總之唯一。或分爲二，一在家戒，二出家戒。或分爲三，一者五戒，二者八戒，三出家戒。或分爲四，於前三上加菩薩戒。或分爲五，所謂五戒、八戒、十戒、具戒，及菩薩戒。或分爲六，謂五戒、八戒、十戒、比丘戒、尼戒，及菩薩戒。或分爲七，謂七處[七七]戒。又七衆所受，亦得分七。言七衆者，在家有二，謂優婆塞及優婆夷，出家有五，比丘及尼、式叉摩那、沙彌及沙彌尼。或分爲八，於前七上加菩薩戒。或分爲十，謂十善戒。廣則無量。禪戒之中，亦開合不定，總之爲一。或分爲二，一禪律儀，二斷律儀。依未來禪，以世俗道，斷欲界結，九無礙邊所生之戒，名斷律儀。餘禪定邊所生之戒，名禪律儀。或分爲三：一、覺觀俱，謂未來禪及初禪地所生之戒。二、無覺有觀俱，謂中間禪所生之戒。三、無覺無觀俱，謂二禪上所生之戒。或分爲四，謂四禪中所生之戒。或分爲六，謂未來、中間、根本四禪所生之戒。若依《成實》，禪戒有九，謂依八禪及欲界電光所生之戒。廣則無邊。無漏戒中，亦開合不定。總之唯一。或分爲二，一無漏律儀，二斷律儀。依未來禪發無漏道，斷欲界結，九無礙邊所生之戒，名斷律儀。餘無漏邊所生之戒，名無漏律儀。又常無常亦得分二。被[七八]照無漏所生之戒，名曰無常。諸佛菩薩真無漏邊所生之戒，名之爲常。或分爲三，謂三乘人無漏聖戒。或分爲四，諸佛、菩薩、聲聞、緣覺無漏戒也。或分爲六，謂三乘人因、果之戒。或分爲九，謂三乘人別有見、修、無學道戒。或分爲十，謂十善戒。廣亦無量。辨相如是。此二門竟。

次辨所防同異之義。於中有三：一、遮、性分別。依如毗曇，别解脱戒防禁性惡及離遮罪。言性惡者，所謂身口七不善業。言遮罪者，所謂飲酒、煞草木等。禪無漏戒，唯離性惡，不防遮罪，以非所受威儀法故。若依《成實》，三種律儀同防遮性。二者，根本、方便分別。煞盜等罪名爲根本，養豬羊等名爲方便。依如毗曇，别解脱戒通防根本、方便之惡。禪無漏戒唯防根本。《成實》法中，三種律儀齊防根本、方便之罪。三、約時分別。時謂三世。毗曇法中，别解脱戒唯防現在，不通過未。禪戒隨心，寬通三世，三世俱防。現起之者，防離現惡。過去、未來性成就者，防過未惡。無漏戒中，最初得者唯防現在、未來之惡，不通過去。彼現在者，防離現惡，寬通成就。在未來者，防未來惡。以本未有過去世中不成就故，不防過去。經生聖人無漏律儀，通防三世。現起之者，防於現惡。過去、未來性成就者，防於過未。若依《成實》，三禪律儀體皆現在，不説寬通過未之義。體雖現在，而能通防三世之惡。問曰：何故毗曇法中現在之戒唯防現惡，《成實》法中現在之戒通防三世。釋言：毗曇性相中求，故隨世别以論所防。《成實》立義務就寬通，故説現戒通防三世。通相云何。現戒起時，現惡不生，名防現在。現惡滅故，令過去惡因義不成，名防過去。現惡滅故，更不作因，牽生後惡，名防未來。非謂過未有體可防[七九]。同異辨之麤爾。此三門竟。

次就界論。界論三界。約就此處，明三律儀通局之義。於中先明别解脱戒。别解脱中，分别四門，一者身處，二者心處，三成就處，四戒體處。言身處者，就三界中明受戒身，故曰身處。小乘法中，别解脱戒欲界身受，非上二界。何故如是。别解脱戒防禁現惡，上界無惡，是故不受。若爾，上界亦應無彼禪無漏戒。釋言：上界定道律儀於欲界惡有持對治、遠分對治，所以得有別解脱戒，隨身在處，防現遮過，是故不類。大乘法中別解脱戒，麤同小乘。以理細論，色界衆生亦應得受。何故如是。有色界天，聞菩薩法，發菩提心，自誓要期，盡未來際，永斷諸惡，無作隨生，故得受之。如《地經》説雖在色界光音天等，亦得聞經，如是等也。問曰：小乘何故不爾。釋言：小乘受形俱法，彼無形惡，所以不受。菩薩通受盡未來際一切戒法，故得受之。問曰：無色何故不受。釋言：有以若是凡夫生無色界，心志微細，要期不成，故不發戒。若是菩薩生無色界，先已成就別解脱戒，故不新發。言心處者，約就三界明受戒心，故曰心處。小乘法中，受心不定。若就所求以別受心，爲求人天而受戒者是欲界心，爲求出道而受戒者是出世心。若就定散分別受心，是欲界攝，散心受故。大乘受心，義亦不定。若就所求以別受心，是出世攝。故《地持》云菩薩律儀從於第一真實心起，菩提之心名爲真實。若就定散分別受心，是欲界攝，散心受故。若復通論，乃至色界聞思善心亦得受之，大乘色界具聞思故。言成處者，隨身所在，成就不失，名爲成處。小乘法中，別解脱戒唯欲界成，此形俱法死時捨故。菩薩戒法，三界成就，一受得已，乃至菩提，隨身所在，常成就故。戒體處者，小乘法中戒體不定，對果論之，或欲界攝，或出世攝。爲求人天而受戒者是欲界攝，爲求解脱而受戒者是出世攝。若就定散分別，戒體唯欲界攝，以此欲界散善業故。大乘法中，別解脱戒義亦不定，對果論之，是出世攝，菩提因故。若就定散分別，戒體是欲界攝，以是欲界散善業故。若復通論，色界地中聞思善心而受得者，是色界攝。別解脱戒，辨之麤爾。

次論禪戒。於中亦四，一明身處，二明心處，三成就處，四戒體處。言身處者，毗曇禪戒欲色身生，非無色界，戒是色法，色處生故。《成實》、大乘，三界身生。何故如是。《成實》宗中，戒是非色非心法故，無色得生。大乘無色有色心故，無色得生。言心處者，毗曇禪戒一向唯從色界心起，非餘二界。彼宗欲界一向無禪，故無禪戒。戒是色法，是故不從無色心發。若依尊者瞿沙所説，欲色心發，彼説欲界有禪定故。《成實》、大乘，三界心發。何故如是。若依《成實》，欲界有其如電三昧，故發禪戒。戒是非色非心法故，無色心邊亦得發之。大乘宣説欲界地中有無量定，説〔八〇〕龍樹言，佛常住於欲界定中，名無不定。聲聞暫得，説爲電光，彼定心邊得發禪戒。無色心邊，義在可知。言成處者，毗曇禪戒欲色成就，非無色界，有漏之法在下成上，生上之時必先下故。《成實》、大乘，三界皆成，彼説禪戒三界法故。又彼宗中，有漏善法生上之時，不失下故。戒體處者，毗曇禪戒唯色界攝。瞿沙所説，欲色界攝。《成實》、大乘，皆三界攝，依三界地，禪心生故。禪戒如是。

次論道戒。於中亦四，一明身處，二明心處，三成就處，四戒體處。言身處者，毗曇道戒欲色身生。《成實》、大乘，三界身生，與禪戒同。言心處者，非三界攝。若隨禪本，與禪戒同。言成處者，三界皆成，無漏生上不失下故。戒體處者，性出三界。若隨禪本，如心處説。界別如是。此四門竟。

次就趣論，趣謂五趣。約就此處明三律儀通趣〔八一〕局之義。於中先明別解脱戒。毗曇法中，別解脱戒，人天身生，人天成就，餘趣難身，不生不成。《成實》法中，出家之戒，局在人道。在家之戒，人天鬼畜四趣中生，四趣成就。大乘戒法，人天鬼畜四趣中生，五趣皆成，一受得已，常成就故。次論禪戒及無漏戒。毗曇、《成實》，人天身生，人天成就。依《長阿含·天品》之中，鬼子母天亦得聖道，道必依禪。若從彼義，人天及鬼三趣中生，三趣中成。大乘法中，菩薩遍在五趣之中，皆生皆成。此云何知。如《華嚴經》，諸龍鬼等各於法門而得自在。《提謂經》中，諸龍鬼等聞法悟道。方等經中，地獄衆生遇佛光明，尋諸佛所，聞法悟道。故知五趣皆成。問曰：若言地獄、鬼、畜得聖道者，云何名難。釋言：此等由佛强緣方能悟道，離佛不能，故名爲難。趣别如是。此五門竟。

次就形論。形謂男女及無根等。毗曇法中，别解脱戒唯在男女一形中生，餘者悕望不具足故不發律儀。成則不爾，除二形人，餘皆成就。若依《成實》，出家之戒與毗曇同。在家之戒，除二形人，自餘一切皆生皆成。大乘之戒，不簡二形，一切身中皆生皆成，所受通故。次論禪戒及無漏戒。小乘法中，在欲界者，男女身生。一切形中皆得成就，經論之中不曾説有二形人等捨此戒故。在上界者，非男女身能生能成。菩薩之人，一切形中皆生皆成。形别如是。此六門竟。

次就人論。人有邪正。外道名邪，内道名正。依如毗曇，别解脱戒，佛弟子受，非外道得。《成實》法中，外道亦得。故彼論言，外道亦以深心離惡，故受得戒。禪律儀者，内外俱得，外道亦修八禪定故。無漏律儀，唯佛弟子，非外道得，彼住邪見，無八正故。人别如是。此七門竟。

次論得捨成就之義。先論其得，次明其捨，後辨成就。所言得者，先無今起，名之爲得。别解脱戒，唯一受得，更無餘義。受中差别，如三聚中具廣分别。禪律儀者，依如毗曇，有二種得：一者斷得，斷下過時，得上禪戒。二者生得，從上退未[八二]生下地時，得下禪戒。《成實》、大乘，唯有斷得，不説生得。彼説生上，不説生得[八三]。彼説生上不失下故。退生下時，不名新得。無漏律儀，毗曇法中有三種得：一者斷得，斷下過時，得上道戒。二、轉根得，轉根之時，捨鈍根戒，得利根戒故。三者退得，證聖果時，捨彼因中無漏之戒，後退果時還得本戒。《成實》、大乘，唯一斷得，餘皆不論。彼説轉根及得果時，舊法增明，非捨前法别有得故。得相如是。次論捨義。先有今失，名之爲捨。小乘法中，别解脱戒有四種捨，一不用道捨，二命終捨，三斷善捨，四二形生捨。所謂男女二形生時，失律儀戒。有人宣説，犯初衆罪，亦失禁戒。是事不然。此但汙戒，不名爲捨。諸經論中，皆同此説。菩薩律儀，有二種捨，如《地持》説，一退菩提心，二增上煩惱犯波羅夷。不同所以，三聚章中具廣分別。禪律儀戒，有二種捨：一者退捨，退起下過，失上禪戒。二、生上時捨，有漏生上則失下故。《成實》、大乘，唯有退捨，彼説生上不失下故。無漏律儀，毗曇法中有三種捨：一者退捨，退聖道時失無漏戒。二、轉根捨，轉根之時捨鈍根戒。三、得[四]果捨，得聖果時捨彼因中無漏之戒。《成實》法中，三捨悉無，唯入無餘涅槃時捨。大乘法中，緣治俱者證實時捨，真證俱者畢竟無捨。三種律儀，辨之麤爾。

止觀捨義，八門分別。釋名，一。定體，二。辨相，三。制立，四。修起次第，五。約境分別，六。就位分別，七。就人分別，八。

第一釋名。止觀捨者，經中亦名定慧及捨，此乃修中之差別也。修義不同，一門説三。止者，外國名奢摩他，此翻名止。守心住緣，離於散動，故名爲止。止心不亂，故復名定。觀者，外國名毗婆舍那，此翻名觀。於法推求簡擇名觀，觀達稱慧。捨者，外國名憂畢叉，此翻名捨。行心平等，捨離偏習，故名爲捨。此一門竟。

次辨體性。唯依毗曇，義釋有二：一、就同時心法以論。止者，正用定數爲體。觀者，或用觀數爲體，或復用彼慧數爲體。伺求之觀，觀數爲體。照法之觀，慧數爲體。捨者，或用捨數爲體，或用定慧二數爲體。捨過之捨，捨數爲體。定慧平等，捨離偏習，名之爲捨，還即用彼定慧爲體。二、就前後修義分別。止者，正用定行爲體。定數爲主，諸心心法相從住緣，通名爲止。觀者，或用觀行爲體。觀數爲主，諸心心法相隨伺求，通名爲觀。或復用彼慧行爲體。慧數爲主，諸心心法相隨照境，通名爲觀。捨者，或用捨行爲體。捨數爲主，諸心心法相隨捨過，通名爲捨。或用定慧二行爲體。定慧兩數以爲正主，諸心心法隨此定慧，通名爲捨。若依《成實》，義釋亦二：一、就同體同時法中隨義分別。一心體中，住義名止，照義名觀，調停曰捨，不同毗曇諸數別體。二、就前後修義分別。作意住緣，名之爲止。作止〔八五〕照境，説名爲觀。作意捨相，方名爲捨。通皆是心，無別主伴。大乘法中，義別有三：一事識中修，二妄識中修，三真識中修。事識中修，與毗曇同，心數別故。妄識中修，麤同毗曇，細同《成實》。此云何知。如馬鳴説，第七識中麤細六重，根本四重心數無別，故同《成實》。末後兩重，心與數別，共心相應，故同毗曇。真識中修，義別有三：一、就同時同體法中隨義別分。寂義名止，照義稱觀，離相名捨。二、就同時同體法中異門相攝。止義爲門，諸行隨之，通名爲止。觀義爲門，諸行隨之，齊名爲觀。捨義爲門，諸德隨之，俱名爲捨。三、約修義前後別分。始心住法，離妄名止。正見名觀。終證捨相，故説爲捨。體性如是。以此類餘，諸行齊然。此二門竟。

次辨其相。於中兩門，一通就諸行開合辨相，二別就諸行開合辨相。

初通就諸行開合辨者，此之三行，開合不定。總之唯一，謂聞思修三行之中修行所收。或分爲二，謂止與觀。如《地持》説，於一切法不起妄想，名之爲止，知第一義離言自性，及知世諦無量處法，説以爲觀。或分爲三，謂止、觀、捨。此三猶前止觀所攝，止觀別修分爲前二，止觀雙修合爲後一，故有三種。或分爲四，如《地持》説，一者修止，二者修觀，三者修習止觀，四者樂住止觀。此四猶前止觀及捨三行所攝，捨中分二，初爲修習，終爲樂住，更無別行。所言止者，於事於義，繫心安住，遠離一切虚僞輕躁及諸憶想，是名爲止。事謂世諦，義謂真諦。離輕躁者，息除事中輕亂心也。離憶想者，遠離理外分別想也。所言觀者，於事於義，憶念選擇，名之爲觀。

修止觀者，於前止觀常修頓修。樂止觀者，於前止觀以久修故，不勤方便，熾然不動。隨義廣分，修乃無量。通就諸行，開合如是[八六]。

次就諸行別相論之。先就止行開合辨相。如《涅槃》說，總唯一定，或分無二，一者世間八禪事定，二者出世合理之靜。或分爲三，謂上中下，下謂凡夫人禪事定，中謂二乘合理之靜，上者所謂諸佛菩薩離妄真定。或分爲四，一者退分，二者住[八七]分，三勝進分，四決定分。此決定分，《涅槃》名爲能作大益，義如下解。或分爲五，所謂凡夫、聲聞、緣覺、菩薩及佛所得三昧。又《涅槃》中更分五種：一、無食三昧。所謂初禪，彼離揣食，故曰無食。二、無過三昧。亦是初禪，彼離欲惡，故名無過。三、身意清淨一心三昧。謂第二禪，離六識中覺觀之過名身意淨，內淨一處故曰一心。四、因果俱樂。謂第三禪，彼樂勝故。五、常念三昧。謂四禪乃至生非想，彼免三灾，絕於四受，離出入息，定心不動，故曰常念。或分爲六，謂五停心及觀生滅。五停如下。或分爲七，謂須陀洹所得三昧，斯陀、那含、羅漢、辟支、菩薩及佛所得三昧。或分爲八，於前七上，加凡所得。又八解脫、八禪定等亦得分八，並如下釋。亦得分九，謂九次第定，根本八禪及滅盡定，轉相趣入名九次第。或分爲十，謂一切入，亦如下釋。廣則無量。

次就慧行開合辨相。總唯一慧。或分爲二，一是世間世俗等智，二是出世，謂無漏智。亦得分三：一者般若，此翻名慧。二、毗婆舍那，此翻名觀。三者闍那，此翻名智。此三何異。經中兩釋。一、約人以分。言般若者，一切衆生，一切凡夫，同有[八八]慧數，故名般若。毗婆舍那，一切聖人，此名聲聞、緣覺爲聖，彼能觀察苦無常等，故名爲觀。言闍那者，諸佛菩薩，彼知一切諸法差別，故名爲智。二、隨境別。言般若者，是別想觀，別知世諦。毗婆舍那是總相觀，總知真諦。言闍那者，是破相觀，破離有無，知一實諦。亦得分四，謂四無礙、四諦觀等。亦得分五，謂法住智、泥洹智、願智、無諍智、邊際智等，廣如下釋。又復五種無量之智，亦是五種，亦如下釋。亦得分六，謂知生死無常、苦、空、無我、不淨、涅槃寂滅。亦得分七，所謂知法、知義、知時、知足、知自、知衆、知尊卑，亦如下釋。或分爲八，知生死法無常與苦、無我、不淨，知涅槃法常、樂、我、淨。亦得分九，知前八種及第一義。亦得分十，所謂十智，義如下釋。又復十力亦是十也。或分十一，所謂十智及如實知，亦如下釋。廣則無量。

捨中有二：一、定慧雙修，離於偏習，名之爲捨。義如前二，更無別行。二、住空捨相，名之爲捨，義則不定。總唯一捨，或分爲二：一、生空觀，於人平等。二、法空觀，於法平等。或分爲三，謂三空觀。或分爲四，謂四空觀，有法空、無法空、自法空、他法空，是其四也。廣如上釋。或分爲五，謂空、無相、無願、無作及無起觀。如《無量壽經》中所説，於空理中無相可取，名爲無相。無願樂心，説爲無願。無果可爲，名爲無作。無因可起，故曰無起。或分爲七，謂七空觀，亦如上釋。或分十一，觀十一空，如《涅槃》説。或分十八，如《大品》説。廣則無量。辨相如是。此三門竟。

次辨制立。以何義故，立此三行，不增不減。解有八義：一、行性不同。定數是止，慧數是觀，捨數爲捨。二、行相不同。住緣是止，知法是觀，調停是捨。三、功能不同。止能息亂，觀能斷惑，捨能違治。四、修時不同。如《涅槃》説，心慢修止。煩惱增强，戒律羸損，諸根不調，於善疑悔，則宜修觀。定慧不等，則須修捨。又經宣説，定慧平等，則宜修捨。五、行門不同。如《涅槃》説，彼空三昧名之爲止，以心住空，離分別故。無願三昧，説之爲觀，慧觀生死，能斷捨故。無相三昧，説爲捨行，證入涅槃，捨衆相故。六、根〔六九〕依境不同。多門如後，今此且依一相論之。依事修止，如世八禪，住事中故。依法修觀，觀察諸法苦無常等，名爲觀故。依理修捨，證空平等，捨衆相故。七、隨人不同。多門如後，今此[九〇]且依一相辨之。如《涅槃》説，聲聞、緣覺，定多慧少。菩薩之人，慧多定少。諸佛如來，定慧平等，説之爲捨。八、所爲不同。如《涅槃》説，爲三義故所以修止。一爲離煩惱，依禪伏結。二莊嚴大智，依禪發慧[九一]。三爲得自在，依禪發通。爲三義故，所以修觀。一爲觀生死果報過故，依慧滅苦。二爲增善法，依慧離業。三爲破煩惱，依慧除惑。爲三義故，所以修捨。一爲調定慧，其令[九二]平等。二爲證空，捨離有相。三爲得中道，故離有無。制立如是。此四門竟。

次明修起次第之義。於中次第，略有四階，一制發捨，二止舉捨，三止觀捨，四定慧捨。此之四門，通釋是一。於中別分，前之兩階，行修方便，後二修成，得法相應。前方便中，有始有終，得法亦爾，故有四階。制發捨者，方便之始，對治昏覺，昏謂昏睡，覺謂八種惡覺煩惱。言八覺者，所謂欲覺、恚、害、親里、國土、不死、族姓、輕侮。若有惡覺，則便制之，制心住於數息門等。昏則發之，念身無常，三惡道苦，佛法欲滅，以此鞭心，令去睡昏。昏覺俱離，修心得中，是時名捨。止舉捨者，方便之終，對治沉掉。沉謂沉没，掉謂掉動。心志濁悶，名之爲沉。心數異緣，説以爲掉。掉則修止，止心鼻端、眉間、足指，隨在何處。沉則修舉，念身無常、苦、無我等。沉掉俱離，修心得中，是時名捨。止觀捨者，得法之始。所治有三：一、對愛見以明修治。四住煩惱分爲愛見，初一是見，後三是愛。於此門中，修止治愛，所謂世俗八禪方便。修觀治見，所謂出世無漏方便。止觀雙修，離於偏習，是時名捨。二、對癡愛以明修治。五住煩惱分爲癡愛，無明名癡，餘四名愛。於此門中，修止治愛，修觀治癡。癡愛俱離，止觀雙修，是時名捨。三、對癡妄以辨修治。直就無明住地之中有闇有妄，迷覆諸法，名之爲闇，妄有所取，説以爲妄。如《地持》説，如是如實，凡愚不知，是其闇也，起八妄想，是其妄也。於此門中，修止治妄。如《地持》中，佛爲訕大迦旃延説，不依地等一切法想而修禪定。馬鳴論中亦同此説。離一切想，名爲修止。修觀對治癡闇之心。故《地持》云，於一切法不起妄想，名之爲止，知離言性及知無量世諦方便，名之爲觀，雙[九三]修離於偏習，是時名捨。定慧捨者，得法之終，更無別治，於前止觀所除煩惱究竟盡處所成行德，爲定慧捨。修起如是。此五門竟。

次約境界分別三行。於中義別，略有三階：一、三法相對以辨三行。二、兩行相對以辨三行。三、歷就一法以辨三行。初就三法相對之中，別有二門：第一，約就事法及理以分三行。事者，所謂陰界入等，依之修止，如世八禪。法者，所謂苦無常等，依之修觀。理者，所謂第一義空，依之修捨，捨離衆相。二、約三諦以分三行。言三諦者，一是世諦，謂法有相。二、第一義諦，謂法無相。三、一實諦，謂法非有非無之相。此三門中，起修不定。從事入理，依世修止，如世八禪故[九四]，依真修觀，觀諸法空。從寂起用，依真修止，離分別故，依世修觀，觀諸法故。依一實諦，修習捨行，捨有無故。故《地持》中，隨事取者名平等觀，隨如取者名平等心。等猶止也。捨離有無，名第一捨。上來約就三境辨行，次約二境。言二境者，一世諦法，二真諦法。通而論之，於此二中不起妄想，通名爲止，照見二諦，俱名爲觀。故《地持》中，不起妄想，説名爲止，了知二諦，同名爲觀，止觀雙修，調停名捨。於中別分，起行各異。若就觀入，依世修止，依真修觀。若論起用，依真修止，依世修觀。止觀雙修，調停名捨。次就一法以辨三行。隨於何法何事之中，攝心安住，即名爲止，照察名觀，止觀調停，名之爲捨。約境如是。此六門竟。

次就位論。位別有五，一外凡位，二内凡位，三見道位，四修道位，五無學位。通而論之，一一位中皆具三行。於中別分，進退有三：一義分別，外凡位中修世八禪，名之爲止，內凡位中學觀諦理，名之爲觀，見道已上證理平等，同名爲捨。第二義者，內凡位中安心諦理而未能見，説之爲止，故見諦前名爲定淨，見道位中始見諦理，名之爲觀，修道已去定慧調停，説名爲捨。第三義者，見道已前同名爲止，見修二道照理名觀，無學位中得涅槃果，捨離十相故名爲捨。位別如是。此七門竟。

次就人論。人有五種，一是凡夫，二是聲聞，三是緣覺，四是菩薩，五是如來。通而論之，人人皆具止觀及捨。於中別分，略有三義：一、凡夫之人修世八禪，但有止行。聲聞、緣覺觀察四諦、十二緣等，有其觀行。菩薩及佛證法平等，有其捨行。二、凡夫有止，義如前釋。菩薩、二乘同觀法性，有其觀行。佛證涅槃，有其捨行。三、除凡夫，直論賢聖。聲聞之人，住寂名止。菩薩了知差別法界，名之爲觀。佛得涅槃，有其捨行。止觀捨義，辨之粗爾。

三慧義，五門分別。釋名，一。辨體，二。就位分別，三。就界分別，四。就人分別，五。

第一釋名。言三慧者，經中或時名聞思修，或復説爲聞思修慧，通釋是一。於中別分，義有寬狹。若當直言聞思修者，其義則寬通一切。通一切中，始受行法，通説爲聞，於所聞法分別簡擇，通名爲慧[九五]，依法正行，通説爲修。若當説爲聞思修慧，其義則狹，局在般若，不通餘行。就般若中，受教名聞[九六]，生解名爲聞慧。簡義名思，從思得解，名爲思慧。進習名修，從修得智，名爲修慧。名義如是。此一門竟。

次辨體性。三慧皆用慧數爲體。慧依法成，法有三種，一教，二義，三者行法。三藏[九七]言教是其教法，三諦之理是其義法，三乘行儀是其行法。於中別分，依教起聞，依義入思，依行起修。通而論之，依一一法皆具三慧。於教法中，初受名聞，簡擇是非，説以爲思，成就聞持陀羅尼行，説以爲修。於義法中，有其三種，一者世諦，二第一義諦，三一實諦。通而論之，於此三諦，初受名聞，簡擇名思，成就正智説以爲修。隨相別分，依於世諦，成就聞慧，世法可爲言教及故。依第一義，成就思慧，理出言外，正智思量方能及故。依一實諦，成就修慧，一實精微，正證修行方能見故。於行法中，初受名聞，簡擇稱思，造行曰修。又復前三隨教修行，通名爲聞，捨[九八]言趣證，説以爲思，得證相應，説之爲修。又復證相初來現心，義説爲聞，蓋乃是其不聞聞矣。正得名思。得已上進，説名爲修。體性如是。此二門竟。

次就位論。通則位位一切皆具。於中別分，非無差異。異相如何。准依毗曇，外凡位中初受師教，説爲聞慧。五停心觀總別念處，想心觀行，未得禪定修慧法故，判爲思慧。暖等已上，依定修行，判爲修慧。又更分別五停心觀，依教之始，判爲聞慧。總別念處背教已遠，觀心轉强，判爲思慧。暖等已上，依定修行，判爲修慧。《成實》法中，念處已前，初受師教，隨聞得解，判爲聞慧。念處位中，堪能自心分別簡擇，説爲思慧。暖等已上，現見空理，説爲修慧。問曰：《成實》三慧如是，此三慧中解知何法。有人釋言：聞慧地中，以陰分生，得衆生空。思慧地中，別觀五陰壞苦無常，成前生空，兼趣法空。暖等已上，總觀五陰行苦無常，得諸法空。蓋是人語，不關經論。若當聞慧但解生空，法空寂聞竟在何處。若當思慧壞法以成衆生空者，法空寂思復在何處。若修慧地唯解法空，生空寂修復在何處。二空之理，皆藉初聞、次思、後修，方能悟入，而言生空但有聞慧而無修慧，法空有修而無聞思，豈非謬浪。當知聞慧具聞二空，思慧地中具見二空，修慧地中具見二空，不得偏取。大乘法中，位分不定。據始爲言，習種位中依教悟解，成就聞慧，故《華嚴》中宣説十住隨所聞法即自開解。性種位中，捨詮得義，成就思慧。解行已上，修習出道，成就修慧。次勝以論，種性地中於出世道但可聞知，未能思量，同爲聞慧。解行位中能觀出道，判爲思慧。初地以上正行漸增，判爲修慧。次上以論，習種性種直〔九九〕爾成就出世種子，未能方便趣入出道，三慧俱無。解行位中能起方便趣入出道，於出世法能聞能思，具聞思慧。故《地持》中說，解行地具足聞慧思慧〔一〇〇〕思惟，初地已上發起正行，說爲修慧。極上以論，一切地前成就教行，同爲聞慧。初地之中始觀人如，判爲思慧。二地已上證心轉增，判爲修慧。位別如是。此三門竟。

次就界論。界謂欲、色、無色界等。《雜心》中說，聞慧局在欲、色兩界，不通無色。無色無形，不能聽受，是故無聞。思慧局在欲界地中，上界則無。何故如是。上界報靜，斂〔一〇一〕思量，則與禪定修慧相應，故無思慧。問曰：上界若無思慧，應無覺觀。釋言：上界所有覺觀，修慧所攝，故得有定。修慧局在色、無色界，不通欲地。一切禪定，修慧攝故。上界有修，欲界無定，故無修慧。瞿沙所說，聞思同前，修慧一種遍通三界，彼說欲界有禪定故。《成實》所立，聞慧如上，思慧不定。隨教之思，局在欲色。推義之思，遍通三界。此云何知。論解覺觀，麤思名覺，細思名觀。彼說覺觀三界皆有，明知遍通，通修〔一〇二〕三界。彼說欲界有電光定，明修通下。大乘三慧，並通三界〔一〇三〕。何故如是。菩薩雖在無色界中，能來佛所聽受正法，又得聞持陀羅尼故，具受一切諸佛教法，是故聞通。菩薩常思，是故思通。《大品》宣說欲界有定，是故修通。界別如是。此四門竟。

次就人論。人謂聲聞、緣覺、菩薩。通而論之，人人皆具。於中別分，聲聞之人，聞教悟道，成就聞慧，是故當相說爲聲聞。緣覺深思十二緣義，成就思慧，是故當相說爲緣覺。緣者是義，覺謂思也。菩薩善修俱利之道，成就修慧，是故當相説爲菩薩。菩薩，此翻名道衆生，以修自利利他道故。三慧如是。

三種般若義。

三種般若，出《大智論》。言般若者，是外國語，此翻名慧。於法觀達，目之爲慧。慧義不同，一門説三。三名是何。一文字般若，二觀照般若，三實相般若。此三種中，觀照一種是般若體，文字實相是般若法，法體合説，故有三種。

言文字者，所謂《般若波羅蜜經》，此非般若，能詮般若，故名般若。如《涅槃經》詮涅槃故説爲涅槃，此亦如是。又此文字能生般若，亦名般若，如食生命，説食爲命。

言觀照者，慧心鑒達，名爲觀照。即此觀照，體是般若，名觀照般若，如眼是目，名爲眼目。於中具辨，開合不定，總唯一智。或分爲二，二有多門：一、約境分二，謂世諦智、第一義智。世諦智者，名一切種，於世法中種別智故。第一義智，名一切智，以知一切諸法如故。二、真妄分別。六七識中緣照分別，是其妄智。第八識中，體照之慧，是其真智。是義云何。如來藏中恒沙佛法，集成心事，是心性淨，而爲客塵煩惱所染，相似不淨。後息妄染，淨相始顯。始顯淨識，普照法界，説爲真智。三、大小分二。方便觀解，緣別彼此，不能滅想普照一切，名之爲小，故龍樹云十八空觀名小智慧。滅觀般若，絶其緣想，而能普照一切法界，名之爲大，故龍樹言般若波羅蜜是大智慧。

或分爲三，三有多門：一、觀入分三，謂聞、思、修。二、約境分三，謂世諦智、第一義智，及一實諦智。三、隨義分三，謂清淨智、一切智、無礙智，義如後釋。四、隨人分三。一一切智，二乘所得。二道種智，菩薩所得。三一切種智，如來所得。亦如後釋。五、隨識分三，一事識中分別之智，二妄識中分別之智，三真識中[一〇四]分別智。

或分爲四，謂聞、思、修、證。或分爲五。

一聞，二思，三修，四報生識智。變易聖人，報無漏心，生便見法，名報生智。此四是妄。五是證智，謂真識中無分別慧。或分十一，所謂十智及如實智，此義如後十一智中具廣分別。廣則無量。

問曰：此之觀照般若，體性云何。如龍樹辨，人說不同，凡有六種。第一家說，唯有漏慧是般若體。何故如是。如小乘中，佛道樹下方斷煩惱，自斯已前所修智慧皆名般若，故知有漏。第二家說，無漏聖慧是般若體，有漏則非，見理之心名般若故。如此說者，小乘法中佛最後身所修無漏方便[一〇五]是般若，已前悉非。第三家說，從初發心至坐道樹所修智慧，莫問有漏及與無漏，悉是般若，至佛轉名薩波若智。如此說者，般若在因，不通於果。第四家說，菩薩所修一切智慧，通名有漏[一〇六]，通名無漏，悉是般若。論自釋言，以觀涅槃，行佛道故，通名無漏。未斷結盡，通名有漏。第五家說，菩薩慧中無漏無爲不可覩見，無對常智是般若體，無常緣智一切悉非。第六家說，般若之體不可取得，非有非無，非常非無常，非空非實，非陰界入，非有非無，無生無滅，無取無捨，猶如火炎，不可嘗[一〇七]觸，觸則燒人。般若如是，不可取執，取皆破遣。向前所取，一切悉非。問曰：此門與前第五，有何差別。釋言：向前第五門者，從緣方便，修生真智，爲般若體。此說無[一〇八]始佛性真心，從緣修顯，得證通望，從來體外畢竟無緣，緣既不有，真亦亡對，絕對真心說爲菩薩般若正體，餘者悉非。問曰：此六何者爲是。論有兩判。一言皆是，如諸比丘各說彼此中間之義，佛言皆是，此亦如是。一言第六所說者是，前五皆非般若正體，故說爲非。觀照如是。

言實相者，是前觀照所知境界。諸法體實，名之爲實。實之體狀，目之爲相。何者是邪[一〇九]。開合不定，總爲一實。或分爲二，如《地持》說，一事法性，世諦實也，二實法性，真諦實也。或分爲三，如《涅槃》説，一者世諦，二第一義諦，三一實諦。或分爲四：一者事實，陰界入等。二者法實，苦無常等。三者理實，空無我義。四者性實，佛性真法。又《地持》説四真實義，亦是四實，一世間所知，二學所知，三煩惱障淨所行處法，四智障淨所行處法，如上廣辨。此諸法中，通而論之，皆是實相。於中別分，唯第一義名實相耳。此之實相，體非般若，能生般若，故名般若。如色香等，體非是欲，能生欲心，説爲五欲。問曰：聖智非直知實，亦知虚妄，何故所知唯名實相。釋言：聖人如法而知，知實知虚，皆稱前法，故通名實。又知實時，達本無妄，故唯言實。問曰：觀照即是般若，此之三種俱名般若，何故不得通名觀照。釋言：亦得。但彼論中爲〔二〇〕辨般若，文字、觀照、實相別之，是故一種偏名觀照。若復就彼觀照門中以辨其義，亦得説爲三種觀照，一文字觀照，二般若觀照，三實相觀照。義既均齊，不得偏取。三種般若，辨之略爾。

三智義，兩門分別。辨相，一。就人分別，二。

第一辨相。言三智者，一道種智，二一切智，三一切種智。此之三種，出《大智論》。道種智者，於一切道種別而知，名道種智。又知一切化衆生道，名道種智。所知云何。如彼論中增數廣辨。或説一道，所謂趣向涅槃之道。或分爲二，二有多門，謂善與惡，世及出世，有漏無漏，見之與修，有學無學，無礙解脱，向果得果，如是無量，不可具辨。或分爲三，三亦多門，謂三惡道，及三善道，人天涅槃，三乘之道，戒定智慧，見修無學，止觀及捨，如是無量。或分爲四，四有多門，所謂凡夫三乘之道，聲聞、緣覺、菩薩、佛道，四念，四懃，四如意等，如是無量。或分爲五，五亦多門，所謂五趣，五度觀門，凡夫、二乘、菩薩、佛道。如是無量，或六或七，乃至八萬四千道法，知如是等道法差別，名道種智。

彼一切智與一切種智，有何差別。通釋是一，於中別〔二一〕分，凡有六種：一、總別分別。總相知法，名一切智。别相知法，名一切種。如知苦諦，是一切智。分别是苦有無量種，名一切種。如是一切。二、通别分别。知苦、無常、空、無我等諸法通相，名一切智。知五明等諸法别相，名一切種智。三、空有分别。知諸法空，名一切智。知其種種世諦諸法，名一切種。四、廣略分别。略知諸法，名一切智。廣知諸法，名一切種智。如知分段因果對治，名一切智。分段變易因果對治，一分皆知，名一切種智。亦如有人知一世界事，名一切智。知於一切世界中事，名一切種智。如是一切。五、大小分别。小乘之智，名一切智。大乘之智，名一切種。六、因果分别。因中之智，名一切智。果中之智，名一切種。問曰：向前道種智中知法已盡，何須别説一切智及一切種智。釋言：向前道種智者，直知道法。自餘一切五明處等、空無我等第一義法，非彼所知，是以更〔三〕明。此一門竟。

次就人論。人謂聲聞、菩薩及佛。約就此人，辨義有四：一、隨人别分。如論中説，聲聞之人有一切智，以能總相知諸法故。又復聲聞但能通相知於諸法，不能别知，又復但能略知諸法，不能廣知，是故説彼有一切智。菩薩之人有道種智，能知一切差别道法，化衆生故。諸佛有其一切種智，以能别相，廣知法故。二、簡勝異劣。於此門中，下不兼上，上得兼下。以是義故，聲聞唯得有一分智，無餘二種。菩薩之人，有道種智，兼一切智，無一切種。諸佛如來，具足三智。三、簡大異小。佛菩薩大，聲聞是小。小中單直有一切智，大中不爾。佛與菩薩兼具三智。四、就實通論。聲聞之人小分具三，菩薩漸勝，諸佛並極。三智如是。

三量智義，三門分别。釋名義，一。辨相，二。就位分别，三。

第一釋名。三量之義，出於《相續解脱經》中。慧心取法，各有分限，故名爲量。量别不同，一門説三，一是現量，二是比量，三是教量。《地持》《成實》亦有此相。《地持》説言現智、比智及從師同[一三]聞，《成實論》言見、聞及比，猶此三矣。

言現量者，現知諸法，名爲現量。又知現法，亦名爲現。於中分別，有其二種，一者知事，二者知理。言知事者，隨在何時何處法中，不因比度[一四]，不藉他言而能知者，同名現量。事相麤近，隨在何時何處之中，能現知故。言知理者，毗曇法中就處分別，知欲界法，名之爲現。以何義故知欲界法偏名爲現。《毗婆沙》云，得正決定，必在欲界，要先見於欲界苦等，後見上界。良以欲界法麤易見故先見之，先見分了，故偏名現。上界不爾，故知上界不名爲現。又復行者於欲界苦有二現見。一、離欲現見，以離欲道，現照知故。二、自身現見，欲界之苦，身現覺故。於上界苦，但有一種離欲現見，身不在彼，不覺知故。如兩擔物，一則自擔，二使人擔，於自所擔有二現見，一知是物，二知輕重，知欲界苦，其狀似此。於他所擔，但有一種知物現見，不知輕重，上界如是。以知欲界其二現故，偏名爲現。上界唯一，故不名現。《成實》法中，約時分別彼現有二：一據修始，見諦已前，現在時中，觀[一五]假無性，名之爲現。二據修成，見諦已上，三世法中，現見空理，同名爲現。大乘通就時處分別，義釋有四：一據修始，唯於欲界現在法中見諸法如，名爲現量，欲界現法易觀察故。二者修次，或於欲界見三世如，或於三界見現在如，同名現量。三者修成，於自分中現見三世一切法如，悉名現量。四據修息，到菩提時，現見三世一切諸法，皆名現量，不簡自分他分之別。故《地持》言，諸佛如來於一切法現知見覺。現量如是。

言比量者，譬度知法，名之爲比。於中分別，亦有二種，一者知事，二者知理。言知事者，隨在何時何處法中比度而知，悉名比量。言知理者，毗曇法中約處分別，知上二界四諦之理，名爲比量。《成實》法中約時分別，見諦已前，過未法中，次辨其相。現量可知。比量有三。一、同類相比。相似之法，以此比餘。如《百論》中義別有三：一者如殘，如人海中取一滴水，嘗之知鹹，則知餘者一切皆鹹。亦如有人於一法中見苦、無常、空、無我等，知餘皆爾。如是一切。二者如本，如人先曾見火有煙，後見餘煙，必知有火。亦如有人曾見諸法無常故苦，後見法苦，必知無常。如是一切。三，共〔二八〕相比知，如似人見從東至西，人有行動，類天上日從東至西，當知亦動。亦如有人見色生滅，色性無常，後見其餘想、受、行等有生滅故，性亦無常。如是一切。此三合爲同類比也。二、以劣比勝。如國無金，用鍮比之。亦如經中以世虛空不生不滅，比況佛性。如是一切。三、以勝比劣。如國無鍮，將金比之。亦如經中以大涅槃非有非無，譬王煞罪。如是一切。此後兩門通釋〔二九〕，亦是共相比也，少分同故。比量如是。

次辨教量。義別有三：一、異時法，藉教以觀假無性，名爲比量。大乘通就時處分別，義釋有三：一據修始，以彼欲界現在法如，比知他界他世法如，名爲比量。二據修次，或以欲界三世法如比上二界，或以三界現在法如比知過未，名爲比量。三據修成，以自分中所知三界三世法如，比他分中未所見處三界三世一切法如，名爲比量。以何義故不說修息〔二六〕。到菩提時無復比故。然此比量，經中亦名譬喻量也。通釋是一，於中分別，同類相比名爲比量，異類相比名譬喻量。

言教量者，有法玄〔二七〕絕，自力不知，藉教以通，名爲教量。於中分別，亦有二種，一者知事，二者知理。於世諦中藉教知者，名爲知事。二諦理中藉教知者，名爲知理。此之教量，法中亦名信言量也。通釋是一，於中分別：法隣自分，藉言入者，名信言量。法大玄絕，依教知者，名爲教量。有人就此分量爲四，現量爲一，比量爲二，教量爲三，信言爲四。此亦無傷，但非經論。名義如是。此一門竟。

知，如過未法，不現見故，因説方知。二、異處法，藉教以知，如他方事，不現見故，因説乃知。三者，同時同處之法，藉教以知，如説身中如來性等。教量如是。此教量中，所知不定。或深勝法，藉教方知，如彼佛性、涅槃道等。或中間法，藉教方知，如苦集等。或麤淺法，藉教方知，如世間中難識事等。此二門竟。

次就位別。位謂習種、性種、解行、十地、佛地。於此位中，辨義有三：

一、開始合終，習種爲一，性種爲二，解行已上合爲第三，同觀如故。於此門中，或以三位共望一法以辨三量，所謂望於解行已上所觀之法，習種望彼是其教量，在〔二〇〕彼玄絶，藉教知故。性種望彼，是其比量，位分相隣，可比知故。解行已上望自所得，是其現量，現證知故。或以一〔二一〕位別望三法，以辨三量。習種還望自所證法，是其現量，現〔二二〕證知故。望性種地所證之法，是其比量，位分相隣，可比知故。望解行上所證之法，是其教量，法玄絶故。向前門中教淺現深，於此門中現淺教深。或以三位別望三法。向前三位自望所得，皆是現量，是則現量是〔二三〕通深淺。

二、開中間，以合初後。如《地持》説，習種、性種，合〔二四〕之爲一，種子同故。解行爲二。初地已上，合爲第三，同證如故。於此門中，亦得三位共望一法，望初地上所證之法，種性位中是其教量，解行比量，地上現量。亦得一位別望三法，亦得三位別望三法，類上可知。

三、合始開終。種性、解行，合之爲一，信地同故。十地爲二，佛地爲三。於此門中，亦得三位共望一法，望佛所證，地前名教，相去玄絶，信教知故，地上名比，以自所得上比佛故，佛地名現，現證性故。亦得一位別望三法，地前還望地前之法是其現量，望地上法是其比量，望佛所得是其教量，以玄絶故。亦得三位別望三法，皆是現量，同現見故。三量如是。

同相三道義，兩門分別。釋名，一。辨體，二。

第一釋名。同相三道，出《地經論》。名字是何。一是證道，二是助道，三不住道。言證道者，證是知得契會之義，心冥實性，亡於分别，契會平等，名之爲證。言助道者，助是扶佐資順之義，諸度等行，迭相扶佐，資順菩提，故名[二五]助。言不住者，是離著之[二六]義，巧慧雙遊，行無偏在，故曰不住。此三通論，皆依法成，俱應名證，同能資果，並應名助，超凡異聖，齊名不住。爲别三門，隱顯異名，等别三門，隨顯受目。證據心體，心淨照明，得法義顯，故偏名證。所證如中，無果可資，故不名助。染淨相泯，不住義隱，故不名不住。助是行修，資順義强，故偏名助。見果可求，證如義隱，故不名證。背有求出，不[二七]不住義微，故不名不住。不住巧慧，離著義顯，故偏名不住。染淨俱遊，證如義隱，故不名證。染淨雙隨，不偏求出，非專向果，故不名助。此之三種，諸地通有，名之爲同。同行體狀，目之爲相。蓋是體相，非標相也。同行虚通，目之爲通[二八]。問曰：此三名爲同相，見修無功名爲别相，此證助等有别相不，見修等中有同相不。釋言：亦有。何者是乎。如《地經》中，三地已還名爲世間，未能證法。所修諸行，遠資出世，判爲助道。第四地中，初入出世，内證法明，判爲證道。五地已上，得出世間，後能隨世，名不住道，故《地經》中五地已上方始宣説不住道勝。此即是其證等别相。菩薩見解，無地不有，行修亦然，無功用義亦該始終，故《地論》言，從初地來，隨分所行，捨功用故，不名染行。此即是其見等同相。若爾俱齊，何故證等偏名同相，見修無功，偏名别相。釋曰：此言隱顯故爾。等是隱顯，何故證等偏名同相。此據成德，通有義顯，故偏名同。何故見等偏名别者。此據修相，從解起修，修熟捨功，階别相顯，故偏名别。何故證等偏據成德，何故見等偏是修相。釋言：同相三道之中，證行爲首，助與不住依證而説，故是成德。别相三中，見道爲首，從見起修，修過前見，修心久純〔二九〕，方成無功，無功過修，漸次相起，故説爲修。修相階漸，故名別相。成德同時，故名同相。名義如是。此一門竟。

次辨體相。通説皆用真心爲體。於中別分，非無差異。異相如何。證道體者是真識心，是心體中具足一切恒沙佛法，所謂法界常、樂、我、淨、智慧、三昧、解脱等法。將心攝法，無〔三〇〕出一心。隨法分心，心有法界微塵等別。心於彼法，同體照明，淨無闇障。性〔三一〕雖常淨，而爲妄染相似不淨。後修對治，息除染累，本隱淨心，顯成令〔三二〕德，始顯淨德，如甘〔三三〕心性内照法界，故説爲證。盖乃自然無分別照，非緣照也。助道體者，所謂有作六波羅蜜。是義云何。向修對治顯證之時，備修法界一切諸行，行熏真心，故令心中真德集起，説爲助道。不住體者，略有三種，一就觀解以明不住，二據行修，三就果德。言觀解者，菩薩觀法非有非無，見非有故不著有邊，見非無故不著無邊，於有於無，不偏住著，故名不住。言行修者，義別有三。一、證相對助，以明不住。證行寂滅，助行起作，助而常證，不偏住作，證而常助，不偏住寂，寂作俱遊，不偏住著，故名不住。二、偏就證，以明不住。證實平等，無法可住，故名不住。故《地論》中名如行道爲不住道。三、偏就助，以明不住。於中有二。一、自利利他二行分別。菩薩善修自利行故不住凡夫，修利他故不住二乘，故名不住。二、就自行福智以明。福隨有生，智依無成，以修福故不住於無，以修智故不著於有，故名不住。三、應就諸行以明不住。如一施中，不見施者受者，財物及與果報，不著於有，常依三事而行布施，不住於無，故名不住。如施既然，諸行齊爾。此後三門，合爲助中不住之義。前就證助以明不住，次偏就證後偏就助，合爲第二行修不住。第三門中言就果德明不住者，謂佛如來得大涅槃，不捨世間，得涅槃故不住生死有爲法中，不捨世故不住寂滅無爲法中，故名不住。同相三道，辨之麤爾。

別相三道義，三門分別。釋名，一。定位，二。辨相，三。

別相三道，出《地經論》。亦得名爲位別三道。名字是何。一見二修，三無功用。初言見者，慧心推求明白名見。進習名修。修心久純，任運上昇，息於緣務，名無功用。此之三種，諸地不同，名之爲別。別行體狀，目之爲相。即此三行虛通名道。此三分異，是故亦名位別三道。名字如是。此一門竟。

次定位分。據實通論，一切位中皆具此三。隨相别分，局在出世。出世有二：一、初地已上名爲出世。二、隨地相，四地已上方名出世。就初門中，大位開分，初地見道。故《地論》言：諸見縛者於初地中見道時斷。二地已上，乃至七地，是其修道。八地已上，名無功用。以實細分，見有二種：一者緣見，在解行終心，故《地持》言諸見縛者解行時斷。二者證見，在初地始心。修道亦二：一者習修，在初地滿心，故《地持》中宣説初地以爲淨心及初修慧行也。二者正修，在二地已上。無功用中亦有二種：一、習無功用，在七地中，故《地經》中宣説七地修無功用。二、成無功用，八地已上。與無生忍其義相似，始習無生在七地中，成就無生在八地上。初門如是。

第二門中，大位開分，第四地中初入出世，名爲見道，故《仁王》中名第四地爲須陀洹。又《地經》云，身見爲首，我人衆生，陰界諸入，我慢所起出没等事，第四地中皆悉遠離。五地已上，判爲修道。八地已上，名無功用。以實細分，見有二種：一者習見，在三地終心，觀一切法不生不滅，因緣而有。二者成見，在四地中，正見諸法不生不滅。修亦有二：一者習修，在四地終心，方便行中發懃精進。二者正修，在五地上。無功用中二種如上。然經論中，地位開合，進退非一，或開前合後，或開後合前，或開中間以合前後，今據一門，且分此三。位別如是。此二門竟。

次辨其相。見有二種：一者習見，謂解行中學觀如理。二者成見，謂初地中真觀現前。成中有二：一者自分，始入初地，於自所證無我法中證照分明。二者勝進，謂初地中，於二地上行修得失善觀分明，如初地中發趣果等。修道亦二：一者習修，謂初地中發諸大願，修行戒等。二者正修，謂二地上修行戒等。正中有二，一漸次修，二者頓修。言漸修者，謂二地上乃至六地，五行勝進。言五行者，如《地持》説，二地修戒，三地習定，四五六地修習智慧。慧有三種：一、道品相應慧，四地所修。二、二諦相應慧，五地所習。三、緣起相應慧，六地所學。以此通前，合爲五行。此五漸生，名漸次修。言頓修者，謂第七地於念念中頓起一切菩提分法。無功用中亦有二種：一、習無功用，在七地中，故論説言七地修習無功用也。二者成熟，在八地上。成中亦二：一者自分，謂八地中報行成熟。二者勝進，謂八地上法流水中諸佛勸發，自然趣向無上菩提。是勝進中，諸行備起。今隨地相，略分三種：一、八地中，淨土化生，成就身業。二、九地中，辨才益物，成就口業。三、十地中，得深智行，成就意業。別相三道，辨之麤爾。

三種住義，兩門分別。釋名，一。辨相，二。

三種住義，出《持地論》《大智論》中亦具分別。依處名住。住義不同，一門説三。三名是何。一是聖住，二是梵住，三是天住。言聖住者，會正之解，名之爲聖，聖爲人依，故名聖住。亦可聖者是其聖人，聖所依處名爲聖住。言梵住者，淨行名梵，梵爲人依，名爲梵住。亦〔一三〕聖人離欲名梵，梵所居處名爲梵住。言天住者，八禪天法，故名爲天，天爲人依，名爲天住。亦可聖人是其淨天，天所居處名爲天住。問曰：何故不説人住、鬼畜住等。釋言：通説理亦無傷，以非勝故是中不論。名義如是。此一門竟。

次辨其相。開合不定。總之爲一，謂七無上中一住無上。或分爲二，一是世間，二是出世，梵住天住是其世間，聖住一種是其出世。或分爲三，三名如向。於中辨釋，略有三義：一、就果分別。如《大智論》說：欲界六天名爲天住。色無色天名爲梵住，以離欲故。涅槃聖法名爲聖住。二、就因分別。亦如《大智論》說，布施、持戒、禮拜等善，名爲天住，能得欲界六天果故。四禪、四空、四無量等名爲梵住，能得上界梵世界故，此色無色通名爲梵。三三昧等，名爲聖住。三、就行分別。如《地持》說，八禪地定名爲天住，其所依故。四無量心名爲梵住，以此四行於一切生離過淨故。彼三三昧滅盡正受，名爲聖住，唯是聖人所依止故。此後三住，《涅槃》名爲〔二五〕三行窟宅，猶是住處義也。或分爲四，如《大智論》說，於前三上加〔二六〕一住，合爲四也。如彼論說，首楞嚴等無量三昧，及佛十力、四無所畏不共法等一切佛法，通名佛住。或分十六，彼天住中有八禪定，即以爲八，梵中有其四無量心，通前十二，聖住有四，謂三三昧滅盡正受，通前十六。如《地持》說，此十六中，四無上住如來多住，天住之中住第四禪。以下三禪慧多定少，上之四空定多慧少，定慧不均，用不稱心，故不多住。唯第四禪定慧均等，作用稱心，是以多住。是故如來最初成道及般涅槃，皆依四禪。梵住之中，多住大悲，如來常念有苦衆生，大悲能拔，是故多住。聖中多住空三昧門及滅盡正受，以空三昧離相中勝，滅盡正受寂止極故，是故多住。三隨義廣分，住乃無量，今據一門，且論三種。三住如是。

大乘義章卷第十

校勘記

〔一〕「女性」，校本作「如性」，校本校勘記疑爲「女怯」。

〔二〕「勇」，底本原校疑爲「男」。

〔三〕「有」，底本原校云一本作「百」。

〔四〕「二」，底本原校云一本作「一」。

〔五〕「寶」，底本原校云一本無。

〔六〕「來」，底本原校云一本後有「五陰實德爲佛寶體不説假人以爲佛寶何故如是彼宗之中」二十四字。

〔七〕「漏」，校本校勘記云一本作「傷」。

〔八〕「法」，底本原校云一本作「寶」。

〔九〕「與」，底本原校云一本作「由」，下一「與」字同。

〔一〇〕「非想」，校本校勘記云甲本作「想非」。

〔一一〕「在」，底本原校疑爲「存」。

〔一二〕「爲」，校本校勘記云甲本作「名」。

〔一三〕「情」，底本原校云一本作「性」。

〔一四〕「諸」，底本原校疑爲「性」，校本作「性」。

〔一五〕「法」，底本原校疑爲「性」，校本作「性」。

〔一六〕「界」，底本原校云一本作「寂」。

〔一七〕「寬」，校本校勘記云甲本作「寔」，下一「寬」字同。

〔一八〕「與」，底本原校云一本作「上」。

〔一九〕「論」，底本原校云一本作「辨」。

〔二〇〕「量」，底本原校云一本作「重」。

〔二一〕「法」，校本校勘記云甲本無。

〔二二〕「統」，校本校勘記云甲本作「流」。

〔二三〕「寶」，底本原校云一本後有「僧寶」二字。

〔二四〕「病服」，校本校勘記云甲本作「服眼」。

〔二五〕「問」，校本校勘記云甲本作「間」。

〔二六〕「法輪」，校本校勘記云甲本作「無漏」。

〔二七〕「位」，底本原校云一本後有「分」字。

〔二八〕「在」，校本校勘記云一本作「分」。

〔二九〕「雜」，底本原校云一本後有「僧」字。

〔三〇〕「犯」，底本原校云一本後有「教」字。

〔三一〕「或」，校本校勘記云甲本作「惑」。

〔三二〕「群」，《薩婆多毗尼毗婆沙》（《大正藏》本）後有「羊」字。

〔三三〕「和」，底本原校云一本後有「合」字。

〔三四〕「有」，底本原校云論無。

〔三五〕「住」，底本原校云一本作「存」。

〔三六〕「變」，底本原校云一本無。

〔三七〕「寶」，底本原校云一本後有「化」字。

〔三八〕「就」，底本原校云一本作「説」。

〔三九〕「心」，校本校勘記云甲本作「四」，一本作「因」。

〔四〇〕「有」，校本校勘記云甲本作「立」。

〔四一〕「真」，底本原校云一本作「具」。

〔四二〕「無」，底本原校云一本作「説」。

〔四三〕「類」，底本原校云一本後有「次」字。

〔四四〕「如」，底本後衍「收」字，據底本原校及校本删。

〔四五〕「而」，底本原校云一本作「穴」。

〔四六〕「掉」，底本原校云一本無。

〔四七〕「返」，底本原校云一本作「通」，下一「返」字同。

〔四八〕「慧」，校本校勘記云一本作「定」。

〔四九〕「體」，底本原校云一本後有「性」字。

〔五〇〕「中」，校本校勘記云一本後有「作」字。

〔五一〕「所」，底本原校云一本作「作」。

〔五二〕「文」，校本校勘記云一本作「受」。

〔五三〕「作」，底本原校云一本後有「持作無作」四字。

〔五四〕「又」，校本校勘記云甲本作「人」。

〔五五〕「説」，校本校勘記云甲本作「就」。

〔五六〕「是」，底本原校云一本作「即」。

〔五七〕「上」，底本原校云一本作「前」。

〔五八〕「所」，底本原校云一本作「諸」。

〔五九〕「被」，底本原校疑爲「彼」，校本作「彼」，校本校勘記云一本作「復」。

〔六〇〕「善」，底本原校云一本後有「業」字。

〔六一〕「攝」，校本校勘記云甲本作「接」。

〔六二〕「過」，校本校勘記云甲本作「果」。

〔六三〕「故」，校本校勘記云甲本後有「故」字。

〔六四〕「猶」，底本原校云一本作「備」。

〔六五〕「三學俱修雖存息滅」，底本原校疑衍。

〔六六〕「具」，校本校勘記云甲本作「亦」。

〔六七〕「法」，底本原校云一本作「作」。

〔六八〕「故」，底本原校疑衍。

〔六九〕「故」，底本原校云一本作「期」，校本校勘記云甲本作「斯」。

〔七〇〕「如」，校本校勘記云甲本無。

〔七一〕「源」，底本原校云一本作「原」。

〔七二〕「以」，底本原校云一本作「謂」。

〔七三〕「前」，校本校勘記云甲本無。

〔七四〕「生」，底本原校云一本前有「攝」字。

〔七五〕「同」，校本校勘記云甲本後有「然」字。

〔七六〕「終」，底本原校云一本作「修」。

〔七七〕「處」，底本原校疑爲「支」，校本作「支」。

〔七八〕「被」，底本原校云一本作「緣」。

〔七九〕「防」，底本原校云一本後有「所防」二字。

〔八〇〕「説」，疑爲「故」。

〔八一〕「趣」，底本原校云一本無。

〔八二〕「未」，校本校勘記云甲本作「來」。

〔八三〕「彼説生上不説生得」，校本校勘記云甲本無。

〔八四〕「得」，底本原校云一本作「轉」。

〔八五〕「止」，校本校勘記云甲本作「心」。

〔八六〕「通就諸行開合如是」，底本原校云一本無。

〔八七〕「住」，校本校勘記云甲本作「任」。

〔八八〕「有」，底本後衍「有」字，據底本原校及校本删。

〔八九〕「根」，底本原校疑衍。

〔九〇〕「此」，底本原校云一本無。

〔九一〕「慧」，底本原校云一本作「意」。

〔九二〕「令」，底本原校疑後脱「其」字。

〔九三〕「雙」，底本原校疑前脱「止觀」二字。

〔九四〕「故」，校本校勘記云一本無。

〔九五〕「慧」，底本原校云一本作「思」。

〔九六〕「聞」，底本原校云一本後有「依聞」二字。

〔九七〕「藏」，校本校勘記云甲本作「教」。

〔九八〕「捨」，校本校勘記云甲本作「於」。

〔九九〕「直」，校本校勘記云甲本作「宜」。

〔一〇〇〕「思慧」，校本校勘記云甲本無。

〔一〇一〕「歛」，底本原校疑後脱「心」字。

〔一〇二〕「通修」，校本校勘記云甲本作「修通」。

〔一〇三〕「界」，底本後衍「三界」二字，據底本原校及校本删。

〔一〇四〕「中」，校本校勘記云一本後有「無」字。

〔一〇五〕「便」，底本原校云一本無。

〔一〇六〕「通名有漏」，底本原校云一本無。

〔一〇七〕「嘗」，底本原校云一本作「常」。

〔一〇八〕「無」，校本校勘記云甲本作「之」。

〔一〇九〕「邪」，底本原校疑爲「乎」，校本作「乎」。

〔一一〇〕「爲」，校本校勘記云甲本無。

〔一一一〕「别」，底本原校云一本作「義」。

〔一一二〕「更」，校本校勘記云甲本作「實」。

〔一一三〕「同」，底本原校云論作「具」。

〔一一四〕「度」，校本校勘記云甲本作「廣」。

〔一一五〕「觀」，校本校勘記云甲本作「現」。

〔一一六〕「息」，校本校勘記云甲本作「自」。

〔一一七〕「玄」，校本校勘記云甲本作「其」。

〔一一八〕「共」，校本校勘記云甲本作「苦」。

〔一一九〕「釋」，校本校勘記云一本作「攝」。

〔一二〇〕「在」，底本原校云一本作「去」。

〔一二一〕「一」，校本校勘記云甲本後有「一」字。

〔一二二〕「現」，校本校勘記云甲本無。

〔一二三〕「是」，校本校勘記云一本作「該」。

〔一二四〕「合」，校本校勘記云甲本作「令」。

〔一二五〕「名」，底本原校疑後脱「爲」字。

〔一二六〕「之」，底本原校疑衍。

〔一二七〕「不」，底本原校云一本無。

〔一二八〕「通」，校本校勘記云甲本作「道」。

〔一二九〕「純」，校本校勘記云甲本作「能」。

〔一三〇〕「無」，校本校勘記云甲本無。

〔一三一〕「性」，校本校勘記云甲本後有「性」字。

〔一三二〕「令」，底本原校疑爲「今」。

〔一三三〕「甘」，底本原校疑爲「其」，又云一本無。

〔一三四〕「亦」，底本原校疑後脱「可」字。

〔一三五〕「爲」，校本校勘記云甲本無。

〔一三六〕「加」，底本原校疑前脱「更」字。

大乘義章卷第十一

遠法師撰

淨法聚因法中，此卷有十九門。一、煖等四心義。二、人四依義。三、法四依義。四、四聖種義。五、四親近行義。六、轉業四行義。七、四修定義。八、四不壞淨義。九、四堅義。十、四種道義。十一、四種善法義。十二、四種味義。十三、四德處義。十四、四種求知義。十五、四陀羅尼義。十六、四無量義。十七、四無礙義。十八、菩薩四無畏義。十九、四攝義。

一、煖等四心，於中曲有六門分別。一釋其名，二定體性，三辨其相，四開合廣略，五長短分別，六就界分別。

第一釋名。煖、頂及忍，并世第一法，是其名也。所言煖者，就喻爲名，無漏如火，此諸善根學爲理[二]觀，得彼火相，名之爲煖。所言頂者，亦就喻名，如世山峯謂之爲頂，此善爲是在於煖上，故名爲頂。問曰：煖等四品善根一次第法，頂非宻極，何故名頂。釋言：善根有動不動，前二是動，以可退故。後二不動，不可退故。頂者是其動中之極，如世山峯分流之處，故名爲頂。問曰：何不不動之極說名爲頂。彼所受其第一名故。問曰：大小德位相並，如龍樹說菩薩初地名之爲頂，解行終心名爲頂墮，將彼類小，應苦忍去方名爲頂，今何故說世間善根以爲頂乎。釋言：頂義上下無局，一切所行，隨分過前皆得名頂。以無局故，大小相類。大乘世間亦有頂義，小乘出世亦有頂義，以俱有故，彼龍樹論且就出世不退之位說名爲頂，小乘就彼世間善中退窮名頂。所言忍者，當相爲名。慧心安法，故名爲忍。通論四種俱皆是忍，但此是其不動之始，安住義顯，故偏名忍。世第一者，顯勝之目，於世間中此善宻上，故云第一。然此四種，《毗婆沙》中名別有四，一名達分，二名觀諦，三名修治，四名善根。如彼論釋，言達分者，出世聖慧觀徹諦理，名之爲達，此四善根是彼性分，故名達分。言觀諦者，念處以前未觀諦理，此煗等上以無常等十六行法觀察四諦，故名觀諦。言修治者，爲求聖道及聖道果，修治身器，如世農夫爲求子實，修治淨田，故曰修治。言善根者，聖道是善，涅槃善果，煗等四種是彼初基，故名善根。又此四種，調順名善，能生聖道，故名爲根。名義如是。

第二門中，辨其體性。於中有二：一、心法分別。依如毗曇，此四善根用慧名〔三〕體，於所觀察四聖諦慧，若論眷屬則五陰性。此慧相應受數爲受，想數爲想，心王爲識，餘〔三〕數爲行，定共之戒以爲色陰。若依《成實》，此四亦是智慧自性，前後眷屬唯行陰攝。若説遠緣，亦五陰性。二、就有漏無漏分別。依如毗曇，一向有漏，但能伏結，不永斷故，又是聖慧方便道故。《成實》法中，此四善根現見空理，性是無漏，以雜相故亦名有漏。體性如是。

第三辨相。於中有四：一、約境不同。二、觀心有別。三、生解不等。四、治障有異。

言約境者，如《毗婆沙》説：觀察五陰苦無常等，名之爲煗。觀三寶功德，名之爲頂。觀四真諦，名之爲忍。唯觀身苦，名世第一法。理實此四同觀四諦，爲分四別，且爲言耳。此一門竟。

言觀別者，此之四種同觀四諦，觀心差降，故有四別。是義云何。依如毗曇，苦集滅道界行分別有三十二。界謂三界。行者所謂苦無常等十六聖行。欲界地中有十六行，上界亦然，上下通説有三十二。於一一行，正能觀察，説之爲煗。觀之未明，名煗方便。觀心分明，名煗成就。煗法如是。於一一行心觀來去，以漸略之，至一心觀，名之爲頂。一心觀前，名爲方便。一心觀後，名爲成就。此頂心中雖後〔四〕漸略，望於四諦及十六行，猶名具觀，不名爲略。然此成處各一心觀，與後忍中初觀相似，如增上忍似第一法。問曰：善根漸多應好，何故須略。釋言：始觀多心，重緣猶不明了，觀心後純，少緣即見，是以減之。

頂法如是。次辨忍法，於彼上下三十二行各一心觀，乃至於彼欲界苦下一行觀來，説之爲忍。就此忍中具有三十二番觀行。初第一番，於一一行各一心觀，先觀欲界苦下四行，次觀上苦，後觀欲界集下四行，次上界集，乃至觀道，類亦同然，各四行觀。次第二番，上界道下略去一行，觀察餘者。次第三番，上界道下略去二行，觀察餘者。如是漸去，乃至寂後唯觀欲界苦下一行，或苦無常，或空無我。從初乃至唯觀欲界苦下二行，名忍方便。唯觀一行，名忍成就。向前頂中直[五]略觀心，今此忍中心境俱略。問曰：諦法多觀應好，何故須略。《毗婆沙》云：譬如富人欲適他土，財物廣多，不能持去，故[六]以財易錢，猶嫌錢多，轉以易金，猶患金多，以金轉買多價寶珠，持去地土。行者如是，欲從世間入出世道，先捨有漏多相續心，起於上忍，唯緣一行，易入聖道，是以略之。忍法如是。次辨第一增上忍後，重起一心，緣欲界苦。唯緣一行，名世第一法。以一心故，更無方便成就之別。毗曇如是。《成實論》中直云，行者以無常行觀察五陰，生泥洹智，下名爲煗，中名爲頂，上名爲忍，上上名爲世第一法。不明四種觀相差別。今且義釋。初煗法中，先以無常觀察現在果報五陰智無定性，以此比知過未亦然。次觀現集亦但生滅，無有自性，過未同爾。次觀現滅託待而立，無有定性，過未亦然。後觀現道無常生滅，無有自性，過未齊爾。第二頂中，先觀苦諦，因緣虚假，無有自性，以此比知過未同然。集、滅、道觀，類亦同爾。向前觀始，以苦無常生滅法數，分壞法體，今觀轉勝，以其因緣虚假之理，明法無性。第三忍中，初先總觀三世諸法虚假無性，集、滅、道觀，類亦同爾。向前觀始，三世別觀，今觀轉勝，三世總觀。世第一中，總觀三世四諦虚假，以此總觀與無相中總見法空方便故。觀別如是。此二門竟。

生解別者，如毗曇、《婆沙》説，煗初緣諦，能生下明。頂生中明。忍生上明。以此身中緣諦明故，生世第一法。此三門竟。

次明治障。如《毗婆沙》説，煖初緣諦，能止上愚。頂止中愚。忍止下愚。以止身中如是愚故，生世第一法。顯相如是。此四門竟。

第四，明其開合廣略。此四善根，總之唯一達分善根。或分爲二，如《毗婆娑》説，一動善根，二者不動。前二是動，以可退故，又復雜起欲界善故。後二不動，不可退故，又不雜起欲界善故。或分爲三，如《毗婆娑》説，謂下中上，煖名爲下，頂名爲中，忍及第一説以[七]爲上分。或分爲四，煖名爲下，頂名爲中，忍名爲上，世第一法名爲上上。或分九種，如《毗婆娑》説：煖法有三，所謂下下、下中、下上。頂法有三，所謂中下、中中、中上。忍法有二，謂上下、上中。世第一法有其一種，所謂上上。又彼論中更有一説：煖法有二，所謂下下及與下中。頂法有三，所謂下上、中下、中中。忍法有三，所謂中上、上下、上中。世第一法有其一種，所謂上上。或分爲十，前三各有上中下別，世第一中其唯一品，通前十也。煖中三者，修彼四諦三十二行，始觀未見名之爲下，昧見爲中，明見爲上。頂中三者，於彼諸行多心觀中，初略一觀名之爲下，略二已後及至於彼三十二行各三心觀説之爲中，各二心觀説以爲上。忍中三者，初於三十二行之中，各一心觀，名之爲下，故《毗婆娑》云觀欲界苦行至上界道行三十二心是名下忍。於三十二行之中，略一已後，乃至於彼欲界苦下唯觀二行，是名中忍。此中忍中，極多有其三十一心，極少二心。欲界苦下，唯緣一行，是名上忍，故《毗婆娑》云復以一心觀欲界苦名上忍也。世第一中唯有一心，更無多品。或分十八，如瞿沙説：前二善根名之爲動，就此動中品別有九，始從下下乃至上上。此九品中，煖有三品，頂中有六。後二善根，名爲不動，此不動中亦[八]有九品，始從下下乃至上上。此九品中，忍有八品。世第一法唯一上上。前後合説，故有十八。隨義細分，乃有無量。開合如是。

第五門中，長短分別。如《毗婆娑》説，煖、頂善根一向相續，忍法之中或是相續，或是一念，中下二忍多念相續，上品之忍局唯一念，世第一法局唯一念。若依《成實》，煖等四種並皆相續，一念之心不能具觀四真諦故。長短如是。

第六門中，就界分別。界謂三界，論者不同，所説各異。若依尊者達摩多羅，煖等善根唯色界攝，以色界中有遍緣智，能觀上下四聖諦故。色界善中有動不動。動中，下者説名爲煖，上名爲頂。不動中，下説名爲忍，上名第一。以何義故非欲界攝。故[九]彼宗欲界一向無定，不得依之修習起故。以何義故非無色攝。無色界中無遍緣智，不能觀下四聖諦故。彼心微弱，是故不遍。尊者瞿沙説此煖等是其欲界及色界攝，非無色界。彼説欲界亦有六[一〇]禪定，可依修起，故欲界攝。色界可知。欲界攝者，名之爲動。動中，下者説名爲煖，上名爲頂。色界攝者，名爲不動。不動中，下説名爲忍，上名第一。以何義故非無色攝。此如前釋。僧祇部説是三界攝，彼説欲界有其禪定，依之修起，故欲界攝。色界可知。無[一一]色上[一二]能具觀四諦，故無色攝。如是説者，依無色定上入見道。《成實論》家同此後説。煖等四心，略之云爾。

人四依義，五門分別。釋名義，一。開合辨相，二。侍佛多少，三。得義多少，四。所化差别，五。

人四依義，出《涅槃經》。來[一三]世憑仗，稱之爲依。依義不同，一門説四。四名是何。有人出世具煩惱性是其第一，須陀、斯陀是其第二，阿那含人是其第三，阿羅漢人是其第四。有人出世具煩惱者，所謂地前種性、解行内凡人也。如來滅後，現化在時，名爲出世。於初地上所斷二輪未能剪除，名具煩惱。問曰：何知此地[一四]前經自説言，是名凡夫，非第八人，明在地前。何者第八，對之説非。依《毗婆娑》，名須陀洹以爲第八，對見道前七方便故。故彼論中問言：何者是第八人。所謂信堅及與法堅。鈍根之人入見諦道名爲信堅。利根之人入見諦道名爲法堅。問曰：《地持》説種性人二障清淨，何故《涅槃》説具煩惱。所望不同，故説有異。《地持》約對聲聞、緣覺，種性菩薩五住齊斷，故名清淨。《涅槃》約對初地已上所斷二輪，地前未斷名具煩惱。問曰：是中爲辨依德，應説無惱，何故説具。爲別後故。

須陀洹者，此翻有三，一名修習無漏，二名逆生死流，三名觝債。聖解漸進，名修無漏。三途苦報，違而不順，名逆生死。拒而不受，故云觝債。位在何處，分別有三：一者守果，在初地終心。二者攝因，從於初地始心已去，通名須陀。三者進向，上盡二地，通名須陀。

斯陀含者，此名住薄，能薄修惑，名斯陀含。如小乘中，偏於欲界九品修惑能薄六品。大乘法中，通於三界，一切修惑齊能薄之，如《地經》説。位在何處，分別有三：一者守果，在第三地。故[一五]經中宣説，三地一切欲縛、色無色縛及無明縛皆悉微薄，以能薄故，名斯陀含。二者攝因，二地已上通名斯陀。三者進向，上盡七地，通名斯陀，以那含果未成就故。何故須陀、斯陀之人合爲一依。釋有三義：一、得義同故，合之爲一。如經中説，於一切義十六分中得十二分。十六分義，後當更論。二、功用同故，合爲一依。始從初地，乃至七地所修諸行功用同故。三、化用同故，合爲一依。始從初地乃至七地隨所化生，作意攝取，不能自然無分別化，是故合之。問曰：若爾八地已上同無功用，何故不合。得義別故。又復地位開合不定，各據一宜，不可定責。經説此人未得第二、第三住處，於四果中，須陀洹人未得第二斯陀住處，斯陀含人未得第三那含住處。

阿那含者，此名不還。小乘法中，更不還來[一六]欲界受身，名阿那含。又於二十五有之中，隨所過處不重受生，名阿那含。大乘法中，釋有兩義：一、不重起愛拂[一七]煩惱，故名不還。二、不重受欲界地中分段殘報，故曰不還。故經説言，更不重受肉身、虫身、不淨之身，名阿那含。設更受生，但是應化。位在何處，分别有三：一者守果，在第八地，以八地中愛佛心斷，故名那含。又七地還欲界人天分段殘習猶故未盡，故《大品》中宣説，七地猶有肉身，八地已上畢竟永離，名阿那含。二者攝因，七地已上同名那含，修習順忍，向那含故。三者進向，上盡九地，同名那含，以阿羅漢果未成故判屬前矣。若分四依，於此三中，守果、進向説爲那含，攝因一種判屬斯陀。

阿羅漢者，此名不生，亦名無著。小乘法中，於三界地不復受身，名爲不生。大乘法中，三界分段殘報皆盡，故曰無生。設使受之，但是應化。具六妙行，不染六塵，故云無著。以實論之，佛是羅漢。此第四依，學中究竟，高美同佛，是故説之爲羅漢也。位在何處，分别有三：一者守果，在第十地，故《涅槃》言阿羅漢者住第十地。二者攝因，九地已上同名羅漢。三者進向，上盡金剛，同名羅漢。若分四依，於此三中，守果、進向是阿羅漢，攝因一種判屬那含。問曰：何故第二依中須陀洹因攝之從後爲第二依，此後二依分因屬前。釋言：向前第二依中須陀洹因與須陀果同是出世，得義相似，是故從後爲第二依。後二依中那含之因，與前斯陀同是功用，得義相似，故判屬前。羅漢之因與前那含同非究竟，故判屬前，不類在斯。此四種人，能益世間，猶如如來，等無差别。問曰：此人何時爲依。釋言：依實無時不爲，今隨化相，在佛滅後，弘通正法爲依[一八]也。此一門竟。

次第二門，開合辨相。開合不定，總爲一依。或分爲二，一凡二聖，地前名凡，地上名聖。或分爲三，就此三中，或開前合後，種性爲一，解行爲二，地上爲三。或開後合前，地前爲一，初地見道以爲第二，二地已上修道爲三。又復地上功用無功用，亦得分二。或離爲四，就此四中，或開前合後，習種爲一，性種爲二，解行爲三，地上爲四。或開後合前，地前爲一，見道爲二，修道爲三，無功爲四。又如向説，地前爲一，須陀、斯陀以爲第二，那含第三，羅漢第四，此亦開後以合前也。或前後俱開，種性爲一，解行爲二，出世間中見道爲三，修道爲四。又出世中功用爲三，無功爲四，亦是俱開。或分爲五，就此五中，或合前開後，如五忍説，地前爲一，初二三地信忍爲二，四五六地順忍爲三，七八九地無生爲四，十地寂忍以爲第五。或前後俱開，習種爲一，性種爲二，解行爲三，初地見道以爲第四，二地已上修道爲五。又復地前種性爲一，解行爲二，見道爲三，修道爲四，無功爲五，此五亦是前後俱開。或分爲六，如《地持》説，種性爲一，解行爲二，淨心爲三，二地已上乃至七地行跡爲四，八地九地決定爲五，十地畢竟以爲第六。如《涅槃》中言爲六住，謂[一九]諸菩薩者謂此六也。或分爲七，如《地持》説，於前六中開決定地以之爲二即爲七地，彼論八地名決定地，九地名爲決定行地。或分爲八，就前七中習種、性種各別爲一，即是八也。或分爲九，地前爲一，出世間中四五六地合爲正見，餘各爲一，通爲九也。或分爲十，就前九中種性、解行分爲二種，即是十也。或分十一，地前爲一，十地爲十。或分十二，地前種性[二〇]、解行爲二，十地爲十。或分十三，習種爲一，性種爲二，解行爲三，十地爲十。或分四十，所謂十住、十行、十迴向及與十地。若分等覺，有四十一。廣則無量。此等開合，各且[二一]是一宜，今據一門，且分爲四。開合如是。

此一門竟。

次第三門，辨明四依侍佛多少。如《涅槃》説，第一依人於五恒河沙佛所發心，能持禁戒，善解文義，能爲他説，於惡世中不謗正法，故堪爲依。第二依人於六恒河沙佛所發心，具修衆善，能持正法[二二]，善爲他説，於惡世中不謗正法。第三依人於七恒河沙佛所發心，德行純熟，能建正法，廣爲他説，能於十方周旋往返，濟度衆生，於惡世中不謗正法。第四依人於八恒河沙佛所發心，斷諸煩惱，捨[二三]於重擔，逮得已利，所作[二四]已辦，欲成佛道即能現成，隨人所樂悉能現化，得自在智，廣爲他說。此三門竟。

次第四門，辨明四依得義多少。如《涅槃》說，一切諸義統而攝之爲十六分。如說一慈爲十六分，如是等也。此十六中，第一依人得八分義，第二依[二五]餘八分中復得人[二六]四分，通前十二。第三依人餘四分中復得兩分，通前十四。第四依人具得十六。據實論之，第四依人餘二分中但得一分，通前十五，諸佛方得十六分義。以第四依位隣佛境，高美同佛，故說具得十六分也。又第四依於佛所得第十六分雖未窮證，觀解相應，故說具得。

問曰：四依初劣後勝，何故得義初多後少。釋言：麤義浮淺易知，故初得多，細義難精，故後得少。又復麤義隨詮相別，少爲多分。細義說實，階降相微，多爲少分，分數雖少，其義實廣。問曰：若言麤義易知，初處得多，細義難精，後得少者，何故經言初地菩薩得百三昧，二地得千，乃至十地得十不可說百千萬億那由他佛世界微塵數三昧[二七]，佛土廣數三昧。釋言：辨義汎有兩門：一、就攝義從詮門中，明得多少。二、就捨詮[二八]實門中，明得多少。從詮門中細分有四：一約一詮，始終別論，初得多義，後時得少。從詮之義，具顯文中。初得聞持成就之時，依文具解，故初持[二九]得多。後設重思，委審而已，無多異見，故後得少。故《涅槃》中初依菩薩得八分義，第二依人更得四分，乃至第四但得兩分。二約一詮，以終攝始。初時得少，後時得多。故《涅槃》中初依但得八分之義，乃至第四得十六分。三約多詮，始終別論。初得少義，聞教少故，終得多義，聞教多故。故第十地能受諸佛雲雨說法，依其所聞，亦知多義。四約多詮，以終攝始。初時得少，後時得多，義在可知。就其捨詮證實門中，細分有二：一、始終別論，初時得少，對教心多，見理昧故。終時得多，以能捨詮，見理明故。二、以終攝始，初少後多，義在可知。《地經》所説是其捨詮證實之義，故後得多，不同在斯。此四門竟。

次第五門，辨明四依所化差別。三乘之人，是其所化。聲聞人中所化有二：一、化令入小，除阿羅漢，餘皆化之。彼阿羅漢得果滿足，不假化故。二、化令入大，一切皆化，乃至羅漢亦憑四依入大乘故。緣覺人中所化亦二：一、化入中乘，除緣覺果，餘皆化之。二、化令入大，一切皆化。大乘人中所化有六，如《涅槃》説：一、初發心，在外凡地，最初發意。第二，已於熙連河沙佛所發心，聞法初[三〇]不謗。第三，已於一恒河沙佛所發心，聞法愛樂，不謗同前。第四，已於二恒河沙佛所發心，聞法受持，餘德如上。第五，已於三恒河沙佛所發心，隨所聞法，能爲他説，餘德如前。第六，已於四恒河沙佛所發心，能解深義，十六分中已得一分，餘德如上。六中初一隣入善趣，後五在於善趣位中。四依如是。

法四依義，五門分別。釋名，一。辨相，二。次第，三。對四無礙共相收攝，四。約對人依辨明可依不可依義，五。

第一釋名。法爲行託，名之爲依。依別不同，一門説四。四名是何。一、依法不依人。二、法[三一]依義不依語。三、依了義經不依不了義經。四、依智不依識。言依法者，法有兩義，一軌則名法，二自體名法。故[三二]論釋言，法名自體，憑法起行，故名爲依。不依人者，宰用名人。不依有二：一、自未見法，不依邪僞乖法之人，名不依人，非謂不依正見之人。二、自已見法，一切不依。言依義者，義有四種：一、所以名義。二、義用名義。三、義利名義。四、德義名義。依同前釋。不依語者，詮談曰語。不依有二：一、永[三三]義之始，不依顛倒乖義之語，非謂不依如法之言。二、得義捨詮，一切不依。依了經者，顯法之詮，名了義經，憑之趣實，故名爲依。不依不了經者，彰邪之言，名不了義，棄而不從，故曰不依。言依智者，解法決了，名之爲智，憑之取法，故名爲依。不依識者，闇心分別，名之爲識，捨而不從，故曰不依。名義如是。此一門竟。

次辨其相。依法不同，差別有五：一、教法名法。二者世諦自體名法。三者真諦自體名法。故《涅槃》言，法謂法性，常恒不變。四、因行自體，名之爲法，又復因中起行之軌亦名爲法，所謂三十七道品等。五、果德自體，名之爲法。故《涅槃》言，法者所謂大般涅槃。

依義不同，亦有五種：一、對教法，二諦名義。二諦並是教下所以，故名爲義。二、對世諦法，真諦名義。真諦是彼世法所以，故名爲義。三、對真諦法，世諦名義。世諦是彼真家義用，故名爲義。又復世諦顯真諦〔三四〕所以，亦名爲義。故《地經》中，知世無常，顯無我法，名義無礙。四、因行利人，名之爲義，故《地持》中名彼善法爲義饒益。五、果德名義，故《地持》中名得菩提以爲得義。

依了義經不依不了義者，分別有二：一、就大小相對分別。或小乘名了，大乘不了，小乘麤顯，故名爲了，大乘秘密，故名不了。或大乘名了，小乘不了，大乘〔三五〕顯實，名之爲了，小乘覆實，名爲不了。二、約愚智相對分別。正智取法，大大小皆了，隨法淺深，當分了故。愚心取法，大小所說一切不了，淺深相望，互相違故。此之一門，如《地持》說。故彼論云：於如來說，除〔三六〕信清淨，於此法律不可破壞，名了義經。於如來說，作不決定，法律可壞，名爲不了。

所言依智不依識者，分別有四：一、解惑分別。聞思修等三慧解心，名之爲智，惑心分別，說以爲識。二、就解心明昧分別。三慧之中，修慧深明，名之爲智，聞思闇昧，說以爲識。此之一門，如《地持》說。故彼論言，用修慧智，不以聞思識諸法義，名爲依智不依識也。三、大小分別。大乘三慧知法實相，悉名爲智，小乘三慧不見法實，齊名爲識。此之一門，如《涅槃》說。

故彼經云：若知如來即是法身，如是智慧，所應依止。聲聞不知如來功德，如是之識，不應依止。四、真妄分別。就大乘中，真證名智，見實義故，妄修三慧悉名爲識。此之一門，如《地論》說。故彼論中宣說，地實唯智〔三七〕境界，聞思修報生識智非彼境界，以不同故。體相如是。此二門竟。

第三門中，辨其次第。經論不同，凡有五種：

一、觀入次第。如《成實》說，第一依法，第二依於了義之經，第三依義，第四依智，此等據其聞思修等以辨觀入。四中初二是其教法，依成聞慧。但就聞中初先簡去〔三八〕人，以取其法，後就法中簡去不了，取其了義，始終雖思〔三九〕，同成聞慧。第三依義，是其理法，依成思慧。依聞起思，故次明之。第四依智，是其行法，依成修慧。上人智慧爲下倣習，說爲行法。依思起修，故後說之。

第二，依體起用次第。如《涅槃》說，第一依法，謂大涅槃，涅槃果體，是故先明。第二依義，所謂法身、解脫、般若，此是果德，依體有德，故次辨之。第三依智，所謂如來一切種智，此是果用，依德起用，是故次說。第四依於了義之經，謂佛所說大乘經典，依智起說，是故後論。

第三，據果尋因次第。如《涅槃》說，第一依義，所謂法身、解脫、般若。第二依法，所謂法性常恒不變。第三依智，所謂僧是常〔四〇〕，無爲不變，不畜八種不淨之物。第四依於了義之經，所謂一切大乘經典。就此四中，前二是果，後二是因。就前果中，義是果〔四一〕體，是故先明。果依法成，故次明法。就後因中，智是因體，是故先明。因依法成，故次明其了義之經。又義是果，果是所求，是故先明。果依理成，故次明法。此二一對，向前果德由因而起，故次明智。向前理法，藉教而顯，故後明其了義之經。

第四，據深尋〔四二〕淺次第。如《維摩》說，第一依義，義是理法。第二依智，智是理行。第三依於了義之經，經是顯前理法之詮。第四依法，法是成前智行之軌。理是所詮，故先明義。依義成慧，故次明智。所求之義，由詮故顯，故次第三明了義經。所成之智，依法而起，故次第四明其依法。

第五，攝法起修次第。如《地持》説，第一依義，義者是理。第二依法，法者是教。第三依於了義之經，正解取法，名爲了義。第四依智，修慧達義，名之爲智。四中前二，攝法次第，後之兩種，起修次第。就攝法中，義能成行，正是所求，故先明義。義[四三]由教顯，故次明法。後起修中，隨義[四四]相別分，初了義經依前教法起聞思解，解法無違，名之爲了，故論釋言，深信佛説，名了義經。後依智者，依前理義，起修慧行，故論釋言，用修慧者[四五]智[四六]，名爲依智。通而論之，了義經者，依前法義，起聞思解。言依智者，依前法義，起修慧行。次第如是。此三門竟。

次第四門，對四無礙共相收攝。隨相分之，初依法者是法無礙，第二依義是義無礙，第三依於了義經者是辭無礙，第四依智，善達物心，起説自在，爲樂説無礙。以實論之，初依法者是法無礙方便之道，第二依義是義無礙方便之道，第三依於了義經者是辭無礙、樂説無礙方便之道，第四依智是其四種無礙正體。故《地持》中第四依智名爲修慧，就修慧中開四無礙。於法章句，修慧不謬，名法無礙。於諸法相，修慧不謬，名義無礙。於法名字，修慧不謬，名辭名[四七]無礙。隨順世俗種種名字，修慧不謬，名樂説無礙。此四門竟。

第五門中，約對人依，辨明可依不可依義。人依有四，如上所説。人法相從，二俱可依，人即法故，依法之者亦必依人。故《涅槃》云：如上四人，應當依止，法即人故，依人之者亦必依法。人法別分，互有可依不可依義。有肉眼者，人爲可依，法不可依。人能教誨樂[四八]道善惡，故人可依。法相難辨，故法叵依。故《涅槃》云：

我爲肉眼諸衆生等説人四依，終不爲於有慧眼者。有慧眼者，法爲可依，人不可依。以有慧眼正見法故，法親成行，故法可依，人是疎遠[四九]，不親成行，故人叵依。法四依義，辨之略爾。

四聖種義，兩門分別。辨相，一。就人分別，二。

第一辨相。四聖種者，亦名四依。乞食等法，能生聖道，與聖爲種，故名聖種。起行所憑，故復名依。依別不同，一門説四。四名是何。一、盡形乞食。二、盡形壽著糞掃衣。三、盡形壽樹下常坐。四、有病服陳棄藥。爲破比丘四種惡欲，故説此四。一、破比丘爲食惡欲，受乞食。二、破比丘衣服惡欲，受糞掃衣。三、破比丘房舍臥具惡欲，受樹下坐。四、破比丘湯藥惡欲，受陳棄藥。

初乞食中，三門分別，一明乞儀，二明所爲，三明食法。

言乞儀者，有十三種：一、住正形乞，不自安禪[五〇]得上人法而行乞食。二、正威儀乞，執持應器，進止安祥，被服齊整，而行乞食，如《戒經》説。三、住正命乞，終不諂曲，執持威儀，不現異相，不禪己善，而行乞食，如是一切。四、住正見乞，不取乞食以爲真道。著[五一]取乞食爲真道者，是戒取攝。五、依法乞，非法飲食生罪過者，終不乞求。六、依時乞，要在中前，不得餘時。故毗尼中迦留陀夷夜行乞食，生世譏嫌，如來制之。七、依處乞。若有學處[五二]僧先爲作學家羯磨，又有惡人僧先爲作覆鉢羯磨，不得從乞。八、依次乞，亦名等乞，不簡貧富，次第等乞，除有命難、梵行難處。又觀他人因己乞食而生罪過，終不從乞。九、離貪心乞，於所乞求不念美饍，及時早得。又於所乞，受求以限，不得過分。十、離取著乞。如《維摩》説，於乞食時，見色如盲，聞聲如響，臭香如風，於所食味心無分別，受觸如證，知法如幻。十一、離瞋惱乞。如《地持》説，若得麤澁，留難不時，或加打罵，不生瞋惱，方於破[五三]所起隣愍心。十二、不麤礦乞，軟言乞食，終不麤礦，亦不强乞。十三、離慢心乞，於乞食時若見貧賤，不起輕想。又亦不時乞食生慢。故《遺教》云：當自摩頭，已捨[五四]餙好，著壞色衣，執持應器，以乞自活。自見如是。若起憍慢，當自滅之。增長憍慢，尚非世俗白衣所宜，何況出家入道之人，爲解脱故，自降其身而行乞也。此十三中，初四一分住四正乞，次四一分住依義乞，後五一分捨煩惱乞[五五]。乞儀如是。

次明所爲。所爲有二，一爲自己，資身行道，二爲衆生，令施得福。凡夫乞食，但爲自己。設有爲他，少不足言。聲聞、緣覺，多爲自己，少爲他人。菩薩人中，有始行者，多爲自身，少爲他人。次行之者，多爲他人，少爲自身。上行之流，唯爲衆生，法身菩薩無所假故，佛亦如是。然佛爲他，有二十事，如《轉女身經》説：一、爲示現相好之身，令物覩見，發菩提心。二、令衆生覩見佛身，盲者見色，聾者聞聲，啞者能言，如是一切。三、乞食故，現受諸天龍鬼神等所奉供養，令人覩見，發菩提心。四、捨尊位，出家乞食，息物慢高，發菩提心。五、令大德，諸天人等，見佛慈心愍物乞食，學佛爲之。六、有衆生欲見如來，以懈怠故不能往見，佛知其心，現行乞食，令彼覩見。七、令衆生見佛聞法，遠離愚癡，漸增出世涅槃之因。八、有衆生繫閉牢獄，或受楚毒，因見佛故，即得解脱，發菩提心，故行乞食。九、有女人欲供養佛，而爲父母親戚所護，不能奉獻，佛爲受之，故行乞食。十、如來鉢，四王所奉，佛持乞食，若有衆生欲少布施，少物即滿，欲多施者，多物不滿，欲休乃滿，令人覩見，發菩提心，故行乞食。十一、如來鉢中所成[五六]之食，施一切僧，終無增減，令人覩見，發菩提心。十二、如來鉢中成百千種食味，味味各别，不相和雜，猶如别器，令人覩見，發菩提心。十三、佛身一合之體，其内不空，如實金剛，無生熟藏、大小便利，雖現有食而無入者，令釋梵等覩見發心。十四、有人施佛，若多若少，若麤若妙，福皆無盡，乃至涅槃，佛爲是故，現行乞食。十五、如來常定，現行乞食，令人覩見，發菩提心。十六、如來若常[五七]不行乞食，有人學之，便常飢餓，羸疲無力，不能修得過人智慧，故行乞食。十七、如來善攝四聖種故，現行乞食。十八、佛若不乞，未來不信諸長者等見比丘乞，便作是言，汝家世尊不行乞食，汝何故乞。爲破是言，故行乞食。十九、有諸豪貴，隨佛出家，耻於乞食，故佛行乞食，令彼學之，不生羞耻。二十、如來爲度根熟衆生，處處隨逐，故行乞食。所爲如是。

次辨食法。隨所乞得，於自所食，三分留一，所[五八]餘著淨處，施與衆生。隨所欲食，上奉諸佛，次獻賢聖，下施衆生，然後食之。故[五九]《維摩》言，供養一切及衆賢聖，然後可食。然於所食，當壞貪想。如藥塗瘡、飢世食子，不生味著，復應生厭。爲是食故，多致苦惱，願得法身，維[六〇]此食過。食已念道，報施主恩。食法如是。

糞掃衣者，外[六一]國法，死人之衣，火燒鼠齧，如是等衣，棄之巷野，事同糞掃，名糞掃衣。問曰：何故飲食須乞，衣受糞掃。釋言：飲食乞求易得，無妨修道，故行乞食。衣乞難得，懼妨修道，是以不乞。又外國法，糞掃之衣，求覓易得，無妨修道，故受糞掃。食不如是，是以須乞。樹下坐者，樹能陰覆，事同半舍，不須造作，省事修道，是以依之。陳棄藥者，所謂大便，除病易得，無妨修道，故病服之。辨相如是。此一門竟。

次就人論。此四乃是出家人中上行所依，在家積聚，不行此法。出家人中，義别有三：一、簡小異大。此中唯是凡夫二乘之所依憑，非佛菩薩。何故如是。凡夫二乘心行微劣，依仗此四，方能離過。諸佛菩薩知法如幻，常處五欲而能不染，不假如此。故《轉女身經》云：如貧人病，服苦澁等賤價之藥，得差[六二]病苦，聲聞如是，行四聖種頭陀之法，方能離過。如帝王病，服上味藥，仗藥適心，所患得除，菩薩如是，雖在五欲，以其種種巧方便行，得無衆患，不假四依。二、簡因異果。此四唯是凡夫二乘、菩薩所行，出家菩薩亦依此四離諸過故，故《地經》中宣說菩薩修習少欲頭陀等也。以此四法名聖種故，局唯在因。諸佛如來聖果已滿，不假此四。三、就實通論，從凡至佛，皆行此四，故《轉女身經》云如來善攝四聖種矣。四聖種義，略之云爾。

四親近行義。

四親行者，如《涅槃》說，蓋乃驗人簡友[六三]行也。附人撿練，名親近行。近行不同，略有四種，一者共住，二者久處，三者智慧，四者觀察。四中前二驗其身行，後二驗心。身心之中各有難知易覺之别，故有四種。故經說言，如奄羅菓，生熟難分，人亦如是，善惡難别。或善外相，内無誠實。或内賢良，外現麤鄙。或俱相禪。如是等人，遠矚難明，近鑒易曉，故須親近，驗之得失。驗法云何。有人意欲訪德憑友，乍[六四]聞他人有善可依，未可專信，直[六五]須共住，撿其虚實。若易别者，共住即知。若難識者，加以久處，乃知美惡。此前驗身，内心善惡難以自覩，須以智慧觀察驗之。心雖難曉，准言度意，事亦可知。唯依如來三藏教法，驗言取意，名爲智慧。言扶行者，此驗即足。言乖行者，加以觀察。不依聖教，直[六六]以道理測其得失，名爲觀察。四親之義，略辨如是。

轉業四行義。

轉業四行，如《涅槃》說。何等爲四。所謂修習身戒心慧。於中差别乃有八門，一一門中，皆初辨過，後翻顯德。

第一門中，不攝五情，名不修身。不能受持七支淨戒，名不修戒。不善調心，名不修心。不修聖行，名不修慧。觀諦聖慧名爲聖行。翻此，名修身戒心慧。

第二門中，不能具足清淨戒體，名不修身。受畜八種不淨之物，名不修戒。不能修習止舉捨相，名不修心。不修梵行，名不修慧。四無量心，名爲梵行。不知修此，名不修慧。又大無量用慧爲體，故不修彼名不修慧。翻此，名修身戒心慧。

第三門中，不能觀身、身相、身數，不能觀色、色相、色數。非身色中，生身色想，貪著不捨，名不修身。身根名身。長短、大小、好惡等根[六七]，名爲身相。眼耳鼻等，名爲身數，如想受等名爲心數。色塵名色。方圓、大小、好惡等相，名爲色相。香味觸等，名爲色數。如是一切。受持下戒、邊戒、自[六八]戒，名不修戒。受持聲聞凡夫之戒，名爲下戒。苦身求度，名爲邊戒。自爲捨他，名爲自戒。若心散亂，不守自境，名不修心。自境界者，謂四念處。他境界者，謂五欲也。於惡業中不善護心，名不修慧。翻此，名修身戒心慧。

第四門中，不能觀身無常、滅、壞，愛著不捨，名不修身，此名無檀。不具尸羅，名不修戒。不具禪那，名不修心。不具般若，名不修慧。翻此，名修身戒心慧。

第五門中，著我我所，謂身常恒，名不修身。著我我所，是其身見。謂身常恒，是其邊見。作十惡業，名不修戒。於十惡中不能修[六九]心，名不修心。不能分別善惡等法，名不修慧。翻此，名修身戒心慧。

第六門中，不斷我見，名不修身。不斷戒取，名不修戒。不斷貪瞋，名不修心。不斷愚癡，名不修慧。翻此，名修身戒心慧。

第七門中，不能觀身猶如怨賊，常須將護，不護害人，名不修身。不能觀戒是善梯隥根本道首，名不修戒。不能觀心，輕躁動轉，難捉難調，一切惡本，名不修心。不觀智慧有大勢力，名不修慧。翻此，名修身戒心慧。

第八門中，妄想分別一切身相，名不修身。分別戒相，名不修戒。分別心相，名不修心。分別慧相，名不修慧。翻此，名修身戒心慧。

於此諸行善修習者，轉重令輕，不善修者，

轉輕令重。轉業之行，略辨如是。

四修定義。

四修定義，如《成實論·四修定品》具廣分别。四名是何。一現法樂，二爲知見，三爲慧分别，四爲漏盡。

現法樂者，依如《毗曇》，初禪善法名現法樂。以初禪中創背欲樂，故偏説爲現法樂矣。《成實》法中，二禪已上乃至非想名現法樂。以初禪中有其覺觀散動心故，不説現樂。問曰：二禪亦有喜動，何故説之。論言，一禪先滅覺觀，攝心深故，所以説矣。若依《地持》，一切禪定通名現樂。問曰：亦有後世之樂，何故偏説現法樂乎。《成實》釋言，以近故説。現樂在近，易知[七〇]見，故偏説之。又爲破現五欲樂故，説現法樂。又佛不讚後身樂故，偏説現樂。又復世人謂出家者現無樂故，佛説現樂。問曰：四修皆是現樂，何故偏説初爲現樂。爲别四門，就初言耳。

爲知見者，依如毗曇，觀生死慧，名爲知見。《成實》法中，修八除入、十一切入等，名之爲知。五神通等，説以爲見，推求成故。

慧分别者，依如毗曇，得聞思修，名慧分别。《成實》法中，觀五陰空，名慧分别，不通聞思。

爲漏盡者，有論師説，依第四禪九無礙道，得羅漢果，名爲漏盡，以第四禪盡漏勝故。毗曇法中，依六地禪及三無色，得羅漢果，名爲漏盡。《成實》法中，一切聖人破壞假名，證泥洹果，名爲漏盡。四修定義，辨之麤爾。

四不壞淨義，兩門分别。辨相，一。就處分别，二。

第一辨相。依如《成實》，四不壞淨，亦得名爲四不壞信。信心精純，離於疑濁，故名爲淨。淨信堅固，不可傾動，稱曰不壞。是信不同，一門説四。四名是何。一、佛不壞淨。二、法不壞淨。三、僧不壞淨。四、戒不壞淨。佛不壞者，於佛所得真實[七一]法中自證小分，仰類佛德，知其殊勝，名佛不壞淨。故《成實》言，自得真智，於佛決定，知佛一切衆生中尊，名佛不壞淨。法不壞者，自證真法，於法決定，名法不壞。又得真智，信此真智殊勝微妙，亦名信法。故《成實》言，信此真智，即名信法。僧不壞者，自得真智，類餘聖衆，知於一切諸衆中勝，名僧不壞。故《成實》言，信得真智者一切衆中最爲第一，名信僧也。戒不壞者，如《成實》釋，得聖所愛戒，深心離惡，知因是戒，能信三寶，信戒大力，名戒不壞。問曰：三學常相隨逐，以何義故偏説信戒，不説信定及與信慧。釋言：實通。就初爲論，偏言信戒。又復三學隱顯論之，見諦道中治三塗惡，戒行成就，修道之中斷人天愛，定行成就，無學道中永絶無明，慧行成就。此三道中，就始彰信，是故四中偏言信戒。以此四種皆是信故，通名心淨。若依毗曇，此四正得名不壞淨，不得説爲四不壞信。何故如是。彼宗所立，前三是信，後一是戒非是信故。唯[七二]依彼義，信戒精純，名之爲淨。是二牢固，稱曰不壞。於此二中，開信合戒，故有四種。佛不壞者，自見道故，於佛所得盡無生智深信決定，名佛不壞淨。法不壞者，於四真諦證見決定，名法不壞[七三]。就四諦中，於苦集滅一切皆信，名法不壞淨。道諦之中，深[七四]佛及僧無漏功德，信餘菩薩及緣覺人無漏功德，名法不壞淨。僧不壞者，自見道故，於彼聲聞四果四向無漏功德證見決定，名僧不壞淨。戒不壞者，出世上[七五]人成就聖戒，名此聖戒爲戒不壞淨。問曰：云何知毗曇法中前三是信，後一是戒。《雜心》釋言：前三心淨，故知是信。第四一種，名四大淨，明知是戒。彼宗戒法四大所造，是故戒淨名四大淨。大乘所説，多同毗曇。又説四信爲不壞淨，亦得無傷。此一門竟。

次就處論。若説四諦，義通上下。若當宣説四不壞淨，局在出世。依如毗曇，從苦法忍至滅比智，其唯成就二不壞淨，謂法不壞及戒不壞。於苦集滅證信決定，名法不壞。此忍智邊所成聖戒，名戒不壞淨。從道法忍至道比智，得具四種。

彼宗佛僧是道諦攝故，見道時於佛及僧無漏功德深信決定，即名信佛及與信僧。信餘菩薩緣覺無漏，名爲信法。此忍智邊所成聖戒，名戒不壞淨。修道已上，當知亦具。若依《成實》，無相位中於理決定，得名信法。餘三義有，良以是中心無異緣，故隱不論。須陀果去，方於佛等起心決定，名爲信佛乃至信戒。大乘初地始心已去，一切皆具，以大乘中心普緣故。四不壞淨，辨之麤爾。

四堅義。

四堅之義，如《成實》説，牢固不壞稱之爲堅。堅别不同，一門説四。四名是何。一者説堅，二者定堅，三者見堅，四解脱堅。言説堅者，如論中釋，宣説有爲，無常苦空，涅槃寂滅，此言決定，不可破壞，名爲説堅。於此正知，名聞慧滿。言定堅者，如論中釋，因説得定，名爲定堅。是定成就，名思慧滿。言見堅者，論言依定觀有爲法無常苦等，名爲見堅。是見成就，名修慧滿。解脱堅者，如論中釋，三慧得果，名解脱堅。名見諦上無漏聖德爲解脱也，此即是證。問曰：何故不説戒堅。道理應論，以初行故，略而不辨。又此爲明聞思修證一次第行，故不説戒。四堅如是。

四種道義。《雜心》八，第二《法聚品》。

四種道義，出《阿含經》，毗曇、《成實》具廣分别。名字是何。一、苦難行道。二、苦易行道。三、樂難行道。四、樂易行道。此之四種，論釋不同。依如毗曇，人有利鈍，定有根本、方便之别，以人依定，故分四種。是義云何。如彼中釋，利根之人所行名易，易成就故。鈍根之人所行名難，難成就故。定中四禪是其根本，根本具支〔六〕，作用自在，名爲樂道。未來、中間是其方便，方便定中支〔七〕因不具，用不自在，名爲苦道。鈍人依於方便之定，名苦難行。利人依於方便之定，名苦易行。鈍人依於四根本禪，名樂難行。利人依於四根本禪，名樂易行。《成實》法中，難易如上，苦樂約就定慧以説。彼宗之中，定名爲苦，於照用中不自在故，慧名爲樂，於照用中得自在故。鈍人得定，名苦難行。利人得定，名苦易行。鈍人得慧，名樂難行。利人得慧，名樂易行。四道如是。

四種善法義。第二《四法品》。

四種善法者，一是退分。二是住分。三勝進分，《成實論》中名爲增分。四決定分，《成實論》中名爲達分。依如《成實》，此四通攝一切善法。如彼論釋：離〔七八〕於禪定，修施戒等，名爲退分。修習諸禪，名爲住分。見道已前，起聞思修，名爲增分。見諦已上無漏聖道，名爲達分。毗曇法中，此四唯就淨禪以說。釋有兩義。一義釋云：下品淨定喜爲下地煩惱所敗，以可退故名爲退分，非是已退。中品淨定堅守自地，不爲下地〔七九〕煩惱所退，名爲住分。上品淨定微能厭伏自地之過，起求上定，名勝進分。上上淨定能學觀法苦無常等，出生聖道，名決定分。第二義者，下品淨定喜爲自地煩惱所陵，名爲退分。如彼欲界下品善心喜爲欲界惡心所雜，彼亦如是。此退分禪，雖爲自地煩惱所雜而不失定，因地法故。中品淨定堅守善心，不爲自地煩惱所雜，名爲住分。上品淨定能呵自地煩惱之過，深心厭背，名勝進分。上上淨定能生聖道，名決定分。問曰：此四，局在淨定，散善亦有。釋言：亦有。如欲界中下品散善多爲欲界不善所雜，即名退分。堅守善心，不爲惡雜，即是住分。漸習散善，令轉精純，名勝進分。求出世心，起聞思慧，修諸善行，遠生聖道，名決定分。四善如是。

四種味義。第二《法聚品》第一。

四種味者，如《涅槃》說，《成實論》中亦具分別。《地持》說爲四無罪樂。神甘道法，名之爲味。以善適心，名無〔八〇〕罪樂。樂味名別，其義不殊。名字是何。一、出家味。二、離欲味。三、寂滅味。四者道味，《成實論》中名正智味。信家非家，出家學道，解脱種種在家之難，受離欲戒，得戒愛味，名出家味，《地持》説此爲出家樂。離欲惡不善法，有覺有觀，離生喜樂，得初禪行，名離欲味，《地持》説此爲遠離樂。二禪已上，乃至滅定，覺觀、喜樂、色想等滅，名寂滅味，《地持》説此爲寂滅樂。無漏聖道永斷煩惱，名爲道味，道是正智，故《成實》中名正智味，《地持》説此爲菩提樂。四中初一是其戒學，中二定學，後一慧學。四味如是。

四德處義，三門分別。辨相，一。約對四家會名分別，二。就位分別，三。

第一辨相。四德處義，如《成實》説。德成分齊，名爲德處。處別不同，一門説四。四名是何。一、慧德處。二、實德處。三、捨德處。四、寂滅德處。如論中釋，聞法生慧，名慧德處。依前慧[八一]故，見真諦空，名實德處。實猶諦也，此亦是慧，爲別前門，從境立稱，故名實處。見諦空故，捨離煩惱，名捨德處。前實德處亦捨煩惱，此捨德處亦見諦實，爲別前門，隱顯異名。捨煩惱故心得寂滅，名寂滅德處，以離煩惱，苦心滅故。論釋如是。此一門竟。

次就四家會名分別。此四德處，《十地論》中名爲四家。聖所依處，名之爲家。家與德處，眼目之異。名字是何。一、般若家，猶前第一慧德處也。二者諦家，猶前第二實德處也。三、捨煩惱家，猶前第三捨德處也。四、苦清淨家，猶前第四寂滅德處。名雖變改，其義不殊。此二門竟。

次第三門，就位分別。此四行實並通上下，於中分別，非無差[八二]異。異相如何。初慧德處，在見道前。以見道前依於聞法起聞思修，故説慧[八三]，亦即名爲般若家也。實德者，在見道中。以見道中初見諦理，從境立稱，故處亦名諦家。捨德處者，在修道中。重緣諦理[八四]，正除貪瞋等過，名捨德處，亦即名爲捨[八五]煩惱家。寂者，在無學道，無學聖智永盡生死，故云寂滅，亦即名爲苦清淨家。大小齊然。四德處義，略之云爾。

四種求知義，兩門分別。辨相，一。對妄顯治，二。

第一辨相。四種求知，出《地持論》。始觀推尋，謂之爲求。終成悟實，名如實知。求知不同，一門説四。

言四求者，如論中説，一隨名求，二隨事求，三自性施設求，四差别施設求。四中前二名事别觀，後二合觀。故彼論言，彼名與事，若離相觀，若合相觀，别爲名事，合爲自性差别施設。言名求者，菩薩隨彼名字分齊，觀以求實，故曰名求。言事求者，隨色等事，觀以求實，名隨事求。後二合中，言施設者，依事施名，依名施事，名事相施，故曰施設。云何依名施設彼事。廢名求法，法如幻化，非有非無，無一定相可以自别。將名攝法，法隨名轉，方有種種諸法相立。相立由名，故曰施設。又依名字造作諸事，如依瓶名造作瓶事，依車乘名造車乘事，如是一切，亦是依名施設事也。此施設中，有體有相，體名自性，相名差别。於彼自性施設法中，觀以求實，名自性施設求。於差别施設法中，觀以求實，名差别施設求。四求如是。

言四知者，如論中説，一、隨名求如實知。二、隨事求如實知。三、隨自性施設求如實知。四、隨差别施設求如實知。理實通論，菩薩於彼一一門中，皆悉具知一切種義。隨相分别[八六]，第一門中但知世諦，知法名字隨世立故。第二門中知第一義，離名求事，事體寂滅，離言説故。第三門中知一實諦，知法體性非有無故。第四門中，了知緣起差别法界，以知諸義同一體性，互相成故。論言，隨名如實知者，隨前所求諸法名字，於中正知，知彼名爲事故立，爲想爲見，爲於流布。若不立名，無有能知色等事者，是爲隨名如實知矣。言隨事求如實知矣，言隨事求如實知者，隨前所求色等諸事，於中正知[八七]彼[八八]事寂滅離言，離言求事，事常寂[八九]故。自性施設如實知者，隨前所求名事體性，於中正知[九〇]，知此名事體非有無，猶如幻、化、影、響、夢等。是義云何。菩薩深知諸法如幻，幻化之有，有非定有。

非定有故，無法爲有。無爲有故，無外無別有性可得。幻化之無，無非定無。非定無故，説彼幻化有法爲無。有爲無故，有外無別有〔九一〕性可得，還即説彼幻化有無爲非有無。有無之外無別非有非無可得，還即説此非有非無以爲有無。非有〔九二〕無外，無別有無自性可得。進退推求，無一別性，名一實觀。此理淵極，故論説爲甚深義處。差別施設如實知者，隨前所求差別之相，於中正知〔九三〕論〔九四〕義同一〔九五〕性，互相集成，種種差別。以知諸義同一體故，論中説之爲不二觀。互相集成種種別故，論中説爲有色無色、有性無性、可見不可見等無量差別。言有色者，世諦有色。言無色者，真諦無色。言有性者，真諦有性。言無性者，世諦無性。所言可見不可見者，若對色論，世諦可見，真諦叵見，若對性論，真諦可見，世諦叵見。知如是等無量種法，名隨差別如實知矣。辨相如是。此一門竟。

次對八妄，明其對治。八妄想義，前煩惱中已廣分別。一、自性妄想，取諸法體。二、差別妄想，取有諸法差別之相。三者，攝受積聚妄想，取有諸法和合業用。四、我妄想，於前攝受積聚法中有內有外，彼內法中取立我人。五、爲我所妄想，於前積聚外法之中取爲我所。六、念妄想，於前所取我所法中取有順情可念之事。七、不念妄想，於前所取我所法中取有違情不可念事。八、俱相違妄想，於前所取我所法中取有中容非違順事。八妄如是。此八妄想，四求四智能爲對治。治〔九六〕有通別。通而論之，八種妄想所取法中皆有名事。別求其名，名隨名求。別成其事，名隨事求。名事合觀，説爲後二。求其體性，名自性求。求其相別，名差別求。通治如是。隨相分別，八妄想中偏對前二。前二妄中所取之法，無出名事。名事別觀，説爲前二。名事合觀，説爲後二。自性施設，觀彼自性妄想所取。差別施設，觀彼差別妄想所取。此二是本，但破此二，餘六皆隨，故無別治。經説破竹，喻況在斯。四求既然，四知同爾。四種求知，略之然矣。

四陀羅尼，七門分別。釋名，一。修德〔九七〕，二。約聞思修證四義分別，三。約對三昧辨其同異，四。就位分別，五。大小有無，六。明因，七。

第一釋名。四陀羅尼，出《地持論》。陀羅尼者，是中國語，此翻名持。念法不失，故名爲持。持別不同，一門説四。四名是何。一、法陀羅尼。二、義陀羅尼。三、呪術陀羅尼。四、忍陀羅尼。教〔九八〕法名法，於佛教法聞持不忘，名法陀羅尼。聞不忘故，經中亦名聞陀羅尼。二諦名義，於諸法義總持不忘，名義陀羅尼。菩薩依禪能起呪術，爲衆除患，第一神驗，名呪術陀羅尼。菩薩依禪，備起多用，隨用別論，即有無量陀羅尼門，良以呪術傳益義多，故偏論之。於法實相安住名忍，忍法不失，名忍陀羅尼。忍行成時，能入法界陀羅尼門，成就法界陀羅尼德，如九地説。《地持》就本，且説忍矣。名義如是。此一門竟。

次辨修得。法陀羅尼，得之云何。釋有六種：一、由先世業因緣得，故龍樹言有人先世業因緣故受生不忘。先世何業得此聞持。或因願力，或曾修習聞持之力，所以得之。二、因現在神呪力得，故龍樹言或復有人因神呪力故得不忘。三、因藥力，有人服藥便得不忘，如諸仙等。四、因現在修習力得。如龍樹説，先於一門所知法中一心憶念，令心增長，次復於餘相似法中繫心專念，復〔九九〕於一切所聞事中專心憶〔一〇〇〕念，皆使不忘，是爲初學。初學成就，三聞能持。心根轉利，二聞能持。究竟成時，一聞能持。成有優劣，下者於彼小法之中一聞能持，中者於彼次多法中一聞能持，上者能於廣多法中一聞能持。五、因禪定得。如龍樹説，有人依禪，得其不忘解脱力故，能於一切言説之中，乃至一句亦不忘失。六、因實慧，深入法界陀羅尼門，故能不忘。聞持如是。第二義持，得亦有六。與聞持同，唯於義中修學爲異。第三呪術，得有三種：一、以現在修習力故，能爲呪術。二、依禪定，能爲呪術。三、以實智深入法界呪術法門，能爲呪術。第四忍持，得有二種：一、由先世久習力得，謂諸菩薩久修力故，生便能於一切法中不取不捨。二、由現在修習力得。修之云何。如《地持》說，精懃不惰，託處寂靜，身不遊行，口嘿少言，不雜種食，常一坐食，少睡多覺，思量如來所說之法，知非有無。以其所知類通諸法，皆悉善解。修得如是。此二門竟。

次約聞思修證分別。四中初一，是其聞慧，持教法故。第二義持，是其思慧。第三呪術，依禪而起，攝末從本，是其修慧，一切禪定修慧攝故。第四忍持，是其證行，證心住理，說爲忍故。此三門竟。

次對三昧辨其同異。諸行同體，互相集成，緣集相攝，得言是同。隨相別分，非無差異。異有五種：一、心法分[一〇一]不同。三昧多用定數爲體，陀羅尼門念數爲主，又言是慧。二、約心辨異。如龍樹說，一切三昧唯心相應。諸陀羅尼，或心相應，或不[一〇二]相應。作意念持，名心相應。雖起瞋等，不忘所持，名不相應。相應據體。言不相應，辨其勢力，如留化通，心雖滅盡，而有化用。三、始終分異。如龍樹說，始修之時，名爲三昧。久習成就，名陀羅尼。其猶習欲不改之時說名爲性，此亦如是。四、本末分異。如龍樹說，三昧是本，三昧與彼實相和合，出生功德，名陀羅尼。其猶瓦瓶爲火燒已方堪持水，功德如是，從實相出，方堪能持。五、失不失異。如龍樹說，三昧轉身容有退失，陀羅尼者轉身不失，以是增上成就行故。此四門竟。

次就位論。如《地持》說，法、義、呪術，度初僧祇，入淨心地，所成就者必定不動，最勝最妙，中間所得，或因願力，或禪定力，不定不住。忍陀羅尼，起在解行，成在地上，若復通論，種性已上亦能起之。住[一〇三]分如是。此五門竟。

次明大小有無之義。通而論之，小乘亦得，如阿難等聞持第一。於中別分，唯在大乘，小乘中無。何故如是。如龍樹言，如小家無金[一〇四]，不足爲問，聲聞小人，無大功德，何足可恠。又彼論言，聲聞但求戒定慧等出離生死，不求一切諸大功德，爲是不修陀羅尼門。故[一〇五]彼論復言，聲聞之人唯求自度，不欲持法授與衆生，爲是不修諸陀羅尼。又聲聞人唯求早滅，不欲久留住持佛法，爲是不修陀羅尼矣。問曰：若言小乘無者，經説阿難聞持第一，云何言無。釋言：阿難於[一〇六]聲聞中説有聞持。若望菩薩，少故名無。如河少水，名爲無水。如食少鹽，名爲[一〇七]無鹽。所得少故，名之爲無。如小乘中説，摩訶拘絺羅四無礙第一。如[一〇八]《涅槃經》説聲聞人一向不得，此亦同彼。又阿難等雖現聲聞，實是菩薩，故有聞持。龍樹言無，據實聲聞，所以無過。有無如是。此六門竟。

次辨其因。如《地持》説，具四功德，乃能得之。一、不習愛欲。二、不嫉彼勝。三、一切所求，等施無悔。四者樂法，樂菩薩藏及摩德勒伽。前二離過，後二攝善。就[一〇九]中，等施無悔攝功德因，五度皆是攝功德因，就初云施。樂法是其攝智慧因，聞思修等皆是慧因，就初以舉，偏云樂法。四陀羅尼，略之云爾。

四無量義，八門分別。釋名辨性，一。開合制立，二。次第，三。三緣分別，四。體用分別，五。修得之義，六。就處分別，七。大小無量差別，八。

第一門中，先釋其名，後辨其性。四無量者，化物心也。化心不同，一門説四，謂慈、悲、喜、捨。愛憐名慈，惻愴曰悲，慶悦名喜，亡懷名捨。心無存著，故曰亡懷。經中名此以爲無量，亦云四等。緣於無量諸衆生起，故名無量。等緣一切，故復名等。名義如是。體性云何。於中略以四義分別，一就心體分別，二就心法分別，三就有漏無漏分別，四常無常分別。

言心體者，心有三種：一者事識，謂六識心。二者妄識，謂七識心。三者真識。凡夫二乘所修，無量事識爲體。就事識中，意識爲體。菩薩始修，事識爲體，次修轉深，妄識爲體。見生唯妄，念爲妄纏，起憐愍心，究竟終成，真識爲體。真爲體故，無相無緣，等虚空界。此一門竟。

次就心法辨其體性。法謂一切想受行等諸心心法。依如毗曇，慈悲二行是無瞋性，喜者是其喜受自性，捨者是其無貪善性，對治婬貪。故《雜心》言，捨治婬貪。此言婬者，父母親戚[一〇]共相憐愛，尋續不斷，説之爲婬。如世俗中，多日連風名曰婬風，多時連雨説爲婬雨，此亦如是，親情不斷，説之爲婬，不同世人姧逸名婬。以於親所偏愛不斷，故捨治之。問曰：捨心通捨一切貪瞋癡等，何故偏説爲無貪性。釋言：修時最後於親捨離貪著，故就終成説爲無貪，理實通捨貪瞋癡等。《成實》法中，四無量心用慧爲體。故彼論言四無量心體性是[一一]慧，蓋乃從其根本爲言。由慧分別四種生異，而行四等，故名爲慧。又慧分別怨親等[一二]別，而行四等，故名爲慧。大乘法中，四無量心有大有小，真行[一三]是大，妄修是小。小同毗曇，故《涅槃》中説慈與悲同無瞋性。大無量心，體皆是慧，故《地論》中説爲大慈大悲智慧。《雜心》亦云大悲是慧。由慧證實，法門之力自然能益一切衆生，説爲慈等。是故就本，説爲智慧，隨用論之，與小相似。若言諸行同體相成，一一門中備具法界一切行德。此二門竟。

次就有漏無漏分別。毗曇法中，四無量心一向有漏，衆生緣故。《成實》法中，義釋不定。若言觀空斷於漏故名爲無漏，四無量心齊是有漏，非是觀空斷結心故。若言所行不生漏故名無漏者，四無量心通漏無漏。凡夫所行，一向有漏，取性心中修此行故。學人所起，或漏無漏，未斷結處名爲有漏，斷處無漏。無學所起，一向無漏，名用心中起此行故。大乘法中，隱顯互論，小無量心一向有漏，大無量心一向無漏，證真成故。隨義通論，大小皆有漏無漏義。小無量中，衆生緣者是其有漏，法緣、無緣是其無漏。大無量中，衆生緣者用隨世轉，相似漏故名之爲漏，與經中説功德莊嚴有爲有漏其義相似，法緣、無緣德體寂滅，説爲無漏。此三門竟。

次就有常無常分別。小無量心一向無常，大無量心一向是常。大中義分，用隨世變，名爲無常，與經中説功德莊嚴有常非常其義相似。德體不變，名之爲常，故經中説慈即佛性，常樂我淨。悲、喜、捨心，類亦同爾。

第二，明其開合制立。先辨開合，後明制立。

開合不定，總之爲一。如《地持》説，一切無量名爲大悲[一二四]，成就此者名[一二五]哀愍菩薩。如[一二六]四無量俱能拔苦故通名悲，蓋乃且據一門言耳。若以慈門統攝諸行[一二七]，亦皆成慈。喜捨亦爾。諸行同體，互相成故。

或分爲二。二有兩門：一、對治説二。慈之與悲，對治見行，以見行者多瞋恚故。喜之與捨，對治愛行，以愛行者多嫉妬故。二、化益分二。如《地持》説，前三無量，名樂想攝，後一捨行，名安想攝。通即義齊，隱顯互彰，故爲此判。等是隱顯，何故前三偏名樂想，捨名安想。釋言：慈心能與物樂，悲喜佐助，故前三種通名樂想。云何佐助。悲拔物苦，遣其樂障，喜離嫉妬，能與勝樂，故曰佐助。後一捨心，去怨離親，齊與善法，令[一二八]離危怖，故曰安想。又復前三是其有行，有行事益，適情名樂。捨是空行，空理教授，永絶危怖，故曰安想。

或分爲三。三如上辨。慈悲二行是無瞋性，合爲之一。喜以爲二。捨以爲三。

或分爲四，謂慈、悲、喜、捨。無瞋中[一二九]，離重名慈，除輕曰悲，故分四矣。

或分爲五。如《地持》説，所謂五種淨心説法：一者慈心，於怨不瞋。二者安心，於惡欲善。三、哀愍心，於苦欲拔。四、不自讚毀他，除嫉行喜。五、不著名利，離貪行捨。五中，初一是慈無量，次二是悲，次一是喜，後一是捨。《地論》之中，亦同此説。

或分爲六，如《地經》説，一慈，二安，此

如前釋。三憐愍心，於貧憶念。四者樂心，於苦欲益。五利潤心，於樂放逸，欲令住善。六攝饒益心，於善懈退，欲令堅住。此六猶是慈悲差別，慈樂二心是慈無量，餘皆是悲。

或分爲八，如《地經》說，一安隱心，二者樂心，三者慈心，此同前釋。四者悲心，於苦欲拔。五憐愍心，樂放逸者，愍其當苦。六利潤心，外道衆生，欲令住正。七守護心，聞〔三〇〕法衆生，守令不退。八者我心，於大乘中已發願者，視之如己。此八亦是慈悲差別。樂心、慈心、守護、我心，慈中差別。餘者皆是悲行差別。隨義廣分，數別難窮，今據一門，且論四種。開合如是。此一門竟。

次辨制立。以何義故，說四無量不增不減。釋有七義：一、體性不同。二、功能有異。三、緣境有別。四、治患不等。五、行時有殊。六、得果有異。七、相資義別。體性別者，愛念是慈，哀傷是悲，慶悅是喜，等心是捨。捨行不同，汎釋有七：一、心平等，名之爲捨。二、捨怨親，故名爲捨。三、捨一切貪瞋癡等，因〔三一〕之爲捨。四、捨放衆生，故名爲捨。五、得空平等，捨離衆相，稱之爲捨。六、自捨己樂，施與衆生，名之爲捨，如《涅槃》說。七、化衆生，捨離悕求，故名爲捨，如《維摩》說。故彼經云：有所福祐，無所悕望，名爲捨矣。今初門中，心等曰捨。此一門竟。

功能別者，慈能與樂，悲能拔苦，喜能慶物，捨能齊益怨親等故。此二門竟。

對境別者，慈心〔三二〕多緣無樂衆生，悲心多緣有苦衆生，喜心多緣得樂衆生，捨緣究竟解脫衆生，以彼究竟得解脫故心即放捨。又捨多緣怨親及中〔三三〕三品衆生，捨此等故。以斯境別，故分四種。故《涅槃》云：器若有慈，即不得有悲、喜、捨心。餘亦如是。故立四種。此三門竟。

對患別者，如《涅槃》說，慈息貪欲。悲止瞋恚，經中亦云悲止害覺。喜除嫉妒，經中亦云喜除不樂。以嫉妬故，見他得利，心不喜樂，故喜治之。捨除一切貪恚癡等。問曰：前説慈無瞋性，今云何説慈息貪欲。釋言：不違。若貪五欲，由惜資財，便瞋衆生，不能與樂。由息貪故，於他不瞋，能與其樂。是故慈心，性雖不瞋，能息貪欲。此四門竟。

行時別者，如《涅槃》説，以行分別，故應立四。何者行別。修慈之時不得修餘，餘時亦爾，是爲行別。以是別故，建立四種。此五門竟。

得果別者，如經中説，修慈極遠生遍淨處，遍淨是其第三禪天，修悲極遠生於空處，修喜極遠生於識處，修捨極遠生無所有。此義難解。若依毗曇，喜無量心在初二禪，修之極遠，得二禪報。餘三無量，遍在四禪，修之齊得四禪之果。《成實》、大乘，四無量心具依八禪，修之齊得八禪之報。如來何故説修慈心極生遍淨，乃至修捨生無所有。毗曇釋云：此非無量，是八禪定，世尊假作無量名説。何故假説。慈與物樂，還得樂果，遍淨天中樂報最勝，相順慈果，故説彼因爲慈無量。悲拔物苦，得無苦報，空處地中離色惱礙，相順悲果，故説彼因爲悲無量。喜心慶物，得多喜報，識處地中捨外空緣，多識適意，相順喜果，故説彼因爲喜無量。捨心平等，得寂靜報，無所有處捨緣多識，内心寂靜，相順捨果，故佛説彼無所有因爲捨無量。理實非是。《成實》釋云：四無量心〔一二四〕理實具得八禪之果，佛隱顯説，故言修慈生遍淨等。何義隱顯。慈多與樂，故佛偏説生於遍淨，以遍淨中樂增上故。悲多拔苦，故佛偏説生於空處，以空處中離色惱故〔一二五〕。善〔一二六〕多慶物，故佛偏説生於識處，以識處中緣無邊識，多適意故。捨心寂靜，故佛偏説生無所有，以無所有捨多緣故。此雖隱顯，然其所説實是無量。龍樹釋云：佛不思議，隨應衆生，故如是説。以慈無量，多與物樂，求遍淨易。悲多拔苦，求空處易。喜多慶物，求識處易。捨亡怨親，求無所有易。佛隨易故，如是偏説。又復論〔一二七〕言，慈願與樂，多生遍淨。悲願除惱，多生空處。喜願衆生一切法中心得自在，多生識處。捨欲令人捨苦樂等，多得生於無所有處。佛隨多故，如是偏說。以斯果別，故立四種。此六門竟。

相資別者，四行相資相順難闕，故立四種。云何相資。先就慈悲明相資助。慈欲與樂，無悲拔苦，與樂不成，由悲拔苦，與樂方熟〔二八〕，故悲資慈。悲欲拔苦，無慈與樂，苦終不去，由慈與樂，苦方可離，故慈資悲。次用慈悲，共喜相資。慈欲與樂，悲欲拔苦，無喜除嫉，與拔不成，由善除嫉，與拔方熟，故用喜心資成慈悲。喜欲慶物，若無慈悲拔苦與樂，即無所慶，由慈與樂，悲拔物苦，方隨慶喜，故用慈悲助成喜心。次以前三共捨相助。慈欲與樂，悲欲拔苦，喜欲慶物，若無捨心簡別怨親，不能普利，由捨除礙，方能齊與、俱拔、等慶，故用捨心資成前三。捨欲等利，若無前三與樂、拔苦、慶物隨喜，知何所等。由前三故，就之説等，故將前三資成捨行。又復前三是其有行〔二九〕，捨是空行，若無空捨，有成愛見，故用捨心資成前三。若無有行，空成涕〔三〇〕沒，故以前三資成空捨。以此四行相資相順，故須齊立。故《涅槃》云，伴侶相對，故分四矣。制立如是。

第三門中，明其次第。次第有二：一、據修難易以辨次第。二、化益始終以論次第。難易如何。慈緣佛樂玄欲與人，貫益易爲，故先修之。悲拔今苦，交益難作，故在慈後，次修悲心。悲苦易生，愛樂難發，故在悲後次修喜心。此云何知。如人見其怨家受苦，亦起悲心，故知悲易覩觀，得樂未必生喜，故知〔三一〕喜難，偏益易爲，等利難作，故後〔三二〕修捨。又復前三其〔三三〕是有行，有行易生，故先修習。捨是空行，空行難發，故後爲之。修入如是。此一門竟。

次辨化益。如《維摩》説，謂以菩提起於慈心，以救衆生起大悲心，以持正法起於喜心，以攝智慧行於捨心。此對一人化益始終以論次第。

始緣佛樂玄欲與人，故先修慈。所益衆生交在苦中，理須救拔，故次行悲。所化衆生依教受法，雖未得脱，去脱不遥，故隨生喜。彼人依法修成智慧，心即放捨，不須愛[二三四]故。譬如父母養子長大，心即放捨，此亦如是。問曰：此捨，捨益衆生，何成利他。釋有四義：一、依龍樹釋，前三無量雖欲與樂拔苦慶物而未能得，故須修捨，捨前三種所念衆生，自修善法，攝大菩提，饒益於彼，故名利他。二、有衆生菩薩化之得少，智慧未能究竟，菩薩捨之，更修勝善，攝大菩提，究竟饒益，故名利他。三、爲究竟捨衆生故，慈懃與樂，悲懃拔苦，喜懃慶之，進策前三，故名利化[二三五]。四、捨前所化更益餘人，故名利他。次第如是。

第四門中，明其[二三六]三緣分別。言三緣者，一衆生緣，二是法緣，三是無緣。《地經論》中名衆生念、法念、無念。緣念一矣。辨此三緣，略有三别：

一、依《涅槃》，直就化益開分三種。於此門中，緣諸衆生，欲與其樂，名衆生緣。緣諸衆生所須之物，名爲法緣。緣如來者，名曰無緣，簡前二故。故彼經言，慈者多緣貧窮衆生，如來大師永離貧窮，受第一樂，若緣衆生，即不緣佛，法亦如是，是故緣佛名曰無緣。此明緣生欲與樂時，不緣於佛，緣法欲與衆生之時，亦不緣佛。前二緣中並不緣佛，簡別前二，故曰無緣，非全不緣。既非不緣，何義緣之。欲將佛樂與衆生故。若將佛樂欲與衆生，便是法緣，何故言無。以佛是人，非是法故。若佛是人，即衆生緣，何義言無。爲別所化諸衆生故。如慈既然，悲等亦爾。

二、依《地論》，前二化益，後一觀入，開分三種。於此門中，緣生與樂，名衆生緣，緣化生法，名曰法緣，觀諸法空，説爲無緣。慈行如是，悲等亦然。

三、依《涅槃》《地持論》等，初一化益，後二觀入，離分三種。於此門中，四義分別，一辨其相，二約人分定，三論通別，四明大小有具不具。

言辨相者，緣諸衆生，欲與其樂，如緣父母、妻子、眷屬，名衆生緣。緣諸衆生但是五陰生滅法數，無我無人，名爲法緣。問曰：法緣不見我人衆生等相，云何行慈。釋有兩義：一、由見無我，念諸衆生妄爲我人之所纏〔二三七〕縛，深可哀愍，所以生慈。二、念爲生說如斯法，是即〔二三八〕真利樂，故名行慈。觀五陰空，名曰無緣。問曰：無緣，云何行慈。還有兩義：一、由見法空，念諸衆生妄爲虛法之所纏縛，所以生慈。二、念爲生說如斯法，故名行慈。故《維摩》言，自念我當爲衆生說如斯之法，是即名爲真實慈也。第一義樂，利衆生故。問曰：彼此皆無我人，誰起自念，爲衆生說。釋言：經說幻化不真，所以名無；不無幻人。故經說言，譬如幻士，爲幻人說。當建是意而爲說法，故得自念爲其說也。如慈既然，悲等同然。此一門竟〔二三九〕。

次約人分定。如《地持》說，衆生緣者，與外道共。外道亦依世俗淨禪修四無量，彼緣衆生，欲與其樂，故衆生緣與彼共也。法緣無量，與二乘共，二乘亦見五陰法數無我人故。無緣無量，不與聲聞辟支佛共，二乘不能見法性相畢竟空故。此二門竟。

次就慈等辨其通局。通而論之，四無量中皆有三緣。緣諸衆生，與樂拔苦，慶喜等益，是衆生緣。但緣五陰，而行四等，是其法緣。知無陰法，而行四等，是其無緣。隨義分別，前三無量是其有行，唯衆生緣故。後一空行，唯有法緣及與無緣。如此說者，前三種中法緣、無緣，通攝爲捨，捨有相故。捨中生緣，攝屬前三，與樂中等，攝屬慈門，拔苦中等，攝〔二四〇〕屬悲門，慶物中等，攝屬喜門。其猶六度，通即六中並含空有，別即前五唯是有行，後一空行，無量似此。此三門竟。

次明大小有具不具。無量有二，一小二大。

六識七識分別緣修，名之爲小。第八識中無量等益，名之爲大。以分別心，緣別彼此，不能自然等益一切，故名爲小。真心平等，無簡彼此，自然等益，故稱爲大。大小相對，義別有三：一、簡凡異聖。小無量心，凡夫所修，唯衆生緣。大無量者，賢聖所習，破離人相及法相故，唯有法緣及與無緣。二、簡小異大。凡夫二乘同名爲小，菩薩及佛説之爲大。小無量心，小人所修，唯有生緣及與法緣。大無量心，大人所習，唯有無緣，以佛菩薩見法空故。三、就實通論，大小就[一四一]量並具三[一四二]緣。小無量中，分別之心緣諸衆生，欲爲利益，是衆生緣，觀察衆生但是五陰，是其法緣，觀陰空寂，名爲無緣。此之無緣，望前是大，對後真行猶名爲小。故《大智論》十八空觀名小慧門，真證般若名大慧門，此亦同爾。大無量中，無心分別而能普益一切衆生，名衆生緣。故《涅槃》中，慈益衆生，而言我時實不往彼，慈善根力，令諸衆生見如是事。此即是其大無量中衆生緣也。雖益衆生而無愛見。故《涅槃》云：譬如母中[一四三]行求水草，以愛念故，若足不足，忽然還歸。諸佛世尊不如是也。又佛菩薩，取捨心亡，而能遍照一切法界，名爲法緣。神知交[一四四]絕，而能常照一切法如，名爲無緣。三緣如是。

第五門中，義別有二，一體用分別，二主伴分別。

言體用者，初一慈行是其德體，後三德用。如《維摩》説，慈是體故，一慈門中統含法界一切行德。故彼經言，行寂滅慈，無所生故，行不熱慈，無煩惱故。行等之慈，等三世故。乃至修行六度慈等，良以真實如來藏中恒沙佛法同一體性，互相成故。依之成德，德只[一四五]如是，一一之中，皆備一切。是以慈中得具法界一切行德。後三用故，隨人化益。故彼經言，何謂爲悲，菩薩功德皆與一切衆生共之。何謂爲喜，有所饒益，歡喜無悔。何謂爲捨，有所[一四六]福祐，無所悕望。此等皆是對人用也。一相如是。理實四行齊得爲體，並得爲用，互相依故。此一門竟。

次論主伴。如龍樹言，慈爲如王，餘三隨從，如民隨王。慈心正是與樂之意，故説爲主。無悲拔苦，與樂不成，故悲隨慈。無喜除嫉，與樂不勝，故喜隨慈。無捨除礙，與樂不等，故捨隨慈。蓋乃只〔一四七〕據一門爲論，理實四行皆得爲王，齊得爲伴，互相隨故。

第六，明其修得〔一四八〕之相。於中先就衆生緣説，次就法緣，後就無緣。衆生緣慈，得有二種，一離欲得，二是修得。離欲得者，衆生本來曾依諸禪修得無量，後還退失，起下煩惱，後修禪定，離下欲時，本所失者今還得之，名離欲得。離欲雖得而不現前，要假方便，譬如有人財在他方，雖復〔一四九〕屬己，不得現用，要須方便。方便如何。先以觀心分別衆生以爲七品，親中分三，上中下別，怨中亦爾，通前爲六，中人爲一，合爲七矣。良以中人無多階異，故合爲一。《毗婆娑論》及《涅槃經》同爲此判。人言分境以爲九品，當應謬耳。彼《涅槃》等就怨親中分定所化。《地持論》中就苦樂等〔一五〇〕分定所化。彼苦樂等，猶怨親中，損已名苦，猶是其怨，益已名樂，猶是其親，不損不益名不苦樂，猶是中人。

境別既然，次對起修。依如《成實》，修慈悲喜，始緣上親，終緣上怨，上親易益，上怨之所難與利故。彼宗所説慈悲及喜究竟成時，即名爲捨。先別修習，相狀如何。如修慈心，品別有七。其第一品，先緣上親，欲與上樂，次緣中親，欲與中樂，後緣下親，欲與下樂。其第二品，是緣中親，齊同上親，等與上樂，次緣下親，欲與中樂，後緣中人，欲與下樂。如是次第，乃至第七，緣彼上怨，齊同上親，等與上樂。以心難調，七品修習方能齊益。七中前六，修慈方便。第七一品，慈行成就。前六方便直名爲慈，第七一品亦慈亦捨。與樂名〔一五一〕慈，平等名捨。以慈對捨，修之既然，悲喜對捨，修之亦爾，唯有拔苦、慶物爲異。若依毗曇，《毗婆娑》等，修慈悲喜，與

《成實》同。然彼宗中，至第七品唯名慈悲，喜行成就，不名爲捨，以此親想非是中容亡懷心故。以第七品非是捨故，前[一五二]須修習。彼[一五三]法云何。於中亦有七品差別，其第一品先緣中人而修捨心，中品人所先無憎愛，易行[一五四]捨故。其第二品，緣下品怨，齊同中人。其第三品，緣中品怨，亦同中人。其第四品，緣上品怨，亦同中人。其第五品，緣下品親，齊同中人。乃至第七，緣上品親，齊同中人。此七品中，前六方便，後一捨成。良以最後上親處成，故説捨心爲無貪性。

問曰：何故先捨三怨，却捨三親。怨相易除，親難捨故。問曰：慈等愛憐衆生，能爲利益，可須修習，捨心亡懷，不能深益，何用修乎。釋言：無捨，彼慈悲喜雖復等益，多先益親，後方及怨，爲除是患，故須修捨。又若無捨，慈悲及喜，益親心易，利怨心難，故須修捨。又若無捨，彼慈悲喜便成愛見，故須修捨。毗曇如是。大乘法中多同毗曇。故《地持》中慈悲喜外别修捨心。衆生緣行，修得如是。

次辨法緣。隨義淺深，略有七重：一、觀衆生，體是五陰，事相之法，無我無人。二、觀衆生，體是五陰，生滅法故，無我無人。三、觀衆生，體是五陰，因緣假法，如土禾[一五五]城，但假因緣，無我無人。四、觀衆生，體是五陰，妄相之法，如揵闥婆城，誑相似有，無我無人。五、觀衆生，妄想有法，如夢所見，無我無人。六、觀衆生，體是真實，集用五陰，如夜所見皆報心作，如波水作，亦如有人見繩爲虵，虵是繩作，五陰如是，無我無人。七、觀衆生，體是真實如來藏性緣起法界，無我無人。如是觀察，名修法緣。

次辨無緣。於中有四：一、觀五陰，假有性無，如土禾城，緣假無性。二、觀五陰，妄相本無，如揵闥波城，遠觀似有，近觀本無，非直無性，亦無城相。三、觀五陰，情有理無，如夢所見，但出妄心，心外無法。四、觀五陰，真法所集，窮其本性，體是真如，古今常湛，不起不滅。

如是觀察，名修無緣。修得如是。

第七門中，就處分別。於中有四，一所依處，二所緣處，三修起處，四成就處。所依處者，四無量心依禪定起。論說不同，《毗婆娑》中有一論師說，四無量唯依四禪、中間禪起，餘皆不依。復[一五六]有論師說，四無量依於四禪、未來、中間六地禪起，非四無色。就所依中，初禪二禪無悲無量，悲與喜違，彼處有喜，是故無悲。未來、中間、三禪、四禪無喜無量，彼處地法無喜受故。慈、捨二行，六地俱起。此前兩家，《雜心論》中舉束對破。《雜心》所立，亦說無量依六地禪，慈、喜及捨與前所列第二家同，悲行有異。彼說悲行念衆生心，喜者是其慶衆生心，兩不相返，故初二禪亦得起悲。何故不說依無色定。彼宗無量緣欲界生，無色不緣下有漏故，是以不依。《成實》法中，四無量心具依八禪。故彼論言是無量心三界皆有。問曰：喜心在初二禪，三禪已上云何得有。《成實》釋言：我不說喜是喜根性，但爲利生，心得[一五七]清不濁，說名爲喜，故上有之。問曰：云何知依四空亦起無量成。釋[一五八]言：經說修悲生於空處，喜生識處，修捨生於無所有處，明知通依。問曰：經中不說無量生於非想，非想應無。釋言：彼有，微故不說。大乘所論，凡夫二乘及小菩薩所修無量，與毗曇同。佛大菩薩四無量心具依八禪。問曰：《地論》說慈心等，欲色界中受正習果，非無色界，云何說言諸佛菩薩具依八禪。釋言：彼依世間相說，所以無過。云何得知。如無色定，如經中說修習悲心生於空處，乃至修捨生無所有，不說餘人。《成實》取此，非阿毗曇，道理不應。所依如是。此一門竟。

次辨緣處。無量緣於衆生而起。依如毗曇，四無量心唯依欲界衆生而起，非上二界。以欲界中有苦須釋，故偏緣之。上界無苦，所以不說。《成實》法中，通緣三界。故彼論言：有論師說無量但緣欲界衆生，是事云何。答曰：何爲不緣餘者，佛說慈心普覆一切，豈獨欲界。又色無色諸衆生等亦有退没墮惡道等，何爲不緣。然《成實》中雖説無量通緣三界，止一三千，不論十方。諸佛菩薩無量寬廣，盡衆生界，悉皆普緣。此二門竟。

次明起處。隨身修起，名爲起處。依如毗曇，身在欲界，起四無量，非上二界。何故如是。《雜心》釋言：慈治瞋恚，悲止害覺，喜除嫉妬，捨除貪恚，此皆欲界煩惱對治，故欲界起。又慈欲與苦衆生樂，餘三隨助，欲界有苦，故欲界起。上界無苦，是以不生。就欲界中，三天下人能起無量，餘皆不修。何故偏在三天下修，非欝單越。由説起故。何故唯人，非餘四趣。人多方便，故能修起。天多著樂，不肯修習，三塗難處，不能修起，故非餘趣。《成實》三界皆得修起。彼問曰[一五九]：有論師説欲界現入，是事云何。答曰：不然，一切生處皆能現入。彼復問言：若在上界亦得修起，即上界死，還上界生，報應無盡。釋言：上界雖得修起，亦有退失，故還生下。大乘亦説三界俱起，菩薩所在常修習故。此三門竟。

次辨成處。隨身不失，名爲成處。依如毗曇，四無量心，性是有漏，在下成上，生上失下。以是義故，依於初禪，未來、中間所修無量，但未退失，大梵已還，隨身何處，皆得成就。生上界失，依二禪者，二禪已還一切處成。乃至依於四禪起者，四禪已還一切處成，生上即失。《成實》法中，有漏生上，不失於下，上得寄起下地法故。以是義故，依一切禪所修無量，但未退失，於三界中隨身何處，皆得成就。故彼《成實・無量品》云於一切處有一切矣。大乘亦爾，菩薩所修，隨身何處常成就故。

第八門中，明無量心大小不同。略有十二：一、心體不同。小無量心，六識七識以之爲體。大無量心，真識爲體。二、心法不同。小無量中，慈之與悲是無瞋性，喜是受性，捨[一六〇]貪性。大無量心，是智慧性。故《雜心》云，大悲是慧，一切無量皆大悲攝故，餘三種亦是慧性，以慧證入法界門中，化益法門説爲慈等，故名爲慧。隨用義分，與小相似。三、漏無漏別。小無量心一向有漏，妄爲體故。大無量心一向無漏，真爲體故。四、常無常別。小無量心一向無常，妄爲體故。大者是常，真爲體故。五、心緣不同。小無量心，攀緣分別。大無量心，心如虚空，無一分別而能普益一切衆生。六、行緣不同。如《涅槃》説，無量有四：一、緣而非自在。普緣一切，名之爲緣。不能自在與其利樂，名非自在。二、自在而非緣。如緣父母、妻子、眷屬，與樂無礙，名爲自在，所益不廣，稱曰非緣。三者，非緣亦非自在。如聲聞等緣小境界，故名非緣。不能與樂，名不自在。若緣小境，即非無量，何故經言有無量心而非緣乎。釋言：此是無量中分，亦名無量。如一比丘，僧中分故，亦名爲僧。四、亦緣亦自在。普緣一切，名之爲緣。與益無礙，稱曰自在。四中前三是小無量，後一是大。七、依法不同。小無量心，依世法成。大無量心，依真諦成。故《涅槃》云：捨世諦慈，得第一義慈。第一義慈即是佛性。故《涅槃》云：慈即佛性、菩提、涅槃、常樂淨等。八、成德不同。小無量心，一行一緣。大無量心，德體圓通，一一門中曠備法界一切行德，如《維摩》説。九、起行不同。小無量心，出生小善。大無量心，能生一切功德善根。故《涅槃》中説慈能生一切諸行，《地持》亦爾。十、功能不同。如《雜心》説，小無量心能緣不能度，大無量心能緣能度。又小無量能度小苦小惡衆生，大無量心能度大苦大惡衆生。十一、位分不同。小無量心，位在世間。大無量心，位在出世，所謂無量初地已上。故《涅槃》云，因世無量，得出世無量，是故出世名大無量。十二、在人不同。如《雜心》説，小無量心與二乘共，大無量心不與聲聞、辟支佛共。四無量心，辨之麤爾。

四無礙義，七門分別。釋名，一。辨相，二。隨義具論，三。相對辨，四。大小有無，五。大小不同，六。對力無畏彰別本末，七。

第一釋名。四無礙者，起説智也。説智不同，一門説四。四名是何。一、法無礙。二、義無礙。三、辭無礙。四、樂説無礙。所言法者，汎釋有二：一、軌則名法。二、自體名法。知法無滯，名法無礙。義無礙者，汎釋有四：一、所以名義。二、義用名義。三、義利名義。四、德義名義。知義無滯，名義無礙。辨法之言，目之爲辭。於辭自在，名辭無礙。語稱物情，名爲樂説。於樂自在，名樂説無礙。此四，經中亦名四辨。若別分之，無礙是智，辨是口業。智於諸法，知無滯礙，故名無礙。言辭辨了，故稱爲辨。通即心口俱名無礙，齊稱爲辨。智於諸法，知無滯礙，故名無礙，知法辨了，故復名辨。口於諸法，説無鄣礙，名爲無礙，言辭辨了，故復稱辨。名義如是。此一門竟。

次辨其相。此四種中，隨相別分，前二是智，後二是説。智中窮本，唯一知法。就智法中上[一六一]窮深，故別分義。説中窮本，其唯一辭。辭中善巧，故復分樂。通而論之，四俱是智。智之所照[一六二]，四俱是法。依智起言，四俱是説。故《地經》言，四無礙智，起言辭説。今先就法辨其四種，餘類可知。辨法不同，略有四門：一、教法爲法，二諦爲義。依此法義，隨方言音，辨宣之儀，用之爲辭。辭中差別，能應物情，名爲樂説。二、世諦爲法，真諦爲義。於世諦中，色等諸法各有自體，故名爲法。又復世諦顯真之軌，亦名爲法。真諦之理，有深所以，故號爲義。一切教法，名之爲辭。隨方言音辨宣之儀，名爲樂説。三、真諦爲法，世諦爲義。真諦是其諸法自體，故名爲法。世諦是其顯真所以，故説爲義。又復義用亦名爲義。辭樂如上。四、歷法分別，一一法中皆具四種。如《地經》説，如一色中，總相論色，名之爲法。色中差別，目之爲義。隨方説儀，稱之爲辭。辭中差別，即名樂説。如是一切，上來所辨，通皆是法。依法正知，悉皆是智。依此起言，四俱是説。辨相麤爾。此二門竟。

次隨門別，具義論之。法無礙中，具有五

種：一、知教法，名法無礙。故《地經》中知修多羅名法無礙，如是一切。二、知世諦，名法無礙。故《地經》中知色等法名法無礙。三、知第一義，名法無礙。故《地經》中知法無性名法無礙，如是一切。四、知因行，名法無礙。故《地經》中知菩薩行名法無礙。五、知果德〔一六三〕，名法無礙。故《地經》中知佛法身名法無礙，如是一切。義無礙中，具亦有五：一、知教中解釋所以，名義無礙。故《地經》中知解釋相名義無礙。二、知世諦，名義無礙。故《地經》中知法生滅名義無礙。三、知第一義，名義無礙。故《地經》中知如實境名義無礙。四、知因行，名義無礙。故《地經》中善知十地義差別相名義無礙。五、知果德，名義無礙。故《地經》中知佛色身時事相等名義無礙。辭無礙中，具義有五：一、知名無盡，起說自在，名辭無礙。云何無盡。如《華嚴經・名號品》說，四諦名字，一世界中有四十億那由他別，一切世界差別例然。如來名字，一世界中有百億萬，一切世界差別類爾。以此類餘諸法名字，齊應無盡。二、得解知一切衆生語言三昧，隨以何言，起說自在，名辭無礙。三、得無礙法蠡聲相，起說自在，名辭無礙。四、得聞持，持一切教，起說自在，名辭無礙。五、得義持，持一切義，起說自在，名辭無礙。樂說無礙，差別有五：一、知義不同，稱情樂說。二、知教不同，稱情樂說。三、知諸法名字不同，稱情樂說。四、知方言不同，稱情樂說。五、以無礙法蠡圓音，稱情樂說。具義如是。此三門竟。

次就諸法相對辨異。法義相對，略有十四：一、就能詮所詮分異。知一切教，名法無礙，知諸法義，名義無礙。故《地持》云：於法章句修慧不謬，名法無礙，法相不謬，名義無礙。二、就能說所說分異。如《地經》說，知力、無畏、不共佛法，大悲智行轉法輪德，名法無礙，知所說法，名義無礙。三、就教中總別分異。如《地經》說，總知如來所轉法輪，名法無礙，知佛所說八萬四千音聲差別，名義無礙。四、就教中本末分異。如《地經》說，知修多羅，名法無礙，知解釋相，名義無礙。五、就二諦觀入分異。如《地經》說，知世諦中色等諸法，名法無礙，知真諦中如實智境，名義無礙。六、就二諦淺深分異。亦得名爲體用分異。真諦名體，世諦名用。如《地經》說，知法無性，名法無礙，知法生滅，名義無礙。七、就諸法總別分異。如《地經》說，總知一切諸法自相，名法無礙，知法差別，名義無礙。八、就諸法約時分異。如《地經》說，知現在法，名法無礙，知過未法，名義無礙。以過未法顯今所以，故說爲義。九、就諸法別智分異。如《地經》說，法智知法，名法無礙，比智知法，名義無礙。十、就諸乘權實分異。如《地經》說，知實一乘，名法無礙，知權說三，名義無礙。《涅槃經》中，知三乘別，名法無礙，知實一乘，名義無礙。十一、通就諸乘淺深分異。知三乘人第一義智，名法無礙，知三乘人世諦之智，名義無礙。故《地經》說，知第一義無我慢相，名法無礙，知世諦中無我慢相，名義無礙。三乘上[一六四]人證理之慧，名第一義無我慢相，知陰界等，名世諦中無我慢相。十二、偏就大乘因中實相分異。知諸地實，名法無礙，知諸地相，名義無礙。故《地經》說，知菩薩行，名法無礙，知說十地義差別相，名義無礙。十三、偏就大乘果中體德分異。知涅槃體，名法無礙，知佛法身、解脫、般若三德差別，名義無礙。故《涅槃》云：法者所謂大般涅槃，義謂法身、解脫、般若。十四、偏就大乘果中體用分異。如《地經》說，知佛法身，名法無礙，知佛色身時事相等，名義無礙。法義相對，實有無量，且論斯耳。

就辭、樂相對分異，略有七種：一、同體義分。以言顯理，名之爲辭。辭中差別隨人所好，即名樂說。《地經論》中多依此門。二、總別分異。總說名辭，別說名樂。故《地經》言次第不斷名爲樂說。三、多一[一六五]分異。一名顯法，名之爲辭。多名顯法，隨人異樂，名爲樂說。故《地經》言，於假名法，以假名說，名之爲辭。不壞前名，異假名說，名爲樂說。四、麤妙分異。於惡衆生麤言呵識，唯得名辭。妙言說法，令人愛好，方名樂說。五、所隨分異。如《地經》說，隨音異說，名之爲辭。隨心異說，名爲樂說。六、自他分異。諸佛菩薩，隨自意語，名之爲辭，隨他意語，說之爲樂。是二種語，如《涅槃》說。七、約法分異，亦得名爲約智分異。如《地經》說，依於世諦正見說法，名之爲辭。依第一義不倒說法，名爲樂說。此據教授觀入時語，亦得宣說真諦名辭，說世稱樂。辭樂之異，理亦無量，且說斯耳。此四門竟。

次明大小有無之義。通而論之，大小皆有。小乘法中，唯是利根阿羅漢得，餘者皆無。大乘法中，種性已上一切皆具。若復通論，十信菩薩亦分得之。隱顯别論，大有小無，故《涅槃》云聲聞緣覺無四無礙。問曰：經說摩訶拘絺羅四無礙第一，今云何言小乘中無。釋有兩義：一、多少分别。小乘所得少故名無，如河少水名爲無水，此亦如是。故經說言，聲聞之人或有得一，或復得二，若具得者，無有是處，以不具故，宣說其無。大具得故，說有無礙。二、取捨分别。小乘之人於法取著，不能自然等照諸法，故無無礙。諸佛菩薩心無取著，自然等照一切諸法，故有無礙。故《涅槃》云：有取著者即無無礙，無取著乃有無礙。問曰：就通宣說大小齊得應好，何須就别言小不得。釋言：爲顯四無礙智是上功德，小乘人中得之者尠。設有得〔一六六〕者不具不勝，是故就别，道其不〔一六七〕得。問曰：無礙就别唯大，不在小者，戒定慧等亦如是不。釋言：齊類，理亦無傷。但戒定等是通行門，凡聖大小咸皆得之。四無礙智是上行門，上人方有。是故設通，唯通小乘利根羅漢。彰勝隱劣，唯在大乘。問曰：無礙是上功德，得通聲聞，力無畏等何不如是。釋言：力等是上上門，故小乘人一向不得。然德階降，相非一准。或有功德，唯佛有之，如《地持》説謂斷諸習及佛一切種妙智等。或有功德，佛菩薩有，餘者皆無，謂首楞嚴定及不思議解脱門等。或有功德，唯佛、菩薩、利羅漢有，餘人皆無，謂四無礙、無諍願智、邊際智等。或有功德，唯佛、菩薩、聲聞、緣覺四人有之，謂三明等。或有功德，唯佛、菩薩、聲聞、緣覺、那含人有，謂滅盡定。或有功德，唯是三乘賢聖有之，謂三無漏根。或有功德，凡聖皆行，謂戒定等。德門不同，非可一類，不得相並。此五門竟。

次明大小不同之義。不同有六：一、體性不同。二、依地不同。三、緣境不同。四、緣心不同。五、開化不同。六、起説不同。

體不同者，小乘無礙，十智爲體。言十智者，謂四諦智、法智、比智、盡智、無生智、等智及他心智。如龍樹説，辭法無礙唯等智性，以緣名故。樂説無礙具九智性，除一滅智。滅智緣無，不緣衆生根欲性等，隨樂説故。義無礙者，具十智性。十智所緣皆是義故。大乘法中，莫不皆是一如實智。何者如實。如《地持》釋，謂清淨智、一切智、無礙智，是如實智。

何者是其依地不同。地謂九地，欲界、八禪，是其九也。如龍樹説，小乘法中，義及樂説在於九地。九地所知皆是義故，義無礙智在於九地。依九地心，緣諸衆生根、欲、性等，爲他説故，樂説無礙亦在九地。問曰：若言依四空定得緣衆生根、欲、性等，起樂説者，依彼得起他心通不。釋言：不得。論説五通在於四禪，不在餘定。故依四空雖緣衆生根、欲、性等，起於樂説，不能明見，故無他心通。法、辭無礙，緣名起故，唯在欲界及初禪地。《雜心》所説，在於欲界及四禪地。大乘法中，諸佛菩薩起用自在，四無礙慧齊依九地。

何者是其緣境不同。聲聞之人，但緣小乘十二部經，名法無礙。緣陰界入、四真諦等，名義無礙。雖知陰等，總相麤知，不能深細，説小乘法名辭無礙。説小乘法，應小乘心，名樂説無礙。諸佛菩薩，知一切法名法無礙，知一切義名義無礙，説一切法名辭無礙，説一切法應一切心名樂説無礙。此等如前第三門中具廣分别。

何者是其緣心不同。聲聞之人，於法義等分别攀緣，名爲無礙。諸佛菩薩深〔一六八〕證實性，捨離妄想，無念無緣，而能普照一切法界，名爲無礙。

何者是其開化不同。如《地經》説，菩薩或以一音説法，令衆生解，即得解了。言一音者，或隨方言，或隨法别，以論一也。或種種音説，令一切大衆生解，即〔一六九〕解了。言種種者，或隨方言，或隨法異，彰〔一七〇〕種種也。或放光説，令生解了，即得解了。或以一切風鈴樹等宣説法音，令人解了，即得解了。

何者是其起説不同。不同有六：一、音聲不同。諸佛菩薩有法蠡聲，無心分别，自然普應諸衆生心，而爲説法。聲聞不能。二、方言不同。諸佛菩薩得解衆語言三昧，能隨一切差别爲説。聲聞不能。三、名字不同。諸佛菩薩知名無盡，一一法中無量名説。聲聞不能。四、現説不同。諸佛菩薩或以口言而現説法，或於自身諸毛孔中而現説法，或但放光而現説法，或依一切風鈴樹等而現説法。聲聞不能。五、所説不同。如《地經》説，十方一一微塵之中，各有無量不可説界塵數法門，諸佛菩薩能具宣説。聲聞不能。六、廣狹不同。諸佛菩薩，身充法界，一時等説〔一七一〕。聲聞不能。此六合爲起説不同。大小不同，差别如是。此六門竟。

次以無礙對力無畏，彰其本末次第之義。德實同體，無有前後，隨相起用，非無本末次第之義。本末有二：一、十力爲本，依十力故起四無礙，爲衆説法。依力無畏，破諸外道，説四無畏。依十力故，起一切智漏盡無畏。依四無礙能説法故，起後二種，能説彰〔一七二〕道及盡苦無畏。二、十力爲本，依十力故起四無畏。以有力故於他不怯〔一七三〕，依四無畏起四無礙，以不畏故能爲他説。

故龍樹言，依十力故說四無所畏，以四無畏莊嚴十力。依四無畏說四無礙，以四無礙莊嚴無畏。四無礙義，略辨麤爾。

菩薩四無畏義。

菩薩無畏，如《大智論》說，化心不怯，名爲無畏。無畏不同，一門說四。四名是何。一、總持不忘，說法無畏。二、盡知法藥，及知衆生根、欲、性、心，說法無畏。三、善能問答，說法無畏。四、能斷物疑，說法無畏。言總持者，略有二種：一者聞持，能持教法。二者義持，能持衆義。以此二種不妄名義，故無所畏。言知法藥及根性者，藥有二種，一世間法，二出世法[一七四]。世法有三，一欲界法，二色界法，三無色界法。出世亦三，一聲聞乘法，二緣覺乘法，三大乘法。所知根性，准法可知。於此具了，故無所畏。能問答者，一切異見皆能摧破，一切正法悉能諮請，名爲能問。無量衆生一時問難，一一衆生爲無量問，菩薩一時悉能酬對，名爲能答。以有此能，故得無畏。能斷疑者，善解說義[一七五]，巧開物心，名能斷疑。以有此能，故得無畏。四中初一依陀羅尼說法無畏，後三依智說法無畏。菩薩無畏，辨之略爾。

四攝義，五門分別。釋名，一。辨體，二。約對六度共相收攝，三。就位分別，四。次第，五。

第一釋名。言四攝者，化他行也。化行不同，一門說四。四名是何。一、布施攝。二、愛語攝。三、利行攝。四、同利攝。言布施者，以己財事分布與他，名之爲布，惙己惠人，目之爲施。因其布施，緣物從道，名布施攝。問曰：此與檀度何別。釋言：體一，隨心分異。異相如何。直爾與財，說爲檀度，因施授道，名布施攝。此《地持》中名隨攝方便。彼說愛語以爲正攝，布施順彼，故名隨攝。愛語攝者，美辭可翫，令他愛樂，名爲愛語。因其愛言，緣物從道，名愛語攝。此《地持》中名攝方便。以此愛語，正授善法，名攝方便。利行攝者，經中亦名利益攝也。勸物起修，名爲利行。以道潤彼，故云利益。因利緣物，名利行攝。此《地持》中名度方便。勸修可行，度離生死，故名爲度。同利攝者，名字不定，或名同事，或云同行，或稱同利。通釋是一。於中別分，同事最下，菩薩爲化，先同衆生苦樂等事，名爲同事。同行爲次，菩薩爲化，亦與衆生同修諸善，名爲同行。同利最上，化物成德，來[一七六]同菩薩，名爲同利。因同緣物，名同利攝。此《地持》中名隨順方便。巧隨衆生聞修所行，故名隨順。名義如是。此一門竟。

次辨體相。此四窮本，莫不皆用巧慧爲體。隨別論之，非無差參[一七七]相。如何。布施攝中，差別有四，一者財施，二者法施，三無畏施，四報恩施。菩薩思願，與無貪俱，起身口業，捨所施物，濟慧貧乏，名爲財施。以法授與，名爲法施。濟拔厄難，名無畏施。菩薩先會受他恩慧，今還以其財法無畏酬報彼恩，名報恩施。用此四種爲布施攝。愛語攝中，論其語體，離口四過，與衆生語，是愛語體。故《地持》云：可喜語[一七八]、真實語、如法語、義饒益語，與衆生語，是愛語性。言可喜者，不惡口也。言真實者，不妄語也。言如法者，不倚語也。義饒益者，不兩舌也。以此對人説法授益，名與衆生語。若就所説，要唯二種，如《地持》説：一、隨世間語，所謂慰問、呪願、讃嘆。二、正説法語，謂説一切德相應法。以此二種爲愛語體。問曰：愛語所説之法，與布施中法施何別。釋言：相同，隨心分異。爲令衆生受法從道，説爲法施。爲使衆生樂其法言而受化者，判爲愛語。利行攝中，就行有二，一離惡攝，二集善攝。隨人有四，如《地持》説：一、無德善人，方便隨順。二、有德善人，稱揚讚嘆。三、易調惡人，呵責折伏，令其改悔。四、難調惡人，神力降伏，令其捨惡。此四人中，對前二人，集善攝取，對後二人，離惡攝取。用此諸行爲利行體。問曰：愛語説法授人，利行亦爾，有何差別。釋言：直爾説法授與，是愛語攝。依所說法，勸之起修，名利行攝。同利攝中，隨義[一七九]別分，同事有二，一苦事同，二樂事同。此二具廣如《地持論》。同行有二，一集善行同，二離惡行同。同利有二，一自分德同，二勝進行同。故《地持》言，此義此善，若等若勝，授與衆生，悉與已同，是名同利[一八〇]。用此諸行爲同利體。問曰：利行勸人起行，同行之中亦勸起行，有何差別。釋言：直爾勸他起修，名利行攝。自作勸他，名爲同行。體相如是。此二門竟。

次對六度共相收攝。經論不同。《地持論》中，就初檀度說布施攝，就中四種說同利攝，以已所行勸他修故，般若之中具足四攝，以慧方便起諸行故。依《阿差末經》，布施攝中具一切諸度無極，以布施中具有財、法、無畏施故。財施攝檀。無畏施中攝戒攝忍，以此不害不惱他故。法施攝餘精進、禪、慧。布施攝中具此三義，故攝諸度。愛語攝中攝戒攝忍。良以愛語離口四過，戒分所收，故攝戒度。以愛語故不毁不罵，故攝忍度。利行攝中，攝精進度，以彼利行懃化衆生，故攝精進。同利攝中攝禪攝慧，所成定慧與人同故。又更別分，布施攝檀，如《地持》說，餘三如向《阿差末經》說。此三門竟。

次就位論。理實四攝遍通諸位。隨義且分，非無差異。異相如何。經[一八一]說[一八二]不同。如《地經》中，菩薩初地布施、愛語二攝增上，第二地中愛語增上，第三地中利行增上，第四地中同利[一八三]增上，五地已上四攝齊等。何故初地布施、愛語二攝增上。釋言：初地檀行利他，彼能財施故施增上，彼修法施故愛語增上。何故二地愛語增上。彼地[一八四]持戒，離口四過，是愛語攝，故二地中愛語增上。何故[一八五]三地利行增上。彼於衆生修習十種救度之行，故三地中利行增上。何故四地同利增上。彼四地中不捨衆生，修行道品，故四地中同利增上。依《阿差末經》，布施在放初地之中，愛語在於二地已上，利行在於八地已去，同利在於第十地中。故彼經言，布施攝者名初發心，愛語攝者名已修行，利行攝者名不退轉，同利攝者名一生補處。初地之中，菩提〔一八六〕心起，名初發心。彼地檀勝，故布施攝在彼地中。二地已上，所起修道名已修行，初修持戒，離口四過，説爲愛語，故愛語攝在彼地中。八地已上，法流水中，趣佛無間，名不退轉。第八地中淨土化生，第九地中辨才益物，説爲利行，故利行攝在彼地中。第十地中，去財不遥，名一生補處，彼地所得上同如來，名爲同利。又十地中，與一切生同善根藏，亦名同利，故同利攝在彼地中。位别如是。此四門竟。

次明因起次第之義。德實同時，隨人别化，亦無次第。今且約就修入起用，化益一人，以論次第。於中略以三門分别：

一、修入次第。施除外慳，其行易爲，故先行施。愛語攝者離口四過，戒分所攝，行〔一八七〕故次難作，故布施後明修愛語。利行攝者，是集善行，離惡易成，集善難就，故愛語後明修利行。因前利行，成就功德，與他上地諸菩薩同，故利行後明其同利。故《地持》云：有菩薩同利，如是同利不示他。已所成德與他上地諸菩薩同，名有同利。不須顯示已德化彼，名不示他。

二、起用次第。先明同事。菩薩尊高，衆生卑下，彼我殊淳，無由攝化。菩薩爲化，迮德從彼，現與彼同，名爲同事，故先明之。故《地持》言，有菩薩，不同利，示同利。菩薩實德不與彼同，名不同利。現化同彼，名示同利。於此門中先後不定。何故如是。所化之人，有貧有惡。若對貧人，先行布施，濟其貧苦，次行愛語，授之以法，後明利行，勸物起修。若對惡人，先行愛語，化〔一八八〕令捨惡，次行布施，隨順資養，後以利行，勸令起修。《地持論》中多從後義以論次第。

三、攝益次第。此就一人，以論攝受益。其中次第，與初門同。先以布施，攝取其身。次以愛語，攝取其心，令生信解。次以利行，化之起行。因其利行，化彼成德，與菩薩同，故次第四明其同利。故《地持》言，有菩薩同利[一九]，示同利。菩薩爲他，先與彼人同修所行，名有同利。彼所化者，同修成德，示同菩薩，名示同利。四攝之義，辨之麤爾。

大乘義章卷第十一

校勘記

〔一〕「理」，校本校勘記云甲本無。
〔二〕「名」，校本校勘記疑爲「爲」。
〔三〕「餘」，校本校勘記云甲本無。
〔四〕「後」，底本原校云一本作「復」，下一「後」字同。
〔五〕「直」，校本校勘記云甲本作「置」。
〔六〕「故」，底本原校疑衍。
〔七〕「以」，底本原校疑衍。
〔八〕「亦」，校本校勘記云甲本作「品」。
〔九〕「故」，底本原校疑衍。
〔一〇〕「六」，底本原校云一本無。
〔一一〕「無」，校本校勘記云甲本無。
〔一二〕「上」，底本原校云一本作「亦」，下一「上」字同。
〔一三〕「來」，底本原校云一本作「末」。
〔一四〕「地」，底本原校云一本後有「耶」字。
〔一五〕「故」，底本原校云一本後有「地」字。
〔一六〕「未」，底本原校云一本作「來」。
〔一七〕「拂」，底本原校云一本作「佛」。
〔一八〕「依」，底本原校云一本後有「化」字。
〔一九〕「謂」，底本原校云一本無。
〔二〇〕「種性」，校本校勘記云甲本作「種」，一本作「性種」。
〔二一〕「且」，底本原校云一本無。
〔二二〕「法」，校本校勘記云甲本無。
〔二三〕「捨」，底本前衍「故」字，據底本原校及校本删。
〔二四〕「作」，校本校勘記云甲本作「仰」。
〔二五〕「依」，底本原校云一本後有「人」字。

〔二六〕「人」，底本原校云一本無。
〔二七〕「萬億」至「三昧」，底本脱，據底本原校及校本補。
〔二八〕「詮」，底本原校云一本後有「證」字。
〔二九〕「持」，底本原校云一本無。
〔三〇〕「初」，底本原校云一本無。
〔三一〕「法」，底本原校云一本無。
〔三二〕「故」，校本校勘記云甲本無。
〔三三〕「永」，底本原校疑爲「乖」或「求」，校本作「求」。
〔三四〕「諦」，底本原校云一本無。
〔三五〕「乘」，底本作「教」，據底本原校及校本改。
〔三六〕「除」，底本原校云一本作「深」。
〔三七〕「智」，校本校勘記云甲本作「他」。
〔三八〕「去」，校本校勘記云甲本作「云」。
〔三九〕「思」，底本原校云一本作「異」。
〔四〇〕「常」，底本原校云一本後有「住」字。
〔四一〕「果」，校本校勘記云一本後有「是」字。
〔四二〕「尋」，校本校勘記云甲本作「等」。
〔四三〕「義」，校本校勘記云甲本無。
〔四四〕「義」，底本原校云一本無。
〔四五〕「者」，底本原校云一本無。
〔四六〕「智」，底本原校云一本作「知」。
〔四七〕「名」，底本原校云《地持》無。
〔四八〕「樂」，底本原校云一本作「示」。
〔四九〕「疎遠」，校本校勘記云甲本作「遠建」。
〔五〇〕「禪」，底本原校疑爲「憚」，下一「禪」字同。
〔五一〕「著」，底本原校云一本作「若」。
〔五二〕「學處」，校本校勘記云甲本作「覺家」。
〔五三〕「破」，底本原校云一本作「彼」。
〔五四〕「捨」，底本後衍「戒」字，據底本原校及校本删。
〔五五〕「乞」，校本校勘記云一本無。
〔五六〕「成」，底本原校云一本作「盛」，下一「成」字同。
〔五七〕「常」，底本原校云一本作「當」。

〔五八〕「所」，底本原校云一本無。
〔五九〕「故」，校本校勘記云甲本無。
〔六〇〕「維」，底本原校云一本作「離」。
〔六一〕「外」，底本原校疑前脱「是」字。
〔六二〕「差」，校本校勘記云甲本作「着」。
〔六三〕「友」，底本原校云一本作「支」。
〔六四〕「乍」，底本原校云一本作「唯」。
〔六五〕「直」，底本原校云一本作「宴」，校本校勘記云一本作「宜」。
〔六六〕「直」，底本原校疑爲「應」。
〔六七〕「根」，底本原校云一本作「相」。
〔六八〕「自」，校本校勘記云一本後有「調」字。
〔六九〕「修」，底本原校云經作「攝」。
〔七〇〕「知」，校本校勘記云一本後有「易」字。
〔七一〕「實」，校本校勘記云甲本無。
〔七二〕「唯」，底本原校云一本作「准」。
〔七三〕「壞」，校本校勘記云一本後有「淨」字。
〔七四〕「深」，底本原校云一本作「除」。
〔七五〕「上」，校本校勘記云一本作「聖」。
〔七六〕「支」，底本原校云一本作「枝」。
〔七七〕「支」，校本校勘記云一本作「枝」。
〔七八〕「離」，校本校勘記云甲本作「雖」。
〔七九〕「地」，校本校勘記云甲本無。
〔八〇〕「無」，校本校勘記云一本後有「二」字。
〔八一〕「慧」，校本校勘記云一本作「智」。
〔八二〕「差」，底本原校云一本作「別」。
〔八三〕「慧」，底本原校疑後脱「處」字。
〔八四〕「理」，校本校勘記云甲本無。
〔八五〕「捨」，校本校勘記云甲本無。
〔八六〕「分別」，校本校勘記云一本作「別分」。
〔八七〕「知」，底本原校疑後脱「知」字。
〔八八〕「彼」，底本原校疑後脱「名」字。
〔八九〕「寂」，校本校勘記云甲本作「處」。
〔九〇〕「知」，校本校勘記云甲本無。
〔九一〕「有」，底本原校云一本無，校本校勘記云一本作「無」。

〔九二〕「有」，底本原校云一本無，校本校勘記云一本作「無」。

〔九三〕「知」，底本原校云一本後有「正知」二字。

〔九四〕「論」，底本原校云一本作「諸」。

〔九五〕「一」，底本原校疑後脱「體」字。

〔九六〕「治」，校本校勘記云一本無。

〔九七〕「德」，底本原校云一本作「得」。

〔九八〕「教」，校本校勘記云甲本作「數」。

〔九九〕「復」，校本校勘記云一本作「後」。

〔一〇〇〕「憶」，校本校勘記云甲本無。

〔一〇一〕「分」，底本原校云一本無。

〔一〇二〕「不」，底本原校云《智論》前有「心」字。

〔一〇三〕「住」，底本原校疑爲「位」。

〔一〇四〕「金」，底本作「全」，據底本原校及校本改。

〔一〇五〕「故」，底本原校云一本無。

〔一〇六〕「於」，校本校勘記云甲本作「持」。

〔一〇七〕「名爲」，校本校勘記云一本作「爲名」。

〔一〇八〕「如」，校本校勘記云一本無。

〔一〇九〕「就」，底本原校云一本後有「攝善」二字。

〔一一〇〕「戚」，校本校勘記云甲本無。

〔一一一〕「是」，底本原校云一本作「皆」。

〔一一二〕「等」，底本原校疑爲「中」。

〔一一三〕「行」，底本原校疑爲「修」。

〔一一四〕「大悲」，底本原校云論作「哀愍」。

〔一一五〕「名」，校本校勘記云一本無。

〔一一六〕「如」，底本原校云一本作「以」。

〔一一七〕「行」，校本校勘記云甲本無。

〔一一八〕「令」，校本校勘記云甲本作「合」。

〔一一九〕「中」，底本原校疑前脱「之」字，校本校勘記云一本前有「性」字。

〔一二〇〕「聞」，校本作「同」，底本原校云論作「同」。

〔一二一〕「因」，底本原校疑爲「目」。

〔一二二〕「心」，校本校勘記云甲本無。

〔一二三〕「中」，校本校勘記云甲本作「十」。

〔一二四〕「理實」至「量心」，校本校勘記云甲本無。

〔一二五〕「故」，校本校勘記云甲本無。

〔一二六〕「善」，疑爲「喜」。

〔一二七〕「復論」，校本校勘記云甲本作「論復」。

〔一二八〕「熟」，校本校勘記云一本作「就」，下一「熟」字同。

〔一二九〕「行」，校本校勘記云甲本無。

〔一三〇〕「涕」，底本原校云一本作「滯」。

〔一三一〕「知」，校本校勘記云甲本無。

〔一三二〕「後」，校本校勘記云一本作「復」。

〔一三三〕「其」，校本校勘記云甲本無。

〔一三四〕「愛」，底本原校云一本作「憂」。

〔一三五〕「化」，底本原校云一本作「他」。

〔一三六〕「明其」，底本原校云一本無。

〔一三七〕「纏」，底本原校云一本作「繫」。

〔一三八〕「即」，校本校勘記云一本無。

〔一三九〕「門竟」，底本作「此門」，據校本改。

〔一四〇〕「攝」，校本校勘記云甲本無。

〔一四一〕「就」，底本原校云一本作「無」。

〔一四二〕「三」，校本校勘記云甲本後有「就」字。

〔一四三〕「中」，底本原校疑爲「牛」。

〔一四四〕「交」，底本原校云一本作「永」。

〔一四五〕「只」，底本原校云一本作「亦」。

〔一四六〕「有所」，底本原校云《注經》作「所作」。

〔一四七〕「只」，底本原校云一本作「但」。

〔一四八〕「得」，校本校勘記云甲本作「德」。

〔一四九〕「復」，校本校勘記云甲本作「後」。

〔一五〇〕「耳彼」至「樂等」，校本校勘記云甲本無。

〔一五一〕「名」，校本校勘記云甲本無。

〔一五二〕「前」，底本原校疑爲「別」或「引」，校本作「別」。

〔一五三〕「彼」，底本原校云一本作「修」。

〔一五四〕「行」，校本校勘記云甲本作「得」。

〔一五五〕「禾」，校本校勘記云甲本作「木」，下一「禾」字同。

〔一五六〕「復」，校本校勘記云甲本作「後」。

〔一五七〕「得」，底本原校云一本無。

〔一五八〕「釋」，底本原校云一本作「實」。
〔一五九〕「曰」，底本原校云一本作「言」。
〔一六〇〕「捨」，校本校勘記云一本後有「無」字。
〔一六一〕「上」，底本原校云一本無，一本作「智法」。
〔一六二〕「照」，校本校勘記云一本作「謂」。
〔一六三〕「德」，底本原校云一本作「位」。
〔一六四〕「上」，校本校勘記云一本作「其」。
〔一六五〕「一」，校本校勘記云甲本無。
〔一六六〕「得」，校本校勘記云甲本無。
〔一六七〕「不」，校本校勘記云甲本無。
〔一六八〕「深」，校本校勘記云甲本作「除」。
〔一六九〕「即」，校本校勘記疑後脱「德」字。
〔一七〇〕「彰」，校本校勘記云一本作「障」。
〔一七一〕「等説」，校本校勘記云一本作「説等」，一本作「等」。
〔一七二〕「彰」，校本校勘記云甲本作「障」。
〔一七三〕「怯」，校本校勘記云甲本作「法」。
〔一七四〕「法」，底本原校云一本作「聞」，下一「法」字同。
〔一七五〕「解説義」，校本校勘記云甲本作「解脱」。
〔一七六〕「來」，校本校勘記云甲本作「示」。
〔一七七〕「參」，底本原校云一本作「異」。
〔一七八〕「語」，校本校勘記云甲本無，下三「語」字同。
〔一七九〕「攝中隨義」，校本作「攝中道義」，校本校勘記云甲本作「隨中道攝」。
〔一八〇〕「利」，底本原校云論作「事」。
〔一八一〕「經」，底本後衍「經」字，據底本校勘記及校本校勘記删。
〔一八二〕「説」，校本校勘記疑衍。
〔一八三〕「利」，底本原校云論作「事」。
〔一八四〕「地」，底本原校云一本後有「持」字。
〔一八五〕「何故」，底本原校云一本無。
〔一八六〕「提」，校本校勘記云一本作「薩」。
〔一八七〕「行」，底本原校疑衍。
〔一八八〕「化」，底本原校云一本作「他」。

〔一九〕「利」，底本原校云論作「事」，下三「利」字同。

大乘義章卷第十二

遠法師撰

淨法聚因法中，此卷有三十一門。五願義。五戒義。五品十善義。五停心義。五聖支定義。五聖智三昧義。五智義。五忍義。五種菩提義。五種方便義。五種善法義。五行義。五生義。五無量義。五德舉罪義。五種教誡義。六波羅蜜義。六念義。六種決定義。六妙行義。六種善法義。六和敬義。六修定義。六三昧義。六攝義。七善律儀義。七淨義。七財義。七種大乘義。七地義。七戒齊義。

五願義。

五願之義，出《地持論》。求義名願。願別不同，一門説五。五名是何。一發心願，二者生願，三境界願，四平等願，五者大願。五中初一是自利願，後四利他。發心願者，菩薩自爲發菩提心，求大菩提，名發心願。後利他中，言生願者，求利他身，爲衆生故，願未來世，隨善趣生，以道益物，名爲生願。問曰：何故不願惡趣。釋言：願心有其二種。一爲拔苦，願生惡道。二爲授善，願生善趣，善趣衆生堪受道故。境界願者，求利他智，願未來世成就五種無量之智，正知五種無量境界，名境界願。五無量者，一衆生境無量，二世界無量，三法界無量，四調伏界無量，五調伏界〔二〕方便界無量。此義如後五無量中具〔三〕廣分別。平等願者，求利他行，願未來世一切菩薩四攝之行平等成就，名平等願。言大願者，正求利他，願未來世於衆生以四攝法平等饒益，名爲大願。故論釋言，大願者即平等願，用前等行廣利人故。五願如是。

五戒義，五門分別。列名解釋科簡廢立，一。遮性分別，二。得有分別〔三〕具，三。就時分別，四。約就人趣形報分別，五。

言五戒者，所謂不煞、不盜、不邪婬、不妄、不飲酒，是其[四]五戒也。此五能防，故名爲戒。前三防身，次一防口。後之一種，通防身口，護前四故。問曰：身中打縛等事並是不善，何不說離。釋言：打縛是煞眷屬，但言離煞，則已具攝，故不別論。又此過輕，世人難持，故不說離。問曰：離煞離盜之中不言離邪，離婬之中偏言離邪[五]。釋言：煞盜唯邪無正，有皆須離，是故不須以邪別之。婬則不爾，有正有邪，自妻爲正，侵他爲邪。爲簡正婬，故說不邪。問曰：何故餘戒法中有婬皆離，五戒之中偏離邪婬。釋言：五戒被在家者。在家之人自妻難斷，故偏離邪。又《成實》言，若婬自妻，不[六]墮地獄[七]。是故簡之，偏言離邪。問曰：八戒亦被在家，以何義故有婬皆離，不說離邪。釋言：八戒是在家人持出家法故，似出家者，有婬皆離。又復八戒時短易持，有婬皆離。五戒盡形，時久難持，故偏離邪。以難持故，乃至在家初果聖人亦不能離。問曰：口過乃有四種，以何義故偏離妄語，不離餘三。龍樹釋言：妄語重故，偏說離之。又復妄語故作心起，餘則不定，或有故作，或不故作。又復妄語攝餘口過，兩舌等罪不應法故皆名妄語。若說離妄，餘者皆隨，故不別論。又兩舌等在家難持，故不說離。故《雜心》言，出家之人尚不能離，況在家者。問曰：飲酒不惱衆生，何故須離。論言，飲酒是放逸門，多生罪過，是故須離。問曰：一切歌儛等事，何不說離。以過微故，又在家者難[八]常持故，所以不說。此一門竟。

次辨遮性。五中前四，遠離性罪。後之一戒，防禁遮惡。前離性罪，是其戒體。後離遮惡，是助戒法。又前戒體是其所護，後一助法是其能護。所護如菓，能護之者如似薗墻。論說如是。此二門竟。

次辨得戒，有分有具。有人說言，五戒之法，具受乃得。有人宣說，不具亦得。若依毗曇，具受乃得，分受不得。問曰：若言具受得者，是義不然。如經中說，優婆塞義，差別有五，一者一分，二者小分，三者多分，四者具足，五者斷婬。若具受得，云何得有一分等異。《毗曇》釋言：此據持中，宣說一分，小多分等，不關受事。於五戒中具受得竟，若於一戒，名爲一分，若持二戒，名爲小分，若持三四，名爲多分，若具持者，名爲具足，若於自妻亦不婬者，名爲斷婬。若依《成實》，分受亦得，量其分齊，或受一二，乃至具足。故彼論言，隨受多小皆得，據極說五。以分得故，經中宣說一分多分，乃至斷婬。《大智論》中同《成實》說。此三門竟。

次辨時分。於中有二，一約要期以辨時分，二約法辨時。言約要期辨時分者，要期有三：一者要期盡一日夜，所謂八戒。二者要期盡於一形，所謂五戒、出家戒等。三者要期盡未來際，謂菩薩戒。言約法者，如《毗曇》說，有佛法時受戒則得，無時不得，以戒必依佛法受故。若先受得，佛法雖滅，成就不失。《成實》法中，乃至法滅，人十歲時，受戒亦得。問曰：爾時既無佛法，依何受得。釋言：爾時雖無人授，但自要期，結誓斷惡，亦能得之。此四門竟。

次就人趣形報分別。趣謂五趣。依如毗曇，五戒唯在人天中受，不在餘趣。《成實》法中，人天鬼畜一切皆得。趣別如是。言就人者，依如毗曇，佛弟子等得受此戒，外道不得。《成實》法中，外道亦得。《阿含經》中宣說外道得受八戒，當知五戒亦應得受。《涅槃經》說供養外道持戒之者得無量報，明亦得受。人別如是。言就形者，依如毗曇，男女得受，餘皆不得。依如《成實·律儀品》中，黄門、無根、不能男等皆得之，不局男女。五戒之義，略辨如是。

五品十[九]善義，四門分別。一、釋名。二、開合辨相。三、約就人位辨其通局。四、所治同異。

第一釋名。五品十善，出《地經論》。順義名善。順有三種：一、順益上昇，名之爲善。若從是義，下極三有，人天善法，齊名爲善。二、順理名善，謂無義行。若從是義，下極二乘所修善法，皆名爲善，同順理故。三、體順名善，謂真識中所成行德。相狀如何。法界真性是己自體，體性緣起，集成行德，行不異性，還即本體，即如不乖〔一〇〕，稱曰體順。若從是義，唯佛菩薩體證真行，是其善也。良以所對惡有三故，善分此三。言三惡者：一、違損名惡。若從是義，唯三塗因及人天中別報苦業是其惡也。翻對此故，宣說初善。二、違理名惡。取性心中所造諸業，皆違法理，同名爲惡。若從是義，上極凡夫有漏善業，猶名爲惡。翻對此故，說第二善。三、體違名惡。一切妄心所起諸業，違背真體，同名爲惡。若從是義，上至三乘緣照無漏，齊名爲惡，妄心起故。翻對此故，說第三善。名義如是。此一門竟。

次第二門，開合不定。總唯一善。簡凡異聖，分之爲二。聖別大小〔一一〕，通凡說三。小中開分聲聞、緣覺二種善異，通餘說四。大中離其佛與菩薩，兩種善別，通餘說五。凡中別分人天善異，通餘說六。廣則無量。今據一門，且論五種。開合如是。此二門竟。

次約人位辨其通局。人有五階，所謂凡夫、聲聞、緣覺、菩薩及佛。通局如何。善有二種，一者善法，二者善行。此二何別。別有四種：第一義者，法通理事，行唯在事。第二義者，法通有情及與非情，行唯在有情。第三義者，法通善惡及與無記，行唯是善。第四義者，法通自他，行唯局別。法云何通。他人所行得爲己法，己之所行得爲他法。行云何別。己行不得說爲他行，他行不得說爲己行。有斯差異，故分兩門。

今先就法辨其通局。義別有四：一、隨人別分。凡夫善法唯就凡說，乃至佛善唯就佛說，無相通理。二、簡勝異劣。於此門中，下不兼上，上得兼下。以是義故，凡夫最劣，唯有凡善，無餘四種。聲聞次勝，其有聲聞、凡夫善法，無餘三種。緣覺轉勝，具有緣覺、聲聞、凡夫三種善法，無餘二種。菩薩具四，無其佛善。如來具足一切善法。三、簡大異小。凡夫二乘是其小故，下不兼上，上得兼下，備如向辨。菩薩及佛是其大故，並皆具足一切善法，精麤爲異。以並具故，二地菩薩攝五十善，爲善[三]攝善戒。四、就實通論，凡夫二乘、菩薩及佛，一切皆具五品善法。此就真實如來藏中十善法門以論具矣。凡夫心中即具法界一切善法，今雖未現，法實常有，二乘亦然。菩薩小見，至佛圓見。良以法界無增減故，一切皆具。法之通局，辨之麤爾。

次就善行以論通局。於中有三：一、隨人別分。二、簡勝異劣。三、簡大異小。與前法中，初三相似。行唯在事，不同法故，闕無第四凡聖皆具。通局如是。此三門竟。

次明所治同異之義。五品十善，所治之鄣，義有同異。所言同者，莫不皆離十不善業。所治既同，何緣得分五品善別。釋言：離之有遠有近，故得分爲五品善別，凡夫十善離之最近，乃至佛善去之最遠。所言異者，凡夫十善正離業道，餘之四種離業根本。五住煩惱是業根本。聲聞、緣覺同治四住，聲聞解劣，見法麤昧，所治不精，緣覺智勝，見理深明，所斷精盡。菩薩及佛同滅無明，菩薩智淺，離之未窮。佛智圓極，斷之畢竟。有此差別，故分五品。五品十善，辨之略爾。

五停心義，四門分別。一、釋名辨相。二、治患不同。三、三善分別。四、就地分別。

就初門中，先釋其名，後辨其相。名字是何。一、不淨觀。二、慈悲觀。三、因緣觀。四、界分別觀。五、安那般那觀。此五，經中名五度門，亦曰停心。言度門者，度是出離至到之義，修此五觀，能出貪等五種煩惱，到涅槃處，故名爲度。又斷煩惱，度離生死，亦名爲度。通[三]人趣入，因之爲門。言停心者，停是息止安住之義，息離貪等，制意住於不淨等法，故曰停心。名字如是。相狀云何。

不淨觀中，略有二種：一、厭他身，觀他不淨。二、厭自身，觀自不淨。觀他身中，有其九相，一者死相，二者脹相，三青瘀相，四膿爛相，五者壞相，六者血塗相，七虫敢〔一四〕相，八骨鏁相，九離壞相。《大智論》中，加一燒相，少一死相。此義如後九相章中具廣分別。觀自身中有五不淨，如《大智論》說：一、種子不淨。是身過去結業爲種，現以父母精血爲種。二、住處不淨。在母胎中生藏之下，熟藏之上，兩界之間安置已體。三、自相不淨。是身具有九孔常流，眼出眵淚，耳出結膟，鼻中出洟，口出延〔一五〕吐，大小便道流出屎尿。四、自體不淨。是身具有三十六物所共合成，如《大智論》說，一髮，二毛，三爪，四齒，五皮，六肉〔一六〕，七骨，八髓，九筋，十脉，十一脾〔一七〕，十二腎，十三心，十四肝，十五肺，十六大腸，十七小腸，十八胃，十九胞，二十屎，二十一尿，二十二垢，二十三汗，二十四淚，二十五結膟，二十六洟，二十七唾，二十八膿，二十九血，三十黄陰，三十一白陰，三十二肪，三十三珊，三十四腦，三十五膜，三十六精。於此門中，要唯二種：一、皮等觀。二、除去皮肉，爲白骨觀。骨觀有三，如毗曇說：一者始業，觀察自身，從頭至足，除去皮肉，作其骨相。二、已習行，觀彼骨鏁，以漸寛廣，周滿大地。又觀彼骨，展轉相對，大風飄搏，變爲雪聚。修此骨相，極令純熟，不作心想，任運現前。三、思惟已度，於彼骨鏁，以漸略之，還至自身，於其所緣清淨寂靜，唯觀一色。此是第四自體不淨。五、終竟不淨。此身死已，埋則成土，虫噉成糞，火燒成灰，究竟推求，無一淨相，名終竟不淨。

慈悲觀者，普緣衆生，作其與樂拔苦之想，名慈悲觀。於中廣有七品修習，如前四無量章中具廣分別。

因緣觀者，於彼生死十二因緣分別觀察。是觀不同，略有二種，一順二逆。逆順不同，略有兩門：一、前後分別。從前向後，次第觀察，名爲順觀。從後向前，次第推之，名爲逆觀。二、空有分別。有觀名順，順法相故。空觀名逆，逆諸法故。五度門中因緣觀者，就初門說。

界分别者，依如毗曇，爲六界觀，名界分别。言六界者，一地，二水，三火，四風，五空，六識。如論中釋，地爲水界潤故不相離，水爲地界持不流散，火成熟故不淤壞，風動飄故得增長，以空界故食等出入，識界合故有所造作。此六差别，無我人故。若依《涅槃經》，觀十八界，名界分别。十八界義，如上廣釋。於此分别，知無我人。

數息觀者，觀自氣息，繫心數之，無令妄失，名數息觀。於中分别，略有四種：一者增數，以一爲二。二者減數，以二爲一。三者亂數，出作入想，入作出想。四者等數，以一爲一。心散亂者，爲前三數。心不亂者，爲後一數。數之至幾，極不過十。於彼十中不滿心忘，還從一起。若心不亂，至十便迴。何故唯十，不增不減。論自釋言：畏心散故，不得過十。懼心聚故，不得減十。出入息中，數何爲十。是義不定。内氣增者，偏數出息。内氣小者，偏數入息。氣息調者，入出俱數。如《雜心》説，入五出五，合爲十也。出入息中[一八]，先數何者。如論中説，先數入息，後數出息，良以生時入息在前，故先數入，命終之時，出息在後，故後數出。相狀麤爾。此一門竟。

次明五度治患不同。如經中説，多貪衆生，教觀不淨。貪有五種，對治各異。何者五貪。一者色貪。男女相愛，以不淨觀而爲對治。二、親戚貪，亦名婬貪。眷屬相憐，名親戚貪。親情相愛，尋續不斷，名爲婬貪。如多日雨，名爲婬雨，多日之風，名曰婬風，此亦如是。不同世人姧逸名婬。此之婬貪，捨無量心而爲對治。故《雜心》云[一九]，捨無量心對治婬貪。三者財貪。悋惜身財，檀度爲治。四名聞貪。求善稱譽，身空爲治。五、善法貪。愛著善法，法空爲治。今此偏説色貪對治爲初度門，以此過重，受生根本，故偏説之。色貪有二：一、愛自身，觀五不淨而爲對治。二、愛他身，九相爲治。愛他身中，有四種欲，一威儀欲，二形色欲，三處所欲，四細觸欲。威儀欲者，死相爲治。第二形色，青淤膿爛血塗爲治。處所欲者，脹壞虫食分散爲治。細觸欲者，骨鏁爲治。問曰：九相能治貪欲，與彼十相對治何別。釋言：九相但能遮伏，十相能滅。九相能伏，如似縛賊。十相能滅，如似煞賊。差別如是。十相之義，後當別論。多瞋衆生，教慈悲觀。慈悲二心，治有通別。通則俱治一切瞋恚，別[二〇]則各異，如《涅槃》中六門別之。第一義者，瞋有二種，一能奪命，二能鞭鞮。斷命之瞋，麤而易捨，修慈悲[二一]能治。鞭鞮[二二]之忿，輕而難離，修悲方治。第二義者，瞋有二種，一瞋衆生，二瞋非衆生。瞋衆生者，應生所[二三]起，性容輕薄，易除易遣，修慈能治。瞋非衆生者，不應生處起，性必深厚，難離難捨，修悲方離。嗔非生者，於衆生處灼然亦嗔，故曰深厚。第三義者，嗔有二種，一有因緣，二無因緣。有緣生嗔，應生處起，性容浮薄，易除易捨，修慈能治。無緣生者，性必深厚，難除難斷，修悲方治。無緣生者，有緣亦嗔，故曰深厚。第四義者，嗔有二種，一緣過去久因緣生，二緣現在近因緣生。緣於過去久緣生者，去境玄遠，瞋容輕薄，易除易捨，修慈能治。緣現生者，近境逼心，忿惱必深，難裁難忍，修悲方治。第五義者，嗔有二種，一嗔聖人，二嗔凡夫。嗔[二四]聖人者，可敬處起，易除易捨，修慈能治。嗔凡夫者，可憎處起，難忍難捨，修悲方治。第六義者，嗔有三品，上中及下。上嗔易息，修慈能治。中嗔次難，修悲方治。下嗔難斷，修慧方離，慈悲不治。愚癡多者，教觀因緣。癡有四種：一、迷世事，五明爲治。二、迷世俗因果之法，十二緣觀而爲對治。三、迷二諦有無之理，以二諦觀而爲對治。四、迷真實如來藏性，實證爲治。今說第二爲因緣觀。問曰：經說聲聞鈍根，教觀四諦，緣覺利根，教觀因緣，今云何言愚癡衆生教觀因緣。龍樹釋言：此愚癡者，不如牛羊全無所知，蓋乃外道邪見利根，迷正因果，故説爲癡。以利根故，能觀因緣。然因緣中，治患非一，今據一門，且言治癡。著我多者，教分別界。依如[三五]《毗曇》，六界分別，明無我人。《涅槃經》中，十八界觀，明無我人，是身唯有六根六塵及識[三六]故。所治之我或一二三，乃至六十五種差別，無我章中已廣分別。思覺多者，教令數息。覺有八種，所謂欲覺、瞋、惱、親里、國土、不死、族姓、輕侮。此義如前八覺章中具廣分別。問曰：有人諸患等分，以何爲治。《成實》法中，十六特勝能爲對治。依如[三七]《觀佛三昧經》中，觀佛三昧能爲對治。毗曇法中，義亦同此。以佛相好非是三毒境界故爾。問曰：何故諸煩惱中偏説對治貪瞋癡我，及與覺觀以爲度門，不説餘結。以此凡夫多所起故。又貪瞋癡是三毒根，我爲一切諸見根本，覺觀妨道，故偏治此以爲度門。餘不如是，所以不説。又餘煩惱皆是觀收，故唯説五。此二門竟。

次就三善分別五度。言三善者，所謂無貪、無瞋、無癡三善根也。五度觀中，不淨觀門是無貪性，慈悲觀門是無瞋性，餘三觀門是無癡性。若論眷屬，即五陰性，定共無作是即色陰，受數爲受，想數爲想，心王爲識，餘爲行陰。此三門竟。

次就地論。地謂欲界、未來、中間及八禪地。約此諸地分別五度，初不淨觀是其欲界、未來、中間、初禪、二禪五地所攝。依欲界地聞思慧心作，即欲界攝。依未來等彼慧心作，即彼禪攝。問曰：何故三禪以上不起此觀。釋言：欲界有二種欲，一者身欲，二者心欲。五識地中有其身欲，意識地中有其心欲，故從欲界至禪中間修不淨觀，對治彼欲。初禪地中亦有二欲，眼耳及身三識地中有其身欲，意識地中有其心欲，故依二禪修不淨觀，對治彼欲。二禪以上單有心欲，無有身欲，故三禪上不修此觀。又三禪中樂，樂於自樂，四禪以上其心寂靜，不樂觀此不淨之事，故三禪上不爲此觀。設令修習，小故不論。慈悲觀者，依如《毗曇》，欲界、四禪、未來、中間七地所攝。

《成實》法中，一切地攝。大乘法中，麤同《毗曇》，細同《成實》。因緣界入二種度門，一切地攝。安般念者，五地所攝，所謂欲界、未來、中間及彼二禪、三禪地家方便道攝。雖五地攝，多用欲界聞思慧心作。問曰：初禪、二禪、三禪根本定中，以何義故不爲此觀。釋言：數息爲求禪定，彼根本定，定心已成，是故不爲。又問：何故四禪以上不爲此觀。彼地已離出入息故。五停心義，大況麤爾。

五聖支[二八]定義。

如《成實》說，定能生聖，與聖作因，名聖支定。聖支不同，一門說五。五名是何。一是喜定，二是樂定，三是清淨心定，四明相定，五觀相定。初禪二禪名爲喜定。三禪名樂。第四禪中，免三災，絕四受，滅出入息，名清淨心定。此三猶是世俗四禪。依此三種發生理解，名明名觀。始觀五陰苦無常等，名之爲明。破壞五陰，觀五陰空，說以爲觀。問曰：何故世俗定中唯說四禪以爲聖支。生聖强故。又問：此五位在何處。釋言：前三位在外凡。後之二種聞思已去，其中辨義，進退不定。一義釋云：聞思位中，習解方便，名之爲明。修慧位中，現見二空，說以爲觀。第二釋云：四現忍心，同名爲明。無相已去，齊稱爲觀。以小類大，大亦應有。大中前三亦在外凡，明在種性，觀在解行。亦可明在種性、解行，觀在地上。五聖支定，略辨如是。

五聖智三昧義。

五聖智三昧，如《成實論·五聖智品》說。名字是何。一聖清淨三昧，二非凡所近智者所讚三昧，三寂滅妙離三昧，四現樂後樂三昧，五者一心出入三昧。聖清淨者，行者在於見諦道時所修禪定，時[二九]若起煩惱，則以智慧改彼煩惱，令定清淨，名聖清淨。非凡所近智所讚者，行者能破世俗假名，入無相位所得聖定，名非凡近智所讚也。寂滅離者，論自釋言，薄諸煩惱，令貪等滅，名爲寂滅，此斯陀含所得之定。妙盡欲界微細煩惱，名爲妙離，此阿那含所得之定。現樂後樂者，於現在世證煩惱斷名爲現樂，未來世中得泥洹果名爲後樂，此上二界一切煩惱對治定也。一心出入者，論自釋言，行者常行無相心故，名爲一心出入三昧，此一在於無學位中。准小類大，大亦具有。解行也[三〇]前名聖清淨。歡喜地中，名非凡近智者所讚。二地已上至第八地，名寂滅妙離。九地、十地，名現樂後樂。佛地，名爲一心出入。問曰：何故説此五種。《成實》釋言：佛明[三一]定中非但繫心，亦有聖智，是故説之。五聖智三昧，相別麤爾。

五智義，六門分別。一、辨相。二、定體。三、漏無漏分別。四、就位分別。五、就人分別。六、就處分別。

言五智者，一法住智，二泥洹智，三無諍智，四者願智，五邊際智。法住、泥洹，從境爲名。相狀如何。汎釋有六：一、就有爲無爲分別。知苦集道有爲之法，法相存立，名法住智。觀察滅諦無爲之法，名泥洹智。泥洹，胡語，與彼涅槃原是一名，傳之音異。二、望生死增損分別。觀集生苦，增長生死，名法住智。觀道趣滅，減損生死，名泥洹智。又觀諸法無常、苦、空，趣向涅槃，是亦名爲泥洹智矣。故論説言，增長生死，名法住智，減損生死，名泥洹智。三、空有分別。知世諦有，名法住智。了真諦空，名泥洹智。四、望有法增損分別。觀察有法從因緣集，名法住智。觀法無常、苦、無我等，趣入空理，名泥洹智。五、事理分別。了知真實如來藏中法性常住，名法住智，故經宣説真諦之法以爲法界法住。知其事滅無爲之法，名泥洹智。六、直就真諦隨義分別。知第一義法性常住，名法住智。知一苦滅，名泥洹智。此六種中，隨宗別分，初之兩門是毗曇法，中間兩門是《成實》法，後之兩門是大乘法。以深攝淺，初之兩門是毗曇法，前之四門是《成實》法，六門是俱大乘之法。初二如是。無諍智者，就能爲名。得此智時，不與物競，名無諍智。此義云何。聖人常恐違衆生心，令起煩惱，凡所爲作，類察物情，知其心欲，能以巧慧善順隨之，名無諍智。言願智者，從方便爲名，聖人修得捷疾智故，於一切法隨願，欲知即能知之，名爲願智。邊際智者，從境爲名，身報窮處，名爲邊際，聖人修得自在智故，於此邊際修促隨心，名邊際智。問曰：此智所延之報，誰爲集因。釋言：所延之因不異，直以邊際住持力故，令此身報相續不壞，報不壞故酬因無盡，如似仙藥，延命不死，以不死故酬因不斷，此亦如是。問曰：所延由邊際智，邊際望彼説集可得。釋言：不得。失[三二]言集者，能生爲義，修但能治，不能生果，故非是集因。譬如好器盛水不漏，非謂是水即從器生，彼亦如是。此一門竟。

次辨體性。此五皆用慧數爲體，於中別分法住、泥洹。小乘法中一切智爲智體，小乘之人總能知一切法故。大乘法中，或一切智，或一切種。是義云何。大乘法中，知世諦者名一切種，知真諦者名一切智。於彼法住、泥洹智中[三三]差別非一，爲是不定。若就世諦，知有爲法名爲法住[三四]，知無爲法名爲泥洹，是則二種莫不皆用種智爲體。問曰：何故二乘知此名一切智，如來知此名一切種。釋言：二乘但能總相知一切法故，名一切智。如來於中種別知故，名一切種。故龍樹云：聲聞、緣覺有一切智，諸佛如來有一切種。若就真諦，知理常住名法住智，知理寂滅名泥洹智，二種皆用一切智爲體。若知世法名法住智，知真諦空名泥洹智，是則法住種智爲體，泥洹智者一切智爲體。若説了知真諦常住爲法住智，了知世諦事滅無爲爲泥洹智，是則法住一切智爲體，泥洹智者種智爲體。第三無諍，巧智爲體，善巧隨順衆生心故。第四願智，無礙智爲體，知法種[三五]捷疾，無障礙故。第五邊際，自在智爲體，修促知[三六]心，得自在故。此二門竟。

次就有漏無漏分別。法住、泥洹，毗曇法中通漏無漏，等智觀者是其有漏，聖智觀者是其無漏。《成實》法中，泥洹無漏，法住不定。在見道前，説爲有漏。在見道上，義有兩兼，一切聖人名用心起，不生漏故名爲無漏，非是現[三七]觀空斷漏行故名爲有漏。大乘法中，義別有二：一、約境分別。於此二中，知世諦者是其有漏，知真諦者是其無漏。二、就心分別。心中有三：一、等智觀，二俱有漏。二者緣照無漏智觀，亦漏無漏。緣修治障，名爲無漏。性是妄想分別心法，名爲有漏。三、真智觀，一向無漏。後之三智，毗曇法中一向有漏，等智攝故。《成實》法中，亦漏無漏，無學聖人名用心起，不生漏故名爲無漏，非是觀空斷漏行故名爲有漏。大乘法中，義別有二：一、約境分別。此三知於世諦法故，一向有漏。二、約心分別。心有真妄，分相論之，妄心所起一向有漏，性是妄想煩惱法故，真心所起一向無漏，體非妄想煩惱法故。隨義通論，妄心所起亦漏無漏，與《成實》同，名用心起故名無漏，非是觀空斷漏行故名爲有漏。真心所起亦漏無漏，體出妄想，名爲無漏，作用隨世，名爲有漏。有漏無漏，辨之麤爾。此三門竟。

次就位論。位分有五，一者外凡，二者内凡，三者見道，四者修道，五無學道。小乘法中，法住、泥洹，初位中無，後四[三八]有之。後之三智，第五[三九]中有，前四無之，以是增上勝功德故。大乘法中，除邊際智，餘之四種，初位[四〇]中無，後四有之。邊際一智，位分不定，將小類大，局在地上。學窮處論，在第十地，後身菩薩於生死邊得自在故。以實通論，種性已上皆悉得之，生死之中麤細無量，隨在何邊[四一]皆自在故。此四門竟。

次就人論。人謂凡夫、聲聞、緣覺、菩薩、如來。凡夫之人，五智皆無。緣覺人中，但有法住及泥洹智，無餘三種，以後三智依教修起，緣覺出世，無教可依，是故無之。聲聞、菩薩、如來齊具。聲聞之中，法住、泥洹，一切皆有，後之三智，增上利根羅漢有之，餘者皆無。以此增上勝功德故，以利根者得願智故，能於三千大千世界神變自在，乃至無色諸衆生心，亦能知之。

此五門竟。

次就處論。處中有三，一者身處，二者心處，三者境處。言身處者，法住、泥洹，三界身中皆得修起。餘之三種，聲聞人中唯在欲界。三天下人能得修起，除欝單越，依説起故，故論説爲三方依矣。菩薩不爾，於一切處皆得修起。言心處者，法住、泥洹，從欲界心，乃至非想，皆得修起。問曰：欲界何心修起。依如毗曇，欲界地中聞慧、思慧二種心起。《成實》、大乘，欲界地中三慧心起，彼説欲界有禪定故。後之三智，小乘法中依第四禪，勝功德故。諸佛菩薩，麤同小乘。以實通論，一切地心皆得修起，心自在故。言境處者，法住、泥洹及與願智，用三界法以爲境界。無諍智者，唯欲界中未生惱心以爲境界，彼觀欲界未生惱心，護令不起瞋恚，唯在欲界地中，故論説言緣於欲界未生惱矣。邊際智者，小乘法中唯以欲界身報爲境，邊際唯在欲界修故。諸佛菩薩以一切處身報爲境，一切身中皆自在故。五智如是。

五忍義，兩門分別。一、釋名義。二、就位分別。

五忍之義，出《仁王經》。慧心安法，名之爲忍。忍行不同，一門説五。五名是何。一者伏忍，二信忍，三順忍，四無生忍，五寂滅忍。言伏忍者，就能爲名，始習觀解，能伏煩惱，故名伏忍。言信忍者，從伴立稱，忍體是慧，與信相隨，故從伴説，稱爲信忍。是義云何。信有兩種。一者證信，從前伏後，觀心轉深，分證法性，於所證法證信清淨，故名信忍。二者玄信，以己所得，仰類上法，信解不疑，故曰信忍。言順忍者，就能爲名，依前信已，更修勝慧，趣順無生，以能上順，故名順忍。無生忍者，從境爲名，理寂不起，稱曰無生，慧安此理，名無生忍。亦得名爲遣相爲因[四二]，得此忍時捨離生相，故曰無生。寂滅忍者，從境爲名，一切法界常寂不動，名爲寂滅，慧安此法，名寂滅忍。亦得名爲當相[四三]爲目，捨緣分別，心體寂滅，名寂滅忍。問曰：寂滅、無生、無我及空平等，有何差別。通釋是一，是故諸地齊得此義。於中別分，非無差異。異相如何。觀法虛假，遣其定性，是無我義，此理最淺。破相入如，名空平等，此理次深。證實離相，由來不起，名爲無生，此理轉深。法界皆寂，名爲寂滅，不同無生唯實無相，此理最勝。以不同故，諸地之中亦得差異[四四]，異如後論。名義如是。此一門竟。

次就位論。第一伏忍，通則遍在一切地前，於諸地前，始觀未斷，斯名爲伏。別則唯在種性、解行，以此世間未入聖位，不能永斷，故偏名伏。問曰：《地持》宣説種性二鄣清淨，似永[四五]不伏。彼文復説解行菩薩有其種種煩惱上纏。《涅槃》亦云地前菩薩具煩惱性，名爲凡夫，似如具在，非伏非永。《仁王》説伏似非永非具在。其義云何。釋言：煩惱麤細非一，於中麤者種性地時已伏已斷，《地持》據此説爲二淨。中品之者，地前始伏，未能永斷，《仁王》據此説爲伏忍。微細之者，地前菩薩未伏未斷，《地持》所説解行菩薩有其種種煩惱上纏，據此爲言。《涅槃》所云具煩惱性，義有兩兼。若望中品，伏而未斷，亦名爲具。若望細品，未伏未斷，亦得名具。若復細論，煩惱無量。或有煩惱，十信中伏，種性時斷。或有煩惱，種性時伏，解行中斷。或有煩惱，解行中伏，初地時斷。或有煩惱，初地時伏，二地中斷。如是次第，乃至佛地。若復細論，從初發心乃至佛地，念念之中前伏後斷。以有此義，聖説沉浮種種不同。今據一義，且説地前以爲伏耳。是伏有三，謂下中上，下在習種，中在性種，上在解行。

第二信忍，通亦遍在，如道品中[四六]所説之信。別唯在於初二三地，如《仁王》説，信中下品在於初地，中在二地，上在三地。問曰：論説證信兩地，信在地前，故論説言願善決定已入初地，非信地攝，今説信忍，何故在於初二三地。釋言：信者是其始相，世間中説。世與出世相對有二。一、地前地上相對分別。地前世間，説爲信地。地上出世，判爲證地。二、就地上隨相以分。初二三地是其世間，説爲信忍。四地已上是出世故，更與異名，名爲順忍、無生忍等。問曰：若言信是始相，世間説者，四不壞信應在世間，何故就彼出世説乎。釋言：不壞是其證信，故就出世證處論之。不同玄信，在出世故。或對地前，初地出世，名不壞淨，故《地持》云初地菩薩得不壞淨，生歡喜心。或復對彼三地已還世間之行，四地出世，名不壞淨，故《地持》云四地菩薩不壞淨首如修多羅。

第三順忍，通亦遍在，別唯在於四五六地，如彼《仁王》及《地經》説。以此三地，破相趣寂，順入無生，故説爲順。順有三品，下在四地，爲道品觀，中在五地，爲四諦觀，上在六地，十法平等及因緣觀。

無生忍者，通亦遍在，別則不定。如龍樹説，初地已上亦得無生。若依《仁王》及與《地經》，無生在於七八九地，下在七地，始習無生，中在八地，成就無生，上在九地，無生忍滿。問曰：前來以何義故不名無生，至此方論。釋有四義：一、就行以論。前六地中差別修道，諸行漸起，初地起願，二地起戒，三地起定，四地修起道品之慧，五地修起諦相應慧，六地修習緣起之慧，以此諸行分分新生，故非無生。七地已上，念念頓起，一切佛法無有別行新起之者，故名無生。二、據修以解。初至六地，功用修道，修心未熟，故名爲生。第七地中修無功用，八地已上成無功用，修心純熟，故曰無生。三、約有無二法以解。前六地中，有無二行，前後互起，不能雙修，以互起故，名之爲生。七地已上，寂用雙修，無有間起，故名無生。四、就一相如理以釋。初地已上，觀法虛假，破遣定性，名得無我。四地已上，破相入如，未能證實自體無相，故非無生。七地已上，證實離相，知法本寂，由來不起，故名無生。

寂滅忍者，通亦遍在，別唯在於十地已上。

於中唯有上下二品，如《仁王》說，下在十地，上在如來。故經說言，下忍行中，名爲菩薩，上忍中行，名之爲佛。問曰：此忍，九地已前何故不得。以彼趣求一相寂滅無分別法，未能了達法界皆寂，故不得此。問曰：何故三持之中地前分多，地上爲一，此五忍中地前爲一，地上分多。釋言：地位開合不定。或有開前合後，如彼三持、三決定等。或開後合前，如五忍等。或前後俱開，如五方便及六地等。或前後俱合，如彼證信二種地等。門別各異，寧可一類。五忍之義，大況麤爾。

五種菩提義。

五菩提義，如《大品經·無生品》說。彼經直云五種菩提，不列名字。論有二釋：一、以聲聞、緣覺、大乘三種菩提，及與順忍、無生法忍，合說爲五。第二，直就大乘之中，隨義分五。五名是何。一發心菩提，二伏心菩提，三明心菩提，四出到菩提，五無上菩提。

言發心者，論云在於無量生死，發菩提心，求大菩提，因中說果，是故名爲發心菩提。言伏心者，論言菩薩斷諸煩惱，降伏其心，行諸波羅蜜，名伏心菩提。明心菩提者，論言菩薩觀三世法本來[四七]總別，得法實相，畢竟清淨，所謂般若波羅蜜相，名明心菩提。言出到者，論言菩薩於般若中得方便力，不著般若，滅一切煩惱，得無生忍，出離三界，到薩波若，名出到菩提。言無上者，論言道場斷煩惱習，得阿耨菩提，名爲無上。

問曰：此五位分何處。文無定判，義釋有三：一、義分別，發心菩提在種性前善趣位中，以此在於無量生死求菩提故。伏心在於種性、解行，以此位中伏忍攝故。明心[四八]菩提者，在於初地乃至六地，以此諸地得無我智，破諸法故。出到在於七地已上，乃至十地，以七地上出離情相，到無生忍，故名出到。又七地上得方便智，不著有無，能出三界到菩提故，名爲出到。如彼論說，得方便力，不着般若，猶七地上十方便慧。於空不着，得無生忍，猶七地上無生法忍。無上菩提，在於佛果。第二義者，發心菩提在於地前，以此發心求出道故。伏心在於初二三地，以此三地修世間行，伏煩惱故。明在四地、五地、六地，以此三地同修慧明，順無生故。後二如上。第三義者，發心菩提，還在地前。伏心在於初地已上乃至五地。論言伏心斷諸煩惱，行諸波羅蜜，此五地中修施、戒、忍、精進及禪五度行故。明菩提者，在第六地。論言明者謂般若相，般若在於第六地故。後二同前。

此五種中，前四是因，後一是果。問曰：前四通皆是因，何故論文偏言發心因中説果。釋言：望彼無上菩提，前四皆是因中説果。隨分論之，伏心已上分證菩提，是故不名因中説果。初發心者一向未證，是故名爲因中説果。云何得知伏心已上分證菩提。釋言：有驗。如《法華論》釋《法華經》，所言八生乃至一生得菩提者，謂初地證智，故知地上亦證菩提。又《涅槃》説須陀洹人八萬劫到，乃至辟支十千劫到，謂到性地阿耨菩提，明種性上亦證菩提。以同證故，論家不名因中説果。五種菩提，辨之麤爾。

五種方便義。

五種方便，如《地持》説。巧修上順，名爲方便。方便不同，一門説五。五名是何。一、隨護方便。二、無罪方便。三、思惟[四九]方便。四、淨心方便。五、決定方便。五中前二是種性位，次一在於解行位，次一在於初地已上乃至七地，後一在於八九十地。言隨護者，種性地中集善行也。行有福、智，智慧之行，隨法防護，福德之行，隨人防護。謂修福時自護護他，故曰隨護。言無罪者，種性位中離過行也。行修離過，故曰無罪。言思惟者，論自釋言，謂解行地。位[五〇]解行中思量出道，故曰思惟。言淨心者，論自釋言，謂解行地。以解行中思量出道，故曰思惟[五一]。言淨心者，論自釋言，從淨心地至具行地。此出世間，證心清淨，故曰淨心。言決定者，謂決定地、決定行地及畢竟[五二]地。決定地者，是第八地。決定行者，是第九地。畢竟地者，是第十地。此三在於法流水中，決定趣向無上菩提，故曰決定。五種方便，略之云爾。

五種善法義。

五種善法者，謂信、戒、施、多聞、智慧。始於三寶得清淨心，名之爲信。依信起行，行初離過，故次明戒。既離惡已，次修善行。善有福、智，福行易爲，故次明施。既修福已，次宜起智，智由聞法，故次明聞。依聞起慧，故次第五明其智慧。五善如是。

五行義，三門分別。一、釋名。二、辨體。三、就位分別。

五行之義，出《涅槃經》。名字是何。一是聖行，二是梵行，三是天行，四是病行，五嬰兒行。言聖行者，就人爲名，如經中釋，諸佛菩薩是其聖人，聖人之行名爲聖行。又此亦得當相爲名，會正名聖，此行會正，故名聖行。問曰：五行皆聖人行，何故獨此偏名聖行。釋言：諸行名有通別，通則一切皆是聖行，於中別分，初一名聖，餘者隨義更與異名。良以此行正[五三]聖人自行之體，故偏名聖。言梵行者，當相爲名，梵名爲淨，利他之行能爲一切不善對治，離過清淨，故名爲梵。亦可此行從果爲名，初禪已上離欲果報，名之爲梵，四無量等能生梵果，故名梵行。又復涅槃亦名梵果，此行能得，説爲梵行。言天行者，當相爲名，一切禪定名爲天住，天住之行名爲天行。亦可此行從果立稱，初禪已上，淨天果報名之爲天，禪爲彼因，名爲天行。又禪能得大般涅槃第一義天，亦名天行。言病行者，從所治爲名，罪業是病，治病之行，故名病行。嬰兒行者，有[五四]二種，一者自利，二者利他。若論自利，從喻爲名，行離分別，如彼嬰兒無所辨了，名嬰兒行。若論利他，從所化爲名，如經中説凡夫二乘、始行菩薩如似嬰兒，化此嬰兒，名嬰兒行。名義如是。此一門竟。

次辨體相。聖行體者，經説有三，一戒，二定，三者智慧。此三如上三學章中具廣分別。梵行體者，依經有二：一、七善法化他之德。二、四無量化他之心。何者七善。如經中説，一者知法，二者知義，三者知時，四者知足，五者知自，六者知衆，七知尊卑。七中前五是自利行，後二利他。自利[五五]二行具足，方堪益物，是以明之。言知法者，知佛所説十二部經。言知義者，知經所説一切法義。言知時者，知起行時，知如是時任修寂靜，如是時中任修精進，如是時中任修捨心，如是時中任修施戒，如是一切。言知足者，是節量行，知於飲食、湯藥、衆具，受求以限，故曰知足。言自知者，於前所修自行功德有成就者如實知之，故曰自知。故經説言，菩薩自知我有如是信、戒、施等。言知衆者，善知刹利、婆羅門等種種衆別，如應教化。知尊卑者，知彼所化，行有優劣，量宜勸道。七善如是。四無量心，如上廣辨。有人更説知見覺等以爲梵行。案經以求，四無量慧[五六]，知見覺心及六念等，亦是第四捨中所收，不應別分。天行體者，謂八禪定。此義如後八禪章中具廣分別。此前三行，猶《地持》中三住所攝。初聖行者是彼聖住，第二梵行是彼梵住，第三天行是彼天住。前三攝善，後二離過。懺治前法[五七]，名爲病行。不起後過，名嬰兒行。又化嬰兒令不起過，亦得名爲嬰兒行矣。體相如是。此二門竟。

次就位論。此五通則遍在諸地。隨相別分，修在地前，成在地上。此云何知。如經中説，定行成時住堪忍地，慧行成時住不動地，慈行成時住於極愛一子之地，捨行成時住空平等地。所成皆在初地已上，明知修處在於地前。五行如是。

五生義。

五生之義，出《地持論》。受報隨物，故名爲生。生別不同，一門説五。五名是何。一息苦生，二隨類生，三者勝生，四增上生，五者最後生。此五通論，皆遍諸地。隨相別分，前三地前，後二地上。息苦生者，菩薩願力自在力故，受生三界，隨所生處，能除物惱，名息苦生。所息之苦，略有二種。一息現苦，謂三劫時及於餘時，能息物苦。二息當苦，邪見衆生奉事天神及諸惡行，教令遠離，不受當苦。隨類生者，菩薩願力自在力故，與物同生，教令離惡，化之住善，名隨類生。言勝生者，菩薩自以功德善業，於人天中受八勝生。言八報者，如《地持》説，謂壽具足、色具足等。增上生者，初地已上，十王等報，名增上生。最後生者，菩薩學窮，受生刹利、波羅門家，得阿耨菩提，作一切佛事，名最後生。問曰：此五，二種生中，爲是分段，爲是變易。釋言：此五在地前者，亦是應化，亦是分段。願[五八]力自在力故，隨物現受，故是應化。隨所生處，即與有漏結業相應，故是分段。所受是其六道身故，非是變易。故[五九]在地上者，惡道之身，唯是應化。惡業盡故，非是分段。善道之身，亦是應化。應化如前。亦是分段，地上菩薩有漏殘氣未盡，隨所生處與之相應故是。所受亦是六道身故，非是變易。此義如前二生死中具廣分別。五生如是。

五無量義，五門分別。一、釋名。二、辨相。三、次第。四、約對十盡共相收攝。五、對二十無量共相收攝。

五無量者，是化他智。名字是何。一衆生界無量，二世界無量，三法界無量，四調伏界無量，五調伏方便界無量。善知所化衆生差別，名衆生無量。善知衆生住處不同，名世界無量。知諸衆生心心所起善惡等法用之教化，名法界無量。知諸衆生根性差別，名調伏無量。然此非直知調伏心，亦知不調，以調爲主，故偏言耳。知度生法，名調伏方便。度生法中行修善巧，名爲方便。用此授人，調令起行，名調伏方便。又復令他起行善巧，亦名方便。問曰：如彼四無量心名爲無量，今此五種亦名無量，無量之言，爲當在境，爲就心説。釋言：不偏。癈心論境，四境五境俱是無量。約境論心，四無量心、五無量智皆是無量。名義如是。此一門竟。

次辨其相。如《地持》說，六十一種衆生，名衆生無量。何者是其六十一種。文無定判。有人釋言，調伏界中，就人不同，有五十五，加以六道，爲六十一。或可如〔六〇〕此，要略如是。若隨心別，形類不同，地處差異，難以限筭。故《地持》言，隨意地身，則有無量。十方世界國土不同，有無量種，如娑婆等，名世界無量。無〔六一〕善、惡、無記三性之法，一一分別各有無邊，名法界無量。調伏界者，如《地持》說，從一至十，有五十五。廣亦無邊。調伏方便，如《地持論·成就品》說，二十七種方便，一一各有九品分別，爲無量種。此二門竟。

次明五種次第之義。如《地持》說，菩薩方便，爲化衆生，是故先說衆生無量。所化衆生住處可得，是故次說第二無量。用何法化，是故次說第三無量。依何心化，是故次說第四無量。化住何法，是故次說第五無量。此三門竟。

次對十盡共相收攝。十盡之義，如《地經》說，一衆生界盡，二世界盡，三虛空盡，四法界盡，五佛出世界盡，六涅槃界盡，七如來智界盡，八心緣界盡，九佛境界智入界盡，十世間轉法轉智轉界盡。此十皆悉該攝窮極，故名爲盡。衆生無量攝衆生盡，世界無量攝世界盡、虛空界盡，法界無量攝法界盡，調伏無量攝心緣界盡，調伏方便攝佛出世界、涅槃界、如來智界、佛境界智入界盡。五種無量，共攝第十世轉法轉智轉界盡，以彼總收。此四門竟。

次對《地經》二十種無量共相收攝。何者二十。如彼經說，一無量衆生界，二佛無量化業，三無量世界，四佛無量淨土，五無量法界，六佛無量智，七無量劫，八佛無量通達三世界事，九無量隨信化，十無量根，十一無量隨根說，十二無量心行，十三佛無量心行，十四佛無量說對治，十五無量聲聞乘法，十六佛無量說聲聞乘，十七無量辟支佛乘法，十八佛無量知辟支佛乘，十九無量大乘法，二十佛無量種説大乘。此二十中，初二一對是衆生無量，次二一對是世界無量，次四兩對是法界無量，次六三對是調伏無量，後六三對是其調伏方便無量。五無量義，辨之粗爾。

五德舉罪義。

五德舉罪，如律中説。《地持論》中，亦具明之。五名是何。一者慈心，不以瞋恚。謂見他人有所毁犯，以慈愍心，舉罪令識，不以瞋恚故揚其過。二者柔軟，不以麤礦。謂舉罪時，軟言求聽，然後舉之，不得麤礦，令其瞋忿。三者利益，不以損減。謂舉罪時，屏處私語，令其覺，令捨過住善，終不彰揚，使致衰惱。四者真實，不以虚妄。謂舉罪時，要具三根，見、聞、疑等，然後舉罪，終不虚妄。五者知時，不以非時。謂舉罪時，先觀自己，有其勢力，多善伴黨，堪任治，則宜舉之，無時便止。又觀前人，若無勢力惡黨相用，是時宜舉，有時便止。如是一切，名爲以時不以非時。此五是其舉罪行德，故名五德。五德如是。

五種教誡義。

五種教誡，出《地持論》。教謂教示，誡謂誡約。教誡不同，一門説五。五名是何。一者名制，制斷惡法。二者名聽，聽修善法。此二是本，後三隨之。三者名舉，於前制聽有缺減者，如法舉之。此言舉者，是其彰舉，標過令識，不同賓舉。四名折伏，於前制聽〔六二〕數數毁犯，折伏與念，令其改悔。五名歡喜，於前制聽有實德者，稱揚讚説，令其歡喜。五種教誡，略之云爾。

六波羅蜜義，十門分別。一、翻名解釋。二、論體。三、開合辨相。四、通就諸行同相分別。五、別就諸行異相分別。六、修之所爲，辨〔六三〕論是非。七、六度相攝。八、資導爲因。九、就位分〔六四〕異，并辨〔六五〕優劣不同。十、因起次第。

第一釋名。六波羅蜜者，謂檀波羅蜜，乃至般若波羅蜜。初言檀者，是外國語，此名布施。以己財事，分布與他，名之爲布。惙〔六六〕己惠人，目之爲施。言尸羅者，此方正翻名曰清涼。三業炎非，焚燒行人，事等如熱，戒能防息，故號清涼。復言戒者，隨義傍翻，以能防焚，故復稱戒。言羼提者，此名忍辱。他人加毁，名之爲辱。於辱能安，目之爲忍。毗離耶者，此名精進。練心於法，故説爲精。精心務達，故稱爲進。言禪那者，此名思惟修，亦名功德叢林。上界静法，審觀方成，名思惟修。能生諸德，故復説爲功德叢林。言般若者，此方名慧。於法觀達，故稱爲慧。此六何故名波羅蜜。波羅蜜者，是外國語，此翻名度，亦名到彼岸。所言度者，如《地持》説，度有三種：一者時度，此之六度行[六七]依從[六八]種性上度三僧祇，方始成滿。故彼《優婆塞經》説言，前二僧祇所行檀等非波羅蜜，第三僧祇所修行者是波羅蜜。彼亦就其時度爲言。二者果度，此六能得大菩提果。三者自性清淨度，修此六種，能捨有相，到法實性。具斯三義，故名爲度。到彼岸者，波羅者岸，蜜者是到。釋有兩義：第一，能捨生死此岸，到於究竟涅槃彼岸。與前度中果度相似。第二，能捨生死涅槃有相此岸，到於平等無相彼岸。與前度中自性清淨度，其義相似。具斯兩義，名到彼岸。

第二門中，辨其體性。於中約就色心等法以論其性。隨義進退，略有五種：一、就根本，六度皆以心法爲體，離心之外更無行德。二、據攝修方便爲論，六度皆以色心爲體。如布施中，身口捨財是其色性，思願捨財是心自性。第二戒中，身口離過是其色性，内心清淨是心自性。忍中，身口意[六九]不罵不報是色自性，内心安忍是心自性。就精進中，身口造修是其色性，内心策懃是心自性。就禪定中，身口安静是其色性，内心不亂是心自性。就般若中，身口求法是其色性，内心照明是心自性。第三，約境以論行體。前之四種，隨事造修，該通色心。後二是其證法之行，局唯在心，住境見法唯心能故。第四，就其行相以分。前三是其化衆生力，化藉三業，該通色心。後三是其護煩惱力，局唯在心，伏惑斷結唯心能故。此之二力，後當更辨。第五，就其業性分別。布施、持戒，三業自性，該通色心。施中，思願是其意業，身口捨財是身口業。戒中，心淨是其意業，身口清淨是身口業。故此二種該通色心。後四心法，意業自性，局唯在心。體性如是。

第三門中，開合辨相。開合不定。約[七〇]之唯一，統攝諸行，唯一助道。

或分爲二，二有兩門：一、約行分二，謂自利利他之道。如彼《相續解脱經》説，前三是其化衆生力，化力即是利他行也，後三是其護煩惱力，護惱即是自利行也。化衆生中，先以布施攝取衆生，次以持戒不惱不怖，後以忍辱於彼惱害逼迫恐怖堪忍攝取。護煩惱中，先以精進麤伏煩惱，修習善法，不爲煩惱之所傾動，次以禪定正伏煩惱，令其不起，後以智慧永斷煩惱。二、就德分二。德有二種，一是福德，二是智慧。辨此二種，經論不同，乃有四別：第一依彼《優婆塞經》，施、戒、精進，判爲福分，以彼事中方便所作故説爲福。忍、禪、般若，判爲慧分。般若正是慧之正體。慧心安法，説之爲忍，如五忍等，蓋乃是其法思惟[七一]解忍，不取安苦他不益忍。專心住理，不動名定，非是事中住心之定。以此忍定同即慧故，説爲慧分。斥[七二]取小分，非盡言耳。第二依彼《相續解脱》及《地持論》，前三是福，般若是智，精進與福亦福亦智。依精進故，修施、戒、忍，四無量等，名爲福分，起聞、思、修，陰巧便等，名爲智分。又依禪定，修四無量，名爲福分，修陰界入巧便觀，名爲智分。然此就其功能以分，判爲福智。論其體性，性是福德。第三，就彼《大品》等經，前五爲福，非慧性故。般若是智，是慧性故。四、依《涅槃經》，前五及與事中般若，同爲福分。理觀般若，説爲智分。故彼經言，福莊嚴者，謂檀波羅蜜，乃至般若，非般若波羅蜜。慧莊嚴者，是般若波羅蜜。依彼經中，六度之行，各有二種：一者隨事修行，不到實性，非是自性清淨度，故非波羅蜜。二、依理修行，到法實性，是其自性清淨度，故是波羅蜜。前五真開依事依理，同名爲福。就般若中，隨事修者，不見實性，亦判爲福，依理成者，見實性，故說爲智分。

或分爲三，所謂三學，前四戒學，次一定學，後一慧學。故《地持》云：眾具、自性、眷屬、無盡，是名戒學。禪爲定學，般若慧學。言眾具者，是其布施，施爲戒因，故曰眾具。言自性者，是其戒度，戒度正是戒學自體，故言自性。言眷屬者，忍波羅蜜，堪忍諸緣，助成戒行，故云眷屬。言無盡者，以精進故，持戒不息，故曰無盡。精進通[二三]策，以何義故偏說爲戒？釋有三義：一、三學中戒學在初，就初以言，故攝戒中。二、戒學中備具三聚，攝行寬廣，難可成立，必須精進佐[二四]助方成，故攝戒中。三者，戒學隨事修行，難成易敗，必須精進佐助方立，故攝戒中。

或分爲四，如彼《相續解脫經》說，前三戒學，禪爲定學，般若慧學，精進通策，別爲一門，故有四種。

或說爲五，謂哀愍、愛語、勇猛、惠施、說深法義。如《地持》說：哀愍攝禪。哀愍是悲，悲亦是禪，故攝禪定。愛語攝戒及與智慧。良以愛語離口四過，戒分所收，是故攝戒。依慧起說，是故攝慧。勇猛攝於忍、進及慧。由勇猛故，苦緣不動，故攝忍辱。由勇猛故，策修善法，故攝精進。由勇猛故，能入深義，故攝般若。惠施攝檀。說深法義，攝禪攝慧。依禪起說，是故攝禪。依智起說，是故攝慧。

或分爲六，所謂檀等六波羅蜜。或復說十，謂十波羅蜜。就前六中開出方便、願、力、智等四波羅蜜，故合有十。是故經中說後四種爲前六伴。然經論中說伴不同。若依《相續解脫經》中，別說其伴。彼說方便別伴前三，願伴精進，力伴禪定，智伴般若。何故方便偏伴前三？以前三種化衆生力，化物須巧，故爲方便別伴前三。何故以願別伴精進。精進勝求，須願佐助，故偏伴之。伴有二種：一者前伴。如彼經説，以現在世多煩惱故，不能精進懃修善法，願未來世煩惱微薄，懃修善法，故爲前伴。二者後伴。依精進故，能起願心，上上勝求，故爲後伴。何故以力別伴禪定。定多力用，故力伴之。伴有二種：一者前伴。如彼經説，近善知識，聽聞正法，内正思惟，轉劣悕望，得勝悕望，名之爲力，以是力故，能修禪定，故爲前伴。二者後伴。依禪定故，起神通力，故爲後伴。又復禪定發生如來十力種性，名之爲力。此力亦是禪定後伴。何故以智別伴般若。知見性同，相伴義親，故偏伴之。伴有二種：一者前伴。由世諦智開引出生第一義慧，故爲前伴。二者後伴。依真諦智起世智用，故爲後伴。若依《地經》及《地持論》，通伴前六。彼説巧智以爲方便，以方便故，能修施等無量善法。求增進智，名之爲願。以是願故，令其施等上上勝進。堅固之智不爲魔動，名之爲力。以是力故，令彼施等不可破壞。於法開覺，名之爲智。以是智故，於施等法差別，示現攝化衆生。故後四種，通伴前六。

或復分爲八萬四千諸度法門，如《賢劫經》説。彼説，如來三十二相、八十種好、十力、無畏，一切功德，令[七五]有三百五十種門。一一門中，皆以六度行修爲因，便有二千一百度門。用此對四大及[七六]六衰、十種之患，便有二萬一千度門。言四大者，地、水、火、風，自身之患。言六衰者，謂外色、聲、香、味、觸、法六塵之患。此六大賊，衰耗善法，故名爲衰。以此二萬一千度門，化四衆生，故有八萬四千度門。四衆生者，一是多嗔，二是多貪，三是多癡，四是三毒等分。此等廣略，各隨一宜。今據一門，且論六種。

第四門中，通就諸行同相分別。諸行相似，説名同相。廣略不定，於中增數次第辨之。

或説爲二，二有兩門：一、有作無作相對分二。檀等諸行，方便修成，名爲有作。無始法性，顯成今德，名爲無作。是義云何。真識之心，體是一切功德法性，本爲妄陰[七七]，名爲佛性，不名行德。後息妄想，彼心顯了，説爲檀等，故曰無作。又經中説，真如法中，離一切著，名之爲檀。無一切惡，即名爲戒。無有瞋惱，即名爲忍。無有懈惰，名爲精進。遠離動亂，説爲禪定。永無闇鄣，即名般若。此等一體，隨義以分。此義昔隱，今時始顯，説爲無作六波羅蜜。此波羅蜜，諸聖同體，無有差別，以真如法無別體故。二、世間[七八]出世間相對分二。隨事修[七九]行，名爲世間。合理而成，名爲出世。又復地前名爲世間，地上名出。

或説爲三。如彼《相續解脱經》説，一是因相，所謂大悲。悲能起行，故説爲因。二者果相，謂攝衆生，得未來報。三、能作大義。施等諸行，能得菩提。

或説爲四，四有三門：一、攝修方便以分四種。如彼《相續解脱經》説，一大悲方便，能趣[八〇]起施等。二思惟方便，起施等法。三常方便，於施等法無間修習。四頓方便，於施等法具足修習。二、據修論四。如《地持》説，一決定修，於施等法，堅心修學，不爲緣動。二專心修，於施等法，專意修學，不雜餘相。三者常修，恒作不息。四無罪修，修時[八一]離過。三、就能説四。如《相續解脱》及《地持》説，一者對治，能治六弊。二成菩提具，修施等法，能得菩提。三能攝自他，修行施等，能令自他離過恐怖，得勝安樂。四得未來果，修行施等，於未來世，生善趣中，受勝福報。

或説爲五，五有三門：一、攝修方便以論五種，如彼《相續解脱經》説。一者，先當多修信解，如《地持》説於八解處起淨信心。二起於聞慧，聞菩薩藏以爲方便。三護菩提心，心爲行本，是故須護。四近善知識，行依支[八二]成，是故須近。五精懃修學，無間善業。五中前四起修方便，後一心[八三]修施等善法。二、離過説五，亦如《相續解脱經》說。一者無礙，修行施等，能除六弊。二者無願，修行施等，不願名利。三者無過，於施等法，遠離雜染，無方便過。四無妄想，不隨言説分別取著。五迴向菩提，不以施等求餘果報，唯求佛智。三、就能説五，亦如《相續解脱經》說，一增上樂因能得菩提，二攝取自他，三得未來報，四遠離煩惱，五不往惡趣。

或說爲六，如《攝論》說：一、廣大意。爲一切生死無量無邊阿僧祇劫修行六度，不生足相。二、長時意。無量無邊阿僧祇劫修行六度，不患其長。三、隨[八四]喜意。見諸衆生得淨涅槃，菩薩隨喜過彼得者。四、恩德意。不見自己於生有恩，唯見衆生於己有恩。由彼受化，令我得成諸度行故。五、大志意。用己所行一切善根，迴向施與一切衆生。六、善好意。用前所施衆生善根，代生迴向無上菩提。

或說爲七，如彼《相續解脱經》說：一、行施等不求他知。二、於諸法不著諸見。三、於大菩提不生疑惑，若是若非。四、不自讚毀他。五、不高慢及不放逸。六、不以少劣，生知足想。七、不起惱嫉。

或復論九，如《地持》說：一者自性，明其行體。二者一切，彰其行相。三名爲難，起修殊勝，難爲能爲。四、一切門，攝行寬廣，諸行同入。五者善人，起行純善。六、一切行，起行具足。七者除惱，辨行功能，修行施等，能除煩惱。八者，此世他世安樂，彰行利益。修施行[八五]等，能令自他得於今世後世樂果。九者清淨，行修離過。此等具釋，如《地持論》。若復廣分，義別無量。

第五門中，別就諸行異相略分別[八六]，有四種，一修心不同，二行相不同，三治鄣不同，四得報不同。修心不同者，如彼七卷《金光明》說，一一各有五心修習。初依五法，成就檀度，一具信根，二起慈悲，三心無異求，四以布施等攝衆生，五求一切智。次有五法成就戒度，一淨三業，二不爲衆生作煩惱因緣，三斷惡道開諸善門，四過聲聞辟支佛地，五一切功德皆願滿足。次有五法成就忍辱，一降伏貪瞋，二不惜身命，三思惟往業，用自開解，四爲成就衆生善根，發慈悲心，五爲得甚深無生法忍。次有五法成就精進，一者不爲煩惱共住，二福德未具，不得安穩，三一切難行不生厭心，四爲利衆生，成就大慈，五願不退地。次有五行成就禪定，一於善法攝持不散，二解脱生死，三願得神通，成就衆生，四者慈心洗浣法界，爲淨心故，五爲斷衆生一切煩惱。次有五法成就般若，一於佛菩薩供養無厭，爲求法故，二於深法樂聞無厭，三成就勝智，四能斷煩惱，五善達五明。此一門竟。

次明成行不同之義，如《相續解脱》及《地持》説。彼説六度皆有三種。施中三者，一是財施，二是法施，三無畏施。戒中三者，一律儀戒，二攝善戒，三攝衆生戒。此義如上三聚章中具廣分別。忍中三者：一、他不饒益忍，堪忍他惱。二、安苦忍，能自忍苦。三、法思惟解忍，住法不動。精進三者：一、弘誓精進，發生大願。二、攝善精進，自修善行。三、攝衆生精進，以善化他。禪中三者：一、現法樂住，内心寂淨[八七]。二、出生功德，謂依禪定，發生神通、四無量等。三、利益衆生，謂依禪定，四攝益物。慧中三者：一、隨覺分別第一義慧。二、善達五明及三聚法世諦之慧。三、利衆生慧，巧以四攝饒益衆生。此二門竟。

次明治鄣不同之義。修施治慳[八八]，戒治毁禁，忍治瞋恚，精進之心能治懈怠，禪治亂念，慧治愚癡。前五伏斷，後一永斷。理實智慧通治諸過，分相亦然。亦可諸過爲慧治邊，通名愚癡。此三門竟。

次論果報不同之義。依如《相續解脱》中，六度之行，各得一果。以布施故，得於大樂。以持戒故，生善趣中。以忍辱故，無有怨對。以精進故，隨所修善不爲緣壞。以禪定故，多致喜樂，爲梵[八九]等衆生之主。以智慧故，多所堪能，不爲一切生死所害。若依《地持》，布施之行，外得大財，內得色力、壽命、安樂、無礙、辨才五事之果[九〇]。餘之五度，各得一果。以持戒故，生善趣中，壽等奇特。以忍辱故，得善方便，忍他侵逼，不惱衆生。以精進故，得其俱生一切方便堅固堪能。以禪定故，隨所生處，少諸塵穢，知義得通。以智慧故，於未來世，智慧增廣。異相如是。

第六門中，明修所爲，并論是非。所爲有三，一爲求菩提，二爲念衆生，三爲求實際。爲求菩提，是其大心。爲念衆生，是其廣心。爲求實際，是其深心。其[九二]深心故，捨離有爲，不同凡夫。大心、廣心，不同二乘。爲求菩提，護彼小心。爲念衆生，護彼狹心。通則六度皆爲此三。如《地持經》說，菩薩爲求一切智故修行六度。如是等比，名爲菩提。如《維摩》說，以施攝慳，戒攝毀禁，忍攝瞋恚，精進攝怠，禪攝亂念，慧攝愚癡。《勝鬘經》中，爲成衆生，修行六度。如是等比，名爲衆生。如《大品》說，爲見實相，修行六度。《涅槃經》說，爲見佛性，修行六度。如是等比，名爲實際。於中別分，前之二門，爲攝衆生，中間兩門，爲求實際，後之兩門，爲求菩提。此等差別，如《維摩》說。故彼經言，以攝慳貪，起檀波羅蜜。以化犯戒，起尸羅波羅蜜。以無我法，起羼提波羅蜜。以離身心相，起毗梨耶波羅蜜。以菩提相，起禪波羅蜜。以一切智，起般若波羅蜜。以攝慳貪，起檀波羅蜜者，自行布施，兼勸他施。以化犯戒，起尸羅者，自持淨戒，兼勸他持。何故此二偏爲衆生。以此麤，易可修起，衆生能作，故偏爲之。以無我法，起羼提者，無我是其衆生空義，依之成忍，又爲彼故修行忍辱。以離身心，起毗梨耶者，離身心相是其法空，依成精進，又爲彼故修起精進。何故此二偏依二空。以[九三]此二行，修時有苦，在有難成，依空易就，故偏依之。又此二種，依空防退，易入實際，故偏爲之。以菩提相，起禪那者，菩提是佛功德之行，禪能生之，故爲菩提，修起禪定。以一切智，起般若者，彼一切智是佛慧行，般若能生，故爲彼智，修起般若。何故此二偏爲菩提一切智乎。於諸度中，禪定最能出生廣德，於大菩提能生力强，故偏爲之修起禪定。般若正是一切智因，生智親强，故偏爲之修起般若。蓋乃是其隱顯門耳。所爲如是。

是非如何。經説此六有波羅蜜非波羅蜜。其義云何。分別有三：一約時度以論是非。如《優婆塞經》説，前二阿僧祇所行非波羅蜜，非時度故，第三阿僧祇所行是波羅蜜，是時度故。二約果度分別。如《涅槃》説，四心中修，能致究竟大涅槃果，是波羅蜜，是果度故。不具此四，非波羅蜜，不能究竟致大涅槃，非果度故。何者四修。如《地持》説：一、決定修。修心堅固，不爲緣動。二、專心修。修意精純，不雜餘想。三者，常能修，恒化不息。四、無罪修。不[九三]離煩惱，無方便道。如《涅槃經》初功德中具有此相。第三約就自性清淨度以論是非。隨事修行，不能到於諸法實性，非是自性清淨度，故非波羅蜜。依實所成，破捨情相，到法實性，是其自性清淨度，故是波羅蜜。是非如是。

第七，明其六度相攝。菩薩行巧，一一度中皆攝一切，一切成一。云何一一皆攝一切。釋有兩種，一攝同義，二攝異義。

言攝同者，於六度中所有捨義皆攝爲檀。故彼《金剛般若論》云：檀義攝於六，資生無畏法，此中一二三，名爲修行住。言資生者，是其財施。言無畏者，是無畏施。所言法者，是其法施。所言一者，謂初檀度，是資生施。所言二者，謂戒與忍，是無畏施。所言三者，謂後三度，是其法施。於六度中，有難過義，悉攝爲戒。有安忍義，通攝爲忍。有策懃義，攝爲精進。有不亂義，通攝爲禪。有離著義，攝爲般若。

言攝異者，如《大品》説，一一度中皆攝諸度。

云何檀中攝餘五度。修行施時，身口意淨，不犯佛戒而行布施，名爲攝戒。於彼受者瞋恚、打罵堪忍饒益，名爲攝忍。於諸衆生常施不倦，名攝精進。施心不亂，名攝禪定。分別善修，名攝般若。又於施中，不取不著，亦名般若。

云何戒中攝餘五度。修行戒時，離煞、盜等，普施一切衆生安樂，名攝布施。以堪忍力，不爲諸過，名攝忍辱。持戒不息，名攝精進。一心持戒，離過寂靜，名攝禪定。分別善修，名攝般若。又復戒中，不取不著，亦名般若。

云何忍中攝餘五度。修行忍時，不怖衆生，施彼安樂，名攝布施。又忍貪〔九四〕苦，以財惠人，亦名攝施。以安忍故，離煞縛等，名爲攝戒。堪忍不息，名攝精進。忍心不亂，名攝禪定。分別善修，名攝般若。又於忍中，不取不著，亦名般若。

云何精進攝餘五度。以精進故，勤修善法，饒益衆生，名攝布施。勤斷諸惡，名攝持戒。以勇猛力，堪忍諸苦，名攝忍辱。堅住精進，名攝禪定。分別善修，名攝般若。又於精進遠離取著，亦名般若。

云何禪中攝餘五度。依禪捨著，慈悲益物，名攝布施。依禪離過，名攝持戒。定心住緣，安忍不動，名攝忍辱。又依禪定，發慈悲心，堪忍衆生打罵、寢〔九五〕欺，隨順攝取，亦名爲忍。於深禪定，求無休息，名攝精進。分別善修，名攝般若。又復禪不味不著，亦名攝般若。

云何般若攝餘五度。修行慧時，能以正義，惠施衆生，名攝布施。以智慧心，觀過不爲，名攝持戒。於諸法中，思惟不動，名攝忍辱。又以智慧，堪忍他惱，亦名攝忍辱。觀法不倦，名攝精進。於諸法中，不起妄想，亦名攝禪定。又依智慧分別善修一切三昧，亦名攝禪。攝相如是。

第八門中，明其資導爲因之義。先辨資導。福能資助，慧能導達。資導不同，略有五種：一、資導相生，唯望未起。已生之福，資未起智，令其得生。已起之智，導未生福，令其得起。二、資導相成，義在同時。同時之福，資同時智，令其明淨。同時之智，導同時福，令其堅固不可破壞。三、資導捨相，亦在同時。同時之福，資同時智，於空不著。同時之智，導同時福，於有不染。四、資導得果，其義寬通。以寬通故，一福起時，能資已生未生智慧，令近菩提。一智現時，能導已生未生之福智，悉令近果。良以諸行共牽一果，故彼福智一一現時資導一切。五、隨行前後，以説資導。福行先生，智慧後起，以先生福，資未生智，令其得生。以後生智，導先起福，令出生死，趣向涅槃。資導如是。此一門竟。

次明六度爲因之義。於中別以三門辨釋，一明六度淺深分齊，二明果得[九六]差別不同，三以六度對果明因。

言分齊者，義別有三：一、緣修六度，於彼六識七識心中緣觀修習。二者真實有作六度，依前緣修，動發真心，令真心中諸行集起。此即《地經》第八地中世出世間有作淨勝。前五功德名爲世間，後一智慧名爲出世。此從緣生，故曰有作。三者真實無作六度。真心自體本是一切功德法性。如妄想心，雖不對緣現起煩惱，體是一切諸煩惱性，真心如是，雖不對緣現起諸德，體是一切諸功德性。故馬鳴言，從本已來具足無量性功德法，是功德性，本爲妄隱，相似不淨，後息妄染，本隱之性，顯成今德，名爲無作六波羅蜜。此即《地經》第八地中世出世間無作淨勝。分齊如是。

次分果德。果德有二：一、性淨果，本隱今顯。二、方便果，本無今有。果德如是。

次以六度對果明因。於中有二：一、緣正分別。望性淨果，無作六度以爲正因，餘二爲緣。望方便果，有作六度以爲正因，餘二爲緣。二、生了分別。望性淨果，生了不定。若言辨無令有名生，則性淨果唯了因了，非生因生，如《涅槃》説，非本無故。就了因中，緣修、有作二種六度，異相顯了，故名了因。無作六度自體顯了，而爲果德，故曰了因。若説正起以爲生因，傍助爲了，則性淨果具足二因，無作六度以爲生因，餘二爲了。望方便果，生了不定。若言了於本有名了，則方便果唯生因生，非了因了，非本有故。就生因中，有作六度爲正因生，餘二六度爲緣因生。若説正起以爲生因，傍助爲了，則方便果具足二因。如《涅槃》説，有作六度是彼正〔九七〕因，餘二六度是彼了因。緣修六度是了可解，無作六度云何名了。由見彼法，成菩提智，如色生識，故名了因，體性顯了，成彼果故。

第九門中，就位分異并辨優劣。言分異者，六度隨位，異有二種：一者别異。如《地經》説，菩薩初地檀度增上，乃至六地般若增上。二者通異。如彼《相續解脱經》説，彼説六度義别有三，一者直名爲波羅蜜，二上波羅蜜，三大波羅蜜。地前菩薩煩惱亦行，善法亦起，不能起勝，是故直得名波羅蜜。初地已上，乃至七地，煩惱不行，善法獨起，隨分平等離染清淨，名上波羅蜜。八地已上，微細使性，畢竟永滅，善行深廣，名大波羅蜜。隱顯如是，通則義齊。此一門竟。

次辨優劣。釋有二，一攝善分别，二治患分别。

攝善之中，義别有四：一、約位分别。檀在初地，乃至般若在第六地。且〔九八〕在初地，寂以爲劣。戒在二地，次以爲勝。如是漸增，乃至般若在第六地，寂以爲上。此之一義，如《地經》説。二、就能分别。精進、般若，通能策導一切諸行，説以爲勝。餘不如是，説以爲劣。此之一義，如《地持》説。彼論言，六度之中，精進、般若勝餘波羅蜜，如四攝中愛語爲勝，四無量中大悲爲勝，如是一切。三、主伴分别。慧爲行主，説之爲勝。餘五伴助，説以爲劣。此之一義，如《大品》説。《地論》亦云智眷屬者所謂檀等。四、就説行相成分别。六俱是勝，六俱是劣。何故如是。六度之行，互相助成。檀行爲主，餘五助成，檀行主故說以爲勝，餘五助故說之爲劣。乃至般若，類亦同然。此之一義，如《大品經・六度相攝品》說。攝善義中有此四異。

治患義中，亦有四種：一、對業煩惱辨其優劣。戒治業非，餘治煩惱。業兼[九九]易防能治之行，說之爲劣。煩惱是本，深細難遣，能治之道，通以爲勝。若爾，何故戒在施上。釋言：上[一〇〇]能起犯戒煩惱，難治於慳，故能治戒在於總[一〇一]上，非是破戒細於慳故戒在施上。故信戒等五種善中，戒初施後。六念亦爾。二、對使非使辨其優劣。六中，忍慧對治使惑，忍治瞋使，慧治癡使，餘治非使。施治慳垢，是故非使。戒防業非，故亦非使。精進與禪治煩惱地[一〇二]，故亦非使。使强難斷，忍慧能除，說之爲勝。非使易遣，餘四治之，說以爲劣。問曰：何故忍慧二行偏治使性。釋言：六中，前三是其化衆生力，後三是其護煩惱力。化生力中，忍勝，餘劣。護煩惱中，慧勝，餘劣。今就勝處明除使惑，餘廢不論。三、伏永分別。前五伏斷，說之爲劣。般若永斷，說以爲勝。四、隨過互論，六度皆有勝劣之義[一〇三]。望慳貪病，布施爲勝，餘者爲劣。對破戒病，持戒爲勝。乃至對治愚癡之病，般若冣勝，餘者爲劣。是故六度皆有勝劣。

第十，明其因起次第。如《地持》說，始不顧賊，捨離出家，故先明施。既出家已，受菩薩戒，精持不犯，故次明戒。以護戒故，忍力清淨，不怖衆生，故次明忍。以忍力故，能安苦緣，懃修無間，善法方便，故次明精進。以其精進，不放逸故，善一其心，故次明禪。心善一故，得實知見，故次明慧。問曰：精進通策諸行，爲諸行本，何不初說，乃爲第四。釋言：精進雖策諸行，隨義別分，或屬前三，或屬後二，故置第四。云何屬前。如《地持》說，前四戒學，精進是其戒行所依，故在第四。云何屬後。如龍樹說，施、戒及忍，世人能行，不假精進，故不在初。云何不假。論言，如人所有客主，法應供養，或爲種種因緣行施，乃至畜生亦知施食，是故布施不假精進。又復世人見爲惡者王法治罪，順過不爲，或畏惡名，或思世間種種苦惱，避罪不作，或有性善，不樂爲惡，不由精進。又如世人於打罵等，或以畏故不敢返報，或復力小不堪加報，或性和忍而不返報，不假精進。又前三中雖有精進，小故不説。禪智微細，世間衆生不能自起，要假精進，故禪智前宣説精進。何故如是。禪定是其上地勝法，勲習方現，般若是其照理深行，專修乃成，故假精進。又禪智中得勝境界，勲心轉增，譬如世人，掘水見濕，攢火見烟，求心踊猛，彼亦如是，僧[一〇四]故偏説。又復前三依事修行，後之二種依義而成，捨事入義，非勲不能，故在第四。問曰：但有前三福行，所願皆得，何假精進方得禪智。龍樹釋言：佛道深難，雖有前三，不能成辨，要假精進，方得禪智及諸佛法。故《地持》云，世尊種種稱嘆精進爲菩提因。六度之義，辨之麤爾。

六念義，五門分別。一、釋名義。二、開合辨相。三、隨別廣釋。四、次第。五、念之所爲。

第一釋名。六念之義，出《涅槃經》。守境名念。念別不同，一門説六。六名是何。一者念佛，二者念法，三者念僧，四者念戒，五者念施，六者念天。六中初三念其所學，中間二種念己所行，後之一種念己所成涅槃之果。

言念佛者，覺故名佛。念有四義：一、緣如來有大功德，是諸衆生無上大師，名爲念佛。二、緣佛德，念己當同，名爲念佛。三、緣佛德，欲與衆生，名爲念佛。四、離妄想，與彼如來實德相應，名爲念佛。

言念法者，軌則名法。念有四義：一、緣法寶有大功德，是諸衆生無上妙藥，名爲念法。二、緣法寶，念己當證，名爲念法。三、念法寶，欲授衆生，名爲念法。四、離妄想，與法相應，名爲念法。

言念僧者，和故名僧。念有四義：一、緣僧

寶有大功德，是諸衆生良厚福田，名爲念僧。二、緣僧德，念己當行，名爲念僧。三、緣僧行，欲與衆生，名爲念僧。四、離妄想，與彼真實僧行相應，名爲念僧。

言念戒者，防禁名戒。念有四義：一、緣戒行有大勢力，能除衆生惡不善法，名爲念戒。二、念己所受，精懃護持，名爲念戒。三、念己戒善，勸人同習，名爲念戒。四、離妄想，得戒實性，清淨無染，名爲念戒。

言念施者，惠捨名施。念有四義：一、念施行有大功德，能破衆生慳貪重病，名爲念施。二、念己所行，專精修習，名爲念施。三、念以施善，攝取衆生，名爲念施。四、離妄想，得施實性，無所繫著，名爲念施。

問曰：行有六度之别，今此何故偏念戒施。釋言：略故，以此行始，故偏舉之。又問：於彼六度之中先施後戒，今此何故先戒後施。釋言：行者二種次第。一、麤細次第，施麤易爲，是故先修，戒細難作，是以後習。二、止作次第，要先止惡，然後作善，如似染衣，要先除垢，後受染色。戒是止行，是故先明。施是作行，是以後說。彼六度中依麤細門，故先明施。此六念中，依止作門，故先明戒。

言念天者，已家[一〇五]當來所成涅槃寂淨名天，有淨光明所受自然亦名爲天。念有四義：一、緣當來力無畏等一切種德有大福利，名爲念天。二、緣當果，起必成意，名爲念天。三、緣當果，欲與衆生，名爲念天。四、離妄想，與彼菩薩境界相應，名爲念天。名義如是。此一門竟。

第二門中，開合辨相。開合不定，據要唯三，所謂念佛、念法、念僧。故《雜心》云：爲開衆生佛法僧念，故說斯偈，所謂說於敬三寶偈。或分爲六，如上所辨。或離爲八，如《大智論》說，於前六上更加二種：一念出入息，繫意住於數息法門。二者念死，常修死相。或分爲十，如《大智論·摩訶衍品》說，於前八上更加二種：一者念滅，念彼涅槃無爲寂靜，起意趣求。二者念身，自念己身無常、苦、空、無我、不淨，修行猒離。或分十一，如經[一〇六]説，一者念佛，二者念法，三者念僧，四念菩薩，五念菩薩行，六念波羅蜜，七念十地，八念不壞力，九念無畏，十念不共法，十一念一切種一切智智。此之十一，猶是六念。念佛、念法，與六念中初二念同。念僧、菩薩，是六念中念僧所收。念菩薩行，念波羅蜜、十地者，是六念中念戒念施二念所攝，六中略故單念戒施，是中廣故通念一切。後念力等，是六念中念天所攝。廣則無量，今據一門，且論六種。開合如是。此二門竟。

次廣辨釋。初念佛者，如《涅槃》説念佛十種名稱功德，所謂如來、應供、正遍知、明行足、善逝、世間解、無上士、調御丈夫、天人師、佛世尊。此十如後十號章中具廣分別。佛德無量，今據一門，且論斯十。以此名稱生念義强，故偏念之。言念法者，依《大智論》，法有二種：一念教法，所謂三藏十二部經。二念義法，所謂無常、無我、涅槃三種法印。亦得分三：一念教法，謂三藏等。二念理法，所謂二諦、一實諦等。三念行法，謂三學等起行之儀。言念僧者，念三乘衆及三乘人所成行德。言念戒者，就性分二，如龍樹説，一念有漏戒，二念無漏戒。問曰：直念無漏便足，何用念彼有漏戒乎。龍樹釋言：因有漏戒，得無漏戒，故通念之。如人雖從賊中而來，還能破賊，王亦賞之，彼亦如是。就行分三，一念律儀，二念攝善，三念攝生。隨義分八，如龍樹説，一清淨戒，二不缺，三不破戒，四不穿戒，五不雜戒，六自在戒，七不著戒，八智者所讚戒。清淨戒者，如論釋言：無諸瑕穢[一〇七]，名清淨戒。此句通明五篇清淨。不缺戒者，除離初篇二篇重惡，名不缺戒。不破戒者，離後三篇，名不破戒。又論釋言：遠離身惡，名不缺戒，遠離口過，名不破戒。不穿者，論言，善心向於涅槃，不令煩惱惡覺入中，名不穿戒。不雜戒者，正爲涅槃，不爲世報，名不雜戒。自在戒者，論言隨戒不隨外緣，不爲愛結之所傷〔一〇八〕礙，名自在戒。言不著戒者，論言於戒不取戒相，不生愛著，名不著戒。智所讚者，持戒清淨，常爲賢聖之所稱讚，名爲智者所讚戒也。言念施者，念行財法無畏施等。言念天者，依如《涅槃》，天有三種：一者生天，謂四天王乃至非想。二者淨天，所謂一切三乘賢聖。三、第一義天，謂佛果德。是三種中，菩薩但念第一義天，以是究竟所求果故。依《大智論》，天有四種：一、假號天，亦云名字天，如世人王名爲天王，亦云天子。二者生天，謂四天王乃至非想。三者淨天，謂諸賢聖。四、生淨天，謂三界中〔一〇九〕受生聖人。是四種中，念彼生天及生淨天，以此未來上勝果故。問曰：佛弟子衆應念三寶，以何義故念彼生天。以此自己善業果故。問曰：生天是凡夫法，何故念之。有人不堪入涅槃故，念彼生天，起行趣求。此三門竟。

第四門中，明其次第。佛是究竟所學果德，故先念之。佛由法成，故次念法。法由人行，方能到果，故次念僧。依前三寶，發起修行，先離十惡，故次念戒。以戒破惡，便能生善，故次行施。依戒依施，能得涅槃第一義天，故次念天。又依龍樹，佛是化主，説法之人，故先念佛。依佛説法，故次念法。僧隨佛語，能解能行，故次念僧。僧由戒成，故次念戒。以戒破惡，便能行施，故次念施。以戒施故，得二果報，所謂生天及生淨天，中品行者得其生天，增上行者得生淨天，故後念天。次第如是。此四門竟。

第五，明其念之所爲。所爲有四：一者爲除現在怖畏。如龍樹説，或有惡魔來怖行者，佛即教人修習六念。或有怖畏，念佛即滅，如諸天衆與脩羅鬭，心生怖畏，若有憶念帝釋寶幢，怖畏即滅。或有怖畏，念法即滅，如天畏時，憶念帝釋左面天王伊那舍天寶幢即滅，又念右面天王婆樓那天寶幢亦滅。或有怖畏，念己所修施戒善根及天果報，亦得除滅。二爲出離生死因果，故修六念。三爲求佛一切種德，故修六念。四爲化度一切衆生，故修六念。六念之義，辨之麤爾。

六種決定義。

六種決定，出《地經論》。斯乃出世菩提之心，即實不退，名爲決定，此之決定是十地體故。《地經》中創始開宗，標言菩薩願善決定，無雜不可見，廣大如法界，究竟如虚空，盡未來際覆護一切衆生界，能入三世諸佛智地。雖言願善，統納衆德，無不在中。衆德之狀，難以具論，今據一門，且説六種。六名是何。一觀相善決定，二真實善決定，三勝善決定，四因善決定，五大善決定，六不怯[二〇]弱善決定。六中前五自分功德，後一勝進，故《地持》中第六名爲增長勝分究竟菩提。就自分中，初四自利，後一利他。就自利中，前二行體，次一行德，後一行能，爲因之義。體中，初一明其觀解破相入如，後一彰其契實離相。言觀相者，論自釋言謂真如觀一味之相。言一味者，從喻爲名，如似大海，雖復浩廓，鹹同一味，諸法雖廣，如性一味。觀此如理，更無異緣，名一味相。言真實者，論自釋言非世境界，以行契真，不爲世智之所照見，名非世境。言勝善者，行德深廣，如於法界，故名爲勝。言因善者，願善之行，能爲常果，無常果因故云因善。言常果者，謂大涅槃。無常果者，謂佛菩薩大悲作用，隨世生滅，故曰無常。此二猶是《涅槃經》中二種莊嚴。常者猶彼智慧莊嚴，故彼經言，智慧莊嚴，無礙常住。無常是彼功德莊嚴，故彼經言，功德莊嚴，有礙非常。又《涅槃》云：諸佛如來，無常共常，常共無常。是[二一]此常果。常共無常，是此所説無常愛果。願善望彼同能出生，故名爲因。言大善者，上來自利，此一利他。利他行廣，等衆生界，故名爲大，故經説言覆護一切衆生界矣。不怯弱者，諸佛智德，菩薩分證，於深能入，心無憚退，故云不怯，故經説言能入三世諸佛智地。六種決定，釋之云爾。

六妙行義。

六妙行者，無學聖人離過行也，經亦名爲六妙法矣。通釋一切起作名行，行之自體説以爲法。此行與法，遠離一切不善麤過，故稱爲妙。隨相别分，妙行、妙法，非無差異。異相如何。行陰無過，名爲妙行，餘陰離染，説爲妙法。是義云何。依如毗曇，識、想、受、行，起在一時。眼識起時即具四陰，眼識識陰，同時受數説爲受陰，同時想數説爲想陰，餘思欲等説爲行陰。乃至意識起時亦爾。彼六行中離過無罪，名六妙行，餘之三陰離過無染，名六妙法。大乘亦爾。若依《成實》，識、想、受、行，起在先後。眼識之後具有四心，初識，次想受，後行。乃至意識之後亦爾。彼六識後，行中無過，名六妙行。彼六識中識、想及受，性雖無記，不生行中煩惱漏過，亦不從於煩惱漏生，名六妙法。六妙行義，辨之略爾。

六種善法義。

六種善法，如《大智論》説。名字是何。謂善五[三]陰及數滅無爲，是其六也。善五陰中有其四種：一、生得善陰，宿習今成。二、方便善陰，現在修起。三、無漏善陰，謂三乘人緣修法身。四、常住五陰，謂佛菩薩真實法身。故《涅槃》云：捨無常色，獲得常色。受想行識，亦復如是。此等如前五陰章中具廣分别。數滅無爲，略有三種：一、煩惱滅，謂滅五住一切煩惱。二者業滅，謂滅有漏無漏之業。三者苦滅，謂滅分段、變易之果。是等如前三無爲中具廣辨釋。此等皆依大乘分别。六善如是。

六和敬義。

六和敬者，同止安樂，不惱行也。起行不乖，名之爲和。以行和故，情相親重，目之爲敬。和敬不同，一門説六。六名是何。一身業同，二口業同，三意業同，四者同戒，五者同施，六者同見。六中前三，就身彰同，後之三種，就行説同。身業同者，略有二種：一、離過同，同離煞盜邪婬等事。二、作善同，同爲一切禮拜等善。口業同者，亦有二種：一、離過同，同皆遠離妄語、兩舌、惡口、綺語。二、作善同，同爲讚誦、讚詠等善。意業同者，亦有二種：一、離過同，同離一切煩惱業思。二、作善同，同修信進念定慧等一切善法。言同戒者，略有二種，一受戒同，二持戒同。又更分二，一作戒同，二無作戒同。亦得分三，一律儀戒同，二攝善戒同，三攝衆生戒同。言同施者，略有二種：一、内施同，自捨己身，奉給尊事。二、外施同，捨餘資生。亦得分三，一財施同，二法施同，三無畏施同。言同見者，見謂見解，略有二種：一、世諦中見解無別。二、真諦中見解無別。問曰：前三行無不收，以何義故復説後三。釋言：前三是其能作，後三所作，故復説之。又前三中攝行難盡，未知前三所作是何，故復明之。問曰：所作行别無量，何故偏説戒、施及見。以其略故，於六度中戒、施在初，慧見在後，就初就後以彰其同，中間可知，故略不論。六和敬義，辨之略爾。

六修定義，七門分別。一、辨相。二、行義差別。三、就位分別。四、就地分別。五、就界分別。六、約智分別。七、依受分別。

第一辨相。六修定者，一數，二隨，三止，四觀，五名爲還，《毗婆娑》中名之爲轉，六名爲淨。初言數者，爲制覺觀，繫念數息，名之爲數。數中有四，一增，二減，三亂，四等，如五度中具廣分別，此數即是止家方便。所言隨者，心無異行，住[一三]隨氣息，爲長爲短，爲近爲遠，爲遍身中，爲在一處，去至何處，齊何而還，心隨覺知，名之爲隨，此隨即觀家方便。所言止者，於己身分，眉間、鼻端、齊輪、足指，隨心所宜，繫念令住[一四]，故名爲止。所言觀者，始觀氣息，於己身中爲損爲益，爲冷爲煖，審悉觀察。然此氣息，即是風大。《毗婆娑》云：爲風大故，等觀四大。觀四大已，次觀四大所造之色，所謂色、聲、香、味等。色依何法能有造作，謂依心法，故次觀察受、想、行、識。觀察是等，名之爲觀。

所言還者，止行能也。止行成故，於欲惡法若起思覺，則能制之，令心還住出離覺中，名之爲還。故《雜心》云：欲覺少行，出覺多行。《毗婆娑》中何故名此以之爲轉。轉離惡覺，住善覺故。又善覺中轉下起上，亦名爲轉。所言淨者，觀之能也。觀行成故，能滅諸惡，故名爲淨。六相如是。此一門竟。

次明止等行義差別，如《毗婆娑》說。數有二事，一數出入息，二能捨惡覺。隨亦有二，一隨出入息，二能離惡覺。止亦有二，一能住心在於鼻端、眉間、足指，二不捨三昧。觀亦有二，一觀出入息損益等事如上所辨，二能善取心心數相。轉亦有二，一能知五陰，二能入聖道。淨亦有二，一能斷結，二能於諦知見清淨。行別如是。此二門竟。

次就位論。隨義通論，位位皆有。於中別分，數、隨、止、觀在五停心，還在念處至世第一法。故《毗婆娑》云：轉出入息，起身念處，如是次第，乃至轉忍，起世第一法，名爲轉矣。淨者，在於見道已上，故《毗婆娑》云淨者所謂苦法忍等。此三門竟。

次就地論。地謂欲界乃至非想。依《毗婆娑》，此六欲界、未來、中間、二禪、三禪方便道攝。於中別分，數、隨二行在於欲界、未來、中間、二禪、三禪方便道攝。止、觀、還、淨在一切地方便道攝。諸地皆有止、觀、還、淨四種義故。此四門竟。

次就界論。界謂三界。依《毗婆娑》，此六初起在於欲界，後依色界亦得隨起。此五門竟。

次約智論。智謂十智。此六唯一等智所攝，世間修故。若當就位分淨在於見道已上，是則淨中具十智性。此六門竟。

次約受論。受謂苦、樂、憂、喜及捨。此六唯一捨根相應，非是根本禪地攝故。若就諸禪義說止觀及與還淨，或喜相應，或樂相應，或捨相應。在初二禪，喜受相應。在三禪中，樂受相應。

自餘一切，捨受相應。六種[一二五]如是。

六三昧義。

六三昧義，如《成實》義。名字是何。一、一相修爲一相。二、一相修爲種種相。三、一相修爲於一相及種種相。四、種種相修爲種種相。五、種種相修爲於一相。六、種種相修爲種種相及一相。相狀如何。論釋不同。有論師說，修第四禪名一相修，修五聖支定名種種相修。五聖支定，廣如上辨。言一相修爲一相者，修第四禪，爲得羅漢果。言一相修爲種種者，修第四禪，爲得五通。言一相修爲於一相及種種者，修第四禪，爲得羅漢及五禪[一二六]通。種種相修爲種種者，修五聖支，爲得五通。種種相修爲一相者，修五聖支，爲得羅漢。種種相修爲種種相及一相者，修五聖支，爲得五通及羅漢果。此之一義，《成實》不立，故彼非言。五聖支中，前三猶是世俗四禪，得羅漢時於四禪中隨依一禪，云何説言修五聖支得羅漢果名爲一相。又復明觀二聖支中，親依觀支，得羅漢果，不依明支，故知不以修五聖支爲得一相。《成實》所立，定守一緣，名一相修，慧心見法種種差別，名種種修。言一相修爲一相者[一二七]，論言依定還生神[一二八]定，如從初禪生二禪等。言一相修爲種種者，依定生慧。言一相修爲於一相及種種者，依定生定及生智慧。言種種修爲種種者，依慧生慧，如聞生思，如思生修。言種種修爲一相者，依慧生定。言種種修爲種種相及一相者，依慧能生一切定慧。問曰：是中定慧相生，爲是有漏，爲是無漏。論無定判，義釋有三：一、就通以論，能生所生一切定慧悉通有漏及與無漏。二、就定慧隱顯互論，定唯有漏，慧唯無漏。三、就能生所生定慧隱顯互論，能生定慧，隱，一向有漏，所生定慧一向無漏。六三昧義，辨之云爾。

六攝義。

六攝之義，出《地持論》。録[一二九]物從道，目之爲攝。攝處不同，一門説六。六名是何。一者頓攝，二增上攝，三者取攝，四者久攝，五不久攝，六者後攝。六中前三化事分別。三中初一所化中頓，第二一門能化身上，第三一門化具圓備。後之三種隨根分別，初一下根，次一中根，後一上根。故有六種。言頓攝者，於一切生作父母想，隨己力能，以一切種安樂饒益，是名頓攝。增上攝者，菩薩居尊，攝取衆生，名增上攝。依論有三：一者爲王，善攝人民。二爲家主，巧益親屬。三者爲父，於子等益，情無偏黨。言取攝者，能以財法，攝取衆生。言久攝者，軟根衆生，久化乃熟。不久攝者，中根衆生，易化近淨。言後攝者，上根衆生，於現世中堪任清淨。化益之窮，故名後攝。問曰：此六於四攝中，何相〔三〇〕所收。釋言：四攝通於六中，不別相對。六攝如是。

七善律儀義，四門分別。一、辨相。二、開合廣略。三、對境分別。四、支因具不具〔三一〕。

無作之善，說爲律儀。律儀不同，一門說七，所謂不煞、不盜、不婬、不妄語、不兩舌、不惡口、不綺語。言不煞者，論說有三，一者因離，二果行離，三對治離。因離有二：一者共因，謂貪瞋癡，諸業皆悉用此爲因，故名爲共。二者不共因，謂離煞心、畜刀杖等，此唯煞因，故曰不共。問曰：若言遠離煞心是因離者，何故論中說爲果離。釋言：煞心所望不定。若望貪等，是其果行。若望正煞，是其因行。今據後門說爲因離。言果離者，正離煞業。對治離者，所謂慈心、安隱〔三二〕心等。慈能與樂，安能授善，以此二種能治煞業，故名對治。言不盜者，亦有三種，一者因離，二果行離，三對治離。因離有二：一、離共因，謂貪瞋癡。二、離不共因，所謂盜心及無資生。故《地經》中，資生滿足，名爲因離。言滿足者，常修少欲知足之心，無所須欲，故云滿足。果行離者，正離盜業。對治離者，所謂布施。言不婬者，亦有三種，一者因離，二對治離，三果行離。因離有二：一、離共因，謂貪瞋癡。問曰：論中宣說邪婬唯貪心成，今云何言離貪瞋癡爲因離乎。釋言：終成其唯在貪，遠則從於貪瞋癡起，是故離之通名爲因離。二、離不共因，所謂婬心及無妻色。故《地經》中，自足妻色，名爲因離。云何自足。於現在世梵行有餘，心無求欲，名足妻色。以自足故，心無悕欲，故離婬因。果行離者，正離婬業。對治離者，常修梵行，不淨觀等。不妄語者，論釋有二：一、對治離，所謂實語，對治誑心。二、果行離，正離妄語。據實具論，亦有三種，一者因離，二果行離，三對治離。因離有二：一、離共因，謂貪瞋癡。二、離不共因，謂誑他心。果行離者，正離妄語。對治離者，常修實語。問曰：是中實具三離，何故論中但云二乎。釋言：爲彰口言易發，不藉遠因，是故不説離貪瞋癡以爲因離。離誑他心，雖是因離，能治誑心，對治中説，故不別論。故《地論》云：對治誑心，即是因離。不兩舌者，亦有三種，一者因離，二對治離，三果行離。因離有二：一、離共因，謂貪瞋癡。二、離不共因，離破壞心。果行離者，正離兩舌。對治離者，修和合語。不惡口者，亦有三種，一者因離，二果行離，三對治離。因離有二：一、離共因，謂貪瞋癡。二、離不共因，謂侵惱心。果行離者，正離惡言。對治離者，常修濡語。不綺語者，亦有三種，一者因離，二果行離，三對治離。因離有二：一、離共因，謂貪瞋癡。二、離不共因，謂綺語心。果行離者，正離綺語。對治離者，恒修正語。此一門竟。

次辨開合廣略之義。開合不定。總之唯一善律儀攝。或分爲二，一者身業，二者口業，前三身業，後四口業。或離爲七，備如向辨。或復分之爲二十一，此七律儀各從上中下品心起，是故通説有二十一。或復開分爲六十三，前二十一各從無貪、無瞋、無癡三善根起，是故通説有六十三。問曰：三善常相隨逐，未曾相離，云何別分爲六十三。釋言：三善體雖同時，隨用强弱，非無先後。如不淨觀是無貪性，慈悲觀等還無瞋性，因緣觀等是無癡性，三善既有別起之義，所生律儀何爲不別，是故得分六十三種。若隨凡聖，禪地不同，境界差別，則有無量。此二門竟。

次對境論。此七律儀，普於一切衆生處起。若不如是，所受律儀便有增減。問曰：律儀爲於現在衆生處起，爲於三世衆生處起。論釋不同。若依《成實》，普於三世衆生處起，緣之皆得起善心故。若依毗曇，唯於現在衆生處起，良以過去未來衆生不可煞盜乃至綺語，爲是緣之不發律儀。問曰：若於現在衆生得律儀者，現在衆生死滅之時，應失律儀。釋言：不失。念念常於現在衆生得律儀故。問曰：於彼非衆生所得律儀不。釋言：亦得。故《成實》言非衆生所得善律儀。問曰：直緣非衆生數，得善律儀不。釋言：不得。故《成實》言要因衆生得善律儀。何故如是。於衆生所遠離性罪，於非衆生所遠離遮罪，離性爲本，是故要於衆生所得，直緣草等不發律儀。此三門竟。

次明支因有具不具。支謂七支，始從不煞，乃至不綺。因者，所謂上中下心。問曰：七支要具乃得，不具亦得。釋言：不定。大比丘戒要具乃得，沙彌俗人不具亦得，是故五戒、八戒、十戒皆不具七。問曰：於彼上中下品三種因中，具用發戒，不具亦得。釋言：不定。或有具用上中下心受在家戒、沙彌十戒、大比丘戒，名爲具因。或有偏用上品之心受三種戒，或中或下，名爲不具。以此支因有具不具，故《雜心》中四句分別。何者是四。一、一切因非一切支，謂以上中下品之心，受其五戒、八戒、十戒，依具三因，名一切因。所受唯離煞、盜、邪婬、妄語過故，非一切支。二、一切支非一切因。有人直以上品之心受具足戒，或中或下所受之戒，具足七支故名一切支，不具三心名非一切因。三、一切因亦一切支。具以上中下品之心，受在家戒、沙彌十戒、大比丘戒。四、非一切因非一切支，謂以下心受在家戒及沙彌戒，中上亦爾。七善律儀，略之云爾。

七淨義，兩門分別。一、辨相。二、就位分別。

行德無垢，名之爲淨。淨義不同，一門説七。七名是何。一者戒淨。二者定淨，亦名心淨。三者見淨。四、度疑淨。五、道非道淨。此前五淨，大小名同。後二名別。依如小乘，六名行淨，七名行斷智淨。若依大乘，六名行斷，七名思量菩提分法上上淨矣。此後二名，如《地經》説。言戒淨者，行修之始持戒離過，故云戒淨。由戒淨故能生淨定，説名定淨。以定淨故發生實慧，生已能除身見，名爲見淨。能斷疑惑，名度疑淨。能離戒取，知無漏慧，是其真道，戒等非道，名道非道淨。後二種中，若依小乘，重緣諦理，進習所行，名爲行淨，行窮盡鄣，名行斷知淨。若依大乘，隨道除障，名爲行斷，依此行斷，趣入佛境，名思菩提上上淨矣。七中，初一是其戒學，次一定學，後五慧學。此一門竟。

次就位論。行實齊通，隨相隱顯，非無階異。異相如何。依如小乘，初二在於見道已前，次三在於見道之中，次一修道，後一無學。何故見前明戒明定。外凡麁過，非戒不防，故先明戒。出世聖道，非定不生，故次明定。何故次三偏在見道。以見道中斷除三結，成就三淨，故偏在中。何者三結。所謂身見、戒取及疑。斷身見故，得其見淨。斷疑心故，得度疑淨。斷戒取故，得道非道淨。問曰：聖人入見道時十使俱斷，云何説言但斷三結。如《涅槃》釋，此三重故所以偏説，如世人言王來王去，重故偏論。又十使中，五見及疑唯鄣見諦，入見道時斷之究竟，貪瞋癡慢通鄣見修，入見道時斷之不盡。五見及疑，見中盡故，與其斷名。貪瞋癡慢，見不盡故，不與斷稱。就彼所斷五見疑中，三使是〔三〕本，三使是隨，身見是本，邊見爲隨，戒取是本，見取爲隨，疑心是本，邪見爲隨。説除三本，三隨亦爾，故經論中偏説見道斷除三結。何故行淨偏在修道。以此位中重緣諦理，趣修行故。何故行斷偏在無學。

以無學道離鄣盡故。大乘法中，初五同前，後二在於修道位中。就修道中，有通有别。通而論之，一切地中有除鄣義，悉名行斷，有上求義，皆號思量。於中别分，始從二地乃至七地，修道斷鄣，名爲行斷。八地已上，法流水中，趣入佛境，説爲思量上上淨矣。七淨如是。

七財義。

言七財者，善能資具，故名爲財。財别不同，一門説七。七名是何。一信，二戒，三施，四聞，五慧，六慚，七愧。此義如後十藏章中具廣分别。七財如是。

七種大乘義。

七種大乘，出《地持論》。運通名乘。乘中莫加，謂之爲大。大乘不同，一門説七。七名是何。一者法大，二者心大，三者解大，四淨心大，五衆具大，六者時大，七者得大。七中前六就因説大，後之一種就果論大。因中初一是其因法，後五因行。言法大者，所謂大乘十二部經方廣之藏，過餘契經，故云法大。問曰：法中説通理教，何故是中偏説教法。釋言：實通。攝旨從詮，故不别論。言心大者，謂發無上菩提之心，超出餘願，故曰心大。言解大者，謂解菩薩方廣之藏，勝過餘解，稱曰解大。此心與解，在於地前。淨心大者，在初地中。過解行住，入歡喜地，證心解染，名淨心大。衆具大者，在於二地，乃至七地。修習功德智慧衆具，趣向菩提，名衆具大。言時大者，八地已上，乃至十地，度三僧祇，滿足衆行，名爲時大。言得大者，謂如來地得菩提果，無〔一四〕與等者，況復過上，故爲得大。七種大乘，略辨如是。

七地義，三門分别。一、釋名。二、定體。三、辨相。

第一釋名。七地之義，出《地持論》。能生曰地。地位開合，廣略難定。今據一門，且論七種，一種性地，二解行地，三淨心地，四行跡地，五決定地，六決定行地，七畢竟地。種性地者，習種性種，同名種性。行本達立，能生因果，故名爲種。種義不壞，目之爲性。以性別地，名種性地。解行地者，依前種性，起修方便，趣入出世，於出世道解而行故，名爲解行。以解別地，名解行地。淨心地者，在初地中，過解行住，入歡喜地〔一二五〕，證心離垢，名爲淨心。又於菩提淨信悕望，亦名淨心。以斯別地，名淨心地。行跡地者，二地已上，乃至七地，起於修道，名爲行跡。以行別地，名行跡地。決定地者，第八地中，在法流水，決定趣向無上菩提，名決定地。決定行者，第九地中，依前決定，上上增進，名決定行地。畢竟地者，謂第十地，及如來地。第十地中因行窮滿，如來地中果德圓〔一二六〕極，以是義故，同名畢竟。蓋乃且據一門爲論，若入餘門，因果別矣。名義如是。此一門竟。

次定其體。諸地皆用〔一二七〕行德爲體。行門開合，廣略不定，總唯一行。或分爲二，一是證行，二阿含行，廣如上辨。又就福智，亦得分二。或離爲三，謂證、助、不住，亦如上辨。又戒定慧，亦得分三。或開爲四，聞、思、修、證。或説爲六，謂六波羅蜜。或分爲十，謂十波羅蜜。又復信等亦得分十。或復離爲三十七品。廣則無量，體性如是。此二門竟。

次辨其相。地位開合，廣略不定。要攝唯二，一是信地，二是證地。地前菩薩於出世道信順趣向，名爲信地。初地已上，證實相應，名爲證地。或分爲三，如《地持》説，一、種性持，在種性地。二、發心持，在解行地。三、行方便持，在初地上。或離爲四：一、方便道，在於地前。二者見道，在於初地。三者修道，在二地上。四、無學道，在於佛地。或開爲五，於前四中，開方便道以爲種性、解行之別，故有五種。或分爲六，如《地持》説，一、種性地。二、解行地。三、淨心地。四、行跡地。五、決定地，謂八地九地。六、畢竟地，謂第十地。《涅槃經》中言爲六住諸菩薩者，據此爲言。或復説七，廣如上辨。於前六中，開決定地以爲決定及決定行，故有七種。亦得分八，於前七中分種性地以爲習種、性種之別，故有八矣。亦得分九，於前八中分畢竟地以爲畢竟及如來地，故有九種。或分十三，如《地持論・住品》中説，彼十地上加種性住、解行住及如來住，故有十三。亦得開分以爲十四，前十三中開種性住以爲習種性種之别，故有十四。經中或説四十二賢聖，廣則無量。是等廣略，各隨一宜，今且論七。七地如是。

八戒齊義，七門分别。一、釋名定數。二、辨相。三、具得因緣。四、界趣分别。五、形報分别。六、對境分别。七、受持之義。

八戒齊者，所謂不煞，不盗，不婬，不妄語，不飲酒，不歌儛唱伎，不著香薰衣，不上高廣床，不過中食，是其名也。此等防禁，故名爲戒，潔清曰齊。問曰：於彼五戒之中言不邪婬，今此何故直言不婬。釋言：五戒是在家人持在家戒，唯制邪婬，不防自妻，以是義故但言不邪婬。論八戒是在家人得持出家戒，非但制邪，自妻亦防，故説不婬。問曰：是中所離有九，以何義故但言八戒。釋言：有以。若依毗曇，不著薰衣，不上高床，此二同是莊嚴處起，合之爲一，故説爲八。若依《成實》及《大智論》，前八是戒，後一是齊，戒齊合説，是故名爲八戒齊矣。此一門竟。

次辨其相。於中有五：一、體具分别。不過中食是齊亦齊支，餘是齊支而非是齊。如八聖道，正見是道亦是道支，餘是道支而非是道，此亦如是。以不煞等防惡禁罪，助成齊法，助齊法中差别不同故名齊支，非斷食法故不名齊。不過中食，是斷食法故名爲齊，别前七種故名齊支。二、遮性分别。前之四種遠離性惡，不飲酒等遠離遮罪。問曰：性惡乃有七種，始從煞生乃至綺語，何不具離，但離前四。以綺語等難可防護，在家之人不能離故，故論説言，出家之者尚不能離，何况在家。又綺語等不應法故通名妄語，但離妄語，餘者皆隨，故不别論。又前四種重故偏明，餘者輕故所以不說。問曰：遮罪差別無量，何不說離，偏言遠離飲酒等乎。亦以餘過在家之人難防護故。又飲酒等生過處重故偏說離，餘過輕故所以不論。三、道福分別。如《成實》說，離前五過，是福因緣，離後三罪，是道因緣。以在家者未能得道，是故但說道因緣矣，通則齊等。四、就具分別。具謂三業。不煞、不盜、不婬、不飲酒、不著薰衣、不上高床、不過中食，是其身業。不妄語者，是其口業。不歌儛者，通身口業。五、所防分別。依如毗曇，初四戒支，遠離性惡。不飲酒者，是不放逸支，離放逸因緣。餘是持支，離餘遮過。《成實》法中，亦分爲三，名字不異。彼說初四遠離實惡，不飲酒者離諸惡門，餘者遠離放逸因緣。此二門竟。

次明得戒因緣差別。依如毗曇，有八因緣。故彼偈言：謂優波婆素，受時他二說，具足一日夜，離嚴餝威儀。優波婆素是一因緣，明此〔二八〕八戒是優婆塞受，非出家者，以出家人堪能受持盡形戒故。所言受者，是二因緣，明此八戒要受乃得，不同禪戒、無漏戒等。所言時者，是三因緣，明此八戒清旦時受，不得餘時，欲使具足一日夜故。《成實》法中，隨在何時皆得受之。所言他者，是四因緣，明此八戒要從他受，自誓不得。《成實》異此，故彼論言，若無人時，心念口言，亦得受之。言二說者，是五因緣，明此八戒二說方得。戒師前教，受者後隨，戒師前問，受者後答，是爲二說。《成實》異此，故彼論言，自〔二九〕不解故須師教授，若自解者何假師教，以是義故不須二說。言具足者，是六因緣，明此八戒具受乃得，分受不得。《成實》法中不具亦得，故彼論言，隨力堪能，多小不定。一日夜者，是七因緣，明此八戒時分唯在一日一夜，不增不減。《成實》不同，故彼論言，若說八戒定一日夜，是事不然，隨時多少，或可半日〔三〇〕，乃至一月，竟有何咎。離嚴威儀，是八因緣，明此八戒要離種種嚴身之具，方便受持，以在家者隨分修學出家戒故。論雖不同，受者宜依毗曇受之，多與諸經所説同故。此三門竟。

次就界趣分別其相。界謂三界，欲界得受，非上二界。趣謂五趣，依如毗曇，三天下人得受八戒，以覺知心、捷疾力故，不通餘趣及欝單越。若依《成實》，人天鬼畜皆得受之。故彼論言，如天帝多受八戒，龍等亦受，不局在人。此四門竟。

次就形報分別其相。依如毗曇，男女得受，餘形不得。《成實》法中，黄門、二形、不能男等亦得受之，非局男女。此五門竟。

次對界辨其通局。當知八戒普於一切衆生邊得，不得別緣。問曰：爲於現在一切衆生邊得，爲於三世衆生邊得。論釋不同。若依毗曇，唯於現在衆生邊得。《成實》法中，普於三世衆生邊得，過未衆生雖不可煞不可盜等，緣之亦得起善惡故。此六門竟。

次明受持八戒之儀。欲受戒者，應先起其厭生死心、求涅槃意，然後受之，以此所受出世戒故。受法云何。於六齊日清旦之時，詣戒師所，先禮三寶，次禮戒師，在戒師前長跪合掌，先懺諸罪，然後受戒。戒師教之，三歸三寶，三稱歸竟，與受五戒，沙彌戒同。然後題上所列法，問其能不。言一不煞生，是優婆塞戒。若女人受，應言是優婆夷戒。從今時至明清旦，一日一夜受，如諸佛，能持不。受者應答言能。如是乃至不過中食，問答同爾。一遍便足，竟已禮去。護持之法，與出家戒同。嚴身之具，悉宜去之。男女不得同室而宿。八戒如是。

大乘義章卷第十二

校勘記

〔一〕「界」，底本原校云論無，下一「界」字同。

〔二〕「具」，校本校勘記云一本作「其」。

〔三〕「有分別」，底本原校疑爲「戒有分」。

〔四〕「其」，校本校勘記云甲本無。

〔五〕「邪」，校本校勘記云甲本無。

〔六〕「不」，底本原校云論後有「必」字。

〔七〕「獄」，校本校勘記云論後有「如須陀洹等亦行此法」九字。

〔八〕「難」，校本校勘記云甲本無。

〔九〕「十」，底本作「中」，據上下文及校本改。

〔一〇〕「乖」，校本校勘記云一本作「永」。

〔一一〕「聖別大小」，校本校勘記云一本無。

〔一二〕「善」，校本校勘記云甲本無。

〔一三〕「通」，校本校勘記云甲本作「道」。

〔一四〕「敢」，校本校勘記云甲本作「噉」。

〔一五〕「延」，校本校勘記云一本作「嘔」。

〔一六〕「肉」，底本原校云論前有「筋」字。

〔一七〕「脾」，疑爲「脾」。

〔一八〕「中」，校本校勘記云甲本無。

〔一九〕「云」，底本作「之」，據底本原校及校本改。

〔二〇〕「別」，校本作「則」。

〔二一〕「悲」，底本原校疑衍。

〔二二〕「靼」，底本原校疑衍。

〔二三〕「所」，校本校勘記云甲本作「處」。

〔二四〕「嗔」，底本原校疑爲「憎」，校本作「憎」。

〔二五〕「如」，校本校勘記云甲本作「於」。

〔二六〕「識」，底本原校疑前脱「六」字。

〔二七〕「如」，校本校勘記云一本作「於」。

〔二八〕「支」，底本原校云論作「枝」。

〔二九〕「時」，底本原校疑衍。

〔三〇〕「也」，底本原校疑爲「已」，校本作「已」。

〔三一〕「明」，底本原校云論作「示」。

〔三二〕「失」，底本原校疑爲「夫」。

〔三三〕「中」，校本校勘記云一本作「住」。

〔三四〕「住」，校本校勘記云甲本作「中」。

〔三五〕「種」，底本原校云一本無。

〔三六〕「知」，校本校勘記云甲本作「隨」。

〔三七〕「現」，底本原校云一本無。

〔三八〕「四」，校本後有「位」字。

〔三九〕「五」，校本後有「位」字。

〔四〇〕「位」，校本校勘記云甲本作「住」。

〔四一〕「邊」，校本後有「際」字。

〔四二〕「因」，底本原校疑爲「目」，校本作「目」。

〔四三〕「當相」，校本校勘記云甲本作「相當」。

〔四四〕「異」，底本作「妄」，據底本原校及校本改，下一「異」字同。

〔四五〕「永」，校本校勘記云甲本作「求」，下二「永」字同。

〔四六〕「中」，校本校勘記云一本無。

〔四七〕「來」，底本原校云一本作「末」。

〔四八〕「心」，底本原校云一本無。

〔四九〕「惟」，底本原校云論後有「力」字。

〔五〇〕「位」，底本原校疑爲「以」。

〔五一〕「言淨心者」至「故曰思惟」，底本原校疑衍。

〔五二〕「畢竟」，底本原校云論作「究竟」。

〔五三〕「正」，底本原校疑後脱「是」字。

〔五四〕「有」，底本原校疑後脱「其」字。

〔五五〕「自利」，底本原校云一本無。

〔五六〕「慧」，底本原校疑爲「心」。

〔五七〕「法」，校本校勘記云甲本作「衍」。

〔五八〕「願」，校本校勘記云甲本前有「菩薩」二字。

〔五九〕「故」，底本原校疑衍。

〔六〇〕「如」，底本原校云一本無。

〔六一〕「無」，底本原校疑衍。

〔六二〕「制聽」，校本校勘記云一本作「若苦」。

〔六三〕「辨」，校本校勘記云甲本作「并」。

〔六四〕「分」，校本校勘記云甲本作「弁」。

〔六五〕「并辨」，校本校勘記云甲本無。

〔六六〕「惙」，校本作「輟」，底本原校云一本作「輟」。

〔六七〕「度行」，校本校勘記云甲本作「行」，一本作「度從」。

〔六八〕「依從」，校本校勘記云甲本無。

〔六九〕「意」，底本原校疑衍。

〔七〇〕「約」，校本校勘記云甲本作「總」。

〔七一〕「惟」，底本原校云一本無。

〔七二〕「斥」，校本校勘記疑爲「近」。

〔七三〕「通」，底本原校云一本作「遍」。

〔七四〕「佐」，校本校勘記云甲本作「依」。

〔七五〕「令」，底本原校疑爲「合」。

〔七六〕「及」，校本校勘記云甲本無。

〔七七〕「陰」，底本原校云一本作「隱」。

〔七八〕「間」，底本原校疑衍，下一「間」字同。

〔七九〕「修」，校本校勘記云甲本作「彼」。

〔八〇〕「趣」，底本原校云一本無。

〔八一〕「時」，底本原校云一本作「意」。

〔八二〕「支」，底本原校疑爲「友」。

〔八三〕「心」，校本校勘記云甲本作「正」。

〔八四〕「隨」，底本原校云論作「歡」。

〔八五〕「施行」，校本校勘記云甲本作「行施」。

〔八六〕「略分別」，校本校勘記云甲本作「分別略」。

〔八七〕「淨」，校本校勘記云甲本作「靜」。

〔八八〕「慳」，校本校勘記云甲本作「貪」。

〔八九〕「梵」，底本原校疑前脱「大」字。

〔九〇〕「果」，校本作「報」，底本原校云一本作「報」。

〔九一〕「其」，底本原校云一本作「甚」。

〔九二〕「以」，校本校勘記云甲本前有「二空」二字。

〔九三〕「不」，底本原校疑爲「遠」。

〔九四〕「貪」，底本原校疑爲「貧」。

〔九五〕「寢」，底本原校疑爲「侵」。

〔九六〕「得」，校本校勘記云甲本作「德」。

〔九七〕「正」，底本原校云一本作「生」。

〔九八〕「且」，底本原校疑爲「檀」。

〔九九〕「兼」，校本校勘記云甲本作「非」。

〔一〇〇〕「上」，校本校勘記云甲本前有「於」字。

〔一〇一〕「總」，校本校勘記云甲本作「施」。

〔一〇二〕「地」，校本校勘記云甲本作「垢」。

〔一〇三〕「義」，校本校勘記云甲本無。

〔一〇四〕「僧」，校本校勘記云甲本作「增」。

〔一〇五〕「家」，校本校勘記云甲本作「寂」。

〔一〇六〕「經」，校本校勘記云一本前有「地」字。

〔一〇七〕「穢」，底本原校云一本作「隟」。

〔一〇八〕「傷」，底本原校云一本作「拘」。
〔一〇九〕「中」，底本原校疑前脱「天」字。
〔一一〇〕「怯」，校本校勘記云甲本無。
〔一一一〕「是」，底本原校云一本前有「無常共常」四字。
〔一一二〕「五」，校本校勘記云甲本無。
〔一一三〕「住」，底本原校云一本作「任」。
〔一一四〕「住」，底本原校云一本作「止」。
〔一一五〕「種」，校本校勘記云甲本作「修」。
〔一一六〕「禪」，校本校勘記云甲本作「神」。
〔一一七〕「者」，校本校勘記云甲本無。
〔一一八〕「神」，校本校勘記云甲本作「禪」。
〔一一九〕「録」，校本校勘記云甲本作「緣」。
〔一二〇〕「相」，底本原校云本文作「能」。
〔一二一〕「不具」，校本校勘記云甲本無。
〔一二二〕「隱」，校本校勘記云甲本作「穩」。
〔一二三〕「是」，校本校勘記云甲本作「見」。
〔一二四〕「無」，底本後衍「爲」字，據底本原校及校本删。
〔一二五〕「地」，底本作「時」，據底本原校及校本改。
〔一二六〕「圓」，校本校勘記云甲本作「因」。
〔一二七〕「用」，校本校勘記云甲本作「因」。
〔一二八〕「此」，校本校勘記云甲本無。
〔一二九〕「自」，校本校勘記云一本作「因」。
〔一三〇〕「日」，底本原校云一本作「月」。

大乘義章卷第十三

遠法師撰

淨法聚因法中，此卷有九門。八禪定義。八解脱義。八勝處義。八行觀義。八大人覺義。八法攝摩訶衍義。九次第定義。九想觀義。九斷知義。

八禪定義，四門分別。一、通解八禪。二、别釋八禪。三、明定具。四、明定難。

通中，别以八門分別。釋名辨性，一。定别諸地并辨味淨無漏等別，二。支因有無，三。所滅不同，四。得捨成就，五。入緣不同，六。四緣分別，七。大小不同，八。

第一釋名，辨其體性。先辨其名。名別不同，略有七種，一名爲禪，二名爲定，三名三昧，四名正受，五名三摩提，六名奢摩他，七名解脱，亦名背捨。禪者，是其中國之言，此翻名爲思惟修習，亦云功德藂林。思惟修者，從因立稱，於定境界審意籌慮，名曰思惟，思心漸進，説爲修習。從剋定名思惟修寂，亦可此言當體爲名。禪定之心，正取所緣，名曰思惟，思心增進，説爲修習。功德藂林者，從果爲名。智慧、神通、四無量等是其功德，衆德積聚，説爲藂林，定能生之，因從果目，是故説爲功德藂林。所言定者，當體爲名。心住一緣，離於散動，故名爲定。言三昧者，是外國語，此名正定。定如前釋。離於邪亂，故説爲正。言正受者，正同前釋，納法稱受。三摩提者，是外國語。三摩、三昧，本是一名，傳之音異。此名正定。定用現前，名三摩跋。奢摩他，亦外國語，此翻名止。攝心住緣，目之爲止。言解脱者，絶縛之稱。言背捨者，背離下過，故云背捨。又捨[二]龍樹云：背淨五欲，捨離著心，名爲背捨。問曰：此等所名之法，爲一爲異。釋有通別。通而論之，一切禪定皆具此名。於中別分，經論不等。依如毗曇，四禪名禪，八解脱者名爲背捨。四無色定、滅盡、無想，通名正受。空、無相、無願，名三摩提。故彼論言，諸禪及背捨，正受三摩提。用此四名，表別諸定。若依《成實》，四禪名禪，四空名定，八解脱者名爲解脱，一切禪定用現在前名三摩提。以此四名名別諸定。若依《地論》，四禪名禪，四無色定説爲解脱，四無量心名爲三昧，五神通者名三摩提。用此四名，名別諸行。又更分別，四禪名禪，四空名定，空、無相、無[三]願名爲三昧，得理相應名正定故。滅盡無想名爲正受，是處無心身納法故。四無量心名三摩提，衆生緣中用現前故。八解脱者名爲解脱，絶下縛故。又背下過，故云背捨。一切禪定，始習方便，止意住緣，名奢摩他。名字如是。此一門竟。

次辨體性。宗别不同，所説各異。若依毗曇，此八禪定，定數爲體，餘心心法與定相應，是定眷屬，故通名定。若依《成實》，唯心爲體，不説心外别有定數。故彼論言，若由定數令心住者，定數亦應由他故住。然彼定數自能住緣，不從[三]他住。心亦如是，自能住緣，何從定數。故知彼論唯心爲體。大乘法中，心有麤細，隨心辨定，差别不等。云何不等。心有三種，一者事識，二者妄識，三者真識。事識中定，定數爲體，與毗曇同。故龍樹云：譬如池水，象入則濁，明珠置中，水得澄淨[四]。心亦如是，煩惱入中，心則渾濁，定數在中，心則澄清。《涅槃》亦云十大地中心數之定數，明同毗曇。真識中定，唯心爲體，更無别數。故《維摩》云：若離一切數，心如虚空。妄識中定，義有兩兼，麤則用彼定數爲體，細則唯用心識爲體。此云何知。如馬鳴説，第七識中義别六種，從無明地，至相續識。此六重中根本四重，心外無數，於中辨定，指心爲體。後之兩重，心與數異，就中辨定，定數爲體。體性如是。

第二門中，義别有三，一辨禪地相，二明味淨無漏等别，三就禪地明味淨等通局之義。

禪地云何。宗别不同，所辨各異。依如毗曇，攝末從本，禪地有八，所謂四禪、四無色定。分末異本，禪地有十門，所謂八禪、未來、中間。八禪可知。未來禪者，是初禪家方便之定。從欲界地向初禪時，修九無礙、九解脱道，斷欲界結，然後證得初禪定體。彼九無礙、九解脱道，未來至彼根本定體，故名未來。以其未至根本定故，論中亦名未至禪矣。中間禪者，從初禪地向二禪時，除覺觀在，名中間禪。問曰：是中除覺之時，用何爲治。釋言：是中用彼二禪方便内淨以爲治耳。故《地論》云：内淨對治，滅覺觀[五]禪也。問曰：是中有初禪觀，復有禪[六]二禪方便内淨，正用何者爲中間禪。釋言：正用初禪殘觀爲中間體，與初禪定同在一處受果報故。問曰：若用初禪殘觀爲中間禪，不以二禪方便内淨爲中間者，是則初禪方便覺觀斷欲界結，應當用彼欲界殘結爲未來禪，不以初禪方便覺觀爲未來禪。釋言：不類。欲界殘結非定法故，不得説之爲未來禪。初禪殘觀是禪法故，説爲中間。問曰：未來及中間禪，八禪地中何地攝乎。釋言：此二是初禪家眷屬定故，攝屬初禪。問曰：何故初禪地中獨分此二，餘不如是。釋言：初禪創背下〔七〕過多用功力，故立未來以爲息處。餘不如是，故廢不立。又復〔八〕初禪向二禪時，有覺有觀二種過患，除覺觀在，故立中間。餘禪相向，單有一過，除之盡處即是後地，故無中間。若依《成實》，攝末從本，禪地有九，所謂八禪及欲界中如電三昧。故《成實》云：如《須尸摩經》説，欲界更有如電三昧。分末異本，禪地有十，於初禪中分出中間，通餘十也，故《成實》云初禪梵王能至中間。如電三昧，毗曇不論，未來禪者，《成實》不説，見別故爾。大乘法中攝末從本，禪地有九，與《成實》同。所言異者，《成實》唯説欲界地中有電光定，無餘三昧，大乘宣説欲界地中有無量定。故龍樹云：佛常住於欲界定中，名無不定。此與電光有何差別。釋言：聲聞暫得彼相，説爲電光，更無別法。分末異本，禪有十一，所謂八禪、未來、中間，及欲界定。禪地如是。此一門竟。

次辨味淨無漏等別。依如毗曇，禪有三種，一者淨定，二無漏定，三者味定。依世俗道，斷除下結，而得上靜〔九〕，名曰淨定。即理定靜，名無漏定。言味定者，義釋有三：一、通相具論，上二界中一切煩惱，有著境義，悉名爲味，定地法故，説之爲定。二、簡強異弱，諸煩惱中愛著境強，偏説爲味，定義同前。又愛著境，相似禪定，故説爲定。三、簡體異伴，上二界中一切煩惱相應定數是味定體。故《雜心》云：味則愛相應。此二門竟。

次就禪地明味淨等通局之義。於中且就未來、中間、八禪地說。淨禪寬通，遍一切地。無漏禪者，依如毗曇，前九地有，非想地無。故《雜心》云：無漏大王不居邊地，欲界非想名爲邊地。以非想地心志微劣，故無無漏。若依《成實》，非想雖無增觀無漏，非無順舊遊觀無漏。故彼論說，入滅定三昧[一〇]必從非想無漏心入。餘同毗曇。若依大乘，無漏遍在一切地中。云何得知非想亦有。如龍樹說：云何菩薩非想處定。與實相俱，是爲菩薩非想處定。與實相俱，明是無漏。若[一一]論味定，八禪地中一向定有，未來中間有無不定。是義云何。味有二種，一正受愛，二受生愛。得彼八禪根本定已，於中生著，名正受愛，求上界生，名受生愛。八禪地中其此[一二]兩愛。未來、中間無正受愛，但有受生連瓅之愛，故云不定。何故此處無正受愛。未來求彼初禪地中根本未得，中間求彼二禪地中根本未得，無可貪著，故無此愛。

第三門中，義別有二，一明諸地支因有無。二明味淨無漏禪等支因有無。諸地有無相狀如何。四根本禪一向有支，經論大同。未來、中間一向不具，未來但有覺觀、捨根，更無餘支，中間但有觀及捨根，亦無餘支，故云不具。何故未來更無餘支。以彼未來未出欲惡故無喜樂，未得初禪根本定故無其一心。問曰：一心是其禪體，彼既名禪，何故無體。釋言：應有，微故不說。何故中間無其餘支。以中間禪求上未得故無喜樂，未得二禪根本定故無其一心。理亦應有，微故不說。彼四空定，經論不同。若依《瓔珞》，齊有五支，所謂想、護、止、觀、一心。依《舍利弗阿毗曇》中，同具四支，與四禪同。自餘經論，並皆不說。當應俱有，名同四禪，更無別異，所以不論。此一門竟。

次辨味淨無漏禪等支因有無。淨禪有[一三]味禪非具功德法故，一向定無。無漏禪者，經論不同。毗曇、大乘，與淨禪同。《成實》少異。異相如何。無漏初禪有樂一心，無覺觀喜。一心定體，故有一心。無漏之法在身名樂，故有樂支。以何義故無其覺觀。無漏必依禪定之中根本定生，所依淨禪至一心時已捨覺觀，所生無漏焉得有之，故無覺觀。何故無喜。如彼《成實・二禪品》說，喜必從於取假名生，著我故起，聖人離之，故不生喜。問曰：若無無漏喜者，七覺支中應無喜支。又若聖人不生喜者，何故經言佛見衆生修善則喜。又若無喜，亦應無其無漏猗樂。彼論釋言：何故得有喜覺支者，覺支有二，一是有漏，二是無漏。有漏有喜，無漏則無。但無漏支從有漏生，仍本因故，應名喜支。言佛喜者，論自釋言，佛常行捨，無憂無喜，隨化衆生，樂言有喜。云何得有無漏猗者，論自説言，得無漏時，離麤重過，身心調適，故得有猗。何故得有無漏樂者，論言不説無漏智[一四]外別更有樂，但無漏法初來在身，義説爲樂，故得有之。問曰：爲當一切聖人皆悉無喜，爲獨無學。論言，學人入觀則無，出觀則有，無學聖人，入出常無。第二禪中有樂内淨及與一心，無其喜支，以彼内淨即二禪體故有内淨，餘同前釋。第三禪中略無安慧，餘皆具足。以彼安慧攝入念中，故不別論。故彼論言，三禪後分中無安慧支。何者後分。無漏從其有漏禪生，故名無漏以爲後分。爲彰聖慧與正念俱，故攝念中。第四禪中，四支具足。此乃論者立意不同，難以消息。支因緣[一五]有無，辨之麤爾[一六]。

第四門中，所滅不同。所滅有二：一、滅染障。八禪皆滅十使煩惱。如得初禪，滅欲界地十使煩惱。得二禪時，滅初禪地九使煩惱。乃至修得非想定時，滅無所有九使煩惱。以初禪上無瞋恚故，但滅九使，亦爲樂障，通斷其得。二、滅亂鄣。如經中說，初禪滅語言，二禪滅覺觀，三禪滅喜，四禪滅樂，空處滅於色想，識處滅於空想，無所有處滅於識想，非想非非想處滅無所有想。此滅亂障，但令不行，名之爲滅，不捨其得，善法得上不捨下故。問曰：覺觀是言說因，覺觀之心初禪未盡，云何已得滅於語言。論釋不同。

若依毗曇，覺觀有二：一者成禪，背欲求靜。二者壞禪，背靜起説。初禪中但有成禪覺觀之心，無壞禪者，故滅語言。若依《成實》，得彼初禪根本定時已離覺觀，覺觀無故，言語不生，名之爲滅。若爾，初禪亦滅覺觀，何故但云滅語言乎。釋言：初禪根本定中雖無覺觀，前後有之，故不名滅。若爾，前後亦有語言，何故説滅。釋言：覺觀能與初禪作方便故，不得言滅。語言唯障，非方便故，説語言滅。問曰：初禪若滅語言，得初禪人云何起説。釋言：入定雖滅語言，出時用彼欲界地中威儀心説，或用初禪威儀心説，故得起言。問曰：語言能障初禪，得初禪竟，以欲界心起語言時，失初禪不。釋言：不失。問曰：語言與欲界結同鄣初禪，得初禪人以欲界心起言説時不失禪者，起欲界結，亦應不失。釋言：染障與亂障異，下染正與上地淨違，故起欲染，退失初禪。語言直是妨修故障，非是正違，故雖起言，不失初禪。諸地染亂，例皆同爾。問曰：初禪猶有威儀覺觀心故可得起言，二禪已上無此覺觀，依何起説。論釋不同。若依毗曇，借初禪地威儀心説。此言借者，上威儀心流類似於初禪心故，名之爲借，不從彼來。問曰：上禪唯得借下威儀之心[一七]，不得借下善，何故而然。良以威儀是浮漫心，非力厲生。上地所起流類同下，故説爲借。善生力厲，隨地各別，上地所起不與下同，故不名借。若依《成實》，上地皆用欲界心説，上得寄起欲界心故。

第五門中，差别有三，一明得義，二明捨義，三明成就。

所言得者，先無今起，説之爲得。諸論不同。毗曇，淨定有二種得：一是斷得。斷欲界結，得於初禪，如是次第，乃至斷於無所有結，得非想定。二是生得。生二禪時，捨於初禪，有漏生上必失下故，後還退下，生初禪中，得本所失，名爲生得。乃至非想，生下類然。《成實》、大乘，但有斷得，無其生得。彼宗有漏雖生上地，不失下故。云何知彼有漏生上而不失下。彼説上界亦得寄起下地法故。無漏禪者，依如毗曇，有二種得：一是斷得。斷下煩惱，得上無漏。二者退得。退有二種：一、退果得。證聖果時，捨向無漏，後退果時得本所失，名退果得。二、退根得。轉根之時，得利捨鈍，後退根時得本所失，名退根得。《成實》、大乘，但有斷得，無其退得，彼宗無漏無退轉故。又彼宗中，得果之時，因滿爲果，不捨前因，轉根之時，轉鈍爲利，不捨前體，故無退得。若論味禪，但有退得。有人修得第二禪時，捨初禪中味禪煩惱，後退二禪，得本所失，名爲退得。乃至非想退得，同爾。問曰：非想三界中極何處退得[二八]亦有退得。依如毗曇，退羅漢果，得彼味定，故有退得。《成實》非想無此退得。問曰：淨禪以何義故無其退得。釋言：淨定修得上時不失下故，退上之時，下非新得。問曰：無漏以何義故無其生得。無漏生上不失下故，無其生得。又復聖人隨所生處，無退下義，故無生得。

問曰：味禪何故無其生斷二得。釋言：味禪身在下地，於上地中所未斷處一切成就，不得[二九]斷結方始得故，無其斷得。彼從上地退生下時，要先退起下地味定，然後受生，退時已得，非生始得，故無生得。此一門竟。

次明捨義。所言捨者，先成今失，名之爲捨。論釋不同。毗曇淨定有二種捨：一是退捨，先得禪已，後還退失。二是生捨，生上地時失於下法，有漏生上必失下故。《成實》、大乘，唯一退捨。無漏禪者，依如毗曇，有三種捨：一是退捨，先得還失。二、得果捨，得四果時，捨向無漏。三、轉根捨，轉根之時，得利捨鈍。若通無餘涅槃時捨，則有四種。《成實》唯一涅槃時捨，餘三皆無。大乘法中，緣照無漏入證時捨，真則無捨，味定唯有斷滅時捨。問曰：淨禪何故無其得果轉根及斷[三〇]捨乎。釋言：此非向果法故，得果不捨。有漏之法，於同地中，設令重習，唯可純熟，無捨得義。是故無其轉根時捨。非煩惱故，無斷時捨。

問曰：何故無漏轉根有得有捨。淨禪不爾。解有兩義：一、無漏法轉根之時，具以無礙解脱之道，斷障轉根，階別皆定，故轉根時有得有捨。有漏不以無礙解脱斷障轉根，數習便利，久廢還鈍，階別不定，故無得捨。一義如是。二、無漏力大，於自地法能得捨，有漏力微，於自地中同類之法不能裁斷全令別異，故無得捨。非煩惱故，無斷時捨。問曰：無漏何故無其生斷二捨。釋言：無漏是不繫法，雖生上地，不失下故，無生時捨。非煩惱故，無其斷捨。問曰：味定何故無其退失得果轉根捨乎。釋言：退起下地結時，不失上味，故無退捨。凡夫上生必先得定，得定之時已捨下味，非生始失，故無生捨。餘義如前淨禪中釋。

此二門竟。

次辨成就。隨身不失，名爲成就。諸論不同。毗曇法中，一切淨定，身在下地，於上地中隨所得處皆悉成就。身在上地，則不成下。以是義故，身在欲界及初禪中，得成八禪。身在二禪，成上七地。乃至身在非想地中，唯得成就非想處定，下悉不成。《成實》、大乘，一切淨定，下得成上，上亦成下。無漏定者，一修得已，後於三界中隨身何處，皆悉成就。若論味定，毗曇法中，身在下地，於上地中所未斷處皆悉成就，斷則不成。若身在上，於下地中一切不成[三]。《成實》、大乘，聖人生上，與毗曇同。於下地中，一切不成，斷結生故。凡夫生上，猶成下味，伏結生故。

第六門中，義別有四，一入定不同，二定緣有異，三明入所爲，四辨定入人。

入定不同者，依如毗曇，有二十四種。相狀如何。有漏定中，次第及超，有其八種。無漏亦然，有漏無漏間復有八，是故通有二十四種。有漏八者，次第有四，超越亦然。次第四者：一是順入，從初禪入，次第上昇，乃至非想。二是逆入，從非想入，次第下轉，至初禪出。三、逆順入，從初禪入，至第二禪，却入初禪，次第上昇，至第三禪，却入二禪，次第上昇，至第四禪。如是却入而復上昇，乃至非想，類亦同然。四、順逆入，從非想入，至無所有，却入非想，次第下轉，至其識處，如是却入，而後[三二]下轉，至初禪出。超中四者：一是順超，從初禪地超入三禪，如是漸超，乃至非想。問曰：何故唯超一地。聲聞超禪不過一故。二是逆超，先入非想，超入識處，如是下超，至初禪出。三、逆順超，謂從初禪，超入三禪，却入二禪，超入四禪，却入三禪，超入空處。如是却入而復上超，乃至非想。四、順逆超，作法同前，向下爲異。有漏既然，無漏亦爾。間中八者，次第有四，超越亦然。次第四者：一、順間入，先入有漏初禪，次入無漏二禪，如是翻迭，乃至非想。二、逆間入，作法同前，向下爲異。三、逆順間入，從有漏初禪，入無漏二禪，却入無漏初禪，次入有漏二禪，復入無漏三禪，却入無漏二禪，次入有漏三禪，復入無漏四禪，却入無漏三禪，次入有漏四禪，復入無漏空處。如是却入而復上昇，乃至非想。四、順逆間入，作法同前，向下爲異。超中四者：一、順間超，從有漏初禪，超入無漏三禪，超無漏四禪，入有漏空處。如是間超，乃至非想。二、逆間超，作法同前，向下爲異。三、逆順間超，從有漏初禪，却入無漏二禪，超入有漏四禪，却入有漏三禪，入無漏空處。如是却入而復上超，乃至非想。四、順逆間超，作法同前，向下爲異。聲聞如是。諸佛菩薩，或超一二，乃至衆多。是則入定具四無量。此一門竟。

次明諸禪緣境差別。於中亦有二十四種。相狀如何。依如《成實》，八禪同以欲界乃至非想地法以爲境界。毗曇法中，四禪同前，四無色定唯緣自地及上地法以爲境界，不緣下地。故《雜心》云：無色不緣下有漏種。今此且就初禪一地論二十四，餘類可知。作法如[三三]何。略有二門，一就能緣分別，二就所緣分別。

言能緣者，能緣之心有其有漏無漏之別。有漏初禪緣九地法有其八句，無漏初禪緣九地法亦有八句，有漏無漏間緣亦八，是故合有二十四種。有漏八者，次第有四，超緣亦四。次第四者：一、順次第，謂以初禪緣欲界法，上至非想。二、逆次第，始緣非想，下至欲界。三、逆順次第，先緣欲界，次緣初禪，却緣欲界，次第上緣，至第二禪，却緣初禪，次第上緣，至第三禪。如是却緣而復上緣，乃至非想。四、順逆次第，先緣非想，至無所有，却緣非想，次第下緣至其識處，却緣無所有，次第下緣至其空處。如是却緣而復下緣，乃至欲界。超中四者：一是順超，先緣欲界，超緣二禪，如是上超乃至非想。二是逆超，作法同前，向下爲異。三、逆順超，先緣欲界，超緣二禪，却緣初禪，超緣三禪。如是却緣而復上超，乃至非想。四、順逆超，作法同前，向下爲異。有漏如是。無漏八者，類上可知。有漏無漏間爲八者，次第有四，超越亦四。次第四者：一、順次第，先以初禪有漏之心緣欲界法，次以無漏緣初禪法，復以有漏緣二禪法，如是翻迭乃至非想。二、逆次第，作法同前，向下爲異。三、逆順次第，先以有漏緣欲界法，次以無漏緣初禪法，却以無漏緣欲界法，次以有漏緣初禪法，復以無漏緣二禪法，却以無漏緣初禪法，次以有漏緣二禪法[二四]，復以無漏緣四禪法。如是却緣而復上緣，乃至非想。四、順逆次第，作法同前，向下爲異。超中四者：一是順超，先以有漏緣欲界法，次以無漏緣二禪法，復以有漏緣四禪法，如是翻迭，超至非想。二是逆超，作法同前，向下爲異。三、逆順超，先以有漏緣欲界法，次以無漏超緣二禪，却以無漏緣於初禪，次以有漏緣三[二五]禪，却以有漏緣第二禪，復以無漏超緣四禪。如是却緣而復上超，乃至非想。四、順逆超，作法同前，向下爲異。

上來直就能緣之心有漏無漏相對，分別爲二十四。次就所緣有漏無漏，爲二十四。依如毗曇，欲界非想一向有漏，餘通有漏及與無漏。用初禪心緣彼有漏有其八句，緣彼無漏亦有八句，有漏無漏間緣亦八。其中作法與前相似，唯就所緣境界之中明其有漏無漏爲異。初禪既然，餘禪類爾。此二門竟。

次第三門，明入所爲。依如毗曇，所爲有三：一、爲入滅定，先調其心。二、遊戲正受，自試心力。三、欲般涅槃，以此薰身，令人尊重，遺身舍利。是三種中，若入滅定及般涅槃，但於有漏諸禪定中順逆次第及與超越。若遊戲正受，則具爲之。若依《成實》，入滅盡定唯順次第，不順超越。餘同毗曇。此三門竟。

次辨入人。依如毗曇，佛及利根阿羅漢人堪能如是二十四種遊戲諸禪，鈍者不能。那含人得滅盡定者，於有漏禪能六種入，所謂順入、逆入、逆順逆[二六]入、順超、逆超、逆順超，餘者不能[二七]堪。大乘法中，文雖不說，諸佛菩薩一切皆能。

第七門中，四緣分別。於中有二：一明四緣，二就四緣分別八禪。

言四緣者，一是因緣，二次第緣，三是緣緣，

四增上緣。如《雜心》中，離合六因以爲四緣。言六因者，一、所作因。諸法起時，萬法不鄣。二、自分因。一切諸法同類相起。三、相應因。心法起時，同時心法相扶有用。四、共有因。諸法起時，同時之法相扶體立。五者遍因。苦下五見，疑及無明，集下二見，邪見、見取，疑及無明，此之十一，遍迷有漏，增長諸結，名爲遍因。六者報因。善惡等業得苦樂報。六中後五説爲因緣，初一所作説爲三緣。心法相生，名次第緣。六塵生心，名爲緣緣。六根生心，及與一切諸法起時萬法不鄣，名增上緣。四緣如是。此一門竟。

次就四緣分別諸禪。先論淨[二八]定。淨望淨定，三句分別：一、具緣多少。此具四緣。自分相生，是其因緣。比次相起，是次第緣。淨定爲境，還生淨定，是其緣緣。前爲意根，生後定心，是增上緣。二、就地分別。因緣一種唯在當地，若望他地，則無因義。淨定有漏，繫地別故，無自分因。異地相望，非是相應共有法故，無相應

因及共有因。餘三寬通，望於自地及望他地，皆得有之。次第望他，大小不同。小乘法中，近生一地，遠生二地。次第正受，近生一地，如從初禪生於二禪，從第二禪生於初禪，如是一切。超越正受，遠生二地，如從初禪生第三禪，如是一切。聲聞超禪不過一故，不生多地。大乘法中，近生一地，遠生一切。次第正受，近生一地。超越正受，遠生一切，如從初禪生非想定，從非想定生初禪等，以佛菩薩禪自在故。緣緣望他，諸論不同。若依毗曇，色界地中一切淨定，上下相望皆爲緣緣，以色界定能廣緣故。無色界中，上地望下得爲緣緣，非下望上，無色不緣下有漏故。故《雜心》云：無色不緣下有漏種。若依《成實》，無色亦能緣下有漏。雖復緣之，心不通暢，如燒筋艸[二九]。是則彼宗色無色界一切淨定，上下相望，皆爲緣緣。增上望他，親疎不同。意根增上，名之爲親。萬法不鄣，說以爲疎。於中親者，異地相望，與次第同。疎者八禪迭互相望，皆爲增上，以不鄣故。三、品數分別。因緣一種，望等及勝，是其因緣。望下則非，非自分故。餘三寬通，不簡上下。此一門竟。

淨望無漏，亦三句說，一、具緣多少。除其因緣，有餘三種。淨生無漏，非自分故，無其因緣。餘三義寬故得有之。二、就地分別。自地他地，皆得爲緣，與前門中後三緣同。三、品數分別。淨與無漏，異類相生，不可分其上中下別，但知通與一切所生爲三緣異。此兩門竟。

淨望味定，亦三句說，一、具緣多少。示[三〇]除因緣，有餘三種。從淨生染[三一]非自分故，無其因緣。餘三寬故，所以得有。二、就地分別。望自地味，得具三緣，望下亦然。謂退轉時生下味故，有次第緣及增上緣。他界緣使，緣上而起，故有緣緣。望上地味，無次第緣、緣緣之義，但增上緣。何故望上無次第緣。上地味定，愛著自地，心從上地有漏心生，故下淨定不得與上爲次第緣。何故望上無其緣緣。一切煩惱緣於自地及上地生，不緣下故。何故望上有增上緣。雖無意根親生增上，萬法不鄣，增上緣寬，故得有之。三、品數分別。於爲緣處不分上中下品差別。此淨定竟。

次辨無漏。無漏還望無漏之定，三句分別：一、具緣多少。具足四緣，自分相生，是其因緣。比次相生，是次第緣。道諦爲境，是其緣緣。前爲意根，生後無漏，是增上緣。二、就地分別。無漏非是繫地法故，望於自地，望上望下，皆具四緣。於中因緣望於他地，通而不局。云何不局。於八禪中，有無漏處，迭互相望，皆爲因緣。於中亦有非因緣者，復當辨之。次第增上，望於他地，與淨禪中望他地淨，其義相似。緣緣望他，諸論不同。若依毗曇，一切無漏望色界中無漏定心，悉爲緣緣，彼廣緣故。望無色界無漏之心，有是有非。是非如何。無色無漏唯緣自地及上地中對治無漏以爲境界，彼所緣者是其緣緣，彼不緣者則非緣緣。何故不緣下地對治。無色心微，不能緣下有漏法故，亦不緣下有漏對治。《成實》、大乘，一切無漏皆普緣故，迭互相望，悉爲緣緣。三、品數分別。因緣一種，望等及勝，是其因緣。望下則非，望下非是自分因故。若爾，何故得與下地無漏之心爲因緣乎。釋言：無漏不約禪地以分上下，乃約治斷以分勝劣。或有下地無漏之心能治上過，即名爲上，故得望彼説爲因緣。餘之三緣，其義寬通，不簡上下。此一門竟。

無漏望淨，亦三句説：一、具緣多少。除其因緣，有餘三種。異類相生，非自分故，除其因緣。餘三義寬，故得有之。二、就地分別。自地他地，皆得爲緣。三、品數分別。於爲緣處，不分上中下品差別。此兩門竟。

無漏望味，亦三句説：一、具緣多少。唯有緣緣及增上緣，無餘二種。無漏緣使，緣無漏起，故有緣緣。於味不鄣，故有增上。非自分故，無其因緣。非親生故，無次第緣。二、就地分別。望自地味及他地味，説向二緣。緣他上地下地無漏，皆得生結，故有緣緣。增上緣寬，故得有之。三、品數分別。於爲緣處，不分上中下品差別。此無漏竟。

次明味定。味望味定，亦三句說：一、具緣多少。此具四緣，准上淨等，同類可知。二、就地分別。望於自地，具足四緣。上望下地，除其因緣，有餘三種。煩惱繫地，異地相望，非自分故，除其因緣。退轉之時，上味生下，故有次第及增上緣。然此上味，於下地中一切味定，悉有次第、增上緣義，不簡近遠。謂上地之[二二]中染汙心起，下一切地染心生故，上緣之使緣上而[二三]起，故有緣緣。下望上地，一切皆無。有下味時，上地之味但可成就，不現生故。三、品數分別。一切煩惱，上中下品，迭互相望，皆爲四緣。問曰：何故淨無漏中望等及勝說其因緣，不望下品，此味定中通望下品說因緣乎。釋言：善法本無今有，方便習生。習生之法，從微至著，故下勝因非勝下因，從勝生下，是退次第，非生次第，是以非因。一切煩惱久習性成，互相熏發，故上望下亦得爲因。又從上退起下結時，九品煩惱一切頓得，隨可先起，即以爲因，故上望下得有因義。此一門竟。

味望淨定，亦三句說：一、具緣多少。除其因緣，有餘三種。二、就地分別。於自地中，具足三緣，望下亦爾。上味心後起下淨定，防自地退，故望下淨，有其次第、增上緣義。依下淨定學[二四]觀上味，爲苦集觀，故上地味爲下緣緣，望上淨定，得有緣緣、增上緣義。是義云何。他人上淨緣我下味，生厭惡心，故有緣緣。我味不障他人上淨，故有增上。三、品數分別。於爲緣處，不分上中下品差別。此兩門竟。

味望無漏，亦三句說：一、具緣多少。唯有緣緣、增上緣義。非自分故，無其因緣。非親起故，無次第緣。二、就地分別。望同地者，有其緣緣及增上緣，望下亦爾。上地味定，爲苦集境，故有緣緣。上不障下，故有增上。望上無漏與下無漏，亦具前二。我味與他上地無漏爲苦集境，故有緣緣。我味不鄣他上無漏，故有增上。三、品數分別。於爲緣處，不分上中下品差別。緣別如是。

第八門中，大小不同，略有十三：一、體性不同。小乘禪定事識爲體。大亦始習事識爲體，次除事識，妄識爲體，終除妄識，真識爲體。二、常無常異。小乘所得，一向無常。大乘法中，始修無常，終成是常，真爲體故。三、漏無漏別。小乘初禪，至無所有，通漏無漏。非想一地，唯是有漏。《成實》設有，但有順舊遊觀無漏。大乘八禪，皆通有漏及與無漏。故龍樹言：云何菩薩非想處定。與實相俱，是名菩薩非想處定。四、滅障不同。小乘禪定但能滅除四住麤亂，大乘禪定能滅一切。五、深淺不同。小乘定淺，可爲緣動。故龍樹説，緊[三五]那羅王皷瑠璃琴，迦葉起舞，阿難歌吟，以定淺故。如諸菩薩禪定深靜，乃至天雷不能發動。六、緣心不同。小乘禪定，有想有緣。大乘始習，有想有緣，終成離緣。故《地持》云：如佛先爲迦旃延説，比丘不依一切修禪。云何不依。若地地除，乃至一切一切想除。七、緣境不同。凡夫禪定，事相爲境。二乘禪定，苦無常等法相爲境。諸佛菩薩，實性爲境。八、出入不同。小乘所得，有出有入。大乘法中，始有出入，成則不爾，於一切時無不定故。九、超越不同。小乘超禪不過一地。諸佛菩薩於一切地，隨其多少，皆悉能超。十、受生不同。二乘得禪，不能迴來欲界受生。菩薩悉能，於禪定中離繫縛故。十一、起行不同。小乘修禪，但爲自樂。大乘俱利。十二、生德不同。小乘禪定，但能出生少分功德。菩薩禪定，出生一切。故《地持》云：菩薩禪定出生功德，聲聞、辟支不知其名，況復能起。十三、得果不同。二乘禪定，但得小果。菩薩所修，得大菩提。不同如是。

上來第一通解八禪。自下第二別解八禪之中[三六]，先解四禪，後解四空。解四禪中，別有六門：一、辨定所釋。二、開合辨相。三、支因同異先後，體具多少廢立。四、約對道品，彰其通別。五、修成之相。六、隨文釋義。

先定所釋。禪有三種，一味，二淨，三是無漏。味是煩惱，非功德法，今廢不論。無漏禪果，今亦不釋。且解淨禪。淨有四分，一者退分，二者住分，三勝進分，四決定分。言退分者，釋有兩義：一、下品淨定隣下煩惱，喜爲下地煩惱所敗，故名退分。此可退故名之爲退，非是已退。二、爲自地煩惱所雜，故名退分。謂從淨定入味煩惱，從味煩惱還入淨定，如欲界中微劣善心還爲欲界惡法所雜，此亦如是。雖復爲彼煩惱所雜，不名失定，同地法故。言住分者，釋有兩義：一、堅守自地，不爲下地煩惱所敗，故名爲住。簡上初退。二、堅守淨心，不爲自地煩惱所雜，故名爲住。簡上後退。勝進分者，厭自地過，趣順上禪。決定分者，學觀諸法苦無常等，趣順聖道，而未得聖。

第二門中，開合辨相。開合不定，總唯一禪，謂三學中唯一定學，六度之中唯一禪度。或分爲二，一是遠離，二是寂滅。如《地持》說，初禪遠離欲惡不善，名爲遠離。二禪已上息覺觀等，名爲寂滅。或分爲三，三有兩門：一、約受分三。初禪二禪名喜俱禪，三禪樂俱，四禪捨俱。二、就覺觀有無分三。初禪名爲有覺有觀，中間名爲無覺有觀，二禪已上無覺無觀。或分爲四，所謂四禪。六義不同，故分爲四：

一、滅障不同。初禪遠離欲惡不善，二禪地中滅除覺觀，三禪滅喜，四禪滅樂。

二、滅受不同。如經中說，初禪滅憂，二禪滅苦，三禪滅喜，四禪滅樂。問曰：初禪憂苦並滅，今云何言初禪滅憂，二禪滅苦。若依毗曇，初禪地中有眼耳身三識身在，此三識身，苦根所依，故不說滅。若爾，意識憂根所依，初禪有意，應不滅憂。釋言：憂根其過麤重，定在欲界，是故宣說初禪滅憂。云何麤重。憂從欲界貪欲心起，貪著欲界五欲境界，見彼散壞，方生憂故。苦不如是，故不說滅。又後〔三七〕憂根，退定方生，苦則不爾，出定便起，爲是不類。《成實》所論，不由初禪有三識身欲〔三八〕故不滅苦，但彼初禪近欲界地不定之心，不定心中能生苦受，故不滅苦。若近欲界，亦應生憂，何故說滅。釋言：憂從貪喜心起，退定方生，若不著欲，終不生憂。苦不如是，故有苦受而滅憂根。

三、別地法異。初禪覺觀異於餘禪，二禪內淨，三禪安慧，四禪地中不苦不樂，皆各別異，所以須分。

四、定心麤細，故分四禪。如經中說，初禪定心，如密和麨，心性散動，以法攝持，故能住緣。二禪定心，如山頂泉，水從中出，不從外來。三禪定心，如池中華，內外盈溢。四禪定心，如密室燈，怡然不動。

五、受果不同，故分四禪。初禪能得梵衆、梵輔、大梵天果。二禪能得少光、無量光、光音之果。三禪能得少淨、無量淨、遍淨之果。四禪能得福愛、福生，乃至阿迦尼吒天果。

第六，住處寬狹不同，故分四禪。如《毗婆沙》說，彼有二論。一家說言，初禪住處如一四天下，二禪住處如一千界，三禪住處如二千界，四禪住處如三千界。復有一說，初禪住處如一千界，二禪住處如二千界，三禪住處如三千界，四禪住處無量無邊。以斯不同，故分爲四。

若隨法別，亦得分五，所謂覺、觀、內淨、安慧、不苦不樂。

地別不同，亦得分六，謂未來、中間、根本四禪。

心數不同，亦得分九。初禪五支，即爲五數，覺是覺數，觀是觀數，喜是受數，樂是猗數，一心定數。第二禪中，加一內淨，通前爲六。此內淨支，依阿毗曇，是其信數。信下覺觀，動亂多過。信二禪法，寂靜安穩。《大智論》中亦說爲信。喜、樂、一心，與初禪同。第三禪中，更加捨、念、安慧三數，通前爲九。捨者，是其善大地中捨數。念與安慧是通地中念慧兩數。樂與前喜，同是受數。一心與前一心支同，故不別論。第四禪中，捨念清淨與三禪中捨念支同，不苦不樂與前喜同，一心支者同前一心，爲是不說。

行名不同，離分爲十。初禪五支，即以爲五。内淨爲六。捨、念、安慧，通前爲九。三禪中樂，心數分別與前喜同，行名分別與前樂同。不苦不樂，通前説十。此不苦樂，心數分別與前喜支同是受數，故不別論，行名分別，異前喜樂，是以別説。第四禪中，捨、念、一心，名不異上，故不別説。

行義不同，離分十一。如《毗婆沙》説，就前十中，分樂作二，故有十一。何故分者，初二禪樂是其猗樂，三禪中樂是其受樂，所以分之。

若依地論，滅鄣等別，則有十六。初禪有四：一者滅鄣，謂滅欲惡。二者對治，所謂覺觀。三者利益，所謂喜樂。四者彼二依止三昧，所謂一心。初禪既然，餘三類爾，故有十六。支別不同，分爲十八。就前行名十種之中，覺、觀、内淨、安慧、不苦不樂，當分守一，即以爲五。喜及捨、念，各分爲二，通前十一。喜分二者，所謂初禪二禪喜。捨念分者，所謂三禪四禪捨念。樂分爲三，通前十四。初二三禪並皆有樂，故分三種。一心分四，故有十八。四禪地中各有一心，故分四種。以實具論，心法不同，有二十三。謂十通大地，想、欲、觸、慧、念、思、解脱、憶、定及受。十善大地，所謂〔三九〕無貪、無瞋、慚、愧、信、猗、不放逸、不害、精進、捨。加覺、觀、心王，爲二十三。地別具論有八十六，初禪地中有二十三，後三禪中各二十一，除其覺、觀。開合如是。

第三門中，義別有四：一支因同異，二支因先後，三定體具，四明支因多少廢立。

言同異者，依如毗曇，初禪五支體性各異，乃至四禪支別亦然。若依《成實》，始終通論，皆即於心，心外無數。隨其行相，非無同異。如初禪中，覺觀體同，前後爲異。彼説麤心初思名覺，細心後思説之爲觀，而體是一。初二禪中，喜樂體同。故彼論言，彼喜初來在身名樂，後時名喜。彼説初禪二禪中樂亦是受樂，故與喜一。二禪内淨與一心同，故彼論言，内淨支者即二禪體。三禪安慧與念體同，故彼論言三禪安慧與念同。故後分禪中不立安慧。無漏三禪，望有漏禪，説爲後分。又三禪中，捨與樂同。故彼論言我不説捨外別更有樂，即捨説樂。第四禪中，四支各別。大乘法中，心識有三，一是事識，二是妄識，三是真識。彼事識中，心與數異，於中説禪支因各別。妄識之中，義別六重。如馬鳴説，根本四重，心數無別，於中説禪，支因體同。末後兩重，心與數異，於中説禪，支因各別。真識之中，心數無別，於中説禪，支因體一。此一門竟。

言先後者，依如毗曇，初禪五支體性同時，用有先後，乃至四禪類亦同然。若依《成實》，初禪五支定在先後，不得一時，彼説心數不同時故。不同時故，前四滅已方得一心。問曰：若言前四滅已方得一心，是則初禪非五支成。又經中説初禪地中有五支俱，云何先後。又一心時，若無覺觀，與二禪何別。彼《成實論・二禪品》中釋通此義。向言初禪非五成者，我不説五支盡是初禪，但近初禪有覺觀等，故説五支，成其初禪。經言初禪五支俱者，雖小相違，亦名爲俱。如言弟子與師俱，雖小前後，亦名俱矣。言與二禪有何別者，初禪近亂，定未深靜，出入皆有覺觀之心，二禪不爾，出入皆無，是故不同。問曰：初禪近覺觀故説爲支者，亦近五欲，何故不説五欲爲支。論言，五欲背故，不名爲近。又復五欲不住爲因，故不説近。問曰：若言至一心時，已無喜樂，喜樂云何得至二禪。釋言：彼宗心法不並，故一心邊無其喜樂，非斷無故，至二禪支。初禪既然，餘禪類爾。彼論偏執用相先後，故違一時。大乘所説，與毗曇同。故龍樹言，譬如晝日，衆星不現，非無衆星，心法如是，隨時受名，非無諸數。此二門竟。

言體具者，如毗曇説，就彼初禪五支之中，一心支者，是禪是支。言是禪者，是禪體也。言是支者，是支别也。餘四是支而非是禪，是其支别，非禪體也。問曰：此五望何説支。釋言：總望初禪之位，故説爲支。一切經論，悉同此説。唯《瓔珞經》説有第六嘿然之心以爲禪體。五支爲因，何故不同。當應彼經凡聖通説，故爲此論。前五是其世俗禪心，説之爲因。第六是其聖嘿然心，説爲定體。《成實》云何。論無定判，人釋爲體，以一心等名爲支因〔四〇〕故，是因非體。若依左右。有人釋言，與《瓔珞》同，亦用第六嘿然《瓔珞》，凡聖通論，理亦無傷。若當直就世俗禪中言用第六嘿然爲體，是義不然。云何知非。如彼論中解三昧義，言心住一緣名三昧相，解一心支，言離覺觀喜一緣中住是名爲禪，與解三昧其義相似。若一心外，别立第六嘿然爲體，則三昧外亦應别立三昧之體，而三昧中住一緣外不可更立三昧之體，禪中亦爾，住一緣外何爲更立默然爲體。若言經中説一心等爲禪支故更立體者，是則經中説七覺支，應七覺外别立覺體。又復經中説八道分，應八道外别立道體。彼既别無，此亦應然，何得更立。問曰：若用一心爲體，何故名支。釋言：此望初禪總位説支，何妨。如望見位八正名分，望修道位七覺名支，此亦同彼。於中别分，前四是支，後一是體，亦如八正，正見是體，餘者是因。問曰：若爾，則同毗曇，云何得别。釋言：《成實》但非毗曇五支同時，不非一心以爲禪體，明知共用。初禪五支，體具既然，餘禪類爾。此三門竟。

次明支因多少廢立。初禪、三禪齊立五支，二禪、四禪同立四支。何故如是。釋有兩義：一、對鄣辨釋。初禪二禪同治外亂，三禪四禪齊治内亂。外亂有二，一欲惡不善，二初禪中三識之身。初禪對治外亂之初，多用功力，故立五支。二禪對治外亂之終，用功微少，故立四支。內亂有二，一喜，二樂。三禪對治內亂中初，多用功力，故立五支。四禪對治內亂中終，故立四支。二、地法應爾。如初禪中正得立五，不得有餘。彼背欲惡，要須覺觀以爲對治，故有覺觀。慶有所離，故有喜樂。一心定體，理必須立。何故無其內淨支者，彼治覺觀，此有覺觀，故無內淨。又此地中有三識身，如熱濁泥，面像不現，故無內淨。何故無彼捨、念、安慧。彼與喜違，此地有喜，故無捨等。又《雜心》云，初二禪中猗、樂麤動，與捨相違，故無捨支。何故不立[四二]不苦不樂。彼是受數，初禪喜支亦是受數，兩受不並，故闕不立。第二禪中正得立四，不得有餘。是義云何。彼治覺觀及初禪地三識身故，須立內淨。慶有所得，故立喜樂。一心定體，理須立之。何故不立覺觀爲支。以此內淨能治彼故。何故不立捨、念、安慧，此如前釋，與喜違故。何故不立不苦不樂。亦如前釋，與此喜受不得並故。第三禪中，正得立五，不得有餘。爲治喜過，故立捨、念、安慧三支。樂是利益，無宜不立。一心定體，理以須存。何故不立覺觀爲支。前已捨故。何故不立內淨爲支。內淨是其覺觀對治，覺觀久無，不復須之，如人病差，不復須藥。何故不立不苦不樂。彼是受數，與此樂受不得並故。第四禪中，正得有四，不得有餘。爲除樂過，故立捨、念。不苦不樂，是此利益，理然須立。一心定體，義無不在。何故無[四三]其覺觀內淨。義同前釋。何故無喜。前已捨故。何故不立安慧支者，若依毗曇，第四禪中不苦不樂順無明品，安慧性是明，是二相違，爲是不立。又三禪中，爲防二過，一他地喜，二自地樂，故立安慧。此地但除他地樂過，爲是不立。若依《成實》，四禪安慧攝入念中，故不別立。故彼論說，三禪後分尚無安慧，況此四禪。何故無樂。與此捨受不得並故。

第四門中，約對道品辨其通別。禪中行體，有其十一，所謂覺、觀、喜、猗、一心、內淨、捨、念、安慧、受樂及不苦不樂。道品之中，行體有十，謂信、進、念、定、慧、思、戒、猗、喜、捨。彼此相望，理實齊通。於中隱顯，非無通別。通別有三：一、是禪支而非道品，謂觀與樂及不苦不樂。何故無觀。以彼道中慧遍始終，假觀義微，所以不說。何故無樂。樂性者緣於道不順，爲是不論。若爾，道中應不立喜。喜忻悦行，治憂重過，發道義强，所以立之。何故無其不苦不樂。以不苦不樂順無明品，相與道違，爲是不說。二、是道品而非禪支，謂戒、精進。何故無戒。禪者名爲思惟修習，戒非心法，無思惟義，爲是不說。又復道中，八正名輪，須戒爲轂，禪不如是，故廢不論。何故禪中不説精進。精進發動，於定不順，故隱不説。若爾，禪中不應立覺。釋言：覺者於境審思，能制麤過，發定功强，是以立之。三、亦禪亦道，謂餘法也。於中喜捨及與念慧，彼此名同，餘者名異。道中思者，禪中名覺，思是覺義。道中猗者，禪名爲樂，猗息麤苦，故説爲樂。道中信者，禪名内淨，信離疑濁，故名内淨。道中定者，禪名一心，定無異緣，故曰一心。歷禪別說，義在可知。

第五門中，明修成相。如龍樹説，趣向初禪，遠離五法，斷除五法，修習五法，成就五法，入初禪地。遠五法者，謂離色、聲、香、味、觸等五欲法也。斷五法者，謂斷貪欲、瞋恚、睡眠、掉悔、疑等五蓋法也。修五法者，所謂欲、念、精進、功慧及與一心。悕求上静，名之爲欲。念下地中苦麤及鄣，念上地中止妙及出，故名爲念。懃習定心，名爲精進。分别下過，知上勝益，名爲巧慧。守意一緣，稱曰一且心。成五法者，所謂覺、觀、喜、樂、一心，廣如後釋。趣向二禪，斷除二法，所謂覺、觀。修習五法，謂欲、念等。成就四法，所謂内淨、喜、樂、一心，亦如後解。趣向三禪，斷除一喜，修習五法，謂欲、念等。成就五法，謂捨、念、安慧、樂及一心。趣向四禪，斷除一樂，修習五法，謂欲、念等，求定要因，故通修之。成就四法，所謂捨、念清淨、不苦不樂、一心。

第六門中，依文釋義。經言，初禪離欲惡不善法，有覺有觀，離生喜樂，入初禪行。難欲惡不善，是滅鄣也。釋有四義：一、離欲界惡不善法，名離欲惡。二、依《大智論》，遠離五欲，名爲離欲，此猶是前遠離五法。斷除五蓋，名離惡不善，此猶是前斷除五法。三、依毗曇，遠離五欲，名爲離欲，斷除十惡，名爲離惡，除滅五蓋，名離不善。四、依《成實》，斷貪欲心，名爲離欲，離殺盜等十不善業，名離不善。有覺有觀，是其對治。麤思名覺，細思名觀，譬如振鈴，麤聲喻覺，細聲喻觀。問曰：毗曇説心心數法起在同時，今何故言麤聲喻覺，細聲喻觀。龍樹釋言：諸心心法體雖同時，隨時受名。譬如晝日，衆星不現，非無衆星。心法如是，故得説言麤聲喻覺，細聲喻觀。離生喜樂，是其利益。慶離欲惡，所以生喜。此亦慶得，慶離心多，故偏説之。以離惡故，身心猗適，目之爲樂。入初禪行，是初禪體，此猶經中一心支也。

經言，二禪滅覺觀，內清淨心一處，無覺無觀，定生喜樂，入二禪行。滅覺觀者，是滅鄣也。內淨覺觀於前雖是對治，望後能鄣，故須滅之。內淨一處，是其對治。內淨治體，離前覺觀及初禪地三識之身，於二禪法證信清淨，故曰內淨。心一處者，是對治相。釋有兩義：一、據修以釋。內者[四三]淨常續，離餘間隔，故言一處。故《地論》言，修無漏不斷，名心一處。彼説菩薩所修內淨，故言無漏。若就餘人，直爾內淨相續不斷，名心一處。二、約境以釋。心緣一境，故言一處。故《地論》言，行一境界，名心一處。何者一境。如彼《舍利毗曇》中釋，欲界地中心行六處，所謂六塵。初禪已離鼻、舌二識，心行四處。二禪已上，復離眼耳及身識，故名心一處，所謂行於一法塵境。無覺無觀，是其治能，謂內淨心能無覺無[四四]觀。定生喜樂，是其利益。慶得生喜，名定生喜。此亦慶離，慶得心多，故偏言之。樂同前釋。入二禪行，是其禪體，一心支也。

經言，三禪離喜，捨，憶念，安慧，身受樂，諸賢聖能説能捨，念受樂，入三禪行。離喜，滅鄣。喜於前地雖是利益，望後妨亂，故須滅之。二禪麤故，但滅前治，此禪轉細，故滅前益。捨、念、安慧，是其對治。捨前喜過，故名爲捨。簡異受捨，故言行捨。念前喜過，故名爲念。念與憶俱，故言憶念。知前喜過，故名爲慧。隨定之慧，故言安慧。身受樂等，是其利益。納法生適，故名受樂。此樂在意，快[四五]遍身心，簡前心喜，故説身受。此樂深重，唯諸賢聖能説其過，堪能[四六]捨離，餘多不能，故説賢聖能説能捨。舉此，爲顯樂之深也。念受樂等，是其禪體。念自地中受樂之過，趣入一心，名念受樂，入三禪行。

經言，四禪斷苦斷樂，先滅憂喜，不苦不樂，捨念清淨，入四禪行。斷苦斷樂，先滅憂喜，是滅鄣也。前二禪中所滅之苦，此地亦無，故言斷苦。三禪之樂，此地親除，故言斷樂。問曰：苦者是二禪斷，非此親滅，何故説之。《成實》釋言：爲彰此禪是不動禪，苦樂雙絶，所以舉之。亦可即名三禪中樂，以之爲苦，斷彼樂時，即名斷苦，是故説言斷苦斷樂。問曰：彼樂何故名苦。龍樹釋言：望麤心者，説彼爲樂。望細心者，即爲大苦。如人指手打木等事，寤者爲樂，樂睡眠者用爲大苦，此亦如是。憂受先在初禪中滅，喜受先在三禪中滅，故言先滅。若爾，苦者亦前地滅，何不説先。釋言：應齊。但憂與喜並前地滅，故彰先滅。苦雖先滅，對苦之樂此地始離。若當説言先滅苦樂，謂樂亦先，是以不彰。問曰：憂喜既前地滅，何故此説。《成實》亦言，爲彰此禪是不動禪，免絶四受，所以説之。不苦不樂，是其利益。問曰：餘禪皆先彰治，何故此禪先明利益。乘前便故，對[四七]前苦樂，彰其不苦不樂，義便故先説之。此益是其中容之受，捨前苦樂，是故名爲不苦不樂。若爾，此受亦捨憂喜，何故不名不憂不喜。釋有三義：一、苦樂在前，故先對之，名不苦樂。二、對苦之樂，此地親斷，是故説爲不苦不樂。憂喜並非此地親斷，故不對之。三、簡通異别。五受分别，憂喜在於苦樂之外。三受分别，憂之與喜，通名苦樂。苦樂通故，今此對之名不苦樂。捨念清淨，是其對治。捨前樂過，念前樂過，故言捨念。前地治喜，今復治樂，治過畢竟，故言清淨。入四禪行，是四禪體也。

解四空中，别有三門：一、辨其相。二、明空識一切入，空識二解脱，空識二種定，空識一切處差别相。三、隨文釋義。

第一辨相。空處定者，行者深見四禪地中色相惱礙[四八]，故須修之。修法云何。略有四種，一方便道，二無礙道，三解脱道，四是定體。方便道者，有其二種：一、遠方便。將修空定，先學住心。得住心已，學作空想。始緣門户井穴中空，還來住心，住已復觀，如是往返，令心見空，了了分明，以漸廣之，還來住心，住已復廣。如是展轉，見一切界唯是一空，更無色相。二、近方便。亦依住心，學觀下法爲苦、麤、鄣，觀察上法爲上、妙、出，還來住心，住已復觀。如是往返，極令淳熟。此二皆是想心觀行，未實見法，故名方便。無礙道者，由前方便動修力故，入住心中，發生智慧，如實見下或苦或麤或鄣，三中趣一，不須具三。以此正斷四禪之結，故名無礙。解脱道者，無礙心後，即見上地或止或妙或出，三中趣一，不須具三。此累外起，故名解脱。如是九遍下緣爲無礙，九遍上緣爲脱解。言定體者，前三皆是空處方便，於彼第九解脱道邊得空處法，名爲定體。爾時雖得，而未現前，更作方便，歛心趣入，方現在前。

識處定者，患前空定外緣之苦，故須修之。修亦有四，一方便道，二無礙道，三解脱道，四是定體。方便道中，亦有遠近。遠方便者，先得住心，依此住心，捨外空緣，緣内心識，還入住心，住已復緣，如是往返，令於心識照見分明，以漸廣之，緣無邊識，皆令明了。何者無邊。如《成實》説，空無邊故，識亦無邊。此乃用前空處定中無邊空識爲境界矣。餘如前釋。

無所有定者，患前識處廣緣之苦，故復修之。修亦有四，名字同前。方便道中，亦有遠近。遠方便者，先得住心，依彼住心，唯緣一識，還入住心，住已復緣，如是往返，極令明了，故復捨之。

修非想定，亦有四種，名字同前。方便道中，亦有遠近。遠方便者，先住其心，次依住心，捨前所緣，作無想觀，還入住心，住已復觀，如是往返，極令純熟。近方便者，依彼住心，觀無所有爲苦、麤、鄣，觀非想地作止、妙、出，如是往返，極令純熟。餘如前釋。

第二門中，明其空識一切入等差別之相。十一切入中，空識一切入唯取空識二方便道，能廣緣故，餘皆不取。八解脱中，空識解脱，唯取空識二解脱道及彼定體，餘皆不取。何故如是。彼方便道未離下過，故非解脱。無礙雖斷下地之過，未能出累，亦非解脱。又《雜心》云：無礙下緣，故非背捨。非背捨故，不名解脱。問曰：爲當一切空識二解脱道及彼定體悉是解脱，亦有非者。釋有通別。通則皆是。於中別分，聖得者是，凡得者非。故龍樹云：空處乃至非想解脱，如四空定。所言異者，聖人得者名爲解脱，凡夫得者不名解脱，有退轉故。解脱如是。八禪定中，空識二定，義有通別。通而論之，無礙解脱及彼定體悉名爲定，如未來禪亦名爲禪。方便道者，未得上法，所以不取。別則唯取空識定體以之爲定。方便無礙及解脱道，是定方便，非正定體，所以不取。若論空識二一切處，一切[四九]皆是。故《成實》云：若定不定，若垢若淨，若因若果，有漏無漏，皆是空識一切處矣。

第三門中，隨文辨釋。

空處定者，經言，過一切色想，滅一切有對想，不念別異想，不分別色等境界，知無邊虚空，即入無邊虛空行。過色乃至不念別異，是其滅鄣，滅緣色想。問曰：何故不滅色體，唯滅色想。釋言：心患可以修斷，故滅色想。色體難離，要生空處方能捨之，故此不論。問曰：何故不言滅受及餘心法，偏言滅想。釋言：想者取相爲義，取彼色相，專是想過，故言滅想。雖言滅想，餘心心法，通亦隨宜。又四禪中多滅諸受，四空定中多滅諸想，故偏說之。想所緣色，離合不定。總唯一色。或分爲二：一、可見色，謂眼所行。二、不可見色，謂耳鼻等所行之色。或分爲三：一、可見有對，謂眼所行。二、不可見有對色，謂耳、鼻、舌、身所行之色。此等皆是有對有礙。色根所對，故言有對。三、不可見無對，謂意所行。無作之色不爲對礙色根所對，故言無對。或分爲六，謂六塵色。眼所行者，色體名色。餘根所行，色數名色。或分十一，謂五根、五塵及無作色。細分無量。今據一門，且論三種，對之以明滅三種想。過色想者，可見有對色想滅也。故《地論》言，所謂眼識和合想滅。滅有對者，不可見有對色想滅也。故《地論》言，謂耳、鼻、舌、身、識和合想滅。不念[五〇]別異想者，不可見無對色想滅也。故《地論》云：所謂意識和合想滅。良以意識緣一切法，於中別分，緣色邊滅，故言別異。初句言過，第二言滅，第三不念，綺互言耳。問曰：鼻舌二識之身，初禪中滅，眼耳身等三識之身，二禪中滅，何故至此方云眼識乃至身識和合想滅。釋言：對治有其四種：一、壞對治。謂方便道及無礙道觀察下法苦無常等，可破可壞。二、斷對治。謂無礙道正斷下過。三、持對治。解脫爲首，及後一切無礙解脫，持前無爲，使之不失。四、遠分對治。解脫爲首，及後一切無礙解脫，遠能令前所斷諸過更不重起。今空處定望彼五識相應之想，有持對治、遠分對治，故說過滅。此義一切諸論大同。唯《成實》中獨爲異釋。彼言過色想者，過彼色、香、味、觸之想。滅有對者，還滅色、香、味、觸之想，以彼對礙故須滅之。道言不念別異想者，緣聲想滅。聲從衆緣擊發而生，故曰別異。彼宗不立無作色故，爲此解釋。考論經意，當如前解。不分別色等，是其對治。知無邊虛空，是其利益。入無邊空行，是其定體。

識處定者，經言，過無邊虛空想，見外念麤分別過患，知無邊識處安穩，入無邊識處行。過無邊空想，是其滅鄣。論言行者深厭色故，以空爲治，色患既除，空治亦捨，如人度河，并捨船栰，亦如出賊，捨之遠去，故滅空想。見外念麤過，是其對治。知識處安隱，是其利益。入無邊識行，是其定體。

無所有定者，經言，過無邊識想，見麤念分別過患，知無所有安隱，即入無處有處行。過無邊識，是其滅鄣。空無邊故，緣空之識亦復無邊，識無邊故，苦亦無邊，故須滅之。見麤分別過，是其對治。知無所有安穩，是其利益。入無所有，是其定體。

非想定者，經言，過無所有想，見無所有念分別過患，知非想非非想安穩，即入非想非非想處行。過無所有想，是其滅鄣。見念分別過，是其對治。前無所有雖捨多想，猶有少想，見彼少想如癰如瘡、如毒如箭，故復捨之，緣於非想。復見一向非想爲過，謂爲愚癡，緣非非想。亦可但嫉有想之過，緣於非想，聖人以理說爲有想，名非非想。知非想安穩，是其利益。入非想行，是其定體。上來第二別解八禪。

第三門中，明其定具。生定之因，名爲定具。具中開合，廣略不定。或說爲四，謂道品中四如意足。彼皆定因，故名定具。後當廣釋。或復論五，如上廣解，謂欲、念、精進、巧慧、一心。或說爲七，如《地持》說，一持淨戒，二守根門，三食知量，四滅睡眠，五近善人，六知過不犯，七有犯能悔。彼說此七爲善方便，當知亦是定之具也。

或分十一，如《成實》說，一持淨戒，二得

善知識，三守根門，四飲食知量，五滅睡眠，六具善覺，七具善信解，八具行者分，九具解脱處，十者無鄣，十一不著。初持戒者，離煞盜等七不善業，若復通論，離十不善。定由戒生，故須持戒。第二得知識者，能以定法授人之者，名善知識。定由師發生，故須知識。故經説言，善知識者，於得道中具足因緣。第三守根門者，眼等是根，念慧心堅守六根，不令〔五二〕塵賊於中壞善。定由守成，故須守之。法〔五三〕無量，何故唯用念慧守乎。念能牽境，慧能分別，故用守之。第四食知量者，行者不爲色力、婬欲、美味故食，但爲濟身行道故食，若食過多，增長煩惱，妨修定意，故須節量。節至幾許。於已所食三分之二，能少益善。第五滅睡眠者，行者自念大事未辦，事藉懃成，若樂睡眠，世事難成，何況出道，故滅睡眠。滅法云何。念身無常、三惡道苦、佛法欲滅、睡眠無利，以此鞭心而除遣之。第六具善覺者，離八惡覺，所謂欲覺、瞋、惱、親里、國土、不死、族姓、輕侮，修習八種大人之覺，謂少欲、知足、遠離、精進、念、定、智慧及不戲論。第七具善信者，信生死法鄙惡可厭，泥洹可欣。第八具行者分者，論釋有五：一者信心，信受師語，能隨順行。二者不諂，於善知識，直言不曲。故論説言，諂曲難救，質直易度，如世病人，實説病狀，則易可治。三者少病，身力具足，能修禪定。四者精進，求定不息，譬如攢火，不息疾得。五者智慧，能厭有爲，令前四行得聖道果。此五名爲具行者分。第九具解脱處者，論釋有五：一、佛比丘等爲其説法，令達語義，歡喜猗樂，攝心漏盡。二、首〔五三〕善誦經。三、爲他説法。四、獨居思量。五、善取定相，謂止舉捨。五中初三是其聞慧，次一思慧，後一修慧。第十無鄣者，謂無煩惱業報，已具四善輪，故能無之。五言四輪者，一生中國，二依善人，三自發正願，四宿殖善根。生於中國，宿殖善根，能離報鄣。依止善人，能離業鄣。自發正願，離煩惱鄣。第十一不著者[五四]，離取著心，故在世無礙，直向涅槃者[五五]，如水在恒河，離八因緣，直趣大海。離八緣者，一不著此岸，二不著彼岸，三不没中流，四不出陸地，五不爲人取，六不爲非人取，七不入洄澓，八不腐爛。行者亦爾，於内六入不計我人，名不著此岸。於外六入不計我所，名不著彼岸。離貪瞋癡，名不没中流。不起慢高，名不出陸地。不近四衆，名不爲人取。不持戒求天，名不爲非人取。不退戒還家，名不入迴澓。不犯重禁，名不腐爛。定具如是。

第四門中，明其定難。妨定名難。難有輕重。輕難無量，略論十五：一、多言定難，宜嘿少言。二、多事定難，宜止不爲，故《地持》云不多遊行。三、多覺定難，宜止一緣。四、顛倒定難，謂多貪人修慈悲觀，多瞋修習不淨觀等，宜正修習。五、不等定難，緩急不停，宜善調之。六者，不能善取定相定難。謂不善修止舉捨心，宜善修之。七、不適定難。或因内外一切諸觸，令身不適，或因貪憂，念[五六]令心不適，當自消息。八、不樂定難。或得好師、好法處，心不愛樂，當自呵嘖，離是因緣，更依何法，得生禪定。又念自身性是苦法，知復何處有樂可稱。九、愁憂定難。求定不得，便生憂惱，當自開解，禪定勝法，大功德者久修乃得，我薄福人，云何始習已得禪定。又禪定者，於得道中則爲過半，若易修得，道非勝法。十、怖畏定難。於禪定中見可畏事，心生怖畏，當念虚誑妄心自作，定法有此，不應生畏。十一、異相定難。於禪定中或見佛像及女色等。當念心作，心外無法。十二、憎厭定難。於禪定中見不淨相，憎厭過多，不能飲食，或欲自殺，當更改觀，念數息等，如律中說。十三、歡喜定難。於禪定中見光明等，心生歡喜，當念此是禪定麤相，非勝上法，不應生喜。又設得禪，是世俗法，無常易失，何足可喜。十四、慢高定難。於禪定中，隨所得法而自高舉，當念此是凡俗麤法，無常易失，未足可恃。又觀此法得者是誰，而自高舉。十五、疑惑定難。得法不識，不知好惡取捨之宜，當問明師。輕難如是。

重難之中，別亦無量。《成實》略舉十種三法以爲定難。第一三者，謂無慚、愧及與放逸。若人造惡，内無羞恥，名爲無慚。外無恥懼，稱曰無愧。無慚愧故，失善隨惡，名爲放逸。第二三者，謂不恭敬、難與語、習惡友。此由前生，由放逸故不受師誨，名不恭敬。違反師言，名難與語。遠善師長，親附惡人，名習惡友。第三三者，謂其不信、邪戒、懈怠。此由前生，由習惡友、受邪教故，不信因果，名爲不信。以其不信正因果故，受持烏雞鹿狗戒等，名爲邪戒。受邪戒故，謂善無利，不肯懃修，故生懈怠。此《成實》中爲第四門，然今依彼相生次第，迴爲第三。第四三者，謂不喜善人、惡聞正法、好出他過。此由前生，由懈怠故，不喜善人。不喜善人故，謂無真實行者，無實行故，惡聞正法。惡聞法故，謂行正法皆如邪法，無所利益，故好出他過。此《成實》中是第三門，今此依於相生次第，迴爲第四。第五三者，謂調戲、不守諸根、破戒。此由前生，由出他過，心則浮動，故生調戲。以調戲故，不攝諸根。不攝根故，便起破戒。第六三者，謂妄憶、不行安慧、亂心。此由前生，由破戒故，妄生憶念。妄生憶故，不行安慧。無安慧故，心則散亂。第七三者，謂邪念、邪行、没心。此由前生，以心亂故，便生邪念。以邪念故，便行邪道。行邪道故，迷没善法。第八三者，謂身見、戒取、疑。此由前生，心没善故，便起身見、戒取及疑。第九三者，謂貪、瞋、癡。由前身見、戒取及疑，故起此三。第十三者，謂生、老、死。由貪瞋癡故生此三。以此十種前生後故，斷前後滅。問曰：此等何人斷滅？《成實》釋言：斷前四種，是在家人淨。斷離第五，出家人淨。斷除第六，念處清淨。斷除第七，煖等清淨。斷除第八，無相位中達分善淨。除滅第九，是前三種沙門果淨。除離第十，無學果淨。八禪之義，辨之麤爾。

八解脱義，六門分別。釋名辨相，一。論體，二。就位分別，三。就處分別，四。得捨成就，五。約對餘門辨定優劣，六。

初釋名辨相。八解脱者，經中亦名八背捨也。如龍樹釋，背淨五欲，捨離著心，故名背捨。又背下過，亦名背捨。免絶羈縛，稱曰解脱。解脱不同，一門説八。八名是何。一、内有色相觀外色。二、内無色相觀外色。三、淨色解脱。四、空處解脱。五、識處解脱。六、無所有處解脱。七、非想解脱。八、滅盡解脱。八中初三，從色境爲名。中四解脱，論者不同。若依毗曇，就體處彰名，彼論宣説四空[五七]處定爲解脱故，龍樹亦爾。若依《成實》，就境處彰名，觀四空處得解脱故。第八解脱，當體爲名，説滅盡法爲解脱故。名字如是。相狀如何。宗別不同，所説各異。依《大智論》，内有色相觀外色者[五八]，自身名内，他身名外，於内外色未滅未壞，以不淨想觀内外色悉皆不淨，是初解脱。問曰：是中内外[五九]色皆未滅壞，何故偏説之[六〇]内色爲有。釋言：外色初三觀中一向未壞，有通前三，故就初中不偏説有。内色不爾，初有後無，爲別後無，故説初有。又問曰：是中於内外色皆觀不淨，何故名中偏言觀外。釋言：此是隱顯彰名。内中彰有，隱其觀義。外中説觀，隱其有義。互舉一邊，理實齊通。又不淨觀，爲厭自身，觀内易知，故隱不論。又此觀者，先取他身死尸等相，用方己體，從初方便，故言觀外。

内無色相觀外色者，預[六一]取己身未來死相，虫食、火燒、滅壞等相，以方現在，作滅壞想，故曰内無。又於現在分離破壞，乃至微[六二]塵亦無所有[六三]，亦名内無。觀外不淨，名觀外色。問曰：何故不觀外無。釋言：自身無常危脆[六四]，無想易成，故説内無。外大地等安固[六五]難壞，難觀爲無，故不説之。又復自身狹少易盡，故觀内無[六六]，色寬多，難可滅盡，要至空處方能滅之，故此觀中不觀外無。問曰：若言外色寬廣難觀無者，何故得觀外色不淨。釋言：不淨是其有觀，有順前境，爲觀易成，故得觀外以爲不淨。無觀難就，是以不得觀外爲無。問曰：何故初門之中通觀内外以爲不淨，此唯觀外。論言，前者觀心未細，難攝一處，故觀内外。此心轉細，易攝一處，故唯觀外。又前門中，内色未無，故觀内外。今此門中，内色已[六七]無，故偏觀外。問曰：内無，誰觀外色。論曰：此是假想之觀，非是實無，故得觀外。此前二門，是不淨觀。

淨解脱者，除去皮肉，唯觀白骨，又觀骨光，作其青黄赤白等想，名淨解脱。觀法云何。先取金銀諸寶等光[六八]用方骨相，後得見之。問曰：凡夫於不淨中取淨名倒，此亦觀於不淨爲淨，何故非倒。論言，女色實是不淨，凡夫見淨，於中染著，所以是倒。此淨觀者，唯觀白骨，骨望皮肉，少有淨相，所以非倒。又此觀中，捨其骨相，唯觀骨光，骨光清淨，所以非倒。又此觀時，先取金銀諸寶色光以方骨色，所取寶色實是清淨，所以非倒。又雖觀淨，不生染著，是以非倒。此《涅槃》中名身證解脱，觀察淨身，證得解脱，名身證解脱。此三，色觀。

空處乃至非想解脱，如四空定。所言異者，龍樹釋言：彼四空定，凡聖俱得。此四解脱，唯聖人得，以其解脱更不迴故。

滅盡解脱者，於彼宗中，滅定爲體。故《大品經·六度相攝品》云：菩薩滅定，爲第八解脱。《涅槃經》中亦同此説。滅定體相，廣如前釋。問：無想[六九]定以何義故不名解脱。論言，此是邪見人入，出則還退，入邪見中故非解脱。

毗曇法中，初三後一，與龍樹同。四空解脱，文相少異。異相如何。《大智論》中，四空解脱與四空定通局分異，定通凡聖，解脱唯聖。毗曇法中，寬狹分異。定義寬[七〇]通，無礙、解脱俱名爲定。解脱義狹，不通無礙及命終心。故《雜心[七一]》除四空處、九無礙道及命終心，其餘善法盡説背捨。無礙下緣，故非背捨。命終心者，向受生處，亦非背捨。

問曰：文異，其義云何。釋言：義齊，語之隱顯，龍樹多依阿毗曇義爲所論故。亦可毗曇除九無礙及命終心爲解脱者，龍樹共同。龍樹所説八解唯聖，毗曇不同，此義云何。如《雜心》釋言：除九無礙及命終心，其餘善法盡説背捨。若凡所得非背捨者，不名盡説。《成實》所論，與前全〔七二〕別。彼論初三觀察色空名爲解脱，不以親〔七三〕察淨不淨等名爲解脱。故《成實論·八解脱品》云：有人説言初二不淨，第三解脱爲淨觀〔七四〕者，是義不然。所以者何。無有淨觀及不淨觀得解脱故。又復外道亦能觀察淨與不淨，明非解脱。但以空觀名爲解脱。問曰：曰〔七五〕外道亦作空觀，云何不名解脱。論言，外道但信解觀，非真實觀，要實見空，方名解脱。然彼文中初三解脱〔七六〕，文相極隱。相傳釋言，內有色相觀外色者，自身名內，他身名外，於此內外五塵之色，未見其空，但見內外四大五根假名色空，是初解脱。而名字中互舉一邊，有通內外，內中偏彰，觀通內外，外中偏説。與前所辨內有色相，觀外不淨，其義相似。內無色相觀外色者，觀察內外五塵色空，是第二解脱。而名字中，內上云無，外上〔七七〕説觀，言綺互耳。此二觀察欲界色空。淨解脱者，觀察色界淨色爲空。此三門中亦見心空，爲別後故，偏言觀色。次四解脱，與前亦異。前者正用四空定體爲四解脱。今此所論，聖人先得四空定已，隨依何禪發無漏觀，觀已所得四無色定，爲苦、無常、空、無我等，於中離縛，名爲解脱。故彼論言，聖人因得四無色定，能觀彼陰苦無常等，名解脱矣。第八解脱與前亦異。前説滅定爲第八解脱。《成實》法中，滅定全非。故《成實》言，行者證得泥洹之時，諸煩惱滅，一切事訖，名第八解脱。不説一切心心數滅爲第八解脱，明知不同。又言，學人但得滅定，不得第八解脱。電光羅漢得第八解脱，不得滅定。明知不同。彼論復言，滅盡解脱，滅無明等，滅盡定者，滅想受等。

明知不同。通而論之，無學所得二種涅槃及滅盡定[七八]是第八解脱。如此解脱，大乘亦有。

第二門中，辨其體性。五義分別：

一、假實分別。有人説言，八解脱[七九]唯用假人爲體，良以煩惱繫縛假人，故人得脱即爲脱體。復有説者，唯實爲體。此皆大偏。論解脱人，假者爲體，説解脱德，實法爲體，故經中説爲慧[八〇]脱心脱，義既兩兼，何得偏取。

二、就有爲無爲分別。毗曇法中，八俱有爲，前七是其有爲心法，第八有爲非色[八一]法。《成實》法中，前七有爲，第八無爲，彼説[八二]數滅爲第八故。大乘法中，隨事解脱，始同毗曇，終皆無爲。觀空解脱，始同《成實》，究竟終成，一切無爲，不生滅故。

三、就有漏無漏分別。毗曇法中，初三後二，一向有漏。前三事觀，故是有漏。非想邊地，聖不居中，故是有漏。滅定繫屬非想法故，亦是有漏。中間三種，通漏無漏。《成實》法中，一切無漏[八三]。故彼論言，是空性故，一切無漏。大乘法中，前之七種，始學有漏，終成無漏[八四]。第八一種，一向無漏。故《地持》中，説滅盡定以爲聖住。

四、心非心相對分別。前七心法，第八非心。

五、三善分別。無貪瞋癡是其三善。毗曇法中，初三是其無貪善[八五]。問曰：初三若無貪性，何故經中説爲觀色。觀是慧[八六]性，云何無貪。釋言：此乃相近説之。無貪善根與慧相隨，方能離貪，故從强伴，説之爲觀。雖説爲觀，無貪爲主，壞貪欲故。問曰：初二是不淨觀，壞貪可爾，第三淨觀云何壞貪。釋言：是中雖作淨觀，爲壞貪欲，故名無貪。問曰：不淨壞貪是[八七]得，何須淨觀。論言，行者爲欲自試[八八]，若見不淨，不生貪欲，未足爲奇，見淨不貪，方乃爲奇，故爲此觀。又復行者若不觀淨，就之除貪，復見淨色，或容起貪，爲防是過，故先觀淨，就之調心。問曰：不淨能破貪欲，復須[八九]淨觀助破貪者，親想治瞋，何故不作怨想助之。釋言：淨想非一向過，如觀佛身寶色等相，不生欲染，故作淨想，助破貪欲。怨想唯過，故不爲之。又貪難斷，故須淨觀助而破之。瞋恚易除，故唯親想，獨能破遣。次四解脱是無癡性，慧爲體故。故《雜心》云：如勝色想，體性是慧。第八非心，三善不收。《成實》法中，前七慧性，以空觀故。第八無爲，三善不攝。大乘法中，隨事解脱與毗曇同，觀空解脱與《成實》同。體性如是。

第三門中，就位分別。毗曇八解脱[九〇]釋有二：

一、簡聖異凡。八解唯是那含、羅漢二人所得。那含人中極多成八，少則不定。羅漢人中極多成八，極少成七，除滅盡定，以滅盡定俱解脱人方始得故。問曰：八中初三解脱，貪欲對治，那含、羅漢已出貪欲，何故修乎。釋言：此三是防過行，非斷過行，聖人畏退，起下煩惱，故修此三，不爲斷欲。問曰：云何知此三種非斷過行。論言初二依於初禪二禪修起，第三依於四禪修起，貪欲對治，必在未來，故知此三非斷過行。問曰：須陀、斯陀之人，何故不得。釋言：初三依四禪起，後五在於四空地中，須陀、斯陀不得八禪，爲是不得。問曰：凡夫亦得八禪，何故不得。以其所得有退轉故，不名解脱。準[九一]《大智論》，此義決定。

二、凡聖通論。前三解脱及四空處有漏解脱，或凡夫得，或是那含、羅漢人得。若凡夫時修得八禪，則凡夫得。若得聖已，方修[九二]八禪，則是那含、羅漢人得。彼阿那含初成名得，阿羅漢人有故名得。空處、識處、無所有處無漏解脱，及滅盡解脱，唯是那含、羅漢人得。問曰：此等，須陀、斯陀何故不得。以其不得八禪定故。毗曇如是。《成實》八解，唯在賢聖，不通凡夫。就賢聖中，唯在修道及無學道，不通見諦。於彼修道及無學中，觀空之行通名解脱，不簡無礙、解脱之別。就中初二，修起在於斯陀含行至那含向，欲界地中煩惱治故，成[九三]在那含。次四，修成在羅漢行，上二界中煩惱治故。非想解脱，始修在於羅漢行中，成在無學。滅盡解脱，唯在無學。大乘法中，種性以上一切具足。若復通論，善趣位中亦分得之。位别如是。

第四門中，就處分别。於中有三，一依禪處，二處身處，三境界處。

依禪處者，毗曇法中，初二解脱依於初禪二禪修起。何故如是。論言欲界有二種欲：一者身欲，謂五識中貪染之心。二者心欲，謂意識中貪染之心。故依初禪，修不淨觀，對治彼欲。初禪地中，亦有二欲：一者身欲，謂眼耳身三識身中貪染之心。二者心欲，謂意識中貪染之心。故依二禪，修不淨觀，對治彼欲。二禪已上無有身欲，故三禪上不復修之。又三禪中，樂自地樂，不肯觀彼不淨之事。第四禪中，心性寂靜，不喜心[九四]觀彼不淨之事，故不爲之。彼中設有，少故不説。第三解脱，依第四禪。何故如是。觀不淨法，以之爲淨，難可成就，第四禪中慧力增强，方堪爲之，餘禪慧劣，所以不起。又前二種觀欲界色以爲不淨，不淨實觀，近則易成，遠之難就，故偏在於初禪二禪。第三解脱，觀欲界色以之爲淨，淨是假觀，遠則易成，近之難就，故偏在於第四禪中。下設有之，微故不説。次四解脱，當地可知。滅盡解脱，繫屬非想。《成實》八解，通依四禪及三無色。如依初禪，觀欲界色内外空寂，爲初二解脱。觀色界空，爲第三解脱。觀已所得無色定空，爲四空解脱。依彼初禪，斷滅一切生死因果，爲第八解脱。如依初禪，至無所有，類亦同然。依電光定，但得前三及後滅盡，不得中四。何故如是。論言聖人得四空定，然後觀之無常、苦、空，名爲解脱，電光羅漢不得彼定，無所可觀，爲是不得。非想心劣，不發增觀斷結無漏，爲是不依。大乘法中，觀空解脱，具依八禪，大乘非想有無漏故。隨事解脱，始同毗曇，行修純熟，初三解脱具依四禪，次四當地，滅盡解脱依一切地皆得現入。此一門竟。

依身處者，依如毗曇，初三解脱唯在〔九五〕欲界，三天下人堪任〔九六〕修起，非餘處身，以是欲界貪欲治故，不在上界。問曰：初禪猶有身心兩種之欲，何故上界不修此治。釋言：初禪雖有二欲，然此正治貪婬之患，上界已離，爲是不修。欲界六天，雖有貪欲，著樂情深，不能修起。欝單越人，著欲雖薄，慧力微劣，爲是不修。餘趣鄣難，又無禪定，是以不起。次四解脱，三界身中皆得修起。其有漏者，從下修起，然後上生。其無漏者，下及當地，皆得修起。滅盡解脱，欲界修起，非上二界。問曰：何故禪無色等得上修起，滅盡不爾。論言，禪定三種力起：一者因力。由過所修爲自分因，故現能起。二者業力。以今修習生上業故，迭相資發，在上能起。三、方便力。謂火災等，怖令修起。由是三力，故上修起。滅定唯從説力而生，欲界有佛説滅定法，故得修起。上無説者，故不修起。若依《成實》，初二解脱唯欲界身而得修起，名欲界身以爲内故。第三欲色皆得修起。後五解脱，三界皆起。大乘法中，始同二乘，究竟終成，於一切處皆起一切。此二門竟。

次論境處。依如毗曇，初三解脱觀欲界法以爲境界。空處、識處、無所有處，有漏解脱，唯緣自地及上地法以爲境界。彼解脱道，唯緣自地，勝進道者，得緣上地。問曰：何故不緣下法。非背捨故。又緣下者是無礙道，非解脱故。此三處中，無漏解脱所緣苦集，唯自及上，不緣下地，無色不緣下有漏故。滅諦亦爾，良以不緣下有漏故，亦不緣彼對治之滅。道諦之中，自地及上一切皆緣，下則不定。若依下禪發無漏道治下過者，一切不緣。亦以不緣下有漏故，不緣彼治。能治自地及上過者，通得緣之。非想解脱，唯緣自地有漏爲境。滅盡無緣，不須論之。《成實》法中，初二解脱境在欲界，第三解脱境在色界，四空解脱境在四空，滅盡無〔九七〕境。大乘法中，觀空解脱與《成實》同，隨事解脱與毗曇同。

第五門中，明其得捨成就之義。

先明其得[九八]。先無今有，名之爲得。毗曇八解脱[九九]，義釋有二：一、簡聖異凡。八解脱[一〇〇]唯是聖人功德。於中前三及四空處有漏解脱，唯離欲得，離下欲時得上法故。下三空處無漏解脱，有二種得。一離欲得，離下欲時，得上法故。二者退得，所謂退根，退聖果時，得於本法。第八解脱，唯方便得，得八禪已，方便修習，然後得之。問曰：何故前七解脱有離欲得，滅盡不爾，唯方便得。釋言：前七是離欲法，正[一〇一]違下欲，是故離彼下地欲時，便無所待[一〇二]，即便得之。滅盡解脱，是滅心法，雖離下欲，上心未已，爲是不得。二、凡聖通論。凡夫所得，通名解脱。於中前三及四空處有漏解脱，有二種得。一離欲得，義同前釋[一〇三]。二者生得，凡夫從上退生下時，得於下法。良以有漏生上失下故，下生時還復[一〇四]得之。餘如前釋。《成實》無文，准義論之。前七解脱，唯離欲得，所謂永斷下地欲時得彼解脱。第八不定。於中所有有餘涅槃，唯離欲得。無餘涅槃，或離欲得，或方便得。當報不起，是離欲得，所謂遠離非想欲時即便得之。現報盡滅，是方便得，用邊際智[一〇五]通滅報得故。羅漢滅定亦方便得。大乘法中，隨事解脱與毗曇同，觀空解脱與《成實》同。此一門竟。

次明捨義。先有今失，名之爲捨。毗曇，前三及下三空處有漏解脱，有二種捨：一者退捨。所謂退起下地欲時，失上解脱。二者生捨。生上地時，失於下法。下三空處無漏解脱，有三種捨：一者退捨，彼宗無漏有退失故。二、轉根捨。轉鈍無漏，無利根時，失鈍根故。三、得果捨。證無學時，捨學道故。第七第八[一〇六]，唯一退捨。《成實》前七，唯入無餘涅槃時捨。第八無捨。大乘法中，緣修解脱真證時捨，真實解脱畢竟無捨。此二門竟。

次明成就。隨所有處，名爲成就。毗曇法中，前二解脱，二禪已還，隨身何處一切成就，生上不成，有漏生上則失下故。第三解脱，四禪已還，一切處成，生上不成。下三空處有漏解脱，自地及下一切皆成，生上不成。彼三空處無漏解脱及後二種，一切處成。然彼宗中，前七解脱，隨所成處皆得現入。第八解脱，在欲色界成而得入，無色雖成而不得入，彼無形色，若復滅心，命則盡故。《成實》、大乘，一切解脱一切處成。

第六門中，辨其優劣。於中約對八勝處及十一切入以辨優劣。八勝及與十一切入，後當具論。毗曇唯就初三解脱，望八勝等，以辨優劣。初三解脱，總相觀故，最以爲下。八勝次廣，説以爲中。十一切入，最廣觀故，説以爲上。《成實》不爾，彼論宣説，十一切入，假想觀故，最以爲下。八勝處者，初是有漏，後是無漏，説以爲中。八解脱者，唯是無漏，説以爲上。於中下者在於外凡，中者在於内凡已去，上者在於修道已上。八解脱義，釋之麤爾。

八勝處義，四門分別。釋名辨相，一。論體，二。就人分別，三。就處分別，四。

第一釋名辨相[一〇七]。八勝處者，經中亦名八除入也。爲此觀行能息貪欲，勝煩惱處，故云勝處。勝入者，亦是處之別稱。除煩惱處，故名除入。勝處不同，一門説八。八名是何。一、内有色相，外觀色少。《大智論》中，名外觀色，若好若醜，勝知[一〇八]勝見。二、内有色相，外觀色多。三、内無色相，外觀色少。四、内無色相，外觀色多。五青，六黄，七赤，八白。八中初二，是八解中第一解脱。已身名内，於已身分未滅未壞，名内有色。於外色中，始觀一身以爲不淨，名外觀少。何故不多。龍樹釋言：學觀之始，畏心難攝，不敢多觀，譬[一〇九]如鹿遊未調，不可[一一〇]遠放。若好醜者，論言於彼外色之中，善果名好，惡果名醜。又外色[一一一]中，生婬之處，名之爲好，生瞋之處，説之爲醜。又彼三十六物之中，骨相名好，皮肉等相説以爲醜。又外色中，忘見[一一二]淨想，名之爲好，還見不淨，説[一一三]之爲醜。於好於醜，不生貪瞋，但觀四大因緣和合，名勝知勝[一二四]見。第二內有色相外觀多者，內有[一二五]同前。觀心轉熟，能爲廣觀，周滿大地，悉見不淨，名外觀多。次二勝處是八解中第二解脱。於己身分，作其死想，蟲食、火燒，盡滅之想[一二六]，名爲內無。多少同前。青、黄、赤、白，是八解中第三解脱。於外色中除去皮肉，作其骨想。後觀此骨，作其青黄赤白等想，爲四勝處。觀法云何。欲爲青觀，先得四禪，次於外色取少青相，還入定中，復觀彼青，如是往返，極令純熟，名青勝處。黄等亦然。問曰：此四與十一切入中，青黄赤白四一切入，有何差別。龍樹釋言：一切入廣，普[一二七]緣一切，悉爲青等，勝處少緣，有斯異耳。此一門竟。

次辨體性。於中有三：一、就有爲無爲分別，此觀有爲。二、就有漏無漏分別。毗曇法中，一向有漏。《成實》法中，通漏無漏。故彼《成實·八勝品》云，始觀有漏，終成無漏。大乘亦爾。三、心法分別。毗曇法中，是無貪性，貪欲治故。《成實》法中，是智慧性。大乘法中，直觀事者與毗曇同，兼見空者與《成實》同。此二門竟。

次就人論。毗曇法中，或是外道凡夫修起，或是那含、羅漢修起。《成實》釋言，佛弟子起，不通外道。佛弟子中，內凡修起，以初有漏，後無漏故。大乘法中，十[一二八]信已去皆能修起。此三門竟。

次就處論。處中有四：一、依禪處。毗曇前[一二九]四依於初[一三〇]禪二禪修起，後四依於第四禪起。彼《成實論·八勝品》云：依欲界電光及色界定，皆得修起。二、境界處。三、修起處。四、成就處。此等具辨，與八解中初三解脱其義相似。八勝如是。

八行觀義，兩門分別。釋名辨相，一。就位分別，二。

第一釋名辨相[一三一]。八行觀者，如《地持》說，於八境界涉[一三二]求名行，照察稱觀。理實通觀一切諸法，今此且就一色論之，餘類可知。名字是何。一者觀色。二觀色集。三觀色滅，亦名色離。四觀色道。五觀色味。六觀色過，亦名色患。七觀色出。八觀色第一義。如《地持》說，八中前七觀察色義，所謂觀察世諦之義，後一觀察色第一義。就前七中，初四正觀色之體義，後三觀察色之所生。就前四中，初觀色者，觀色體性苦無常等，此即是其苦諦觀也。觀色集者，觀察色因，因業煩惱，此即是其集諦觀也。觀色滅者，觀色盡處，數滅無爲，故名色滅。滅離色相故，亦名色離。此即是其滅諦觀也。觀色道者，觀〔二三〕察彼色對治之道，此即是其道諦觀也。次三觀中，觀色味者，觀色生集，緣色生愛，味著境界，故名色味。觀色過者，觀色生苦，所生苦報是過患法，故名色過，亦名色患。觀色出者，經亦名離，出之與離，滅之異稱。故彼滅諦四行之中，或有說爲盡、止、妙、出，或復説爲滅、止、妙、離，故知出離滅之別稱。此觀色法能生於滅。滅是無法，云何可生。觀色得滅，義説爲生。與《涅槃》中涅槃修得不名不生，其義相似。何故不説觀色生道。道者是後第一義觀，非全〔二四〕不説。第八觀色第一義者，觀色無我。無我有二：一、衆生無我，色中無人。二、法無我，色性空寂。八中前七是觀方便，後一正觀。觀色既然，受想行等，類亦同爾。此一門竟。

次就位論。文無定判。准義推之，麤亦可知。毗曇法中，初四方便，煖等已上，漸學觀察，苦忍已去，正見分明。次三方便，斯陀行去，漸次觀察，無學究竟。第八門中，人無我觀二處通者，《成實》法中，前七事觀，在思慧地。後一理觀，煖等已上漸學修習，無相已去正見分明。大乘法中，實通上下，隨相別分，前七方便在於地前，後一正觀在於地上。八行觀義，略辨如是。

八大人覺義。

八大人覺者，佛是大人，諸佛大人覺知此法爲涅槃因，名大人覺。所覺不同，一門説八。八名是何。一是少欲，二是知足，三樂寂靜，四懃精進，五守正念，六修禪定，七修智慧，八不戲論。於彼未得五欲法中，不廣追求，名爲少欲。已得法中，受取以限，稱曰知足。離諸憒閙，獨處空閑，名樂寂靜。於諸善法，懃修無間，故云精進。守法不失，名爲正念。住法不亂，名曰禪定。起聞思修，説爲智慧。證離分別，名不戲論。一一廣辨，如《遺教經》。就此八中，前七方便，後一正證。八大人覺，略之云爾。

八法攝摩訶衍義。

八法攝摩訶衍，出《地持論》。摩訶衍者，是外國語，此名大乘。大乘行廣，八法統收，斯集其中，故名爲攝。八名是何？一名爲信，二名聞思[二二五]，三名思慧[二二六]，四名淨心，五初修慧行，六修慧廣，七修慧果成，八畢竟出離。菩薩種性解行位中，於八解處淨信成就，故名爲信。何者八勝[二二七]。謂三寶功德，諸佛菩薩神通之力，種種因果，真實之義，得義，得方便。種種因果是世諦法。真實義者是第一義。言得義者，無上菩提。得方便者，謂諸菩薩所修學道。於此八處，菩薩皆信。言聞慧者，解行之初，欲求出道，於出世法具足聽聞。言思慧者，解行之終，於所聞法具足思量。故《地持》云：菩薩解行聞慧，思慧思惟。言淨心者，初地之始，見無我理，證心清淨，故云淨心。初修慧行者，初地滿心，起十大願，修行信等。此即是其修道所收，修道之始，故名爲初。修慧廣者，二地已上乃至七地，修道漸增，名修慧廣。修慧果成者，八地已上報行純熟，名修慧果成。畢竟出離者，謂如來地，如來永離一切諸鄣，名畢竟出。八法攝摩訶衍，辨之略爾。

九次第定義。

九次第定者，所謂八禪及滅盡正受。如龍樹説，此九唯取根本定體，不通方便，根本定時[二二八]轉相入故。八禪滅定，廣如上釋[二二九]然。然此亦名九次第滅，入初禪中，滅欲界心，入二禪中，滅初禪心，乃至入彼滅盡定時，滅非想心。九次第定，名字如是。

九想觀義，八門分別。辨相，一。定體，二。所緣，三。治患不同，四。約對十想辨其同異，五。約對諸禪辨定先後，六。約對道品辨定本末〔一三〇〕，七。修起所爲，八。

第一辨相。九想〔一三一〕云何。第一死想。行者爲欲破婬欲賊，先觀死想。見人死時，言語辭別，出息不返，忽然便死，念我當然，所愛亦爾，用呵煩惱。第二脹想。見屍膖脹，如韋〔一三二〕囊中風，異於本形，念我當然，所愛亦爾，用呵貪欲。三、青淤想。見彼死屍，風吹日曝，色變青淤，壞本形色，念我當然，所愛亦爾。四、膿爛想。見彼死屍青淤已後，不久膿爛，臭弊可惡，念我當然，所愛亦爾。五者壞想。觀彼死屍，風日轉大，破壞在地，膿血流出，念已當然，所愛亦爾。六、血塗想。死屍壞已，血肉塗漫，念已當然，所愛亦爾。七、蟲食想。觀彼死屍，不燒不埋，棄之曠野，爲諸蟲狩之所食噉，見已身自〔一三三〕方亦〔一三四〕類，所愛亦爾〔一三五〕。八、骨鏁想。彼〔一三六〕肉既盡，唯見骨鏁共相連柱。九、分散想〔一三七〕。殘筋既斷，骨鏁分離，名分散想。《大智論》中，少一死想，加一燒想，見彼殘骨爲火所燒，終成灰燼，忖己當然，所愛亦爾。問曰：彼論何故除死。彼以初死形色未變，猶取淨相，爲是不說。此一門竟。

次辨體性。論曰：此九是想自性，以取〔一三八〕相故。若據終成，是無貪性，貪欲治故。此二門竟。

次辨所緣。此九唯緣欲界地中不淨之色以爲境界，爲破欲界貪欲心故。此三門竟。

次明九想〔一三九〕治患不同。九想能治貪欲之病。貪有二種：一、愛自身，五種不淨而爲對治，如前五度章中具廣分別。二、愛他身，九想爲治。愛他身中，經論不同。依《涅槃經》，說有四欲：一、威儀欲，愛其進止、語言等事。二、形色欲，愛其青黃赤白等事。三、處所欲〔一四〇〕，或著眼耳，或愛鼻口，或貪腰身，如是一切。四、細觸欲，愛其細滑柔濡等觸。此四種欲，九想別治。初威儀欲，死想〔一四一〕爲治。形色欲者，青淤、濃爛、血塗爲治。處所欲者，脹壞、蟲食、分散爲治。細觸欲者，骨鏁爲治。依《大智論》，染有七種：一著威儀，愛其進止。二著語言，愛其音聲、言語戲咲。此二猶前威儀欲也。三著形色，猶前四中形色欲也。四著形容，愛其身形，猶前四中處所欲也。五著細滑柔濡等觸，猶前四中細觸欲也。六通著前五。七著人相，謂男愛女之[一四二]女愛男等。七中初二，死相爲治。著形色者，青淤、膿爛、血塗爲治。著形容者，脹壞、蟲食、分散爲治。著細觸者，骨瑣及與燒相爲治。後之二種，九相通治。此九破貪瞋等諸結，皆亦微薄。此四門竟。

次對十想辨其同異。十想，如後十想章中具廣分別。九想[一四三]望彼，有同有異。所言異者，如龍樹說，九想初學，十想終[一四四]。初學爲因，終成爲果。又復九想遮未得定人婬欲之心，十想能滅。九想能遮，如似縛賊，十想能滅，如似斬賊。所言同者，同治貪欲，爲涅槃因。於中相攝，論者不同。有人釋言，彼十想中不淨想者具攝九想。有人復言，十中不淨食厭世間不可樂想[一四五]，具攝九想。復有人言，彼九想觀，通攝十想。觀彼死[一四六]相分分變異，即無常想。若著此法，無常壞時則生苦惱，即是苦想。無常、苦故，不得自在，即無我想。觀彼死想[一四七]，九想觀身，無一淨相。以不淨故，食雖在口，腦涎流下，合而成味，咽之入腹，即成不淨，無可貪著，即厭食想。以是九想[一四八]厭離世間，即是世間不可樂想。九想[一四九]觀身無常敗壞，即是死想。知此九想能斷煩惱，即名斷想。用此九想[一五〇]遮諸煩惱，即名離想。以九想[一五一]觀，令陰不生，即是盡想，亦名滅想。同異如是。此五門竟。

次對諸禪辨定先後。如論中說，九想是其[一五二]諸禪方便，先修九想[一五三]折伏煩惱，然後入禪。問曰：經中多先說禪，後說九想，今云何言九想是其趣禪方便。龍樹釋言：先讚諸禪，令人愛樂，所樂禪定由九想成，故先行之。此六門竟。

次對道品辨其本末。如龍樹說，九想之觀開

身念處，身念開導後三念處，以四念處開餘道品，以三十七品開涅槃門。此七門竟。

次明所爲。如論中説，小乘之人爲入涅槃，故修九想。菩薩爲憐一切衆生，集諸佛法而度脱之，故修九想。九想之義，厥趣粗爾。

九斷智義，五門分別。釋名辨相，一。約道分別，二。就處分別，三。得捨成就，四。建立所以，五。

初，釋名辨相。九斷智義，如《雜心》説，煩惱盡處，名之爲斷。斷是智果，果仍因名，故號斷智。故《雜心》云：雖智是智，斷是智果，故説斷智，其猶業果亦名爲業。問曰：彼斷云何智果。釋有兩義：一、望無礙道[一五四]，由智斷鄣，得彼斷故，名爲智果。若爾，見諦煩惱盡處由忍斷得，應名斷忍，以何義故亦名斷智。釋言：忍者是智眷屬，通名爲智。通名智故，忍家之果亦名斷智。二、望解脱道，爲智證得，故曰智果。問曰：彼智爲緣而證，爲當不緣。釋言：不緣。如集法智，當起之時緣欲界集，不緣彼斷而能證之，故智不緣，如是一切。名義且爾，體相云何。斷智有九。欲界地中，苦集諦下，煩惱盡處，立一斷智。滅道諦下，煩惱盡處，各別立一，通前説三。上界亦然，通前説六。三界修道煩惱盡處，各別爲一，通前説九。問曰：何故上二界中見惑盡處不隨界別，修惑盡處逐界分乎。論自釋言：上界見惑對治同故，不隨界別，修[一五五]治別故，隨界分之。是義云何。見惑易除，苦比忍心一念現時，上二界中迷苦煩惱一時頓斷。餘忍亦爾，故曰同治。修惑難遣，界界各[一五六]別斷，故云別治。

第二門中，約道分別，具有四義，一約見修二道分別，二依法比，三約忍智，四就有漏無漏分別。言見修者，望無礙道，前六是其見道斷智，見道無礙斷鄣得故。後三是其修道斷智，修道無礙斷鄣得故。望解脱道，前五是其見道斷智，見諦道中解脱證故。次三是其修道斷智，修道門中解脱證故。後[一五七]一是其無學斷智，無學果中解脱證故。此一門竟。

次依法比二門分別。初三斷智唯是法忍法智之果，望無礙道，是法忍果，望解脱道，是法智果。次三比忍比智之果，望無礙道，是比忍果，望解脱道，是比智果。次一唯是法智之果，欲界修惑法智斷故。後二斷智，或法智果，或比智果。若以欲界滅道法智斷上修惑，是法智果，用四比智斷上修惑，是比智果。是則具論，法智有其六斷智果，見三修三，比智有其五斷智果，見三修二。此二門竟。

次約忍智二門分別。望無礙道，前六忍果，忍爲無礙，斷鄣得故，後三智果，智爲無礙，斷鄣得故。故《雜心》云：三斷是智果，餘則是忍果。望解脱道，俱是智果，同皆爲智所證知故。此三門竟。

次就有漏無漏分別。等智有漏，理觀無漏。無漏具有九斷智果，無漏能斷一切結故。有漏唯有二斷智果，所謂聖人以世俗智斷欲界[一五八]色界修道惑故。故《雜心》云，世俗道果二，聖智果有九矣[一五九]。約道如是。

第三門中，就處分別。於中有四，一三界處，二禪地處，三道位處，四集斷處。三界處者，欲界有四，見斷[一六〇]三，修斷一。上界有五，見斷三，修二。此一門竟。

次就禪地分別。斷智依未來禪具九斷智，未來能斷一切結故。四根本禪及與中間，論者不同。依瞿沙説，具八斷智，除欲界中五[一六一]下結盡，餘皆具足，以欲界中修道煩惱未來禪斷，非四根本及中間故。依法勝説，具五斷智，謂上二界見三修二。彼説欲界一切結盡，唯依未來，不依四禪及中間故，所以不論。如此説者，依四根本及中間禪入聖道者，但斷上界見修煩惱，不斷欲結。欲結[一六二]先除，依彼空處方便之道，得具色界修惑盡處一種斷智。第四禪中修道煩惱彼能斷故，依四空中下三空處，得具無色煩惱盡處一種斷智，用彼無漏能斷無色修道惑故，非想全[一六三]無[一六四]無漏故。此二門竟。

次辨位處。始從外凡，乃至見道五心已來，一向未有斷智之果。彼集法智集比忍時成一斷智，集比智滅法忍來具二斷智，滅法智滅比忍來具三斷智，滅比智道法忍來具四斷智，道法智道比忍來具五斷智，須陀洹果具六斷智。斯陀含果，其義不定。若超越人入見諦道向斯陀含，與須陀洹向中相似。若次第人向斯陀含，具六斷智。與須陀洹果中相似，斯陀含果亦具六斷，同須陀果[一六五]。阿那含義亦不定。若超越人入見諦道向阿那含，與須陀洹向中相似。若次第人向阿那含，與須陀洹果中相似。阿那含果成一斷智，謂五下結盡處斷智。問曰：那含但斷欲界貪欲、瞋恚二種下結，自餘身見、戒取及疑三種下結先已斷除，今云何言成五下結盡處斷智。釋言：身見、戒取、疑等雖先斷除，此處集故，合爲一斷。羅漢向中，色愛未盡，唯成就一，與那含同。色愛盡者，得成就二。羅漢果中，唯成就一，所謂三界一切結盡，應成就九，此處集斷故但云一耳。此三門竟。

次明集處。捨前別得總爲一得，名集斷智。集處有二，謂那含果及羅漢果。問曰：餘處何故不集，唯此二處。論言，得果及度界處方集斷智，那含羅漢是得果處及度界處，故集斷智。何故此二得果度界。彼阿那含五下結盡，阿羅漢人五上結盡，故此二處得果度界。五上下結，前煩惱中具廣分別。須陀、斯陀[一六六]是得果處，而非度界。色愛盡處，是其度界，而非得果。餘非得果，亦非度界，爲是不集。處別如是。

第四，明其得捨成就。先明其得。先無今成，謂之爲得。所得不定，或有得一，或二或六。言得一者，凡有九處，於彼觀諦十六心中，第六、第八、第十[一六七]、第十二、第十四、第十六心，一一起時各得一斷，即是六處。次第那含果心現時得一斷智，通前七處。羅漢向中色愛盡者得一斷智，通前八處。羅漢果起得一斷智，通前九處。言得二者，謂羅漢人退無色結，得下結盡及色愛盡二種斷智。言得六者，那含、羅漢退起欲界修道惑時，得見諦中六種斷智。此一門竟。

次明其捨。先成今失，名之爲捨。捨中不定，或有捨一，或二或五，或復捨六。言捨一者，凡有三處：一、退羅漢果，捨一斷智。二、色愛盡阿那含人退起彼結，捨一斷智。三、色愛未盡阿那含人退起欲結，捨一斷智。言捨二者，具有兩處：一、得羅漢時，捨五下結盡及色愛盡二種斷智。二、色愛盡阿那含人退起欲結，捨二斷智。言捨五者，超越那含得果之時，頓捨向中五種斷智。言捨六者，次第那含得果之時，捨前所成六種斷智。此二門竟。

次明成就。所得不失，名爲成就。多少不定，或有成一，或二或三，或四或五，或復成六。言成一者，凡有三處，一集法智時，二那含果時，三羅漢果時，皆成就一。言成二者，有其兩處，一集比智時，二色愛盡阿羅漢向，皆成就二。言成三者，滅法智時。言成四者，滅比智時。言成五者，道法智時。言成六者，道比智時。

第五，明其建立所以。如論中説，見道斷智，四因緣立：一、雙因滅。二、俱繫離。三、得無漏解脱得。四、缺第一有。雙因滅者，苦集諦下見、疑、無明，彼此相望，互爲遍因，故名雙因。兩因俱斷，名雙因滅。俱繫離者，苦集諦下遍使煩惱，互相緣縛，名爲俱繫。彼此齊斷，名俱繫離。言得無漏解脱得者，解脱道起，證得無漏，名得無漏解脱。缺第一有者，所斷之結上徹非想，名缺第一有。苦法忍時四義俱無，故不立斷智。苦法智苦比忍時，雖得無漏解脱得，餘緣不具，故亦不立。集下煩惱未斷除故，雙因未滅，俱繫未離，上二界中迷苦惑在，是故未名缺第一有。問曰：苦比忍心斷上二界迷苦煩惱，何故不名缺第一有。釋言：所斷煩惱之時（二六八）猶與忍俱，故未名缺。苦比智集法忍時雖得無漏解脱得，及缺第一有，雙因未滅，俱繫未離，故亦不與斷智之名。集法智時四義具足，方名斷智。云何具足。迷苦煩惱先已斷除，迷集今盡，故雙因滅，俱繫亦離。

彼苦法智苦[一六九]比智集法智時已證無爲，名得無漏解脱得。苦比智時缺第一有，故名爲具。集比智、滅道法智、滅道比智，皆亦如[一七〇]是。四因緣具，齊立斷智。

問曰：何故一切忍邊不説斷智。不得無漏解脱得故。修道斷智五因緣立，謂前四上加一界永斷。彼欲界中九品修惑展轉相縛，乃至非想，地地皆爾。彼欲界中從斷一品至八品來，雖得無漏解脱及曾缺第一有，餘義不具，故一不立斷智，以有第九微[一七一]品惑故。雙因未滅，俱繫未離，界未永斷，九品斷時五義方具，乃立斷智。初禪地中，從斷一品至八品來，亦具二緣，謂得無漏解脱得及缺第一有，餘三不具，不立斷智。九品斷時四因緣具，界未永斷，亦不與名。二禪、三禪，義亦同爾。第四禪中，八品斷來，與前相似，九品斷時，五義備足，方立斷智。四空地中，類前可解。以修道中具五因緣立斷智故，凡夫之時雖以等智斷諸煩惱，不得無漏解脱得，亦未具[一七二]缺第一有，故非斷智。若在凡時，曾斷煩惱，後入聖道，爲無漏智所印證者，得名斷智。云何印證。謂凡夫時斷欲界中六品煩惱，後入見道，道比智時印先無[一七三]爲，即爲斯陀解脱之果。若在凡時，斷欲界中九品惑盡，後入見道，道比智時印先無爲，爲阿那含解脱之果，故名印證。於欲界中餘品盡處及上二界煩惱盡處，則不印證，以非得果休息處故。問曰：印時爲緣而印，爲當不緣。釋言：不緣。修[一七四]道比智[一七五]緣上界道，而證欲界煩惱盡處，是以不緣。九斷智義，大況麤然[一七六]。

大乘義章卷第十三

校勘記

〔一〕「捨」，底本原校疑衍。

〔二〕「無」，底本原校疑衍。

〔三〕「從」，底本原校云一本作「假」，下一「從」字同。

〔四〕「淨」，底本原校云一本作「清」。

〔五〕「觀」，底本原校云一本無。

〔六〕「禪」，底本原校云一本無，校本校勘記云一本作「是」。

〔七〕「下」，校本校勘記云甲本無。

〔八〕「復」，底本原校云一本作「從」。

〔九〕「上靜」，校本校勘記云甲本後有「禪」字，一本作「禪」。

〔一〇〕「三昧」，底本原校云一本作「時」。

〔一一〕「若」，底本作「論」，據底本原校及校本改。

〔一二〕「其此」，校本作「具此」，底本原校云一本作「具斯」。

〔一三〕「有」，校本校勘記云一本前有「其」字。

〔一四〕「智」，底本原校云一本後有「水」字。

〔一五〕「緣」，底本原校疑衍。

〔一六〕「爾」，校本校勘記云一本作「示」。

〔一七〕「心」，底本原校云一本後有「亦得借善釋言唯得借威儀」十一字。

〔一八〕「得」，底本原校疑爲「來」，校本作「來」。

〔一九〕「得」，底本原校云一本作「碍」，校本校勘記云甲本作「待」。

〔二〇〕「斷」，校本校勘記云一本作「折」。

〔二一〕「成」，校本校勘記云一本後有「就」字。

〔二二〕「後」，底本原校云一本作「復」。

〔二三〕「如」，底本後衍「是」字，據底本原校及校本删。

〔二四〕「法」，底本原校云一本後有「復以無漏緣三禪法却以無漏緣二禪法次以有漏緣三禪法」二十四字。

〔二五〕「三」，底本原校疑前脱「第」字。

〔二六〕「逆」，底本原校云一本無。

〔二七〕「能」，底本原校云一本無。

〔二八〕「淨」，底本原校云一本後有「禪」字。

〔二九〕「艸」，底本原校疑爲「羽」。

〔三〇〕「示」，底本原校疑爲「只」或「亦」。

〔三一〕「染」，底本原校云一本作「深」。

〔三二〕「之」，底本原校疑衍。

〔三三〕「上地之中染汙心起下一切地染心生故上緣之

使緣上而」，校本校勘記云甲本與下文「起故有緣緣下望上地一切皆無有下味時」前後互置。

〔三四〕「學」，底本原校云一本作「覺」。

〔三五〕「緊」，底本前衍「大樹」二字，據底本原校及校本校勘記删。

〔三六〕「之中」，底本原校云一本無。

〔三七〕「後」，底本原校疑衍，校本校勘記云甲本作「復」。

〔三八〕「欲」，底本原校疑爲「故」，校本校勘記云一本無。

〔三九〕「所謂」，底本原校云一本無。

〔四〇〕「因」，底本原校云一本無。

〔四一〕「立」，底本後衍「苦」字，據底本原校及校本删。

〔四二〕「無」，底本後衍「憂」字，據底本原校及校本删。

〔四三〕「者」，校本校勘記云一本無。

〔四四〕「無」，底本原校疑衍。

〔四五〕「快」，底本原校云一本作「釋」。

〔四六〕「能」，底本後衍「能」字，據底本原校及校本删。

〔四七〕「對」，底本後衍「治」字，據底本原校及校本删。

〔四八〕「礙」，校本校勘記云一本作「等」。

〔四九〕「一切」，底本原校云一本無。

〔五〇〕「念」，底本原校云一本作「智」。

〔五一〕「令」，底本原校云一本無。

〔五二〕「法」，底本原校疑前脱「定」字。

〔五三〕「首」，底本原校云一本作「自」。

〔五四〕「者」，底本後衍「心」字，據底本原校及校本删。

〔五五〕「者」，底本原校疑衍，校本無。

〔五六〕「念」，底本原校云一本無。

〔五七〕「空」，校本校勘記云聖本無。

〔五八〕「者」，校本校勘記云聖本無。

〔五九〕「外」，校本校勘記云聖本後有「之」字。

〔六〇〕「之」，校本校勘記云聖本無。

〔六一〕「預」，底本原校疑爲「類」。

〔六二〕「微」，校本校勘記云聖本無。

〔六三〕「所有」，校本校勘記云聖本作「有所」。

〔六四〕「危脆」，校本校勘記云聖本作「色脱」。

〔六五〕「固」，校本校勘記云聖本作「因」。

〔六六〕「無」，底本原校云一本後有「外」字。

〔六七〕「已」，校本校勘記云聖本無。

〔六八〕「光」，底本原校云一本作「先」。

〔六九〕「想」，校本校勘記云聖本作「相」。

〔七〇〕「狹分異定義寬」，校本校勘記云聖本無。

〔七一〕「雜心」，校本校勘記云聖本作「云」。

〔七二〕「全」，校本校勘記云聖本作「令」。

〔七三〕「親」，校本校勘記云聖本作「觀」。

〔七四〕「解脱爲淨觀」，校本校勘記云聖本作「淨觀爲解脱」。

〔七五〕「曰」，校本校勘記云聖本無。

〔七六〕「脱」，校本校勘記云聖本無。

〔七七〕「上」，校本校勘記云聖本後有「云無外上」四字。

〔七八〕「及滅盡定」，底本原校云一本無。

〔七九〕「脱」，校本校勘記云聖本無。

〔八〇〕「慧」，校本校勘記云聖本作「惠」。

〔八一〕「色」，校本校勘記云聖本後有「心」字。

〔八二〕「説」，校本校勘記云聖本後有「數説」二字。

〔八三〕「漏」，校本校勘記云聖本無。

〔八四〕「漏」，校本校勘記云聖本無。

〔八五〕「善」，底本原校疑衍，校本校勘記云聖本後有「性」字。

〔八六〕「慧」，校本校勘記云聖本作「惠」，下十「慧」字同。

〔八七〕「是」，校本校勘記云聖本作「足」。

〔八八〕「試」，校本校勘記云聖本作「誠」。

〔八九〕「須」，校本校勘記云聖本無。

〔九〇〕「脱」，校本校勘記云聖本作「義」。

〔九一〕「準」，底本原校云一本前有「唯」字，校本校勘記云聖本作「唯」。

〔九二〕「聖已方修」，校本校勘記云聖本無。

〔九三〕「成」，校本校勘記云聖本無。

〔九四〕「心」，底本原校疑衍，校本無。

〔九五〕「在」，校本校勘記云聖本無。

〔九六〕「任」，校本校勘記云聖本作「住」。

〔九七〕「無」，校本校勘記云聖本無。

〔九八〕「先明其得」，校本校勘記云聖本無。

〔九九〕「脱」，校本校勘記云聖本無。

〔一〇〇〕「脱」，底本原校疑衍，校本校勘記云聖本無。

〔一〇一〕「正」，校本校勘記云聖本前有「法」字。

〔一〇二〕「待」，底本原校云一本作「得」。

〔一〇三〕「釋」，校本校勘記云聖本後有「二釋」二字。

〔一〇四〕「復」，校本校勘記云聖本後有「復」字。

〔一〇五〕「智」，校本校勘記云聖本無。

〔一〇六〕「七第八」，校本校勘記云聖本作「八解脱」。

〔一〇七〕「第一釋名辨相」，底本原校云一本無。

〔一〇八〕「知」，校本校勘記云聖本作「智」。

〔一〇九〕「譬」，校本校勘記云聖本無。

〔一一〇〕「可」，校本校勘記云聖本作「中」。

〔一一一〕「色」，底本後衍「色」字，據底本原校及校本删。

〔一一二〕「忘見」，底本原校云論作「妄生」，校本校勘記云聖本作「妄生」。

〔一一三〕「説」，校本校勘記云聖本後有「名」字。

〔一一四〕「知勝」，校本校勘記云聖本無。

〔一一五〕「有」，校本校勘記云聖本無。

〔一一六〕「想」，校本校勘記云聖本作「相」。

〔一一七〕「普」，校本校勘記云聖本作「並」。

〔一一八〕「十」，校本校勘記云聖本無。

〔一一九〕「前」，底本原校云一本作「初」。

〔一二〇〕「初」，校本校勘記云聖本無。

〔一二一〕「第一釋名辨相」，底本原校云一本無。

〔一二二〕「涉」，校本校勘記云聖本作「淡」。

〔一二三〕「色道者觀」，校本校勘記云聖本無。

〔一二四〕「全」，校本校勘記云聖本作「令」。

〔一二五〕「思」，底本原校疑爲「慧」，校本校勘記云聖本作「惠」。

〔一二六〕「慧」，校本校勘記云聖本作「惠」，下十二「慧」字同。

〔一二七〕「勝」，底本原校疑爲「解」或「處」，校本校勘記云聖本作「處」。

〔一二八〕「時」，校本校勘記云聖本作「體」。

〔一二九〕「釋」，底本原校云一本作「説」。

〔一三〇〕「末」，校本校勘記云聖本作「來」。

〔一三一〕「想」，校本校勘記云聖本作「相」，下八「想」字同。

〔一三二〕「韋」，校本校勘記云聖本作「婁」。

〔一三三〕「身自」，底本原校疑衍。

〔一三四〕「亦」，底本原校疑衍。

〔一三五〕「亦爾」，校本校勘記云聖本無。

〔一三六〕「彼」，校本校勘記云聖本作「皮」。

〔一三七〕「想」，校本校勘記云聖本作「相」，下三「想」字同。

〔一三八〕「性以取」，校本校勘記云聖本無。

〔一三九〕「想」，校本校勘記云聖本作「相」，下一「想」字同。

〔一四〇〕「欲」，校本校勘記云聖本無。

〔一四一〕「想」，校本校勘記云聖本作「相」。

〔一四二〕「之」，底本原校疑衍。

〔一四三〕「想」，校本校勘記云聖本作「相」，下五「想」字同。

〔一四四〕「終」，底本原校疑後脱「學」或「成」字，校本校勘記云聖本後有「成」字。

〔一四五〕「想」，校本校勘記云聖本作「相」，下二「想」字同。

〔一四六〕「死」，校本校勘記云聖本作「九」。

〔一四七〕「想」，校本校勘記云聖本作「相」。

〔一四八〕「想」，校本校勘記云聖本作「相」。

〔一四九〕「想」，校本校勘記云聖本作「相」。

〔一五〇〕「想」，校本校勘記云聖本作「相」。

〔一五一〕「想」，校本校勘記云聖本作「相」。

〔一五二〕「其」，校本校勘記云聖本作「真」。

〔一五三〕「想」，校本校勘記云聖本作「相」，下七「想」字同。

〔一五四〕「道」，校本校勘記云聖本無。

〔一五五〕「修」，校本校勘記云聖本無。

〔一五六〕「各」，底本原校疑衍。

〔一五七〕「後」，校本校勘記云聖本作「復」。

〔一五八〕「界」，底本原校疑衍。

〔一五九〕「矣」，底本原校疑衍。

〔一六〇〕「斷」，底本原校疑衍，下二「斷」字同。

〔一六一〕「五」，校本校勘記云聖本作「立」。

〔一六二〕「結」，校本校勘記云聖本無。

〔一六三〕「全」，校本校勘記云聖本作「令」。

〔一六四〕「無」，底本原校云一本後有「漏」字。

〔一六五〕「果」，校本校勘記云聖本後有「向」字。

〔一六六〕「斯陀」，校本校勘記云聖本無。

〔一六七〕「第十」，校本校勘記云聖本無。

〔一六八〕「時」，底本原校云一本作「得」。

〔一六九〕「苦」，校本校勘記云聖本無。

〔一七〇〕「如」，校本校勘記云聖本後有「如」字。

〔一七一〕「微」，校本校勘記云聖本作「後」。

〔一七二〕「具」，校本校勘記云聖本無。

〔一七三〕「無」，校本校勘記云聖本無。

〔一七四〕「修」，校本校勘記云聖本作「彼」。

〔一七五〕「智」，校本校勘記云聖本後有「智」字。

〔一七六〕「然」，校本校勘記云：「此下聖本奥書曰：花嚴沙門宗曉一見之。次爲□覺以朱切補收畢，于時正元元年五月二日宗□。」

大乘義章卷第十四

遠法師撰

淨法聚因法中，此卷有二十一門。十想義。十一切入義。十聖處義。十種慰喻義。十願義。十種供養義。十無盡藏義。信等十行義。十明義。十忍義。十無生忍義。十住義。十行義。十迴向義。十地義。十功德義。見性十法義。涅槃十因義。菩薩十力義。菩薩十無畏義。三乘共十地義。

十想義，五門分別。釋名辨相，一。體性，二。就處分別，三。就人分別，四。約受分別，五。

初，釋名辨相。觀心於法取相，名想。想別不同，一門說十。十名是何。一、無常想。二、苦想。三、無我想。四、厭食想。五、一切世間不可樂想。六、死想。七、不淨想。八、斷想。九、離想。十、滅想，亦名盡想。

無常想者，觀有爲法遷流非恒，故曰無常。無常有三：一、分段無常。六道果報，三世分異。於中有二。一者有餘，身死名在。二者無餘，身死名滅。二、念無常。有爲念念，四相遷變。三者，自性不成實無常。有爲之法，因緣虛集，無有定性，生即無生，滅即無滅。如龍樹說，見身盡滅，即是第一分段無常。新新生滅，是念無常。生時無來，滅時無去，是其自性不成實無常。以此三觀，能滅煩惱。問曰：有人由見無常更增煩惱，懼盛年不久，深起染著，今云何言無常之想能滅煩惱。龍樹釋言，如是見者，名少分見，不名具足。若具見者，則破煩惱。云何具足。如佛昔告舍利弗言，當具修習無常之想，無常故空，得空之時，無常亦無，生住滅等不可得故。見生住滅不可得時，名爲究竟自性無常。性既無常，何樂可貪。問曰：若言得空之時無常亦無，何故佛說無常之義爲苦諦實。論言，佛爲邪見之人謂世間常，故說無常爲苦諦實，不爲無常是實故說。

言苦想者，觀有爲法無常故苦。苦有三種，所謂苦苦、壞苦、行苦。是義如前四諦章中具廣分別。問曰：若言法皆是苦者，云何得有苦、樂及捨三受差別。如《涅槃》說，凡夫苦中妄生樂想，理實是苦。問曰：若法無常故苦，聖道無常體是苦不。龍樹釋言：無常故苦，爲於有漏五受陰說，不爲聖道。所以然者，道能破苦，與空無我實義相應，故雖無常而非是苦。問曰：聖人五陰無常，五陰壞時聖人苦不。龍樹釋言：有著心者，法壞則苦。聖人無著，故雖無常而不生苦。問曰：若言聖無苦者，如經中說，舍利弗患風病苦，畢陵伽婆蹉患眼病苦，羅婆那比丘患痔病苦，云何言無。論言，聖人但無心苦，非無身苦。問曰：聖人若無心苦，何故滅智而取滅度。釋言：無者但無追變敗壞之苦，非無苦苦厭行之苦。

無我想者，有爲之法無常苦故，不得自在，故無有我。又一切法皆無定性，故無有我。無我有二，一衆生無我，二法無我。此義如前無我章中具廣分別。問曰：現見有所爲作，云何無我[一]。論言，但是五陰和合，因緣起作，實無有我。問曰：無常、苦與無我，爲一爲異。體若是一，不應說三。體若是異，佛不應說無常即苦，苦即無我。論言，事一，隨義分三。五義分之：一、隨觀分三。爲無常行所觀察者說爲無常，苦行觀者說之爲苦，無我行觀名爲無我。二、所爲分三。修無常想，爲不入三界。修習苦想，爲知三界過。修無我想，爲捨三界。三、治見說三。修無常想，對治常見。修習苦想，對治樂見。修無我想，對治我見。四、除鄣說三。修無常想，斷除愛心。修習苦想，斷除慢高。修無我想，斷除諸見。五、本末分三。論說五陰是其無常，無常是苦，苦是無我，以此諸義，故分三種。

厭食想者，觀所食物多從不淨因緣而生，如肉從於精血而生，乳酪之屬從於血生，餘食多爲虫鼠垢汙，種種汙穢至其口中，胸涎流下，與唾和合，入腹成糞，無可貪樂。又觀所食多功力得，爲求是食，受種種苦，故應厭離。復應觀察食貪罪過，生地獄中吞鐵飲銅，生餓鬼中受飢渴苦，生畜生中食諸糞穢，如是一切無量諸苦，多由食生，故應生厭。

一切世間不可樂者，觀諸世間皆無常苦，無可貪樂。此世間中，有其二種，一衆生世間，二器世間。衆生世間有五種事不可貪樂：一、具八苦，故不可樂。二、具無量煩惱結使，故不可樂。

三、具諸惡業，故不可樂。四、難具好事，故不可樂。或有行善而身苦惱，或身安樂而行不是[二]，或好施而貧，或有富而慳，或柔濡而貪，或少欲而多瞋，如是一切，難可具備。五、難稱可，故不可樂。或見卑下而謂諂曲，或見端直而謂慢高，或見親附而謂貪求，或見疎遠而謂憎嫌，如是一切。衆生世間有是五事，不可貪樂。器世間中亦有多種不可貪樂，或熱或寒，或水或旱，或危或嶮，或增不善或多恐怖，如是一切，故不可樂。問曰：前説無常苦等，即是叵樂，何須別説一切世間不可樂乎。論言，觀行有總有別，前無常苦是其總觀，此是別觀。又復前説無常苦等，爲呵法過，此不可樂，觀衆生過。又前有[三]漏，此是無[四]漏。又前見道，此是修道，故復説之。

言死想者，觀察是身，不久摩滅，當爲無量狐狼野干之所食噉。

不淨想者，觀察是身五種不淨：一、種子不淨。是身過去業煩惱等以爲種子，現以父母精血爲種。二、住處不淨。在母腹中，生藏之下，熟藏之上，安置己身。三、自體不淨。三十六物，集成己體。四、自相不淨，九孔常流。五、終竟不淨。是身死已，埋則成土，燒則爲灰，虫食成糞，竟無一淨。

斷、離、滅想，釋有通別。所言通者，如《成實》説，斷一切行，名之爲斷。離一切行，説之爲離。滅一切行，目[五]之爲滅。此等同體，隨義分三。龍樹亦言，緣涅槃法，斷諸結使，名之爲斷，離諸結使，説之爲離，滅諸結使，名之爲滅，同體義分。如苦無常無我法等，同體義分。所言別者，如《成實》中，五義辨之：一、懃斷已生未生之惡，名之爲斷，斷惡業也。令其欲盡，更不重生，説之爲離，離煩惱也。以斷因故，五陰不生，名之爲滅。二、斷無明漏，名之爲斷。離欲漏有漏，説之爲離。滅此二果，稱之爲滅。三、斷無明，得慧解脱，名之爲斷。除離貪愛，得心解脱，名之爲離。斷除離貪愛，得心解脱，名之爲離[六]。得俱解脱，滅盡癡愛，説以爲滅。四、以聖道斷諸煩惱，名之爲斷。得有餘涅槃，説以爲離。得無餘涅槃，稱之爲滅。五、得盡智，名之爲斷。得無生智，説以爲離。身智俱亡，説以爲滅。依《大智論》，三義辨異：一、斷三毒，名之爲斷，斷三塗因。離愛名離，離人天因。苦盡名滅，滅五趣果。二、修四現忍，遠離煩惱，名之爲離。修無漏道，斷諸煩惱，説之爲斷。入涅槃時，滅盡諸苦，説名爲滅。三、得有餘涅槃，斷諸煩惱，名之爲斷。得無餘涅槃，滅盡諸苦，説之爲滅。此二方便，説名爲離。此一門竟。

次辨體性。於中有二：一、就心法分別。如論中説，此十是其智慧自性。問曰：若此是智慧性，何故名想。釋有三義：一、心心法更相受名。如四念處，體實是慧而名爲念，此亦如是，體實是慧而名爲想。二、從伴爲名。慧與想俱，故名爲想。故論釋言，與觀無常慧相應之想，名無常想，餘亦如是。第三義者，隨時受名。行有三時，初習善法，受法不失，名之爲念。修行之次，轉相轉心，説之爲想。言轉相者，轉昔凡時所取定相。言轉心者，轉先凡時定計之心。行修終成，於諸法中決定無疑，名爲智慧。二、就有漏無漏分別。論自釋言：初三後三，通漏無漏，初學有漏，終成無漏。中間四種，一向有漏。此二門竟。

次就處論。處別有二：一、禪地處。初三後三，若有漏者，在十一地，謂欲界地、八禪、未來、中間。若無漏者，諸宗不同。毗曇法中，唯在九地，根本四禪、未來、中間及三無色。《成實》法中，在七依處及欲界電光。大乘法中，在十一地，與有漏同。大乘欲界及非想地有無漏故，中間四種是有漏故，在十一地。二、境界處，厭食不淨唯緣欲界，餘通三界。三道位處，如龍樹説，初三見道，次四修道，後三無學。處別如是。此三門竟。

次就人論。如龍樹説，凡聖通起。此四門竟。

次約五受分別十想。如龍樹説，初三後三，

若無漏者，喜、樂及捨，三根相應。在初二禪，喜根相應。在第三禪，樂根相應。在餘禪中，捨根相應。自餘一切，四根相應，除一切〔七〕苦根。十想如是。

十一切入義，四門分別。一、釋名辨相。二、體性。三、就處分別。四、約對餘門辨定優劣。

初，釋名辨相。一切入者，經中亦名一切處也。入者，猶是處之別稱。定心自在，能令所緣相無不在，名一切處。處別不同，一門説十。十名是何。一青二黃，三赤四白，五地六水，七火八風，九空十識。若依《涅槃》，去火一切，加無所有，合以爲十。行者初先繫意安靜，於己身分，取少青相，極令明了，如明鏡中見諸色像，以漸廣之，周滿世界，同爲一青，名青一切處。黃赤白等，類亦同然。此青黃等，由四大造，故次觀之。始於自身，觀少地相，極令明了，以漸廣之，周滿世界，悉爲一地，名地一切處。水火風等，類亦同然。患色多過，次捨色相，緣無邊虛空，先緣咽喉鼻口等空，極令明了，以漸廣之，見一切界同爲一空，名空一切處。患彼空觀外緣之惱，次捨空相，緣無邊識，始觀一識，極令明了，所謂觀於緣一空識，以漸廣之，緣無邊識，皆令明了，名識一切處。問曰：心識云何無邊。論言，以其空無邊故，緣空之識亦復無邊。問曰：何故不觀受等。《成實》釋言：取於地等，其唯心識，故偏觀識。又識是主，故偏觀識。問曰：何故偏説空識爲一切處，不説非想及無所有爲一切處。《雜心》釋言：行者先入前三解脱，不能勝進，次入八勝。雖入勝處，不能無邊，故入青等四一切處。此青黃等何所依止，依四大造，故觀地等四一切處。云何於此而得勝進，所謂覺知，知無邊空。此知依何，謂依心識。識復何依，便無所依，故上不立。龍樹釋言：虛空廣多，佛説虛空無量無邊，故説虛空爲一切處。向前九種一切觀中皆有心識，心識能緣一切諸法，一切法中皆見有識，故説心識爲一切處。無所有中，略去多識，唯緣一識。一識不廣，是故不説爲一切處。非想地中，心志微細而復精純，難得取相，難可令廣，故亦不説爲一切處。又復空處方便道中，能緣下地無邊之色，就之觀空，識處方便，能緣下地無邊色空，就之觀識，故此二地名一切處。上不如是，爲是不立。《涅槃》何故除火一切，立無所有爲一切處。如《增集論》釋，彼爲事火婆羅門故作如是説，若當宣説火一切處，增彼耶見，是以去之。無所有處，雖無多識，非無少識，爲成十數，故通説之爲一切處。此一門竟。

次辨體性。於中有二：一、心法分別。隨相別分，前之八種是無貪性，貪欲治故，後二想性。通則十種皆想自性，假想觀故。《成實》亦云：十皆慧性，以觀法故。二、就有漏無漏分別，此十有漏，意解觀故。此二門竟。

次就處論。處中有三：一、禪地處。十中前八依第四禪，空處識處皆當地説。彼前八種，依第四禪解脱道起，爲防過故。後二是其空處識處方便道攝，方便道中能廣緣故。二、境界處。依阿毗曇及《大智論》，前八欲界淨色爲境，爲防欲界貪欲過故。《成實》前八欲色界中色法爲境，故彼《成實·一切入品》云：若緣欲界色界之色，復有何咎。後二皆緣當地之法。問曰：所緣爲虚爲實。論言，初實，後則虚假，意解見故。問曰：所見與彼神通所作何別。釋言：神通所作色像能令他見，此但自見。又通所作得實受用，此但意解，不得實用，有斯異耳。三、人位處，凡夫聖人皆得修起。此二〔八〕門竟。

次對餘門辨定優劣。於中以初八一切處對八勝處，及八解中初三解脱，辨定優劣。依如《成實》，一切處下，一向有漏，起在外凡。八勝爲中，初學有漏，終成無漏，起在内凡。解脱最上，一向無漏，起在修道。若依毗曇，前三解脱總相觀故，説爲最下。八勝次廣，説以爲中。一切八〔九〕入者最爲廣觀，説爲上。《大智論》中，亦同此説。故彼文言，下品之行，名爲背捨。中品之行，名爲勝處。上品之行，名一切處。是義云何。始修背捨，五欲事中不須[一〇]喜樂，未盡漏故。中間生結，愛著淨色，復勲精進，斷此著心，知此淨色從心想生，譬如幻師見於幻事，不生著心，是時背捨轉名勝處。然此雖勝，未能寬廣。是時行者還取淨相，以漸廣之，周遍虚空，悉見青黄赤白等相，及見地水火風等相，是時勝處轉名一切處。十一切處，辨之略爾。

十聖處義。

十聖處義，如《成實》説，生聖之處，名爲聖處。又聖依處，亦名聖處。聖處不同，一門説十。十名是何。一斷五法，二成六法，三守一法，四依四法，五捨僞諦，六捨諸求，七不濁思惟，八離身行，九善得心解脱，十善得慧解脱。斷五法者，斷五上分結，得阿羅漢。五上結義，如前廣釋。成六法者，成六妙行，廣如前解。守一法者，繫念觀身無常苦等。依四法者，依四聖種，盡形乞食，乃至有病服陳棄藥。捨僞諦者，能達實相，斷一切見，證得初果。捨諸求者，如彼論説，求有三種：一者欲求，求欲界法。二者有求，求上二界。三、梵行求，求於學道。捨此三求，得無學果，名捨諸求。不濁思惟者，滅欲界中修道煩惱，得前三果。離身行者，除欲界結，獲得四禪。心解脱者，謂得盡智。慧解脱者，得無生智。十中前二，從阿那含，得阿羅漢。次四聖處，從外凡夫，次第增進，得阿羅漢。後四聖處，從須陀果，終得羅漢。十聖處義，略之云爾。

十種慰喻義。

十種慰喻，出《中阿含·舍利弗教化病經》。彼有長者，名須達多，身遇重病，遂便遣使，問訊世尊，并請舍利弗，願垂一顧。舍利遂往，須達遥見，即欲下牀。舍利止之，别坐一牀，慰喻之曰：長者，莫怖，莫怖。所以者何。愚癡凡夫成就不信，身壞命終，墮於惡道，生地獄中。長者今日無有不信，唯有上信。因上信故，或滅苦痛，生極快樂。或得斯陀，或得那含。長者先得須陀洹果，爲是不説。此初慰喻。具足善戒以爲第二，多聞第三，惠施第四，善慧第五，正見第六，正志第七，正解第八，正脱第九，正智第十，一一之中，慰喻之法與初相似。十中前五是世間善，後五出世。就出世中，正見、正志是無礙道，慧名正見，正思惟者名爲正志。正解正脱是解脱道，慧名正解，餘心心法名爲正脱。學等見者名爲正智。學人重觀四諦之理，名學等見。十種慰喻，釋之麤爾。

十願義，五門分别。一、釋名義。二、據修分别。三、就行分别。四、行位分别。五、因果分别。

第一釋名。十願之義，出《十地經》。隨〔二〕求義，名之爲願。願别不同，一門説十。十名是何。一、供養佛願，亦名攝功德願。二、護正法願，亦名攝智慧願。三、攝法上首願。四、增長衆生心行願。五、知衆生願，亦名化衆生願。六、知世界願。七、淨佛土願。八、同心同行願。九、三業不空願。十、成菩提願。第一願以一切樂具供養一切佛，名供養願。以此功德攝勝功德，是故亦名攝功德願。問曰：五度皆是功德，何故是中偏願供養以攝功德。釋言：初地檀度爲宗，供養是其檀度所收，故偏論之。理實齊具。又問：諸處多供養三實，今此何故偏願供佛。釋言：道理願供三寶。就初就勝，略言供佛。又佛是其所求之果，示〔三〕所趣求，偏言供佛。第二願於諸佛教法行法證法攝持不失，名護法願。以此護法增長智慧，是故亦名攝智慧願。第三願於一切諸佛八相成時盡往供養，攝法爲首，名攝法上首願。第四願以一切菩薩所修諸行教化一切，令其受行心得增長，名增長衆生心行願。第五願知一切所化衆生差别，名知衆生願。隨其所知，化令生信，入三乘道，是故亦名化衆生願。第六願知衆生所居一切世界淨穢差别，名知世界願。第七願求諸佛淨土，攝取衆生，名淨佛土願。第八願與一切菩薩同心同行，名同心同行願。言同心者，智慧心同。言同行者，功德行同。第九常願身口意中益物不空，名三業不空願。第十願成無上菩提，以菩提道利益衆生，名成菩提願。名義如此。此一門竟。

次據修義，分別十願。修不頓成，必藉以漸。初七修始，次二修熟，後一修成，究竟得果。此二門竟。

次就行論。行謂自利利他之道。十中初二是自行始，自行無出功德智慧。次五是其外化行願。約化中，初一爲物求法，第二依法化增善心，第三知其所化衆生，第四知其所化住處，第五自求清淨佛土攝取衆生。後之三願，自他不定，隨相別分，第八一願自利行成，第九一願利他行成，第十自利利他得果。菩提自體，是自利果。菩提作業，是利他果。通論後三，皆是自利，並是利他。故《地論》釋言：此後三種，顯示自身並利他故。《地論》釋言：此後三種得如實教。若復通論，十俱自利，十俱利他。故《地論》中解釋大願有二種勝，一常懃行無量行故，即是自利，二與一切衆生同行，言同行者十盡示現，即是利他。此三門竟。

次就行位，分別十願。十中前七，就行分別。行如上辨。後之三種，就位分別。位在何處。如《地論》説，第八願者，得地校量勝。第九願者，得菩薩地盡校量勝。第十願者，得一切地盡校量勝。始從初地乃至九地，行修漸增，名地校量勝。十地學窮，名爲地盡校量。佛地窮滿，名爲一切地盡校量。此等皆就所願言耳。此四門竟。

次就因果，分別所願。前九求因，後一願果。亦可前七以爲一分，初六爲因，後一爲果。後三一分，前二爲因，後一爲果。前果依報，後是正果。十願如是。

十種供養義，兩門分別。一、明供養。二、明供心。

十種供養，出《地持論》。十名是何。一身供養，二支提供養，三現前供養，四不現前供養，五自作供養，六他作供養，七財物供養，八勝供養，九無染供養，十至處道供養。十中初二所供差別，於佛色身而設供養，名身供養，供佛靈廟，名支提供養。依《僧祇律》，有舍利者名爲塔婆，無舍利者説爲支提。《地持論》中通名支提。次二約就時處分別，門别雖二，隨事分三：一、現前供養，面對佛身及與支提而設供養。二、不現前供養，於不現前佛及支提廣設供養。三、共現前不現前供養，現前供養佛及支提，并供不現佛及支提。現前供養得大功德，不現供養得大大功德，境界寬廣故。共現前不現前者，得最大大功德。次二就其供人分別，門别雖二，隨事分三：一、自作供養，自身供養佛及支提。二、他作供養，有小財物不依懈怠教化施作。三、自他供養，彼此同爲。自作供養得大功德，教化供養得大〔一三〕大功德，自他供養得最大大功德。次二一對，心事分別。以己財事而爲供養，名財物供養。財有三種：一、資具供養，謂衣、食等。二、敬具供養，謂香、華等。三、嚴具供養，謂餘一切寶莊嚴等。以殊勝心爲前供養，名勝供養。勝心有三：一、專精解心，善解〔一四〕施設種種供養。二、純淨信心，信佛〔一五〕德重，理合供養。三、迴向心，求佛心中〔一六〕而設供養。後二一對，就行分別。供行離過，名無染供養。無染有二。如《地持》説，一、心無染，離一切過。二、財物無染，離非法過。供行順果，名至處道供養。佛果是其所至之處，供養之行能至彼處，名至處道。此至處道供養，《維摩經》中名法供養，《地論》之中名行供養。於中有三：一、財物供養，爲至處道。二、隨喜供養，爲至處道。三、修行供養，爲至處道。於佛供養既有此十，於法、僧中類亦同然。供養〔一七〕法十者，一供養法，供佛所説理教行法。二供養經卷。餘八如上。供僧十者，一供養僧，謂供一切三乘聖衆。二支提供養，供三乘衆形像塔廟。又供聖僧及凡夫僧，亦得分二。餘八同前。此一門竟。

次明供心。供心有六。如《地持》説，一、福田無上心，生福中勝。二、恩德無上心，一切善樂依三寶出。三、生一切衆生最勝心。四、如優曇鉢華難遇心。五、三千世界獨一心。六、一切世間出世間具足依義心。此明如來具足世間出世間[一八]法，能與衆生爲依止處，名具依義。以此六心，少物供養，能獲無量無邊功德，何況多物。供養之義，略辨如是。

十無盡藏義。

十藏之義，出《華嚴經·無盡藏品》。德廣難窮，名爲無盡。無盡之德，苞含曰藏。藏別不同，一門説十。十名是何。一信，二戒，三慚，四愧，五多聞，六惠施，七慧，八念，九聞持，十辨。於法決定，名之爲信。信何等法。如彼經説，信一切法空、無相、願及聞種種差別法門，聞不可思議，皆能生信。防禁曰戒。戒有十種：一、饒益戒，饒益衆生。二、不受戒，不受一切外道邪法。三、無著戒，不著三有。四、安住戒，安住淨法。五、不諍戒，常令他喜，不與物諍。六、不惱害戒，不學呪術、諸藥草等，惱害衆生。七、不雜戒，不雜異見。八、離邪命戒，菩薩不作持淨戒相，欲使他知，亦非[一九]無實，詐現德相，專爲正法，心無異求。九、離輕慢戒，不自慢高，輕賤他人。十、清淨戒，捨離十惡。具斯十種，名爲戒藏。於過自羞，名之爲慚。過有多種，廣如經説。作過羞他，稱之爲愧。亦有多種，備如經説。於一切法具足聞知，名多聞藏。所聞如經[二〇]。惠捨名施。施有十種：一者施法。菩薩施儀，所畜諸物，悉爲衆生，不自爲己。二、最後難施法。菩薩有物，自用則樂，施他即死，寧自身死，施與衆生，名最後難施。三、內施法。菩薩所受上妙之身，他求施與。四、外施法。有求王位及外財物，菩薩施與。五、內外施法。身及外財，並皆施與。六、一切施法。若他所求，國城、妻子、頭目、支節，一切諸物，悉皆盡施。七、過去施法。聞過去法，心無取著，但爲化生，隨順説法。八、未來施法。聞未來法，心無取著。九、現在施法。聞現在法，心無取着。十、究竟施法。見有衆生來求身分，則自觀察，當必摩滅，畢竟無有一念貪惜，而施與彼，名究竟施。具斯十種，名爲施藏。於一切法悉如實知，名爲慧藏。於過去世一切諸法悉能念知，名爲念藏。於佛所説一切教法，悉能憶持，不失一句，名聞持藏。得深廣智，説一切法，無礙自在，不違一切諸佛所説，名爲辨藏。十無盡義，釋之略爾。

信等十行義，九門分別。一、釋名。二、辨相。三、對治。四、因起次第。五、修行分別。六、所成分別。七、約對六度共相收攝。八、離合廢立。九、淺深分齊。

第一釋名。信等十行，如《地經》説。名字是何。一、信。二、悲。三、慈。四、捨。五、不疲倦。六、知經書，亦名知經論。七、知世智。八、慚愧。九、堅固力，亦名不動力，亦名勇猛力，亦名勇健力。十、供養諸佛，如説修行。決定名信。惻愴稱悲。愛憐曰慈。惠施名捨。策修不惰，名不疲倦。善達五明，名知經書，亦名知經論。善解時宜，名知世智。於過羞耻，稱曰慚愧。所修善根不爲緣壞，名堅固力。不隨緣變，稱曰不動。於緣不退，名勇猛力。心不怯弱，名勇健力。行修上順，名供養佛。順教奉修，名如説行。此等十種，造緣集起，故通名行。此一門竟。

次辨其相。依如《地經》，信有二種，一者信因，二者信果。《地持論》中説信有八：一者信佛。二者信法。三者信僧。四、信諸〔二一〕佛菩薩神通之力。五、信真實義。六、信種種因果。七、信得義，義謂菩提。八、信得方便，謂信菩薩所修學道。悲有三種：一、衆生緣悲，緣苦衆生，欲爲濟拔。依如《地經》，觀諸衆生十二因緣生死流轉，而起悲心。依《地持〔二二〕論》，緣諸衆生百一十苦，而修悲心。二、法緣悲，觀諸衆生俱〔二三〕是五陰因緣法數，無我無人，而起悲心。觀無我人，云何起悲。釋有兩義：一念衆生妄爲我人之所繫縛，受生死苦，深可哀愍，故起悲心。二念〔二四〕爲衆〔二五〕生説如斯法，是則真實拔衆生苦，故名爲悲。三、無緣悲，觀諸衆生五陰法數，畢竟空寂，而起悲心。觀法空寂，云何起悲。還有兩義：一念衆生妄爲有法之所纏縛，受生死苦，故起悲心。二念〔二六〕爲衆生説如斯法，是則真實拔衆生苦，故名爲悲。慈亦有三：一、衆生緣慈，緣諸衆生，欲與其樂。二、法緣慈，緣諸衆生但是五陰因緣法數，無我無人，而起慈心。三、無緣慈，觀一切法畢竟空寂，而起慈心。法緣無緣，云何起慈。釋與悲同。捨有二種：一者内施，謂捨一切頭目、支節、手足、耳鼻。二者外施，施餘資生。不倦有二：一、世間行中，精懃不倦。二、出世行中，精懃不倦。廣則無量。智〔二七〕論有四，如《地持》説，一於五明處成就聞慧〔二八〕，二成思慧，三成修慧，四成證行。知世智中，有其二種。如《地持》説，一如世間知，二如世間轉。如世間知，是其解也。如世間轉，是其行也。知〔二九〕世知中，有其二種：一知世間事，謂知衆生及器世間。二知世間義及第一義，謂於世間八行觀察。何者八行。廣如上説，謂觀世間苦〔三〇〕、世間集、世間滅、世間道、世間味〔三一〕、世間過、世間出、世間第一義。此八行中，前七觀察世間之義，後一觀察世第一義。如世轉中，亦有二種，一隨自所宜，二隨他所宜，量宜〔三二〕攝他〔三三〕。慚愧有四，如《地持》説：一、所不應作而故爲之，心生慚愧。二、所應作不隨建立，心生慚愧。三、所不應作，作已覆藏，而生慚愧。四、所應作，作已反悔，而生慚愧。勇猛力中，有其二種：一、不退力，自分不失。二、不轉力，勝進能入。供養有二，如《地論》説：一、利養供養，財物奉施。二、行供養，行修上順。亦得分三，如《地經》説，一、利養供養，謂衣、食等。二、敬供養，謂香、華等。三、行供養，所謂修行信、戒、施等。或説十種，如《地持論》。此二門竟。

次明對治。如《地持》説，放逸、懈怠、不受菩薩戒、違佛〔三四〕菩提，以信對治。問曰：信心應治不信，何緣乃治放逸、懈怠、不受戒等乎。釋言：以其内心不信，故爲放逸，不受禁戒，舉此爲彰内心不信。於諸衆生有煞害想，違於大悲，大悲以[三五]對治。於諸衆生有瞋恚心，違於大慈，以慈對治。顧身命財，違於惠施，以捨對治。於諸衆生多求衆具，違於不倦，不倦對治。問曰：不倦應治懈怠，何緣對治多求衆具。釋言：以求世間事故，妨修出道，故以不倦對治求衆具。無方便智，違於知論，以知論對治。不善隨順，違隨順他，以隨順對治。於修善法放逸、懈怠，違於慚愧，以慚愧對治。於生死苦，其心怯弱，違於勇猛，勇猛[三六]對治。於佛疑惑，違於供養，以供養對治。對治如是。此三門竟。

次明因起次第之義。如《地持》説，聞菩薩藏，信有菩提，故先明信。信菩提故，念諸衆生在生死苦，不得彼法，故起悲心。悲[三七]衆生故，欲度脱之，故起慈心。以悲慈故，修行慧施，故次明捨。爲法施故，修行正義，心無厭惰，故次不倦。以不倦故，能知聖教，故次知論。知經論故，善解時宜，故知世間。知世間故，久在世間，喜生深[三八]過，故起慚愧。以慚愧故，不隨煩惱，得勇健力。勇健力故，能修善法，多獲財利，供養如來。次第如是。此四門竟。

次據行修分別十行。行謂自利利他之道。如《地論》説，初一信心是自利行[三九]，信諸佛法，求必得故。悲慈利他，以能安穩與樂心故。捨者，以財攝利他行。不疲倦者，自攝法行。知經知世者，以法攝他行[四〇]。後之三種，攝護前七，通利自他。慚愧勇猛，護前七種。問曰：慚愧云何護前。以慚愧故，令前七種離鄣清淨，故名爲護。問曰：信心能治不信，乃至知世能治不知，何須慚愧，而言慚愧護前七種，令其離鄣。釋言：對治有遠[四一]有近，信治不信，乃至知世對治不知，是近對治。以慚愧故令前離鄣，是遠對治。治相云何。以慚愧故，修起信心，遠離不信。以慚愧故，起悲慈心，遠離瞋恚。乃至以有慚愧心故，學知世間，遠離不知。如六度中，以精進故修施治慳，乃至以有[四二]精進心故修慧[四三]離癡，此亦如是。問曰：勇猛云何護前。以勇猛故，令〔四四〕前七種善法不壞，故名爲護。第十供養，如説修行，攝前七種。問曰：供養云何攝前。釋有兩義：一、攝之令生，菩薩爲修行供養故〔四五〕，起前七種。二、攝令得果，二種供養得二種身，令前七種同得二身。何者二身。如《地論》説，一、利養供養〔四六〕，得上妙身，此亦名爲功德色身。二、行供養，得調柔心，此亦名爲智慧法身。問曰：修行云何攝前。釋言：菩薩如説行故，起前七種。若復通論，十俱自利，修此自求菩提果故，十俱利他，修此求佛，利衆生故。此五門竟。

次就所成分別十行。如《地論》説，初之三種，深心成就，後之七種，修行成就。《地持論》中説爲二淨，前三心淨，後七名爲行方便淨。善法建立，名爲成就。出鄣無〔四七〕染，故云清淨。通則十種俱皆是心，並是其行。但今分相，前三是其行方便心，説爲心成〔四八〕，後七是其造緣正行，故名行成，行方便淨。所成如是。此六門竟。

次約六度共相收攝。初一信心，起行方便，六度不收。餘九是其六度所攝。悲慈二門是禪度攝故。彼十二門禪之中〔四九〕，八禪及與四無量心，通名爲禪。捨是檀度。不疲倦者，是精進度。知經知世，是其慧度。慚愧，戒度。堅固力中，義有兩兼，處苦不動，是其忍度，於諸善法勇猛不退，是精進度。第十門中如説修行，通攝六度。供養諸佛，義有兩兼，財物供養是其檀度，行供養者通攝六度。此七門竟。

次辨離合廢立之義。先釋離合。問曰：悲慈心數法中一無瞋性，何故分二。慚之與愧，心數法中是別心數〔五〇〕，何故合乎。釋言：悲慈心法雖一，四義不同，故分二種。一、功能不同，悲能拔苦，慈能與樂。二、治患不同，悲止害覺，慈息貪欲。又悲能除微細之瞋，慈遣麤重。三、境界不同，悲心多緣苦衆生起，慈緣無樂衆生而起。四、得報不同，悲得空處，慈生遍淨。慚之與愧，心法雖別，四義同故，合之爲一。一、功能同，同令諸行出鄣清淨。二、治過同，同離煞、盜、邪婬等過。三、境界同，同於離過集善行中生慚愧心。四、果報同，所得果報無異處故。離合如是。次辨廢立。問曰：經説四無量心爲利他行，今此何故偏説悲慈，不論喜捨。釋言：法門有其二種。一具義門，有行皆説。二隱顯門，有立有廢。今據隱顯，偏立悲慈，廢其喜捨。良以悲慈正是拔苦與樂行故，所以偏立。喜捨助行，不能正益，故廢不論。此八門竟。

次明十行淺深分齊。分齊有三：一緣修十行，謂於六識七識心中修行信等。二是真實有作十行，謂於六識七識心中修習諸行，動發真心，令真心中諸德集起。三者真實無作十行，真識之心，體是一切功德之性，煩惱覆故，於已無用，後修對治，斷煩惱時，本隱真心，顯成今德，説爲信等。德從緣顯，不從緣生，故名無作。三中初一義等如火，次一如似金莊嚴具，後一如金。故《地論》言信等善法猶如真金，攝德從體，後之二種通説如金，如真金故，説爲地體。十行如是。

十明義。

十明之義，出《華嚴經》。知法顯了，故名爲明。明義不同，一門説十。十名是何。一、他心智明。一切衆生心心數法，悉如實知。二、天眼智明。一切色像，明了無礙。三、宿命智明。於過去世他及自身八種事、六種同行，皆如實知。四、入未來際無礙智明。一切衆生未來世中生死流轉，若出若没，皆如實知。五、天耳智明。於十方界一切音聲，若聞不聞，隨意自在。六、安住無畏神力智明。具足無量不可思議大神通力，於十方界，若來若去，自在無礙。七、分别一切音聲智明。一切衆生語言差别，皆如實知。八、出生無量色身智明。種種色像，悉能現化。九、知[五二]一切法真實智明。於一切法悉如實知。十、入一切法滅定智明。入一切法，寂滅正受，而不捨於一切所[五三]行。此十猶是六通所攝，初一是其他心智通，第二、第四是天眼通，第三是其宿命智通，第五、第七是天耳通，第六、第八是其身通，後二是其漏盡智通。若分第九爲法智通，此十便是七通所攝。十明如是。

十忍義。

十忍之義，出《華嚴經》。慧心安法，名之爲忍。忍行不同，一門説十。十名是何。一、隨順音聲忍。二、順忍。三、無生忍。四、如幻忍。五、如炎忍。六、如夢忍。七、如響忍。八、如電忍。九、如化忍。十、如空忍。隨聲忍者，聞説一切真實之法，不驚不怖，信解受持，愛樂順入，修習安忍，名隨聲忍。言順忍者，隨一切法，若深若淺，若理若事，若真若忘[五三]，如實觀察，不違諸法，故名順忍。無生忍者，觀一切法無生無滅，平等寂靜，名無生忍。如幻忍者，觀一切法皆悉如幻，一備一切，一切成一，因緣虚集，無有定性，名如幻忍。如炎忍者，菩薩覺悟一切世間如熱時炎，誑相虚集，無有真實，無定方處[五四]，名如炎忍。如夢忍者，菩薩解知一切世間如夢所見，非有非無，不壞不著，名如夢忍。如響忍者，菩薩善覺究竟彼岸，知一切法皆悉如響，分別衆聲如呼聲響，不從内出，不從外出，不從内外出，但從緣起，而能巧便種種説法，名如響忍。如電忍者，如世電光，照衆色[五五]像而無分別，菩薩如是，照一切法而無分別，名如電忍。如化忍者，如世化法，非有非無，菩薩如是，知一切法非有非無，不取不捨，名如化忍。如空忍者，如世虚空寂無所有，菩薩如是，知一切法空無所有。又如虚空體性清淨，菩薩如是，知一切法體性清淨。又如虚空無有差別，菩薩如是，知一切法等無差別。又如虚空不生不滅，菩薩如是，知一切法不生不滅。又如虚空無所分別，菩薩如是，心無分別。又如虚空無所不容，菩薩如是，於一切法無不攝受。又如虚空廣大無邊，菩薩如是，身口及意廣大無邊。又如虚空不生不死，菩薩如是，不生不死。有如是等無量種義，如世虚空，名如空忍。十中[五六]初一尋詮悟解，後之九種依義以成。十忍之義，廣釋如經。但隨名字，略舉宗況。

十無生忍義，三門分別。一、釋名。二、辨相。三、就位分別。

十[五七]無生忍，如《地經》説。言無生忍者，汎釋有三，一就法分別，二就因分別，三就果分別。法中有二：一、妄想法，互相集起，名之爲生，生體虛無，故曰無生，此即經中空如來藏。二、真實法，用起名生，體寂無生，此即不空如來藏也。因中有四：一、據修分別。六地已還，次第修道，地地之中諸行新起，名之爲生。七地已上，諸行頓修，無新起者，故曰無生。二、約空有二行分別。六地已前，空有間起，名之爲生。七地已上，寂用雙行，無間起者，稱曰無生。三、就修行[五八]始終分別。七地已還，行修未熟，名之爲生，如菓未熟，説爲生菓。八地已上，行報純熟，故名無生。四、隨義分別。教行集起，名之爲生。證行寂滅，名爲無生。果中有三：一、體用分別。化用集起，名之爲生。德體常寂，故號無生。二、體德分別。有作行德，本無今有，方便修起，名之爲生。性淨之體，本隱今顯，不從緣造，故號無生。三、智斷分別。智德集起，名之爲生。斷德寂滅，説爲無[五九]生。今此所論，就法言耳。法中亦有無成、無出及無滅等，今據一門，且説無生。又此十中，無生在初，從始爲名，故名無生。心安此理，名無生忍。此一門竟。

次辨其相。無生一味，隨詮分十。十名是何。一者無生。二者無成，《大本》之中説爲無起。三名無相。四名無出，《大本》之中名爲無成。五名無失。六名無盡。七名無行。八、非有有性。九、初中後本[六〇]等。十、真如無分別入一切智智。如《地論》説，十中前七名事無生，第八名爲自性無性[六一]，第九名爲數差別無生，第十名爲作業無生。四中初二，破相入如。破遣染淨差別事相，以入無生，名事無生。破遣一切諸法體性，以入無生，名性無生。後之二種，契實離相。離彼因中三世分異，名數差別無生。捨其果中佛智作業，名作業無生。事無生中，初無生者，遣初地相，於事分齊，初地〔六二〕淨起，名之爲生，就理恒如，故曰無生。言無成者，遣其二地至七地相。若有初地淨法始生，則有二地乃至七地行修〔六三〕漸成，彼生既無，寧有此成，故曰無成。以無行修漸次相起，故《大本》中說爲無起。言無相者，遣八地上無功用相。若有生成，則可從彼得八地上無功用相，生成既無，焉有此相，故曰無相。言無出者，遣佛地相。若有前相，則可從彼得後際果，名之爲出，彼相既無，焉有後出，故言無出。以無究竟所成之果，故《大本》中亦名無成。言無失者，遣外凡相。據事外凡有其染過，名〔六四〕之爲失，理實本無，故曰無失。言無盡者，遣內凡地斷煩惱相。若有染失，則可斷盡，染失本無，寧有所盡，故曰無盡。言無〔六五〕行者，遣內外〔六六〕凡地對治行相。若有所盡，則有能盡對治之行，所盡既無，寧有治行，故曰無行。問曰：於事既有生成，乃至盡行，何故於理得無所有。釋言：如人夢中所作，於其寤者觀之本無，此亦如是，故得就理說爲無失〔六七〕。性無生中，非有有性者，遣法體性。於世諦中，一切諸法各有體性，如色礙性，心知性等。據理此性本無所有，是故名爲非有有性。此非有性，論中說之爲法無我，我猶性矣。數差別中，初中後等，遣其因中時差別相。以實從緣，因中則有三世分異名數差別，七地已前名爲過去，於八地中起觀之處說爲現在，九地十地名爲未來。廢緣論實，三世無及〔六八〕，名初中後一切時等。業無生中，真如無分別入一切智者，實從緣起，成佛果德，名一切智。此智能解一切諸法，說之爲入。廢緣論實，如性平等，無有分別，佛智可得，故言真如無分別入一切智，謂真如中無有分別一切智矣。體相如是。此二門竟。

次就位論。此無生忍，位在何處。義釋有三：一、約五忍分別。五忍如上，此無生忍在於七地、八地、九地，七地始得，八地清淨，九地滿足。二、簡勝異劣。六地已前一切未得，七地已上一切得之。問曰：無生與空無我同是道理，空與無我前地已得，何故無生要七地上方乃得乎。釋言：通論，體一名異，得無先後。隨義分别，觀因緣相，破遣定性，名爲無我，初地中得。遣因緣相，入法平等，名之爲空，謂前四五六地中得。證法本如，無相可起，方名無生，故七地上始能證會。三、就實通辨，初地已上，皆得無生，故《釋論》中説初地上得無生忍，初地菩薩亦能見法不生滅故。若復通論，種性已上亦分得之。十無生忍，略辨如是。

十住義，四門分别。一、釋名。二、辨相。三、定位。四、起説因緣。

第一釋名。十住之義，出《華嚴經》。行成不退，名之爲住。又復自德[六九]相應處所，亦名爲住。通則諸位位[七〇]莫不是住，故《地持》中説十三住。别則習種初入住分，離退之首，偏名爲住。故《地持》云：善趣之人數退數進，種性菩薩決定堅固，無有退轉。住義不同，一門説十。十名是何。一初發心住，二治地住，三修行住，四生貴住，五方便具足住，六正心住，七不退住，八童真住，九法王子住，十灌頂住。住分之始，於大菩提起意趣求，名初發心住。善修自利利他之道，淨治住處，名治地住。修護煩惱，離小乘行，名修行住。聖法中生，種性尊貴，名生貴住。具足善巧度衆生行，名方便具足住。得決定智，於佛法中雖聞邪[七一]説，正見不動，名正心住。雖聞異説，正願不動，名不退住。所行真實，離過清淨，如世童子同，心無欲染，名童真住。亦可菩薩行業清淨，如世童子，真淨無染，名童真住。於佛法王所行住處，出生正智，堪住究竟無上菩提，名法王子住。行修上順，佛智現前，名灌頂住。亦可菩薩學一切智，能受佛記，名灌頂住。名字如是。此一門竟。

次辨其相。住有二分，一是修分，二是成分。於諸住前方便造修，名爲修分。德成證實，廣大不動，名爲成分。故經説言，菩薩種性，甚深廣大，與法界虛空等。成則證實，分非可言，造修在緣，可以言顯。故《地持》云：種性麤相，我已略説，諸餘實義，唯佛世尊能決定知。修分不同，略有二種，一者同相，二者別相。於佛所説一切法中解觀成就，名爲同相。故經於彼十住之中皆云，菩薩隨所聞法即自開解，不由他悟。一一住中，所修各異，名爲別相。發心住中，相別有三：一、發心相。緣佛法僧，及緣衆生，起菩提心。二、所成相。因前發心，得十力分，從處非處，乃至漏盡。三、所學相。學十種法，令菩提心轉勝堅固，成無上道，如經廣説。治地住中，相別有二：一、利他行。於諸衆生，發十種心，如經廣説。二、自利行。學十種法，始從多聞，乃至安住，亦如經説。修行住中，相別有二：一、護煩惱行。於一切法，十種觀察，謂苦、無常、空、無我等。二、護小乘行。於衆生界、法界、世界，十種分別。生貴住中，相別有二：一、聖法中出生具足行。如彼經説，聖教中生，修十種法，一信佛不壞，二究竟於法，三寂然定意，四分別衆生，五分別佛刹，六分別世界，七分別諸業，八分別果報，九分別生死，十分別(七二)涅槃。十中初一是同敬智，第二一句是自住處畢竟智，第三一句是真如智，後七是其分別所説智。二、上求佛法，無有厭足，學十種法。謂於三世諸佛法中能解能修，堪能具足，即以爲九，等觀諸佛以爲第十。方便具足住中，相(七三)別有二：一、化衆生行。廣有十種，謂救衆生，饒益安樂一切生等，如經廣説。二、知衆生行。修學十種知衆生法，備如經説。正心住中，相別有二：一、決定信。雖聞異説，於佛法中，正信不動。二、決定智。學十種智，觀一切法無相、無性，不可修等。不退住中，相別有二：一、不退願。雖聞異説，於佛法中，求心不退，廣有十種，備如經説。二、不退智。具有十種，知一切法，亦如經説。童真住中，相別有二：一、得勝行。於十種法，心得安住，謂身行淨，口行淨，意行淨，隨物[七四]受生，知衆生等。二、淨佛國土。於一切佛刹，皆悉能知，能動，能持，能觀，能詣，能遍至等。法王子住中，相别有二：一、化衆生行。善解十種化衆生法。二、求菩提行。於法王處學十種智。權頂住中，相别有三：一、度衆生。堪能修行，成十種智，能度衆生。二、得甚深。所入境界，一切衆生乃至第九法王子菩薩不能測量。三、所知廣。學十種智，知一切法。十住位中，曠備法界一切行德，略舉斯耳。體相如是。此二門竟。

次定其位。位在何處。有人釋言：菩薩十住即是十地，所行與彼十地同故。問曰：若此是十地者，何故經言是[七五]菩薩種性[七六]甚深廣大，與法界虚空等。經言種性，明非十地。今正論之，在於習種，良以習種離退之始，故説爲住。問曰：若爾，何故所行與十地同。釋言：地法[七七]上下同依。依之生信，説爲賢首。依之生解，説爲十住。依之起行，説爲十行。依之以起如實正觀，説爲解行。依之證[七八]得，説爲十地。故《地經》言，譬如一切書字數説，皆初章攝，初章爲本，十地如是，是一切佛之根本也，行是能得一切佛法。以是所學雖是地法，行在習種。此三門竟。

次明起説因緣之相。六句[七九]分别：一、明説時。經雖不論，准依《地經》，應在第二七日宣説。二、明説處。在忉利天妙勝殿上。三、明説人。法慧[八〇]菩薩之所宣説。四、明説人所入三昧。法慧菩薩承佛神力，入菩薩無量方便三昧。五、明加人。十方各千佛世界外，各有千佛世界塵數諸佛，同名法慧，相[八一]與加被。六、明證人。十方各萬佛世界外，有十佛世界塵數菩薩，同名法慧，雲集作證。十住之義，辨之云爾。

十行義，六門分别。一、釋名。二、辨體。三、修起所爲。四、起行所依。五、定位。六、起説因緣。

一[八二]門説十。十名是何。一歡喜行，二饒益行，三無恚恨行，四無盡行，五離癡亂行，六善現行，七無著行，八尊重行，九善法行，十真實行。喜心行施，亦令他喜，名歡喜行。以持淨戒，饒益自他，名饒益行。修忍離瞋，名無恚恨行。懃修精進，廣攝善法，名無盡行。常修定意，遠離愚癡虚妄分別，名離癡亂行。知法實相，般若現前，名善現行。以無著心，起諸所行，名無著行。成就種種殊勝善根，名尊重行。成就種種化他善法，名善法行。成就第一誠實之語，如説能行，如行能説，名真實行。名義如是。此一門竟。

次辨行體。行有二分：一者修分[八三]，隨緣進習。二者成分，證實平等，廣大不動。故經説言，是菩薩行業，廣大如法界，究竟如虚空。成分即實，難以言論，修分在緣，易以言曉。今依修分，次第辨釋。歡喜行者，布施爲體。故經説言，行歡喜時，爲大施主，悉捨所有，等施衆生。但行施時，生喜有二。一生自喜，故經説言，施已無悔，不以煩重而生憂惱，倍復歡喜，我得善利。二生他喜，故經説言，修歡喜時，一切衆生歡喜愛敬。饒益行者，以戒爲體。故經説言，持戒清淨，於色聲等心無染著，設有諸魔將諸天女及餘樂具，不起惡念。但持戒時，所益有二。一者自益，故經説言，我持淨戒，離一切纏，憂[八四]悲苦惱，成就菩提。二者益他，故經説言，一切衆生未度者度，未解者解，如是一切。無恚恨者，以忍爲體。故經説言，常修忍辱，設有無量無數衆生一一[八五]各以無數舌、無數手毁辱菩薩，不生瞋惱。無盡行者，精進爲體。故經説言，懃修精進最勝，第一大精進等。離癡亂者，以定爲體。故彼經言，第一正念未曾散亂，於一切行一切法中皆無癡亂。善現行者，智慧[八六]爲體。於中分別，略[八七]有二種。一、順空行，成就寂静身口意業，知一切法皆無所有。故經説言，知一切衆生無性爲體[八八]，一切諸法無爲爲性，一切佛刹無相爲相，究竟三世，皆悉無性，如是一切。二、隨有行。故彼經言，亦復不捨菩提之心，不捨教化一切衆生，增長悲慈，如是一切。無著行者，大方便慧，發起勝行，以之爲體。故彼經説，以無著心，起諸所行。無著心者是方便智，於有不染，於空不住，故能起行。所起諸行，即是發起殊勝行也。尊重行者，以一切種成就[八九]善根爲體。故經説言，菩薩成就尊重善根、不壞善根、最勝善根，不可思議，無盡無退[九〇]，無比寂靜，乃至一切佛法善根。於中分別，略有二種：一、報行成，先修今熟。二、發起勝，曠[九一]集衆行，趣向菩提。善法行者，以一切種化衆生行爲體。故經説言，爲人天[九二]等一切衆生，作清凉池，具一切種陀羅尼門、無礙辨才、種種音聲、種種身等。真實行者，以所修習諸佛如來一切種德爲體。故經説言，學三世諸佛真實語，入三世諸佛性，與三世諸佛善根等，具佛十力、四無畏等，如是一切。體相如是。此二門竟。

次辨所爲。所爲有四：一、爲厭有爲，故修諸行。二、爲求菩提，滿足佛德，故修諸行。三、爲益衆生，欲於現在及未來世救度衆生，故修諸行。四、爲求實際，爲證法如，故修[九三]諸行。故彼經言，欲知清淨平等法故修行精進。理實諸行皆具此四，但經文中有説不説，隱顯故爾。四中前三爲求世法，後一求理。所爲如是。此三門竟。

次明所依。所依有二：一依世諦修習諸行，二依真諦。如歡喜中，依於施者受者財物修行布施，是依世諦，不見施者受者財物若業若果，如是一切，名依真諦。歡喜既然，諸行類爾。此四門竟。

次定其位。位在何處。有人釋言：在初地上所行即是十地法故。問曰：若此是十地者，何故經言，欲令菩薩種性清淨，願種不轉，行種不斷，以偈頌乎。經中説云種性清淨，明非十地。今正論之，位在性種。以性種中行種[九四]建立，故名十行。問曰：經中直云欲令種性清淨，云何得知偏在性種。釋言：文中雖無此判，准説因緣，過前十住，劣後迴向及與十地，明在性種。問曰：若此是性種者，何故所行與十地同。釋言：此義前十住中已廣分別。十地之法，上下同依，故此所學雖是地法，不妨成行在於性種。位分如是。此五門竟。

次明起説因緣之相。六句辨之：一、明説時，文雖不辨，准依《地經》，當應亦在第二七日。二、明説處，在炎摩天宫寶莊嚴殿。三、明説人，功德林菩薩之所宣説。四、明説人[九五]所入三昧，説此法時，承佛威神，入菩薩善伏三昧。五、明加人，十方各過萬佛世界塵數界外，各有萬佛世界塵數諸佛，同名功德林，相與加被。六、明證人，十方各過十萬佛刹塵數界外，各有十萬佛刹塵數菩薩，同名功德林，雲集作證。十行如是。

十迴向義，四門分别。一、釋名義。二、辨相。三、定從。四、起説因緣。

十迴向，義出《華嚴經》。迴已善法，有所趣向，故名迴向。迴向不同，一門説十。十名是何。一、救護一切衆生離衆生相迴向。二、不壞迴向。三、等一切佛迴[九六]向。四、至一切處迴向。五、無盡功德藏迴向。六、隨順一切堅固善根迴向。七、等心隨順一切衆生迴向。八、如相迴向。九、無縛無著解脱迴向。十、法界無量迴向。救護衆生離衆生相者，就所迴以名。菩薩修行六波羅蜜，攝取衆生，令離一切煩惱業苦，安住菩提，名救衆生。等[九七]救濟，不簡怨親、善惡等别，名離衆生相。迴此善根，有所趣向，名救衆生離衆生相迴向。不壞迴向者，亦就所迴以名。如經中説，於佛菩薩及一切法得不壞信，名爲不壞。迴此善根，有所趣向，名不壞迴向。等一切佛迴向者，就所學爲名。經言，菩薩學過去未來現在諸佛所[九八]作迴向，名等一切佛迴向。於此門中，上願諸佛具一切佛十種快樂，謂不思議三昧解脱大悲樂[九九]，廣如經説。次願菩薩滿一切行，究竟佛德。下願衆生出離一切煩惱業苦，具菩薩行，備佛功德。至一切處迴向者，就其所成行益爲名。如經中説，菩薩所修一切善根用以迴向，以[一〇〇]迴向力，令此善根至一切處，譬如實際，無所不至，名至一切處迴向。謂至一切佛法僧處，無盡供養。

至一切行處，具足修習。至一切果處，具足成滿。至一切佛刹處，具足莊嚴。至一切衆生處，具足攝化。至一切法處，具足解知，如是等也。無盡功德藏迴向者，就所迴向〔一〇一〕爲名。如經中説，迴己所修無盡功德，有所趣向，名無盡功德藏迴向。亦得從於所求所成，以立其名。求佛菩薩無盡功德，能成無盡功德善根，名無盡功德藏迴向。隨順一切堅固善根迴向者，從所〔一〇二〕成彰名。迴己所修施等善根，有所趣向，爲佛守護，能成一切堅固善根，名隨順一切堅固善根〔一〇三〕迴向。故經説言，住此迴向，爲無量佛之所守護，得堅固法、堅固善根、堅固願。等心隨順一切衆生迴向者，就所益彰名。菩薩增長一切善根，迴以等益一切衆生，名等心隨順一切衆生迴向。如相迴向者，就所依彰名。菩薩所成種種善根同證一切〔一〇四〕，故曰如相。故經中説，種種善根，一觀不二。迴此善根，有所趣向，名如相迴向。又復菩薩迴向之心，依於種種真如門起，是故亦名如相迴向。亦可此就譬況爲名，隨一切法以辨真如。如義無邊，如經廣説，所謂性如、相如、法如、行如、境界安立如、量〔一〇五〕如、充滿如、久〔一〇六〕住如等。迴向善根，同彼如相，於一切法差别異求，名如相迴向，故經説言，如性如善根亦爾，迴向求知一切法性，如相如善根亦爾，迴向求知一切法相，如是等也。無縛無著解脱迴向者，就迴向心以立名也。於一切法心無取執，名無縛無著，於法自在，稱曰解脱。菩薩不輕一切善法，以無縛無著解脱之心，迴向彼善法，求普賢行，能具普賢一切種德，名無縛無著解脱迴向。法界無量迴向者，就所求彰名。菩薩修習無盡善根，迴之願求法界差别無量功德，名爲法界無量迴向。名義如是。此一門竟。

次辨其相。此十迴向，大别〔一〇七〕有三：一、迴向衆生。所修善根，迴向〔一〇八〕施衆生，願令出離一切煩惱業苦，具菩薩行，滿足佛德。二、迴向菩提。所修善根，求一切智。三、迴向實際。所修善法，願證實際，於一切法不取不捨。迴向雖衆，要不出此。體相如是。此二門竟。

次定其位。隨義通論，迴向之心無處不有。今此所辨，在於解行。過前種性，劣於十地，以此測尋，明在解行。以解行中隣於出道，故修迴向，隨順趣入。位別如是。此三門竟。

次明起說因緣之相。六句辨之：一、明說時。文中不辨，准依《地經》，當應亦在第二七日。二、明說處。在兜率天一切寶莊嚴殿。三、明說人。金剛幢菩薩之所宣說。四、明說人所入三昧。入菩薩明智三昧。五、明加人。十方各過百萬佛剎塵數界外，各有百萬佛剎塵數諸佛，同名金剛幢，相與加被。六、明證人。十方各過百萬佛剎塵數界外，各有百萬佛剎塵數菩薩，同名金剛幢，雲集作證。迴向義廣，難以具論，今隨宗要，辨之略爾。

十地義，四門分別。一、釋名。二、辨體。三、論位。四、起說因緣。

第一釋名。所言地者，論釋不同。依《毗婆娑[一〇九]》，住處解地。故彼論言，十階住處，名爲十地。若依《地持》，兩義辨釋：一、持義解地。彼[一一〇]論首標舉地法，以持釋之。二、能生釋地[一一一]。彼論言，自受行故，名之爲住，攝受衆生，因之爲地。若依《地論》，四義辨釋，一生，二成，三住，四持。故彼論言，生成佛智，住持名地。生之與成，望於佛果，始起名生，終滿曰成。亦可望佛，爲因名生，爲緣稱成。地之一法，云何爲因而復稱緣。據今因時果全[一一二]未有，辨無令有，故名爲因。據彼當果，果是可有，可有之法，地能令現，目之爲緣。亦可地有證教之別，果有性淨方便之異。望性淨果，證道爲因，教道爲緣，望方便果，教道爲因，證道爲緣，故得就地說因說緣。所言住者，當分爲言。德成之處[一一三]，名之爲住。所言持者，通望因果，如似初地望二地說持，乃至望佛，諸地望後，次第例然。良以地中備含多義，故致釋者種種別異。

地法不同，一門説十。十名是何。一歡喜地，二離垢地，三名明地，四名炎地，五難勝地，六現前地，七遠行地，八不動地，九善慧[一四]地，十法雲地。

歡喜地者，經中亦名淨心地也。成就無上自利利他行，初證聖處，多生歡喜，故名歡喜。住此地時，於真如中證心清淨，名淨心地。又於三寶得清淨信，亦名淨心。然此[一五]初地對前凡位，應名聖地。對彼凡夫取我之鄣，應名無我地[一六]。對前[一七]位，應名證地。對後修道，應名見地。如是多義，不可並陳，且就利益，名爲歡喜。

離垢地者，《起信論》中名具戒地，《地持》名[一八]增上戒地。離能起誤心犯戒煩惱垢等，清淨戒具足[一九]，名離垢地。具淨戒故，名具戒地。戒行殊勝，名增上戒。

言明地者，釋有三義：一、得他[二〇]上地，證光明相，故名明地。《地持論》言，彼四地上無生行慧[二一]，此名光明。因彼光明，故名明地。二、此地中得禪方便決定慧明，故名明地。故《地持》言，三昧照明，名爲明地。二[二二]、隨聞思修照法顯現，故名明地。故《地持》云：法照明故，名爲明地。

言炎地者，釋有兩義：一、就證體釋。如《地論》説，不忘[二三]煩惱薪，智火能燒，故名炎地。前三地中，分別之解，名爲不忘。此爲四地智火所焚，義説爲薪。四地證智，對前惑薪，義説爲火。捨前分別，故曰能燒。此之治能，如世火炎，焚燒諸物，故名炎地。二、就用解釋。如《地論》説，證智法明摩尼寶中放阿含光[二四]，故名炎地。此明菩薩依證智體所起阿含，教知作用，如殊[二五]光炎，名爲炎矣。

難勝地者，論釋不同。若依《地持》，得決定智，難可勝過，故名難勝。若依《地論》，得出世智方便善巧，能度難度，名難勝地。得出世智方便善巧，釋其難也。能度難度，解其勝也。度名爲到，到出世難，勝前三地，到彼方便善巧之難，勝第四地，以彼不能隨世間故。

現前地者[26]，般若波羅蜜有間[27]大智現前，名現前地。

遠行地者，《起信論》中名方便具足地，《地持》名爲有行有開發無相住，善修無相行，功用究竟，能過世間二乘出世間道，名遠行地。修道畢竟行方便具足，功用未捨，名有行有開。有功用行，故名有行。有功用修，共相開發，名爲有開。寂用雙行，離間隔相，故名無相。

不動地者，《起信論》中名色自在地，《地持論》中名決定地，亦名無行無開發無相住。報行純熟，無相無間，名不動地。於此地中修淨土行，色中自在，名色自在。法流水中決定上昇，名決定地。捨離功用，名無行無開。離其間隔及功用相，故名無相。

善慧地者，《起信論》中名心自在地，《地持》名爲決定行地，亦名無礙住。無礙力説法，成就利他行，慧用善巧，名善慧地。於此地中善知物心，名心自在。依前決定，上上進求，名決定行。具足此[28]無礙辨才，名無礙住。

法雲地者，《地持論》中名究竟地，亦名㝡上住。菩薩得[29]大法身，具足自在，名法雲地。學中窮滿，名究竟地。菩薩中極，名最上住。名義如是。此一門竟。

次辨體相。十地是位，位無別體，攬行以成。成位之行，開合不定。或總爲一，所謂菩薩願善決定，海[30]納衆行，備苞萬德，諸德相攝，皆得爲一，以願行主，故偏論之。或分爲二，所謂菩薩證、教兩行，備如前解。或離爲三，謂同相三道，一證二助，三是不住，亦如上釋。又戒定慧，亦得分三。或別爲四，謂聞思修證，凖教名聞，求義曰思，進行名修，得實云證。或説爲五，謂聞思修報生識智及與證行。又五方便，亦得分五[31]。如《地論》説，一、觀方便，諸地觀解。二、得方便，諸地得證。三、增上方便，依證所成一切行德。四、不退方便，前三堅固。五、盡至方便，前三滿足。或分爲六，謂六決定，如前六種決定章中具廣分別。又六波羅蜜亦得分六。或説爲八，如彼《相續解脱經》説，一、方便淨，趣地方便。二者心淨，初入地心。三、悲心淨，正住地中，起行方便。四、波羅蜜淨，於諸地中所修諸度。五、見佛淨，於地果中多見諸佛。六、成熟〔二二〕衆生淨，見諸佛時，起四攝法，成熟衆生。七者生淨，謂十王等。八者力淨，謂攝根中神力十事及願智果。或説爲十，謂信等十行。故《地持》云：信等十法，淨一切地。又十波羅蜜亦得分十，並如前釋。或復分爲三十七品。亦得離爲八萬四千諸度法門，廣則無量。此等開合，各據一門，廣無量異盈，狹無減小〔二三〕。地體如是。

此二門竟。

次辨地位。開合不定。或説爲〔二四〕一，如彼證信二地分別，初地已上同名證地。或分爲二，謂見與修，初地名見，二地已上同名爲修。又復功用及無功用，亦得分二，七地已還名爲功用，八地已上名無功用。或分爲三，所謂見、修及無功用，廣如上釋。或離爲四，四中乃有四門不同：一、約解分別。如《仁王》説，初二三地名爲信忍，四五六地名爲順忍，七八九地名無生忍，十地名爲寂滅忍矣。二、據修分別。如《地持》説，初至五地名無相修，六地七地無相修淨，八地九地無相修果，亦名爲廣，十地名爲無相修果成。三、就所淨以分四種。如彼《相續解脱經》説，一者願淨，謂初地中起十大願。二者戒淨，第二地中淨戒成就。三者定淨，第三地中禪定增上。四增上慧及上上出生淨，謂四地上所起行德，四五六地名增上慧，餘名上上出生淨矣。四、就位相以別四種。如《地持》説，一淨心地，局在歡喜。二行迹地，謂從二地乃至七地，此起修道，故曰行迹。三決定地，謂八地上。四究竟地，謂第十地。或分爲五。如《地持》説，就前末後四種之中，分決定地以爲二種，第八一地名決定地，第九一地名決定行，通餘説五。或説爲八。如

《地持》說，四五六地同名正見，餘各爲一，故得爲八。或說爲十，始從歡喜乃至法雲。隨行細分，亦可無量。今據一門，且論十種。

此十難分，故經與論十門階別。其十是何。

一者趣佗[一三五]方便不同。如《地持》說，菩薩先於解行地中依世俗禪，修習一切菩提分法，廣興大願，轉惡趣報，入歡喜地。餘地方便，如《地持[一三六]》說：修十真心，入離垢地。修習十種深念之心，入第三地。起十思量，入第四地。修十平等清[一三七]淨之心，入第五地。修十平等法，入第六地。十方便慧發起勝行，入第七地。總前諸地以爲方便，及修十種無生忍行，入第八地。修十自利利他之行，入第九地。總修[一三八]方便以[一三九]滿地分，入第十地。

二、初住有異。歡喜地中，菩提心生，以爲初住。第二地中，律儀戒淨，以爲初住。第三地中，修護煩惱護小乘心方便攝行，以爲初住。第四地中，十種法智教化成就，以爲初住。第五地中，成就十種順如道行，以爲初住。第六地中，大悲爲首，大悲增上，大悲滿足，觀世生滅，以爲初住。第七地中，修無量種[一四〇]無功用行，以爲初住。第八地中，無生[一四一]忍淨，及得勝行，以爲初住。第九地中，得智成就，以爲初住。第十地中，三昧滿足，以爲初住。

三、正住有殊。歡喜地中，修信精進，迴向善根，以爲正住。第二地中，攝善根戒淨，及攝衆生方便之行，以爲正住。第三地中，修世八禪，以爲正住。第四地中，道品行觀，以爲正住。第五地中，修不住道，以爲正住。第六地中，廣觀因緣，以爲正住。第七地中，二行無間，以爲正住。第八地中，修淨佛土及十自在，以爲正住。第九地中，善知十一稠林之行，以爲正住。第十地中，受佛智識[一四二]職，以爲正住。

四、地果有別。歡喜地中，起十大願，修行十行，以爲地滿。第二地中，攝生[一四三]戒成，以爲地滿。第三地中，得四無量、五神通等，以爲地滿。第四[一四四]中，離煩惱業，起增上欲，報恩精進，本心界滿，以爲地滿。第五地中，攝德起修，化生隨世，以爲地滿。第六地中，對治滅鄣，修行三昧，不壞自在，以爲地滿。第七地中，業淨三昧，過地勝行，以爲地滿。第八地中，大勝之行，以爲地滿。第九地中，智成口成，法師自在，以爲地滿。第十地中，智慧解脱，三昧總持，神通行等，以爲地滿。廣如經説。

五、據修以分。初地修願。二地修戒。三地習定。四地修習道品之慧。五地修行諦相應慧。六地修習緣起之慧。第七地中，修無量種及無功用。第八地中，修淨佛土。第[一四五]九地，修習説法智行。第十地，修習微細智行。

六、就行以别。行謂檀等十[一四六]波羅蜜。初地起檀，二地起戒，乃至十地，智波羅蜜，廣如經説。

七、就報顯異。初地多作閻浮提王，二地多作轉輪聖王，乃至十地多作摩醯[一四七]首羅天王。

八、寄數彰别。初地得百三昧，知百佛神力等，乃至十地得十不可説百千[一四八]佛國土微塵三昧等。

九、就喻論差。喻别有六，謂胎藏、練金、山、河、海、珠。胎藏一喻，論家爲況。後之五喻，經家爲譬。

十、對鄣以分。鄣有十種，始從凡夫我相鄣，乃至第十於諸法中不得自在鄣，廣如上釋。翻對此鄣，故説十地。位别如是。此三門竟。

次明起説因緣之相。七句辨之：一、明説時，佛成道已第二七日即便宣説。二、明説處，在他化天自在王宫摩尼藏殿。三、明説人，是金剛藏菩薩宣説。四、明請主，謂解脱月。五、明説人所入三昧，入[一四九]大智慧光明三昧，亦名大乘光明三昧。六、明加人，十方各過十億佛土微塵數世界有十億佛土微塵數佛，同名金剛藏相與加被。七、明證人，十方各過十億佛土微塵數[一五〇]界有十億佛土塵數菩薩，同名金剛藏雲集作證。十地之相，辨之麤爾。

十功德義，三門分別。一、釋名。二、辨相。三、約對五行定其位分。

初釋其名。十功德義，出《涅槃經》。功謂功能，能破生死，能得涅槃，能度衆生，名之爲功。此功是其善行家德，故云功德，如清冷等是水之德。此德淵深，妙過情取，體寂無爲，諸相不及。故經說言，不與聲聞、辟支佛共，不可思議，聞者驚怖[一五一]，非内非外，非難非易，非相非非相，非是世法，無有相貌，世間所無。然德體雖寂，而義充法界。法界體[一五二]德，難以定論，今據一門，且說十種。其[一五三]十是何？一入智功德，二起通功德，三大無量功德，四十[一五四]利益成就功德，五者五事報果功德，六心自在功德，七修習對治功德，八對治成就功德，九修習正道功德，十正道[一五五]成就功德。此乃釋者隨義以名，經中不辨。十中前六自分功德，後四勝進。觀解趣實，名爲入智[一五六]。妙用隨緣，稱曰起通。化心深廣，名大無量。行德建立，名利益成。勝報圓具，名報果成。具金剛定，所爲無礙，名心自在。善修[一五七]四種之離過[一五八]道，名修對治。解脱德立，名對治成。起修上順，名習正道。道品德備，名正道成。名義如是。此一門竟。

次辨其相。初功德中，差別有五：一、所不聞者而能得聞。二者，聞已能爲利益。三者，能斷疑惑之心。四者，慧心正直不曲。五者，能知如來密[一五九]藏。五中初一是其聞慧，次二思慧，次一修慧，後一證智。初言不聞而能聞者，聖道、佛性、菩提、涅槃，三寶性相，諸餘凡夫二乘法中所未曾聞，今因此經，悉得聞之，是名不聞而能得聞。就思慧中，初門成益，後門遣疑。所言聞已能爲益者，聞此經已，書寫、讀誦，爲他廣說，思惟其義，能見一切諸法義理，自知得近無上菩提，具法具義二種無礙，於一切說，得無所畏，名爲利益。斷疑心者，以思義[一六〇]故，於諸法中種種疑惑悉得永斷。慧心正道[一六一]直者，凡夫二乘虛妄分別，斯名邪曲，菩薩依於《大〔一六二〕涅槃經》，修行聖行，見法實相，邪曲永斷，故云正直。能知如來深密藏者，菩提、涅槃、佛性、業果，是其密藏，依於此經，窮證相應，故曰能知。

第二德中，差別有五：一、昔所不得而今得之。二、昔所不到而今到之。三、昔所不聞而今聞之。四、昔所不見而今見之。五、昔所不知而今知之。五中初二是其身通，次一天耳，次一天眼，後一他心及與宿命。昔所不得而今得者，是身通中轉變神通。此通不與外道、聲聞、辟支等共，名昔不得而今得之。云何不共。略有六種：一、緣心不同。用雖百變，都無分別。餘人不爾。二、心不隨身，異於餘人。菩薩雖復變身爲小，心亦不小，化身爲大，心亦不大。餘人不爾。三、多少不同。菩薩一心一時，能作五趣之身。餘人不堪。四、所入不同。菩薩能以廣大之身，入一塵中。餘人不能。五、應現不同。菩薩一身能令衆生種種異見。餘人不堪。六、虛實不同。菩薩變化一切種物，皆得實用。餘人不能。昔所不到而今到者，是身通中飛行神通。菩薩神通，一念能至恒河沙刹〔一六三〕而無去心。餘人不〔一六四〕爾。昔所不聞而今聞者，十方諸聲，近遠麤細，一時悉聞而無分別。昔所不見而今見者，於十方界一切色像，近遠麤細，一時悉見，都無見想。昔時不知而今知者，於中有二：一、他心通。能知十方諸衆生心。二、宿命通。從今現在及過去世他〔一六五〕及自身八種事、六種同行，一切悉知。

第三德者，所謂菩薩無緣大悲，心如虛空，無所分別，而能普益一切衆生。

第四德中，差別有十：一、根深難拔。二、於自身生決定想。三、不觀福田及非福田。四、修佛淨土。五、滅除有餘。六、斷除業緣。七、修清淨身。八、了知諸〔一六六〕緣。九、離怨敵。十、除二邊。十中前二，起行根本，後之八種，所起行德。

起行本中，根深難拔，明能立始。其體是何。

謂[一六七]菩薩不放逸根。般[一六八]若離過，名不放逸。能與無上菩提爲本，故説爲根。又與一切諸行爲本，亦名爲根。解窮實相，目之爲深。能增信、戒、施、聞、智慧、忍、進、念、定，一切善法，不爲惡敗，名爲難拔。

於自身中生定想者，明能趣終。自念己身於未來世必爲無上菩提法器，心亦如是，終無異求，名於自身生決定想。就後八中，前五是其攝功德行，後三是其攝智慧行。攝功德中，初二是其淨佛[一六九]土行，後三是其起法身行。

淨土行中，不觀福田及非福[一七〇]田者，明能等施，此即是其捨穢土行。以修等施，故離凡夫鄙穢土。修淨土者，明能持戒，此即是其嚴淨土行。以修十善離十惡故，得佛之時，具[一七一]衆生來生其國。法身行中，前二是其捨穢身行，後一是其嚴法身行。

捨穢身中，滅有餘者，離殘苦也，斷業緣者，除殘業因、煩惱緣也。此等通時，俱名有餘。故《涅槃》中説餘有三，一煩惱餘報，二者餘業，三者餘有煩惱。餘報就凡夫説。一切凡夫貪瞋癡慢增上力故，墮於地獄，從地獄出，於畜生中受種種身，乃至人中受惡果報，犯四禁罪。言餘業者，就學人説。須陀洹人受七有業，斯陀含人於欲界中受二有業，阿那含人受於色有無色有業。言餘有者，就無學説。羅漢、辟支無業無結，而有結業二家果在，更須轉滅。故經説言無業無結而轉二果。此三種餘，菩薩皆捨。問曰：何處菩薩能捨？謂初地上。地前雖捨而未能盡。捨初二種，猶是向前斷除業緣。捨後一種，猶是向前滅除餘[一七二]有。

修淨身者，修行十善，遠離十惡，得諸相好，名修淨身。於十善中，一一各以五心修習，謂下、中、上、上中、上上，則爲五十。始修五十，終成五十，合爲百福。以此百福，成於一相。如是具修三十二相。爲破世間事八十神，修八十[一七三]好。下修智中，初一攝治，後二離鄙。

了知緣者，知因緣法空無所有，不取因相，不取生相，不取滅相，不取一異，無有〔一七四〕等相，名了因緣。

離怨對者，有八種魔，是菩薩怨，菩薩〔一七五〕離之。言八魔者：一、煩惱魔，貪瞋癡等。二者陰魔，謂五陰身。三者死魔，謂身滅壞。四者天魔，第六天子。無常、無樂、無我、不淨，此四倒心，復爲四魔，通前説八。魔羅，胡語，此云煞者。此八害善，故名煞者。又復四地已還，菩薩觀諸煩惱悉是己怨，常修遠離。五住已上，得不住道，隨世化益，不以一切煩惱爲怨，隨而受身，化衆生故。唯用誹謗方等經者以爲大怨，畏而離之。經説如是。

離二邊者，生死有果是其一邊，愛煩惱因復爲一邊，菩薩皆離。

第五德中，差別有五：一、諸根完具，六根不缺。二、不生邊地，常處中國，際化隨物。三、諸天愛念。四、爲一切人天大衆恭敬供養。五、得宿命智。初二是報，中二是福，後一是智。

第六德者，謂金剛定，如前金剛三昧章中具廣分別。

第七德中，差別有四，一近善知識，二專心聽法，三繫念思惟，四如法修行。以此四種，對治諸過。故經説言，譬如病人，至良醫所，醫爲説藥，至心善受，隨教合藥，服之病愈〔一七六〕。病人喻〔一七七〕於起行菩薩，至醫喻於近善知識，受教喻於專心聽法，合藥喻思，服喻修行，病愈〔一七八〕身樂喻得涅槃。

第八德中，具有八門，一斷五事，二離五事，三成六事，四修五事，五守一事，六近四事，七信順一實，八心善解脱慧善解脱。斷五事者，所謂五陰。陰義如前五陰章中具廣解釋分別〔一七九〕。菩薩推求，知無所有，故能斷之。離五事者，所謂五見，身、邊、邪見，戒、見二取，是其五也，此義如前十使中釋。菩薩離之。成六事者，謂六念心，念佛、法、僧、戒、施及天〔一八〇〕，是其六也，亦如前釋。修五事者，一是知定，所謂初禪，彼有覺觀，故名爲知。二〔一八一〕者寂定，謂第二禪，彼滅覺觀，故云寂定。三、身心樂定，謂第三禪，彼樂殊勝，故云快樂。四、無樂定，謂從四禪乃至非想，彼絶四受，故云無樂。此四事定。五、首楞嚴，是其理定。首楞嚴者，此名一切事竟。嚴者此云堅固。守一事者謂菩提之心，亦如前釋。近四事者，謂四無量，亦如上解。信一實者，謂一大乘，隨化説三，實唯一大，故云一實。心慧脱者，滅貪瞋癡，心得解脱，於一切法知無礙故，慧得解脱。滅貪瞋癡即是五住性結亡也，所得名爲真諦心慧〔一八二〕。於一切法知無礙者，即是事中無知盡也，所得名爲世諦慧〔一八三〕脱。

第九德別〔一八四〕，差別有五，一者信心，二者直〔一八五〕心，三者戒心，四者近善友，五者多聞。故經説言，修大涅槃，初發五事。以初發故，判爲勝進。信者，謂信三寶、二諦，施有果報，及善方便，究竟一乘。此等猶是《地持論》中信八解處。三寶爲三。言二諦者，《地持論》中名真實義。施有報者，《地持》名爲種種因果。善方便者，《地持論》中名得方便。究竟一乘，《地持論》中名爲得義。彼菩提因，名得方便，菩提之果，名爲得義。此中略無諸佛菩薩神通之力。言直心者，於自所犯，發露悔除，無藏過意，故名直心。又以實心覆衆生過，讚其善事，所謂佛性，令其發心，亦名直心。戒者，菩薩堅持禁戒，正向菩提，心無異求，不受外道烏鷄戒等。近善友者，諸佛菩薩是其善友，常親近之。言多聞者，凡有六種：一、爲涅槃，受持、讀誦十二部經，書寫、供養，名具多聞。二、除十一部，唯持方廣，名具多聞。三、除十二部，但持《涅槃》，名具多聞。四、除《涅槃》，具足全體，其唯受持一四句偈，名爲多聞。五、除一四句偈〔一八六〕，但持如來常住〔一八七〕不變，名爲多聞。六、除是事，若知如來常不説法，亦名多聞。云何不説。經自釋言：諸法無性，雖説諸法，常無所説。

第十德者，所謂菩薩三十七品。是義如後道品章中具[一八八]廣辨釋。此二門竟。

次對五行定其位分。言五行者，一是聖行，二是梵行，三是天行，四是病行，五[一八九]嬰兒行。此義如前五行章中已廣解釋。通而[一九〇]論之，五行十德皆遍始終，是諸菩薩常所修故。隨相別分，五行地前，十德地上。云何得知五行地前。如[一九一]《涅槃》中説，初地上不動之地，堪忍無畏極愛之地[一九二]空平等地爲五行果，明是地前。云何得知十德地上。如經中説，菩薩十德不可思議，非是世法，世間所無，明非地前。十德如是。

見性十法義。

見性十法，如《涅槃》説，一者少欲，二者知足，三者寂靜，四者精進，五者正念，六者正定，七者正慧，八者解脱，九讚嘆解脱，十以大涅槃教化衆生。此十名中，備含多義，如來自[一九三]以五番[一九四]釋之。於中義雜，難以別名。

第一番中，少欲、知足，相對辨釋。經中，先對不善之法，辨明菩薩少欲、知足，後對善法，明其[一九五]菩薩多欲、不足。就不善中，四義辨異。其一義者，少有所求，名爲少欲。若有乏少，但念善法，心無愁惱，説爲知足。第二義者，不從他求，亦[一九六]不自取，名爲少欲。得少之時，心不悔恨，説爲知足。第三義者，未得法中，能破三欲，名爲少欲。得而不著，説爲知足。言三[一九七]欲者，一是惡欲，欲爲一切大衆上首，令一切僧隨逐於己，令我所説四衆信受，一切天人尊敬、讚嘆、供養於我。二是大欲，欲令世人咸皆謂已得須陀洹，乃至羅漢，得住初地，乃至佛果，得禪解脱一切功[一九八]德。三是欲欲，願生刹利、婆羅門家，願生天上，乃至梵天。第四義者，不求他敬，名爲少欲。所得之物不爲積聚，説爲知足。上來對惡，辨明菩薩少欲、知足。今次對善，明其多欲、不知足義。四句辨之：一、少欲不知足，謂須陀洹求小涅槃故，學心未止，名不知足。且論須陀洹[一九九]，斯陀那含類亦同然。二者知足而非少欲，謂辟支佛於自所得生究竟想，故名知足。辟支化人但現神通，不知說法，求說心多，故非少欲。三、亦少欲亦是[二〇〇]知足，謂阿羅漢更無所求，名爲少欲。自謂究竟，故曰知足。四、不少欲亦不知足，所謂菩薩求大菩提無量善法，故非少欲。於自所得不生足想，名不知足。然此二行有善不善。凡夫所行，名爲不善，求他知故[二〇一]。聖人行者，名之爲善，所行不欲令他知故。言寂靜者，泛論有四：一者身靜而心不靜，謂有比丘在空閑處，而心積聚貪瞋癡等。二者心靜而身不靜，謂有比丘親近四衆，心無煩惱。三者身心俱不寂靜，謂餘凡夫。四者身心二俱寂靜，謂佛菩薩身寂靜故離殺盜婬，心寂靜故離貪瞋癡。又復菩薩三業無過，亦名寂靜。三業策懃，離過修善，名爲精進。具六念心，故云正念。得勝三昧，名爲正定。觀諸法空，說爲正慧。斷諸煩惱，名爲解脫。爲諸衆生稱美解脫，常恒不變，名讚解脫。斷煩惱故，得大涅槃。不捨大[二〇二]願力故，教化衆生。此一門竟。

第二番中，修習四依，破四惡欲，名爲少欲。四惡欲者，一、爲衣惡欲，著糞掃衣而對治之。二、爲食惡欲，乞食治之。三、臥具惡欲，樹下治之。四、爲有惡欲，爲有造業，身心寂靜而對治之。住四聖種，說爲知足，住四種樂，名爲寂靜。言四樂者，一、出寂[二〇三]樂，謂持戒樂。二、寂靜樂，《地持論》中名遠離樂，所謂初禪離欲惡不善，故名寂靜。三、永滅樂，《地持論》中名寂靜滅樂。二禪已上，覺觀止息，故云永滅。四、畢竟樂，《地持論》中名[二〇四]菩提樂。出世聖道，一得不退，故云畢竟。具四正懃，名爲精進。具四念處，名爲正念。得四禪故，名爲正定。具四聖諦，名爲正慧。永斷煩惱，名爲解脫。呵[二〇五]煩惱過，顯解脫勝，名嘆解脫。第十如前。此兩門竟。

第三番中，離世間事，名爲少欲。既出家已，不生悔心，是名知足。近空閑處，說爲寂靜。念已未得沙門道果，妄令他人謂已已得，生慚愧心，疾疾懃修，名爲精進。近大涅槃，説爲正念。隨順天行，名爲正定。菩薩八禪，是其天行。正見正知，説爲正慧。正知見故，能破煩惱，名爲解脱。十住菩薩爲衆生故，稱美涅槃，名嘆解脱。第十如上。此三門竟。

第四番中，行十二頭陀，名爲少欲。行是事時，不生悔心，説爲知足。修空三昧，名爲寂靜。得四果已，於大菩提，心不休息，名爲精進。思惟如來常恒不變，説爲正念。修八解脱，名爲正定。得四無礙，是名正慧。遠離七漏，稱曰解脱，七漏如前煩惱聚中具廣分别。嘆美涅槃，名讚解脱。第十如前。此四門竟。

第五番中，破壞諂曲，名爲少欲。學如來行，稱曰知足。近涅槃門及五種樂，説爲寂[二〇六]靜。言五樂者，如《地持論》説，一者同[二〇七]樂，二者受樂，三苦對治樂，四斷受樂，五無罪樂。亦可四禪及首楞嚴名五樂矣。堅持禁戒，名爲精進。有慚愧者，説爲正念。不見心想，名爲正定。不求諸法因緣性相，名爲正慧。斷諸煩惱，説爲解脱。爲他稱美，名嘆解脱。第十如上。

如是十法，雖見佛性，而不明了，未同佛故。十法如是。

涅槃十因義。

涅槃十因，如《涅槃》説，一信，二戒，三近善友，四者寂靜，五者精進，六正念具足，七者[二〇八]濡語，八者護法，九者布施，十者正慧。信者，菩薩信佛法僧常恒不變，一切衆生悉有佛性。戒者，菩薩堅持禁戒，不爲一切，唯爲最上第一義故。近善友者，若有能説信戒施聞智慧等法[二〇九]，令人行者，常親近之。言寂靜者，深觀[二一〇]法界，身心不動。言精進者，常觀四諦，投[二一一]頭火燃，終不放逸捨[二一二]。正念具者，具六念心，念佛、法、僧、戒、施及天。言濡語者，離口四過，與衆生語。言護法者，常自樂法，受持讀誦，書寫供養，思惟其義，爲他廣説，見人護法，種種供養。施者，菩薩於同法者，隨其所須，一切給與。慧者，觀察如來常住，無有變易，一切衆生悉有佛性，觀一切法若空若有，若常若〔二三三〕無常，如是二諦，種種差別。以此十種，能〔二三四〕見涅槃。十因如是。

菩薩十力義。

菩薩十力，出《大智論》。行心堅固，魔法不壞，名之爲力。力義不同，一門説十。十名是何。一、發心堅固力，求一切智不退轉故。二、大慈力，常能不捨諸衆生故。三、大悲力，不求利養，化衆生故。四、精進力，能信出生諸佛法故。五、禪定力，雖〔二三五〕起智慧，威儀之行不失壞故。具〔二三六〕智慧力，遠離二邊，隨十二緣，斷諸邪見，滅戲論故。七、不厭力，常受生死，教化衆生，集諸善行，無疲厭故。八、無生忍力，觀法實相，知無我故。九、解脱力，入三解脱門，及知二乘得解脱故。十、無礙智力，於法自在，知衆生心所趣向故。

又《華嚴》中更説十力，與前十種有同有異。十名是何。一、直心力，一切世界無染著故。二、深心力，不壞一切諸佛法故。三、方便力，究竟一切菩薩行故。四、智慧力，知衆生心故。五者願力，令一切衆生願滿足故。六者行力，盡未來際，不斷絶故。七者乘力，出生普現一切乘故。八、神通力，於一毛道示現一切清淨世界，一切如來出興〔二三七〕世故。九、菩提力，覺悟菩提，與一切衆生心念等故。十、轉法輪力，於一句法，分別演説，隨順一切衆生悕望及諸根故。此十種中，初直心力是前十中具智慧力及無生忍力。第二深心，是前十中精進之力。第三方便〔二三八〕、第六行力，是前十中不疲厭力。第四慧力、第十轉法輪力，是前十中無礙智力。第五願力，是前十中初發心力。第七乘力，是前十中解脱之力，以知三乘解脱法故。後十種中，神通力、菩提力，前十不論。前十種中，慈、悲、定力，後十不説。

又《首楞嚴》中，更説十力：一、菩提心力，堅守不失。二、於不思議佛法，得深信力，深信[二九]不疑。三、於多聞得[三〇]不妄[三一]力，堅持不失。四、往來生死，得無疲力，常能處之。五、於衆生得大悲力，常能攝化。六、於布施得堅捨力，恒施不休。七、於持戒得不壞力，堅持不犯。八、於忍辱得堅受力，常能忍受。九、魔不能壞，得智慧力，不爲魔動。十、於諸深法得信樂力，樂求無厭。此之十種，與《大智論》所説十力有同有異。初菩提心力，是彼第一發心之力。第二深信，是彼第四精進之力，能信出生諸佛之法。第四無疲，是彼第七無厭力也。第五於生得大慈者，是彼第二大慈之力及第三門大悲之力。第九於魔得智慧力，是彼第六具智慧力及第十門無礙智力。第十深法得信樂者，是彼第八無生忍力及第九門解脱之力。此中多聞、布施、持戒、忍辱之力，彼中不論。彼中定力，此處不説。十力如是。

菩薩十無畏義，兩門分別。一、辨相。二、對四無畏辨其同異。

此十無畏，出《華嚴經》。名字是何。一、悉能聞持，問答無畏。二、除滅衆生疑惑無畏。三、見一切空，離邪見無畏。四、得佛威儀無畏。五、三業清淨，離過無畏。六、諸天善神一切諸佛護念無畏。七、悉能受持一切佛法無畏。八、示現受生、不爲生死惑亂無畏。九、安住大乘，悉能示現諸乘無畏。十、隨化衆生，普爲應現，不斷菩薩願行無畏。此一門竟。

次對菩薩四種無畏，辨其[三二]同異。四無畏義，如前廣説。一者，總持説法無畏。二、知法藥及知衆生根欲性心，説法無畏。三、善能問答，説法無畏。四、能斷物疑，説法無畏。十中第一，即是四中第一第三。十中第二，即是四中第四無畏。十中第三第七第九，即是四中第二無畏知法藥故。餘者不同。無畏如是。

三乘共地義，三門分別。一、釋名辨相。二、約小論大。三、辨明菩薩行之通別。

三乘共地，如《大品經・燈炷品》説。一切

賢聖住處名地。地別不同，一門説十。説三乘地共爲此十，名共十地。爲別菩薩獨法十地，故云共矣。十名是何。一乾慧地，二者性地，三八人地，四者見地，五者薄地，六離欲地，七已作地，八辟支佛地，九菩薩地，十者佛地。於此十中，得名有二，乘別分三，因果爲六，地別説十。得名二者，前之七種據法彰名，後之三種就人立稱。互從皆得，直以立名不同故爾。乘別三者，初七小乘，次一中乘，後二大乘。因果六者，初七是其小乘因果，次一是其中乘因果，後二是其大乘因果。地別十者，名如上列。

言乾慧者，謂聲聞中五停心觀，總別念處。於此位中，勤修〔二三〕精進持戒之行，或觀不淨，或修慈悲，或觀因緣，或分別界，或爲數息，或復修習念佛三昧，於四念處總別觀察〔二四〕。總別〔二五〕之相，後道品中具廣分別。此等皆是假總〔二六〕觀行，雖有智慧，未得定水，故云乾慧〔二七〕。又此事觀，未得理水，亦名乾慧，未觀四諦十六行故。

言性地者，論言，從煖至世第一法，依禪修習四真諦觀，成聖人性，故云性地。依何等禪。謂四〔二八〕根本、未來〔二九〕、中間。

八人地者，論言，苦忍至道比忍，具修八忍，名八人地。

言見地者，論自〔三〇〕釋言，初〔三一〕得聖果，謂須陀洹，道比智心，見理周盡，故云見地。問曰：何故見修無學三道之中須陀洹向名爲見道，此十〔三二〕地中須陀洹果名爲見地。釋言：見義有其二種：一、推求名見，多在諸忍。二、明白名見，多在諸智。須陀向中推求義足，故三道中名爲見道。須陀洹〔三三〕果中明白方具，説爲見地。各據一義，不相乖背。

言薄地者，論自釋言，或須陀洹，或斯陀含，能薄欲結〔三四〕，故名薄地。言須陀者，欲界九品修道惑中，從斷一品，乃至第六無礙道來，是其進向須陀洹果，故名須陀。斯陀含者，從斷六品，乃至第九無礙道來，通名斯陀。斷第六品，守果斯陀。斷第七品乃至第九無礙道來，進向斯陀。

離欲地者，謂阿那含，從斷欲界第九品結，乃至那含金剛三昧，通名那含。離欲界欲，名離欲地。此人亦能斷上煩惱，從始爲言，且云離欲。

已作地者，謂羅漢果，成就盡智、無生智，故名爲已作。言盡智者，現盡諸漏。無生智者，保更不起。

辟支地者，緣覺人中，從因至果，通名辟支。辟支，胡語，此方翻譯，名因緣覺。藉現事緣而得覺悟，不假他教，名因緣覺。又於十二因緣法中而得覺悟，亦名緣覺。

菩薩地者，從初發心，乃至法雲。菩薩，胡語，此方翻譯，名道衆生。具修自利利他之道，名道衆生。又復此人解會中道，從其所會，名道衆生。

言佛地者，金剛心後，種智德備，覺窮法性，名爲佛地。

問曰：何故小乘分七，中乘爲一，大乘説二。

釋言：此等互從皆得，但今且據離合法門，故爲此説。以聲聞人行麤易別，故分爲七。緣覺之人，一入無漏，至果乃出，異相難分，故合爲一。大乘法中，果德高出，特異衆聖，理須別樹，故分爲二。蓋乃且據一門説[三五]言耳。若入餘門，或分大乘，而合中小，如《地經》説聲聞法行、緣覺法行、菩薩法行、如來法行。或分小乘，而合中大，如《涅槃經》彼恒河中七人是也。彼分小乘以之爲五，始從住人，乃至第七水陸俱行，辟支、菩薩及與如來同皆説爲水陸俱行。如此離合，經中大多，不可具論。此一門竟。

次第二門，約小論大。如龍樹説，聲聞乾慧，於菩薩中名初發心。種性已前，善趣之人始求菩提，名初發心。聲聞性地，於菩薩中名[三六]柔順忍。種性解行，隨順出道，名柔順忍。聲聞八人，於菩薩中名無生忍。入菩薩位，此名初地，始入地心，爲無生忍，不同《仁王》《地經論》等七地已上方名無生。聲聞見地，於菩薩中名阿毗跋致。

此乃初地正住已後，乃至地滿，安住不退，名阿毗跋致。聲聞薄地，於菩薩中過阿毗跋[三七]，斷諸煩惱，餘氣亦薄。此從二地乃至七地，修道剪鄣，名斷煩惱。聲聞離欲，於菩薩中離欲因緣，得五神通。此從八地乃至十地，愛佛心斷，名爲離欲。淨佛國土，神變自在，知衆生心，如應説法，名得五通。聲聞已作，於大乘中名爲佛地。斯乃論主因解小中七地差別，乘以類顯，大乘位分，非前七中已含大乘。若前七中已含大乘，何須在後更説菩薩及與佛地。人[三八]惑在斯，最須識知。此二門竟。

次明菩薩行之通則[三九]。別則菩薩唯行第九，是故第九名菩薩地。通則十地菩薩皆行，故《大品》云，菩薩應當具行十地，始從乾慧乃至佛地。問曰：菩薩行後二地，義則可知。以何義故行前八地。釋有兩義：一、就自行以論。自所行中麤近之者，相同二乘，故曰通行。二、就外化以釋。爲化衆生，故現行之。故天女云，以聲聞法化衆生故，我爲聲聞，以因緣法化衆生故，我爲辟支。《法華》亦云，知衆生樂小而畏大智，是故菩薩作聲聞、緣覺。龍樹亦云，文殊過去[四〇]七十二[四一]億反[四二]作辟支佛，教化衆生。且言過去作辟支佛，理實過去亦作聲聞。三乘[四三]共地，辨之略爾。

大乘義章卷第十四

校勘記

〔一〕「無我」，校本校勘記云甲本作「我無」。

〔二〕「是」，底本原校云一本作「良」。

〔三〕「有」，底本原校云論作「無」。

〔四〕「無」，底本原校云論作「有」。

〔五〕「目」，校本校勘記云一本作「因」。

〔六〕「斷除」至「爲離」，底本原校疑衍。

〔七〕「切」，底本原校云一本無。

〔八〕「二」，疑爲「三」。

〔九〕「八」，底本原校云一本無。

〔一〇〕「須」，底本原校云一本作「復」。
〔一一〕「隨」，據《十地經論義記》（《卍續藏》本），疑後脱「心」字。
〔一二〕「示」，校本校勘記云甲本作「亦」。
〔一三〕「大」，校本校勘記云一本無。
〔一四〕「精解心善解」，底本原校云一本無。
〔一五〕「佛」，校本校勘記云一本無。
〔一六〕「中」，校本校勘記云一本無。
〔一七〕「養」，底本原校疑衍。
〔一八〕「出世間」，校本校勘記云一本無。
〔一九〕「非」，底本原校云經作「内」。
〔二〇〕「所聞如經」，底本原校疑衍。
〔二一〕「諸」，校本校勘記云聖本無。
〔二二〕「地持」，校本校勘記云聖本作「持地」。
〔二三〕「俱」，底本原校疑爲「皆」，校本校勘記云聖本、甲本均作「但」。
〔二四〕「念」，底本脱，據校本校勘記補。
〔二五〕「衆」，校本校勘記云甲本、聖本均無。
〔二六〕「念」，校本校勘記云聖本無。
〔二七〕「智」，校本校勘記云聖本作「知」。
〔二八〕「慧」，校本校勘記云聖本作「惠」，下二「慧」字同。
〔二九〕「知」，校本校勘記云聖本作「如」。
〔三〇〕「苦」，校本校勘記云聖本無。
〔三一〕「世間道世間味」，校本校勘記云聖本無。
〔三二〕「量宜」，校本校勘記云聖本無。
〔三三〕「他」，校本校勘記云聖本作「化」。
〔三四〕「佛」，校本校勘記云聖本作「信」。
〔三五〕「以」，底本原校疑衍。
〔三六〕「勇猛」，校本校勘記云聖本無。
〔三七〕「心悲」，底本原校云一本無。
〔三八〕「深」，校本校勘記云聖本作「染」。
〔三九〕「行」，校本校勘記云聖本作「信」。
〔四〇〕「行」，底本原校疑衍。
〔四一〕「有遠」，校本校勘記云聖本無。
〔四二〕「有」，校本校勘記云聖本無。

[四三]「慧」，校本校勘記云一本作「惠」，下三「慧」字同。

[四四]「令」，底本原校云一本無。

[四五]「故」，底本原校云一本無。

[四六]「供養」，校本校勘記云一本無。

[四七]「無」，校本校勘記云一本後有「法」字。

[四八]「成」，校本校勘記云原本校勘記後有「説爲心淨」四字，聖本作「淨」。

[四九]「中」，校本校勘記云聖本無。

[五〇]「法中是別心數」，校本校勘記云一本無。

[五一]「知」，校本校勘記云一本無。

[五二]「所」，校本校勘記云聖本作「諸」。

[五三]「忘」，校本校勘記云聖本、甲本均作「妄」。

[五四]「處」，校本校勘記云聖本作「所」。

[五五]「色」，校本校勘記云聖本後有「形」字。

[五六]「中」，校本校勘記云聖本作「力」。

[五七]「十」，校本校勘記疑前脱「第一釋名」四字。

[五八]「修行」，校本校勘記云聖本作「行修」。

[五九]「無」，校本校勘記云聖本無。

[六〇]「本」，校本校勘記云聖本作「平」。

[六一]「性」，校本校勘記云聖本作「生」。

[六二]「相於事分齊初地」，校本校勘記云聖本無。

[六三]「行修」，底本原校云一本作「修行」。

[六四]「名」，校本校勘記云聖本前有「退」字。

[六五]「無」，底本原校云聖本作「不」。

[六六]「外」，校本校勘記云聖本無。

[六七]「失」，底本原校云聖本作「矣」。

[六八]「及」，校本校勘記云聖本、甲本均作「反」。

[六九]「德」，校本校勘記云甲本作「得」。

[七〇]「位」，底本原校云聖本無。

[七一]「邪」，校本校勘記云聖本後有「異」字。

[七二]「別」，校本校勘記云一本作「明」。

[七三]「相」，校本校勘記云聖本無。

[七四]「物」，底本原校云經作「意」。

[七五]「是」，校本校勘記云聖本作「此」。

[七六]「性」，校本校勘記云聖本後有「知」字。

〔七七〕「法」，校本校勘記云聖本無。

〔七八〕「證得」，底本原校云聖本作「得證」。

〔七九〕「句」，校本校勘記云聖本無。

〔八〇〕「慧」，校本校勘記云聖本作「惠」，下三「慧」字同。

〔八一〕「相」，校本校勘記云聖本無。

〔八二〕「一」，校本校勘記云聖本前有「第一釋名十行之義出華嚴經修起名行行別不同」二十字。

〔八三〕「分」，校本校勘記云聖本無。

〔八四〕「憂」，校本校勘記云聖本作「愛」。

〔八五〕「一一」，校本校勘記云聖本作「生」。

〔八六〕「慧」，校本校勘記云聖本作「惠」。

〔八七〕「略」，校本校勘記云聖本無。

〔八八〕「體」，底本原校疑爲「性」，校本作「性」。

〔八九〕「就」，校本校勘記云聖本作「熟」。

〔九〇〕「退」，底本原校云一本作「邊」。

〔九一〕「曠」，校本校勘記云聖本作「廣」。

〔九二〕「人天」，校本校勘記云聖本作「天人」。

〔九三〕「證法如故修」，校本校勘記云聖本無。

〔九四〕「中行種」，校本校勘記云聖本無。

〔九五〕「人」，校本校勘記云聖本無。

〔九六〕「迴」，校本校勘記云聖本無。

〔九七〕「等」，校本校勘記云聖本後有「心」字。

〔九八〕「所」，校本校勘記云聖本後有「所」字。

〔九九〕「樂」，校本校勘記云聖本後有「等」字。

〔一〇〇〕「迴向以」，校本校勘記云聖本無。

〔一〇一〕「向」，校本校勘記云聖本無。

〔一〇二〕「所」，校本校勘記云聖本無。

〔一〇三〕「根」，校本校勘記云聖本無。

〔一〇四〕「切」，底本原校云聖本作「如」。

〔一〇五〕「如量」，校本校勘記云聖本無。

〔一〇六〕「久」，校本校勘記云聖本無。

〔一〇七〕「別」，校本校勘記云聖本作「例」。

〔一〇八〕「向」，校本校勘記云聖本無。

〔一〇九〕「娑」，校本校勘記云聖本作「沙」。

〔一一〇〕「彼」，底本原校疑前脱「故」字，校本前有

「故」字。

〔一一一〕「地」，校本校勘記云聖本後有「故」字。

〔一一二〕「全」，校本校勘記云聖本作「令」。

〔一一三〕「處」，校本校勘記云聖本作「所」。

〔一一四〕「慧」，校本校勘記云聖本作「惠」。

〔一一五〕「此」，校本校勘記云聖本無。

〔一一六〕「地」，校本校勘記云聖本無。

〔一一七〕「前」，底本原校疑後脱「信」字或「凡」字，校本校勘記云聖本後有「信」字。

〔一一八〕「名」，底本原校疑前脱「中」字。

〔一一九〕「足」，底本原校疑衍。

〔一二〇〕「他」，底本原校云一本作「地」。

〔一二一〕「慧」，校本校勘記云聖本作「惠」，下二十二「慧」字同。

〔一二二〕「二」，校本校勘記云甲本作「三」。

〔一二三〕「不忘」，校本校勘記云甲本作「虚妄」，下一「不忘」二字同。

〔一二四〕「光」，校本校勘記云聖本、甲本後均有「炎」字。

〔一二五〕「殊」，校本校勘記云甲本作「珠」。

〔一二六〕「現前地者」，校本校勘記云聖本作「彼」。

〔一二七〕「間」，底本原校云一本作「聞」。

〔一二八〕「此」，底本原校云一本作「四十」。

〔一二九〕「得」，底本原校云論作「地」。

〔一三〇〕「海」，校本校勘記云聖本作「深」。

〔一三一〕「方便亦得分五」，校本校勘記云一本無。

〔一三二〕「熟」，校本校勘記云聖本作「就」，下一「熟」字同。

〔一三三〕「廣無量異盈狹無減小」，底本原校云一本無。

〔一三四〕「説爲」，校本校勘記云聖本作「爲説」。

〔一三五〕「佗」，底本原校云一本作「地」，校本作「他」。

〔一三六〕「持」，校本校勘記云聖本作「經」。

〔一三七〕「清」，底本原校疑爲「深」，校本作「深」。

〔一三八〕「修」，校本校勘記云聖本作「明」。

〔一三九〕「以」，校本校勘記云聖本作「爲」。

〔一四〇〕「種」，底本原校云一本無。

〔一四一〕「生」，校本校勘記云聖本無。

〔一四二〕「識」，底本原校疑衍。

〔一四三〕「生」，校本校勘記云聖本後有「生」字。

〔一四四〕「四」，校本校勘記云聖本後有「地」字。

〔一四五〕「第」，底本原校疑衍，下一「第」字同。

〔一四六〕「十」，校本校勘記云聖本無。

〔一四七〕「醯」，校本校勘記云聖本作「監」。

〔一四八〕「千」，底本原校云經後有「萬億那由他」五字。

〔一四九〕「入」，底本原校云一本無。

〔一五〇〕「數」，校本校勘記云聖本無。

〔一五一〕「怖」，底本原校云經作「怪」。

〔一五二〕「體」，校本校勘記云聖本作「之」。

〔一五三〕「其」，校本校勘記云聖本無。

〔一五四〕「十」，校本校勘記云聖本後有「事」字。

〔一五五〕「功德十正道」，底本原校云一本無。

〔一五六〕「智」，校本校勘記云聖本作「知」。

〔一五七〕「修」，校本校勘記云聖本作「學」。

〔一五八〕「之離過」，校本校勘記云聖本作「離過之」。

〔一五九〕「密」，校本校勘記云聖本作「蜜」，下二「密」字同。

〔一六〇〕「義」，校本校勘記云聖本作「議」。

〔一六一〕「道」，底本原校云一本無。

〔一六二〕「大」，校本校勘記云一本無。

〔一六三〕「剎」，底本原校云一本無。

〔一六四〕「不」，校本校勘記云聖本無。

〔一六五〕「他」，校本校勘記云聖本作「化」。

〔一六六〕「諸」，校本校勘記云聖本作「依」。

〔一六七〕「謂」，底本原校云一本前有「所」字。

〔一六八〕「般」，校本校勘記云聖本作「彼」。

〔一六九〕「佛」，校本校勘記云聖本無。

〔一七〇〕「福」，校本校勘記云聖本無。

〔一七一〕「具」，底本原校疑後脱「戒」字。校本校勘記云聖本後有「善」字，甲本作「其」。

〔一七二〕「餘」，校本校勘記云聖本無。

〔一七三〕「十」，校本校勘記云聖本後有「八」字。

〔一七四〕「無有」，校本校勘記云聖本作「有無」。

〔一七五〕「怨菩薩」，校本校勘記云聖本無。

〔一七六〕「愈」，校本校勘記云聖本作「⿰口愈」。

〔一七七〕「喩」，校本校勘記云聖本作「⿰口愈」，下一「喩」字同。

〔一七八〕「愈」，校本校勘記云聖本作「喩」。

〔一七九〕「分別」，底本原校云聖本無。

〔一八〇〕「天」，校本校勘記云聖本作「無」。

〔一八一〕「二」，校本校勘記云聖本作「定」。

〔一八二〕「慧」，底本原校疑爲「脱」，校本校勘記云甲本作「脱」。

〔一八三〕「慧」，校本校勘記云聖本作「惠」，下十九「慧」字同。

〔一八四〕「別」，校本校勘記云聖本、甲本均作「中」。

〔一八五〕「直」，校本校勘記云聖本作「真」。

〔一八六〕「偈」，校本校勘記云聖本無。

〔一八七〕「住」，校本校勘記云聖本無。

〔一八八〕「具」，校本校勘記云聖本後有「釋」字。

〔一八九〕「五」，校本校勘記云聖本後有「是」字。

〔一九〇〕「而」，校本校勘記云聖本作「如」。

〔一九一〕「如」，底本原校云一本作「異」。

〔一九二〕「地」，校本校勘記云聖本作「果」。

〔一九三〕「自」，校本校勘記云一本無。

〔一九四〕「番」，校本校勘記云聖本作「翻」，下一「番」字同。

〔一九五〕「其」，校本校勘記云聖本無。

〔一九六〕「亦」，校本校勘記云聖本無。

〔一九七〕「三」，校本校勘記云聖本作「二」。

〔一九八〕「功」，校本校勘記云聖本無。

〔一九九〕「求小」至「陀洹」，校本校勘記云一本無。

〔二〇〇〕「是」，校本校勘記云聖本無。

〔二〇一〕「故」，校本校勘記云聖本無。

〔二〇二〕「大」，底本原校云聖本前有「大悲」二字。

〔二〇三〕「寂」，校本校勘記云聖本作「家」。

〔二〇四〕「名」，校本校勘記云聖本作「若」。

〔二〇五〕「呵」，校本校勘記云聖本作「可」。

〔二〇六〕「寂」，校本校勘記云聖本無。

〔二〇七〕「同」，底本原校云一本作「因」。

〔二〇八〕「者」，校本校勘記云聖本無。

〔二〇九〕「法」，校本校勘記云聖本無。

〔二一〇〕「深觀」，校本校勘記云聖本作「觀深」。

〔二一一〕「投」，底本原校云一本作「設」。

〔二一二〕「捨」，底本原校疑衍。

〔二一三〕「若」，校本校勘記云聖本無。

〔二一四〕「能」，底本原校云一本作「皆」。

〔二一五〕「雖」，校本校勘記云聖本無。

〔二一六〕「具」，底本原校疑爲「六」。

〔二一七〕「興」，校本校勘記云聖本作「與」。

〔二一八〕「第三方便」，校本校勘記云聖本無。

〔二一九〕「力深信」，校本校勘記云聖本無。

〔二二〇〕「得」，校本校勘記云一本無。

〔二二一〕「妄」，底本原校云一本作「忘」。

〔二二二〕「其」，校本校勘記云聖本無。

〔二二三〕「勤修」，校本校勘記云聖本作「修行」，甲本作「或修」。

〔二二四〕「察」，校本校勘記云甲本作「舉」。

〔二二五〕「別」，校本校勘記云聖本無。

〔二二六〕「總」，校本校勘記云聖本作「相」，甲本作「想」。

〔二二七〕「慧」，校本校勘記云聖本作「惠」，下三「慧」字同。

〔二二八〕「四」，校本校勘記云聖本無。

〔二二九〕「來」，底本原校云一本作「至」。

〔二三〇〕「自」，校本校勘記云聖本無。

〔二三一〕「初」，校本校勘記云聖本後有「諸」字。

〔二三二〕「十」，校本校勘記云聖本作「一」。

〔二三三〕「洹」，校本校勘記云聖本無。

〔二三四〕「結」，校本校勘記云一本無。

〔二三五〕「說」，底本原校疑衍。

〔二三六〕「名」，校本校勘記云聖本無。

〔二三七〕「跋」，校本校勘記云聖本後有「致」字。

〔二三八〕「人」，底本原校云一本作「又」。

〔二三九〕「則」，校本校勘記云聖本無。

〔二四〇〕「過去」，底本原校云論無。

〔二四一〕「二」，底本脱，據底本原校及校本校勘記補。

〔二四二〕「反」，校本校勘記云聖本作「返」，甲本作「變」。

〔二四三〕「乘」，校本校勘記云聖本作「我」。

大乘義章卷第十五

遠法師撰

淨法聚因法中，此卷有九門。十智義。十一智義。十一淨義。十二頭陀義。十二巧方便義。十三住義。十四離垢業義。離隱六方、離四惡友、攝四善友義。十四化心義。

十智義，八門分別。釋名辨相，一。體性，二。同異相攝，三。辨境，四。就處分別，五。諸智相緣，六。諸根相應，七。辨境修智，八。

第一門中，先釋其名，後辨其相。所言智者，論釋不同。依如毗曇，決斷名智，異諸忍故。《成實》法中，無著名智，異想識故。大乘俱有。智别不同，一門説十。十名是何。一是苦智，二是集智，三是滅智，四是道智，五是法智，六是比智，七是盡智，八無生智，九是等智，十他心智。就此十中，初五後一從境爲名，等智一種約境立稱，比智從其方便爲目，盡、無生智就能彰號。逼惱名苦，聚積稱集，寂泊名滅，虚通曰道，照斯之解，名爲苦智，乃至道智。言法智者，亦名現智，軌則名法。又如論釋，自體名法。初知法故，名爲法智。以知現法，故名現智。言比智者，准前度後，目之爲比，因比得智，故云比智。又復即此比度之解，亦名比智。言盡智者，無學聖慧能盡諸漏，故名盡智。無生智者，若依《成實》，無學聖慧能令當苦永更不生，名無生智。

大乘亦爾。毗曇法中亦有此義，但不就此説無生智。於彼宗中，利根羅漢隨所斷結，保更不生，名無生智。言等智者，世俗之慧，等知諸法，故名等智。他心智者，非已之慮，稱曰他心，照斯之解，名他心智。理實亦知他想受等，心是主故，偏云他心，又想受等通名心[二]故。此一門竟。

次辨其相。先論苦集滅道四智。宗别不同，所説各異。若依毗曇，知有漏果，苦與無常，空與無我，四義冥通，名爲苦智。知有漏因，因、集、有、緣，四義冥通，名爲集智。知無漏果，盡、止、妙、出，四義冥通，名爲滅智。知無漏因，道、如、迹、乘，四義冥通，名爲道智。若依《成實》，了知四諦，用名虚假，無性之空，名爲苦智，乃至道智。大乘法中，有止有觀。若入止門，於四真諦不收一相。故《地持》云：不於身等妄想觀苦，若妄觀集，亦不於斷起滅妄想，不於得因起道妄想，亦復不取一切非性。若入觀門，種種悉知。

於中所説，開合不定。如就苦中，或總爲一，或分爲二，如《地持》説如離言性及知無量處方便法。知離言性，猶是真諦，故《涅槃》云，菩薩之人解苦無苦而有真諦。無量方便，猶是世諦，故《涅槃》云，分别是苦有無量相，是名上智。

或分爲三，如《涅槃》説，所謂知苦、知諦、知實。了知三苦及八苦相，名爲知苦。知彼苦法因緣有無，名爲知諦。知苦實性，名知苦實。此實即是如來之藏，故《勝鬘》云於聖諦處説如來藏。亦是法身，故《涅槃》云，不知如來秘藏法身，是名爲苦，不名聖諦。若知如來常住法身，名苦聖諦。此名苦實以爲諦矣。亦是如來虚空佛性，故《涅槃》云，如來非苦非諦是實，虚空佛性亦復如是。凡佛同體，據佛望之，從本已來清淨無染，不須更滅，是故苦實即是如來。據凡望之，現爲惑染，與後顯時淨德爲本，是故此實名爲佛性。就體離相，故復名空。菩薩於此，皆如實知。

或分爲五：一、知苦事。苦者實苦，不可令樂。二、知虛假。假有四重：一、因和合假，攬別成總。二、法和合假，苦無常等，同體相成。三、妄相虛假，如幻如化。四、妄相虛假，如夢所見，但從心現，心外無法。此是第二。三、知苦空。空有五種：一、知苦法非我我所，故名爲空。二、因和合中無性名空。三、法和合中無性名空。四、妄相法無相名空，如陽炎水，近見全無。五、妄想法無實名空，如夢所見，於寤全無。此是第三。四、知苦實，謂如來藏。於中有二：一、如實空。從本已來，離一切相，離一切性。二、如實不空。從本已來，具足無量過恒沙法。此義如前四諦章中具廣分別。此是第四。五、知苦用。知如來藏不染而染，緣起生死。

或分爲十，如《地經》說，始從世諦，乃至第十如來智諦。廣則無量。菩薩於此悉如實知，名爲苦智。知苦既然，餘諦類爾。

法智、比智，宗別不同，所說亦異。毗曇法

中，時通處別。並知三世苦集滅道，故曰時通。處分上下，名爲處別，法智唯知欲界之法，比智唯知上二界法。問曰：何故知欲界法偏名法智，知上界法偏名比智？《毗婆沙》云：初入聖道，必在欲界。於欲界苦，有二現見，一知苦現見，二知輕重現見，具此二現，故名現智。於上界苦，但有一種知苦現見，不知輕重，故不名現，說之爲比。故彼立喻，如二擔[三]物，一則自持，二令他持。於自持者，有二現知，一知是物，二知輕重。於他持者，但知是物，不知輕重。知欲界苦，如自持物，故名現智。知上界苦，如他持物，少一現知，故不名現，但得稱比。知苦既然，集等亦爾。若依《成實》，義別有二。第一，約就時處分別法比二智，處通時別。並通三界，名爲處通。法智唯知現在之法，比智唯知過未之法，說爲時別。何故法智唯知現在？現有法體，易現知故。何故比智偏知過未？過未之法，現無其體，難可現見，要依現在比度知故。二、約法分別，時處俱通。於現法中隨觀一法虛假無性，比類三世一切諸法虛假無性，悉名爲比。現見三世一切法空，同名爲現。前門之中先現後比，此後門中先比後現。如牧象人，先觀象跡，後見象身，觀跡如比，見身如現。大乘法中，義別三階：一、據修治。法智一種，時處俱別，唯知現在同處法故。比智一種，時處俱通，於一切時一切處法比度知故。故彼《相續解脱經》言，現前得相，知現在世苦無常等，依現得相，比知餘處及他世事[三]中苦無常等。現前得相，猶是現智。依現得相，猶是比智。良以始修，現智難成，故唯知於現在世中同處法矣。二、據修次。法智一種，時處不定，於一切時一切處法在前知者即名爲現。以此類餘三界三世一切諸法，悉名爲比。以修轉勝，於一切時一切處法能現知故。三、據修成。唯一現智，通知三世一切處法，更無比知。故《地持》云：十方諸佛於一切生、一切諸法，現知見覺。問曰：至佛，若無比智，佛智應少。釋言：比度方能知法，此智微劣，少復何患。又佛雖不假比知法而知諸法彼此相似，如此比智，諸佛最多，故知[四]不少。問曰：法比不異前四，何勞別說。釋言：辨義有二種門。一攝相門，舉前四種，即攝法比，不須更立。二分義門，前之四種約境別智，法之與比，約時約處約[五]修別智，與前義異，故須別說。《成實》約時，毗曇約處，大乘約修，於一切法，先觀名現，後知稱比。

所言盡智、無生智者，依如毗曇，用前六智以之爲體，若以苦智斷非想結，彼惑盡已，即説彼智爲盡、無生。集、滅、道智，類亦同然。若觀欲界，滅道二諦斷非想惑，即用滅道法智爲體。若觀上界，苦集滅道斷非想惑，即用四比以之爲體。此前諸智，至無學果，在鈍根人，唯名盡智，此人不能保已當結永更不生，非無生智。利根人得，初名盡智，後名無生。若出觀後，重更入中，則名無學等見之智，非盡、無生，於十智中前六收故。若依《成實》，用彼四諦現智爲體，現觀諦空，盡諸結故。於彼宗中，比智但伏，不能永斷，是故不説爲盡、無生。彼盡、無生，同體義別。無學聖智，能盡有因，即名盡智。令苦不生，即名無生。大乘法中，亦用四諦現智爲體。現見諦實，盡諸結故，比伏不永，與《成實》同。同體義分，亦似《成實》。問曰：盡智及無生智不異前六，何須別説。爲分果德，異前因故。如前四眼至佛果德名爲佛眼，此亦如是。

言等智者，《成實》法中名名字智，在聖非凡。聖人以其名用之解，知於世俗假名之法，名名字智。毗曇法中，不簡凡聖，以有漏慧等知諸法，名爲等智。大乘法中，義有通別。通如毗曇説[六]。故《涅槃》云一切衆生有三等智。別則知法幻有名等。此知何等。解脱[七]有通有別，通則能知二諦諸法。問曰：等智云何能知第一義諦。雖不能證，非不能解，故得知之。別則唯知世俗等諦。問曰：等智二諦俱緣，云何説言唯知等諦。釋言：等智於世俗法，緣而能了，故説爲知。於第一義，緣而不了，故不名知。他心智者，依如《成實》，聖人以其名用之解，了知他心，名他心智[八]。凡夫之人，雖知他心，是他心通，非他心智，以取著故。毗曇法中，不簡凡聖，但知他心，悉皆名爲他心智也。大乘法中，通如毗曇，別如《成實》。問曰：此智唯知他心，亦知所緣。論説不同。毗曇法中，唯知他心，不知所緣。若知所緣，不得名爲他心智矣。《成實》法中，通知所緣。故《成實》云：通知何咎。若知所緣，何故偏名他心智乎。依彼解釋，知有兼正。正知他心，兼知所緣，從正立稱，名他心智。大乘法中，文無定判，多同《成實》。

第二門中，辨其體性。於中有五：第一，有漏無漏分別。二，三性分別。三，見、智、慧、忍，四義分別。四，學、無學、非學非無學，三義分別。五，見斷、修斷、無斷分別。

漏無漏者，初四諦智，義釋不定。云何不定。四諦之智，汎有兩門：一者獨法，但令觀諦，莫問淺深，有漏無漏，一切通皆名四諦智。於此門中，通漏無漏。二者共法，約對餘解，共爲十智，或復説爲十一智等。於此門中，分取無漏爲四諦智，其有漏者判屬等智，四智不收。法智、比智，義亦兩門：一者獨法，一切觀行通爲法比。於此門中，法比兩智通漏無漏。二者共法，約對餘解，共爲十智。於此門中，分取無漏爲法比智，其有漏者判屬等智。盡無生智，一向無漏。等智一種，毗曇有漏，《成實》法中名用無漏，非是觀空斷結是其無漏。他心智者，《成實》法中與等智同名用無漏，大乘法中通漏無漏，知事有漏，知法幻有無漏。毗曇法中通漏無漏，知他衆生有漏之心，是其有漏，等智攝故，知他衆生無漏心者，名爲無漏，是其道智、法智、比智三智攝故。問曰：若此，前九智攝，何勞别説。解有三義：一、勝故别立，以離欲人之所得故，如盡無生。二、通故别立，前九有漏無漏隔别，此智含通。三、要故别立，了知他心，化人要故。此一門竟。

次就三[九]性分别十智。《成實》法中，十智唯善。毗曇法中，前八唯善，等智一種，義通三性，他心一種，修得是善，報得無記。此二門竟。

次就見、智、慧、忍分别。推求名見，決斷稱智，觀緣名慧，安法曰忍。先就見與非見分别。依如毗曇，他心智者一向是見，推求性故。盡、無生智，一向非見，息求心故。餘之七智，通見非見。彼四諦智、法智、比智，盡無生攝，一向非見，餘悉是見。等智之中，一切意地善相應慧，皆悉是見，以推求故。五邪見慧亦皆是見，以其捷疾推求性故。意地鈍使相應之慧，一切非見，不捷疾故，如彼貪使相應之慧，二使覆故所以非見，謂貪及與相應無明，瞋、慢、癡等，類亦同爾。獨頭無明相應之慧，雖無二使，一無明使極深覆故，所以非見。一切五識相應之慧，悉皆非見，非推求故。不隱没慧，亦皆非見，不捷疾故。若依《成實》，一切十智皆通名見，以照境故。次就智與非智分别。依如毗曇，無漏慧中，八忍非智，與疑得俱，不決斷故，餘皆是智。有漏慧中，一切五識相應之慧，皆名爲智，以決斷故。意識地中，善相應慧，亦皆是智。染汙法中，五見是智，邪決斷故，餘皆非智，不決斷故。《成實》法中，一切意地無漏聖慧及隨名用照有之慧，悉皆是智，以離著故。一切凡夫取性之解，悉皆非智，以取著故。大乘法中，一切無漏通皆是智，有漏法中有決斷者亦皆名智，不決者非。次就忍與非忍分別。毗曇法中，八忍是忍，餘者悉非。《成實》法中，一切十智，通皆名忍，心安理故。大乘亦爾，如五忍等。次就慧與非慧分別。一切十智，通皆是慧，是通[一〇]數故。此三門竟。

次就學等三義分別。依如毗曇，初四諦智、法智、比智，此六通於學與無學。盡、無生智，一向無學。等智，一向非學非無學，非向果故不名爲學，非得果故不名無學。他心一智，備含三義。阿那含人無漏地心，説之爲學，以是學人等見攝故。學人無礙解脱心後遊觀無漏，名學等見。阿羅漢人無漏他心，名爲無學，是其無學等見攝故。阿羅漢人盡、無生後，遊觀無漏名無學等見，有漏他心非學無學。《成實》法中，初四諦智、法智、比智，説之爲學。盡、無生智，名爲無學。等智、他心，名爲非學非無學矣。若依大乘，因中十智通名爲學，菩薩修學一切智故。果中十智，斯名無學，以成滿故。於彼等智及他心中有無記者，説爲非學非無學矣。此四門竟。

次就見斷、修斷、無斷三義分別。見諦所除，名爲見斷。修道所離，名爲修斷。二道不遣，名爲無斷。依如毗曇，前之八智，一向無斷。等智一種，備有兩義，五邪見等是其見斷，自餘一切有漏等智悉是修斷。於中若有染汙之者，斷其體性，不染汙者，斷其繫縛。他心一智，義亦兩兼。有漏他心，是其修斷，斷繫縛故。無漏他心，是其無斷。若依《成實》，十智皆是無漏法故，斯名無斷。以無斷故，得滅盡定及得無餘涅槃之時，方始滅之。大乘法中，備有三義。若是妄想緣心爲體，通其見斷及與修斷。真心爲體，一切無斷。

第三門中，明其同異相攝之義。先論其異。初四諦智及與等智，此五相望，一向別體，無相通理。苦等四智，境界別故，不得相通。等智望前，漏無漏別，亦不相通。法智、比智二種相望，亦一向別，不得相通。依如毗曇，上下別故不得相通。法智緣下，比智緣上。若依《成實》，隨時別故，不得相通，法智緣現，比智緣過未。盡、無生智及他心智，依如毗曇，此三相望亦一向別，不得相通。彼宗所說，現盡諸過名爲盡智，保已當過永更不生名無生智，兩義全別，故不相通。此二是其息求之心，他心智者是推求性，故不得通。異相如是。此一門竟。

次辨其同。法智、比智與四諦智，同體義分。依如毗曇，前四諦智在欲界者名爲法智，在上二界名爲比智。若依《成實》，知現在者亦爲法智，知過未者亦爲比智。盡、無生智與前六智，同體義分。依如毗曇，彼前六智至無學果名盡、無生。依如《成實》，盡、無生智同體義分，無學聖慧能盡惑因名爲盡智，能令當果永更不起名無生智。大乘亦爾。他心智者，與彼道智、法智、比智及與等智同體義分，其有漏者與彼等智同體義分，其無漏者與彼道智、法智、比智同體義分。知法智品無漏他心，即名法智。知比智品無漏他心，即名比智。知〔二〕前二品，通名道智。問曰：知彼無漏他心即名道智、法智、比智，知彼有漏他心之者何故不名苦集智乎。釋言：有漏他心智者知有漏事，苦集二智知有漏理，事淺理深，是故雖知有漏他心，非苦集智。無漏他心，知彼道如跡乘等理，淺深麤同，是故知彼無漏他心即名道智。問曰：何故有漏他心麤於苦集，無漏他心不麤於道。釋言：有漏他心之者，緣事而生，是故麤於苦集之理。無漏他心，緣理而起，是故與彼道如等理麤細相似。問曰：無漏他心智者，爲當知他無漏心事，爲當知於道如等理。釋言：方便觀於道如跡乘等理，究竟終成知他心事。問曰：論說，雖十六行，但是除闇，而非無漏。知他心事既非無漏，云何得與道智同體。釋言：從始説爲道智，先觀道理，就道上測知他心，剋論終成，近道似道名爲道智，非正道體。問曰：若使無漏他心理觀後起，從始方便得名道智，有漏他心何故不然。釋言：無漏他心智者必從無漏道觀後起，故從方便得名道智，有漏他心不必要從苦集觀起，爲是不同。何故而然。無漏法中道如等理，從煗等來，常學觀察，久觀純熟，凝心即見。無漏他心，那含果後方始學觀，始觀難成，故先觀道，就上測心。有漏法中苦集之理，煗等已上方始學觀，有漏他心本來數見，不假苦集二智開導方始能見，故不從初爲苦集智。同義如是。此二門竟。

次辨相攝。如《大智論》説，苦集智攝彼法智、比智及盡智、無生四智少分。觀欲界苦，攝彼法智。觀上界苦，攝彼比智。觀上界苦而盡漏者，即攝總盡智及無生智，故言少分。集智亦爾。滅智亦攝法智、比智及盡、無生四智少分。攝法比智，與前相似。觀三界滅，斷上界結，證漏盡者，即攝盡智及無生智。道智攝彼法智、比智、盡、無生智、他心少分。攝法、攝比、攝盡、無生，與滅智同。觀他心中無漏心者，亦道智收，故攝他心。法智、比智，攝四諦智、盡、無生智他心少分，准前可知。盡、無生智攝四諦智及與法智、比智少分。觀彼欲界滅道二諦，斷上界結，而得漏盡，即攝法智。觀上四諦，斷結證盡，即攝比智。此等即攝四諦智也。他心智中，攝彼道智、法智、比智等智少分。知無漏心，即攝道智、法智、比智。知有漏心，即攝等智，等智即攝他心少分。相攝如是。

第四門中，辨其境界，後約智論。境[三]別有二，一事二理。陰界入等，名之爲事。理則不定。依如毗曇，十六聖行名之爲理。十六聖行，廣如上辨。苦下有四，謂苦、無常、空與無我。集下有四，因、集、有、緣。滅下有四，滅、止、妙、出。道下有四，道、如、迹、乘。若依《成實》，說一切法因緣假有無性之空，方名爲理。大乘法中，因緣有無，名二諦理，非有非無如來藏性，爲一實理。境別如是。此一門竟。次約智論。依如毗曇，以有漏慧知彼苦下四行之理，名爲苦智。知彼集下四行之理，名爲集智。知彼滅下四行之理，名爲滅智。知彼道下四行之理，名爲道智。以無漏慧知彼四諦十六行理，名法比智。以無漏慧知彼四諦十四行理，名盡、無生，除空、無我。何故如是。盡、無生智是息求心，近於等智，不能深察空、無我理，所以除之。以有漏慧知於他人有漏心事，及無漏慧知於他人無漏心事，名他心智。以有漏慧知一切法若理若事，名爲等智。煗等四心及餘等智，緣諦理者名爲知理，餘名知事。若依《成實》，以無漏慧了知四諦名用假有無性之空，名四諦智、法智、比智。以無漏慧現見諦空，名盡、無生，不緣有義。聖人以其名用之解知他人心，名他心智。以名用智知一切事及緣諦理，名名字智。若諸凡夫取性之心緣一切法但名想識，非十智收。若依大乘，聖人以其無漏聖慧知於諦理，名四諦智、法智、比智、盡、無生智。以無漏慧，知他心事，名他心智。以世俗智緣一切法幻化之有，名爲等智。

第五門中，就處分別。處謂欲界，乃至非想。分別有四，一所依處，二所緣處，三明起處，四成就處。所依處者，智依定生。依如毗曇，初四諦智及與比智，并盡、無生，依九地禪。未來、中間、根本四禪，及四空中下三空處，無漏大王不居邊地，爲是不依。欲界非想，是其邊地。法智唯依未來、中間、根本四禪。無色心微，不能緣下爲法智觀，所以不依。欲界如前。等智遍在一切地心。他心局在根本四禪，餘悉不依，故《雜心》云：五通在四禪，根本非餘地。離欲之人方知他心，是故不依欲界未來。眷屬之定，支因不具，無力起通，故除中間。夫修他心，要先觀色，後測其心，無色不緣他人〔三〕色故，亦不知心，爲是不依四無色定。若依《成實》，前之八智并依四禪及三無色，并依時界如電三昧，於彼四禪法比智中遊觀無漏，亦依非想。故彼論説，從非想地無漏心後入滅盡定。未來、中間，彼論不説。等及他心，與毗曇同。大乘法中，前之八智依欲界定乃至非想，諸佛菩薩一切地心皆與如理實相合故。等智如前。他心一智，始修之時與聲聞同，唯在四禪，究竟終成，在一切地，諸佛菩薩在一切地皆能了達衆生心故。此一門竟。

所緣處者，依如毗曇，初四諦智及與等智通緣三界，法智一種唯緣欲界，比智一種緣上二界。盡、無生智，義則不定。若以滅道法智爲體，緣於欲界對治之法。若用比智而爲體者，緣上二界四真諦法。他心一智，隨人不定。得願智者，能知三界心心數法。不得願智者[一四]，於四禪中隨於何地起他心智，唯緣自地及下地心，不知上地，以地度故。若依《成實》，十智皆緣三界之法。大乘法中，初四諦智、盡、無生智，等及他心，通知三界。法、比二智，始如毗曇，久修純熟，通知三界一切處法。於三界中在先觀者即名法智。以前類後，通名比智。此二門竟。

次明起處。隨身修生，名爲起處。依如毗曇，初四諦智、比智、等智、盡、無生智一切地起，他心智者欲色修起，法智唯在欲界修起。《成實》法中，前之九智一切地起，他心一智應同毗曇。大乘法中，前之九智與《成實》同，他心一智始同毗曇，究竟終成一切地起，諸佛菩薩隨身何處皆知一切衆生心故。此三門竟。

次論成處。所得不失，名爲成處。依如毗曇，前之六智，隨所修得，俱不退失，一切處成，無漏生上不失下故，退則不成。盡、無生智，隨身成就，更不生故，無他地成。等智之中，差別有四：一、不善等智，唯欲界成，上界無故。二、善等智，在下成上，上不成下，若有生上則失下故。三、穢汙等智，於一切地未斷處成，斷處不成。四、不隱没無記等智，隨身成就，生上生下，悉皆不成。他心智中，無漏他心，但使修得而不退失，一切處成。有漏他心，四禪已還，隨身何處，在下成上，上不成下。如依初禪所發他心，大梵已還一切處成。依第二禪所發他心，光音已下，一切處成。餘類可知。《成實》、大乘，於一切處成就一切，彼説生上不失下故。

第六，明其諸智相緣。苦集二智各緣二智，緣於等智及他心中有漏之智，以此二智苦集性故。滅智一種，於十智中一切不緣，緣無爲故。道智、法智及與比智，各緣九智，彼緣道故，除却等智，有漏法故。法智緣九，除却比智，比智緣九，除却法智，界處别故。盡、無生智、他心等智，此之四種，各緣十智。毗曇如是。若依《成實》，苦集滅智與前相似，道智緣八，除等、他心，彼非道故。法智、比智、盡、無生智及他心智，齊緣十智。緣智如是。

第七門中，明根相應。同時共緣，是相應義。於中約就二十二根明智相應。二十二根，如上廣辨。眼等六根，通男女根，并及命根，以之爲九。加五受根，及信、進、念、定、慧根，合爲十九。加三無漏，爲二十二。根别如是。次約智論。依如毗曇，初四諦智、法智、比[一五]智，十一根[一六]相應，所謂意根、喜、樂、捨根、信、進、念、定及三無漏根。在初二禪，喜根相應。在第三禪，樂根相應[一七]。若依未來及中間禪，并及四禪已上，根[一八]攝者，捨根相應。在一切地，皆與意根、信、進、念、定五根相應。在見道中，未知相應。在修道中，知根相應。在無學果，無知相應。此三位中，慧數與餘心法相應，智體是慧，是故不説慧根相應。以是意地無漏法故，不得與彼憂根相應。餘非心法，不能同緣，是故不與眼等五根、男根、女根、命根相應。盡、無生智，九根相應，前十一中除未知根及與知根，在無學故。他心智中，是無漏者十根相應，前十一中除未知根，見道位中不能了達他人心故。云何得與無知相應。彼他心智雖不與彼盡與無生二智相應，得與無學等見傍邊心法相應，是故亦名無知相應。

是有漏者，八根相應，前十一中除三無漏，與餘相應。等智一種，十根相應，所謂意根、信、進、念、定，及五受根。《成實》法中，諸心心法，前後別生，不説相應。大乘所説，多同毗曇。所言異者，無漏他心通在見道，菩薩在見亦能了達他人心故。

第八門中，明修智義。依如毗曇，要唯有二，廣分有十。

所言二者，於中兩門：一、就行修得修分二。現在修起，名爲行修。依現所起，種類增明，在於未來現成彼法，名爲得修。相狀如何。如苦諦下具苦、無常、空、無我等四種聖行，現觀一行名爲行修，未來苦下四行增明，亦[一九]爲得修。若依《成實》，但立行修，破彼得修，故彼《成實·九智品》云：未來未起，云何有得。若未來業已有得者，一切未來未起之法皆應有得，以何障故有得不得。此是初門。二、就得修習修分二。先曾修得，中間退失，後還得者，名爲得修。如人先得初禪定竟，後起欲結[二〇]，退失[二一]彼定，後斷欲結，至彼第九解脱道時[二二]，先所失者今還得之，雖未現入而得屬已，説爲得修。如是一切，於現在世方便修起，名爲習修。《成實論》中但立習修，破彼得修。故彼《成實·九智品》云：若不現入，云何名得，如人自言我善知書而不成一字，彼亦如是。何有此義。二修不同，有此兩門。

次廣論十。於中略以三門分別，一列十修，二明所修心智差別，三廣明修。

言十修者，如毗曇説：

一、自分修。如見道中現觀苦諦，未來還於苦行增明，不及餘諦，名自分修。餘亦如是。

二、增觀修。如見道中，於彼苦集滅比智邊兼修等智，名增觀修。是義云何。如人依於未來禪上[二三]地入見諦道，至彼苦集滅比智時，能令欲界及未來禪等智增明，不修上智，乃至四禪皆亦如是，唯修自地及下等智而不修上。何故唯此三比智邊得修等智，厭下苦集，欣求上滅，而不能得，後入見道三比智時，斷上二界迷諦惑盡，適彼所作，故能令彼等智增明。何故於彼道比智邊不修等智。凡夫本來不修聖道，故道起時不修等智。

三、離欲修。如離欲結，至第九品解脱道時，初禪地中有漏功德悉皆得之，如是一切。

四、同治修。人以義同[二四]，論中無名，其義云何。如欲界中修道煩惱，未來禪中漏無漏德同能治斷，名爲同治。修相云何。彼無漏中有四法智及與等智，此五種中趣起一種斷彼欲結，餘者悉得，以無障故欲結如是。初禪修七，二禪地家方便等智及彼初禪、未來、中間無漏功德齊能治斷，名爲同治。彼無漏中滅道法智及四比智并上等智，此七種中趣起一種斷初禪結，餘者悉得，名同治修。問曰：初禪、未來、中間無漏功德離欲結時應先得竟，今云何言斷初禪結方始得乎。釋言：一切下地無漏能斷上地修道惑者，斷下結時悉皆未得，斷上結時方始得之，故爲此説。欲界初禪同治既然，餘地類爾。

五、依本修。修四法智令上比智而得增明，名依本修。良以法智是比智本，故修法智，比智增明。

六、乘上修。修上功德，令下增明，名乘上修。見修不同，所修亦異。異相如何。見道之中約所依禪及望下地以辨修義，不望斷處。如前所説，依未來禪入見諦道，斷除三界一切見惑，唯修未來欲界等智，不修上地，乃至四禪類亦同爾。修道之中約斷辨修，不約所依。如依未來發無漏慧，斷除欲界及初禪惑，初禪已下功德增明。斷二禪惑，二禪已下功德增明。乃至斷除非想修惑，三界功德齊得增明。如依未來約[二五]斷修下，乃至依彼無所有處修斷例爾。良以見惑迷理煩惱雖復斷除，不得上禪，爲是不得斷處辨修。修道煩惱隨地繫縛，若斷下結，則得上禪，是故約其斷處辨修。此是一異。又見道中乘上通修欲界等智，修道之中乘上但修八禪等智[二六]，不修欲界。何故如是。欲界之心亦能厭離苦集之過，欣求息滅，修順〔二七〕於見道，是故見解通修彼智。欲界等智於彼修惑無同治義，爲是不修。

七、轉根修。信解脱人求於見到，時解脱人求於不時，名爲轉根。學人轉根〔二八〕修一無礙一解脱道，即能斷除障根無知，轉鈍作利。無學修習九無礙道九解脱道，方能轉根。何故如是。良以學人結患未盡，求利心猛，故一無礙一解脱道便能轉根。無學結盡，求利心賒，故九無礙九解脱道方能轉根。

八、熏禪修。熏法如何。聖人先得第四禪已，先熏第四，先入百千無漏心中，次入百千有漏心中，復入百千無漏心中，兩邊無漏，中間有漏，名爲熏禪。以漸略之，乃至最後二無漏心，後二無漏名爲熏禪方便道成，各别一心名熏禪成。成中初二亦爲無礙，後一解脱。次熏三禪乃至初禪，作法同前。

九、修通修。依於四禪根本之定，修習五通，名修通修，如後六通章中具辨。修習身通、他心、宿命，各一無礙一解脱道，皆在定中。修天眼耳，各一無礙在於定中，通體定外。

十、大明雲除發彰修。羅漢證得無學果時，一切功德悉得明淨。

此十種中自分增觀，唯在見道。離欲同治及與依本，唯在修道。大明發彰，偏在無學。乘上一種，通於見修。轉根、熏禪及與修通，通修無學。毗曇如是。若依《成實》，一切功德唯現起者，名之爲修，餘不名修，故不論十。大乘法中，次應分有，文中不説。此一門竟。

次明所修心智差别。依如毗曇，十智離分有其二百九心。心〔二九〕差别大例有四：一、斷結心。見道、修道，無礙、解脱，通有一百七十八心。斷見諦惑有十六心，八忍八智。斷修道惑，有其一百六十二心。斷欲界惑，乃至非想，九地之中各有九品，無礙、解脱，通前見解，合爲一百七十八心。二、轉根心，有其二十。學人轉根，有其二心，謂一無礙一解脱道。無學轉根，有十八心，謂〔三〇〕九無礙九解脱道。三、熏禪心，有其三種，初一無漏，次一有漏，後一無漏。前二無礙，後一解脱。四、修通心，於中有八，謂五無礙及三解脱。除却天眼天耳通體，以此二種是無記故不就論修。此等合説有二百九心。《成實》、大乘，以無量心斷諸煩惱，不可定數。此二門竟。

次約前義明修多少。於中有四：

一、就斷結一百七十八心之中，明修多少。於中約就外凡内凡，見修無學，明修多少。外凡位中，但修一智，或復〔三一〕修二。是義云何。凡夫修習八禪等智，斷欲界結，至無所有，一一地中各九無礙及九解脱，一切無礙及欲界地八解脱道唯修等智，餘一切地解脱之道皆修二智，所謂等智及他心智。初禪對治至第三禪，此三地中第九解脱望其自地他心之智有其得修，望下地心有乘上修，自餘解脱唯望下地他心之智有乘上修，無有自地得修之義。内凡位中，七方便人唯修〔三二〕等智。道理其唯煗等四心名爲内凡，今此對彼常没外凡七方便人同名内凡。見道位中，十五心來，前後通説，具修七智，除盡、無生，非無學故，除他心智，未離欲故。同時修二，苦比智邊兼修等智。集滅比智，修相亦然。道比智時，或修六智，或復修七。言修六者，次第之人必依未來入見諦道，一時修六，謂四諦智、法智、比智。現修道比，得修餘智。問曰：餘智在於向中，云何道比得修餘智。依如毗曇，得須陀時，捨前别得，更起總得，得前諸智，通爲果體。《成實》不爾，故彼《成實·九智品》云：無漏一得，乃至涅槃終不中捨，故得果時更無總得。言修七者，超越之人，依四本禪入見諦者，彼欲界結先斷除故，至第十六道比智時具修七智，修前六種及他心智。

次就九地修惑對治無礙解脱一百六十二心之中，明修多少。欲結對治九品無礙、八解脱來，但修七智，謂四諦智、法智、比智及與等智。依同治修，修四諦智、法智、等智。就依本修，修於比智。第九解脱，修習八智，修前七種及他心智。初禪對治至無所有，無礙道邊齊修七智，除盡、無生及他心智，以在學故除盡、無生，不容豫故不修他心。彼一切地解脱道邊齊修八智，除盡、無生。問曰：何故欲界治中唯第九品解脱道邊得修他心，餘地一切解脱道邊齊修他心。釋言：他心唯依四禪根本處起，欲界第九解脱道時得根本禪，亦得他心，前八解脱道未得本禪，爲是不修。初二三禪對治道中，前八解脱望下地心有乘上修，第九解脱望其自地[三]他心之智有其得修，望下地心有乘上修。四禪對治至無所有，一切解脱於其自地雖無得修，望下地心有乘上修，爲是不類。非想對治九無礙道，各修六智，謂四諦智、法智、比智。云何能得修於法智。滅道法智能斷彼結，同治修故。以何義故不修等智。等智不能斷非想結，無同治故。前八解脱修於七智，除盡、無生及與等智。第九解脱是其大明發彰修故，修一切地十智功德。上來第一，就斷結心明修多少。

二、就轉根二十種心明修多少。若是學人，依未來禪而轉根者，無礙解脱同修六智。除他心智，他心在於根本禪故。亦除等智，似見道故。除盡、無生，非無學故。學人依於四根本禪而轉根者，彼無礙道亦修六智，與前相似。解脱修七，加他心智。轉根要依六地禪故，不依無色，是故不説。若無學人依未來禪而轉根者，但修七智。除他心智，他心在於根本禪故。亦除等智，似見道故。除盡[四]無生智，以未得故。無學依於四根本禪及中間禪而轉根者，九無礙道但修七智。除他心智，不容豫故。亦除等智，非第一有之對治故。除無生智，以未得故。八解脱道修習八智，修前七種及他心智，乘上修故。第九解脱具修十智，以發彰修一切功德皆明淨故。

三、就熏禪三種心中明修多少。學人熏禪二無礙道，但修七智。除他心智，不容豫故。除盡、無生，非無學故。解脱修八，加他心智。無學熏禪無礙修九，除他心智。解脱修十，若鈍根者，除無生智。

四、就修通八種心中明修多少。修五神通，各一無礙。他〔三五〕心無礙，具修七智。除他心智，未成就故。除盡、無生，彼非見性，不能推求他人心故。餘四無礙，但修等智。身通、他心及與宿命，此三解脱與定相應。今就説修，他心解脱共〔三六〕修八智，除盡、無生，餘二解脱但修等智。若欲依論具廣分別，於彼《雜心》一一偈中三門求之，第一須明十修之中具足幾修，第二須明十智之中具修幾智，三明二百九心之中具修幾心。毗曇如是。《成實》法中，不説同時共相修義，不須辨釋，故彼《成實·九智品》中廣非是義。十智如是。

十一智義，兩門分別。辨相，一。大小通局，二。

第一辨相。十一智義，出《大智論》。名字是何。所謂十智及如實智。前十如〔三七〕上。如實智者，汎釋有二，一者獨法，二者共法。緣〔三八〕攝諸智爲一如實，名爲獨法。約對餘智説爲十一，名爲共法。獨法如實知法寬通，知一切法，悉名如實，不唯知於如實理故名如實智。若此不唯知如實理，云何得名如實智乎。如《地持》釋，離增上慢智〔三九〕名如實智。是義云何。增上慢者於一切法不知謂知，故非如實。諸佛菩薩於一切法實知言知，故曰如實。於中分別，略有三種。如《地持》説，謂清淨智、一切智、無礙智名離慢智。清淨智者，是佛菩薩第一義智，諸佛菩薩證實離染，故曰清淨。一切智者，是佛菩薩世諦之智，於一切世、一切處、一切事、一切種法差別異知，名一切智。一切時等，如《地持》釋。無礙智者，亦是世智，於一切智所知法中知之自在，不假方便，發心即知，名無礙智。於共法中如實智者，知境不定，名義亦異。於中兩門：一、大小相對，説十一智。小乘智解説爲前十，大乘智解通名如實。此如實智，猶是向前獨法如實，對小爲異。二、就大乘義分十一。於此門中，如實智狹，諸佛菩薩知如實理名如實智，知餘世諦，判屬前十。體相如是。此一門竟。

次約大小辨其通局。分別有二：一、隱顯互論。如龍樹說，前之十種是其聲聞緣覺之智，後一如實是大乘智。諸佛菩薩雖知苦等，通亦是其如實智收。二、簡勝異劣。諸佛菩薩智解寬廣，具十一智。聲聞緣覺智解狹故，但有十智，無如實智，不能知於如實理故。十一智義，略辨如是。

十一淨義。

十一種淨，出《地持論》。名字是何。一、種性淨。性習兩種一切佛法種子在身，離麤煩惱，名種性淨。二、解行淨。謂解行地修習淨忍，斷除諸過，趣入出道，名解行淨心[四〇]。三、淨心淨。謂歡喜地得不壞淨信三寶，於大菩提淨心趣求，名淨心淨。四者戒淨。謂離垢地性戒具足，微過悉離，故曰戒淨。五者意淨。菩薩明地得世諦禪，厭伏煩惱，定心淨[四一]故，名爲意淨。六、正見淨。四五六地觀菩提分，如實知諦，覺諸緣起，滅除邪惑，名正見淨。七、一切方便行滿足淨。謂遠行地修習一切十方便慧，發起勝行，增上滿足，治捨前地樂無作鄣，名爲方便行滿足淨。八者，真實智神通淨。謂第八地成就巧慧，具五神通，作用無盡，故曰真實智神通淨。九、正義無盡說無礙淨。謂第九地得智成就，知義無盡，四無礙辨，起說自在，名義無盡説無礙淨。十、隨一切種所知淨。謂第十地成就如來七種智大，於一切種所知法中知見無礙，名一切種所知智淨。十一、一切煩惱智障習使淨。謂如來地鄣習永亡[四二]，果德出離，名煩惱鄣智鄣習使淨。十一淨義，略辨如是。

十二頭陀義，兩門分別。釋名辨相，一。對四聖種辨其同異，二。

第一釋名，并辨其相。頭陀，胡語，此方正翻名爲抖擻。此離著行，從喻名之，如衣抖擻能去塵垢，修習此行能捨貪著，故曰抖擻。頭陀之行，具有十六。經論隱顯，故説十二。言十六者，衣中有四，食中有六，處中有六，是十六也。

衣中四者，一糞掃衣，二者毳衣，三者納衣，四者三衣。

糞掃衣者，所謂火燒、牛嚼、鼠齧、死人衣等。外國之人，如此等衣，棄之巷野，事同糞掃，名糞掃衣。行者取之，浣染縫治，用以供身。問曰：何故唯受此衣。人有三品，謂下中上。下品之人，治生估[四三]販，種種邪命，而得衣服。中品之人，遠離前過，受僧中衣、檀越施衣。上行之人，不受僧衣、檀越施衣，受糞掃衣。何故不受僧中之衣。若受此衣，僧法須同，斷理僧事，分處作使，斷事儐人，亂心發道，爲是不受僧中之衣。何故不受檀越施衣。爲[四四]衣追求，多墮邪命。又若受彼檀越施衣，則生親著，難得出離。又若受彼檀越施衣，得處偏親，於不得處便爲疎礙，妨於等化。又若受彼檀越施衣，數得生慢，不得嫌怨，言彼無智，不識福田，應施不施，或自鄙耻而生憂惱。又若受彼檀越施衣，數往廢道，不去致恨。又復由受檀越施衣，憎嫉好人，讒謗良善，不欲使住。見是多過，是故不受檀越施衣。何故唯受糞掃之衣。省事增道，離過無罪，故唯受之。

言毳衣者，如《涅槃》説，鳥狩細毛，名之爲毳。行者若無糞衣可得，求此爲衣。

言納衣者，朽故破弊，縫納供身，不著好衣。何故須然。若求好衣，生惱致罪，費功廢道，爲是不著。又復好衣，未得道人生貪著處。又在曠野，多致賊難，或至奪命。有是多過，故受納衣。

言三衣者，謂五條衣、七條、大衣。上行之流，唯受此三，不畜餘衣。何故而然。白衣求樂，畜種種衣。外道共[四五]行，裸形無耻。佛住中道，捨離二邊，故畜三衣。又求多衣，費功廢道，少不濟事，故畜三衣。然此三衣，供身事足。若營作務，大小行來，著五條衣。爲諸善事，著七條衣。化攝俗人，令其敬信，須著大衣。又在屏處，著五條衣。入衆之時，著七條衣。若入王宮聚落之所，須著大衣。又復調和温煖之時，著五條衣。寒冷之時，加七條衣。寒苦嚴切，加以大衣。故往一時，正冬入夜，天寒裂竹，如來於彼初夜分時，著五條衣，夜久轉寒，加七條衣，於夜後分[四六]，天寒轉盛，加以大衣。佛便作念，未來世中，不忍寒苦諸善男子，以此三衣，足得充身。以此多義，故畜三衣。

食中六者，一是乞食。二、次第乞。三者，不作餘食法食。四、一座食。五、一揣食，亦名節量。六、不中後飲漿。

言乞食者，人有三品，謂下中上。下品之流，雖復出家，邪命自活，耕田種植，治生方轉，作諸工巧，種種邪命，而自存活。中品之人，捨離前過，受僧中食、檀越請食。上品之人，不受僧食、檀越請食，唯行乞食。何故不受僧中之食。過同前衣，是故不受。檀越請食，過亦同前。以何義故專行乞食。所爲有二，一者爲自省事修道，二者爲他福利世人。

次第乞者，通亦是其乞食中收，爲彰乞時離於偏過，是以別論。凡愚貪[四七]味，棄貧從富。小乘悲狹，捨富從貧。上行之類，離貪去狹，等慈衆生，不簡貧富，次第等乞。

所言不作餘食法者，如律中說，有人雖復次第乞食，於所求處數[四八]得正食，作餘食法，數數食之。行者作念，此餘食法，世尊雖間[四九]開聽病者，我今無病，不應受之。是故不作餘食法食。通而攝之，此亦是其一座食收，故經論中多不別說。律中別者，彼一座食，不於中前食餘小食。餘小食[五〇]者[五一]，此門遠離數數正食。有此不同，是故別說。

一座食者，有人雖不數數正食，而於中前數食其餘餅、菓、粥等。行者作念，愚夫貪身，爲增煩惱，受數數食，我今爲道，不爲養身，爲破煩惱，不爲增結，故受一食。又復思念，爲求一食，已多妨道，況求多食。故唯一食。又觀飲食，多苦中生，若受多食，惱亂彌多，故受一食。又觀飲食，信心所施，一食叵消，況復多食。

一揣食者，經中亦名節量食也。一受便止，名一揣食。節儉少食，名節量食。何故次辨。有人雖復受一食法，於一食中恣意飲噉，腹滿氣脹，睡眠消息，半日不滅，妨修道法，故須節量。又復多食增長煩惱，難可折伏，故須節量。又彌[五二]多食增長睡眠，難消致病，令身不安，故須節量。節至幾許。隨已所堪，三分留一，施諸鳥獸，餘便自食，能少益善。

不中後飲漿者，有人雖復節量飲食而猶貪味，於其中後，飲種種漿，石蜜漿等。爲求是漿，多致邪命，費功廢道，是故不飲。又觀此心，難可放縱，如馬無勒，左右噉草，不能疾疾隨御者意，加以轡勒方能速進，隨人意去，故須裁斷。

處中六者，第一須在阿蘭若處，二在塚間，三在樹下，四在露地，五是常座，六是隨坐。

阿蘭若者，此翻名爲空閑處也。何處是乎。如《雜心》說，一弓四肘，去村五百弓名一拘盧舍，一拘盧半名阿蘭若處，計有三里許。頭陀行者，極近在此，能遠益善。何故在此。行者作念，我本在家，父母親屬共[五三]相纏縛，爲是捨之。今出家已，若還師徒、同學、知識共相結著，與俗無異，是故須捨，在蘭若處。又在聚落，男女參雜，多增欲染，不宜住中，是故須在阿蘭若處。又近聚落，音聲憒鬧，妨修定意，是故須在阿蘭若處。

言塚間者，塚間多有死尸爛壞，膖脹臭穢，覩之易入不淨觀門，故在塚間。又復塚間，死尸破壞，蟲食火燒，分離散滅，覩之易入無常觀門，故在塚間。又復塚間，觀骨分散，覩之易入空無我觀，故在塚間。

言樹下者，前在塚間，觀察死尸，得道事辦，故捨塚間，來至樹下。又前塚間，取死尸相，然彼多有哭泣等聲，妨修正觀，故來樹下，繫念思察。又樹蔭覆，事同半舍，安身修道，故在樹下。

又佛賢聖，得道證果，多皆依樹，故在樹下。

露地坐者，樹下陰濕，久居致患，故至露地。又復樹下[五四]著樹心生，或復分別此好彼惡。爲除是患，故須捨樹，來至露地，明[五五]了顯現，所爲無礙，故在露地。又復露地月光明照，心想明淨，易入空定，故在露地。

言常坐者，四威儀中，行立太苦，臥則太樂，坐離二邊，堪能長久，故須常坐。又復行[五六]立，心則掉動，難可攝持，臥則昏沈，多入睡眠，離[五七]沉掉，故須常坐。又求道者，大事未辨，諸煩惱賊常伺人便，不宜安臥，故須常坐。又復坐中多有成辨，食易消化，氣息調和，故須常坐。

言隨坐者[五八]，隨有草地得處便坐，故曰隨坐。

隨別細分，有此十六。經論就此，隱顯離合，宣説十二。相狀如何。依《四分律》，衣中立二，食中立四，處中立六，合爲十二。衣中二者，一者納衣，二著三衣，餘皆不論。食中四者，第一乞食，第二不作餘食法食，三一坐食，四一揣食。次第乞者乞食中收，中後不飲漿者一坐中攝，故不別論。處中[五九]説六，備如上辨。依《涅槃經》，衣中立三，食中立三，處中立六，合爲十二。衣中三者，一著糞衣，二著毳衣，三畜三衣，餘皆不論。食中三者，所謂乞食、一坐、一揣，餘皆不説。次第亦是乞食中收。不作餘食及中後不飲漿，一坐中攝，故不別論。處中六者，備如上辨。依《大智論》，亦説十二，與前復異。依彼論中，就衣立二，一著納衣，二著三衣，與《四分》同。食中立五，一者乞食，二次第乞，三一坐食，四節量食，五中後不飲漿。不作餘食法，攝入一坐食，更不別立。處中説五，除却隨坐。餘經論中更應有異，自所未見，皆是聖説，趣行皆得。此一門竟。

次須約對四聖種法，辨其同異。四聖種者，一糞掃衣，二是乞食，三樹下坐，第四有病服陳棄藥，廣如上辨。聖種、頭陀，兩門相對，同異有三：一、是聖種亦是頭陀，謂糞掃衣、乞食、樹下坐。此能生聖，名爲聖種。住此能破衣食等欲，故名頭陀。此糞掃衣，即攝納衣及與毳衣。此乞食中，攝次第乞。其樹下坐，攝蘭若處。二、是聖種而非頭陀，謂陳棄藥。彼〔六〇〕陳棄藥，病者所須，病者〔六一〕不能〔六二〕頭陀苦行，是故不説爲頭陀法。三、是頭陀而非聖種，謂畜三衣、一坐食、一揣食、不非時飲漿、塚間、露地、常坐、隨坐。何故此等不名聖種。夫聖種者，一切出家通行之法，諸出家者悉皆受行。頭陀唯是精上苦行。精上苦行，上人所修。唯畜三衣、一坐食等，是苦行法，上人所行，中下不堪，是故説之以爲頭陀，不名聖種。頭陀之義，略之云爾。

十二巧方便義。

十二巧便，如《地持》説。行修善巧，故曰方便。隨別汎論，方便有四：一、進趣方便，如見道前七方便等。二、權巧方便，如二智中方便智等，實無三乘，權巧爲之。三、施造方便，如説方便波羅蜜等，凡所爲作，善巧修習，故曰方便。四、集成方便，諸法同體，巧相集成，一備一切，一切成一，故曰方便。故《地經》中説六相門以爲方便。又彼論言此法巧成名方便矣。今此所論，是其第三施造方便，非餘三種。就施造中，別有三種：一、教道方便，於世所行，巧能修習。二、證道方便，能捨情相，證入實際。故彼《地經》第八地中，宜説證道以爲善集慧方便矣。三、不住方便。於中曲三：一、空有相對，以明方便。在有不染，常能入空，入空不證，常能隨有。如七地説，有此善巧故曰方便。二、染淨相對，不捨世間，而常涅槃，得大涅槃，不捨世間，故曰方便。三、自他相對，不捨自利而常利他，不捨利他而常自利，行無偏著，故曰方便。今此所論，是其初門教道方便。

教道行中，廣略不定。今據一門，且説十二。名字是何。如彼論説，起内佛法，有六方便，外成衆生，有六方便。

起内六者，一、悲心顧念一切衆生，此即是

其念衆生心。悲念衆生，云何得名内起佛法。由化衆生，自成佛法，故念衆生而得名爲内起佛法。二、猶[六三]諸行如實了知，此即是其厭有爲心。謂知生死有爲，諸行無常、苦、空、無我等過，而生厭離。三、無上菩提之智，此即是求一切智心。此三行本，後三依前以顯方便。四、依念衆生，捨離生死。依念衆生，應在生死，何故捨離。此是菩薩方便故爾。云何方便。依念[六四]衆生，欲爲[六五]濟拔，自我不出生死之苦，無由能度，故依願[六六]念，疾捨生死。此依初心而説方便。五、依諸行如實了知，以無染心，輪轉生死。於有爲行如實了知，應捨生死，何故輪轉。亦以菩薩方便故爾。云何方便。由知生死虚妄無實，故能無染常處其中。此依第二而説方便。六、依求佛智，熾然精進。佛由勤成，故起精進。此依第三而説方便。

外成衆生六方便者，一、以少善根，得無量果。所謂菩薩教下衆生，以少財物，施下福田，用此少善，迴求菩提一切種德。以迴向故，令彼少善得無量果。如施既然，餘行皆爾。二、少方便，生無量善。於中有二，一教衆生捨邪歸正，二教衆生捨小歸大。此二之中，各有多門，備如論説，不可具列。此前二種，化他行中起行善巧。三、壞法衆生，除其暴虐。此他[六七]生信。四、處中衆生，令入佛法。此法[六八]此他[六九]生解。五、已入衆生，令其成就。此他[七〇]起行。六、已熟衆生，令得解脱。此化[七一]得果。此後四種化他行中，攝人善巧。就後四中，别有六種巧方便行，能令衆生懷法除害，乃至解脱。一、隨順方便。善隨衆生，辨釋法義，令其悟入。二、立要方便。衆生有求，要令修善。三、報恩方便。菩薩先習[七二]曾施恩衆生，彼來求報，菩薩不受，勸令修善。四、異相方便。若諸衆生無所須欲，菩薩欲攝，先共爲友，勸令修善，彼人不從，菩薩示現瞋責等相，令修善法。五、逼迫方便。菩薩爲王，或爲尊主，於已所攝人民眷屬，逼令修善。六、清淨方便。

八相成道，説法度人。十二方便，略辨如是。

十三住義，七門分别。列名辨相，一。漸頓，二。約約修分别，三。約行分别，四。八法攝住，五。修成分齊，六。治斷分齊，七。

第一列名，并辨其相。十三住義，出《地持論》。行成之處，名之爲住。又成不退，亦名爲住。住義開合，廣略不定，今據一門，且論十三。名字是何。一、種性住。所謂習種及與性種，佛[七三]建立，堅固不壞，名種性住。二、解行住。謂解行地，於出世道正觀修行，趣入不退，名解行住。三、歡喜住。謂淨心地，出世真證，菩提心生，堅住不退，自慶所得，名歡喜住。四、增上戒住。謂離垢地，淨戒具足，微過不犯，名增上戒位住。五、增上[七四]意住。所謂明地，定心殊勝，名增上意住。六、菩提分法相應慧住。所謂炎地，觀察三十七道品法，名菩提分相應慧住。七、諦相應增上慧住。謂難勝地，善觀四諦相相[七五]，名諦相應增上慧住。八、緣起相應增上慧住。謂現前地，善能觀察十二緣法，故曰緣起相應慧住。九、有行有開發無相住。謂遠行地，有功用行，共相開發，名有開發[七六]，寂用俱行，離於有無間隔之相，名無相住。十、無行無開發無相住。謂不動地，報行純熟，無功用行，共相起發，名無行無開，遠離間隔功用之相，名無相住。其第十一，名[七七]無礙住。謂善慧地，能以四十無礙辨才説法利他，名無礙住。其第十二，名最上住。謂法雲地，學行窮滿，故曰最上。其第十三，名如來住，果德窮滿，出離清淨，名如來住。此一門竟。

次就頓漸分别諸住。如《地持》説，前菩薩住，漸次清淨，後如來住，頓得清淨。教行頓成，名爲頓得。證行頓顯，名爲清淨。何故而然。彼菩薩地一一位中所治[七八]障品，品别無數，多時漸斷，方乃窮盡，爲是漸淨。障佛之障，局唯一品，金剛心中一無[七九]礙道斷之畢竟，種智起時一切頓淨，更無多品，故不漸淨。是爲菩薩、如來地别。

此二門竟。

次約修辨。如《地持》說，種性、解行名無相修方便，漸學破相，趣入出世。彼歡喜住乃至緣起相應慧住，得無相修，正能破相，證入無爲。二無相住無相住[八〇]無相修淨，得無生忍，知一切法本不起故，無礙至佛，無相修果，依前離相成諸德故。此三門竟。

次就行論。如《地持》說，種性、解行，修習小行，有斷行不定，所得有退，起行局狹，故名爲小。不能常行，說爲有斷。行心不堅，故名不定。逢緣退失，名有退轉。歡喜乃至緣起慧住，修習廣行，不斷決定，所得不退。此諸住中，各於一行備一切行，故名爲廣。恒作不住，名爲不斷。行心牢固，稱曰決定。緣不能敗，名不退轉。有行有開，乃至最上修無量行，不斷決定，所得不退。此諸住中，各能於彼一切行中備具一切，名無量行。餘不斷[八一]等，備如前釋。彼如來住，成就無量，不斷決定，不退之果。此四門竟。

次以八法攝十三住。如《地持》說，言八法者，一信，二聞，三思，四者淨心，五初修慧行，六修慧廣，七修慧果成，八畢竟出離。云何攝住。種性、解行修習信心，於解行中成就聞慧思慧思惟。初入歡喜，名爲淨心。歡喜地滿，名修慧行。離垢已上，名修慧廣。不動已上，名修慧果成。佛地名爲畢竟出離。此五門竟。

第六，明其修成分齊。如《地持》說，種性至佛，要經三大阿僧祇劫，減即不成。初阿僧祇，種性及與解行住過，得歡喜地。第二僧祇，歡喜乃至有開發過，得無開住。第三阿僧祇，無開及與無礙住過，得最上住。阿僧祇者，是外國語，此名無數。如《華嚴》中，大數有其一百二十，此第一數。然劫有三：一者，日月歲數無量，名阿僧祇劫。二，中劫無量，名阿僧祇劫，如賢劫等。此劫大小，如龍樹說，四十里城，滿中芥子，木槩令平，百年去一，其芥子盡，劫猶不盡。四十里石，天衣三銖，百年一拂[八二]，其石皆盡，劫猶不盡。三，大劫無量，名阿僧祇。如《雜心》說，彼賢劫等六十四劫，名爲大劫。何故定言六十四乎。劫有三種，謂水、火、風。如是彼[八三]三劫中，火多，水次，風爲最少。七火一水，七水一風。如是凡經七七火劫，一七水劫，於彼最後水劫之後，更經七火，方有一風，爲是合有六十四劫。亦可如彼賢劫之流，數至僧祇，名一大劫。若論中劫，始從種性，至初地時，已過無量阿僧祇劫，不得言一。語其大劫，唯一僧祇，不得過多。餘亦如是。此六門竟。

次明諸住斷鄣分齊。如《地持》說，鄣別有二：一、煩惱障，所謂四住。二者智障，所謂無明。彼煩惱障有三處過，從初乃至歡喜住時增上及中惡趣煩惱，一切出過。煩惱障中，中上二品能發惡業，受惡道身，是故名爲惡趣煩惱，種性已上，漸次斷除，歡喜時盡。歡喜乃至無開發住，下品煩惱皆[八四]悉出過。無開乃至最上住時，煩惱習氣一切出過。入如來住智障亦三：一者皮障。麤品無明鄣彼菩薩麤品法身，如似世人皮中之患，故曰皮障。二者膚障。中品無明障彼菩薩中品法身，如似世人膚中之患，故名膚障。三者骨障。微細無明障彼菩薩微細法身，如似世人骨中之病，故曰骨障。初至歡喜，斷盡皮障。歡喜乃至無開發住，斷盡膚障。無開乃至如來住時，斷盡骨障。問曰：何故煩惱障中微細習氣十地出過，智障之中微細之者佛地始過。釋言：四住浮麤易離，是故先過。無明難盡，是故後過。又問：何故煩惱障中三品之外別須斷習，智障不爾。釋言：煩惱性是起惑，是故宣說細者爲習。無明性是微細之惑，細者是地，故不名習。若說麤家殘餘名習，亦得無傷，故《地持》中說佛煩惱智障習斷。十三住義，辨之略爾。

離十四垢業義。

離十四垢業，如《長阿含・善生經》說。名字是何。離四結業，不於四處作諸惡行，離六損財法，是爲十四。

離四業者，離煞、盜、婬及與妄語，是其四也。身口業道具有七種，以何義故偏防此四。以此四中貪[八五]通重罪，故偏説之。又此十四者在家業行，在家之人能防此四，餘口業道不能防禁，故不説離。故論説言，出家之人尚不能離，何況在家。又綺語等不應法故，皆妄語攝，故不別論。

不於四處作惡行者，愛處、恚處、癡處、怖處，不依此處而起惡行。

離六損財者，一不躭酒，二不博戲，三不放蕩，四不迷伎樂，五不惡友相同，六不懈惰。説彼躭酒有六種失，是故須離，一者失財，二者生病，三意鬬諍，四惡名流布，五瞋怒暴生，六智慧目損。博戲之失，亦有六種，故應捨離，一財物耗盡，二雖勝生怨，三智者所嘖[八六]，四人不敬信，五爲人疎外，六喜生智[八七]盜竊。放蕩之失亦有六種，是故須離，一不自護身，二不護資財，三不護子孫，四常自驚懼，五諸苦惡法常自纏身，六喜生虚妄。迷於伎樂，亦有六失，故須捨離，一者求歌，二者求舞，三求琴瑟，四波内卑，五多羅槃，六首呵那。此後三種，經中不翻，不知是何。惡友相得，亦有六過[八八]，是故須離，一方便生欺，二好喜屏處，三誘他家人，四圖謀他物，五財利自向，六好發他過。懈惰之失，亦有六種，故應捨離，一者富樂不肯作務，二者貧窮不肯懃修，三者寒時不肯懃修，四者熱時不肯懃修，五者時早不肯懃修，六者時晚不肯懃修。是爲遠離十四垢業。《地持》所説，義當此矣。

離隱六方，離四惡友，攝四善友義。

此義亦出《長阿含》中《善生經》矣。先明遠離隱覆六方。羅悦城中，有長者子，名曰善生。父祖相承，恒於清且，沐浴香湯，禮事六方，令彼方神，來護家業。所作諧偶，值佛出世，詣佛請問：賢聖法中，有是法不。佛時答曰：賢聖法中，亦有六方，但不同汝。即爲説偈：父母爲東方，師長爲南方，妻子爲西方，親族爲北方，僕使爲下方，沙門爲上方。諸有長者子，禮敬於諸方，敬順不失時，死皆得生天。惠施及燸語，利人多所益。如彼經説，敬東方中，子於父母，五事敬順：一者供奉，使無違失。二、凡有所爲，先白父母。三、父母所爲，敬順不違。四、父母止令，不敢違背。五、不斷父母所作正業。子於父母如此敬事，則令彼方安穩無憂。父母於子，五事敬視：一者制子，不聽爲惡。二者指授，示其善惡。三者慈愛，入骨徹髓。四者爲子求善婚娶。五者隨時供給所須。敬南方中，弟子於師，五事敬順：一、給侍所黨〔八九〕。二、禮敬供養。三、尊重戴仰。四、師有教勑，隨順無違。五、從師聞法，善持不忘。師長亦以五種之事，敬視弟子：一、順法調御。二、誨其未聞。三、隨其所聞，令善解義。四、示其善友。五、盡以所知，誨授不悋。敬西方中，夫之敬妻，亦有五事：一、相待以禮。二、威嚴不越。三、衣食隨時。四、莊嚴以時。五、委付家内。妻以五事恭敬於夫：一者先起。二者後坐。三者和言。四者敬順。五者先意承問所在。敬北方中，人〔九〇〕須五事尊敬親族：一者給施。二者善言。三者利益。四者同利。五、不欺詐。親族亦須以其五事親敬於人：一者爲護放逸。二、爲護失財。三、爲護恐怖。四、屏相教誡。五、常相稱歎。事下方中，主於僕使，五事將順：一、隨能而使。二、飲食隨時。三、賜勞隨時。四、病與醫藥。五、從其求暇。僕使亦以五事事主：一、須早起。二、爲事周容〔九一〕。三、不與不取。四、作務以次。五、稱揚主名。事上方中，檀越須以五種之事，供奉沙門、婆羅門等：一、身行慈。二、口行慈。三、意行慈。四、以時施。五、問不遮止。其諸沙門、婆羅門等，須以六事教授檀越：一者防護，不令爲惡。二、指授善處。三、教懷善心。四、未聞者使聞。五、已聞者令解。六、開示正路。如是敬事，能令諸方安穩無憂。此一門竟。

次明遠離四種惡友。如彼經説，有四怨如親，應當覺知：一、畏伏友，畏而伏從，實無誠心。

此據其意。二、美言友，言順心乖。此據其口。三、敬順友，形詐親附，内無實心。此據其身。四者惡友，惡事相伴。畏伏有四：一、先與後奪，畏時則與，不畏還奪。二、與少望多，求取無厭。三、畏故强親。四、爲求離苦，詐現〔九二〕附。美言有四：一、善惡斯從。二、有難捨離。三、外有善來，蜜而止之。四、見有危事，便相誹謗。敬順有四：一者先誑。二者後誑。三者現誑。四、見有小過，便加杖之。惡友有四：一、飲酒時爲友。二、博戲時爲友。三、婬〔九三〕逸時爲友。四、歌儛時爲友。此皆須離。此二門竟。

下次明其攝四善友。如彼經説，四親應當親之：一、止非友，惡事相止。此據其口。二、慈愍友，苦事相憐。此據其意。三、利人友，益事與人。四、同事友，好事相助。此二據身。止非有四：一、見人有惡，則能遮止。二、示人正直，謂教正理。三、慈心愍念，善言誨誘。四、示人正〔九四〕路，教修出道。慈愍有四：一、見利代喜。二、見惡代憂。三、稱譽人德。四、見人説惡，便能抑制。利益有四：一者護人不令放逸。二者護人使不失財。三者護人使〔九五〕不恐怖。四者屏相教誡。同事有四：一者爲彼不惜身命。二者爲彼不惜財寶。三者爲彼濟其恐怖。四、屏相誡約。離隱方等，略辨如是。

十四化心義，六門分別。釋名辨相，一。就處分別，二。三性分別，三。得捨成就，四。化事差別，五。大小不同，六。

第一門中，釋名辨相。無而忽起，名之爲化。起化之意，名爲化心。化心不同，宣説十四，或説二十。小乘法中宣説十四，大乘法中宣説二十。言十四者，初禪有二，一者初禪化，二者初禪爲欲界化。二禪有三，一者二禪爲二禪化，二者二禪爲初禪化，三者二禪爲欲界化。三禪有四，當地有一，下地有三。四禪有五，當地有一，下地有四。良以小乘於上地度不能現化，故唯十四。言二十者，菩薩依於四禪發通，一一皆能爲五地化，所謂欲界乃至四禪，故有二十。良以菩薩神通自在，故能如是。名數既然，相狀如何。有人依禪修得通竟，欲起化事，先作是念，我當化作如是事，從此心後，入於定中，自然現化，名爲化心。名相如是。此一門竟。

次就處論。處別有二：一、所依處。唯四[九六]禪，不在餘地。何故而然。欲界無定，故不起化。設有起化，但是生慧。四空地中，心志微劣，又不緣色，爲是不起。色界地中，餘眷屬定，支因不具，無多力用，所以不起。是故但依四根本禪。故論説云：五通在四禪，根本非餘定[九七]。就四禪中，依如小乘，初禪有二，二禪有三，三禪有四，四禪有五，備如前列。大乘法中，各具五化，亦如上説。二、化現處。依如小乘，欲界初禪，並皆有四，所謂[九八]有彼四禪地化。二禪有三，當地有一，上地化心有其二種。三禪有二，當地有一，上地有一。四禪唯一當地之化。上能化下故下轉多，下不化上故上漸少。若依大乘，五地之中，各各備有四禪之化。

問曰：欲界二禪化心，與彼初禪初禪[九九]化心，何者爲勝。若依小乘，互有勝劣。欲界地中二禪之化，去遠故勝。能到二禪，初[一〇〇]初禪地中初禪之化，處上故勝。若依大乘，初禪地中初禪之化一向是勝，以處上故。去則與彼欲界地中二禪之化，近遠相似，同能往至一切地故。初禪二禪相望既然，餘地相望，義皆同爾。

問曰：上禪起下化心，爲屬下地，爲屬上禪。釋言：屬下。若爾，依於上地眼根見下色時，所生眼識應屬下地。釋言：不類。云何不類。解有兩義：其一義者，依於上禪，起下化心，即與下地起作之心麤細相似，故屬下地。上地眼根見下色時，所生之識不與下同，故不屬下。第二義者，六通之中，唯有身通能變能化。化有二能：一者能起異時作用，化主雖滅，留化如故。如佛滅後，餘留影像，住羅刹崛，母從天來，起坐説法。諸羅漢等，身雖滅度，餘留化火，焚燒己身。二、異處作用，依上發通，起下化心。餘通之中，悉無變化，不能起彼異地作用。上眼見色時所生之識，不屬下地。耳識亦爾。此二門竟。

次就三性分別化心。化有二種：一、生慧化，如似魔王作化佛像，如是一切。二、修慧化，依禪發通，依通起化。生慧之化，是報無記。修慧之化，論說不同。若依毗曇，通體是善，化心無記。《成實》法中，非破毗曇，利他心起，云何無記，當知化心一向是善。大乘法中，義有兩兼。若論世俗等智起化，與毗曇同，故《地持》中說爲無記化化禪異[一〇一]，如實智記[一〇二]，一向是善。此三門竟。

次明得捨成就之義。先論其得。先無今有，名之爲得。得有二種：一、離欲得。凡夫二乘斷欲界結，得初禪時，頓得初禪二種化心，一當地化，二下地化。如是次第，乃至斷彼三禪結時，頓得四禪五種化心，當地中一，下地中四。菩薩之人，斷彼欲結，得初禪時，頓得初禪五種化心，當地中一，他地中四。乃至四禪，類亦同爾。二者生得。有漏之法，生上失下，退生之時，還得本法，名爲生得。凡夫之人，從無色退，生四禪時，頓得四禪五種化心，當地中一，下地中四。生三禪時，頓得三禪四種化心。乃至生彼初禪之時，頓得初禪二種化心。聲聞、緣覺無退生義，爲是不論。菩薩生上不失下法，故無生得。何但生上不失下法，乃至得[一〇三]彼大涅槃果，不捨世事。故經說言，不捨世間，得大涅槃，不斷煩惱而入涅槃。惱尚不斷，況餘功德。

次論捨義。先有今失，名之爲捨。捨有二種：一者退捨。聲聞、凡夫從彼初禪退，起欲界煩惱之時，并失初禪二種化心。乃至退起三禪結時，頓失四禪五種化心。菩薩退時，地地失五[一〇四]。二者生捨。聲聞、凡夫生上地時，失下化心，名之爲捨。生二禪時，頓失初禪二種化心。乃至生彼四空地時，頓失四禪五種化心。

次論成就。有而不失，名爲成就。依如毗曇，有漏之法，在下成上，上不成下。以是義故，凡夫二乘身在欲界及初禪地，各成四禪四種化心。在二禪中，成上二[一〇五]禪三種化心，下皆不成。身在三禪，成上三[一〇六]禪二種化心。在第四禪，唯成四禪一種化心。菩薩之人，身在欲界乃至非想，皆成一切，以不失故。此四門竟。

次明化心所作之事。如《地持》說，要略唯三：一者化身，所謂化現衆生色像。二化境界，化爲外事，色香味等。三者化聲。化身之中，約形分四，約處論八，爲事亦八。

約形四者，如《地持》說，一似自身。化主爲人，化人似己。天龍等形，類皆同爾。二者不似自身，天爲[一〇七]人，止[一〇八]亦化爲人，不似自身[一〇九]等亦然。三、化似他[一一〇]身。他人是人，化人似彼。天等亦然。四者不似他[一一一]人。是人還化作人而不似彼，天等亦然。

約處八者，如《雜心》說，一、化作自身，住於自地。二、化作他身，住於自地。三、化作自身，往至他地。四、化作他身，往至他地。是義云何。化主身在初禪之中，化作初禪自身他身，即住初禪，以爲初二。化作初禪自身他身，往下欲界，以爲後二。身在初禪，爲化既然，乃至身在四禪亦爾。此初四竟。五者化作他地自身，即住他地。六者化作他地他[一一二]身，即住他地。七者化作他地自身，往至自地。八者化作他地他身，往至自地。是義云何。化主身在欲界之中，依彼初禪而起化心，即名初禪以爲自地，名欲界處以爲地他。以是義故，化作欲界自身他身，住於欲界，名住地他，以爲前二。持此二化，往至初禪，名至自地，以爲後二。欲界初禪相望既然，諸地相望類皆同爾。

爲事八者，如龍樹說，一能作小，二能作大，三能作輕，四能自在大爲小等，五能作爲有力之主，六能遠到，七能動地，八隨意所欲盡皆能得。化身如是。

次明化境。於中有二，一者化作自地之中一

切境界，二者化作他地之中一切境界。

次明化聲。化聲之中，要略唯二，一內二外。作衆生聲，名之爲內。作餘一切草木聲，名之爲外。內中約人，分之爲四，一者化作自相似聲，二者不似，三者化作他衆生聲，四者不似。隨相有七，如《地持》說，一、妙音具足。二、廣音具足。三、從自起。四、從他[二三]起。五、無所從起。六、說正法。七、隨事教嘖。一一廣辨，如《地持論》。作[二四]外聲中，事別無量，不可具論。此五門竟。

次明大小不同之義。不同有六：一、緣心不同。小乘法中，攀緣心化，凡所化現，作意而起。大乘法中，始修作意，終成不作，無心分別，慈善根力，令諸衆生自然見故。二、多少不同。聲聞之人，一心一化，不能無量。菩薩一心能爲法界一切色像及一切聲。三、寬狹不同。聲聞但能一世界化。菩薩不爾，一切世界悉能現化。四、所至不同。聲聞現化於一佛國，不至他界。菩薩現化，至無量界，如彼維摩遣化菩薩至香積等。第五，有心無心不同。聲聞緣覺雖化爲人，於中無心。佛及菩薩爲化有心。故《涅槃》云：化無量人，各令有心。良以佛心遍一切處，故化有之。六、虛實不同。聲聞緣覺雖復化作衣服等事，不得實用。諸佛菩薩所爲化事，即得實用。如《地持》說，化心如是。

大乘義章卷第十五

校勘記

〔一〕「心」，校本校勘記云一本無。

〔二〕「擔」，校本校勘記云甲本作「持」。

〔三〕「事」，底本原校疑衍。

〔四〕「知」，校本校勘記云甲本作「智」。

〔五〕「約」，校本校勘記云一本無。

〔六〕「說」，底本原校疑衍。

〔七〕「解脫」，校本校勘記云一本無。

〔八〕「智」，校本校勘記云一本無。

〔九〕「三」，校本校勘記云一本無。

〔一〇〕「通」，校本校勘記云一本無。

〔一一〕「知」，校本校勘記云一本作「如」。

〔一二〕「境」，底本原校云一本作「智」。

〔一三〕「人」，底本原校云一本後有「心」字。

〔一四〕「者」，底本原校疑衍。

〔一五〕「此」，疑爲「比」。

〔一六〕「根」，底本原校云一本無。

〔一七〕「在第」至「相應」，校本校勘記云一本無。

〔一八〕「根」，底本原校云一本無。

〔一九〕「亦」，校本校勘記云一本無。

〔二〇〕「結」，校本校勘記云甲本無。

〔二一〕「失」，底本作「夫」，據校本改。

〔二二〕「時」，校本校勘記云一本無。

〔二三〕「上」，底本原校云一本無。

〔二四〕「同」，底本原校云一本作「目」。

〔二五〕「約」，底本原校云一本作「初」。

〔二六〕「智」，校本校勘記云一本無。

〔二七〕「順」，底本原校云一本無。

〔二八〕「根」，校本校勘記云一本後有「於」字。

〔二九〕「心」，底本原校云一本無。

〔三〇〕「人轉」至「心謂」，校本校勘記云一本無。

〔三一〕「復」，校本校勘記云一本作「後」。

〔三二〕「修」，校本校勘記云一本無。

〔三三〕「地」，校本校勘記云甲本無。

〔三四〕「盡」，疑衍。

〔三五〕「他」，校本校勘記云甲本作「就」。

〔三六〕「共」，底本原校疑爲「具」。

〔三七〕「如」，校本校勘記云一本無。

〔三八〕「緣」，底本原校疑爲「統」或「約」。

〔三九〕「智」，底本原校云一本無。

〔四〇〕「心」，校本校勘記云甲本無。

〔四一〕「心淨」，校本校勘記云甲本作「淨染」。

〔四二〕「亡」，校本校勘記云甲本作「已」。

〔四三〕「估」，校本校勘記云甲本作「沽」。

〔四四〕「爲」，底本原校云一本前有「行者若受檀越施衣」八字。

〔四五〕「共」，校本校勘記云甲本作「苦」。

〔四六〕「分」，校本校勘記云甲本無。

〔四七〕「貪」，校本校勘記云一本作「食」。

〔四八〕「數」，底本原校云一本作「致」。

〔四九〕「間」，校本校勘記云一本作「開」。

〔五〇〕「餘小食」，校本校勘記云甲本作「不作餘食」。

〔五一〕「者」，底本原校疑後有脱文。

〔五二〕「彌」，底本原校云一本作「復」。

〔五三〕「共」，校本校勘記云一本作「苦」，下一「共」字同。

〔五四〕「下」，底本原校云一本後有「多有鳥雀音聲散亂妨修定意故在露地又復行者久在樹下」二十四字。

〔五五〕「明」，校本校勘記云甲本前有「又在露地」四字。

〔五六〕「行」，校本校勘記云一本後有「住」字。

〔五七〕「離」，校本校勘記云甲本前有「坐」字。

〔五八〕「言隨坐者」，底本原校云一本作無。

〔五九〕「攝故不別論處中」，底本原校云一本無。

〔六〇〕「彼」，底本原校云一本前有「有病服」三字。

〔六一〕「所須病者」，底本原校云一本無。

〔六二〕「能」，底本原校云一本後有「爲彼」二字。

〔六三〕「猶」，底本原校疑爲「於」。

〔六四〕「念」，校本校勘記云一本無。

〔六五〕「爲」，校本校勘記云一本無。

〔六六〕「願」，底本原校云甲本作「顧」。

〔六七〕「他」，校本校勘記云甲本作「化」。

〔六八〕「此法」，底本原校疑衍。

〔六九〕「他」，校本校勘記云甲本作「化」。

〔七〇〕「他」，底本原校疑爲「化」。

〔七一〕「化」，底本原校疑爲「他」。

〔七二〕「習」，底本原校疑衍。

〔七三〕「佛」，底本原校云一本後有「種」字。

〔七四〕「戒位住五增上」，校本校勘記云一本無。

〔七五〕「相相」，底本原校疑衍。

〔七六〕「名有開發」，底本原校云一本無。
〔七七〕「名」，底本原校云一本前有「一」字。
〔七八〕「治」，校本校勘記云甲本後有「之」字。
〔七九〕「一無」，校本校勘記云一本作「無一」。
〔八〇〕「無相住」，底本原校疑衍。
〔八一〕「不斷」，校本校勘記云一本無。
〔八二〕「拂」，底本原校云一本後有「一拂」二字。
〔八三〕「如是彼」，底本原校云一本無。
〔八四〕「皆」，底本原校云一本無。
〔八五〕「貪」，底本原校云一本作「含」。
〔八六〕「嘖」，校本校勘記疑爲「責」。
〔八七〕「智」，底本原校疑衍。
〔八八〕「過」，底本原校云經作「種」。
〔八九〕「黨」，底本原校云經作「須」。
〔九〇〕「人」，底本原校疑爲「又」或「夫」。
〔九一〕「容」，底本原校云經作「蜜」。
〔九二〕「現」，底本原校疑爲「親」，校本作「親」。
〔九三〕「婬」，底本原校云一本作「放」。
〔九四〕「正」，底本原校云經作「天」。
〔九五〕「使」，底本原校云一本無。
〔九六〕「四」，校本校勘記疑後脱「本」字。
〔九七〕「定」，底本原校云《雜心論》第七作「地」。
〔九八〕「有四所謂」，底本原校云一本無。
〔九九〕「初禪」，底本原校疑衍。
〔一〇〇〕「初」，底本原校疑衍。
〔一〇一〕「異」，底本原校疑爲「矣」。
〔一〇二〕「記」，底本原校云一本作「起」。
〔一〇三〕「何但」至「至得」，底本原校云一本無。
〔一〇四〕「菩薩」至「失五」，底本原校云一本無。
〔一〇五〕「二」，底本原校云一本作「三」。
〔一〇六〕「三」，底本原校云一本作「二」。
〔一〇七〕「自身天爲」，底本原校云一本作「化主」。
〔一〇八〕「止」，底本原校云一本無。
〔一〇九〕「身」，底本原校云一本後有「天」字。
〔一一〇〕「化似他」，底本原校疑爲「似化」。
〔一一一〕「他」，底本原校疑爲「化」。

〔二二〕「他」，底本原校云一本無。
〔二三〕「從他」，底本原校云一本作「地」。
〔二四〕「作」，底本原校云一本作「化」。

大乘義章卷第十六本

遠法師撰

淨法聚因法中，此卷有四門。十六特勝義。菩薩十八不共法義。二十種法師德義。三十七道品義。

十六特勝，七門分別。一、釋名辨相。二、約對四念分別。三、所求成差別。四、就位分別。五、約禪分別。六、就人分別。七、隨義分別。

就初門中，先釋其名，後辨其相。十六特勝，如《成實》說，《毗婆娑》中亦廣分別。言特勝者，此觀勝於不淨觀法，故名特勝。勝相如何。釋有八種：一、破患勝。不淨觀門但破貪欲，此觀能破一切煩惱。何故而然。一切煩惱因惡覺生，念出入息，除滅惡覺，惡覺斷故，煩惱不起，故破一切。二、斷結勝。彼不淨觀但能伏結，十六特勝亦伏亦永〔一〕斷。三、寛廣勝。彼不淨觀但觀色法以爲不淨，特勝通觀色心等法。四、微細勝。彼不淨觀但觀骨等，特勝微細，能觀無常斷離滅等。五、堅固勝。彼不淨觀緣他身起，得而易失，十六特勝緣自身起，得而難失。六、調停勝。如《成實》說，彼不淨觀未得離欲，已自厭惡，如彼婆求河邊比丘，由觀不淨，服毒墜高，求刀自殺，如藥過增，反更爲患。特勝不爾，能破貪欲而不生厭。七、所生勝。如《毗婆娑》說，彼不淨觀增衆生想，以其觀察男女等骨爲不淨故。十六特勝增長法想，以空三昧之根本故。八、所異勝。如《毗婆沙》說，彼不淨觀與外道共，十六特勝不共外道。具斯八義，故名特勝。名義如是。

特勝不同，離分十六。名字是何。念出入息，若長若短，息遍身，除身行，以爲初四。覺喜、覺樂、覺心行，除心行，念出入息，復以爲四，通前爲八。覺心令心喜，令心攝，令心解脱，念出入息，復以爲四，通前十二。觀察無常，斷離滅等，念出入息，復以爲四，通前十六。名字如是。相狀如何。言息短者，如人上山，擔重疲極，氣息則短，行者亦爾，在麤心中，氣息則短。何者麤心。所謂躁疾散亂心也。言息長者，如人定止，氣息則細，細時則長，行者如是，心細息細，細則長矣。息遍身者，行者信解已身浮虚，見諸毛孔風行出入，名息遍身。除身行者，行者繫念，住息境界，得境界力，心則安静，心安静故，麤息則滅，名除身行。問曰：氣息長短有無，爲當由身，爲當由心。釋言：俱由。如人初始處胎之時，及在四空，則無氣息，明知由身。在第四禪及滅盡定便無氣息，明知由心。問曰：氣息不由念生，如人雖復心念餘事，息常出入，云何説言由心生乎。釋言：是息雖不由於作念而生，但以衆縁和合故起，有心則有，無心則無，心麤息短，心細息長，故説由心。又問：此息爲由地有，爲由心有。釋言：俱由。故論釋言由地由心。三禪已還是有息地，云何俱由。有人身在出入息地，而無三禪已還之心，則無氣息，故知由心。雖復有心，而身不在出入息地，爾時亦無，故知由地。要身在於出入息地，并復有其出入息心，爾時方有，故知俱由。問曰：出息從何處生，至何處滅，入息復從何處而生，至何處滅。釋言：出息從齊輪生，至外便滅。入息從於身外而生[三]，入身便滅。隨心麤細，近遠不定。問曰：於彼出入息中，何者最先，何者最後。依如《成實》，衆生生時，出息最先。衆生死時，入息最後。出第四禪與生時同，入第四禪與死時同。毗曇所説生及死時，與《成實》同。出入四禪，與彼正翻。相狀如何。如毗曇説，出初入定，入初出定，入第四禪，出息最後，出第四禪，入息最先，故與彼翻。此初分竟。

第二四中，言覺喜者，由前四行，心得定住，從此定法，心生大喜，本雖有喜，心不能如是，故名覺喜。言覺樂者，由前心喜，身得調適，身調適故，便得猗息，猗息故樂，如人疲苦，得息安樂，故名覺樂。故經說言，以心喜故，身得猗息，以身猗故，則得受樂。覺心行者，論言從喜生於貪心，名爲心行，見受〔三〕有此生貪之過，名覺心行。除心行者，行者以見從喜生貪，除受去貪，心則安穩，名除心行。此四遠從念出入息方便發生，是故名爲念出入息。此兩分竟。

第三四中，言覺心者，以除心行，見心寂靜，故名覺心。令心喜者，是心或時還復沉没，榮發令喜，名令心喜。令心攝者，若心還掉，攝之令住，名令心攝。令心脱者，若離沉掉，心則調停，捨離二邊，名令心脱。此亦遠從念出入息方便發生，是故亦名念出入息。此三分竟。

第四四中，無常行者，由心寂靜，見法生滅，名無常行。所言斷者，用無常行，斷諸煩惱，故名斷行。所言離者，於有爲法悉生厭離，故名離行。所言滅者，以心厭離，得一切滅，故名滅行。有人復說：觀五陰無常，名無常行。觀察五陰空與無我，名爲斷行。觀五陰苦，生於厭離，名爲離行。觀陰不生，是寂滅法，故名滅行。有人復說：觀身無常，名無常行。斷除無明，名爲斷行。遠離愛結，名爲離行。證得涅槃寂靜之法，名爲涅槃行。有人復說：觀心心法無常生滅，名無常行。斷除愛法，名爲斷行。離餘〔四〕煩惱，名爲離行。通滅一切諸煩惱結，名爲滅行。復有人說：觀法無常，名無常行。斷過去煩惱，名爲斷行。離未來煩惱，名爲離行。滅現在煩惱，名爲滅行。此五義中，初之一義，如《成實》釋。後之四義，如《毗婆沙》。此亦遠從念出入息方便發生，是故亦名念出入息。此四分竟。相別如是。此一門竟。

次約四念以別十六。於中初四，正念氣息，名身念觀。次觀〔五〕四受念。次四心念。後，四法念。問曰：此之十六持勝乃是安那般那觀行。安那般那五停心攝，世尊何故說爲四念。《毗婆娑》云：以此四念之方便，故名爲四念。又復四念義通始終，故名四念。此亦名爲四種身憶。問曰：憶者，緣於過去。所念氣息在於現在，云何名憶。《成實》釋言：此實是其破假名智以憶名說。諸心心法更爲名故。此二門竟。

次明所成。修此十六，能成五行，如《成實》說，所謂聖行、梵行、天行、學行、無學行。觀彼氣息，念念生滅，是故無常，無常故空，空即聖行。又如論釋，氣息名風，風行虚中，虚相復能開導壞相，壞相即空，空即聖行。能生淨天，故名天行。爲到寂滅，故名梵行。爲得學果，故名學行。爲得無學行，爲〔六〕無學行。此三門竟。

次就位論。總相論之，此之十六名爲安那般那觀行。安那般那，五停心攝，故《成實》中辨此名爲出入息品，《毗婆娑》中亦說此爲出入息觀。理實行者觀一一法，皆能到於無學聖果，故觀氣息，從始至終，不唯局在五停心位。是義云何。通相論之，從凡乃至無學之果，分分皆得具爲此觀。於中別分，初四始起在五停心，成在四念。次八在於念處位中，後四在於煗等已上乃至無學。位別如是。此四門竟。

次約禪論。如《毗婆娑》說，息短初禪，息長二禪，遍身三禪，除身四禪，餘亦如是。論文直爾，不廣分別。准義具論，初四如上。第二四中，覺喜在於初禪二禪，覺樂三禪，覺心除心在第四禪。第三四中，令心喜者在初二禪，令心攝者在第三禪，令心定及令心脱在第四禪。初得名定，成滿名脱。亦可有漏名之爲定，無漏名脱。第四四種，皆遍諸禪。約禮〔七〕如是。此五門竟。

次就人論。如〔八〕《毗婆娑》說，何人能具，謂佛如來，餘皆不具。有人復說，羅漢、辟支及佛能具，餘皆不具。此六門竟。

次隨義分別。於中且以九義分別：一、十智分別。攝終從始，唯等智性。故《毗婆娑》云：唯一等智，始終別論，初十二門唯等智性。無常行者，具六智性，所謂等智，及與苦智，法比二智，盡、無生智。在見道前，名爲等智。見道已去，名爲苦智。觀欲無常，名爲法智。觀上無常，名爲比智。在無學果，名盡、無生。斷離及滅，義則不定。若言能斷、能離、能滅，則七智性，所謂等智，苦集二智，法智比智，盡、無生智。世俗斷結，是其等智。無漏斷結，是苦集智，所緣氣息苦集性故。緣欲界斷，名爲法智。緣上界斷，名爲比智。在無學果，名盡、無生。若言緣斷、緣離、緣滅，則六智性，所謂等智，及與滅智，法智、比智，盡、無生智。在見道前名爲等智，見道已去名爲滅智，餘四可解。二、約根分別，如《毗婆沙》說，唯意相應。三、三世分別，如《毗婆沙》說，體三世攝，緣於三世。四、三性分別，如《毗婆沙》說，體性唯善，所緣氣息唯是無記。五、三界分別，如《毗婆沙》說，是其欲界、色界所攝，所緣氣息亦息[九]是欲界、色界所收。六、就學無學及與非學非無學等三義分別。攝終從始，體性唯是非學無學，所緣亦然；氣息非是學無學故，此義如彼《毗婆沙》說。始終別論，初之十二體性及緣，備如前判。後之四種，通學無學及與非學非無學攝。等智能斷，非學非無學。無漏能斷，名學無學。七、就見斷、修斷、無斷三義分別。攝終從始，唯是修斷，所緣氣息亦是修斷，此義如彼《毗婆沙》說。始終別論，初之十二，備如前判。後四，通其見斷、修斷及與無斷。所緣如上，唯是修斷。八、就名緣義緣分別。如《毗婆沙》說，唯是義緣，非是名緣，所緣氣息非名字故。九、自他分別。如《毗婆沙》說，此觀通緣自他氣息，非唯自緣。十六持勝，辨之麤爾。

菩薩十八不共法義。

菩薩十八不共法義，出《奮迅王菩薩問經》。菩薩行德，超出二乘，不與彼同，故曰不共。隨別細分，不共無量，今據一門，且論十八。名字是何。六度爲六。身口意業，所作殊勝，復以爲三，通前爲九。不因他故，自然能知一切世間五明處等，通前爲十。以大悲心，常爲衆生廣治諸病，後授涅槃，不爲利養，爲第十一。不願世間釋梵諸王而常具受，爲第十二。於好國土放逸之處，能教衆生修習亦念，爲第十三。種種惡人，於菩薩所不能加害，若見菩薩，心則清淨，爲第十四。有諸衆生不信三寶，若見菩薩則生信心，爲第十五。天、龍、鬼、神、人、非人等，若見菩薩，即生師相，禮事供養，爲第十六。於一切處，爲尊爲導，化諸衆生，斷惡修善，生天解脱，爲第十七。隨所修習菩提分法，具足神通，魔不得便，爲第十八。此之十八，始起菩薩，成滿在佛。今就起處，以彰其名，名爲菩薩不共法矣。不共法，辨之略爾。

二十種法師德義。

法師之德，出《地經論》、《地持論》中亦具辨之。以法逆〔一〇〕世，名爲法師。師德不同，且説二十。名字是何。《地論》《地持》各〔一一〕有差别，然今且依《地論》列之。一名時説，二名正意，三名頓説，四名相續，五名爲漸，六名爲次，七句義漸次，八名爲樂〔一二〕，九名爲喜，十名爲勸，十一具德，十二不毁，十三不亂，十四如法，十五隨衆，十六慈心，十七安心，十八哀愍安樂心，十九不自讚毁他，二十不著名利。此二十中，前之十五名隨順説，外順説義，後之五種名清淨説，内心無過。

前十五中，三門辨之：一、以《地論》對彼《地持》辨其同異。二、隨義分判。三、依名解釋。

同異如何。此十五中，四門是同，十一門異。異相如何。《地持》四門，《地論》爲八。彼初時説，《地論》分二，時與正意。彼《地持》中第六一門名爲歡喜，《地論》分二，漸之與次。彼《地持》中第八一門名之爲喜，《地論》分二，樂〔一三〕之與喜。彼《地持》中第九一門名之爲勸，《地論》分二，勸與具德。《地經論》中有其三門，《地持》爲七。《地經論》中第三一門名爲頓説，《地持》分二，名一切説、不爲法慳。《地經論》中第四一門名相續說，《地持》分二，名無間說、不作師倦。《地經論》中第十三一門名爲不亂說，《地持》分三，名不亂說、文字具足、不除隱說。餘四相似。就此四中，句義漸次，《地持論》中名之爲欲。不毁、如法及與隨衆，名義皆同。本應悉同，當是翻者不同故爾。同義且然。

次隨義分，此之十五，以義相從，攝以爲七。初有兩門，合爲第一隨他所宜。於中時說，隨物心宜，欲受爲說，無欲則止。正意一種，隨他形宜，恭肅爲說，慢高則止。次有兩門，合爲第二隨自所宜。於中頓說，明己無慳，相續一種，明己無惰。次有三門，合爲第三隨法所宜。於中漸説明順教法，次順義法，句義漸次雙順教義，亦可此句順於行法。次有三門，合爲第四，重復明其隨他所宜。與前何别，而復更來。向前初分隨他現在聽法心宜及與形宜，此門隨他根性所宜，大根授大，小根授小，如是一切。次有一門，以爲第五，重復明其隨自所宜。與前何别。前第二分明己說心無慳、無惰，此明說德，有智便說，無智則止。次有三門，合爲第六，重復明其隨法所宜。與前何别。前第三分隨法次第，此順法體。於中不毁言順出道，不亂順理，亦順教法，如法順於四諦法相。末後一門，以爲第七，說能順衆。義别如是。

次釋名義。言時說者，觀諸衆生有心樂聞，無憂惱等鄣難之時，爲之宣說，故名時說。言正意者，菩薩正意觀諸衆生，住於恭敬求法威儀，然後爲說，如《戒經》中自立他坐不應說等，名爲正意。此二，《地持》合名時說。言頓說者，爲一切衆，說一切法，心無慳悋，名爲頓說。爲一切衆，於人頓也。說一切法，於法頓也。心無慳悋，內心頓也。《地持論》中别分無慳以爲一門，不爲法慳。言相續者，說無德[一四]息，捨諸法中嫉妬之意，名相續說。說無德息，明說相續。捨嫉妬意，明心相續。《地持論》中分無嫉意别爲一門，不作師倦。漸者，依教次第說也，故論釋言依字句味[一五]次第説矣。次者，依義次第説也，説苦至集，説滅至道，如是一切，故論釋言：如字句次第，義亦如是。此漸與次，《地持論》中合爲一門，名曰歡喜。次第宣説，易可記持，故令物喜。句義漸次者，論家釋言，説同義法，不説異義。此相如何。於向前教及與義中，淺則俱淺，深則俱深，不離宣説，名説同義。如苦諦中宣説有作，集、滅、道中亦説有作，苦諦之中宣説無作，集、滅、道中亦説無作，如是一切，名説同義。亦可此就行法之中，明其次第，戒戒一處，如是一切，名説同義。此《地持》中名之爲欲，辨宣行法，令人樂行，故名爲欲。示者，論言示所應示，小根衆生，應示小法，大根衆生，應示大法，如是一切，名示應示。此約教法。喜者，論言喜所應喜，隨根不同，爲之辨義，令其心喜應喜。此約義法。此示與喜，《地持論》中合爲一門，直名爲喜。彼中具釋，乃有四句，一示應示，二授應授，三照應照，四喜應喜。示授約教，總舉稱示。樂[一六]正與爲授。照喜約義，總舉令知，名之爲照。稱機別教，令其歡喜，故名爲喜。此四皆悉稱物根宜，故並云應。勸者，論言怯弱衆生勸令勇猛，故名爲勸。此義，《地持》隱而不彰。言具德者，論言依於現智、比智、阿含所證，而爲人説，名爲具德。言現智者，現量智也。言比智者，比量智也，此知法相。言阿含者，教量智也，此知教法。此三，如前三量章中具廣分别。證是證智。此知理法，具此方説，故名具德。《地持論》中説此爲勸。言不毁者，《地論》釋言順善道説，《地持》釋言順向善趣，此名出道以爲善趣。凡所言論，隨順出道，名向善趣。言不亂者，論自釋言，不動不雜，正入非稠林行，故曰不亂。言不動者，離於淺過。淺近之言，差失法理，故爲動。言不雜者，離於深過。不雜除[一七]隱，故名不雜。言正入者，顯前不動。言正順理，故云正入。非稠林者，顯前不雜。佛法雖深，開示令淺，小兒亦解，離深隱覆，名非稠林。《地持論》中，分此爲三：

一名不亂，亦名爲應，言順理法，與理相應。二、文字具足，亦名善説，言順教法。三、不深隱，亦名不雜，言順化儀，不雜除[18]隱。言如法者，順四真諦。凡所言論，應四真諦，令人依之，除苦、斷集、證滅、修道。言隨衆者，論言隨順四衆八部而爲説法，於比丘中説比丘法，於尼衆中爲説尼法，如是一切。此前十五，名隨順説。就後五種清淨説中，依四無量爲人説法，名清淨説。初一是慈，次二是悲，次一是喜，後一是捨。於怨衆生，慈心説者，怨所多嗔，故須慈説。於惡衆生，安心説者，惡行衆生，有其危怖，授善令安，名安心説。苦樂放逸、貧乞衆生，住哀愍心，安樂説者，違緣逼惱，名苦衆生，得樂自縱，名樂放逸，順緣不足，名貧衆生，於此三人，共起二心。於苦及貧，憐其現苦，於樂、放逸，愍其當苦，是故通起哀愍心説。於苦衆生，欲令得其苦對治樂[19]，放逸樂者，欲令離罪，得無過樂，於貧乞者，欲令得其衆具之樂，是故通起安樂心説。不以嫉纏自讚毀他，喜心説也。不著名利，捨心説也。若依《地持》，先捨後喜。此五是清淨心説。法師之德，辨之麤爾。

大乘義章卷第十六本

校勘記

〔一〕「永」，底本原校云一本無。

〔二〕「生」，底本原校云一本作「來」。

〔三〕「受」，底本原校云一本作「愛」。

〔四〕「餘」，底本原校疑爲「除」。

〔五〕「觀」，底本原校云一本無。

〔六〕「行爲」，底本原校云一本作「爲名」，校本校勘記云一本作「名」。

〔七〕「禮」，疑爲「體」。

〔八〕「如」，底本原校云一本無。

〔九〕「息」，底本原校云一本無。

〔一〇〕「逆」，底本原校云一本作「近」或「匠」。

〔一一〕「各」，底本原校云一本作「名」。

〔一二〕「樂」，校本校勘記云一本作「示」。

〔一三〕「樂」，校本校勘記云一本作「示」。

〔一四〕「德」，底本原校疑爲「停」，下一「德」字同。

〔一五〕「味」，底本原校云一本作「義」。

〔一六〕「樂」，底本原校云一本無。

〔一七〕「除」，底本原校疑爲「餘」，又云一本作「深」。

〔一八〕「除」，底本原校云一本作「深」。

〔一九〕「樂」，底本原校云一本作「藥」。

大乘義章卷第十六末

遠法師撰

三十七道品義，三門分別。（一、通釋。二、別解。三、約對九法分別。）

就通釋中，曲有六門：一、釋名義。二、行門分別。三、行體分別。四、止觀分別。五、八正分別。六、大小不同。

先釋其名。言道品者，經中亦名爲菩提分，亦名覺支。道者，外國名曰末伽，此翻名道。菩提，胡語，此亦名道。外國名多，故於一道立種種名，或名菩提，或曰末伽，此方名少，同名爲道。如外國人於一滅中立種種名，或名涅槃，或名毗尼，或復説之爲彌留陀，此通名滅，道亦如之。云何名道。通義名道，解有四義：一、對人釋。通人至果，名之爲道，如世行處名爲道也。二、對鄣釋。能除壅鄣，行時無礙，名之爲通，通故名道，如似世間無壅鄣處説爲道矣。第三，約就行義辨釋。戒定慧等，行數各別，道、如、跡、乘，四義寬通，通故名道。第四，約就行體分別。於真德中，諸行同體，虛融無礙，名之爲通，通故名道。菩提、末伽，兩道何別。通釋是一而立異名，其猶眼目。別則顯法，非無差異。異有三種：一、因果分別。因中之道名爲末伽，果中之道説爲菩提。二、通局分別。末伽之道，通因及果。故四諦中，末伽之道，説[一]通因果，菩提之道，局唯在果。三、事理分別。通理之道，説爲末伽。事別之道，説爲菩提。其義云何。戒定慧等三十七品，各各別異，名爲事道。道、如、迹、乘，四義齊通，説爲理道。又復道品名爲事道，空無我等諸法實性名爲理道。所言覺者，覺知一切諸煩惱過，故名爲覺。又能覺知一切法義，亦名爲覺。所言品者，經亦名分，亦名爲支，亦名爲具，亦云助道法。品謂品別，道行差異，故名爲品。分者分別，道行分異，故名爲分，與品義同。亦可分者因之別稱，如藥多分，共成一治，此亦如是。所言支者，名兼胡漢，胡語名支，此翻名因。如辟支迦，此名因緣。漢語名枝，是其枝別。別義如前。所言具者，是其因義，如米麵等名爲食具，彼念處等，成道之具，故名爲具。言助法者，是其緣義，資助果德，故名爲助。又復諸行共相資助，亦名爲助。問曰：爲當正名菩提，道之與覺，爲品爲分，爲支爲具，爲當與彼菩提道，覺作因義，故名品分等。是義不定。若名果德以爲菩提，爲道爲覺，彼念處等三十七法能爲彼因，名道分等。若名因行以爲菩提，爲道爲覺，彼念處等道中差別集成道等，名道分等。名義如是。

第二次就行門分別。行門有七，一是念處，二是正懃，三如意足，四是五根，五是五力，六七覺分，七八正道。故毗曇云：處方便一意，輭鈍及利根，見道思惟道，佛説三十七。處是四[二]念。方便，正懃。一意是其四如意足，守心一境故名一意。輭鈍，五根。利根，五力。見道，八正。修道，七覺。就此七中，三門分別：一、就行約人，隨位分別。二、就一人修入分別。三、約位分別。

就行約人，隨位別者，初之三門就行分別，次二約人，後二隨位。行中三者，道品正用智慧爲體，念處是慧，故先明之。慧由懃策，方能除斷，如火得風，方能焚燒，故明正懃。懃過心動，不能見法，如水風增，令火疾滅，須以定攝，如意是定，故明如意。行別如是。言約人者，人有利鈍。前三道品，在鈍人心名爲五根，在利人心説爲五力。譬如世間利刀割物，疾疾能過，利人如是，故名爲力。人別如是。言隨位者，位別見修。前三道品，在見諦道，名爲八正，在修道中，説爲七覺。問曰：聖位見前修後，何故名中先彰七覺，後論八正。此説次第，非行次第。何故説時不依行次。論有成釋，蓋依增數法門故爾。前念處等四四爲門。增四至五，故根與力五五爲門。增五至七，故次七覺。增七至八，故後宣説八正道分。此一門竟。

次就一人修入分別。行者將欲修習正道，先從師所聽受正法，既聞法已，繫念在心，是故初先明其念處。欲依此法，求如實利，非懃不得，故次第二明其正勤。以精進故，得法心住，故次第三修如意足。以心住故，能生出道，故次第四明其五根。是根增長，能遮煩惱，説之爲力，故次第五明其五力。如樹小時但可有根，未有所堪，至其長大，力能鄣水，根力如是。根力具足，欲入出道，先以七覺調練其心。若心掉動，以猗、定、捨三行攝之。若心沉没，須以擇法、精進及喜三法策之，念則俱調，故次第六明七覺支。以心調故能入正道，故次第七明其八正。於此門中，七覺在前，八正在後。然此門中，見修二道同名八正，不局在見。此二門竟。

次約位論。行實齊通，隨義且分，開合不定。或分爲二，世及出世。見道已前名爲世間，見道已上名爲出世。七中初五在於世間，後二出世。或離爲三，一方便道，在見道前，二見，三修。七中初五在於方便，八正在見，七覺在修。或分爲四，外凡、内凡、見道、修道，是其四也。念處已前，名爲外凡，未覺理故。煖等四心，名爲内凡，學觀諦理，成就出世聖人性故。見修可知。七中，初門在於外凡，念處所攝，次四内凡，八正見道，七覺修道。或分爲七，如毗曇説。念處位中，名爲四念。在煗心中，名爲正懃，初得理相，懃心求故。在頂心中，名如意足，於所觀法，心轉寂故。在忍心中，名爲五根，心住不退，決定能生出世道故。世第一法，名爲五力，深伏煩惱，親生出世無漏道故。八正見道，七覺修道。將小類大，大亦應然，但無說處。行門如是。

第三，就其行體分別。於中有三，一定其行體，二辨開合，三明其廢立。

行體有十，所謂信、進、念、定及慧，即以爲五。彼八正中正思及戒，通前爲七。彼七覺中猗、喜及捨，通前爲十。十中，九種心法爲體。戒之一門，依如[三]毗曇，色法爲體。若依《成實》，作戒是色，無作是非色非心。心法之中[四]，若依《成實》，信、進、念、思，此四通數，餘五別數。別中，猗、捨，及與定、慧，唯善故別。喜唯有漏，不通無漏，故名爲別。若依毗曇，信、進、猗、捨，此四是其善大地中心數之法。念、定、慧、喜，此四是其通大地中心數之法。喜是受數，餘三可知。正思覺數，五大地外別心數也，通善不善。大小煩惱是五地也。思是覺數，何故名思。思量覺義，故名爲思。問曰：何故諸心法中唯說此九以爲道品，餘通大地，餘善大地，及與觀數，不說爲道。釋言：法門隨化隱顯，不可具責，今且隨相粗釋所以。通中想數，以何義故不說爲道。釋言：想者取相爲義，於彼假想事觀之中功力增强，於正道中想用義微，爲是不說。何故而然。諸是慧用微隱之處，多須想力，慧用强處，假想必少，道中慧强，故不說想。通中欲數，以何義故不說爲道。如來宣說三十七品，欲爲根本，簡末異本，故不說欲。通中觸數，以何義故不說爲道。如來宣說三十七品，明觸爲因，簡果異因，故不說觸。又觸專能和會心境，令相觸對，於諸行心齊能和合，無簡彼此。三十七品，品別爲義，於諸行門有偏强者說爲道品，齊者不論。觸用齊等，品別不顯，故道品中不說其觸。通中思數，以何義故不說爲道。思是行主，起作爲義，於諸行門齊能起作，無處偏强，亦於道中品别不顯，故隱不説。通中解脱，以何義故不説爲道。夫解脱者，於境界中受取限量，於境數捨，不能久住，道於境界久住[五]唯善，解脱不順，所以不立。又復解脱相顯在果，道品在因，故隱解脱。通中憶數，以何義故不説爲道。於緣發悟，是其憶義。於已更事憶多發悟，未經事中發悟則少。道品多於未知法中觀察求知，憶於是中力用微少，故隱不説。善大地中無貪、無瞋、慚、愧、不害，此五何故不説爲道。此於世事離過行中功力增强，於理觀中力用微少，爲是不説。善大地中不放逸數，以何義故不説爲道。不放逸根是其一切善法根本，簡本異末，爲是不説。又不放逸於道品中齊能攝護，無偏强處，所以不説。問曰：前説三十七品欲爲根本，今復宣説不放逸法以爲根本，有何差别。如《涅槃》説，欲是生因，其猶生母，諸善皆由樂欲生故。不放逸者，是其了因，亦名養因，其猶養母。護攝之心是不放逸，護諸善故。問曰：不放通護諸善，不説道者，精進通策，何故説道。釋言：精進於道義中有偏强處，品别可得，故説爲道。别心數中觀數，何故不説爲道。觀用似覺，從初以舉，故隱後觀。又復觀數，推求似慧，道中慧强，故隱彼觀。行體如是。此一門竟。

次論開合。就行論之，開六合四。就位而辨，開四合六。云何就行開六合四。彼前十種行體之中，思、猗、喜、捨，四種不分，名之爲合。餘六種中，信分爲二，信根、信力。或分爲三，謂八正中正語、正業及與正命。念分爲四，念根、念力、念覺、正念。定、慧、精進各分爲八。是故使有三十七品。慧分八者，彼四念處通皆是慧，即以爲四。五根之中有其慧根，五力之中有其慧力，七覺支中擇法覺支，八正道中有其正見，斯皆是慧，合爲八也。精進八者，彼四正勤通是精進，即以爲四。五根之中有精進根，五力之中有精進力，七覺支中精進覺支，八正道中有正精進，通前爲八。定中八者，四如意足通皆是定，即以爲四。五根之中有其定根，五力之中有其定力，七覺支中有定覺支，八正道中有其正定，即以爲四，通前爲八。就行如是。云何就位開四合六。信唯在於見道已前，正思及戒唯在見道，猗、喜及捨唯在修道，名之爲合。念、進、定、慧，該通始終，目之爲開。開合如是。此二門竟。

次論廢立。行實無量，隨化一門，說三十七。故《涅槃》云：三十七品是涅槃因，不得名爲大涅槃因。無量無邊阿僧祇道，方得名爲大涅槃因。行實齊通，義不待言。隨化廢立，須釋所以。今先就彼念處、正勤及四如意，以論廢立。行實無量，以何義故偏說此三爲行體乎。此三要故。此有何要。三十七品，用慧爲主。念處是慧，故明念處。慧須制發，不制狂亂，不發沉濁，精進能發，故明正懃。定能制攝，故明如意。餘不如是，故隱不彰。

次就根、力料簡廢立。行數無量，何故偏說信等五種爲根爲力，餘不如是。釋言：根義聚說不定，或說一種，謂不放逸。如《涅槃》說，不放逸故，能令諸行，牢固不壞，增長出生。爲顯不放獨有此能，故偏說根。餘不如是，廢而不立。又顯餘行皆不放逸之所出生，故不說根。又《涅槃》說，三十七品，欲爲根本，此亦是其一種根矣。以有樂欲，便能攝修一切諸行。爲彰樂欲獨有此能，故偏說根。餘不如是，故廢不立。又顯餘善皆欲出生，故不名根。

或說三種，所謂況[六]無貪、無瞋、無癡三善根也。以此能治貪欲、瞋、癡三不善根，故偏說之。餘不如是，故[七]廢而不存。又此三種能生身口七支善業，故說爲根。餘不如是，故廢不立。又彰餘善皆三所生，故不說根。

或說五種，所謂信、進、念、定、慧根，蓋乃偏望出道故爾。此五能生出道力强，故偏說根。云何偏强。出世聖道，慧爲正體，慧根正能出生彼體，故立慧根。慧由定攝，精進策發，方生出道，是故須立定、進爲根。定由念成，進由信起，是故須立信、念爲根。又復出道，要唯止觀，定能生止，慧能起觀，故立定、慧二法爲根。定由念助，方能生止，慧由進助，方能起觀，故復須立念、進爲根。出世聖道，從來未得，人多疑惑，非信不求，以有信故，起向四根，趣入聖道，故復須立信心爲根。又此信等，能治五種大煩惱地，故偏説根。何故[八]五地。所謂不信、懈怠、無明、掉及放逸，是五地也。信治不信，精進治怠，慧治無明，禪定治掉，念治放逸。問曰：定心能治於亂，念治失念，今以何故説定治掉，念治放逸。釋言：對治義有兼正。如慈無量，正治瞋恚，兼治貪欲。悲正治瞋，兼止害覺。此亦如是，定正除亂，兼捨掉過，以得定者必能遠離掉戲過故。念心雖復正治失念，兼除放逸，住正念者必定不起放逸過故。問曰：不放正除放逸，何不説根，乃就兼治説念爲根。釋言：不放其力最大，獨令諸善牢固增長，如來説之以爲一根，故此不立。良以信等有前多義，故立爲根。餘不如是，廢而不存。又彰餘善皆五所生，故不説根。或復宣説一切善法悉名爲根，如《涅槃》説，所謂信根，戒、施、聞根，慧、忍、精進、念、定根等，望果皆生，故通名根。此等開合隨一義，今據一門，且説爲五。力同根釋。

次就八正料簡廢立。何故偏説正見等八以爲正道，餘皆不立。如《雜心》釋，聖説八正以之爲輪，輪必有轂，轂者是戒[九]，謂正語、正業、正命，故説此三以爲正道。以或[一〇]行本衆行所依，故説爲聲。依聲有輻，輻者是慧，慧是正見，故復宣説正見爲道。良以智慧向外取緣，與輻相似，故説爲輻。輻須輞攝，輞者是定，故須宣説正定爲道。定能攝慧，與輞相似，故説爲輞。思助慧强，念助定强，故復宣説思、念爲道。既有輪體，復有轉者，精進能轉，故復宣説精進爲道。又復此等入聖之初，翻對八邪，故説此八以爲正道。餘無此義，故廢不立。言八邪者，所謂邪思惟等。問曰：何故不説信心以爲正道。信實遍通，但此爲彰信是始相，樹別世間，八聖道者已證聖位，非信地收，故不説信以爲正道。問曰：若使信是始相，八中不彰，何故經説初果之人四不壞信。釋言：道品多行相對，是隱顯門，爲別出道，見前説信。四不壞信是獨行門，不列餘義。見道已上，信心實勝，故得説之。何故不説猗、喜及捨以爲正道。《雜心》釋言：見道速疾，彼行不速，於見不順，爲是不立。若爾，定心住境不速，何故説之以爲正道。釋言：見道雖復速疾，入法中速疾，入法中〔二〕速，非是捨是捨〔三〕法，捨外入法，正由定力，爲是須立。猗、喜、捨等無如是能，故不存之。

次就七覺料簡廢立。何故偏説念覺等七以爲覺支，餘者不立。釋言：七覺在於修道，修中之要唯止與觀，是義相資，能達彼岸。定者是止，擇法是觀，故説此二以爲覺支。猗、捨二種，助止力强，精進及喜，助觀力强，故復須立。念能俱調，故立念覺。又復此等能治七使，故偏説之以爲覺支。此如《增一阿含經》説：何者七使。一、貪欲使，謂欲界地貪愛煩惱。二、有愛使，謂上二界貪愛煩惱。彼經名爲欲世間使。三者瞋使。四者痴使。五者慢使。六者疑使。七者見使。三界五見，云何對治。念治貪欲，守心正念，離貪欲故。喜覺對治欲世間使，慶入聖道，離世間故。擇法治瞋，以修智慧，破離我人，除瞋恚故。捨覺治癡，捨猶除也，證法平等，捨癡冥故。猗覺治慢，以心猗息，離慢高故。定覺治疑，於法正住，離猶豫故。精進治見，懃求正慧，斷諸見故。以有此能，説爲覺支。餘不如是，故廢不立。何故不説信爲覺支。此同前釋。信是始相，樹別世間，故此不立。何故不説思爲覺支。修道容豫，思性躁疾，於修不順，爲是不立。若爾，精進性亦躁疾，何故得説以爲覺支。釋言：修道雖復容豫，必須常續，常行不息，是精進能，故説精進以爲覺支。又復精進有多功力，能辨諸事，入麤能麤，入細能細，入遲能遲，入疾能疾，故此立之。何故不説正語、正業及與正命以爲覺支。《雜心》釋言：覺者是心，戒〔三〕非心法，故不立覺。行實齊通，且隨隱顯，廢立如是。

第四門中，止觀分別。行德雖衆，要唯止觀。故《涅槃》云：欲求須陀，乃至欲求無上菩提，當修止觀。故知止觀統攝諸行。於中分別，有其兩義：其一義者，四念觀體，正懃助成。如意爲止。根力之中，信念與定是其止行，慧進是觀。七覺支中，猗、定、念、捨，判之爲止，擇法、進、喜，説以爲觀。八正道中，正語、正業、正命、正念、正定，此五爲止，正見、正思及正精進，此三是觀。問曰：信心通生諸行，何故於彼根力之中偏判屬止。以信安法，離猶預故，生定强故。又信行始，趣入定近，故彼《解脱道論》之中攝信爲定。問曰：論説七覺支中念能俱調，今以何故偏攝屬止。以念守境，生定强故。問曰：論説八正道中精進通策，今以何故偏判屬觀。以進策發生觀强故。是中爲欲二門攝法，不可以彼通義徵責。第二義者，如彼《成實・止觀品》説，四念處中，前三爲止，法念爲觀，正懃爲觀，如意爲止。根力之中，前四爲止，後一爲觀。七覺支中，猗、定及捨，説以爲止，擇法、進、喜，説之爲觀，念則俱調。八正道中，正語、正業、正命、正念及與正定，此五爲止，正見、正思及正精進，此三名觀。問曰：四念同能觀境，何故前三偏説爲止，後一爲觀。釋言：前三觀身受心，事相之法，事中安心相順八禪，故判爲止。後法念中通知理事，知理唯慧，故説爲觀。問曰：四懃判之爲觀，根力等中所有精進，以何義故攝之爲止。釋言：所對不同故爾。彼四正懃對四如意禪定行故，四懃策發，説之爲觀。彼根力中，爲簡後慧，故攝在止。問曰：何故偏簡後慧，判之爲止，不簡後定，説爲觀乎。釋言：於彼五根之中，慧根爲主，餘四伴助。精進與定，伴助行同，故攝在止。又彼宗中，四根是其見諦以前慧根出世，精進與定世間行同，故判爲止。問曰：若使五根之中用慧爲主，餘行伴助，即令精進攝屬止者，七覺八道亦應如是，何故精進攝之屬觀。釋言：互從，理亦應齊。但彼七覺八正之行同在出世，隨相以分，精進發懃，相不順止，故攝在觀。問曰：根、力、八正等中，念皆屬止，以何義故七覺之中用念俱調。釋言：修始定未深成，要須念心堅守境界，方能得定。故根力中攝念屬止。七覺行終，定心已成，假念義微，故用俱調。問曰：若言七覺定成，假念義微，故説念心爲俱調者，七覺觀成，假進義微，何故不用精進通策。釋言：精進實能通策，但經中説三十七品用念爲主，故用俱調，精進非主，隱通彰別，故攝爲觀。

第五門中，八正分別。如《涅槃》説，道雖無量，要唯八正。故知八正通攝諸行。於中略以二門分別。其一義者，攝彼四念、慧根、慧力、擇法、正見，以爲正見。攝四正懃、精進根力、精進覺支，及正精進，爲正精進。攝四如意、定根、定力、定覺、正定，及與猗、捨，以爲正定。念根、念力、念覺、正念，以爲正念。正思、正語、正業、正命，即名可知。信根、信力，制屬何義，義分不定。或屬正定，於禪信順能修入故。或屬正見，於法決定生正智故。喜覺如何，義亦不定。離亂生喜，判屬正定。證法生喜，判屬正見。一義如是。第二義者，如彼《解脱道論》中説，四念及與念根、念力、念覺、正念，判爲正念。彼四正懃、四如意中，欲及精進，精進根力、精進覺支，及正精進，此等通説爲正精進。四如意中分取心定，定根、定力、定覺、正定、信、猗、喜、捨，此等一切通爲正定。四如意中分取慧定，慧根、慧力、擇法、正見，此等一切通爲正見。餘四如上。問曰：四念軀性是慧，何故彼論説之爲念。釋言：於彼一一門中，備含多義，趣舉皆得。故《涅槃》中説四念處以之爲定，《雜心》云慧，《解脱道論》説之爲念，皆得無傷。問曰：經論多説如意以之爲定，彼論何故説爲精進及定慧乎。彼論就精進等，餘經論中就其所生偏名爲定，言之左右，信及喜等偏判爲定，且從一義。問曰：於彼道品行中備有七門，何故偏用八正攝道，餘不如是。以餘門中不説戒故。

第六，明其大小不同。不同衆多，今此略以十一種門以辨其異：一、依地不同。二、體性不同。三、常無常異。四、漏無漏别。五、緣心不同。六、淺深不同。七、麤細不同。八、修起不同。九、行利不同，亦得名爲所爲不同。十、治鄣不同。其第十一，得果不同。

言依地者，地别十一，欲界、八禪、未來[四]、中間。《成實》説十，除却未來。

依如毗曇，初禪一地具三十七，餘悉不具。依未來禪及第二禪，具三十六。未來除喜，是故但有餘三十六。何故無喜。未出欲惡，未得根本，喜不生故。二禪地中無正思惟，是故亦有三十六支。何故無思。正思是覺，局在初禪，故彼無之。依中間禪、三禪、四禪，具三十五，除喜、正思，餘者具有。空處、識處、無所有處，具三十二，無喜、正思、正語、正業及與正命，是故但有餘三十二。無喜、正思，義在可知。正語、正業及與正命，此三是戒，於彼宗中戒是色法，四空無色，爲是除之。問曰：若使四空無色，須除戒者，彼處無色，依何得有身念處觀。釋言：彼地雖無有色，聖人生上不失下地無漏之戒，依之起觀，故有身念。若爾，何不即用彼戒爲空處等正語、正業、正命法乎。釋言：不得。能觀之智是無色心，故無色界得有身念。所觀之戒是下地法，是故不名無色界中正語業等。問曰：八正在於見道，毗曇法中依無色定不入見道，彼無色處云何得有正念、正定、正見、正進，而言空、識、無所有處得具三十二道品乎。釋言：八正約位别配在於見道，理實一切聖人通修。今所論者修中八正，故得有之。問曰：若使修道門中得有八正，説爲正念、正定等者，與七覺中念、定、精進、擇法覺支有何差别，而得分爲三十七。釋言：同體義分異，初爲正念、正定、正見及正精進，後爲覺支，故得具有。非想欲界具二十二，謂四念處、四正懃、四如意足、五根、五力，是二十二。彼非想地雖無無漏，得起有漏念處、正懃、如意、根、力，是故得具二十二道。彼地無色，云何得有身念處觀。義同前釋。聖人生彼不失下地無漏淨戒，依之起觀，是故得有。欲界所起，亦是有漏。問曰：毗曇欲界無定，云何得起道品觀乎。釋言：欲界雖無禪定，而用思慧分別觀察，起身念等，故得有之。問曰：欲界既無禪定，云何得有四如意足、定根、定力。釋言：此亦思慧住法名爲如意，無別定體。欲界善心相應定數，名定根力，無別禪定。毗曇如是。若依尊者瞿沙所說，欲界有定，彼應具起三十六道[一五]品，除喜有餘，與未來同。餘似毗曇。

若依《成實》，欲界有其如電三昧。彼說電光色界四禪并四空中下三無色，皆悉得入見修兩道，齊應具起三十七品。通說有漏，具三十七。唯論無漏，除喜有餘。何故無漏偏除喜乎。彼論釋言：喜心由於取假名生，著我故起，聖人已斷，爲是除之。故彼論言，覺支有二，一者有漏，二者無漏，有漏有喜，無漏則無。問曰：喜心在初二禪，餘禪無喜，云何得有喜覺支乎。彼論宣說憂喜隨心至於有頂，所以得有。問曰：若喜得至有頂，何故經中偏說初禪二禪有喜。彼隱顯門，非盡道理。如說安慧在於三禪，豈彼獨有，喜亦如之。問曰：若喜實通上下，經就何義偏於初禪二禪地中建立喜支，餘禪不立。以初二禪喜心多故，創捨欲惡，初得勝靜，多生喜悅，爲是偏說。又初二禪定内有喜，定外亦有，故初二禪說有喜支。三禪已上，定外有喜，定内則無，故三禪上不立喜支。以三禪上定外有喜，故得說彼有喜覺支。問曰：正思是其覺數，覺至初禪，云何[一六]得有正思。《成實》宣說，覺觀二數遍通三界，以是心之麤細相故，經中偏說初禪有者，蓋亦是其隱顯門說。以彼初禪創背欲惡，多須其力，爲是偏說，非上不有。以上有故，得有正思。又彼宗中，正思是慧，慧義遍通，故上有思。正語、正業及與正命，此三色業，依無色定，云何得起。彼宗宣説戒非色心，故上得起。問曰：無色無身無口，云何得有正語、正業。釋言：無色適無身口二種作業，止業無妨，以得定道二無作故，畢竟不起身口惡業，故得説有。中間禪者，《成實》亦説，故彼文言初禪梵王能至中間。攝屬初禪，更不別説。非想如何。彼説非想雖無增觀斷結無漏，非無順舊遊觀無漏，故彼宣説於非想地無漏心後入滅盡定。於中麤分，但有七覺，修道攝故。隨義細分，具三十七，理亦無傷。

大乘法中，始同毗曇。究竟終成，始從欲界，乃至非想，一切具起三十七品。問曰：欲界亂地無定，云何得起三十七品。釋言：《大品》説欲界中亦有禪定。故龍樹云，三昧有四，一欲界繫，二色界繫，三無色界繫，四者不繫。明知欲界亦有禪定。又龍樹云，佛常住於欲界定中，名無不定。以有定故，依之修起。問曰：欲定性是有漏，云何能起無漏道品。釋言：上界世俗淨定雖是有漏，能生無漏，此亦如是，何足可怪。又欲界定亦通無漏，故龍樹云十八不共悉是無漏，佛常在於欲界定中名不共法，明通無漏。通無漏故，得起道品。問曰：非想無其無漏，云何能起無漏道品。釋言：大乘説非想地亦有無漏。故龍樹言，云何菩薩非想處定，與實相俱，是名菩薩非想處定。與實相俱，明是無漏。有無漏故，得起道品。問曰：正思體是覺數，覺在初禪，上云何有。釋同《成實》。又復於理審觀名思，義無偏局，故上有之。又問：喜支在初二禪，云何上有。釋同《成實》。又經宣説修喜無量生於識處，明上亦有。又證聖處慶悦名喜，遍通一切，何得約彼世俗淨禪喜相局別。又問：正語、正業、正命，體是色業，依無色定，云何得起。大乘宣説四空有色，故得修起。依地不同，辨之略爾。此一門竟。

次就體性以顯不同。三十七品，心爲體性。

心有三重：一者事識，謂六識心。於此分中，心外有法，法外有心。心於外境分別觀察，爲道品觀。二者妄識，謂七識心。於此分中，心外無法，一切諸法皆從妄想自心所現，如夢所覩。於已自心所現法中，推求觀察，爲道品觀。三者真識，謂八識心。於此分中，心外無法，法外無心，心與法界同體義分。以同體故，將心攝法，一切皆是一心中法，隨法分心，廣備法界微塵數心。心於彼法，從來無鄣，而爲妄染，説爲隱覆。令息妄染，内照實性，名道品觀。彼小乘中，但有初門事識之觀，説爲道品。大乘法中，初爲事觀，次破情相，爲妄識觀，後息妄想，爲真識觀。體性如是。此二門竟。

次第三門，就常無常以論不同。小乘所修，始終無常，生滅心識以爲體故。大乘不爾，始修無常，終成是常，成處真心以爲體故。此三門竟。

次就有漏無漏之義以釋不同。小乘道品，通漏無漏。前二十二在見道前，名爲有漏。七覺、八道在見道上，名爲無漏。菩薩所修，初始有漏，究竟所成一切無漏。故《涅槃》中宣説三十七菩提分爲淨梵行。迦葉白佛，有漏善法亦復能爲無漏法因，何故不得名淨梵行。佛言，有漏性是顛倒，故非梵行，三十七品性是無漏，故是梵行。以斯准驗，明知終成一切無漏。此四門竟。

次就緣心以顯不同。道有二種，一者緣治，二者實證。分別之智，觀境破結，名爲緣治。滅觀真心，王情息慮，契如不動，名爲實證。小乘法中，唯有緣治，全無實證。大乘不爾，始修緣治，趣道方便，終成實證，以爲正道。此五門竟。

次就淺深以彰不同。聲聞所行，教説不同。毗曇所論，道行極淺，唯觀四諦十六聖行。《成實》所辨，唯觀四諦，名用虛假，無性之空。菩薩所修，於一切法，不取有相，不取無相，不取有無非有無相，於離言説，平等真義，如實證知。故《地持》言：云何大乘三十七品。菩薩於身不起妄相，亦復不取一切非性，於離言説，第一實義如實了知。如身念處，如是餘念及餘道品，皆亦如是，是名大乘三十七品。不起妄相，明離有也。不取非性，不著無也。此明離相離言說義，是真法性，如實知也。龍樹所說，亦與此同。此六門竟。

次就麤細以顯不同。聲聞所修，於身念處，但能麤知五根、五塵、無作色等，不能微細。菩薩於身，知如法界微塵色別，二乘不及。故《涅槃》云：所說色陰，中智所知。分別是色無量無邊，非諸聲聞緣覺所知，我於彼經竟不說之。《地持》亦云：菩薩於身，能爲無量處方便觀。如身念處，餘念餘道，亦復如是。聲聞總觀，名之爲麤。菩薩別知，說以爲細。此七門竟。

次就起修以論不同。小乘法中，義別有二：一、隨行不同。作意別學三十七品，皆悉別起。一向前後，不得一時。二、就同時心心法等，隨義以分。彼四念處取境別故，一向前後，不得一時。餘得同時。以是義故，初禪地中三十四品一時俱起。彼四念中，趣一現起，通餘合爲三十四品。餘三念處，前後別起。未來一禪，三[二七]十三品一時俱起。於前初禪三十四中，未來除喜。二禪除覺，餘悉相似。彼中間禪、三禪、四禪，三十二品一時俱起。於前初禪三十四中，除喜及覺，餘悉相似。空處、識處、無所有處，二十九品一時俱起，於前初禪三十四中除喜除覺及三種戒，餘悉相似。欲界非想，十九道品一時俱起，四懃、如意、五根、五力，念處之中趣起一種，是十九也。小乘如是。大乘法中，亦有二種：一者修始，三十七品作意別起。二者修熟，三十七品同時頓起。故《地經》云：菩薩念念具足一切助菩提法。念念具起，明非先後。此八門竟。

次明大小所爲不同，亦得名爲行利不同。小乘所修，偏爲自利，心無廣兼，名之爲小。菩薩所修，兼利自他，以兼利故，目之爲大。故《地經》說，不捨衆生，修行道品，名護小乘。此九門竟。

次明大小治鄣不同。聲聞所修唯斷四住，不能窮盡。菩薩所行，五住通斷，兼息緣治，以深廣故。此十門竟。

次明大小得果不同。小乘所修，唯得聲聞辟支佛果。菩薩所行，能得佛果。又復小乘所修道品，得方便果，不得性淨。大乘所行，具得性淨、方便之果。故《涅槃》云：三十七品能爲煩惱作不生生因，亦爲涅槃而作了因。方便菩提斷鄣離染，能令煩惱畢竟不生，是道能起，是故爲彼而作生因。性淨涅槃，道能顯之，是故爲彼而作了因。大小不同，辨之略爾。上來通解道品義竟。

第二門中，別解道品。先解念處。良以四念破四顛倒，開實相門，故先辨之。又復道品用慧爲主，念處是慧，是故先辨。於中略以七門分別：一釋名義，二分總別，三明三種念處不同，四就有漏無漏分別，五論次第，六顯觀相，七釋其文。

名字是何。身、受、心、法，是其四也。色形聚積，名之爲身。領納稱受，能緣曰心。自體名法。守境名念。身等四種，生念之處，名爲念處。此一門竟。

次論總別。理實通就一切諸法，皆悉得爲總別念處，今且就五陰及與三無爲法，説總説別。別分五陰及無爲法爲四念觀，名之爲別。總緣五陰及無爲法爲法念觀，目之爲總。別相如何。色陰爲身，受陰爲受，識陰爲心，想、行及與三無爲等合以爲法。陰既有五，依觀足得，何勞爲四。釋言：陰法開合不定，總之唯一是有爲法。或分爲二，唯名與色，四陰曰名，色陰名色。或分爲三，所謂三修，如《涅槃》説謂身、戒、心。説色陰中五根爲身，防禁名修，身口二業説以爲戒，四陰曰心。又説煩惱、業、苦等別，亦是三也。或説爲四，四念、四食、四識住等，如《涅槃》説。云何分陰以爲四食。色陰之中宣説段食，識爲識食，行陰之中説思説觸，想受不論，除識，餘陰爲識所依，名四識住。或分爲五，即五陰是。

或分爲六，五陰及與不相應行。或説十二，十二謂[一八]入、十二因緣。或説十八，謂十八界。或復宣説二十二根。如是非一。今據一門，且分四種。依之起觀，爲破四倒，故説四耳。常樂我淨是四倒也。凡夫多於色中計淨，受中計樂，心中計常，於想、行等一切法中建立有我。爲破是見，觀色不淨，破除淨倒。觀受是苦，破除樂倒。觀心無常，破除常倒。觀法無我，破除我倒。别相如是。

總相云何。汎釋有六：一、總觀五陰及無爲法，爲苦、無常、空、無我等。二、總觀五陰及無爲法，以爲四諦十六聖行。三、總觀五陰及無爲法，名用虚假，無性空寂。四、總觀五陰及無爲法，妄想虚假，無相空寂。五、總觀五陰及無爲法，虚妄妄想，悉於心現，畢竟無法。六、總觀五陰及無爲法，真法集起，本性常寂。

就初門中，觀苦、無常，局在五陰。觀空、無我，通無爲法。今且約就五陰辨之。此觀難成，漸習乃成[一九]就。於中觀别，有二十門。於五陰中，二二合觀，有其十門。色、受合觀，以爲初門。色、想合觀，爲第二門。色、行合觀，爲第三門。色、識合觀，爲第四門。除去色陰，受、想合觀，爲第五門。受、行合觀，爲第六門。受、識合觀，爲第七門。除色除受，想、行合觀，爲第八門。想、識合觀，爲第九門。除色受想，行、識合觀，爲第十門。三三合觀，有其六門。色、受及想，合觀爲一。色、想、行合，以爲第二。色、行、識合，以爲第三。除去色陰，受、想、行合，以爲第四。受、行、識合，以爲第五。除色除受，想、行、識合，以爲第六。以此通前，合爲十六。四四合觀，有其三門。色、受、想、行，合觀爲一。色、想、行、識，合觀爲二。除去色陰，受、想、行、識，合觀爲三。通前十九。此十九門，名總方便。五陰合觀，復以爲一，通前二十。此後一門，名總念成。此之一番，正當毗曇總念處觀。

第二門者，總觀五陰及數滅法，以爲四諦十

六聖行。觀彼生死有漏果陰以爲苦諦，於中別觀爲苦、無常、空與無我，即爲四行。觀彼生死因行五陰以爲集諦，於中別觀因、集、有、緣，復爲四行，通前爲八。觀無漏五〔二〇〕陰以爲道諦，於中別觀道、如、跡、乘，復爲四行，通前十二。觀彼數滅無爲之法以爲滅諦，於中別觀滅、止、妙、出，復爲四行，通前十六。此門當彼毗曇法中煗頂已上一切觀行，彼通名爲法念觀故。

第三門者，總觀五陰及無爲法，名用假有，名爲世諦，無性空寂，以爲真諦。《成實》法中偏論此義。

第四門者，總觀五陰及無爲法，妄相之有，猶如幻化、乾闥婆城、熱時炎等，名爲世諦，無相空寂，以爲真諦。此言空者，不但無性，乃至因緣相亦不有，如陽炎水，遥望似有，近觀全無。不但無性，乃至亦無水有可得，諸法像此。

第五門者，總觀五陰及無爲法，心外無法，皆從妄想自心所現，如夢所見，皆是心作，名爲世諦，窮體本無，名爲真諦。

第六門者，觀彼五陰及無爲法，皆是真實如來藏性緣起集成，名爲世諦，窮其本性，唯是真如，從本已來，常寂不動，名爲真諦。此後三門，大乘中說，小乘不論。此六皆是總相法念之差別耳。此二門竟。

次論三種念處差別。言三種者，一自性念處，二共相念處，三緣念處。釋有兩門，一辨其相，二明斷鄣不斷鄣別。

就辨相中，先論自性。毗曇法中，說四念處，慧爲自性。若性是慧，何故經中說之爲念〔二一〕。與念相隨，從伴以呼，故說爲念。故〔二二〕從伴。由與念俱，慧心於法正取不謬，故說爲念。又諸心法更相爲名，如勝色想，體實是慧，而名爲想，此亦如是，體雖是慧，而名爲念。若依《成實》，始是念性，終是慧性。始是念性，故彼《成實論·無心數品》云：如一念處，得五種名，所謂念處、念根、念力、念覺、正念。終是慧故，《成實》説言，從念生慧，觀於身等，名爲念處。大乘法中，衆德同體，難以偏定。從强説慧，理亦無傷。

言共念者，解有三義：一、約境説共，觀身爲境，於中所生一切心法及隨生戒，通名身念。餘亦如是。二、就行體異義論共。一身念中即具四念，隨生之戒説爲身念，受數爲受，心王爲心，慧等諸數説之爲法。此四念行聚在一處，故名爲共。餘亦如是。故《雜心》云：如世尊説，善法積聚，名共念處。三、從生説共。若慧觀身，與慧相隨俱生善法，同名身念。餘亦如是。慧是有漏，與慧相隨俱生善法悉名有漏，無漏亦爾。如是一切，此與慧同，故名爲共。故龍樹云：因緣生道，若漏無漏，同名念處。

緣念處者，解有兩義：一、散心普緣一切境界，名緣念處。二、所緣境能生念心，名緣念處。與經中説知及智處同名波若，其義相似。亦如五塵生欲名欲。於此門中，身念所緣，開合不定。總唯一色。或分爲二，謂漏無漏。又記無記，報非報等，亦得分二。或説爲三：一、可見有對。謂眼所行色，爲眼照矚，名爲可見，爲彼對礙，色根所對，故名有對。二、不可見有對。謂耳、鼻、舌、身所行之色，眼根不覩，名不可見。有對同前。三、不可見無對。謂意所行善惡無作及五根色，不爲目覩，名不可見，不爲對礙色根所對，名無對色。或説爲四，謂四大色。故《涅槃》云：色者四大。四大能造一切種色，攝末從本，説爲四大。又如佛陀提婆所立，四大之外無别造色，故説四種。或説爲六，謂六塵色。善惡無作及五根色通名法塵，餘五可知。或説十種，如《涅槃》説五根五塵，是其十也。彼以無作成身相微，隱而不説。或説十一，如毗曇説，五根、五塵及法塵中善惡無作。若依《成實》，宣説十四，五根、五塵及與四大。彼説四大是四塵果，復是五根及聲塵因，根塵不收，故别説大。彼宗無作是非色心，故陰不彰。毗曇法中，四大是觸，故不別説。細分無量。此等説爲身念所緣。

受念所緣，開合不定。總唯一受。或分爲二，謂身與心。五識相應，從色根生，名爲身受。意識相應，從意根生，名爲心受。或説爲三，謂苦、樂、捨。納違生惱，名爲苦受。納順生適，名爲樂受。中容境界，捨苦樂邊，名爲捨受。或説爲五，所謂苦、樂、憂、喜及捨。若在欲界，五識地中逼惱名苦，適悦稱樂，意識地中慮惱名憂，悦暢曰喜，六識地中中容受心説之爲捨。若在初禪，眼、耳及身三識身中適悦名樂，意悦名喜，捨通四識。若在二禪，喜、捨在意，更無餘義。若在三禪，樂、捨在意，更無餘義。在四禪上，唯有意捨，更無餘義。或説爲六，謂六識中相應受也。或分十八，於前六中各有苦、樂、不苦不樂。或復説爲三十六受，前十八中各有染、淨。或爲百八，如龍樹説，前三十六，三世別説。細分無量。此等説爲受念所緣。

開[三三]合不定，總唯一心。或分爲二，謂漏無漏。又記無記，報非報等，亦得分二。或説爲三，善、惡、無記。又學、無學、非學無學，亦得分三。或説爲四，有漏分三，善、惡、無記，無漏爲一。亦得説五，有漏分三，無漏爲二，學與無學。或説爲六，謂六識心。或分爲九，欲界有三，善、惡、無記，色界有二，善與無記，無色亦然，通前爲七，無漏分二，學與無學，通前爲九。或説十二，欲界有四，謂善、不善、隱没無記、不隱没無記，色界有三，除前不善，無色亦然，通前説十，無漏分二，學與無學，通前十二。或説二十，欲界有八，生得善一，方便善二，不善爲三，隱没無記以爲第四，身邊兩見名爲隱没。不隱無記別有四種，報生、威儀、工巧、變化，通前爲八。色界有六，除前不善及工巧心，餘悉有之。無色[三四]四，除色界中威儀、變化，有餘四種。但上二界一切煩惱皆名隱没，不同欲界。此前十八是有漏心，無漏分二，學與無學，通前二十。細分無量。此等説爲心念所緣。

法念所緣，要唯有三，一有爲法，二無爲法，三者理法。有爲有二：一是心法，謂想、行等。二、非色心法，所謂十四不相應等。無爲有三，虚空、數滅及非數滅。理者，所謂空無相等。細分無量。此等説爲法念所緣。相别如是。

次論斷鄣差别。毗曇法中，共念能斷，餘二不斷。良以共念多法相扶於治法，所以能斷。自性念處，單獨無力，故不能斷。問曰：彼宗無慧獨行，何須宣説慧獨不斷。釋言：智慧實不獨行，但爲破彼無心數者，故説慧性獨不能斷。緣心普散而不專一，見境不明，所以不斷。又復緣念論境非行，所以不斷。問曰：見前七方便心齊不斷結，共相念處云何能斷。釋言：見前共念不斷，見道已上共相法念有能斷義，就此言耳。《成實》法中，不説同時有共念義，唯慧獨斷，前後相資亦得共斷。大乘法中，文無定判，以義推之，三種皆斷，良以菩薩心安實相，隨所覺照皆除鄣故。三種念處，辨之麤爾。此三門竟。

次就有漏無漏分别。念處有二：一者獨法。一切觀行通攝爲一四念觀門，故名獨法。二者共法。約對餘行，共爲三十七道品門，名爲共法。若就獨法四念處中，攝行寬廣，通漏無漏。若就共門，小乘法中四念有漏，其無漏者判屬餘門，大乘法中通漏無漏，始學有漏，成則無漏。大乘見前，有無漏故，故《地持》言，云何大乘三十七品，菩薩於身不起妄想，亦復不取一切非性非非性，餘念亦爾，是大乘三十七品。故知無漏。念處位中有此兩義，獨法、共法，餘門悉爾，應當類知。此四門竟。

次論四念次第之義。以何義故初説身念乃至法念。解有二義：一、麤細次第。色麤易觀，是故先説。受細前色，麤於後二，如人所患手足等痛，受心先覺，是故次辨。心體雖復細於想行，但想及行與無爲法合爲法念，法念最細，心麤於彼，故次明心，後説其法。二、觀求次第。凡夫本來，男爲女色，女爲男色，而生煩惱，故先觀身。又色是其入法初門，故先觀身。見身不淨，便作是念，云何衆生樂著此色，由樂受貪，故次觀受。復更推求誰受是樂，所謂心識，故次觀心。復更[三五]求誰使是心，所謂我也，故後觀法。次第如是。此五門竟。

次辨觀相。其修行者，既出家已，先持淨戒。於寂靜定，於内外色，觀察不淨，爲厭自身，觀自身色，爲五不淨：一、種子不淨。是身過去業與煩惱而爲種子，現在父母精血爲種，名種不淨。二、住處不淨。在母腹中，生藏之下，熟藏之上，安置己體。三、自體不淨。三十六物，集成己體。四、自相不淨，九孔常流。兩眼、兩耳、兩鼻及口、大小便道，是九孔也。眼出眵淚，耳出結聹，鼻中出洟，口出涎吐，大小便道流出屎尿。五、畢竟不淨。此身死已，虫食成糞，火燒爲灰，埋之成土，究竟推求，都無淨相，是故名爲畢竟不淨。若心散亂，念身無常，三惡道苦，佛法欲滅，以此鞭心，還令安住不淨觀中。爲厭他身，須觀外色，以爲九想。所謂死相、膖脹、青淤、膿爛、破壞、血塗、虫食、骨瑣、分離，是九想也。《大智論》中少一死想，加一燒想，合以爲九。此義如前九想章中具廣分別。身念如是。身雖不淨，若少有樂，事亦可樂，故次觀受，見唯是苦。是義云何。受有三種，所謂苦、樂、不苦不樂。苦受之中，即具三苦，所謂苦苦、壞苦、行苦。樂、捨二受各具二苦，所謂行苦、壞苦。如《涅槃》説。此義廣釋，如四諦章。受雖如是，若少有常，事亦爲可樂，故次觀心，見其心相，生滅流注，如旋火輪，分分各異。心相如是。無常有三：一、分段無常，六道心別。二、念無常，於刹那間四相遷流。三者，自性不成實無常。有爲虚集，無一常性。此義如前優陀那章具廣分別。心念如是。心雖無常，若有神我自在作用，事猶可樂，故次觀法，見唯無我。無我有二，一衆生無我，二法無我。是義如前無我章中具廣分別。此六門竟。

次依經辨釋。身念處中，初觀内身，次觀外

身，後二合觀。何者是内而復云外。若就十二入中分别，一切衆生六根爲内，六塵爲外。今四念中，自身名内，他身爲外。何故初别而後總乎。釋有二義：一、破患不同。有人著内情多，著外情少，如人爲身，棄捨父母、妻子、財物。著内多故，須教觀内。或復有人著外情多，著内情少，如人爲財，亡身没命。著外多故，須教觀外。有人俱著，故須合觀。二、隨觀次第。行者本來於自身中取有淨相，故先觀内。内求不得，謂外有之，故復觀外。向前觀内不及其外，觀外之時復不及内，是故第三内外合觀。就觀内中，經文説言，觀内身，循身觀，精懃一心，除世貪憂。觀内身者，樹别所觀。循身觀者，顯其觀相，循猶順也。其身相審悉觀察，名循身觀。精懃一心，明其觀儀。行者今欲破壞身相，非懃不辦，故須精懃。故龍樹云：離别常人易，離别知識難。離别知識易，離别親戚難。離别親戚易，離别己身難。行者今欲離[二六]己身，必須精懃。懃由專意，故曰一心。除世貪憂，彰雜所[二七]離。何故偏説除世貪憂。龍樹釋言：行者此中多生貪憂，故偏説除。云何多生。始棄五欲，念本所愛，故多生貪，未得道法，故多生憂，是故偏言除世貪憂。又復貪者凡夫起貪[二八]難捨，受生力强，三毒之初，故煩惱中，偏説除貪。憂根[二九]一向貪欲者起，障定最重，禪中先離，故五受中偏説除憂。若説除貪，餘結隨亡。若説除憂，餘受隨遣。譬如破竹，初節爲難，若破初節，餘節皆隨，貪憂亦爾。下明觀外及觀内外，類亦同然。就受念中，亦初觀内，次外，後合。十二入中，受唯是外，法入收故。今四念中，自受爲内，他受爲外。又復意識相應爲内，五識相應名之爲外。亦得定受説之爲内，散受爲外。於此内外，初别後總。就心念中，亦初觀内，次外，後總。十二入中，心唯是内，意根攝故。今四念中，自心爲内，他心爲外。又復意識名之爲内，五識名外。亦得定心説以爲内，散心爲外。就法念中，亦初觀内，次外，後總。

內謂心法。外者所謂非色非心不相應行及三無爲。於中觀相，悉同初門。

次辨四懃。五門分別，一釋其名，二定體性，三分別行，四論先後，五廣辨相。

名字如何。言正懃者，策修不惰，名之爲懃，懃心不邪，說以爲正。問曰：何故念處[三〇]及根力等皆不言正，此獨論之。龍樹釋言：精進發動，喜入邪中，爲防彼過，故偏論正。以此正懃多發動故，如諸外道，多皆策懃而隨邪倒，翻離彼過，說爲正矣。此一門竟。

次定體性。此四正懃，皆用精進心數爲體。體雖是一，隨能分四。故論說言，如一念燈，備具四能，亦能燋炷，亦能盡油，亦能熱器，亦能破闇。正懃亦爾，備具四能，故得分四。問曰：彼燈一念四能，正懃不爾，前後分四，云何似喻。釋言：立喻法不一種，或取少分，或取多分，或復全取。今所立喻，少分非全，不可齊責。又精進中亦有一念具四能義，如一念道現起之時，令已生惑，爲因不成，名斷已生。當來惑果，遮令不起，名斷未生。即此道行，從來未起，今始修起，名修未生。添助前善，令其增廣，名修已生。行就斯義，說如燈矣。問曰：懃數局唯在善，亦通餘義。論者不同。毗曇法中，懃唯在善，善大地中精進數故。《成實》法中，懃通三性。今論善懃，簡別餘二，說爲正矣。問曰：念處，論說有三，自性、共、緣，正懃如何。《大智論》中宣說，正懃有其二種，自性及共。言自性者，論自釋言，爲求道故，起於四種精進心數，名爲自性。共者，論言精進爲首，因緣生道，若漏無漏，若色非[三一]色，如是一切，悉爲正懃，是名爲共。亦應有緣，文略不說，所策之行即爲緣也。此二門竟。

次分別行。精進之數，通策諸行。隨[三二]行異論，門別難計。今據一門，且分爲四。四中前二明懃斷惡，後二修善，惡止善行，義之次第。惡有已未，善有曾當，故分四種。問曰：已惡起已謝往，現今無體，當何所斷。解有三義：一、已生惡雖謝過去，當本起時，有其爲因生後之義，現修對治，絶其爲因生後之義，名斷已生。二、已生惡雖謝過去，現在心邊有得得之，斷其現得，令其過惡不來屬已，名斷已生。三、已起惡雖滅過去，種類續生，現修對治，絶其種類，名斷已生。問曰：若斷已生種類便得名爲斷已生者，類在未來，何故不名斷未生乎。釋言：細求，可斷種類實是未生，但此是其已生種類，爲别一向全未起者，説斷已生。問曰：已善，起之已竟，云何可修。釋有三義：一、已生善，當本起時，有其爲因生後之義，現修善法，令過去善爲因義成，名修已生。二、現起得，得〔三〕過去善，令不失壞，名修已生。如見道中十五心邊皆有得生，得於前善，如是一切。三、已生善，雖起已竟，而其種類次第後續，於彼種類未起之者，策修令起，添助前善，名修已生。問曰：彼類其實未起，何故説之修已生乎。此同前釋，爲别一向全未起者，故助前善，名修已生。此三門竟。

次論先後。前離惡中，或有先説斷已生惡，或有先説斷未生惡，是義云何。解有五種：一、約起惑次第分别。先斷已生，已生麤故，後斷未生，未生細故。如初地鄣，麤而先起，是故先斷。二、二地之障，細而後起，是故後除。如是一切。二、四住無明相對分别。無明先成，名爲已生。四住煩惱從緣後起，名爲未生。若從是義，先斷未生，後除已生。未生四住，浮麤易遣，是故先斷。已生無明，微細難離，是故後除。三、約煩惱成起分别。一切煩惱皆有成起。過去煩惱曾起謝往，熏於本識無明地中，聚積成種，名爲成就。即前煩惱種類續生，名爲現起。現起望前，名爲未生。若從是義，亦得宣説先斷未生，後除已生。是義云何。道起之時，先修方便，遮伏現起，令未生者不得現行，名斷未生。後斷本來所成種子，名斷已生。四、約煩惱及得分别。於此門中，亦得宣説先斷未生，後斷已生。是義云何。聖道初起，先斷心邊煩惱之得，令後不續，名斷未生。以得斷故，令過煩惱不來屬已，名斷已生。五、約煩惱因果分別。過去煩惱生後名因，未來煩惱起前稱果，因名已生，果名未生。就此門中，已生未生，斷在一時。是義云何。惑因過去，惑果未來，道起於中，隔絶因果，因義不成，名斷已生。果義不成，名斷未生。一道兩能，故曰一時。前二如是。後二種中，先起未生，後增已生，更無異說。何故如是。爲明善法先無今有，方便習生。以先無故，先修未生。未生起已，更修後善，添助前善，名修已生。若就善中久修者說，亦有先修已生之義。是義云何。行有二分，一者温故，二者知新。此二種中，要先温故，然後知新。其温故者，名修已生。其知新者，名修未生。又善有二，一者自分，二者勝進。自分已生，先修令熟。勝進未生，後修趣入。故知善中亦有先修已生之義。此四門竟。

次廣辨相。離惡行中，差別有三：一、悔過行，唯悔已生。二、防過行，唯防未生。三、斷過行，通斷已未。是義云何。於已作惡，起意追變，名悔過行。於中分別，有其三種。如《地持》說，過去所犯，如法悔除，是名過去不放逸行。現在所犯，即如法悔，是名現在不放逸行。未來所犯，當如法悔，是名未來不放逸行。此於三世已起惡中，生心追悔，非悔未生。雖悔已生，能令彼過後更不續，隨義細分，亦遮未生。悔過如是。於未起惡，謹意防護，令不現起，名防過行。於中分別，有其二種。如《地持》說，一、現修對治，令過不生，名爲已作不放逸行。二、當修對治，令過不起，名爲當作不放逸行。防過如是。斷惑因果，令不攝續，名斷過行。又斷諸惑，令不屬已，亦名斷過。於中分別，乃有三階。有一種行，唯斷現惑，不通過未。是義云何。謂斷同體自性無明。緣觀之智，觀法唯真，無妄想故，能令同體自性無明更不牽後，名之爲斷。更無餘義。設有餘義，非同體治，今廢不論。有一種行，唯斷過未，不通現在。是義云何。謂斷異相麤起煩惱。惑起過去，説之爲因，當生爲果，道起於中，隔絶因果，絶其往因，名斷過去。息除後果，名斷未來。道邊無惑，故不斷現。有一種行，通斷三世一切諸過。是義云何。過有惑[三四]果，現有惑得，連持屬人，現修對治，斷彼惑得，令不牽後，名斷現在。令惑因果不來屬己，名斷過未。離惡如是。

修善門中，兩門分別，一約心分別，二約修分別。心有三種：一、隨喜心，唯慶已生。二、願求心，唯求未生。三、迴向心，通迴已未。一切善法而有所向。問曰：若喜唯慶已生，何故經中有念當得生歡喜乎。彼可是喜，不名隨喜。隨喜之心，要慶已生。約心如是。言約修者，修有二種：一者温故，唯温已生。二者知新，唯增未生。復有二種：一者自分，修習已生。二者勝進，修習未生。復有二種：一者得修，得[三五]於已生，已生之善，種類過去，或在未來有得得之，名得已生。得已生故，於彼見諦十五心中唯復得前，非前得後。二者習修，唯習未生，於未生善修習令生故[三六]。四懃如是。

次辨如意。兩門分別，一總釋名，二辨體相。名字如何。經中或説爲如意足，或復説之爲如意分。如意足者，欲等四種求定稱心，故曰如意，趣定自在，其猶脚足，名如意足。言如意分者，分是因義，欲等定因，定從因稱，名如意分。名字如是。體相云何。此四如意，定行爲主，定隨因别，故分四種。始從欲定，乃至慧定。言欲定者，悕求上静，名之爲欲，因欲得定，故名欲定。亦可定心從欲而得，果從因稱，故曰欲定。精進定者，懃厭下過，懃求上静，名曰精進。從進得定，名精進定。亦可定心從精進得，名精進定。言念定者，《地經》之中名爲心定，於定境界守心安住，名之爲念。念能得定，故曰念定。亦可定心因念而得，名爲念定。守意住緣，故復名念。言慧定者，《地經》之中名思惟定。觀察下過，知上勝益，名之爲慧[三七]得定，名爲慧定。亦可定心因慧而得，故名慧定。而此慧心，思惟分別而求上靜，是故亦名思惟定矣。《大智論》中說求初禪須修五法，欲、念、精進、巧慧、一心。今如意中，略無一心，隱顯故爾。問曰：念處具有三種，自性、共、緣，如意云何。《大智論》中說有二種，自性及共。言自性者，解有二種：一、就所生定行行〔三八〕辨性。定數爲主，定從因別，故說欲等。二、就定因以辨其性。如龍樹說，欲心爲主，從之得定，乃至思惟以之爲主，從之得定，名爲自性。共者，論言四如意定，因緣生道，若漏無漏，共生善陰，悉名如意，是名爲共。准前，亦應有緣如意，文略不說。

次解五根。四門分別，一釋其名，二辨其相，三論次第，四約位分別。

名字如何。所謂信根乃至慧根。於境決定，名之爲信。練心於法，名之爲精，精心務達，說以爲進。守境名念。住緣曰定。觀達稱慧。此之五種，宿習今成，能生曰根。名字如是。此一門竟。

次辨其相。信根之中，開合不定。總唯一種。或分爲二，信因、信果。如《地經》說，信菩薩行，是信因也，信諸佛法，是信果也。大乘既然，小乘亦爾。或分爲三，謂信三寶。或分爲四，如《成實》說四不壞信，信佛、法，及與僧、戒，是其四也。或分爲五，謂信三寶，信因信果。或分爲六，信佛、法、僧，信因信果，信第一義。或分爲八，如《地持》說，信佛、法、僧，諸佛菩薩神通之力，即以爲四，信種種因，信種種果，通前爲五，信真實義，通前爲六，信其得義，信得方便，通前爲八。無上菩提，是得義也。菩薩學道，是得方便。廣則無量。

精進根中，義亦不定。總之唯一。或分爲二，謂身與心，二種精進。或說爲三，如《地持》說，一弘誓精進，二攝善法，三利衆生，如彼廣說。或說四種，如前四懃。或說五、六、七、八、九、十，並如《地持》。

念根之中，義亦不定。總之唯一。或分爲

二：一者聞持，謂持教法。二者義持，能持義法。或分爲三，謂念三寶真實功德。或分爲四，念佛、法、僧，念第一義。或分爲六，謂六念心，念佛、法、僧、戒、施及天，是其六也。或分爲八，如龍樹説，於前六上，更加二種，念出入息，及與念死，是其八也。或分爲十，如龍樹説，前八種上，更加念身，及與念滅，是其十也。念求出世寂滅之樂，名爲念滅。或分十一，如《地經》説，念佛、法、僧，念菩薩，念菩薩行，念波羅蜜，念十地，念不壞力，念無畏，念不共法，乃至不離念一切智，是其十一。前之四種，念其所學，次有三種，念已所行，後之四種，念已所成。廣則無量。

定根之中，義亦不定。總之唯一。或分爲二，世及出世。世俗淨定，名爲世間。無漏出世，亦得分三：一、有覺有觀，謂初禪等。二、無覺有觀，謂中間禪。三、無覺無觀，謂二禪上一切三昧。或分四種，所謂退、住、勝進、決定，是其四也。此義如前八禪章中具廣分別。或説五、六、七、八、九、十，如《地持論・禪品》中説。廣則無量。

慧根之中，義亦不定。總之唯一。或分爲二，一世諦緣，二第一義緣。又漏無漏，世出世等，皆得分二。亦得分三，謂聞、思、修。又《涅槃》中宣説，般若、毗婆舍那及與闍那，亦是三種。般若是慧，毗婆是觀，闍那是智。般若别相，知於世諦。毗婆總相，知第一義。闍那破相，破離有無，知一實體。三有多門，且舉斯耳。或説四種，聞、思、修、證。或説五、六、七、八、九、十，如《地持論》。細分無量。體相如是。此二門竟。

次論次第。五實同時，今隨修相，且論次第。信爲行首，故先明信。因信造修，故次精進。以精進故，於法不忘，故次明念。以有念故，住法不動，故次明定。以心静故，慧得照明，故後明慧。次第如是。此五，經中慧爲正主，餘四伴從。問曰：道品用慧爲主，念處是慧列之在前，五根之中用慧爲主，何不先列，彰之於後。釋言：辨法有二次第：一、説次第，先主後伴。二、修次第，先劣後勝。道品行中先列念處，是説次第。今五根中後説慧根，是修次第。又慧有多能，一能開始，故道品中先明念處。二能趣終，故五根中列之於後。更有異義，後當辨釋。此三(三九)門竟。

次約位分。理實此五遍通始終，隨相且分。如《雜心》説，在初業地，名爲信根，見道已前名初業地，於出世道能信順故。在於見地，名精進根，於見道中起行速故。在於薄地，名爲念根，斯陀含人守心住緣，薄煩惱故。在離欲地，名爲定根，阿那含人得八禪故。在無學地，名爲慧根，阿羅漢人得究竟故。將小類大，其義亦同。五根如是。五力如根。

次解七覺。四門分別，一釋其名，二定體具，三分止觀，四明次第。

名字如何。經中説之爲七覺分，亦名覺支。無漏聖慧，名之爲覺。念等七種，覺中差別，名分名支。亦可無學聖智名覺，念等七種能爲彼因，名分名支。問曰：三十七道品法通是覺分，齊是覺支，何故此七偏名覺支。七覺修道，隣於無學，以此近果，爲因相顯，故偏對覺，説支説分。名義如是。此一門竟。

次定體具。三義分別：一、對果分別，名果爲覺。此之七種，但是覺支，而不名覺。與果作因，故名覺支，非是果體，故不名覺。二、就七行相對分別。擇法一種，是覺非支。體是智慧，故得名覺。非慧因故，不名覺支。餘六是支，而不名覺。與覺作因，故得名支。非是慧體，故不名覺。三、約修位而爲分別。此之七種，成總修位，别爲總因，俱得稱支。就此門中，擇法一種，是覺亦覺支。體是智慧，故得名覺。成總修位，故名覺支。餘非智慧，故不名覺。成總修位，故得稱支。論中所辨，當此一門。此二門竟。

次分止觀。定覺是止，猗、捨助成，擇法是觀，精進及喜二法助成，念則俱調。問曰：於八正道中，精進通策，何故此中念則俱調。釋言：互從，理亦應齊。但諸行門，義意各異。八正見道，見道速疾，精進之心，於速力强，故用通策。七覺修道，修道容裕，止觀須等，念能俱調，是故用之通調止觀。此三門竟。

次論次第。如《成實》説，學人失念，則起煩惱，繫念善處，方能離過，故先明念。繫念先來所修正見明，則名擇法，故次明之。懃擇不捨，則名精進，是以次辨。以精進故，煩惱減少，心則歡喜，故次明喜。以心喜故，身得猗樂，故次明猗。身猗樂故，心得寂定，故次明定。此定即是金剛三昧。以得此定，不没不發，其心平等，故次明捨。又以此定，得無學果，斷憂離喜，名之爲捨，故後論之。問曰：向説慧能開始，故道品中先説念處，復能趣終，根力等中慧爲最後。今七覺中，擇法是慧，何故不然，置之第二。釋言：智慧備有多義，有能開始，義如前解。復能趣終，亦如上釋。智爲行主，主須導引，故先明念。主須隨從，故後宣説精進喜等。又復智慧由因故生，故先明念，復能生他，故後宣説精進喜等。七覺如是。

次解八正。四門分别，一總釋名，二定體具，三分三學，四三慧分别。

名字如何。言八正者，始從正見，乃至正定，此之八種，通故名道，離邪曰正。問曰：向前七覺等行皆不名正，此獨云之。龍樹釋言：行道入法，懼入邪中，故須論正。又此八道，入聖之始，與翻邪之初，辨正義顯，故偏云正。名義如是。此一門竟。

次定體具。三義分别：第一，總約見位分别。此之八種，成總見位，别爲總因，通得名分。於此門中，正見一種，亦是道，亦道分。正見道體，故得名道。成總見位，故名道分。餘之七種，直名道分而不名道。非正道體，故不名道。成總見位，故名道分。二、就八行相對分别。正見一種，直可名道，不名道分。正見道體，故名爲道。簡體異具，故不名分。餘之七種，直名道分，而不名道。義如前解。三、望果分別。菩提名道。此之八種，與道作因，通名道分。此二門竟。

次分三學。於此門中，先分三學，後論次第。八中，正語、正業、正命是其戒學。正念、正定是其定學。正見、正思是其慧學。問曰：戒中三種，何別。別有三種：一、離瞋癡所起口業，名爲正語。遠離瞋癡所起身業，名爲正業。離貪所起身口二業，名爲正命。二、離三毒所起口業，名爲正語。遠離三毒所起身業，名爲正業。離四邪命，名爲正命。是義云何。如龍樹説，一離下口食，謂不種殖、合和諸藥、治生販賣以求活命。二離仰口食，謂不占相、日月星宿、吉凶等事而求活命。三離方口食，謂不諂媚豪勢貴勝、通致使命、巧言多求而自活命。四離四[四〇]維口食，謂不習學種種呪術、卜筭吉凶、畫師泥作、諸伎藝等而自養活。離此四種，名爲正命。三、如龍樹説，以無漏慧離口四過，名爲正語。離身三邪，名爲正業。離五邪命，名爲正命。言五邪者，一、爲利養，詐現奇特異人之相，此一身邪。二、自説功德，以求他利。三、占相吉凶，爲人宣説。四者，高聲[四一]其威嚴，令人敬畏，以取其利。五、自説己所得利養，以動人心，此即是其因利求利。此後四種是其口邪。就定學中，正定爲主，正念助之。就慧學中，正見爲主，正思助之，精進通策。問曰：《地持》開分六度以爲三學，精進屬戒，今此何故通策三學。釋言：互從，理互應齊。但《地持》中爲以三義統攝六度，精進入戒。若以四義統攝六度，精進亦別。故彼《相續解脱經》中，説前三度以爲戒學，禪爲定學，波若慧學，精進通策。三學如是。次第云何。如《成實》説，出家求道，先須受戒，是故先明正語、正業及與正命。由戒心住，故次明其正念、正定。由定發慧，慧有麤細，麤者聞慧，説爲正思，細者修慧，説爲正見。又復麤者在於世間，未能見理，説爲正思。細者出世，能見於理，説爲正見。精進遍通。此行次第，不依八正説之次第。此三門竟。

次就三慧分別八正。如《成實》説，正見聞慧，正思思慧，餘六是修。修中，先須持戒離過。次以持戒故，得三道分，正語、正業及與正命。次修善法，修善須懃，先明精進。由進攝心，次明正念。以念法故，便得正定。良以八正義有多途，種種異辨，皆得無傷，非可一定。

上來第二別解道品。第三，約對九法分別。如《涅槃》説，若於三十七道品法，知根、知因、知攝、知增、知主、知導、知勝、知實，及知畢竟，名淨梵行。此九乃是攝道之法。其義云何。釋有四門：一、就同時心法分別。二、就出世純熟行中隨義分別。三、就大乘從始至終次第分別。四、從小入大次第分別。

言就同時心法別者，九中前八是道品行，後一是其道品行果。前八猶是十通地中八種心數。十通大地，名如上列。除想及憶，餘八是也。八中根本是其欲數，欲能起[四三]行，故説爲根。因是觸數，觸能和合，發生道行，故名爲因。攝是受數，受能納法，故名爲攝。增是思數，思能起作，令道增長，故説爲增。主是念數，一切諸行皆隨念轉，是故説念以之爲主。導是定數，定能導引出世聖慧，故説爲導。勝是慧數，諸行中上，故名爲勝。實者，是其解脱之數，能令諸行脱離虚妄，故名爲實。問曰：心法乃有衆多，以何義故偏論此八，餘者不舉。釋言：今爲九門辨義，若舉多數，行則無量。後三門中，亦復可以九義分別，爲是不彰，且論此八。從斯八種獲得涅槃，名爲畢竟。此一門竟。

次就出世成就行中，隨義分別，前八行修，後一行果。就前八中，道起依欲，樂欲是其衆行根本，故名爲根。問曰：經説一切善法皆不放逸以爲根本，今乃説欲，其義云何。經自釋言，欲是生因，不放了因，今説生因，故論欲耳。問曰：經説三十七品，佛爲根本，今乃説欲，義復云何。經言，衆生初知道，法佛爲根本。若自證得，欲爲根本。今論出世，自所證行，是故宣説欲爲根耳。依欲起修，修必託緣，觸對前緣而生行心，故名爲因。於此分中，汎説諸行，因前起後，悉名爲觸，非唯觸數。行別不同，略有九對，如經具辨：一、因信近友，名之爲觸。二、因近友，得聞正法，名之爲觸。三、因聞法，身口意淨，名之爲觸。四、因業淨，獲得正命，是名爲觸。五、因正命，得淨根戒，名之爲觸。六、因淨根戒，樂寂靜處，名之爲觸。七、因樂靜，能善思惟。八、因思惟，得如法住。九、因如法住，得三十七品，能壞無量諸惡煩惱，是名爲觸。由觸生受，攝[四三]因受攝法，故名爲攝。又受因緣，生諸煩惱，三十七品能破壞之，故名爲攝。由煩惱受，攝起道故，因思善惟，懃修習道，破諸煩惱，故名善思，以之爲增。三十七品，破諸煩惱，要賴專念，是故名念，以之爲主。譬如四兵隨主將意，道品如是，皆隨念主。以入定故，能善分別一切法相，是故名定，以之爲導。三十七品，分別法相，智爲最勝，是故名慧，以之爲勝。又慧力故，煩惱消滅。如世間中，四兵壞怨，或二或一，勇健者能，道品如是，智慧力故，能破煩惱，故名爲勝。雖因修習三十七品，獲得四禪、神通、安樂，不得名實。若壞煩惱，證解脱時，乃名爲實。三十七品，發心修道，雖得世樂，及出生樂，四沙門果，及以解脱，不名畢竟。若能斷除三十七品所作之事，名大涅槃，如是涅槃，方名畢竟。此二門竟。

次就大乘從始至終，次第分別。於法初起善愛念心，即是欲也，欲名爲根。因善愛念，親近善友，名之爲觸，觸名爲因。因近善友，聽受正法，名爲根取。因近善友，能善思惟，故名爲增。因是四法，能生長道，謂念、定、智，是則名爲主導勝也。因是三法，得二解脱，斷除愛故，得心解脱，斷無明故，得慧解脱，是名爲實。如是八法，究竟得果，名爲涅槃，是故涅槃名爲畢竟。此三門竟。

次就從小趣大分別。發心出家，名之爲欲，欲名爲根。自四羯磨，名之爲觸，觸名爲因。受二種戒，名之爲受，受名爲攝。言二戒者，一是波羅提木叉戒，遮防性罪。二淨根戒，遠離遮過。修習四禪，名之爲增。得須陀洹果、斯陀含果，名之爲念，念名爲主。以此位中，守心離過，故名爲念。得那含[一四]，名之爲導，親能導起無學果故。得羅漢果，名之爲勝，勝前果故。得辟支果，名之爲實，真是麒麟獨一行故。得大菩提，名爲畢竟，道中極故。道品如是。

大乘義章卷十六末

校勘記

〔一〕「説」，底本原校云一本作「語」。
〔二〕「四」，底本原校云論作「正」。
〔三〕「如」，校本校勘記云甲本作「於」。
〔四〕「若依」至「之中」，校本校勘記云一本無。
〔五〕「住」，校本校勘記云甲本作「安」，一本後有「安」字。
〔六〕「況」，校本校勘記云甲本無。
〔七〕「故」，底本原校云一本無。
〔八〕「故」，底本原校疑爲「者」。
〔九〕「戒」，底本原校云一本後有「戒」字。
〔一〇〕「或」，底本原校疑爲「戒」，校本作「戒」。
〔一一〕「速疾入法中」，底本原校云一本無。
〔一二〕「捨是捨」，底本原校云一本無。
〔一三〕「戒」，校本校勘記云甲本作「或」。
〔一四〕「來」，校本校勘記云甲本作「至」，下三「來」字同。
〔一五〕「道」，底本原校疑衍。
〔一六〕「何」，底本原校云一本後有「止地」二字，校本校勘記云一本後有「上地」二字。
〔一七〕「三」，校本校勘記云一本作「二」。
〔一八〕「十二謂」，底本原校云一本無。
〔一九〕「成」，底本原校云一本無。
〔二〇〕「五」，底本原校云一本無。

〔二一〕「念」，底本原校云一本作「慧」。
〔二二〕「故」，底本原校疑前脱「何」字。
〔二三〕「開」，校本校勘記云甲本前有「心念所緣」四字。
〔二四〕「色」，底本原校云一本後有「有」字。
〔二五〕「更」，底本原校云一本後有「推」字。
〔二六〕「離」，底本原校云一本後有「別」字，校本校勘記云甲本作「別」。
〔二七〕「雜所」，校本校勘記云甲本作「觀可」。
〔二八〕「貪」，底本原校疑後脱「境最」二字。
〔二九〕「根」，校本校勘記云甲本作「心」。
〔三〇〕「處」，底本原校云一本後有「如意」二字。
〔三一〕「非」，底本原校云論作「無」。
〔三二〕「隨」，底本原校云一本作「道」。
〔三三〕「得」，底本原校云一本作「修」。
〔三四〕「惑」，底本原校云一本後有「未有惑果」四字，校本校勘記云一本後有「因未有惑因未有惑」八字。
〔三五〕「得」，校本校勘記云一本作「修」。
〔三六〕「故」，底本原校疑衍。
〔三七〕「慧」，底本原校疑後脱「因慧」二字。
〔三八〕「行」，底本原校云一本無。
〔三九〕「三」，底本作「二」，據文意改。
〔四〇〕「四」，底本原校疑衍。
〔四一〕「聲」，底本原校云一本後有「現」字。
〔四二〕「起」，底本原校云一本作「趣」。
〔四三〕「攝」，底本原校云一本無。
〔四四〕「含」，底本原校疑後脱「果」字。

大乘義章卷第十七本

遠法師撰

淨法聚因中，賢聖義，二門分別。一、釋名。二、辨相。

第一釋名。言賢聖者，和善曰賢，會正名聖，正謂理也。理無偏邪，故説爲正。證理捨凡，説爲聖矣。此賢與聖，同異有三：一、同體名異，其猶眼目。以同體故，莫問始終，皆名爲賢，並得稱聖。問曰：若言始終皆聖，如小乘中見道已前七方便人，未有聖德，經論名凡，以何義故得名爲聖。釋言：此等雖復未有真聖之德，修學聖道，似聖名聖。故論説言，因緣聖人，名爲凡夫[一]説爲聖人。二、賢聖體別。別有五種：一、就離過成善分別。離惡名賢，如受五戒，防禁五惡，便名賢者。具善稱聖，故《涅槃》云，具七聖財，名爲聖人，謂信、慚、愧、戒、施、聞、慧。又云：具足聖定戒[二]慧，故名聖人。第二，約就三業分別。身口意[三]調善，名之爲賢。內心真正，説以爲聖。三、就自利利他分別。愛憐衆生，化行純善，名之爲賢。自行真正，説以爲聖，故《涅槃》中宣説自利以爲聖行。四、約境分別。事中調善，名之爲賢。證理捨凡，説以爲聖，故《涅槃》云得聖法故名爲聖人。何者聖法。常觀諸法性空寂故故[四]。五、約位分別。見道已前，調心離惡，名之爲賢。見諦已上，會正名聖。故《仁王》中，地前菩薩名爲三賢，地上菩薩説爲十聖。此是第二賢聖分別。三、通局分別，賢通聖局。以賢通故，從始至終皆名爲賢，故經説言賢者舍利弗、賢者須菩提等。以聖局故，見道已前者[五]爲凡夫，見諦已上方得名聖。名義如是。

次辨其相。賢聖衆多，要攝唯四，所謂聲聞、緣覺、菩薩及與諸佛。佛後別論，今就因門且辨前三。

先解聲聞，曲有五門，一釋其名，二定其相，三對大分別，四對緣覺中乘分別，五當相分別。

初釋其名。聲聞名義，汎解有三：一、就得道因緣以釋。如來所説言教名聲，飡聲悟解故曰聲聞。故《地論》言，從他聞聲而通達故名聲聞矣。二、就所觀法門以釋。如《地論》説，我衆生等但有名故説之爲聲，於聲悟解故曰聲聞。三、就化他記[六]説以釋。如《法華》説，以佛道聲，令一切聞，故曰聲聞。三中前二是小聲聞，後一菩薩。隨義以名，名義如是。此一門竟。

次定其相。如《地論》說，聲聞之人有五種相：一者因集。過去所修狹劣善根，以之爲因，今依起行，故曰因集。故《地論》言，修小善根，但依自益，名因集矣。修小善根，是其劣也。但依自益，是其狹也。二者畏苦。深厭三界，樂求疾滅。三、捨衆生，無大悲心。四者依心[七]。依師教授，不能自悟。五者是觀，但能觀察衆生無我，成聲聞乘。五中前三對大明小，後二對中以彰其小。問曰：《成實》宣説聲聞見二無我，彼以何故但言觀察衆生無我。此義隱顯，如前無我章中具釋。此二門竟。

次對大分別。如《法華論》宣說，聲聞有其四種：一、種性聲聞。是人本來常習小法，小性成就，於最後身，值佛出世，樂欲小法，佛依爲說，證得小果，從本立稱，名種性聲聞。二、退菩提心聲聞。是人過去曾習大法，流轉生死，忘失本念，於最後身，值佛出世，樂欲小法，佛依現欲，爲説小法，證得小果。本學大乘，今退住小，名退菩提心聲聞。三、增上慢聲聞。於小法中[八]未得謂得，未證謂證，此實凡夫。四、應化聲聞。謂諸菩薩隨化示小。四中前二是實聲聞，後二非實。於前二中，種性聲聞，於佛一化，決定住小，不能入大，是故此人望後亦名決定聲聞，未來無餘涅槃之後，心想生時，方能向大。退心聲聞，初雖住小，以本習故，終能入大。故《法華》云：除先修習學小乘者，我今亦令入是法法[九]中。對大如是。此三門竟。

次對緣覺中乘分別。經說聲聞、緣覺之別，略有二種：一、約所觀法門以別。觀察四諦而得道者，悉名聲聞，觀十二緣而得道者，皆稱緣覺。若從是義，聲聞人中，乃至七生須陀洹人，於最後身，出無佛世，藉現事緣而得道者，亦名聲聞。此聲聞中，細分有二：一、聲聞聲聞。是人本來求聲聞道，樂觀四諦，成聲聞性，於最後身，值佛爲説四真諦法，而得悟道。本聲聞性，今復聲聞而得道故，説之以爲聲聞聲聞。二、緣覺聲聞。是人本來求聲聞道，觀察四諦，道悟初果，以鈍根故於現在世不得涅槃，天上人中七返受生，於最後身不值佛世，藉現事緣而得悟道。以藉事緣而得覺故説爲緣覺，本聲聞性，觀察四諦而得道故説爲聲聞，是故名爲緣覺聲聞。此是第一約對所觀法門以別。二、約得道因緣以別。從佛聲聞而得道者，悉名聲聞，藉現事緣而得道者，皆稱緣覺。若從是義，聲聞人中從佛聞説十二緣法而得道者，亦名聲聞。此聲聞中，細分有二：一、聲聞聲聞。義如前解。二、緣覺聲聞。是人本來求緣覺道，常樂觀察十二緣法，成緣覺性，於最後身，值佛爲説十二緣法而得悟道。本緣覺性，今復聲聞而得道故，説之以爲緣覺聲聞。如迦葉等，則其人也。對中如是。此四門竟。

次第五門，當相分別。於中有二，一通相以論，二隨別解釋。通相論中，開合不定，增數辨之。或總爲一，謂三乘中一聲聞乘。或分爲二，謂賢與聖。見諦道前調心離過，名之爲賢。見道已上證理成德，説以爲聖。

或分爲三，三有三門：一、約三慧以説三種，謂聞、思、修。五停心觀，親依教起，説爲聞慧。總別念處，去教已遠，繫意思察身受心法，判爲思慧。以此欲界想心觀行未依定起，故不名修。煖、頂已上，依於禪定修慧而起，判之爲修。二、約外凡内凡及聖，以別三種。五停心觀，總別念處，判爲外凡。煖等四心，説爲内凡。見道已上，説以爲聖。義如後釋。三、約方便、學、無學道，開分爲三。見道已前修七方便，名方便道。五停心觀，總別念處，煗等四心，是七方便。苦忍已上，於理專求，説爲學道。阿羅漢人於理息求，名無學道。問曰：煖等亦求於理，以何義故不名學道。釋言：通説，彼亦是學。於中別分，彼學不專，又學不成，故不名學。問曰：修學其義相似。煗等四心，學意不專，學行不成，不名學者。修心不專，修行不成，以何義故三慧門中判爲修慧。釋言：修學並有通局。學中通者，依三學門，一切修學戒定慧等亦得名學，是則煖等亦得名學。學中局者，苦忍已上學心專精，學行成就，方名爲學。煖、頂、忍等，學未專成，故不名學。修中通者，依三慧門，依聞依思所起諸行齊名爲修，是則煖等俱得名修。修中局者，須陀果後於諦重觀方得名修，餘者隨義更與異名，不得名修。齊釋如是。隱顯論之，修寬學狹，不得齊類。修云何寬。世俗八禪皆修慧攝，煖等並依禪定修起，故得名修。學云何狹。學唯望理，煖等於理始學觀察，未專未成，故不名學。問曰：何故修通世俗，學唯望理。釋言：修者具有兩義：一、修習義，於未得法，修習令起。二、修治義，於已得法，修〔一〇〕治令得。凡夫本來已得禪定，後起染汙，或令不淨，修〔一一〕令淨，故望世俗八禪定等得名爲修。學者唯是故習之義，於未得法故習令起，出世聖道由未來得習學方證，故望聖道，說之爲學。於已得法，學義微隱，故於世俗曾得之法，不說其學。隱顯且爾。

或分爲四，四有兩門。一、約道說四。謂方便道、見道、修道及無學道，是其四也。

苦忍已前，修七方便道〔一二〕，名方便道。

見道修道，其義云何。入聖之初，於四真諦推求明白，名爲見道。於四聖諦，重慮增進，說爲修道。位分何處。若依《成實》，入無相位，名爲見道。故彼論言，信法二人，入見諦道，名無相行。世第一後，須陀果前，空觀無間，名無相行。若依毗曇，苦忍已去，十五心頂，名爲見道。言十五者，斷見諦惑有十六心，謂八忍八智，八忍無礙，八智解脫。彼斷欲界見諦煩惱，有四法忍以爲無礙，謂苦法忍乃至道法忍，有四法智以爲解脫，謂苦法智乃至道法智。斷上見惑，有四比忍比〔一三〕以爲無礙，謂苦比忍乃至道比，有四比智以爲解脫，謂苦比智乃至道比。此十六中，前十五心是須陀向，判爲見道，末後一心是須陀果，見道不收，爲是不說。見道如是。問曰：煖等亦觀四諦，以何義故不名見道。彼雖學觀而未能見，爲是不取。

斯陀行後，乃至那含，金剛已還，定判修道，重緣諦理，斷修惑故。須陀洹果，毗曇法中判爲修道。《成實》法中，文無定判，唯義推之，亦判爲修。此云何知。彼論説言信法二人入見諦道名無相行，不言入見名須[一四]名須陀洹，明知須陀是修非見。又毗曇中判爲修道，《成實》不非，明知共用。論判如是。以理細推，彼須陀果亦見非見，亦修非修。云何是見復言非見。見有二種，一推求義，二明白義。彼須陀果證斷見惑，迷諦闇盡，照諦明白，故得名見。以是見故，《大智論》中名爲見地。又須陀果於大乘中義當初地，《地經論》中宣説初地名爲見道，明知須陀得説爲見。然須陀洹是其證果息觀之處，暫止推求，於見不順，以是義故復言非見。以非見故，論中判之以爲修道。又須陀洹於大乘中義當初地滿足之心，《地持》宣説初地滿心爲修慧行，明知須陀是修非見。云何是修復言非修。修有二種：一於諸諦傍觀增明，名之爲修。二於諸諦重觀增明，進斷修惑，故名爲修。彼須陀果出離諦惑，容裕之邊，傍修寬多，現在唯緣道下一行，未來傍於四諦十六聖行之中悉得增明，隨所欲觀，悉明見故，行[一五]從是義，故得名修，以是修故，論名修道。未於四諦重慮觀察，進斷修惑，故名非修，以非修故，論名見地，不名薄地。正義如是。有人宣説，須陀洹果證斷見惑，定屬見道，不得名修。是義不然。若須陀果證斷見惑，偏名見者，彼羅漢果證斷修惑，應名修道。彼不名修，須陀似彼，何勞致疑。

阿羅漢果名無學地。問曰：向説須陀洹果證斷見惑，亦見非見，兩義不定，阿羅漢果證斷修惑亦復如是不定以不。釋言：羅漢，經名無學，不名爲修。以義細推，亦修非修。是義云何。修有二種：一於諸諦重觀增明，名之爲修。二於諸智傍修增明，説之爲修。彼阿羅漢諦觀滿足，不更增進，故名非修，以非修故經名無學。而阿羅漢無學心邊傍修諸智，皆令增明，故得名修。以是修故，《雜心》宣説，無學心現，能令一切諸德增明，名爲大明發彰修矣。問曰：前説須陀洹果亦修非修，得類羅漢亦是無學非無學不。釋有同異。言其同者，須陀洹果亦修非修，義如上辨。彼阿羅漢亦是無學亦非無學。於理息求，名爲無學。於論三昧神通等事猶須故習，故名爲學。言其異者，須陀果後别有斯陀、阿那含等以爲正修，須陀簡彼，名爲非修。於小乘中，羅漢果後更無無學，不得簡彼説阿羅漢爲非無學。此是初門，約道分四。

二、約果説四。果謂須陀、斯陀、那含及阿羅漢。辨此四中，曲有三門，一釋其名，二定别其相，三明制立。

名義如何。須陀洹者，是外國語。義釋有三：一、當名正翻，名修無漏。如《涅槃》説，須名無漏，陀洹修習，以修無漏，名須陀洹。二、隨義傍翻，名爲逆流。逆生死流，三途生死永不受故。三、隨義傍翻，亦名觝債。將拒三途因而不受果，故曰觝債。斯陀含者，亦外國語。義釋有二：一、當名正翻，名爲輕薄。形前立稱，欲界九品修惑之中，斷六品在，故云輕薄。二、隨義傍翻，名曰頻來。簡後爲目，欲結未盡，於欲界中頻數受身，不如那含一去不還，故曰頻來。舊翻經中，悉彰此名。阿那含者，亦外國語，此云不還。形前受稱，欲界結盡，不復來生，故曰不還。阿羅漢者，亦外國語。外國語中，三名相通：一、阿羅訶，此云應供。二、阿盧漢，此云煞賊。三、阿羅漢，此方正翻名曰不生。隨義三[一六]翻，傍[一七]説爲無著。無著因亡，於三界法不復愛染，不生果於[一八]襄[一九]於三界地不復愛[二〇]受身。此四隱顯，理實含通。以含通故，俱名須陀，乃至俱名爲阿羅漢。如《涅槃》説，以此四種皆修無漏，同逆生死，並能觝債，是故一切俱名須陀。皆[二一]薄煩惱，是故一切通號斯陀。於所斷離，皆悉無還，是故一切通名那含。皆有無著不生之義，是故一切俱名羅漢。爲分賢聖，隱顯彰名，是故初果偏名須陀，乃至第四偏字羅漢。等分賢聖，何故初果偏名須陀，乃至第四偏字羅漢。亦有所以。其義云何。超凡入聖，先修無漏，是故初果偏名須陀。無漏轉增，能薄煩惱，是故第二偏號斯陀。煩惱轉薄，於欲不生，是故第三偏名那含。不生窮極，永出諸有，是故第四偏名羅漢。又修無漏明習道因，薄煩惱者明證誠果，因先果後，義之次第，是故初果明修無漏，其第二果明薄煩惱。前薄煩惱明其因亡，不還果喪，因先果後，亦是次第，故第三果明其不還。前不還果明苦分盡，不生全盡，從分至全，亦是次第，故第四果明其不生。問曰：此名局在小中，亦通大乘。釋言：若入隱顯論門，偏在小乘。若入通門，大中亦有。如《涅槃》説，并亦能修習無漏、住薄、不還、不生義故。名義如是。

次第二門，別定其相。

須陀有三：一者守果。依如毗曇，唯第十六道法智心名須陀洹。若依《成實》，無相行後順舊之智名須陀洹，餘者悉非，以此證果蘇息處故。二者攝因。前七方便及見道心趣向須陀，以終攝始，果因從果，皆屬須陀。三者進向。須陀果後進斷欲結，有六無礙、五解脱道[三]來，未至後果，以始攝終，皆屬須陀。今此四中，通攝三種合爲須陀，以其不分行果別故。

斯陀含者，汎解亦三：一者守果。欲界修治有九無礙、九解脱道，第六一品解脱道心是斯陀含，餘者悉非，以此證果蘇息處故。二者攝因。須陀果後進斷欲界六品修惑，有六無礙及五解脱趣向斯陀，以終攝始，以因從果，皆屬斯陀。三者進向。斯陀果後進斷欲結，有三無礙、二解脱道，未至那含，以始攝終，通名斯陀。依《涅槃經》，此三種人通名斯陀，觀方已行。今此四中，唯分守果及與進向以爲斯陀，亦以不分行果別故。攝因一種，收屬初果，爲是不取。

阿那含者，亦有三種：一者守果。欲界修治九解脱中第九一品是阿那含，以此證果蘇息處故。二者攝因。斯陀果後進斷欲結後三微品，有三無礙、二解脱道，趣向那含，以終攝始，以因從果，皆屬那含。三者進向。那含果後進斷初禪乃至非想一切修惑，除非想地第九解脱，其餘一切無礙解脱，以本攝末，通名那含。今此四中，偏分守果及與進向爲阿那含，亦以不分行果别故。攝因一種，推屬前果，爲是不取。

阿羅漢者，有其二種：一者守果。非想一地九解脱中末後一品是阿羅漢，餘者悉非，以此無學證果心故。二者攝因。那含果後進斷初禪至非想結，一切無礙，除後一品解脱道心，其餘解脱趣向羅漢，以終攝始，以因從果，皆屬羅漢。羅漢果後，無上可趣，故無趣向。今此四中，偏分守果以爲羅漢。攝因一種，收屬那含，爲是不取。

問曰：何故初果之中攝因從果，餘不如是。釋言：於彼初果之前，更無餘果可以推屬，故攝初從後。後三果前有果可推，故不從後。問曰：何故一切進向皆屬前果，而不屬後。釋言：起後進向道時，前果之得猶成未捨，故從前名，後果之得未成未現，故不從後。又復從後便壞四果差别之義，故不從後。云何壞乎。若攝前向以從後果，斯陀住薄雜不薄義，那含不還雜有還義，羅漢不生雜有生義，故名爲壞。若攝進向，以從前果，不壞須陀修無漏義，不壞斯陀住薄之義，不壞那含不還之義，不壞羅漢不生之義，故須屬前。又復四果純淨功德出鄣處説，前向未純，故不從後。又若攝向以屬後果，聖人便有增上慢過。云何增慢。未薄之處已生薄想，未不還處生不還想，未不生處生不生想，故名增慢。以斯多妨，是故一切進向之道，四果别分，故屬前果而不從後。問曰：從後若有多過。何故初果攝向從後。此如上釋。初果已前，無果可屬，故牽從後。問曰：若言初果之前無果可屬，攝向從後，餘前有果，推其後向而屬前者，彼八禪中初禪已前更無禪定，彼未來禪可屬初禪。二禪已上乃至非想前有禪故，彼一切禪方便道中無礙解脱應屬下地，非上禪收。釋言：應齊。立義左右，不可全同。云何左右。彼八禪定約果分業，一切方便與根本禪同牽一果，故悉從後。四果辨義，分果異因，故前方便推屬前果。分相如是。

次第三門，制立四果。聖果細分，應有無量，今以何故定立此四。依《毗婆沙》，多義制立，不可具論。今此略以五義制也。

一、約出觀以制四果。凡是制果，必約出觀。何故而然。出觀之處，生得證想，故就制果。云何得知。緣覺之人，修道斷結與聲聞同，以不數出，不制多果。明知聲聞制立多果，正由數出。何故緣覺不數出觀，不制多果，聲聞偏爾。緣覺利根，以利根故，煩惱輕薄，如人大力，擔輕不息，緣覺如是。聲聞鈍根，以鈍根故，煩惱深重，如人小力，擔重劬息，聲聞如是。以劬息故，制立多果。

斷除三界見惑窮處，其必出觀，就此出處，制立初果。問曰：何故此處必須出觀。釋有兩義：一、創斷見惑，多用功力，疲弊故出。二、斷見惑，超凡成聖，永絶三塗，慶嘉故出。

除斷欲界六品修惑，亦必出觀，故就此處，制第二果。何故至此復須出觀。解亦兩義：一、由此惑麤强難息，斷之用功，疲弊故出。二、離麤過，慶嘉故出。

斷除欲界修惑窮盡，亦必出觀，故就此處，制第三果。何故此處復須出觀。亦有兩義：一、斷欲界貪欲、瞋恚、慳、忿、嫉妬、無慚愧等諸麤煩惱，用力增多，疲弊故出。二、離麤過，慶嘉故出。

斷上二界一切結盡，亦必出觀，生其四智究竟之想，故復約此，制第四果。何故此處復須出觀。亦有兩義：一、斷上界一切煩惱，用力增多，疲蔽故出。二、永絶生死，究竟無學，慶嘉故出。

以此四處必定出觀，故就制果。餘出不定，

故不制果。問曰：何故斷見諦惑要盡方出，斷修數出？釋有兩義：一、見諦惑迷心易滅，其猶折石，不假中息而能斷盡，如人下坂，易故不息。修惑難除，如絕藕絲，一觀相續，不能斷盡，故須數出，如人上山，難故劬息。二、見諦惑能感三塗增上苦報，畏苦情猛，爲是不息，如行嶮地，走亦不息。修惑能招人天生死，人天優遊，厭畏心弱，是故數息，如無畏處，少走多息。

問曰：等是修惑之中，何故斷除欲界修惑中息制果，上界不爾？解有三義：一、欲界惑，凡夫多起，習使力强，難可制斷，故須中息。上界煩惱，凡夫本來起之希小，使力輕薄，不假中息，亦能斷盡。二、欲界惑多，難可斷盡，故須中息。上界惑少，不息能盡。彼云何少？瞋恚慳嫉，無慚愧等，彼處無故。三、欲界煩惱，二因緣起。一者因力，不斷使性及助思惟。二者緣力，所謂色、聲、香、味、觸等。以是二力，起惑難斷，故須中息。上界煩惱，雖從因起，緣力微少，易

可截制，不息能盡。不息盡故，不制多果。

問曰：等是欲界之中，何故斷除六品惑盡，方息制果，斷後三盡，制一果乎？釋言：前六過是麤重，聖人於此厭畏增强，故盡方息。後三輕微，厭畏情少，故後別斷，制一果矣。又麤易斷，倍盡方息，故斷前六，共制一果。細難捨遠，故斷後三，立一果耳。若爾，上界煩惱轉細，轉難捨離，應制多果。此如前釋。更有餘義，後當論之。此一義竟。

二、約四表制立四果。斷除見惑，出示相表，制立初果。又斷見惑，永絕三途，出惡趣表，故立初果。欲界此[三]九品修惑之中，前之六品其性麤重，能發無作，斷除彼結，出無作表，故就此處制第二果。欲界地中有其不善，斷後三微，出不善表，故就此處制第三果。上界煩惱，性是染汙無記之法，斷除彼故，出離染汙無記之表，故就此處制第四果。此兩義竟。

三、約四流制立四果。如《毗婆沙》說，斷

絶見流，制立初果。於欲流中斷其小分，立第二果。欲流全盡，立第三果。斷絶有流及無明流，立第四果。問曰：何故斷絶欲流，别立二果，斷有、無明，共立一果。以欲流中麤細易别，故開[四]分二。有及無明，麤細難分，故合爲一。此三義竟。

四、約四生制立四果。亦如論説，對捨濕生及與卵生，制立初果，此二多在畜生道故。離胎少分，立第二果。全捨胎生，立第三果。永出化生，立第四果。此四義竟。

五、對五趣制立四果。亦如論説，出下三趣，制立初果。對人少分，立第二果。全捨人道，立第三果。出離天道，制第四果。亦可捨人及天少分，立第三果，全出天道，立第四果。制立如是。

上來增數四門分别。或分爲五：一者外凡。五停心觀，總别念處，事中安心，未觀諦理，名之爲外。具足死凡鄙之法，故名爲凡。二者内凡。煖等四心，學觀諦理，得聖人性，故名爲内。凡法未捨，故稱爲凡。三者見道。四者修道。五、無學道。

或分爲六。如《涅槃經・迦葉品》説，彼説恒河有七衆生，涅槃河中有七種人，始從常没，乃至俱行。初一常没，賢聖不收。後六是其賢聖所攝。即就此義以分六種。五停心觀，乃至煖、頂，通攝以爲出已還没。忍世第一，名出已住。苦忍乃至須陀洹果，名爲觀方。斯陀行後，盡那含行，名觀已行。阿那含果，盡羅漢向，名行已住。阿羅漢果，名爲俱行。

何故初分名出已没。於此位中，樂求解脱，故名爲出。分未決定，遇惡知識，退起諸過，沉没惡道，名出已没。退起何過。念處已前，有惡斯起。煖、頂中退，經論不同。依如毗曇，除一闡提，餘惡悉起。依《涅槃經》，除其四重、五逆、謗法及一闡提，但起十惡及餘遮罪。

何故忍及世第一法爲出已住。出如前釋。堅守正觀，不退起惡，不墮惡趣，故名爲住。故

《涅槃》云：住忍法時，當知無量三惡道報皆非數滅，更不受故。又經說言，世上正見者，終不墮惡道。彼名忍等爲上正見。若依《成實》，煗心已去，皆名正見。斯不墮惡，齊得名住。

何故苦忍至須陀果，名爲觀方。觀四諦故。問曰：煖等齊觀四諦，以何義故不名觀方，偏名苦忍至須陀果爲觀方乎。釋言：煗等觀而未見，故不與名。苦忍已去，觀於四諦，獲得四事，故偏名之。云何爲四：一、住堅固道，所有五根無能動者。二、能遍觀察，悉能呵嘖内外煩惱。見、疑、無明，親迷諦理，名内煩惱。貪、瞋、慢等，依諸見生，不親迷理，名外煩惱。三、能如實見，所謂忍智，八忍推求，八智決了。四、能壞大怨，謂破四倒。

以何義故斯陀行後名觀已行。依前諦觀，繫心修道，爲斷欲界貪欲、瞋恚、愚癡、憍慢，故名爲行。

以何義故那含果後名之爲住。經釋有六：一、在色界及無色界而受身，故名之爲住。二、不受欲界人、天、地獄、畜生、餓鬼，故名爲住。三、斷無量結，餘少在故，名之爲住。四、遠離二愛，慳貪瞋恚，故名爲住。言二愛者，一是色愛，愛染妻色，二者欲愛，著餘五欲。五、不造作共凡夫事，故名爲住。此名婬欲爲共凡事。六、自無所畏，不令他畏，故名爲住。自無惡行，不畏苦果，故自無畏。於諸衆生不惱害故，不令他畏。

何故羅漢名爲俱行。水喻世間，陸喻出世，是阿羅漢，能觀煩惱，到於涅槃，是故名爲水陸俱行。

或分爲七，見諦道前，隨行分三，謂聞、思、修，義如上判。苦忍已上，隨果分四，謂須陀洹乃至羅漢，亦如上辨。又依《大品》，三乘共地亦得分七：一、乾慧地。謂五停心，總別念處，不定聞思，未得定水，而自沾潤，故名爲乾。二者性地。煗等四心，學觀諦理，得聖人性，故名性地。三、八人地。見諦位中具修八忍，名八人地。

四者見地。須陀洹果見諦周盡，名爲見地。五者薄地。斯陀行後，漸斷欲結，名爲薄地。六、離欲地。那含果後，超出欲過，名離欲地。七、阿羅漢地。此等如前三乘地中具廣辨釋。

或分爲八，謂四向果。修因趣果，名之爲向。成德遂因，説以爲果。果向細分，乃有無量。今據一門，且分爲八。八名是何。謂須陀向至羅漢向，須陀洹果至羅漢果。於中略以六門分別，一辨定其相，二就有漏無漏分別，三就有爲無爲分別，第四約就禪地分別，五明超越不超越別，第六明其退不退義。

其相如何。依如毗曇，從五停心，至道比忍，名須陀向，道比智心，名須陀果。若依《成實》，從初盡於無相位來，名須陀向，無相位後，順舊觀心，名須陀果。彼於四諦總觀不別，爲是不説道比忍等以之爲向，道比智心以之爲果。須陀果後進斷欲界六品修惑，有亦[二五]無礙、五解脱道，名斯陀向，末後一品解脱道心，名斯陀果。斯陀果後進斷欲果七八九品修道煩惱，有三無礙、二解脱道，名那含向，末後一品解脱道心，名那含果。那含果後，進斷初禪，至非想結，除非想地末後解脱，其餘一切無礙解脱，名羅漢向，斷非想結最後解脱，名羅漢果。相別如是。此一門竟。

次就有漏無漏分別。須陀洹向，論者不同。若依毗曇，世第一前，一向有漏，苦忍等心，一向無漏。若依《成實》，聞思位[二六]中想心觀行，緣事破我，相似無漏，性是有漏。煖等四心，觀見諦空，漸斷諸結，雖能如是，猶爲有心之所間隔，判之以爲雜相無漏。無相位中一向無漏，須陀洹果定是無漏。斯陀含向、斯陀含果，阿那含向、阿那含果，阿羅漢向，依如《成實》，一向無漏，唯無漏道能斷結故。若依毗曇，性是無漏，隨義兼論，通漏無漏。是義云何。斯陀向等[二七]有隨聖智斷結，名之爲正，等智斷結，説以爲隨，正是無漏，隨是有漏。問曰：一切悉具二種，有不具者。釋言：齊具。問曰：有人純用聖道而斷煩惱，云何有隨。有人純用等智斷結，云何有正。依同沾[二八]修，互相成故。云何相成。用無漏道斷下煩惱，即成上地有漏功德，若用等智斷下煩惱，亦成上地無漏功德，所以齊具。阿羅漢果，一向無漏。問曰：斯陀那含果中，依如毗曇，並説等智以爲隨果，説此隨果以爲有漏，阿羅漢果何以故不然，偏名無漏。釋言：等智以爲隨果，於非想結全無治能，故無隨果，無隨果故，純名無漏。有漏無漏分别如是。此二門竟。

次就有爲無爲分别。戒定慧等是其有爲，數滅功德是其無爲。此二若就滅道分别，有爲功德悉名爲向，無爲功德盡判爲果。若就四向四果分别，向中具有有爲無爲，果中亦然。問曰：向中既具二種，有爲無爲，何者正向，何者非正。解有兩義：一、同類分别。有爲無爲二種之向，别望有爲無爲二果，各有正義。其相云何。有爲之向，望有爲果，同類相生，故得名正。又到果時，得彼因中有爲功德，共成一果，故亦名正。向中無爲，望無爲果，同類相成，名之爲正。又至果時，得彼因中無爲功德，共成一果，故亦名正。二、强弱分别。因中有同[二九]爲趣果力强，判爲正向，無爲無力，判爲隨向。是義云何。因中有爲修習之力，能生果中有爲功德，故名爲正。復能斷結，趣向果中無爲功德，故望彼德，亦得名正。無爲功德在向名隨[三〇]，無前二能，故不名正。問曰：果中有爲無爲二種德中，何者正果。解亦兩義：一、同類相望，俱是正果。果中有爲，正從向中有爲行生，名爲正果。果中無爲，正攝因中無爲德成，故亦名正。第二，約對求心分别，無爲正果，有爲隨果。何故而然。聖人源爲涅槃修道，無爲正是賢聖所求，故是正果。有爲所厭，故非正果。良以有爲是所厭離，非正果故，煩惱盡已，并道亦捨。無爲所欣，是正果故，畢竟求證。有爲無爲分别如是。此三門竟。

次就禪地以辨其相。依如《成實》，攝末從本，禪地有九，所謂八禪及欲界中如電三昧。分末異本，禪地有十，於初禪中别分中間，通餘説十。若依毗曇，攝末從本，禪地有八，所謂八禪。彼宗不説欲界有定，故但有八。分末異本，禪地有十，於初禪中别分未來及與中間，通餘説十。禪地如是。依如《成實》，四向四果並依初禪至無所有，以此七處無漏所依，是故名爲七依定矣。并依欲界如電三昧，除非想地。問曰：毗曇宣説空識無所有處不發見解，《成實》何故宣説初果及與初向同依無色。宗别不同，立義各異。依如毗曇，無色不緣下有漏種爲苦集觀，亦不緣下有漏對治爲滅道觀，是故無色不發見解。《成實》得緣，故依無色亦發見解。又問：非想何故不依。無無漏故。問曰：《成實》宣説非想無漏心後入滅盡定，云何説言非想地中無無漏乎。釋言：非想但有順舊遊觀無漏，無其增觀斷結無漏，爲是不依。何者順舊遊觀無漏。先用下定發無漏慧，觀非想地苦無常等，然後用彼非想地心緣前所觀苦無常等，名爲順舊遊觀無漏。以此心微，推求力薄，是故不發增觀無漏。若依毗曇，須陀、斯陀二果及向，在未來禪，不通餘地，良以此等欲結未盡，未得餘禪，所以不依。

阿那含向，或六地攝，根本四禪、未來、中間。其次第人，必依未來。彼次第人欲結未盡，未得餘禪，爲是不依。超越之人，或依未來乃至四禪。依未來禪入見諦道，則未來攝。乃至依於四禪入見，則四禪攝。彼宗四空不入見道，爲是不依。

阿那含果，亦六地攝，與前相似。其次第人，亦未來攝。何故而然。彼次第人用未來禪所發無漏爲無礙道，斷欲界結盡已，還用彼禪所發無漏爲解脱道，故未來攝。不用餘禪所發無漏斷欲界結，是故此果不在餘種。超越之人或未來攝，乃至四禪，義同前解。

阿羅漢向，或九地攝，根本四禪、未來、中間及三無色。或十地攝，加非想地。無漏正向，則九地攝。若通有漏，隨向説之，則十地攝。云何無漏九地攝乎。無漏有二，一者行修，緣中現起，二者得修，成就而已。

若論行修，於九地中有無不定，或具一、二、三、四、五、六，乃至九種。是義云何。有人純用未來禪中所發無漏，斷初禪結，乃至非想，則一地攝。或用初禪，或用中間，義亦同爾。或復有人用未來禪及初禪地所發無漏，斷上界結，趣向羅漢，則二地攝。或用未來、初禪、中間所發無漏，斷上界結，則三地攝。或用前三，加用二禪，所發無漏，斷上界結，則四地攝。或用前四，加用三禪，則五地攝。加用四禪，則六地攝。加用空處，則七地攝。加用識處，則八禪攝。加無所有，則九地攝。此諸地中所有無漏，用下斷上，非上斷下。行修如是。

若論得修，一切悉具九地無漏。云何悉具。解有四義：一、無漏相望，依下成上。阿那含人用下無漏，斷下結時，即得上地無漏功德。如用初禪、未來、中間所發無漏，斷初禪結，則得二禪無漏功德。如是一切。二、無漏相望，依上得下。有人凡時或得初禪，乃至非想後得聖已，隨用何地所發無漏，斷上結時，則得下地無漏功德。三、就有漏望於無漏，依下成上。如用二禪方便等智斷初禪結，則得二禪無漏功德，如是一切。四、就有漏望於無漏，依上得下。如用二禪方便等智，斷初禪結，則得初禪無漏功德，同治修故。云何同治。初禪無漏亦能對治初禪煩惱，乃至非想一切煩惱。二禪地家方便等智亦能對治初禪煩惱，名爲同治。乃至非想方便等智，亦能對治無所有結，名爲同治。以同治故，用彼二禪方便等智，斷彼初禪煩惱之時，即得初禪無漏功德。雖復得之，少分不多。但得對治初禪結邊一分無漏，餘悉不得，故曰小分。得之云何。彼無礙道正斷之時，應斷此結無漏之得心邊發生，乃至用彼非想地家方便等智，斷無所有煩惱之時，亦得初禪無漏功德。雖復得之，亦少不多。但得應斷無所有結一分無漏，餘悉不得，故曰不多。以彼諸地方便等智望初禪地無漏功德，得之既然，望餘地中無漏功德應同治者，得之齊然。不同治者，一切不得。阿羅漢向攝地如是。

阿羅漢果亦九地攝，根本四禪、未來、中間及三無色。九地無漏，皆能對治非想地結，得阿羅漢。故於中若據行修分別，或未來攝，乃至或是無所有攝。用未來禪斷結證果，即未來攝。餘地亦爾。若據得修，皆九地攝，得羅漢時總得九地一切無漏爲彼果故。禪地如是。此四門竟。

次辨超越不超越義。宗別不同，所説各異。《成實》法中，一切賢聖悉無超越，彼宗凡夫無斷結故。毗曇法中，四向無超，四果之中須陀、羅漢亦無超越，唯斯陀果及那含果有超不超。彼宗凡夫有斷結故，説有超義。相狀如何。有人凡時全未斷結，入見諦道，至第十六道比智時，但得名爲須陀洹果。或復有人，先於凡時斷欲界結，從一、二品至五品盡，後入見道，至第十六道比智時，亦是次第須陀果攝，而不得名斯陀含向，以於向中無超證故。或復有人，先斷欲結，至六品盡，復入見道，至第十六道比智時，不作須陀，亦不作彼斯陀含向，超證第二斯陀含果，斯陀含人所斷煩惱悉已無故。或復有人，先斷欲結，至八品盡，後入見道，至第十六道比智時，亦超越斯陀果攝，而不得名阿那含向，以於向中無超越證故。或復有人，先斷欲結，至九品盡，後入見道，至第十六道比智時，不作須陀，超證第三阿那含果，阿那含人所斷煩惱悉已無故。或復有人，先斷初禪，至無所有一切煩惱盡，後入見道，至第十六道比智時，亦是超越那含果收，而不得名阿羅漢向，以於向中無超證故。

問曰：何故果中有超，向中無超。釋言：超證必在道比，彼第十六道比智心是其止息證果之處，先斷欲結，六品及與九品盡處，亦是止息證果之處，是義相順，故得超證。餘品盡處，於此止息證處不順，故無超證。爲是一切向中無超。

問曰：道比與彼六品九品盡處，果義相順，

得超證者，前十五心與向相順，何故不得超證彼向。釋言：於前十五心時，非想一地見惑未盡，次第所斷，猶未窮盡，安能超證，是故超證偏在道比，不在餘心。良以於前十五心中無超證故，一切向中悉無超越。問曰：凡時先斷六品九品惑盡，爾時何不即名斯陀及阿那含，要須來至道比智時方得其名。釋言：斯陀及阿那含必無見惑，凡時雖斷六品及九品惑盡，見惑猶〔三〕故，不得名斯陀含及阿那含。道比智時，見惑始盡，故於此處方得其名。

問曰：何故初果無超。於初果前無所得故。又凡不能斷非想地見惑周盡，所以無超。阿羅漢果何故無超。凡夫不能斷非想地修惑周盡，爲是無超。此五門竟。

次明有退無退之義。須陀向中有退無退，是義云何。五停心觀，總別念處，一向可退。煗、頂二心，亦退不退。是義云何。依如毗曇，煗心已上無有斷善作闡提義，名爲不退。容起餘過，墮三惡道，目之爲退。若依《涅槃》，永更不起四重、五逆及斷善根作一闡提，名爲不退。遇惡知識，容起十惡，没三惡道，名之爲退。若依《成實》，亦更不起四重、五逆及斷善根，又亦不起兼重十惡、墮三惡道，名爲不退。故《成實》中說，煗、頂等爲上正見，往來百千世，不墮惡道。容起煩惱，造作輕業，人天輪轉，名之爲退。忍、世第一及見道心，一向不退。須陀洹果，亦無退理。

斯陀向果，那含向果，及羅漢向，依如《成實》，於此位中所有聖德一切不退。設有退者，但退禪定。若依毗曇，於此位中所有聖德亦退不退。是義云何。分別有四：一、約根分別。鈍根有退，利根不退，不動法人定不退故。二、約修分別。散慢有退，專修不退。三、約行分別。雜用等智而斷結者，容使有退。純用無漏而斷結者，牢固不退。四、約趣分別。人中有退，人中多有退因緣故。在天不退，故論說言諸天不退。

阿羅漢果，依如《成實》，一向不退，設有退者但退禪定。若依毗曇，亦退不退。是義云何。分別有六：第一，約就煩惱分別。煩惱有二，一受生煩惱，於受生時妄起貪等，二鄣道煩惱，對緣現起貪瞋癡等，妨礙聖道。彼阿羅漢鄣道煩惱容使暫起，名之爲退。受生煩惱畢竟不起，名爲不退。二、約煩惱因緣分別。因緣有二，一内二外。不斷使性及邪思惟而起煩惱，名之爲内。五塵生結，目之爲外。彼阿羅漢已斷内因，無有内因而起煩惱，名爲不退。容有外緣而起煩惱，名之爲退。謂觀增上可貪境界暫生欲染，尋還斷除，故經[三]生。三、約根分別。鈍根有退，利根不退。是義云何。彼阿羅漢有六種性，退、思、護、住、昇進、不動，義如後釋。彼退法人一向可退，不動法人一向不退。思、護、住、進，義則不定。若退法人增進爲者，容使可退。若不退人增進爲者，唯住唯增，無有退義。四、約修分別。專修不退，散漫有退。故《涅槃》中説退有五，一樂多事，二樂説世事，三樂睡眠，四樂近在家，五樂多遊行。以是五事，令比丘退。五、約行分別。鈍[三]用無漏斷結成者，一向無退。雜用等智斷結成者，容使可退。是義云何。此人用其世俗等智，攀上厭下，斷欲界結，至無所有，非想一地等智不治，用無漏斷，由本不牢，爲是有退。是故舊人沙井爲喻，其猶沙井，上雖塼疊，不免陷壞，此亦如是。第六，約就界趣分別。界謂三界。欲界有退，上界即無。故《雜心》云，若説退者必退，乃至必昇進者必定昇進，當知此説欲界羅漢，非上二界。欲界有其退轉因緣，上界無故。趣謂五趣。人中羅漢則有退轉，天中無退，人中多有退因緣故，故論説言諸天不退。四向四果，辨之兼爾。

或分十三。如毗曇説，見諦道前七方便人，則以爲七。見諦道中分爲二種，所謂信行及與法行。鈍根之人，入見諦道，名爲信行，信聖人語而起行故。利根之人，入見諦道，名爲法行，自心見法而起行故。通前爲九。修道位中有其二種，謂信解脱及與見到。鈍根之人在於修道，名信解脱，信聖人語得解脱故。利根之人在於修道，名爲見到，自心見法得解脱故。通前十一。無學位中亦修二種，謂時解脱、不時解脱。鈍根之人至無學果，名時解脱，以鈍根者待時託處得解脱故。利根至果，名不時解脱，以利根者不得待處得解脱故。通前十三。以見道上離分六人，故《雜心》云事則説有六。

或分十四。如毗曇説，見諦道前説七方便，見諦道中信行、法行，修道位中有信解脱及與見到，通前十一。阿那含中得滅定者名爲身證，通前十二。無學位中説慧解脱及俱解脱，通前十四。不得滅定，名慧解脱。得滅定者，名俱解脱。亦得開分以爲十五。見諦道前七方便人，則以爲七。見諦已去，四向四果，復分爲八，通前十五。亦得開分爲二十三。前七方便，則以爲七。就後四向四果之中分別利鈍，則有十六，通前合爲二十三矣。

或復開分爲二十七。此有兩門。一則如彼《成實論》説，見諦道前分爲二人，一者信行，二者法行。鈍根之人，名爲信行，信順他語而起行故。利名法行，息心見法而起行故。《大集經》中見前分二，亦與此同。前二種人，入見諦道，名無相行，空觀相續無相間故，通前爲三。須陀洹果以爲第四，斯陀含行以爲第五，斯陀含果以爲第六，阿那含行以爲第七。那含果中離分十一，通前十八。由其通攝阿羅漢向，合爲那含，故有十一。名字是何。一名現般，是人現世於凡身中修得那含，則於此身修得羅漢，故名現般。二名轉世，聖人身上經生已後修得那含，則於現世修得羅漢，是亦通爲現般所收。三者中般，是人現世修得那含，不得羅漢，捨欲界身，向上界去，兩界中間受身得般。四者生般，於初禪上隨何處生，最初受身，未盡壽命，修道得般。五者行般，與前生般同在一身，精懃行道，壽盡得般，名爲行般。六、無行般，亦與生般同在一身，不懃行道，壽盡得般，名無行般。七者樂定，於上界中初身不般，展轉上生，至廣果天，不得涅槃，生無色界。八者樂慧，亦於上界展轉上生，至廣果生，不得涅槃，生五淨居。九、信解脱，於前人中有鈍根者，名爲信解。十名見到，於前人中有利根者，説爲見到。十一、身證，於前人中得滅定者，廣如後釋。阿羅漢中，差別有九，通前合爲二十七人。一是退相，此人最鈍，以鈍根故，得定必退。二是守相，根少勝前，深自防守，容能不退。三者死相，根轉勝前，深厭諸有，不能得定，得已恐失，求欲自害，名爲死相。四者住相，所得三昧，不退不進。五、可進相，所得三昧，轉勝增益。六、不壞相，所得三昧，種種因緣不能破壞。七、不退相，此人最勝，所得功德盡無退矣。八、慧解脱，於前人中不得滅定，名慧解脱。九、俱解脱，得滅盡定。此等一一廣如後釋。《成實》如是。

更有一種二十七人，如《中阿含·福田品》説。彼經偏就見諦已上説二十七，不通見前。相狀如何。彼有居士，名給孤獨，請問如來，於世間中有幾福田人。佛答有二，一是學人，二無學人。見諦已上至阿那含，名爲學人。阿羅漢果，名無學人。學有十八，無學有九，是故通合有二十七。

學人十八，經列不次。名字是何。一是信行，二是法行，三信解脱，四是見到，五是身證，六是家家，七一種子，八向須陀，九得須陀，十向斯陀，其第十一得斯陀含，其第十二向阿那含，其第十三得阿那含，十四中般，十五生般，十六行般，十七無行般，十八上流，至色究竟，正有此名，更無異釋。准依毗曇，信行、法行，在於見道十五心中，鈍名信行，利名法行。信脱、見到，准依毗曇，在於修道須陀果後，鈍名信脱，利名見到。此四統攝一切學人，以含通故。餘十四人，於中别分。於前信行、法行人中，開出三人：一則開出須陀洹向次第之人，入見諦道十五心中，名須陀向。二則開出斯陀含向，超越斯陀，入見諦道十五心中，名斯陀向。三則開出阿那含向，超越那含，入見諦道十五心中，名那含向。於前信脱、見到人中，隨別開出十三種人：一則開出須陀洹果。第二，開出斯陀含向，謂次第人向斯陀含，未至果前，於現在中修行者是。第三，開出家家之人，謂次第人向斯陀含，未至果前，分斷煩惱，逕[三四]生者是。第四，開出斯陀含果，於中細分，有異[三五]其二種，一者超證斯陀含果，二次第證斯陀含果，通合爲一斯陀果矣。第五，開出阿那含向，謂次第人向阿那含，未至果前，於現世中修行者是。第六，開出一種子人，謂次第人向阿那含，分斷煩惱，逕生者是。第七，開出阿那含果，於中細分亦有二種，一者超證阿那含果，二次第證阿那含果，今合爲一阿那含果。第八，開出中般之人。第九，開出生般之人。第十，開出行般之人。十一、開出無行般人。十二、開出上流般人。此上流中有勝有劣，勝者色界得般涅槃，劣者生於無色界中方始得般。彼舉勝者，是故説言至色究竟彼向福田。在色界者，有色有形，得受供合[三六]爲世福田，爲是偏舉。十三、開出身證之人，那含果後得滅定者。此之十三，皆是信脱、見到中列。學人如是。

無學九者，經列不次：一名思法。二昇進法。三不動法。四者退法。五不退法。六者護法。經自釋言：護則不退，不護則退。七者住法。八慧解脱。九俱解脱。經文如是，更無異釋。九中前七就根以別，後二約法。前之七種，猶如毗曇中六種羅漢。六羅漢者，退、思、護、住、昇進、不動。彼《阿含經》分不動人以爲二種，故有七也。九中退法，是毗曇中初退法人。九中思法，是彼第二思法之人。九中護法，是彼第三護法之人。九中住法，是彼第四住法之人。九中昇進，是彼第五必昇進人。九中不動及與不退，是毗曇中不動法人。彼毗曇中不動有二，一本來不動，二至果中進爲不動。九中不動，當毗曇中因〔三七〕來不動。九中不退，當毗曇中至果不動。後二，慧脱及俱解脱，約法以别，前七人中不得滅定，名慧解脱，得滅定者名俱解脱。此等至後更當廣釋。此二十七，通見道前七方便人，有三十四。廣則無量。開合如是。

上來第一通相分别。次第二門，隨别解釋。五停心觀，如前五〔三八〕章中具釋。總别念處，如前道品章中具釋。煗等四門，如前煗等四種善中具廣分别。今先别釋須陀洹向，於中曲有六門分别，一約境分别，第二品數多少分别，三依無礙解脱分别，四約修分别，五定是非，六轉根分别。

言約境者，依曇無德，一時見諦，依薩婆多，前後見諦。言一時者，案依彼宗，先於見前煗、頂、忍中别緣諦空，總〔三九〕令純熟，次於世間第一法中總緣四諦名用虚假，以之爲詮，後入無相，總見四諦一切法空，念念增明，都無間絶。《成實》法中，存依此義。言前後者，依薩婆多，别緣四諦，見有得道，行者先於總别念中總緣四諦爲空、無我，而於四諦未得明了，至於煗等四心之中别緣四諦而爲方便，苦、忍已上隨别照見，見苦異集，見滅異道，名前後見。諸部毗曇，存依此義。問曰：二中〔四〇〕何者爲是。並爲佛記〔四一〕，不可偏依，但隨人别，二説有異。其鈍根者，未能破相見諸法空，多依先後，漸次見諦。其利根者，能破有相，證諸法空，並依一時。又復二宗立患各異。依曇無德，取爲患本，雖别見諦，取執未已，要總見空，取患方盡，爲是觀諦，先别後總。依薩婆多，癡爲患本，雖總觀諦，闇相未遣，别觀分明，闇相乃盡，故依彼宗，先總後别。

此一門竟。

次明明品數多少之義。依如毗曇，見道位中唯十五心，通須陀果，有十六心。八忍八智，是十六也。觀欲界苦，初忍後智，有其二心。觀上界苦，初忍後智，亦有二心。餘諦例爾。若依《成實》，見道位中有無量心。故彼文言，以無量心斷諸煩惱，非八非九。言非八者，說見道中有無量心相續斷惑，破阿毗曇定說八忍。言非九者，說修道中有無量心，破阿毗曇於一一地定九無礙。何故毗曇定說八忍。彼宗觀有，有相局別，見易明故。何故《成實》說無量心。彼宗觀空，空無分限，見難了故。此二門竟。

次就無礙解脱分別。依如毗曇，見道位中具以無礙、解脱二道而斷見惑，八忍無礙，七智解脱。應有八智，後一判爲須陀洹果，故但說七。若依《成實》，無相位中單有無礙而無解脱。何故而然。彼宗所說無礙、解脱同是空觀，於中增進說爲無礙，順舊之智，判爲解脱。順舊解脱判屬須陀，故無[四二]中純有無礙。此三門竟。

次第四門約修分別。於中有二，一約境界明修多少，二約行心明修多少。

言約境者，如毗曇說，於彼見道十五心中，現觀一諦，未來還於一諦增明，現觀一行，未來傍於一諦之下四行增明，隨所觀察皆明了故。以一諦下四行義親，故悉增明。問曰：於前四現忍中現觀一諦，未來傍於四諦增明，現觀一行，未來傍於十六增明，至第十六道比智時，義亦如是。今此見道十五心中何故不爾，未來唯於一諦增明，唯於同諦四行增明。釋言：四現及後道比是開豫道，心志寛容，故修寛多。此十五心是速疾道，心志峻狹，故修狹少。約境如是。

次約行心明修多少。修有二種，一者行修，緣中現起，二者得修，於所修習得令屬己。若據行修，苦法忍時唯得修習苦法忍心，乃至最後道比忍時唯得修習道比忍心。若據得修，同時相得，或後得前，非前得後，後非[四三]得前故，初苦法忍十五得得，乃至最後道比智心唯一得得。相狀如何。苦法忍心現起之時，有一非色非心得法，與忍俱起，得於現在苦法忍心，并得種類在未來者，令來屬己，成就一[四四]失。問曰：彼忍由得得之，在己不失，彼得由何在己不失。釋言：彼得復由小得，得故不失。小得由何。還由大得，得故不失。其猶二生，互相生矣。雖有二得，今總合故，説爲一得。餘亦如是。問曰：向説以後得前，非前[四五]得後，今云何言通得種類在未來者。釋言：非前説不得後者，苦忍時得不得後時苦法智等，非謂不得現起法家未來種類。未來之類，望今未起，猶名已起。已起類故，苦法智時二得俱生，一得苦智，一得向前苦法忍心。如是漸增，乃至最後道比忍時，有十五得與之俱生，一得道比，餘十四得，得前十四。問曰：後得唯得向前所得法體，亦得前得。義釋不定。一義釋之，唯得前法，前得隨法亦成不失。一義釋之，通得前得。若爾，展轉有無窮過。論自釋言：無窮何失。修義如是。此四門竟。

次定是非。問曰：見中用何爲道。義别四階。其一義者，慧爲道體，餘者悉非，離慧不能忍智法故。第二義者，慧及一切心心數法并及道戒，通爲正道，八正用此而爲體故。諸得四相，道中隨義，不名正道。第三義者，心法與戒，并及四相，同時俱起，是共有因，相扶義親，通説爲道。諸得望彼，起戒[四六]異時，非共有因，相扶義疎，不説爲道。第四義者，心法與戒，諸得四相，皆有彼此相成之義，通説爲道。問曰：若依前之三義，諸得非道，亦應非果。又復果者是得證義，諸得順果故名爲果。見道在向，何故論中説得爲果。釋言：論中説得爲果，同後一義。得不順向，故不名道。得前世間第一法得，亦同此釋，不名第一。問曰：若依末後一義得名道者，論中宣説彼世間第一法得不名第一，今云何言得道之得亦名爲道。釋言：論説得第一得非第一者，同前三種非道之義。又世第一，位分短促，止在一念，得彼之得，前後多念，於彼不順，爲是彼得不名第一。見道寬長，得復多念，於彼相順，故得名道。是非如是。此五門竟。

次就轉根而爲分别。問曰：見中心道峻速，得轉根不。有言不得，於一一行無多緣故。問曰：若言定不得者，依如毗曇，信、法二人同在見道，論中宣説信行是其法行之因，云何不轉。又復釋言：劣望於勝，理有因義，其實不轉。若依《成實》，同一空觀，實難轉根。若依毗曇，差别觀諦，容有轉義。是義云何。凡轉根者，於境多觀，亦能轉根。於境力勵，明淨心觀，亦能轉根。其四諦法，初則易知，後轉難了。行者於前四現忍中學觀諦時，有五種别。有一種人，於四真諦未熟[四七]觀察，非苦力勵，是人入見，但爲信行。其第二人，四現忍中，於前三諦未熟觀察，用道爲難，力勵觀察，是人入見，於前三諦，見不極明，名爲信行，於後道諦，照見明了，轉爲法行。其第三人，四現忍中，於前二諦未能觀察，於滅於道，用之爲難，力勵觀察，是人入見，於苦於集，見不極明，名爲信行，於滅於道，照見明了，轉爲於法行。其第四人，四現忍中，於初苦諦未能觀察，於後三諦，用之爲難，力勵觀察，是人入見，於初苦諦，見不極明，判爲信行，於後三諦，照見明了，轉爲法行。其第五人，四現忍中，於四真諦並皆力勵，是人入見，於四真諦並極明了，入見諦道，唯名法行。五種人中，初後二人不名轉根，中三名轉。須陀洹向，釋之麤爾。

次别解釋須陀洹果、斯陀含向，通亦是其須陀洹攝，一處合論。於中曲有六門分别：一定其體，二明得捨，三明須陀斷結多少，四明須陀受身多少，五明家家，六分利鈍。

言定體者，須陀洹果，聖德爲體。聖德不同，汎論有三：一是果體。依如毗曇，行修分别，唯第十六道比智心是其果體。得修分别，通攝見諦十六聖心，悉爲果體。若依《成實》説，無相後順舊空觀而爲果體。二、學等見。須陀果後，遊觀無漏，重緣諦理而不增進。三、勝果道。須陀果後，更起勝解，進斷欲結，或一二品，乃至六品。此行所觀，緣於何諦，進斷煩惱。於四諦中，趣緣一諦。問曰：何故前斷見惑，四諦俱緣，此斷修惑，唯緣一諦。釋言：前斷迷諦煩惱，凡於四諦，通皆迷惑，故須通觀。此斷緣事貪瞋癡等，非捨通迷，故於四諦趣緣一種，能斷果後。問曰：此行既緣諦理，云何能斷緣事煩惱。若依毗曇，觀細捨麤，是故能斷。若依《成實》，一切煩惱皆取性起，觀空破性，爲是能斷。問曰：此行所觀諦理，爲深於前，能斷修惑，爲與前同，能斷修惑。若便更深，深有何相。若當不深，安能異斷。一釋：此行觀理更深，故能異斷。但此深相，階別難分，唯聖自覺，叵以言別。其猶地地九品煩惱，難可言別。亦如地地生得善根，九品難分。雖不可別，非無階降，此亦如是。又釋：此行觀理同前，亦能異斷。何故如是。理雖同前，數觀心地，數觀心明，故能異斷。如似一藥，少服減病，多能盡病，非多盡病便有異藥。亦如一食，少敢減飢，多食盡飢，非多盡飢令食不一。此亦如是。須陀聖德，雖復無量，要唯此三。辨體如此。此一門竟。

次約前後論得論捨。先論捨義。問曰：須陀得果之時，爲捨前向，爲當不捨。若依毗曇，證果之時，定捨前向。捨有二種：一約行修，不行名捨，道比智時前十五心不現行故。二約得修，得斷名捨，因得斷已，果得生故。若依《成實》，亦[四八]捨[四九]。以實細分，因心謝已，果心現前，名之爲捨。相續論之，因滿爲果，非捨前得，名爲不捨。問曰：須陀修增進道，向斯陀時捨前果不。釋言：不捨。何故如是。證果心深，所以不捨。又復須陀雖起勝行，唯依前果而自息止，爲是不捨。

次論得義。問曰：須陀證初果時，爲得前向合爲後果，爲當不得。此如前釋。依如毗曇，修有二種，一是行修，二是得修。若據行修，果中唯有道比智心，無前十五。若據得修，得於前向，合爲後果。是義云何。證初果時，捨前向中十五別得，一總得生，得道比智，并得向中十五無漏，合爲須陀。問曰：爲當直得向中所得功德合爲後果，亦得向中能得之得爲後果乎。義解不定。一義釋之，唯得所得無漏功德合爲後果，不得能得。何故如是。所得法體，體有彼此通成之義，故復[五〇]得之。能得之得，非正法體，彼此局別，無有彼此通成之義，爲是不得。又復所得心法爲主，心法寬通，一起之者，必有種類成在未來，未來有其可起義故，後復[五一]得之，合以爲果。得非心法，無有寬通在未來義，故後不得合成其果。以有此別，是故論中説捨前得，更起果得，得於前法，合爲果矣。又更解釋，正得前法，兼得前得，合爲後果，理亦無傷。故論中[五二]問曰：若得有得，有無窮過。論自釋言：無窮何苦。問曰：若使果得起時，通得前得，何名爲斷，何名爲捨。雖復得之，非彼種類，故得名捨。毗曇如是。若依《成實》，唯立行修，無得修修[五三]義，是故不説得於前向，合爲後果。問曰：須陀起於勝行，向斯陀時，有得前果，成後向不。釋言：不得。起後向時，前果不捨，故無異得。得捨如是。此二門竟。

次論須陀斷結多少。經説須陀唯斷三結，所謂身見、戒取及疑。問曰：經説須陀洹人所斷煩惱猶如縱廣四十里池，其餘在者如善[五四]一渧，云何復言唯斷三結。釋言：須陀所斷實多，以四義故，偏説此三。一、以此三是諸惑本，舉此攝餘，故偏説三。云何惑本。迷諦十使，須陀悉斷，就十使中，五見及疑唯鄣見諦，須陀斷盡，偏與斷名。貪、瞋、癡、慢，通鄣見諦者須陀斷盡，鄣修道者須陀未除，由斷未盡，不與斷名。就彼所斷六使之中，三本三隨。身見是本，邊見[五五]隨。戒取是本，見取[五六]隨。疑心是本，邪見[五七]隨。經中就本説除三使，未亦隨已，故但説三。二、以此三重故偏説。如《涅槃》釋，譬如世間王來王去，雖多臣流[五八]，以王重故，世人偏説。此三如是，重故偏説。此云何重。彼經釋言，一切衆生常所起故，又難覺故，如病常發爲重病，又難識知，名爲重病。此三唯[五九]爾，衆生恒起，不覺爲過，故曰重矣。三、以此三能爲一切戒定慧等三學大怨，所以偏説。云何爲怨。隨相麤對，取[六〇]

障戒，名爲戒怨。疑蓋障定，名爲定怨。身見鄣慧，名爲慧怨。依《毗婆娑》，則不如是。彼説身見能爲戒怨，計神是常，苦樂不返〔六二〕，不畏業果，縱情作罪，妨修淨戒，故爲戒怨。戒取定怨，取戒〔六三〕爲道，妨修勝靜，故爲定怨。疑爲慧怨，於境猶預，不能決了，坊於正智，故爲慧怨。四、隨化説三。如《涅槃》釋，或有衆生聞説須陀斷無量結，退心不求，故但説三。所斷如是。此三門竟。

大乘義章卷第十七本

校勘記

〔一〕「夫」，底本原校云一本後有「内外凡夫」四字。

〔二〕「定戒」，校本校勘記云甲本作「戒定」。

〔三〕「意」，底本原校云一本無。

〔四〕「故」，底本原校疑衍。

〔五〕「者」，校本作「名」，底本原校云一本作「名」。

〔六〕「記」，底本原校云一本作「起」。

〔七〕「心」，校本校勘記云甲本作「止」。

〔八〕「中」，底本脱，據底本原校及校本補。

〔九〕「法」，底本原校疑衍。

〔一〇〕「修」，底本原校云一本前有「令」字。

〔一一〕「修」，校本校勘記云甲本前有「令」字。

〔一二〕「道」，底本原校云一本無。

〔一三〕「比」，底本原校疑衍，校本無。

〔一四〕「名須」，底本原校疑衍。

〔一五〕「行」，底本原校疑爲「今」。

〔一六〕「三」，底本原校疑衍。

〔一七〕「翻傍」，底本原校疑爲「傍翻」。

〔一八〕「於」，底本原校云一本無。

〔一九〕「襄」，底本原校疑爲「喪」。

〔二〇〕「愛」，底本原校云一本無。

〔二一〕「皆」，底本原校云一本作「能」。

〔二二〕「道」，底本原校云一本無。

〔二三〕「此」，底本原校疑衍。

〔二四〕「開」，底本原校云一本作「離」。

〔二五〕「亦」，校本校勘記云甲本作「六」。
〔二六〕「位」，底本原校疑爲「修」，又云一本作「作」。
〔二七〕「等」，底本原校疑後脱「有正」二字。
〔二八〕「同沾」，校本作「同」，校本校勘記云甲本作「同治」。
〔二九〕「同」，底本原校疑衍。
〔三〇〕「隨」，校本校勘記云甲本作「向」。
〔三一〕「猶」，底本原校云一本後有「存是」二字，校本校勘記云甲本後有「有是」二字。
〔三二〕「經」，校本校勘記云甲本前有「不」字。
〔三三〕「鈍」，疑爲「純」。
〔三四〕「逕」，校本校勘記云甲本作「經」。
〔三五〕「異」，底本原校云一本無。
〔三六〕「合」，底本原校疑爲「養」。
〔三七〕「因」，校本校勘記云甲本作「本」。
〔三八〕「五」，底本原校云一本後有「廣」字，校本校勘記云甲本後有「度」字。
〔三九〕「總」，底本原校云一本作「極」。
〔四〇〕「中」，底本原校云一本後有「依」字。
〔四一〕「記」，底本原校疑爲「説」，校本無。
〔四二〕「無」，校本校勘記云一本後有「相」字。
〔四三〕「非」，校本校勘記云甲本無。
〔四四〕「一」，校本校勘記云甲本作「不」。
〔四五〕「非前」，底本脱，據底本原校及校本補。
〔四六〕「戒」，校本校勘記云甲本作「或」。
〔四七〕「熟」，底本原校疑爲「能」，校本作「能」。
〔四八〕「亦」，校本校勘記云甲本前有「前向」二字。
〔四九〕「捨」，校本校勘記疑後脱「不捨」二字。
〔五〇〕「復」，校本校勘記云甲本作「後」。
〔五一〕「復」，校本校勘記云甲本作「得」。
〔五二〕「中」，底本原校疑衍。
〔五三〕「修」，底本原校疑衍。
〔五四〕「如善」，校本作「如」，校本校勘記云甲本作「如毛」。
〔五五〕「見」，底本原校疑爲「見是」，校本校勘記云甲本作「見末」。

〔五六〕「取」，校本校勘記云甲本作「取末」，底本原校疑爲「取是」。

〔五七〕「見」，校本校勘記云甲本作「見末」，底本原校疑爲「見是」。

〔五八〕「流」，底本原校疑衍。

〔五九〕「唯」，底本原校疑衍，校本無，校本校勘記云甲本作「亦」。

〔六〇〕「取」，校本校勘記云甲本前有「戒」字。

〔六一〕「返」，校本校勘記云甲本作「變」。

〔六二〕「取戒」，校本校勘記云甲本作「戒取」。

大乘義章卷第十七末

遠法師撰

次明須陀受生多少。於中曲有四門分別，一明須陀受身多少，二明潤惑品數多少，三明煩惱潤生多少，四明斷惑損生多少。

初言受生身多少者，須陀有四。其第一人，現修進得阿羅漢果，則於現身入般涅槃。其第二人，現修進得阿那含果，上界受身，或受一生，或二三四，乃至極多或受十五，或受十六。言十五者，有樂定人，四禪遍生，有十一身，初禪二處，上三禪地各有三處，合爲十一。加四空處，故有十五。言十六者，有樂慧人，四禪遍生，有十一身，加五淨居，故有十六。此等差别，廣如後釋。其第三人，現身修得斯陀含果，欲界受身，於人天中，多受二生，少受一生。其第四人，於現在世唯證初果，欲界受身，或受一生，或二三四，乃至極多，或受七生。七生往來，十四生死〔一〕。此之十四，於人天中往來受之，不得類併。何故如是。以其覺苦厭離心故。此須陀洹曾以觀苦，覺苦心盛，人中受生，則覺人苦，求生天中，天中受生，復覺天過，求生人中，爲是不併。問曰：於彼十四生中，何處先生。是義不定。人中得道，捨人身已，先住天中。天中得道，捨天身已，先生人中。故《雜心》云：人中超昇人間滿七，天亦如是。問曰：何故極唯七返，不增不減。業力持故，不減七返，道力制故，不過七返。又復業力勢極如此，如七藥樹、七步毒虵、七日之藥、七世事等。問曰：此人過七返已，唯得涅槃，有生上者。經論不同。依如毗曇及《成實論》，一切聖人欲界地中曾經生者，厭苦情深，悉不上生，欲界身中定得涅槃。依《阿育王傳經》所説，有上生者。彼經宣説有一經生病須陀洹優波毱多，化生五淨，明得上生。化之因緣，備如經説。須陀差別，義有四階。此四人中，初一名爲現般須陀，中二名爲現進須陀，後一名爲受生須陀。

次第二門，約就欲界受生須陀，明其潤生煩惱品數。潤生煩惱，麤分爲三，細分爲九，中分爲五。麤分三者，謂上中下。此義不定，就過論之。麤惑過重，説之爲上。細惑過微，説以爲下。非麤非細，説名爲中。若據功力，麤惑浮淺，障道力微，説以爲下。細惑根深，鄣道力强，説之爲上。中惑異前，説名爲中。故經宣説，無明住地，其力最上。今此且依初義分之，麤惑爲上，細名爲下，兩楹説中。細分九者，麤中三品，所謂上上、上中、上下。中惑亦三，所謂中上、中中、中下。細惑亦三，所謂下上、下中、下下。中分分〔二〕五者，謂爲下、中、上、上中、上上。於〔三〕中初二名爲上上，次二上中，次二名上，次二名中，後一名下。此五與彼五階熏禪、五階分善，其義相似。問曰：分〔四〕九便足，何勞説五。今爲約此明潤多少，故須辨之。

次第三門，明其煩惱潤生多少。於中曲有三門分別，一明諸惑有潤不潤，二明用惑潤生不同，三明諸惑潤生多少。

初言諸惑潤不潤者，有人宣説，九品惑中，有乘斷者不能潤生，不乘斷者用之潤生。此義不然。乘斷已竟，可不潤生。未斷之時，何爲不潤。當知一切齊能潤生。但潤有二，一者現起，親潤受生，二者成就，冥助資潤。其乘斷者未斷之時，得有冥助資潤之義，亦有現起親潤之義。云何得有。義如後釋。此一門竟。

次明用惑潤生不同。於彼九品修惑之中，何者現起親潤受生，何者成就資潤受生。隨次論之，所有惑中最上麤品緣中現起親潤受生，餘悉成就資潤受生。據實論之，惑起無序，發業潤生，例非一准。惑上中下，不可一定。是義云何。於受生時，有人鈍根，或覩勝緣，起增上結，則用此結親潤受生，中下資助。有人中根，或對中緣，起中品結，即用此結親潤受生，上下煩惱成而隨助。有人利根，或逢弱緣，起下品結，則用此結親潤受生，上中隨助。上結生者受身必多，中結次少，下結最少。爲是，須陀九品煩惱雖全未斷，不妨受生多少不定。以是義故，九品惑中應乘斷者，亦得現起潤業受生。資助已竟。此二門竟。

次明諸惑潤生多少。經論之中，文無定判，然今且可准義論之。九品惑中，最初二品五品分別同是上上，品類同故，齊潤三生。於中初品獨潤三生，餘結資助，潤十四生。於中後品獨潤三生，餘結資助，潤十一生。此云何知。彼第三品、第四品結各潤二生，此初二品麤於彼結，故潤三生。與彼相隣，不得過三。又餘品結二品，二品潤生齊等，以後類前，最初二品同潤三生。問曰：此二同潤三生，有何差別。初品麤强，受生速疾，後品惑微，受生遲遲，如人見物，貪强疾取，貪微後取。又初品麤，受報麤劣，後品惑微，受報精勝。又復初品麤强有力，定潤三生，後品劣薄，或潤二生，或潤三生，而非決定。言同潤三，就極爲語。其次兩品五品分別，同是上中。品類同故，齊潤二生。於中初品獨潤二生，餘品資助，共潤八生。後品之結獨潤二生，餘品資助，共潤六生。此云何知。前初二品各潤三生，此二細彼，故二不多。又第五品及第六品各潤一生，此二麤彼，故二不少。又復於彼十四生中，前之六生是第一品第二品惑之所潤，故斷第一〔五〕第二品結，損却六生，餘八生在。論言，若斷三四品惑，餘二生[六]三生是名家家。言三生者，人三天三，即是六生。言二生者，人二天二，即是四生。餘八生中，斷第三品潤生之結，受餘六生，名爲家家。明知第三獨潤二生。斷第四品潤生之結，受餘四生，名爲家家。明知第四獨潤二生。有何差別。別如前釋。彼第五品第六品結，五品分別，同是上品，類同故齊潤一生。於中前品獨潤一生，餘品資助，共潤四生。後品之結獨潤一生，餘品資助，共潤三生。道理應然。但此一品有乘斷義。若彼乘斷，不用潤生。若未乘斷，容將潤生。問曰：云何得知此二各潤一生。以前二品各潤二生。此品細彼，潤一不多。第七第八共潤一生，此品麤彼，潤一不減。又論宣說，斷第四品潤生之惑，餘受四生，名爲家家。及斷第五第六品竟，成斯陀含，唯二生在。明知此二各潤一生。問曰：此二各潤一生，有何差異。異如上釋。彼第七品第八品惑，五品分別，同是中品，品類同故共潤一生，餘品資助，共潤二生。此云何知。次前二品各潤一生，此品細彼，故合潤一。又復斯陀餘二生中若斷第七第八品結，唯減一生，一生猶在。明知此二共潤一生。問曰：此二共潤一生，有何差別。釋言：前麤，潤生力施，後品微細，潤生力薄，佐助而已。問曰：此二共潤一生，斷第七品，彼第八品云何潤生。釋言：第八無有獨潤半生之理。若斷第七，彼第八品與第九品共潤一生。故[七]《毗婆沙》説，斷第七品受於一生，斷第八品亦受一生。彼第九品，五品分別，是其下品，獨潤一生。問曰：何故七品八品共潤一生，此品轉細，獨潤一生。以此垂終，繫縛牢固，度此已後，更無生處，力競堅縛，故獨潤一。問曰：毗曇説須陀洹依未來禪而入聖道，所依未來應治煩惱，云何得有九品具結而用潤生。釋言：未必是未來禪皆能治結。若先修得未來禪已，作六行觀，則能斷結。若不作者，諸結全在。是故須陀雖依未來而入聖道，不妨得有具結潤生。問曰：《成實》

宣説須陀必依初禪，至無所有七依處定而入聖道，得彼定時，伏斷欲結，得須陀已，用何潤生欲界受身。有人釋言，用彼過去曾起煩惱潤生受身。此義不然。過去雖有，現在不行，於境不愛，云何受身。有人復言，彼宗聖人不退聖道，得退禪定。以退定故，得起欲界煩惱潤生。若爾，須陀不退定者，應當上生。須陀上生，經論不許。明知下生不由退定。今正解釋，欲界惑中麤細無量，能伏之定，從凡至佛，階別無數。須陀所依事定麤淺，但伏麤品，細惑猶行。細惑之中，義分九品，用之潤生。此是第三潤生多少。

次第四門，明其斷惑損生多少。於中曲有兩門分別，一明斷不同，二約斷明損。

斷有二種，一階別異斷，二者乘斷。隨惑麤細，漸息漸斷，名別異斷。因斷前品，後品乘除，名爲乘斷。九品惑中，第六一品，決定乘斷。何故如是。此品惑盡，便證第二斯陀含果，悕果情猛，故斷第五，必乘第六。此品乘斷，諸論大同。第九一品，論者不同。《毗婆沙》中，一論師説亦是乘斷。故彼文言，若斷第八，則第九品不能遮礙。何故此品復須乘斷。義同前釋。此品惑盡，證那含果，悕果心猛，爲是乘斷。若依毗曇，定非乘斷，以此垂終，極作鄣礙，所以不乘。如守還[8]人，未至邊處，遮抑則緩，若至邊處，遮礙則急，是故義言，若度此已，我於何處而受生也，故難乘斷。自餘七品，階別漸斷，悉無乘義。有人説言，第二第八亦是乘斷。何故如是。果心之後，蘇息有力，故斷第一，必乘第二，斷第七品，必乘第八。此義不然。若第二品有乘斷者，經論應説，全無説處，明知不乘。又第八品論説不乘，准後類前，明知第二非是乘斷。《毗婆沙》説若斷第七，彼第八品與第九品共潤一生，明知第八品非乘斷。問曰：前説有乘斷者，爲當一觀相續斷盡名爲乘斷，爲當一世決定斷盡名爲乘斷。釋言：一世決定斷盡名爲乘斷，非是一觀相續斷盡名爲乘斷。但於現世無間斷盡亦名乘斷，簡別斷盡，亦名乘斷。一世不盡，用之受身，經生乃斷，不名乘斷。斷義如是。

次約斷明損。斷第一品十四生中，損其三生。斷第二品，復損三生，但有八生。斷第三品，損其二生，餘有六生，人三天三。斷第四品，復損二生，餘有四生，人二天二。故論說言，若斷三四品，餘二生三生，是說名家家。斷第五品，乘斷第六，復損二生，餘有二在。斷七斷八，復損一生，餘有一在。斷第九品，復去一生，一切皆盡。須陀受身多少如是。此二門竟。

次明家家。於中曲有四門分別，一總解釋家家之義，二明說意，三明建立家家所以，四對餘果料簡有無。

初總解釋家家義者，論自釋言：從家至家，故曰家家。此明須陀厭舊生處，異家受身，故名家家。云何異家。此人或時人中生已，捨人生天，復捨天身，還生人中，厭本生處，異家受生。天中亦爾。離本生處，異處受生，故曰異處。問曰：若此異處受身名家家者，何故論言在於人中，或在一處，或二或三，在於天中，或在一天，或二或三。釋言：人中或一家者，或一張家，或一王家，名爲一家，如是一切，不妨於中家門各別。天亦如是。於六天中或一天處，不妨於中住處各異。故得名爲從家至家爲家家矣。初門如是。

次明宣說家家之意。爲彰其勝，故論說言須陀勝者名爲家家。云何顯勝。須陀洹中結有厚薄，其結厚者不厭舊處，容使重生，不名家家。故用初品及第二品、第三品結所受之身，非家家攝。薄者不爾，不肯重生。簡薄異厚，故說家家。說意如是。

次明建立家家之義。依如論中，三義建立，一斷煩惱，二成無漏根，三者受生。言斷煩惱，簡異具薄須陀洹人。成無漏根，簡異退者，亦簡凡夫。言受生者，簡異現般須陀[九]等。故論說言，若斷三四品，成就彼對治，餘二生三生，是說名家家。斷三四品，是初義也。九品惑，或斷三品，或斷四品。問曰：何故要斷此惑方名家家。九品惑[一〇]，初三麤重，於舊生處憎厭情微，容使重生，非家家義，爲是要斷方成家家。問曰：若言前三惑麤，於舊生家有重生者，於人天中應併受生，何故從人必生於天，從天必人。釋言：當本現生之時，實覺其苦，厭人求天，厭天求人，爲是不併。麤結覆心，久遠還愛，故得重生。問曰：於彼九品惑中斷三用四，斷四用五，並稱家家，何故不説斷五用六，斷六用於七八品等爲家家乎。釋言：斷五必乘第六，不用受生，故非家家。七八品等於人於天無二受身，故非家家。成就彼治，第二義也。謂成三品結四品法[一一]家對治無漏，凡夫亦能斷除三品四品之結，而非家家，故須説此。餘二生三生，是其第三受生義也。餘二生者，人二天二，合爲四生。餘三生者，人三天三，合爲六生。九品惑中，斷前三品，用第四品，受其六生。斷第四品，用第五品，受其四生。現般須陀，具前兩義，以不受生不成家家，故須説此。此第三門，明其建立家家義竟。

次對餘果料簡有無。問曰：何故初果之中偏説家家，餘果不説。釋言：初果於人天中往來多生，有其從家至家之義，所以偏説。餘無此義，爲是不論。問曰：那含於上界中亦受多身，何故不説。彼一一處無量生義，故非家家。此四門竟。

次就須陀分其利鈍。開合不定。或分爲二，唯利與鈍，如《涅槃》説。彼文約就現般須陀及受生者以別利鈍。現般爲利。受生人中，二生至多，通以爲鈍，一生不論。何故不論。一生人中含通利鈍，難以偏定，爲是不説。云何含通。有人現在應得涅槃，餘緣鄣難，或乏資緣，或病無力，妨礙修道，由是不得，經生乃得，此則是利。有人現在懃修不得，經生乃得，此則是鈍。有斯不定，故彼不説。或分爲三，謂利、鈍、中。如上所列四種人中，總相麤分，現般爲利，中間兩人現進爲中，經生須陀説以爲鈍。以次細論，現進人中亦有鈍者，於現身中雖得那含，上界多生方得涅槃。經生人中亦有利者，雖於現在不得餘果，欲界受生，而於次身疾得涅槃。或分爲六，退、思、護、住、勝進、不動，義如後釋。隨別細分，亦可無量。須陀如是。

次別解釋斯陀含義。阿那含向通名斯陀，一處合論。於中曲有四門分別，一定其體，二辨其相，三分利鈍，第四明其斷結多少。

言定體者，斯陀之果，聖德爲體。聖德不同，亦有三種：一是果體。依如毗曇，行修分別，唯取欲界九品治中第六一品解脱道心而爲果體。得修分別，通攝須陀果德無漏，并攝斯陀向中無漏，合爲果體。是義云何。果心現時捨前諸得，别有一種非色非心果得現生，得第六品解脱道心，并得向前一切無漏，合成一種斯陀含果。若依《成實》，唯立行修，不説得修，是故但説第六一品解脱道心以爲果體。餘皆謝往，現無法體，不説爲果。細分如是。相續論之，因滿成果。二、學等見，義同前解。三、勝果道。更修勝解，進斷七八九品煩惱，有三無礙、二解脱道，名爲勝果。此一門竟。

次辨其相。是斯陀含，分別有三：一者現般。現身修得阿羅漢果，入般涅槃。二者現進。現身修得阿那含果，上界受身。三者經生。現無異得，欲界受身。此三離分，亦得説五。現般有二：一、直爾現般。於凡身上修得斯陀，即於現身得般涅槃。二者轉世。或於須陀果上經生，或於斯陀行中經生，復得斯陀，即於現身入般涅槃。現進爲一，通前爲三。經生之中，有其二種：一者守果，名一往來。二者進向，名一種子。此一種子，亦三因緣而建立之，謂斷煩惱成就對治無漏之根及上受生。三中少一，非一種子。論釋如是。以此通前，合説爲五。辨相如是。此二門竟。

次分別利鈍。開合不定，要攝唯二，謂利與鈍，現般爲利，餘者爲鈍。亦可經生以之爲鈍，餘者名利。或分爲三，謂利、鈍、中，現般爲利，現進爲中，經生爲鈍。麤判如是。以實具論，現般人中亦有利鈍，直爾現般説之爲利，轉世現般説以爲鈍。現進人中亦有利鈍，進到那含中般是利，上生是鈍。經生人中亦有利鈍，一種爲利，二生是鈍。或分爲六，退、思、護、住、勝進、不動，義如後判。此三門竟。

次明斯陀斷結多少。經説斯陀斯除三結，薄貪、恚、癡。斷三結者，義如上辨，所謂身見、戒取及疑。前斷此無故通説。又復此三亦有斯陀親斷之義，義如後釋。所言薄者，於貪瞋癡正是所斷。薄至幾許。欲界九品修惑之中，守果斯陀除六三在，名之爲薄。進向斯陀，斷七除八，或斷九品，未證解脱，從前爲論，斯稱薄矣。斷結如是。於中有義同須陀者，類上可知，不勞更解。斯陀如是。

次別解釋阿那含義。阿羅漢向，通名那含，一處合論。於中亦有四門分別，一定其體，二辨其相，三分利鈍，四斷欲〔三〕結多少。

言定體者，阿那含果聖德爲體。聖德有三：一是果體。依如毗曇，行修分別，唯取欲界九品治中末後解脱一念無漏，是其果體。得修分別，通攝向前一切無漏，合爲果體。是義云何。證那含時，前得悉捨，一總得生，得彼欲界九品治中末後解脱，并得前來一切無漏，合爲一果。若依《成實》，唯立行修，無得修義，是故唯説欲界治中末後解脱以爲果體。二、學等見。義同前釋。三、勝果道。更修勝行，進斷初禪，至非想結，唯除非想末後解脱，名爲勝果。此三通説爲那含果。定體如是。此一門竟。

次辨其相。那含人中開合不定，增數説之。要攝唯三：一者現般。現身修得阿羅漢果，入般涅槃。二者中般。依如《成實》，從欲上生，兩界中間受身得般，故名中般，彼論不立中陰義故。依餘經論，從欲上生，中陰身中得般涅槃，名爲中般。三、受身般。上界受身然後得般。

或分爲四：一者現般。二者中般。三、色界般。色界身中，修得涅槃。四、無色般。無色界中，修得涅槃。

或分爲六，如《涅槃》説，一者現般，二者中般，三者生般，四者行般，五者無行般，六上流般。

初現般者，有三因緣，所以現般：一、以利根見煩惱過，速疾斷除，所以現般。二、得聖道已，曾欲界生，厭苦情深，畏上界生，懃修對治，是故現般。第三，有人得未來禪，依之斷結，餘禪雖得而不現前，於上二界無有作業，亦無生業，爲是現般。

其中般者，有二因緣：一、以利根中陰身中聖道現前，見煩惱過，能疾斷除，所以中般。故《涅槃》云：以利根故，於中涅槃。二、約業分別。業有二種，一者作業，二受生業。從煩惱起，名爲作業。若煩惱行爲愛所潤，能生後果，名受生業。此人修得世俗八禪，有其作業。於禪不愛，無受生業，爲是中般。故《涅槃》云：欲色衆生有二種業，一者作業，二受生業，中涅槃者唯有作業，是故於中而般涅槃。問曰：此人既是利根，何不現般，至中方般。如《涅槃》釋，此人雖利，四大羸劣，不堪修道，或雖有力，資緣不足，爲是不得現世涅槃。

問曰：中般唯極利根，亦有差降。如《涅槃》釋，有上中下。若有上根軟煩惱者，未離欲界得般涅槃。若有中根中煩惱者，始離欲界，未至色界，得般涅槃。若有下根上煩惱者，至色界邊，方得涅槃。

問曰：何故捨欲界身中有涅槃，上界無之。依如《涅槃》，四義辨釋：一、約性解釋。欲界衆生，其性勇健，能得向果，爲是欲界中有涅槃。上界不爾，故無中般。二、約煩惱因緣以釋。欲界煩惱有二因緣，一内二外。不斷結使及邪思惟而起煩惱，名之爲内。六塵生結，目之爲外。此二可厭，故從欲界中有涅槃。上界唯有内因生結，無外可厭，故無中般。三、約二愛而爲辨釋。愛有二種，一者欲愛，著外五欲資生之具，二者色愛，愛著妻色。欲界地中有此可厭，故有中般。上界無此，故無中般。四、約諸麤煩惱辨釋。欲界有其慳、貪、瞋、妬、無慚愧等諸麤煩惱，可以厭患，故有中般。上界無此，故無中般。

問曰：經説中般那含有四種心，何者是乎。如《涅槃》説，一者非學非無學心，謂受生心。二者學心，起上對治。三無學心，證羅漢果。四者非學非無學心，謂命終心。問曰：此人何心命終。論自説言，羅漢報心及威儀心、隨順滅心，趣向涅槃[一三]。此四心中，二是涅槃，二非涅槃。二涅槃者，後二心也。第三無學是證有餘涅槃之心。第四非學非無學者，是入無餘涅槃心也。中般如是。

次解生般、行般、無行般。此三種人，有其作業及受生業，上界受身，色界地中隨在何天最初生處，隨義分三，不局初禪。此三何異。經論不同，及[一四]有三別。

若依毗曇，生般最勝，行般爲次，無行最劣。是義云何。論自釋言：精懃方便，修速進道，是其生般。有懃方便，無速進道，是其行般。無懃方便，無速進道，是無行般。懃修聖道，名懃方便。以利根故，所修速成。疾斷餘結，名速進道。此人何故名爲生般。論自釋言：此人初生，起有行道，以懃方便，疾斷餘結，初生得般，故云生般。修習無漏十六聖行，名有行道。初生得般有餘涅槃，盡壽方般無餘涅槃。有言初生即般無餘。是義不然，論言無有捨壽行故。其第二人，懃修習道，名懃方便。以鈍根故，所修難成，斷結不疾，名無速道。此人何故名爲行般。論自釋言：起有行道，斷結得般，名爲行般。又復依於有爲緣定斷結得名[一五]般，亦名行般。此人亦修十六聖行，名有行道。又復此人，以利根故，觀前三諦有爲之法，亦能斷結，名有爲緣。以無速道，斷結不疾，盡壽方般。其第三人，不能精懃修習聖道，名不懃求。亦復不能疾斷餘結，名無速道。此人何故名無行般。論自釋言：起無行道斷結得般，名無行般。又復依於無爲緣定斷結得般，亦名無行。此人鈍根，多用有漏等智斷結，不修無漏十六聖行，名無行道。設修無漏斷非想結，以鈍根故，觀察滅諦無爲勝法，方能斷結，名無爲緣。以無速道疾斷結故，盡壽方般。

若依《成實》，生般爲勝，無行爲次，行般爲劣。其第二人，自知定當得於涅槃，不懃行道，盡壽得般，名無行般。其第三人，以鈍根故，精勤行道，盡壽得般，名爲行般。

若依《涅槃》，生般最劣，行般最勝，無行爲中。是義云何。其生般者，《涅槃經》中名受身般，此人精懃，盡壽得般，名受身般，爲是最劣。此與《成實》行般人同。問曰：若此盡壽得般，以何義故名受身般。佛自釋言：是人受身，然後乃斷三界煩惱，名受身般，非初受身即得般故名受身般。有人懃修三昧力故，不盡壽命，斷結得般，若[一六]爲是最勝，此與《成實》生般人同。有人自知定得涅槃，懈怠不修，亦以有爲三昧力故，盡壽得般，名無行般，是故爲中。此與《成實》無行人同。

次解上流。此人轉鈍，於上界中初身不般，二身已後方得般者，名爲上流。流有二種，一煩惱流，二者道流。斷下煩惱，上結漸起，名煩惱流。道行漸增，名爲道流。隨此二流，次第上昇，故曰上流。於中分別，略有四種：一、不定般，未至廣果，於中或受二三身等而得涅槃。二、一切處，次第受身，上至廣果，方得涅槃。三者樂慧，生五淨居。四者樂定，生無色界。此後二人，行因各別，一樂論議，二樂寂靜，樂論義者生五淨居，樂寂靜者生無色界。

又復五階修熏禪者生五淨居，不以五階修熏禪者生無色界。何者是其五階熏禪。謂下、中、上、上中、上上。云何熏禪。用無漏禪熏於有漏，令有漏定精勝清淨。熏法如何。行者修得四禪定已，初熏第四，初入衆多無漏心中，次入衆多有漏心中，後入衆多無漏心中，如是往返，漸次略之，乃至最後二無漏心二有漏心，後二無漏名爲熏禪方便道成。次復入於一無漏心一有漏心，後一無漏名熏禪成。於此成中，五返往來，初返名下，第二名中，第三名上，第四上中，第五上上。熏四禪已，次熏三禪，次熏二禪，後熏初禪，熏法悉同。修熏禪已，若不退者，經生五淨，名爲生般，不名上流。若有退者，下生[一七]天中，隨身多少，後還斷結，修得四禪，還重熏之，熏法似前。於彼成中，一返熏者，生小廣天，亦名無煩，亦名無凡。二返熏者，生無熱天。三返熏者，生善可見天，亦名善現。四返熏者，生善見天。五返熏者，生無少[一八]天，外國名爲阿迦尼吒，是色究竟。問曰：此五直隨業別，潤惑亦異。釋言：業別，潤惑不殊，此等同一繫縛地故，如欲界中六天受生，惑同業別。問曰：於此五淨居處得有生般上流人不。一義釋之，但有生般，無其上流。何故如是。五階熏中逐勝受生，不先生下後上生故。又解：亦得。本在下天，下品熏禪，生下天

中，生彼天已，更修勝熏，生上天中，故得上流。若能如是五階熏禪，則厭[一九]呵嘖無色界定，不生無色。若欲入於無色界者，則不能修五階熏禪。六種如是。

或分爲七。如《涅槃》説，六種如上，加無色般。此無色般，與前六中樂定何異，而須別論。前樂定者從色界去，此無色般從欲界去，與前不同，故別説之。

亦得説八。七種如前，加上行般。此上行般，是無色中上流般也。生彼一生即得般者，亦[二〇]無色般。二三四身方得般者，名上行般。此有三階，如《涅槃》説：一、有精進及自在定，受於二身。二、有精進無自在定，有自在定而無精進，受於三身。三、無精進及自在定，兩事俱無，則受四身。聖於四空無重生義，是故極多唯受四身。

或分十一。如《成實》説，一是現般，二是轉世，三是中般，四生，五行，六無行般，七者樂定，八者樂慧，九信解脱，十者見到，十一身

證。現般、轉世，前合爲一。於中别分，依凡身上修得那含，即於現身修得涅槃，説爲現般。聖人身上欲界經生後得那含，即於現身得涅槃者，説爲轉世，轉前聖身得那含故。有斯不同，故分兩别。此轉世人，有四處來：一、須陀果上，經生而來。二、斯陀行中，經生而來。三、斯陀果上，經生而來。四、那含行中，經生而來。初二如是。中般、生得〔二一〕般，行、無行般，悉如前釋。樂定、樂慧，此二是前上流人中隨别開分，没上流名，彰此二矣，義如上釋。問曰：前説上流人中有其四種，謂不定般及一切處、樂定、樂慧，《成實》何故偏彰後二。此不盡語，就勝論故。以後二人因别果殊，所以偏舉。雖分此二，收攝上流，故猶不盡。若不盡者，彼不定般及一切處，十一人中收〔二二〕何所統攝。信脱、見到二根所收，以此二根通攝一切故。此前八種，隨身、隨行、隨義以分。現、中及生，隨身分異。行、無行般，隨行分異。樂定、樂慧，隨行隨身以分其異。轉世一種，隨義分異。前八人中，有鈍根者，名信解脱，以信他語，得解脱故。有利根者，名爲見到，自心見法，到解脱故。得滅定者，説爲身證。得滅定者心滅自在，定與身合，故曰身證。十一如是。若隨根地種性處所離欲等别，則有無量，如《雜心》説。辨相如是。此二門竟。

次分别〔二三〕利鈍。開合辨定，要分唯二，謂利與鈍。鈍名信脱，利名見到，此二遍通。隨相麤分，前六種中現般、中般是其利根，餘是鈍根。或分爲三，謂利、鈍、中，此亦名爲上中下根。隨别麤分，前六種中，現般是利，中般爲中，餘悉名鈍。以實具論，現般人中有利、鈍、中。直爾現般，説之爲利。轉世現般，有鈍有中，多身轉世説之爲鈍，少名爲中。中般人中有利鈍中，如《涅槃經》及《成實》説，未離欲界而得般者名之爲利，始離欲界未至色界而得般者説之爲中，至色界邊方得般者説以爲鈍。生及〔二四〕般〔二五〕、行般及無行般有利鈍中，俱説不定。依如毗曇，生般爲利，行般爲中，無行爲鈍。故彼説言，依於利根及軟煩惱建立生般，依於中根及中煩惱建立行般，依於軟根及上煩惱立無行般。若依《成實》，生般最利，與前相似，無行爲中，行般爲鈍。若依《涅槃》，行般最利，無行爲中，生般爲鈍。悉如上辨。上流般中，當知亦有利鈍中別。如《成實》説，一身爲利，二三身中，一切處鈍。又更分別，不定爲利，一切處中，樂定、樂慧齊名爲鈍。若復細論，一一皆有利鈍中別。或復開分爲六種性，退、思、護、住、勝進、不動。所得善根可退名退，非是已退。加以思願，方能不退，名思法人。畏煩惱退，常自防護，而得不退，名護法人。所得善根，不退不進，名住法人。所得善根，必能上進，名必勝進。所得善根，牢固不退，名爲不動。於中或有根本不動，或有增進始得不動。依如毗曇，從現般人乃至上流，齊具此六。利鈍如是。此三門竟。

次明那含斷結多少。如經中説，斷五下結及無慚愧、慳、嫉等過，成阿那含。何者五結。所謂身見、戒取及疑、貪欲、瞋恚。前之三種，先斷此無，故通説之。又復前三亦有那含親斷之義，故通説之，義如後釋。後二一向那含親斷。此五結中，前之三種，依如《成實》，具足二下，名爲下結。一、衆生下，唯凡夫起。二、鄣下果，亦名下結，唯鄣初果。若依毗曇，唯衆生下名爲下結，義同前解。非鄣下果名爲下結。此之三種，通鄣須陀、斯陀、那含三種果故。後二是其欲界煩惱，以界下故名爲下結。守果那含，唯斷此五。進向那含，通斷上結，唯非想地末後解脱而未剋證。那含如是。

次別解釋阿羅漢義。於中曲有三門分別，一定其體，二辨其相，三明斷結多少之義。

言定體者，阿羅漢果聖德爲體。羅漢果中，聖德有二。一是果體。依如毗曇，行修分別，唯非想地九品治中末後解脱，是其果體。就此體中分爲盡智及無生智，鈍根所得直名盡智，利根所得名爲盡智及無生智。何故如是。彼鈍根者得此智時，能盡諸惑，故名盡智，不能保已當結不生，以是義故非無生智。利根所得，現盡諸惑，復名盡智，復能保已當結不生，名無生智。問曰：盡智及無生智，爲在一念，爲當相續。彼宗所立，各別一念，無相續義。故論説言，尚無二念，況多相續。問曰：若此名一念者，云何得分四智差別。釋言：一念義別説四，非前後四。是義云何。一念[二六]盡集因，名我生盡。道行成滿，名梵行立。證滅窮極，名所作辦。永捨當苦，名不受後。無生智中，義別亦爾。行修如是。得修分別，通攝向前一切無漏，合成一種阿羅漢果。是義云何。證羅漢時，因中一切諸無漏得一時頓捨，别有一種果得新生，得彼非想末後解脱，并得向前一切無漏，合成一種阿羅漢果。若依《成實》，唯説行修，不立得修，是故唯説非想解脱爲羅漢果。於此果中，莫問利鈍，悉具盡智及無生智。彼宗所立無學聖慧，盡生死因，名爲盡智，能令後果永更不受，名無生智。非想解脱具此兩能，是故一切齊具二智。二智同體，隨義以分，多念相續，不止一念。果體如是。二、無學等見，盡、無生後遊觀無漏。定體如是。此一門竟。

次辨其相，開合不定。總之唯一。或分爲二，一慧解脱，二俱解脱。不得滅定，名慧解脱。得滅定者，名俱解脱。又分二種，一時解脱，二不時解脱。其鈍智[二七]根者，假時託處，方得解脱，名時解脱。其利根者，不假時處而得解脱，名不時解脱。

或分六種，如毗曇説，一退，二思，三護，四住，五必昇進，六名不動。言退法者，本在學地，無常方便，無頓方便，所得可退，名退法人。言思法者，亦無常頓二種方便，堪能思願，令行不退，名思法人。言護法者，有常方便，無頓方便，常自防護，令行不退，名護法人。言住法者，有頓方便，無常方便，所得善根不進不退，故名爲住。必昇進者，有常方便及頓方便，而是頓根，以二方便堪得不動，名必昇進。不動法者，有常方便，有頓方便，而是利根，所得堅固，故名不動。於中有二，一本來不動，二至果中進爲不動。此六種中，若説退者，必定退轉。乃至必進，必定上進。欲界羅漢非上二界。彼上二界，唯有住法及不動法。若説退者，可退名退，不必定退。乃至進者，可進名進。設令退者，此人進作思、護、住等，後遠退失，住本種性，不令退失。如上説者，三界羅漢悉具六種。六中前五是時解脱，後一不時。

或分爲九，如《成實》説，一是退相，二是守相，三者死相，四可進相，五者住相，六不壞相，七不退相，八慧解脱，九俱解脱。論自釋言：以信等根故有差别，最鈍根者名爲退相，此當毗曇退法人也。但毗曇中退失聖道，《成實》法中退失三昧故[二八]無漏智慧不能現前。問曰：若退，聖慧不現，云何得成阿羅漢果。釋言：雖退時復還得，得已發慧，故成羅漢。言守相者，根少勝前。云何勝前。前退法人雖自防護而必退失，此守相人，不護則退，護則不退，不退三昧，此當毗曇護法人也。言死相者，根轉勝前，深厭諸有，不能得定，不得定故無漏智慧難得現前，設得恐[二九]失，故[三〇]求欲自害，故名死相，如瞿坻等，此當毗曇思法人也。此三住於退分三昧。言住相者，所得三昧不進不退，此當毗曇住法人也，此人住於住分三昧。可進相者，所得三昧，轉深增益，名可進相，此當毗曇必昇進也，此人住於增分三昧。不壞相者，所得三昧，種種因緣不能敗壞，名不壞相。此人慧利，善取三昧，入住起相，故不可壞。不退相者，此人最勝，所得功德盡無退失，名不退相。此後二人，住達分定，當毗曇中不動人也。於前人中，不得滅定名慧解脱，得滅定者名俱解脱。九種如是。細分無量。辨相如是。此二門竟。

次明羅漢斷結多少。經中宣説，斷五上結，成阿羅漢。何者五結。所謂色染，及無色染、無明、憍慢，及與掉戲。色界貪愛，名爲色染。無色貪愛，名無色染。此二於彼十使門中同一貪使。無明癡使，憍慢慢使。此前使性。言掉戲者，是其掉纏。此五是其上界煩惱，故名上結。又復那含上人所起，亦名上結。

問曰：此與四流、四扼煩惱何別。釋言：此五通亦是其流扼所攝。然流與扼，凡聖通起，此五唯是聖人所起，以是那含所起結故。此五盡處説羅漢果，故説羅漢斷五上結。問曰：何故十使之中偏説羅漢斷貪、癡、慢，不説餘者。五見及疑，見道中斷，故此不論。瞋在欲界，那含時盡，故此不説。

問曰：何故十纏之中，偏説斷掉，不説餘者。依如毗曇，十纏之中，八在欲界，那含時盡，故此不説。睡、掉二纏，通上二界。睡即餘結。一切煩惱睡著境界，名之爲睡。隨餘結説，故不別論。又復睡眠順於正受，故不説之。若依《成實》，睡在欲界，故不説睡，掉不同前，所以偏舉。問曰：羅漢斷除掉纏，説爲上結。阿那含人斷無慚愧、慳、嫉、忿、覆、悔、眠等纏，以何義故不名下結。釋言：齊類應名下結，但阿那含斷過衆多，簡本異末，故就使中説五下結，纏垢別論。阿羅漢人斷過狹少，故通使纏説五上結。

問曰：前説阿那含人斷五下結。五下結中，身見、戒取及與疑結，須陀斷盡。攝前從後，通爲那含所斷五結。今説羅漢，何爲不得攝前從後，合斷十結，但云斷五。釋言：於彼五下結中，初之三種，分相論之，須陀所斷。以實細論，亦有那含親斷之義，故得攝之，合爲那含所斷五結。無有羅漢親斷之義，是故不得攝之從後，宣説羅漢斷除十結。是義云何。五下結中，初之三結，三處親斷。一、次第人親斷三結，成須陀洹。第二，超越斯陀含人，親斷三結，成斯陀含。是人凡時斷除欲結，至六品盡，後入見道，斷除三結，至第十六道比智時，即成斯陀。故經宣説，斯陀含人斷除三結，薄貪、恚、癡。第三，超越阿那含人，親斷三結，成阿那含。是人凡時斷除欲結，至九品盡，後入見道，斷除三結，至第十六道比智時，即成那含。以有此義，是故經中説阿那含斷五下結。無有斷除五下結盡即成羅漢，是故不説阿羅漢人斷十結矣。羅漢如是。聲聞賢聖，略之云爾。

次論緣覺。於中曲有三門分別，一釋名義，二對小分別，三對大分別。

初釋名義。言緣覺者，外國正音名辟支佛，此翻辟支名曰因緣，佛名爲覺。緣覺名義，解有兩種：一、約所觀法門以釋。緣者是其十二緣法，始從無明，乃至老死，觀斯悟解，從緣得覺，故號緣覺。二、就得道因緣以釋。如辟支佛得道因緣，經中廣説，如拂迦沙思風動樹而得悟道。如是等皆藉現事緣而得覺悟，故曰緣覺。名義如是。此一門竟。

次對小分別。於中有二，一對小辨相，二明同異。言辨相者，經説聲聞緣覺之别，有其兩門：

一、約所觀法門以别。觀察四諦而得道者，悉名聲聞，觀十二緣而得道者，齊稱緣覺。若從是義，於今現在值佛爲説十二緣法而得道者，亦緣覺收。故經説言，爲教聲聞，説四真諦，爲教緣覺，説十二緣。此緣覺中，細分有二：一、緣覺緣覺。是人本來求緣覺道，常樂觀察十二緣法，成緣覺性，於最後身，不值佛世，藉現事緣，而得悟道。本緣覺性，今藉事緣而得覺故，説之以爲緣覺緣覺。二、聲聞緣覺。是人本來求緣覺道，亦樂觀察十二緣法，成緣覺性，於最後身值佛爲説十二緣法而得悟解。從佛聲聞而得覺故，説之以爲聲聞緣覺。摩訶迦葉即其人也，經中所云爲諸緣覺説十二緣，正當斯耳。此亦名爲緣覺聲聞，故上聲聞人中辨之。此前一門，約法以别。

二、約得道因緣以别。從他聞聲而得道者，悉字聲聞。是故摩訶迦葉之流，雖復觀察十二緣法而得悟道，以從佛聞得悟解故，經中説爲聲聞衆矣。藉現事緣而得道者，齊號緣覺。若從是義，乃至七生須陀洹人，於最後身不值佛世，藉現事緣而得道者，亦緣覺攝。此緣覺中，細分亦二：一、緣覺緣覺。義如上解。二、聲聞緣覺。是人本來求聲聞道，觀察四諦道悟初果，以根鈍故，於現在世不得涅槃，天上人中七返受生，於最後身不值佛世，藉現事緣而得緣覺[三一]，故説爲緣覺，是故名爲聲聞緣覺。此亦名爲緣覺聲聞，故上聲聞人中辨之。

是中應作四句分別：一、是聲聞而非緣覺，所謂聲聞聲聞人，是義如上解。二、是緣覺而非聲聞，所謂緣覺緣覺人，是亦如上釋。三、是聲聞亦是緣覺，所謂七生須陀洹人，於最後身不值佛世，獨悟者是。四、者[三二]緣覺亦是聲聞，謂最後身值佛爲説十二緣法[三三]悟解者是。辨相如是。

次論同異。前四人中，先就初果[三四]。二以辨同異。

先論同義。同有五種：一、見理同，見[三五]生空。故《地[三六]持》云：聲聞緣覺見陰離陰，我不可得。陰與離陰，無我人性。二、斷部同，同斷四住，不受分段，如《勝鬘》説。三、修行同，同修三十七道品法，故《地持》云道同聲聞。四、得果同，同得盡智無生智果，故《地持》云：於最後身無師自悟，得羅漢果，説爲緣覺。五、證滅同，同證有餘無餘涅槃。此五細論，非不少異，大況麤論，一切聲聞緣覺人等皆悉同矣。

次論異義。異有六種：

一者根異。聲聞鈍根[三七]，緣覺利根。問曰：緣覺見理與聲聞同，云何利根。釋言：見理雖同，聲聞明淨速疾，故得稱利。又斷煩惱雖同聲聞，精進速疾，又不退轉，故亦名利。

二、所依異。聲聞依師，緣覺不依。

三、藉緣異。聲聞藉於教法爲緣而得悟道，緣覺藉於事相現緣而得悟解。

四、所觀異。聲聞觀察四真諦法，緣覺觀察十二因[三八]緣法。問曰：《勝鬘》宣説聲聞緣覺之人初觀聖諦。彼文復言聲聞緣覺當得[三九]世尊爲彼宣説四依。言四依者謂四聖諦，是則緣覺亦觀四諦，云何説言緣覺偏觀十二緣乎。釋言：緣覺雖觀因緣，亦別因緣，作四諦觀，是故經中説之觀諦。是義云何。彼煖、頂前，別觀三世十二因[四〇]緣事，作別念觀，觀十二緣苦無常等，作總念觀。煖、頂已上，就十二緣作其四十四智之觀，名爲觀，名爲觀[四一]諦。何者是其四十四智。十二因緣因果相屬，有十二[四二]對。先就後對爲四諦觀，謂老死苦、老死集、老死滅、老死道。初則苦觀，第二集觀，第三滅觀，第四道觀，如是逆推，乃至初對，各爲四觀，是故通合有四十四。是故緣覺得名觀諦。問曰：經説十二因緣下智觀故，聲聞菩提中智觀故，緣覺菩提乃至上上阿耨菩提，是則聲聞亦觀因緣，今云何言聲聞偏觀四真諦乎。釋言：聲聞雖觀四諦，四中苦集正是生死十二緣法，是故亦名觀十二緣。通相如[四三]如是。於中分別，聲聞正觀四諦法門，緣覺正觀十二緣門。此第四異。

五、向果異。聲聞人中四向四果，緣覺人中一向一果。何故如是。聲聞鈍根，不能一觀相續究竟，數出劬息，故判多果，以果多故，趣向亦別。緣覺利根，一入聖觀，相續無間，乃至究竟，無中息處，故無多果，無多果故，不立多向，但於相續一觀之中，不滿之處判爲一向，滿足之處説爲一果。故《地經》中説十聖性，聲聞多[四四]分八，緣覺立二。

六、通用異。如《地持》説，聲聞之人二千國土爲通境界，緣覺之人三千國土爲通境界。又復如彼《大智論》説，小聲聞中，不作意者一千國土爲通境界，其作意者二千國土爲通境界。大聲聞中，不作意者二千國土爲通境界，其作意者三千國土爲通境界。緣覺人中，有大有小。小緣覺人，不作意者二千國土爲通境界，其作意者三千國土爲通境界。大緣覺者，莫問作意及不作意，皆以三千大千國土爲通境界。此等名爲通用異也。

又復如彼《成實論》説，聲聞欲知須陀初心，至第十六心方始得知。緣覺之人欲知初心，至第六心即便知之。此亦是其通用別矣。問曰：何故欲知初心至第六心方始知乎。緣覺作意，欲知須陀苦法忍心，凝心觀察，彼忍已謝，入苦法智，尋後觀之，彼智已謝，緣上界苦，入苦比忍及苦比智，緣覺即於欲界有漏法中伺之，彼捨上苦，緣欲界集忍時未知，至集法智方始知之，是故説知第六心矣。初之二人，同異如是。

次將第三約對前二，以辨同異。彼須陀中七返受生，於最後身不值佛世，獨[四五]覺之者，望前聲聞聲聞之人，九同二異。言九同者，一見理同，二斷鄣同，三修行同，四得果同，五證滅同，六根性同，七觀法同，八向果同，九通用同，悉如上辨。言二異者：一、依止異，於最後身不依師故。二、藉緣異，不藉言教而得果故。望前緣覺緣覺之人，七同四異。言七同者，一見理同，二斷鄣同，三修行同，四得果同，五證滅同，准前可知。六依止同，於最後身不依師教[四六]故。七藉緣同，同藉事緣而得道故。言四異者：一者根異，此人鈍根。二、觀法異，此覺四諦。三、向果異，此人具足四向四果。四、通用異，此人通劣。

次將第四望初二人，以辨同異。於最後身值佛爲説十二緣法而得覺者，望前聲聞聲聞之人，七同四異。言七同者，一見理同，二斷障同，三修行同，四得果同，五證滅同，悉如上辨。六、依止[四七]同，依師得度。七、藉緣同，同藉言教。言四異者：一、根性異，此人利根。二、覺法異，此覺因緣。三、向果異，此無四果四向之別。四、通用異，此人通勝。望前緣覺緣覺之人，九同二異。言九同者：一、見理同。二、斷障同。三、修行同。四、得果同。五、證滅同。六、根性同。七、觀法同。八、向果同，一向一果。九、通用同。悉如上辨。言二異者：一、依止異，此人依師。二、藉緣異，此藉言教。對小如是。此二門竟。

次對大分別。於中有二，一對大辨相，二明

同異。言辨相者，緣覺有二：一、種性緣覺。是人本來習緣覺道，成緣覺性，於最後身觀因緣法，證緣覺果。二、退轉緣覺。是人過去曾習大乘，後退住中。亦得分三，前二如上，更加一種應化緣覺，謂佛菩薩應現爲之。故天女云：以因緣法，化衆生故，我爲辟支。《法華》亦云：知衆樂小，而畏大智，是故菩薩作聲聞緣覺。如是等也。相別如是。

次對大乘辨其同異。言其同者，彼辟支佛一入聖道，永更不退，與菩薩同，不如聲聞得聖而退。何故緣覺一向不退。以利根故，純用無漏而斷漏[四八]結故。良以不退同菩薩故，《涅槃經》中說辟支佛與諸菩薩合爲熟蘇。所言異者，略有十種：一者因異。彼辟支佛過去所修狹劣善[四九]根以爲本[五〇]，不廣化生，故名爲狹，不求佛智，說以爲劣，不知菩薩因行廣大。二者根異。緣覺鈍根，菩薩利根。緣覺所解，狹淺不速，故名爲鈍。菩薩所解，深廣峻[五一]疾，故名爲利。三者心異。緣覺畏苦，疾求取滅。菩薩不畏，常樂處世。四、所解異。緣覺但觀十二緣法，悟解生空。菩薩普觀一切諸法，具解二空。五、起行異。緣覺但修自利之道，菩薩俱利。又復菩薩修行六度，緣覺不修。六、斷鄣異。緣覺但能斷煩惱鄣，菩薩之人二鄣雙除。二鄣之義，廣如上辨。七、得果異。緣覺正得緣覺[五二]，菩薩能善有大般涅槃。小大涅槃，義如後釋。八、起化異。如《涅槃》說，緣覺化人，但現神通，終日默然，無所宣說。菩薩不爾，能現能說。何故緣覺不能說法。緣覺出世，無九部經，無可宣說。又復緣覺無悲方便，故不能說。以無悲故，不起心說。無四無量[五三]，礙[五四]方便智，故不堪說。九、通用異。如後六通義中廣說。十、體義異。緣覺所有身智功德，悉無常、苦、無我、不淨，菩薩真德常樂我淨。又復緣覺所得涅槃，唯有樂淨，而無我常，菩薩涅槃常樂我淨。此之十種亦異聲聞，然今且就緣覺說之。緣覺如是。

次解菩薩。於中曲有三門分別，一釋名義，二對小分別，三當相分別。

初釋名義。菩薩之名，是外國語。外國正名菩提薩埵，此方傳者，菩下去提，薩下略埵，故言[五五]菩薩。菩提，此翻名之爲道。薩埵，此翻名爲衆生。良以此人内心求道，備有道行，以道成人，名道衆生。問曰：聲聞緣覺人等，斯皆求道，並有道行，同以道成，以何義故不名菩薩，偏獨此人名菩薩乎。釋言：賢聖名有通局。通則義齊，故《涅槃》云：乃至須陀，亦名菩薩，亦得稱佛。求索盡智無生智道，故名菩薩。正覺共道不共道故，說之爲佛。但經爲欲分別賢聖，是故偏名大乘衆生爲菩薩矣。等分賢聖，何故偏名此爲菩薩。辨有三義：一、就願心，望果解釋。唯此衆生求大菩提，餘悉不求，是故獨此名道衆生。故《地論》言，一[五六]上決定者願大菩提，偏言菩薩。此據願心，望果釋矣。二、據解心，望理解釋。凡夫住有，二乘著無，有無乖中，不會中道。唯有菩薩，妙捨有無，契會中道，是故獨此名道衆生。三、就行解釋。入佛法中，有三種門，一教二義，三者是行。教淺義深，行爲最勝。聲聞鈍根，從教爲名。聲者是教，飡聲悟解，名聲聞矣。緣覺次勝，從義立稱，說爲緣覺。緣者是義，於緣得覺，故名緣覺。菩薩最上，就行彰名，以能成就自利利他俱利之道，故稱菩薩。故《地持》云：聲聞緣覺但能自度，菩薩不爾，自度度他。是名道勝，以道勝故，名道衆生。名義如是。此一門竟。

次對小分別。菩薩有二，一是漸入，二是頓悟。言漸入者，先小後大。問曰：此人何時入大。釋言：小中有二種人，一愚法人，二不愚法人。執小迷大，名愚法人。知小解大，名不愚法人。本來習小，小性成就，於最後身值佛欲小，佛依爲說，證得小果，得已樂著，不能入大，未來無餘涅槃之後，心想生時，方能向大，劫數長久，不可勝計。不愚法者，於過去世曾發大心，流轉生死，忘失本念，暫欲小法，佛依爲說，證得小果，得小果已，自知有餘，發心向大，於現在世即能入之。

問曰：此等既入大乘，於大乘中位分何處。經無定判，唯義推之，應在善趣。於大乘中，初發心後，未至種性，悉名善趣，二乘入大，在此位中。云何得知非善趣前。《涅槃經》中說善趣前名爲常没，常没三塗，常没三有。此非常没，故知非前。云何得知非善趣後種性位攝。《地持》宣說，種性菩薩六入殊勝，無始法爾。此人未能現本法性以成六入，故知非是種性已上。又說種性成就真實白淨之法，此人未成。又說種性六度性成，此人未得。又說種性一切佛法種子在身，此人未具。又說種性二鄣清淨，此人但能煩惱鄣淨。又說種性菩薩堪爲物依，此人未能。又說種性隨所聞法而自開解，不由他悟，此人由他。是故得知非種姓上，唯在善趣。

問曰：此等既在善趣，二種死中受何生死。

釋曰：須陀至阿那含受分段死，羅漢辟支受變易死。如《勝鬘》說。問曰：《勝鬘》說種性上大力菩薩受變易死，羅漢辟支受變易死，與大力同，何故不判種性已上。釋言：此人所受變易雖同大力，多義不同，故非種性。問曰：二乘發心求大，即名菩薩。如此菩薩在善趣中受變易身，《勝鬘經》中何故偏說種性已上大力菩薩受變易死，不說善趣受變易乎。釋言：說大，有二種門。一、分相門，分大異〔五七〕異小，唯種性上大力菩薩受變易身，自斯已前悉名分段。聲聞緣覺雖發大心，未有大行，仍本名說，不名菩薩，受變易矣。二、攝相門，攝小成大，於彼聲聞緣覺〔五八〕人中發大心者，悉名菩薩。若從是義，善趣位中亦受變易，非唯種姓已上方受。《勝鬘》所說大力已上受變易死，分相言耳，對彼聲聞緣覺人故。

問曰：二乘發心向大，既在善趣，於善趣中，爲初爲中，爲在畢竟。釋言：此人不同極凡，初發心者亦不得名善趣中上。云何得知。如《涅槃》說，須陀洹人八萬劫到，斯陀含人六萬劫到，阿那含人四萬劫到，阿羅漢人二萬劫到，辟支佛人十千劫到。經言到者到於阿耨[五九]三菩提心，應當名彼種姓地心以爲所到菩提心矣。去種姓地爾許劫數，明知非是善趣中上。

問曰：一切須陀洹人至辟支佛向種性地，悉八萬劫至十千劫，有不到者。釋言：現在不愚法者，則發大心，修學大乘爾許劫數，容至種性。若愚法人取小滅者，不可稱計微塵數劫。在《涅槃》中，度是已後，心想還生，心想生已，發心向大。向大之後，阿羅漢人更二萬劫修學大乘，方至種性，辟支佛人更十千劫修學大乘，方至種性。以是義故，非一切人悉八萬劫。

問曰：須陀天上人中七返受生至羅漢果，七返受生不過一劫，何緣向大爾許差降。或容聖者且作階降。又更解釋，若須陀等進斷殘結，至羅漢果，然後向大，所受不多，更不斷結，則向大者有此差降，所有殘結能障法界一切行德，一切諸行悉難成故。漸入如是。

言頓悟者，不從小入，一生[六〇]學大。問曰：此人不從小入，修何等行，能治罪障，得入大乘。如《涅槃》説，所謂修習身戒心慧，以修此故，能轉罪鄣，趣入大乘。身戒心慧，釋有八番，廣如上辨。問曰：此人發何等心，名入大乘。發三種心：一、厭有爲心。聞説生死無常大苦，深心厭離。二、求無爲心。聞説涅槃常樂我淨，深心願求。三、念衆生心。緣諸衆生有苦無樂，決意濟拔。問曰：此人修何等行，名學大乘。修三種行：一、離有爲行。修習實觀，破離生死。二、趣無爲行。修行六度，趣大涅槃。三、度衆生行。修行四攝，等益一切。問曰：漸頓二種之人俱在善趣，何者爲勝。釋言：不定。從小入者，厭有行勝，以本習故。餘二不如，以本學小，廣大之心難成就故。其頓悟者，求佛化生二種行勝，專意求佛，度衆生故。厭有不如，常願在有，教化衆生，不專厭故。是故此人在善趣中受分段生，未受變易。問曰：此等在善趣中互有勝劣，何處可等。謂種性上，諸行齊成，方能爲佛決定種故。對小如是。此二門竟。

次就大乘當相分別。於中初先通相分別，後別論之。通中開合，增數辨之。或總爲一，謂三乘中一菩薩衆。

或分爲二，二有兩門：一、定不定二門分別。如《地持》説，善趣菩薩數退數進，名爲不定，種性已上，堅固勝進，名爲決定。二、世出世相對分別。解行已前名爲世間，初地已上名爲出世。又復地前名爲信地，初地已上名爲證地。又《仁王》中，地前名賢，地上名聖。

或分爲三，所謂外凡、内凡及聖。善趣位中名爲外凡，種性已上名爲内凡，地上名聖。於中曲以八門分別，一釋名義，第二約就解心分別，第三約就解法分別，第四約就解緣分別，五約行分別，六約惑分別，七約業分別，八約報分別。

先釋名義。言外凡者，善趣之人向外求理，未能息相内緣真性，故名爲外，六道分段凡身未捨，故名爲凡。如小乘中，念處已前，依事趣觀，相同外道，名爲外凡，此亦如是。向外求理，相同聲聞，未能息相内求真實，故名外矣。言内凡者，種性已上，漸息緣故，内求真性，故名爲内。六道分段雖分斷離，未有盡處，凡夫[六一]身未盡，故亦名凡，故《涅槃》中説爲凡矣。所言聖者，初地已上，息妄契真，會正名聖。名義如是。此初門竟。

次約解心以別三位。心有三種：一、事識心，所謂六識。二、妄識心，謂第七識。三、真識心，謂第八識。外凡位中，但依事識修習觀解，未有餘義。内凡位中，事識漸滅，妄識事[六二]中慧以漸現前。初地已上，妄識中慧以漸息滅，真識中慧以漸現前。此二門竟。

次約解法以別三位。外凡位中，事識未亡，心外見法，心外法中推求觀察，見苦、無常、空、無我等，未解餘義。内凡位中，息外歸内，見一切法唯從心起，心外無法，以見心外無別法故，事識漸滅，見一切法唯心起故，七識之解以漸現前。此解現時，見一切法但從妄想自心所現，如夢所覩，皆從心起，畢竟無法。初地已上，息妄顯真，見一切法唯是真實如來藏性緣起集成，真外無法，雖有所見而無分別，無分別故，妄智漸息，真德漸現。解法如是。此三門竟。

次約解緣分別三位。所解之法，有證有教。外凡位中，於佛教法，假他開道，能方悟解，不能自知，是故判爲四依弟子，於深證法，但能信順。內凡位中，於佛教法，能自開解，不假他教，故《華嚴》中說十住等隨所聞法即自開解，不由他悟。不由他人，能自解故，堪爲初依。於深證法，獨須他教，故《地持》中宣說教授初業菩薩，《地經論》中說爲一切信行菩薩說不思議法。初地已上，於諸教法能自宣說，於深證法自能證知，不假他教，故《地持》云，有佛無佛，堪能次第斷煩惱鄣及智慧鄣。此四門竟。

次約行論。行謂六度。外凡位中，修行有相六波羅蜜，雖少觀空，微故不說。內凡位中，修學破相六波羅蜜，觀空破慳以起檀行，乃至觀空破離癡見而起慧行，故《地持》云解行名爲無相修方便。初地已上，成就真實六波羅蜜，亦名無相六波羅蜜：證法本寂，無慳無著，名檀波羅蜜。自性清淨，無諸罪垢，名尸波羅蜜。體無違惱，名忍波羅蜜。具堪[六三]諸法，無所缺少，名精進波羅蜜。寂靜不動，名禪波羅蜜。永無闇鄣，名般若波羅蜜。故《地持》中宣說，初地爲無相修，二地已上無相修廣，八地已上無相果成。行別如是。此五門竟。

次約惑論。惑謂五住。於中進退，曲有四義：其一義者，外凡位中，始修無漏，斷四住地。種性已上，觀解成就，斷四住地性成之結，是其地也[六四]。初地已上，實慧深明，斷無明地。第二義者，善趣修習事識無漏，斷四住地。種姓已上，修習七識緣觀無漏，斷無明地。初地已上，修真無漏，斷無明地。問曰：善趣所斷四住，爲伏爲永。釋言：善趣初伏後永。此云何知。經中宣説種性已上大力菩薩受變易身，變易必用無漏爲因，無漏業因種性前起，明知永斷。第三義者，五住煩惱有麤中細，其麤品者，善趣漸斷，種性時盡。以此麤品種性盡故，《地持》宣説種性菩薩二鄣清淨。又《地持》説種性菩薩離麤煩惱，義當此門。其中品者，種性已上，隨分漸斷，初地時盡。以此中品初地盡故，《地持》宣説初地菩薩出鄣解脱，無罪清淨。其細品者，地上漸斷，至佛乃盡。以此細品地前未斷，故《涅槃》説初依菩薩具煩惱性。第四義者，善趣位中，修事無漏，斷四住地。種性已上，事治漸息，修起七識緣照無漏，斷無明地。初地已上，緣照漸息，真德現前。約惑如是。此六門竟。

次約諸業以別三位。業有二種，漏與無漏。分假〔六五〕之因，名爲有漏。變易之因，名爲無漏。有漏業中，有善有惡。人天之因，名之爲善。三塗之因，説以爲惡。惡有五階：一是闡提，起大邪見，斷善根業。二、謗正法。三、五逆罪。四、犯重禁。五者十惡。若通一切威儀之罪，惡有六階。業相如是。今約四業以別三位。於中進退，略有兩義：一、偏對惡業以別三位。善趣位中，修習淨信，離闡提業。種性已上，解行成立，永離謗法、四重、五逆三種惡業。初地已上，行德純善，離十惡業，乃離一切威儀之惡。第二，通對善惡分別。善惡二業，有繫不繫。善趣修習身戒心慧，轉重令輕，斷離三塗定繫之業。種性已上，悲願力成，往來自在，斷離人天定繫之業。初地已上，德行純淨，永離人天不定繫業。亦可八地已上離之。第三，通對漏無漏業而爲分別。善趣修習身戒心慧，斷三塗業。種性已上，修無漏道，漸斷人天分段之業。初地已上，真德漸現，斷變易業。約業如是。此七門竟。

次約報論。報謂分段、變易之果。分段果中，有善有惡〔六六〕。於中曲有兩義分別：一、偏約分段、生死分別。分段有二：一、惡道分段，謂三惡趣。

二、善道分段，所謂人天。惡道分段，有正有習。惡業爲因，四住爲緣，生三惡趣，名之爲正。惡業爲因，悲願爲緣，生三惡趣，説以爲習。惡道中正，善趣已前常没所受，善趣漸斷，種性時盡。惡道中習，種性已上漸次斷除，初地時盡。初地盡此，離惡道畏。善道分段，亦有正習。善業爲因，四住爲緣，受人天身，名之爲正。善業爲因，悲願爲緣，受人天身，説以爲習。善道中正，外凡所受，種性漸斷，初地時盡。初地盡此，名出三界。又經宣説初地菩薩得二十五三昧，破二十五有，亦當此門。善道中習，地上漸斷，八地上盡。七地已還，斷未盡故，《大智論》中名爲肉身。八地已上，斷之盡故，彼名法身。二、通約分段、變易分别。隨相麤分，善趣位中受分段身。從小入者，善趣位中亦受變易，小故不説。種性已上，分段漸捨，受變易報。初地已上，變易漸捨，得法身報。三位如是。

或分爲四。《地持》宣説，種性、發心，及行方便，是其三種。加以善趣，即爲四也。又依《大品》説五菩提，菩提中四在菩薩，亦得分四。五菩提者，一、發心菩提，在於善趣。論自釋言：在於無量生死海中發菩提心，是故名爲發心菩提。二、伏心菩提。在於種性解行位中修習伏忍，故名伏心。三、明菩提。謂初地上，乃至六地，波若慧明，名明菩提。四、出到菩提。謂七地上，出離衆相，到無生忍，故名出到。五、無上菩提。謂如來地，餘不能加，故曰無上。廣如上説。

或分爲五。善趣爲一，解習淨信，故《瓔珞》中名爲十信。習種爲二，修習淨解，故《華嚴》云，隨所聞法，即自開解，不由他悟。性種爲三，修起正行，故《華嚴》中名爲十行。解行爲四，亦名道種，修習如觀。十地爲五，亦名聖種，成就實證。

或分爲六。前四如上，初地已上離分見、修，故有六種。

或分爲七。如《地持》説，善趣爲一，種性已上六住爲六，合爲七也。言六住者，一、種性住，所謂習種。二、解行住。三、淨心住，所謂初地。四、行跡住，二地已上。五、決定住，八地已上。六、畢竟住，謂第十地。義如上釋。

或分爲八。八有兩門：一、開前合後，以説八種。一、初發心行。創背生死，初發道心。二、有相行。依前發心，修起有相六波羅蜜。修此行時，見人修善則便歡喜，見人造罪即便嫌惡。三、無相行。學觀空理，於生死中不見可厭，於涅槃中不見可求。修此行時，見人造罪，心不悒慼，見人修善，亦不欣務。四、方便行。雖觀空理，而常隨有情集諸行。此四[六七]在善趣位中。習種爲五，性種爲六，解行爲七，初地已上聖種爲八。開後合前，以説八種。善趣爲一，種性已上七地爲七，通前八也。言七地者，如《地持》説：一、種性地。二、解行地。三、淨心地。四、行跡地。五、決定地，謂第八地。六、決定行，謂第九地。依前決定，上上趣求，名決定行。七、畢竟地，謂第十地。此義如前七地章中具廣分別。

或開爲九。次前八中，離分種性以之爲二，即是九也。

或説爲十。如《涅槃》説：一、初發心，善趣中始。二、熙[六八]連河沙佛所發菩提心，能於惡世不謗正法。熙連河者，於彼恒河四眷屬中一種河也。於此河中，一沙一佛，爾許佛所發菩提心，方能惡世不謗正法。三、一恒河沙佛所發心，於惡世中愛樂正法。不謗同前。其恒河者，是此江河，故舊翻經多名江河。於此河中一沙一佛，爾許佛所發心，方能惡世愛樂大乘，聞此不謗。第四人者，二恒河沙佛所發心，能於惡世愛樂大乘，讀誦受持，未能解説。第五人者，於三恒河佛所發心，於惡世中愛樂大乘，讀誦受持，少爲他説，未解深義。第六人者，四恒佛所發菩提心，於惡世中愛樂大乘，受持讀誦，爲他演説，十六分中解一分義。解何等義。如《涅槃》説，謂解佛性如來常住。云何十六。《大涅槃》中，隨義淺深，如來分判爲十六分，此第六人始得一分。此前六人，同在善趣，齊是四依弟子所攝。第七人者，名爲凡夫，具煩惱性，五恒佛所發菩提心，於惡世中能說大乘，十六分中解八分義，此在種性解行位中。第八人者，名須陀洹及斯陀含，六洹[六九]佛所發菩提心，於惡世中能說大乘，十六分中得十二分義，位在初地乃至七地。第九人者，名阿那含，七恒佛所發菩提心，於惡世中能說大乘，十六分中得十四分義，此在第八第九地中。第十人者，名阿羅漢，八恒佛所種諸善根，於惡世中受持、讀誦、書寫、解說大乘經典，十六分義悉皆具解，位在十地。此等得義深淺之相，如四依章具廣分別。

或分十一。地前爲一，通名信地。地上爲十。

或分十二。一是外凡，二是内凡，備如上判。地上分十，合爲十二。

或分十三。善趣爲一，種性爲二，解行爲三，十地爲十，合爲十三。

或分十四。善趣爲一，習種爲二，性種爲三，道種爲四，十地爲十，合爲十四。

或分十五。前十四中，分第十地以之爲二，所謂法雲及與等覺。十地窮終，現與佛齊，故名等覺，未是證同。

或復開分爲四十一。善趣爲一，十住十行，及十迴向，并其十地，爲四十一。

言十住者，如《華嚴》說：一、發心住，於大菩提起意趣求。二、治地住，善修自利利他之道。三、修行住，修護煩惱、護小乘行。四、生貴住，聖法中生，種性尊貴。五、方便住，具足善巧度衆生行。六、正心住，得決定智，於佛法中雖聞異說，正見不動。七、不退住，雖聞異說，正願不動。八、童真住，行業清淨，如世童子，真淨無染。九、法王子住，於佛法王所行住處，出生正智，堪能究竟無上菩提。十、灌頂住，行修上順，佛智現前。此十習種，如《瓔珞》說。

言十行者，如《華嚴》說：一、歡喜行，喜心行施，亦令他喜。二、饒益行，修治淨戒，饒益自他。三、無恚恨行，修忍離瞋。四、無盡行，懃修精進，攝善無盡。五、離癡亂行，常修定慧，離妄分別。六、善現行，觀法實相，般若現前。七、無著行，以無著心，修起所行。八、尊重行，成就種種殊勝善根。九、善法行，成就種種化他善法。十、真實行，成就第一真實之語，如說能行，如行能說。此十性種，如《瓔珞》說。

十迴向者，如《華嚴》說：一者，救護一切衆生離衆生相迴向。菩薩修行六波羅蜜攝取衆生，令離一切煩惱業苦，安住菩提，名救衆生。等心救濟，不聞怨親、善惡等別，名離衆生相。迴向此善根，有所趣向，名救衆生離衆生相迴向。二、不壞迴向。於佛菩薩及一切法得不壞信，名爲不壞。迴向此善根，有所趣向，名不壞迴向。三、等一切佛迴向。經言，菩薩學於過去、未來、現在一切諸佛所作迴向，名等一切迴向。四、至一切處迴向。菩薩所修一切善根，用以迴向，以迴向力[七〇]，令此善根至一切處。譬如實際，無所不至，名至一切處。至何等處。所謂至於佛法僧處，無盡供養。至一切行處，具足修習。至一切果處，具足成滿。至一切佛刹處，具足莊嚴。至一切衆生處，具足攝化。至一切法處，具足解知。如是等也。五、無盡功德藏迴向。迴已所修無盡功德，有所趣向，名無盡功德藏迴向。又復願求諸佛菩薩無盡功德，能成無盡功德善根，亦名無盡功德藏迴向。六、隨順一切堅固善根迴向。迴已所修施等善根，有所趣向，爲佛守護，能成一切堅固善根、堅固願等，名隨順一切堅固善根迴向。七、等心隨順一切衆生迴向。菩薩增長一切善根，迴以等益一切衆生，名等心隨順衆生迴向。八、如相迴向。菩薩所成種種善根，同證一如，迴此善根，有所趣向，名如相迴向。又復菩薩迴向之心，依於種種真如門起，是故亦名如相迴向。九、無縛無著解脱迴向。於一切法心無執著，名無縛無著。於法自在，稱曰解脱。菩薩不輕一切善根，以無縛無著解脱之心，迴彼善法，求普賢行，能具普賢一切種德，名無縛無著解脱迴向。十、法界無量迴向。菩薩彼習無盡善根，迴之願求法界差別無量功德，名爲法界無量迴向。此十道種，如《瓔珞》說。

言十地者，一、歡喜地，成就無上自利利他。初證聖處，多生歡喜，故名歡喜地。二、離垢地。離能起誤心犯戒煩惱垢等，清淨戒具，名離垢地。三名明地。隨聞思修，照法顯現，故名明地。四、明[七一]炎地。虛妄煩惱薪，智火能燒，故名炎地。五名難勝地。得出世智，方便善巧，能度難度，名難勝地。六、現前地。波若有聞[七二]，大智現前，名現前地。七、遠行地。善修無相行功用究竟，能過世間二乘出世間道，名遠行地。八、不動地。報行純熟，無相無間，故曰不動地。九、善慧地。無礙力說，成利他行，故[七三]名善慧地。十、法雲地。得大法身，具足自在，故[七四]名法雲地。

或復開分爲四十二。第十地中別分等覺，通前合爲四十二矣。隨別細分，亦可無量。通釋如是。

次第二門，隨別解釋。先解善趣。依《瓔珞經》，善趣位中修十種心，名爲十信，一修信心，二精進心，三修念心，四修定心，五修慧心，六修成心，七修捨心，八修護心，九迴向心，十修願心。言信心者，於入[七五]解處，淨信在前，一心決定，樂欲成就，名修信心。言精進者，聞菩薩藏，精懃修習，無間善業，名爲精進。言念心者，常修六念，念佛、法、僧、戒、施及天，廣釋如上。言修定者，於事於義，繫心安住，遠離一切虛僞輕躁憶想分別。言修慧者，謂聞思修，聞菩薩藏，思量觀察，知一切法無我無人，自性空寂。言修戒者，受持菩薩清淨律儀，身口意淨，不犯諸過，有犯悔深[七六]。言修捨者，不惜身財，所得能捨。言修護者，防護己心，不起煩惱。又更分別，有五種護。如《地持》說：一者默護，得俱生智，能疾受法，化度衆生。二者念護，念持於法。三者智護，得堅固智，觀察法義，以默念智，離於退分，修勝進分。四、息心護，守諸根門。五、他護，隨順他心。修如是行，名之爲護。言迴向者，所修善根，迴向菩提，不願諸有，迴施衆生，不專爲己，迴求實際，不著名相。言修願者，隨時修習種種淨願。如《華嚴經・淨行品》説，如是等也。此之十種，在於信位，助成信行，故《瓔珞經》名爲十信。自餘十住、十行、十迴向及與十地，悉如上釋。三乘賢聖，辨之略爾。

大乘義章卷第十七末

校勘記

〔一〕「死」，校本校勘記云甲本無。
〔二〕「分」，校本校勘記云甲本無。
〔三〕「於」，校本校勘記云甲本作「爲」。
〔四〕「分」，底本原校云一本前有「分」字。
〔五〕「一」，底本原校疑後脱「品」字。
〔六〕「生」，底本原校疑衍。
〔七〕「故」，底本原校疑衍。
〔八〕「還」，底本原校疑爲「罪」或「邊」。
〔九〕「陀」，底本原校疑後脱「洹」字。
〔一〇〕「惑」，底本原校疑後脱「中」字。
〔一一〕「法」，校本校勘記云甲本作「結」。
〔一二〕「欲」，底本原校疑衍。
〔一三〕「涅槃」，校本校勘記云甲本作「果」。
〔一四〕「及」，底本原校疑爲「乃」或「又」。
〔一五〕「名」，校本校勘記云甲本無。
〔一六〕「若」，底本原校疑衍。
〔一七〕「下生」，底本原校云甲本作「生下」。
〔一八〕「少」，校本校勘記云甲本作「小」。
〔一九〕「厭」，底本原校云《涅槃經》第三十六作「能」。
〔二〇〕「亦」，底本原校云一本作「名」。
〔二一〕「得」，底本原校疑衍。
〔二二〕「收」，底本原校疑衍。

〔二三〕「别」，底本原校疑衍。
〔二四〕「及」，校本校勘記云甲本無。
〔二五〕「般」，底本原校疑衍。
〔二六〕「一念」，底本原校疑爲「全」。
〔二七〕「智」，底本原校疑衍。
〔二八〕「故」，底本原校疑前脱「退三昧」三字。
〔二九〕「恐」，底本原校云一本作「喜」。
〔三〇〕「故」，底本原校疑衍。
〔三一〕「覺」，底本原校云一本無。
〔三二〕「者」，疑爲「是」。
〔三三〕「法」，校本校勘記云一本無。
〔三四〕「果」，底本原校云一本無。
〔三五〕「見」，校本校勘記云甲本前有「同」字。
〔三六〕「地」，底本原校疑前脱「故」字。
〔三七〕「根」，校本校勘記云甲本無，下一「根」字同。
〔三八〕「因」，底本原校云一本無。
〔三九〕「得」，底本原校云一本前有「覺」字。
〔四〇〕「因」，底本原校云一本無。
〔四一〕「名爲觀」，底本原校疑衍。
〔四二〕「二」，底本原校云一本作「一」。
〔四三〕「如」，底本原校云一本無。
〔四四〕「多」，底本原校疑衍。
〔四五〕「獨」，底本原校疑爲「緣」。
〔四六〕「教」，底本原校疑衍。
〔四七〕「止」，底本作「正」，據底本原校及校本改。
〔四八〕「漏」，底本原校云一本無。
〔四九〕「善」，校本校勘記云甲本前有「小」字。
〔五〇〕「本」，底本原校疑後脱「因」字。
〔五一〕「峻」，底本原校云一本作「駿」。
〔五二〕「覺」，底本原校疑後脱「涅槃」二字。
〔五三〕「量」，底本原校云一本無。
〔五四〕「礙」，校本校勘記云甲本無。
〔五五〕「言」，校本校勘記云甲本作「稱」。
〔五六〕「一」，底本原校疑衍。
〔五七〕「異」，底本原校疑衍。

〔五八〕「緣覺」，底本原校云一本無。

〔五九〕「耨」，底本原校云一本後有「三藐」二字。

〔六〇〕「生」，底本原校云一本作「往」。

〔六一〕「夫」，底本原校疑衍。

〔六二〕「事」，底本原校疑衍。

〔六三〕「堪」，底本原校云一本作「攝」。

〔六四〕「是其地也」，底本原校疑衍。

〔六五〕「假」，底本原校疑爲「段」。

〔六六〕「分段」至「有惡」，底本原校疑衍。

〔六七〕「四」，底本原校云一本作「之四行」，校本校勘記云甲本作「四行」。

〔六八〕「熙」，校本校勘記云甲本作「起」。

〔六九〕「洹」，疑爲「恒」。

〔七〇〕「力」，底本後衍「力」字，據底本原校及校本刪。

〔七一〕「明」，底本原校疑爲「名」。

〔七二〕「有聞」，底本原校云一本作「内在」，校本校勘記云甲本作「在内」。

〔七三〕「故」，底本原校疑衍，下一「故」字同。

〔七四〕「故」，底本原校疑衍。

〔七五〕「入」，底本原校云一本作「八」。

〔七六〕「深」，校本作「際」，底本原校疑爲「除」。

大乘義章卷第十八

遠法師撰

淨法聚果法中，有十八門，此卷有二門。大般涅槃義。無上菩提義。

涅槃義，五門分別。釋名，一。滅之分齊，二。定體，三。開合辨相，四。雜義分別，五。

第一釋名。涅槃，是其天竺人語，依彼具言名爲摩訶般涅槃那。

摩訶名大。大義有六：一者常義。故《涅槃》云，所言大者，名之爲常，譬如有人壽命無量，名大丈夫。二者廣義。故《涅槃》云，所言大者，其性廣博，猶如虛空，無所不至，涅槃如是，故名爲廣。三者多義，能[二]別非一。故《涅槃》云，譬如大藏，多諸珍異，涅槃如是，多有種種妙法珍寶，故名爲大。四者深義，淵奥難測。故《涅槃》云，大者，名爲不可思議，一切世間聲聞緣覺不能測量涅槃之義，故名爲大。五者高義，位分高出，餘人不至。故《涅槃》云，譬如大山，一切世人不能得上，故名爲大，涅槃如是，凡夫二乘及諸菩薩不能窮到，故名爲大。六者勝義，如世間中勝上之人名爲大人，涅槃如是，諸法中勝，故名爲大。大義如是。

何者是大。大有三種：一者體大。性淨涅槃，體窮真性，義充法界。二者相大。方便涅槃，過無不盡，德無不備。三者用大。應化涅槃，妙用曠博，化現無盡。故《涅槃》云：大般涅槃，能建大義。義猶用也。

所言般者，此翻名入。入義有三：一、就實論入，息妄歸真，從因趣果。二、真應相對，息化歸真，故名爲入。三、唯就應現，捨有爲過，趣入無爲，故名入[三]。

言涅槃者，人釋種種。有人釋言，涅槃之名，非胡非漢，直是佛語。若論佛語，一切皆是，豈獨涅槃。故《涅槃》云，種種異論，文章呪術，皆是佛説。雖是佛説，不離方言。若離方言，佛則無説。涅槃之體，非名字故非音聲。有人復言，涅槃胡語，名總萬德，此方更無一名能翻，故存胡本説爲涅槃。涅槃之體，實備萬德。涅槃一名，非盡萬德。若使涅槃名盡萬德，是則宣説萬德之時，不應隨德更立名字。欲説常義，更立常名，以名彼義。如是一切，明知涅槃名不盡德。又設涅槃名總萬德，此方還以萬德總名翻彼涅槃，何爲不得，而言叵翻。又《涅槃》云：隨其類音，普告衆生，今日如來，將欲涅槃。隨類異告，云何叵翻。若正相翻，名之爲滅。隨義傍翻，名別種種，或言不生，或曰不出，或謂無作，或謂無起，或名無爲，或字無相，或言不燃，或曰不識，或稱寂滅，或云安穩，或名解脱，或字彼岸。如是種種，悉如經説。

云何得知是滅非總。今此且以四義驗之：一、准昔以求。如來昔於餘契經中，每常宣説煩惱滅無，身亡智喪，以爲涅槃。今日涅槃，名不異昔，何忽是總。二、據終以驗。如來垂滅，大音普告，今日如來，將欲涅槃。時諸衆生，聞佛涅槃，咸皆悲惱，詣佛請住。若使涅槃名含萬德，是則宜唱萬德示人，衆生應喜，何故悲惱，詣佛請住。聞佛涅槃，悲惱請住，明知涅槃是滅非總。三、准定方言。外國之人，見人死滅，咸皆稱言，某甲涅槃。世人死滅，何德可總，亦稱涅槃。世人死滅名涅槃故，明知涅槃是滅非總。四、取文爲證。如《涅槃》中，佛嘆純陀：善哉，善哉，能知如來示同衆生方便涅槃。世間衆生何曾有彼萬德涅槃，如來示同。此説如來同世盡滅，名同涅槃，明知涅槃是滅非總。又《法華》説，日月燈佛説《法華》竟，於後夜分入於涅槃。下文重頌，佛此夜滅度，如薪盡火滅。長行之中云言涅槃，偈言滅度，明知涅槃是滅非總。

問曰：若使涅槃是滅，何故經言，諸結火滅名爲滅度，離覺觀故稱曰涅槃。釋言：外國滅有多名，略有三别。一者涅槃，翻名爲滅。二、彌留陀，此亦名滅。三者毗尼，此亦名滅。其猶外國菩提、末伽，此通名道。外國説滅有多名故，諸結火滅名彌留陀，離諸覺觀名曰涅槃。《涅槃經》中彌留陀滅，翻爲漢言涅槃之滅，仍存胡語，似若是别。若具翻之，此方名少。彼彌留陀，此翻名滅。彼中涅槃，此亦名滅。是故得言，外國涅槃，此翻名滅。滅煩惱故，滅生死故，名之爲滅。離衆相故，大寂靜故，亦名爲滅。

那者名息，究竟解脱，永蘇息故。息何等事。息煩惱故，息生死故，又息一切所行事故。《涅[三]槃》云：雖得禪定、智慧、解脱，不名畢竟。若能斷除三十七品所行之事，方得名爲畢竟涅槃。以息如是三十七品所行事故，亦名爲息。名義如是。

次第二門，彰滅分齊。分齊有四：

一是事滅。斷生死因，滅生死果，名爲涅槃。

二者能[四]滅。諸佛涅槃，圓備萬德，雖具衆德，妙寂離相，稱之爲滅。又復離性，亦説爲滅。言離相者，如下文説。譬如一切衆生心識，體雖是有，而無一相，亦如醍醐，體雖是有，而無青黄赤白等相。涅槃亦爾，體雖實有，而無一相，故稱爲滅。無何等相，謂無他相及無自相。無他相者，如經中説，離於十相，名爲涅槃，謂離色聲香味觸相，生住滅相，男相女相。經中復説，離十三相，名爲涅槃，離前十相，及離苦、樂、不苦樂相。又經復言，大涅槃中，無有日月、星辰、諸宿、寒熱、風雨、生老病死，二十五有，及諸憂苦。此等皆是無他相也。無自相者，大涅槃中，雖有色身，而無色相，雖有覺知，而無知相，雖有一切，無一切相。備如經説。言離性者，諸德同體，緣起相成，無有一法別守自性。如就諸德宣説常義，離諸德外無別常性。我、樂、淨等，類亦同爾。又就常等宣説法身，離常等外無別身性。餘亦如是。故經説言，又性別異，故成涅槃，由非別異，名無別性，故成涅槃。問曰：涅槃體既是有，説有稱當，何勞説之[五]門解義，故就鄣滅。此是第二德寂之滅。

三者應滅。應滅有二：一、現斷有因，盡生死果，名之爲滅。二、息化歸真，用息稱滅。

四者理滅。如經中説，一苦滅諦，一切衆生即涅槃相，如是等也。理滅有二：一者相虚，妄情所起一切諸法，相有體無，名之爲滅。此即經中空如來藏。二者真空，真如來藏離相離性，名之爲滅。言離相者，如馬鳴説，謂非有相，非無相，非非有相，非非無相，非有無俱相。非[六]異相，非非一相，非非異相，非一異俱相。非自相，非他相，非非自相，非非他相，非自他俱相。如是一切妄心分別，悉不相應，唯證境界。言離性者，如來藏中具過一切恒沙佛法，是諸佛法同一體性，緣起相成，不離不斷，不脱不異。以同體故，無有一法別守自性，雖無一性而無不性。無有一性，法界[七]如也。而無不性，法界別也。今說如是，以之爲滅。曰[八]滅如是。此四相望，亦有本末。理滅爲本。由見理中相空之滅，成前事滅，悟理捨情，離生死故。由證理中真空之滅，成前德滅，如彼真法，離性相故。依德起用，故有應滅。此四種中，分相言之，說前三種以爲涅槃。攝相論之，四滅俱是涅槃爲門，統攝諸義，成涅槃故。分齊如是。

次第三門，定其體性。涅槃體中，德別無量，要唯有三，一是色法，二是心法，三非色心法。

言色法者，如《涅槃》說，滅無常色，獲得常色。離苦色，獲得樂色。乃至滅於不寂靜色，獲得真實寂靜之色。故知涅槃用色爲體。又《涅槃》云，言不[九]空者，謂有善色，常樂我淨。又《涅槃》中說大涅槃以爲解脱，迦葉白佛，如是解脱，爲色，爲[一〇]非色。佛言，二乘解脱非色，諸佛如來解脱是色。以斯驗求，明知涅槃體性是色。又如六卷《泥洹》之中，純陀嘆佛，妙色湛默常安隱，不隨時節劫數遷，大聖曠劫行慈悲，獲得金剛不壞身，故知是色。又《勝鬘》中，嘆佛色身，世無與等，又嘆如來妙色無盡，明知是色。

色相云何。佛有三身，一是應身，二是報身，三是法身。此三身中，皆悉有色。應身色者，現化隨物，或時似天，或復似人，如是一切，隨其所現，同世色像，是故亦名共世間身。報身色者，於彼應身一一相處，各有無量塵數相好。如《華嚴經·相海品》說，雖具衆相而不可見，如梵天王頂上寶珠，有而叵見，雖不可見而實有之。名字不同，作業各異，如《華嚴》說。法身色者，如來藏中色性法門顯成佛體，體雖是色而無色相，如似比丘無作戒法，亦如陰陽五行等法，雖無色相而是色性。諸佛證得，成就法界，諸根相好即法身故。又此法中出生法界無盡色故，名像色法。有人說言，涅槃無色，唯一靈智，設言色者，是應非真。何故非色。色性質礙，爲是無之。若色質礙，全佛無者，心是攀緣慮知之法，佛亦應無。佛無緣心，而有無緣覺知之心，色亦應爾。佛無礙色，而有無礙自在之色，何爲不得。人復爲難，礙故名色，佛身無礙，云何名色。此應返質，緣義爲心，佛智無緣，何得名心。人復釋言，無緣而照，故得名心。此應類之，無礙是身，無礙是形，何爲非色。又雖無礙而有光明諸根相好，何得非色。又若無礙即全無色，若言有色即令礙者，此應並報[二]：如來無緣，即應是癡，即應無知，佛若有知，即是攀緣。可如是不。此既不可，彼亦同然，何勞致疑。又若説言，色皆是應，都無真實者，此應並難：真處亡情，有覺有知，應悉是應。應化之知，從真知生，真中立知，應化之色，從真色起，真中存色，竟有何妨。又經宣説，滅無常色，獲得常色，云何是應。經復宣説，真實善色，常樂我淨，云何是應。又經嘆佛，妙色湛然常安穩，不隨時節劫數遷，大聖曠劫行慈悲，故得金剛不壞身，云何名應。又《地經》中説佛相好爲實報身，云何唯[三]是應。又若相好悉是應者，經中宣説相好之業，應是應修，非是實修。修得是實，果寧不真。人復釋言，滅無常色，獲常色等，此實是心，心法顯現，義説爲色。此應反難：若心顯現，義説爲色，實無色者，色法不顯，義説爲心，實應無心。又若心現，義説色者，他亦應言色光照明，義説爲心，佛實無心，色光照明，不得名心。心法顯現，何得名色。以斯驗求，佛真有色，不得言無。色義如是。

次論心義。經中宣説，滅無常識，獲得常識，受想行等，亦復如是，明知涅槃以心爲體。又説彼[三]若成大涅槃，明知涅槃用心爲體。心相云何。如前八識章中具辯。今略論之，心有三種：一是事識，謂六識心，向外取緣。二是妄識，謂七識心，內迷真性，妄取自心所起境界，如人昏夢，迷覆實事，妄取自心所起境界。三是真識，謂八識心。如來藏中過恒沙法緣起集成，覺知心事，以此真心覺知性故，與無明合，便起妄知。息去無明，便爲正知。如人報心，與昏睡合，便起夢知，息去昏睡，便爲寤知。始覺真心，説之以爲一切種德。今此就其涅槃門説故，説此心以爲涅槃。妄事兩心，情有體無，未窮似有，研之即盡，不成涅槃。故《楞伽》云，妄想爾炎慧，彼滅我涅槃。又彼經言，滅七種識，唯有藏識，唯藏識故，真識之心得成涅槃，非六非七。有異論[一四]，如前八識章中廣破。問曰：真心是知非滅，云何得説爲涅槃乎。釋言：此心體是知性，而無分別。無分別故，照而常寂。是知性故，寂而恒照。以恒照故，能滅癡闇。以常寂故，能滅妄想。癡妄既除，不復隨緣集起生死。以不起故，無爲體寂，故名涅槃。心法如是。

次明非色非心之義。如經中説，菩提不可身得心得，涅槃亦爾，故非色心。相狀如何。分別有二：一、數滅無爲。斷離一切色心等相，名非色心。如《涅槃》説，滅無常色，名爲非色，滅於無常受想行識，名曰非心，如是一切。又如《涅槃·梵行品》説，入於無色大般涅槃，名爲非色。又無諸大陰界入等，亦是非色。意滅識亡，心亦寂等，名爲非心。又滅妄想爾炎慧等，亦是非心。二、真法體如。色即無色，心即無心，名非色心。如經中説，大般涅槃實非有色，隨世説有。又經中説，菩提涅槃一切皆空。又《地經》説，自體本空，智自空等。皆是真空非色心義。彼云何空。義如上解，離相離性。言離相者，佛雖有色而無色相。如無作戒，雖復是色而無形相，佛雖有心，而亦[一五]無心相，如鏡照物，無分別相。言離性者，大涅槃中，諸德同體，緣起相成，無有一德別守自性，故名爲空。以是空故，色無色性，名爲非色，心無心性，稱曰非心。

問曰：若此皆無自性，即是自性不成無常，與生死法有何差別。釋言：緣起無性空義，生死涅槃其理齊等。是故經中説，生死空乃至涅槃，生死無我乃至涅槃。所言異者，生死之法一向無常，以其性相俱無常故。生滅流轉，名相無常。虛集無性，名性無常。涅槃之體，亦常無常，而非一向。故《涅槃經》初德中說，涅槃非常，亦非無常。是義云何。大涅槃中萬德同體，分相論之，各守自相，無爲不動，故非無常。攝相言之，互以相成，相成不壞，亦非無常。非無常故，經說爲常。將別分總，總相不立。以不立故，無空性常。無性常故，名爲無常。涅槃體性，其理定爾。有人宣說，一苦滅諦，顯成涅槃，苦滅唯空，顯此空理以成涅槃，是故涅槃一向唯空，無色無心。此外道空，不應受持。若說苦滅唯是空者，佛自對破。如《涅槃經》四諦章說，修苦滅者，逆於一切諸外道等。若說空法爲苦滅諦，諸外道等悉皆修空，應有真諦。又若宣說無我空寂爲如來藏，當知此人久在生死，長受長[一六]諸苦，不得解脫。若有說言，有如來藏，雖不可見，破煩惱已，定必得之。若發是心，一念因緣於諸法中悉得自在。以斯驗求，明知苦滅不唯是空。如《勝鬘》說，一苦滅諦是如來藏，如來藏[一七]具過一切恒沙佛法，名不空藏，何得唯空。若言涅槃一向空者，經說涅槃常樂我淨，真實善有，那得言空。又經說言，空者所謂一切生死，言不空者謂大涅槃。又經說言，煞空得實，煞無常已得常涅槃，云何是空。又《涅槃經》第七德中，七法相異，空與涅槃，義門各別，何得唯空。又若空者，無想天喻無想實有，竟何所況。又經宣說，大般涅槃能建大義，種種示現。若唯空者，依何起義。又經宣說，汝不應言滅是法性，若[一八]法性者實無滅也，何得唯空。有人復言，如來藏性，色心爲體，都無空義。復言空者，無相名空。藏性既爾，顯成涅槃。涅槃唯有，一向不空，說言空者，空無萬相，不空涅槃。此亦是其外道之有，不應受之。若說藏性實不空者，是義不然。如《楞伽》說，依法無我，說如來藏，云何不空。又復如彼《起信論》說，有人聞說如來藏中具一切法，便說色心各別有體。對治此執，說一切法依真如說。

如者是其空之别稱，依之宣説一切佛法，云何不空。又如經説，如來藏中具過恒沙一切佛法，不離不斷，不脱不異。既言不離，明無别性。法無别性，何爲不空。又同體法，必互相成。相成之法，則有總别。攝别成總，諸法可有。將别分總，總相不立，何爲不空。若别分總，總義不空，五陰分生，生應不空。藏性如是，若言涅槃實有不空，是義不然。如經中説，涅槃非有，隨世説有。涅槃非有，云何不空。又《地經》説，自體本空，名爲性淨同相涅槃，云何不空。又經中説菩提、涅槃一切皆空，云何實有。又若涅槃實[一九]有不空，取著涅槃，正見非邪，佛何故破，説空無我。又若涅槃實[二〇]常非空，常見者不應是患。若言涅槃空無，妄情心取之相故名爲空，而涅槃體定不空者，此應並反經説涅槃非有非無。是則有者，能有他故名之爲有，體應非有。人即救言，我言無者，已無他相，何得有他。此應更徵，經中宣説依如來藏故有生死，依大涅槃能建大義，起種種化，即是有他。若言無者已無他故不得有他，是則有者已有他故不得無他。此是一難。又若無者一向無他而體非無，是則有者一向有他而體非有。有雖有他，不妨體有，是則無者雖復無他，何妨體無。偏有偏無，佛法大患，理須廣破。體性如是。

次第四門，開合辨相。其涅槃者，乃是諸佛圓寂妙果，體窮真性，義充法界。體窮真性，故妙絶於名相。義充法界，故德備於塵竿。塵竿之德，難以定論，是以經中或云一二，乃至衆多。言其一者，統而攝之，一大涅槃，體含衆義，備苞萬物。或説爲二，二有三門：一者[二一]，有餘無餘，相對説二。二、性淨方便，相對説二。三、真應不同，相對説二。

就初對中，先釋其名，後辨其相。名字如何。有餘無餘，義釋有二：一、約對分别。煩惱盡處名爲涅槃，約對身智以立二名。無學聖人煩惱盡竟，望後猶有餘身智在，約後别前，名前以爲有餘涅槃。身智盡竟，望後更無餘身智在，望後名前，説前以爲無餘涅槃。毗曇法中，所説有餘無餘涅槃正當此義。是[三]第一約對分別。二、就涅槃相望分別。於此門中，涅槃有二，具約生死因果以説。生死因盡是一涅槃，生死果亡是一涅槃。據彼生死因盡之處，望後更有生死果亡一涅槃在，約後别前，名爲有餘。生死之果盡滅已竟，望後更無餘涅槃在，説爲無餘。約對生死因果既然，約對分段、變易亦爾。名字如是。

次辨其相，曲有三門：一、就大小相對分別。二、就小分別。三、就大分別。

言就大小相對分者，小乘涅槃名曰有餘，大乘涅槃説爲無餘。此之一義，如《勝鬘》説。故彼文言，生死二種，有爲無爲，涅槃亦二種，有餘及無餘。分段生死，名曰有爲。變易生死，名曰無爲。此二如前二生死中具廣分別。有爲生死盡無之處所得涅槃，名曰有餘，望後更有餘生死故，又亦更有餘涅槃故。無爲生死盡無之處所得涅槃，名曰無餘，望後更無餘生死故，又亦無其餘涅槃故。

次第二門，就小分別。宗别不同，所説各異。有人説言，毗曇法中，煩惱盡滅，名有餘涅槃，現報身上遠離緣縛，説之以爲無餘涅槃。是義不然。已家煩惱通縛内外一切境界，無學聖人初得果時，是縛已斷，爾時不名無餘涅槃。現在身智謝滅之後，方始宣説無餘涅槃。何由而言身離緣縛名曰無餘。若此非者，何者是乎。毗曇法中，涅槃體一，約對不同，得二名字。言體一者，於此宗中煩惱業思，以道力故應起不起，數滅無爲，是涅槃體。此體是一，約對身智，得二名字。身智未盡，説前涅槃以爲有餘，望後更有餘身智故。身智盡竟，向前涅槃，轉名無餘，望後更無餘身智故。問曰：身智盡無之處，以何義故不名涅槃。彼宗身智起已謝往，是無常滅，故非涅槃。由斷因故，後果不起，是非數滅，故非涅槃。若依《成實》，涅槃體一。生死因盡是一涅槃，生死果盡是一涅槃，故有二種。問曰：何故毗曇法中生死果盡不名涅槃。《成實》名是。釋言：毗曇性相中求，爲道親斷，名爲數滅，不親斷者則非數滅。身口二業及生死果，非道親斷，故[三]非數滅，故不名涅槃。《成實》法中，解義務寬。由斷煩惱，業果不起，從其根本亦是數滅，故説涅槃。此云何知。如《成實》説，見斷法者，示相我慢及彼所起諸餘法也。修斷法者，不示相慢及彼所起諸餘法也。覺斷煩惱，名示相慢。示猶見也。執見我人衆生定相，名爲示相。執我陵物，稱之爲慢。依此所起業及苦果，名爲所起諸餘法也。由斷見惑，令此不起，通名見斷。修斷煩惱，名不示相慢。修道所斷，是鈍煩惱。不執我人衆生定相，名不示相。闇昧心中恃我陵物，目之爲慢。依此所起業及苦果，名爲所起諸餘法也。由斷修惑，令此不起，通名麤斷。業及苦果見修斷故，名爲數滅。是數滅故，生死果盡，得名涅槃。二種如是。此二涅槃，得之不定，或在同時，或在前後。若斷現因，令其當果畢竟不生，名曰無餘。此無餘滅與有餘滅，得在一時。以一時中具兩義，故能盡之。智亦有二種，盡生死因，名爲盡智。斷生死果，令後不起，名無生智。若無學人以邊際智促報取滅，名曰無餘。此無餘滅與有餘滅，得在前後，報盡方説無餘滅故。然無餘滅得雖不定，或前或後，彰名唯後。何故而然。現報未滅，鄣其未報，不生不顯，故不與名。問曰：若使現報未盡，不得宣説無餘滅者，亦應不得説無生智。智中既得説無生智，滅中何爲偏獨不得。釋言：滅中身智盡後，無餘義顯，故前隱之。智則不爾，身智滅後，不得説智，故前説之。小乘如是。

次就大論，分别有四：一、約生死因果分别。分段、變易二種因盡，名曰有餘。二種果亡，稱曰無餘。故《地持》云：一切起因斷，諸餘畢竟滅，名般涅槃。起因斷者，是其有餘。諸餘滅者，諸餘果亡，是其無餘。二、約分段變易分别。分段因果盡無之處，滅不究竟，説爲有餘。變易因果盡無之處，滅中窮極，說爲無餘。三、分段因果及與變易因盡之處，目曰有餘。變易果盡，名曰無餘。第四，偏約變易宣說。變易因盡，名曰有餘。變易果亡，說爲無餘。分段因果盡無之處，判之爲[三四]小，大中不論。有餘無餘二種涅槃，相別麤爾。

次就性淨方便論二。於中略以三門分別，一釋其名，二辨其相，三定其因。

名字如何。方便涅槃，各別有四，一、方便淨。二、方便寂。三、方便壞。四、不同相。釋此四名，各有兩義，一對因論果，二對體彰用。何故而然。方便涅槃有其二種：一、從因修得，名方便淨。二、從體起用，名方便淨。爲是釋名各有兩義。方便淨者，從其初義，教行功德，本無今有，從因方便，斷鄣得淨，名方便淨。若從後義，作用善巧稱曰方便，作用中淨名方便淨。方便寂者，若就初義，從因方便，斷鄣得寂，名方便寂。若就後義，作用善巧故曰方便，作用中寂，名方便寂。方便壞者，若就初義，從因方便，壞鄣得滅，名方便壞。若從後義，作用善巧名曰方便，用相不同，名方便壞。不同相者，從其初義，方便涅槃斷染得淨，染淨別體，名不同相。若從後義，作用差別，名不同相。方便如是。

性淨涅槃，名義有三，一名性淨，二名性寂，三名同相。釋此三名，義各有二，一對因顯果，二對用彰體。何故如是。性淨涅槃，有其二種：一、本隱法性，顯成今德，名爲性淨。二、涅槃體淨，說爲性淨。於此門中，莫問修生修顯功德，對用論體，齊稱性淨。良以性淨有斯兩義，是故依之釋名各二。言性淨者，從[三五]初義，無始法性名之爲性，是性本爲妄想隱覆，相以不淨。故《勝鬘》云：自性淨心，不染而染，後息妄染，彼性始淨。始淨法性，說爲涅槃，是故名爲性淨涅槃。若據後義，涅槃法體名之爲性，涅槃體淨名爲性淨。言性寂者，從其初義，無始法性，從緣飄動，如海波浪，名性不寂，後除妄染，法性始寂，始寂法性，説爲涅槃，是故名爲性寂涅槃。若就後義，涅槃體寂，非是用寂，故云性寂。言同相者，從其初義，無始法性，體通染淨，稱曰同相，諸佛證會，説爲涅槃，是故名爲同相涅槃。又此法性，體如一味，亦名同相，諸佛證之，説爲涅槃，是故亦名同相涅槃。又本法性，體雖一味，隨緣流變，受種種形，如一味藥，隨其流處，有種種味，説爲不同，息相稱本，無有差别，名曰同相，説此同相而爲涅槃，是故復名同相涅槃。若據後義，涅槃體同，故曰同相。體云何同。如《地論》説，一切法如，説自體空，名曰同矣。是義云何。恒沙佛法，莫不皆是一心中法。恒沙法如，寧異心如，故得宣説一切法如爲體空矣。名義如是。

次辨其相。隨義進退，分别有五：

一、就方便修生德中隨義分二。二相云何。修生德中有二種作：一者緣作[二六]，熏發真心，諸功德生，其猶蠟印印泥文生。二者體作，真隨行緣，集成諸德，如金隨緣作莊嚴具。緣作義邊，名方便淨。體作義邊，説爲性淨。

二、修生修顯，相對説二。次前二種修生之德，悉名方便。無始法性，顯成今德，説爲性淨。如《地持》説，六入殊勝，無始法爾，名性種性，以此性淨。若從先[二七]來修善所得，名習種性，以此方便。此二别分，修生功德，直名菩提，修顯功德，直名涅槃，如《涅槃》説。故彼經中，菩提心[二八]從生因所生，涅槃必由了因所顯，無有生義。攝相通論，俱是菩提，以圓通故，如彼《金剛般若》中説。良以二種俱菩提故，須以性淨、方便名别。修生菩提，説爲方便。修顯菩提，名爲性淨。又此二種俱名涅槃，以寂滅故。良以二種俱涅槃故，亦須性[二九]淨、方便名别。修生涅槃，説爲方便。修顯涅槃，名爲性淨。

三、約修證以分二别。次前二種約修以論，方便修生，方便修顯，悉名方便，證實亡緣，説爲性淨。是義云何。諸佛如來證實返望，從來無隱，亦無今顯，淨非緣餝，故名性淨。此二一對，如《地經》說。故彼經中，淨相解脱，遠離諸趣，名方便淨。自體本空，自性常寂，非先有染，後時離者，説爲性淨。又此與彼《涅槃經》中緣離辨所故〔三〇〕光明，其義相似。彼云是光即是涅槃，涅槃常住，不論因緣，云何如來問其因緣即是性淨。亦有因緣，因滅無明，獲得熾然三菩提燈，故有是光即是方便。又復如彼《涅槃經》説，捨慈得慈，不從因緣，其義相似。捨世諦慈，得第一義慈，即是方便第一義慈。不從因緣，即是性淨。問曰：方便從緣修得名果，可知。性淨涅槃證實三〔三一〕緣，不從緣現，是果以不。釋言：不定，亦果非果。是義云何。體雖非果，至佛乃覺。爲佛窮證，故得曰果。以是果故，《地經》宣説，滅佛行定者，即是性淨涅槃。爲佛所行，寧得非果。又是諸佛微智體相，何得非果。得時離緣，無因可酬，得言非果。以非果故，經中嘆佛獲得無因無果報法。又經亦言，涅槃之體，非因非果。涅槃既然，諸德齊爾。

四、體用分二。向前所説，一切涅槃，體名性淨，用稱方便。用相善巧，故名方便。德體常寂，故云性淨。

五、理事分二。向前所説，一切涅槃，行德善巧，悉名方便，理體常寂，説爲性淨，此即經中一苦滅諦。問曰：此理與前所辨第三對中性淨何別。釋言：體一，隨義以分。向前所辨性淨涅槃，攝法從人，爲佛所窮，爲行所證，證已方便，無隱無顯，無因無果。今言理者，常法以論，凡佛一如，染淨不易，非隱非顯，非因非果，有斯異也。涅槃所説五種性中非因果性，義當此門。良以就實以論其實，實外無緣，緣即不有，知復約何説染説淨，説因説果，故非染淨，非因非果。體相如是。

次定其因。先約對〔三二〕以辨其因。向前初對偏説方便修生功德，義分二種，生起義邊名方便淨，體起義邊説爲性淨。今即就彼緣修六度及與佛性以辨其因。辨因有三，一緣正分別，二生了分別，三生作分別。

緣正如何。望彼佛性體作義邊，佛性正因。以佛性中有可生義，有可依義，能生彼德，故爲正因，諸度等行，説之爲緣。與《涅槃》中佛性正因，發心爲緣，得菩提果，其義相似。此修生德，分相論之即是菩提，故與彼同。望彼緣力動作義邊，諸度正因，佛性爲緣。與《涅槃》中六度生因，佛性了因，得菩提果，其義相似。生即是正，了即是緣。

次論生了。望彼佛性體作義邊，佛性生因，諸度爲了。良以佛性是生因故，《涅槃》宣説佛性雖無，不同兔角。兔角雖以無量方便不可得生，佛性可生，以可生故説爲生因。諸度了因，與《涅槃》中復有了因六波羅蜜阿耨菩提，其義相似。若望緣力動作義邊，諸度生因，佛性了因。與《涅槃》中復有生因六波羅蜜阿耨菩提，復有了因佛性菩提，其義相似。佛性爲境，由見佛性，成就佛德，故説爲了。

次論生作。生因作因，通釋一切[三]，隨相且分，非無差異。異相如何。一義分別緣力起者名爲作因，作因名字如《涅槃》説。佛性生德説爲生因，以佛性中有可生義，從緣生故。二得宣説，緣動[四]生德名爲生因，佛性成德名爲作因，如金作器。初對如是。

次對第二修生修顯二種涅槃，以定其因。於中有二：一、緣正分別。二、生了分別。

緣正如何。隱顯麤判，望性淨果，佛性正因，諸度爲緣。望方便果，諸度正因，佛性爲緣。以實細論，望二涅槃，同説佛性以爲正因。但佛性中有二種義：一、法佛性，本有法體，如礦中金。二、報佛性，本法體上有其隨緣可生之義而無法體，如礦中金，有造作莊嚴具義，未有嚴具已在金中。彼法佛性，望性淨果，説爲正因。彼報佛性，望方便果，説爲正因。諸度不定。云何不定。六度有三：一、緣修六度，謂於六識七識心中修諸所行。二者，真實有作六度，藉前緣修，熏發真心，令其心中諸功德起。三者，真實無作六度，真心本是諸功德性，從〔三五〕緣顯了，説爲真實無作六度。望方便果，真實有作六波羅蜜亦是正因，餘二爲緣。望性淨果，真實無作六波羅蜜是其正因，餘二爲緣。

次論〔三六〕生了。佛性望彼方便之果，是其生因，望性淨果，是其了因。佛性體上有可生義，生方便果，故名生因。故《涅槃》云：佛性雖無，不同兔角。何以故。兔角叵生，佛性可生，故名生因。佛性本來有其可顯可了之義，終得顯了，成性淨果，故望彼果，得名了因。故《涅槃》云：佛性雖有，不同虛空。何以故。虛空雖以無量方便不可得見，佛性可見。以有可見可了義故，名爲了因。又《涅槃》云：涅槃因者，所謂佛性。佛性之性，不生涅槃，故名了因。六度不定。云何不定。六度三種，如前已辨。望方便果，真實有作六波羅蜜亦是生因，如乳生酪，酪出生蘇，乃至醍醐，展轉相生，悉名生因。餘二名了，非正生故。望性淨果，一切名了。無作六度，終可圓顯成性淨果，可顯可了，故名了因。餘二是其異相顯了，故名了因。何故不説生作二因。望方便果，有生有作，已如上辨。望性淨果，無生無作，故更不論。

次望第三約修就證二種涅槃，以定其因。望方便果，説緣説正，説生説了，備如上辨。彼性淨果，證實亡緣，故不可約之，説緣説正，説生説了。但知平等，非因果性，佛本在緣，未證之時，義説爲因，説後證時，以之爲果。及後證時，達本無緣，以無緣故，本亦非因，今亦非果。

次望第四體用相對一種涅槃，以定其因。於此門中，涅槃體淨，名爲性淨，涅槃用淨，名方便淨。對性淨體説因如上。方便淨者，當知即是應化涅槃。應有二種，一者法應，二者報應。如《涅槃》説，大般涅槃能建大義，現種種化，是其法應。大悲願力，種種化現，名爲報應。今對此二，以定其因。分別有二：一、緣正分別。二、生了分別。緣正如何。法家之應，如來藏中緣起〔三七〕法門，以之爲正。如《華嚴》中善財童子所求種種法門是本，大悲願力以之爲緣，彼法雖有可起用義，若無悲願，畢竟不生。譬如火珠，雖能出火，要須見日。亦如水珠，雖能出水，要須見月。是以經言，異法有故，異法出生。報家之應，大悲願力以爲正因，三昧法門以之爲緣。若無彼法，悲願之力不能獨生。譬如人面，雖能生像，要須依鏡。亦如音聲，雖能發響，要須依谷。緣正如是。生了如何。親起名生，疎發稱了。准前緣正，義在可知。

次望第五理事相對二種涅槃，以定其因。於此門中，事爲方便，猶如前辨。性淨是理，非因非果，不可説因。性淨方便二種涅槃，辨之麤爾。

次論真應二種涅槃。從緣修生、從緣修顯，二種涅槃，體皆是真。應化涅槃，義有通局。通而論之，俱從涅槃所起作用，若凡若聖，若善若惡，若垢若淨，如是一切，皆悉名爲應化涅槃。如《涅槃》説，大般涅槃能建大義，種種示現，如是等也。分相論之，化具一切，於中分別，有是涅槃，有非涅槃。應斷煩惱，應滅生死，趣入無爲，名應涅槃。自餘一切，隨相別名，應爲凡者，名爲應凡，應爲聖者，名爲應聖，應爲聲聞，名應聲聞，應現緣覺，名應緣覺，如是一切。二相如是。

次增説三。三有兩門：一、體相用，離分三種。二、行德不同，宣説三種。體相用者，性淨涅槃以之爲體，法性爲本，一切種德依法性故。方便涅槃説以爲相，對治垢染，淨相顯故，故《地論》中方便涅槃説之以爲淨相解脱。應化涅槃，名之爲用，故《涅槃》云大般涅槃能建大義，義猶用也。廣辨如前。

行德不同，宣説三者，如經中説，法身、解脱、摩訶般若，是其三也。於中分別，略有六門：一、制立三數。二、釋名辨相。三、明此三體之同異。四、明此三有成涅槃不成涅槃。五、將此三約對涅槃辨定總別。六、明性淨方便涅槃有具不具。

言制立者，涅槃體中行德無數，以何義故偏說此三。釋有兩義，一對鄣不同故立三種，二對因有別故立三種。言對鄣者，生死法中有其三種：一者煩惱，是生死緣。二者業行，是生死因。三者苦報，是生死果。此三種中，煩惱爲本，依煩惱故起於業作，依業受苦。翻對此三，故說三事。翻對煩惱，宣說波若，波若慧明能除煩惱闇惑法故。翻對業因，宣說解脱，業能羈縛，解脱無果[三八]能斷絶故。翻對苦報，宣說法身，法身清淨，離苦報故。對障如是。對因別者，因有三種，一福二智，三者苦報。如《地持》說，六度之中，前三是福，波若是智，精進與禪亦福亦智，義如上解。八種淨報，名之爲報。何等八報。一、壽具足，長壽久住。二、色具足，顏容端正。三、種性具足，生於上族。四、自在具足，謂得大財大眷屬等。五、信言具足，發言人用。六、大力具足，德力珍勝，有大名稱大智慧等，爲人所敬。七、人具足，成丈夫法。八、力具足，身力强健，有所堪能。報相如是。因中之智，至果滿足，名爲般若。因中之福，至果滿足，說爲解脱。因中之報，至果滿足，名爲法身。制立如是。此一門竟。

次第二門，釋名辨相。言法身者，解有兩義：一、顯本法性，以成其身，名爲法身。二、以一切諸功德法而成身故，名爲法身。相狀如何。開合不定，總之唯一，謂一法身。或分爲二，謂真與應。或說爲三，法、報與應，如《地論》說。又如七卷《金光明》中亦分三種，化身、應身及與真身。法報兩佛，名爲真身。爲化衆生，示現佛形，名爲應身。示現種種六道之形，說爲化身。若准《涅槃》，法報二佛，是其真身。王宮現生，道樹現成，是其應身。依應起化，受大衆供，是其化身。或復分四，如《楞伽》說：一、應化佛，猶前應身。二、功德佛。三、智慧佛。此之二種，猶前報身。四、如如佛，猶前法身。或分爲五，謂戒、定、慧、解脱、解脱智見。或離爲十，如《地經》説，所謂願身，乃至智身。又《華嚴》中宣説十佛，亦是十也。何等爲十。謂無著佛，乃至第十如意佛等。廣則無量。法[三九]等如後三佛章中具廣分別。法身如是。

言解脱者，自體無累，名爲解脱。又免羈縛，亦曰解脱。相狀如何。開合不定。總之唯一，謂三事中一解脱門。或分爲二，二有兩門：一、有爲無爲相對分二，一切斷德名曰無爲，一切行德同名有爲。二、心慧分二。於此門中，兩義分別。一、淺深分別。斷除四住，世諦心淨，名心解脱。於世諦中，一切德脱用心爲體，故偏説心。斷絶無明，真諦慧明，名慧解脱。於真諦中，一切德脱用慧爲主，故偏説慧。如經中説，斷癡慧明，斷愛心脱，義當此門。二、體用分別。斷離五住性結煩惱，真心體淨，名心解脱，如《涅槃》説。故彼文言，永斷一切貪、恚、癡等，名心解脱。又彼文言，是心本性，雖與貪欲、瞋、痴等覆，而不與彼貪等和合。諸佛菩薩永斷貪等，名心解脱。故知就體斷事無知，慧用自在，名慧解脱，如《涅槃》説。於彼文中，就慧解脱，開出五通，明知就用亦得分三。有爲脱中有心有慧，通無爲脱，是其三也。或分爲五。如《涅槃》説，謂色解脱，及與受、想、行、識解脱，是其五也。遠離生死繫縛五陰，得佛自在無礙五陰，名爲解脱。亦得説六，於此五上加無爲法。亦得説八，謂八解脱，義如上辨。或説爲百，如《涅槃》中百句解脱。廣則無量，如《華嚴》説。

言般若者，此翻名慧。智能鑒照，故名爲慧。相狀如何。開合不定。總之唯一，一如實慧。或分爲二，可謂實智及方便智。義如上釋。又[四〇]一切智及一切種，亦得分二。知一切如，名一切智。知一切事，名一切種。亦得説三，如《地持》説，謂清淨智、一切智、無礙智，是其三也，義如上解。或分爲四，謂我生盡、梵行已立、所作已辨、不受後有，義如後解。又四無礙亦得分四，義如上釋。亦得説五，謂五智印，知一切法無常、苦、空、無我、寂滅。又如《成實》所説五智，亦是五也。名字是何。一、法住智，知世諦法因緣不壞。二、泥洹智，知第一義法性常寂。三者願智，隨願自在，欲知即知。四、無諍智，善隨人心，不與他競。五、邊際智，於已最後所受報身修没[四一]隨心。義如上辨。亦得説六，謂知諸法無常、苦、空、無我、不淨、涅槃寂滅。亦得説七，謂[四二]所謂知法、知義、知足、知時。知自，《涅槃經》中亦名知我。又能知衆，及知尊卑，通前七也。此之七種，始起在因，成滿在佛。又《涅槃》中説佛如來具足八智，謂知生死無常與苦、無我、不淨，知涅槃法常樂我淨，是其八也。故彼經言，諸佛如來知一切法無常與苦、無我、不淨，知非一切常樂我淨，以是義故，見性了了。亦得説九，知前八種，及第一義。亦得説十，所謂十力。廣則無量。般若如是。此二門竟。

次辨同異。通而論之，此三同體，其猶虚空，無礙不動，以同體故，諸德聚積，悉名法身。又德自體，亦名法身，諸德無累，咸稱解脱，諸德明淨，齊名般若，同一真心覺知性故。又慧爲主，餘德慧伴，攝伴從主，通名般若，故《地經》中就甚微智開出同相及不同相二種解脱。以同體故，得成涅槃，故《涅槃》云，又非別異，故成秘藏。《勝鬘》亦云，一味、等味，隨義別分。此三異體，異中慧數名爲般若。法身、解脱，進退不定。若説諸佛相好之色以爲法身，自餘諸德悉名解脱。若當宣説解脱之數而爲解脱，自餘諸德同名法身。以此別故，《涅槃》宣説有法名義俱異，其猶十號及三寶等。同異如是。此三門竟。

次明三事有成涅槃不成涅槃。於中，初先大小相對明成不成，後偏就大明成不成。大小相對者，大乘三事得成涅槃，小乘不成。何故如是。釋有五義：一、有無分別。小乘三事體是有法，小乘涅槃體是無法，有無別體，故不相成。大乘三事體是有法，大乘涅槃亦是有法，有義相扶，故得相成。二、常無常相對分別。小乘事[四三]體是無常，小乘涅槃體是其常，常無常異，故不相成。大乘三事體性是常，大乘涅槃體亦是常，常義相順，故得相成。此前兩門，義有文無。第三，同體異體分別。小乘三事體性各別，所以不成。體云何別。小乘法中宣説，慧數以爲般若，解脱之數名爲解脱，自餘諸德名爲法身。此等心法，體性各别，以體别故守性不寂，性不寂故不成涅槃。大乘三事，同體義分，其猶虚空，無礙不動，以同體故緣起相成，無有一法别守自性，無别性故德體寂滅，以體寂故得成涅槃。故《涅槃》云：又非別異，故成涅槃。四、並不並相對分別。小乘三事，心心數法同時別體，別體並故不成涅槃。大乘三事，同時同體，同一真心，隨義以分，以同體故不名爲並，以不並故得成涅槃。故《涅槃》云：如世伊字，三點若並則不得成，不並乃成，涅槃如是。五、縱不縱相對分別。小乘三事，性雖同時，用有先後，名之爲縱，別體而縱，不成涅槃。大乘三事，同體同時，用無先後，所以非縱，以非縱故得成涅槃。故《涅槃》云：如世伊字，三點若縱則不得成，非縱乃成，涅槃如是。此後三義涅槃如是[四四]。此後三義，《涅槃》具辨。大小相對，辨之略爾。

次就大乘明成不成。別有四義：一、真妄分別。直就大中，緣修三事，體妄不真，不成涅槃，真德三事，乃成涅槃。於此門中，但令是真，莫問性淨方便應化，悉成涅槃。二、真應分別。直就向前真德之中，有真有應。應化三事，相同小乘，無常遷變，不成涅槃，以不成故終須息滅。真德三事，方成涅槃，以真成故終須入中。故經説言，我今安住如是三法，名入涅槃。三、性淨方便相對分別。如《涅槃》説，方便三事悉是菩提，性淨三事悉名涅槃。方便三事是菩提故，不成涅槃，故《涅槃》云，如來之身亦非涅槃，解脱之法亦非涅槃，摩訶般若亦非涅槃。性淨三事是涅槃故，得成涅槃。四、就性淨三事之中，總别則不成，總〔四五〕收則成。如世伊字，三點别分則不成伊，三點合聚乃得成伊。此亦如是，别分事隔，所以不成，總攝圓具，所以得成。成不成義，辨之云爾。此四門竟。

次將攝三事，約對涅槃，分定總别。有人定説，涅槃定總，三事定别。此則不然。論總皆總，論别斯别。以皆總故，涅槃爲門，統攝三事，皆成涅槃。法身爲門，統收涅槃、解脱、般若，皆成法身。良以涅槃，成法身故，《華嚴經》中宣説十身，涅槃入中，名爲法身。又彼經中宣説十佛，涅槃入中，名涅槃佛。解脱、般若成〔四六〕法身，義在可知。解脱爲門，涅槃、法身及與般若，皆成解脱。如《涅槃》中，百句解脱，有〔四七〕德皆收。般若爲門，統攝諸德，皆成般若。故《地經》中，説佛微智，於中開出二種涅槃及一切德。總相如是。

隨别分之，莫不是别。以是别故，《涅槃》宣説，名義俱異，其猶十方〔四八〕及三寶等。言名異者，涅槃、法身、解脱、般若，四種各〔四九〕别。言義異者，涅槃寂滅義，法身是體義，又亦聚積義，解脱無累義，般若鑒照義，故云義異。又復分相，斷德是涅槃，色報是法身，智慧是般若，餘德是解脱，是故皆别。問曰：前總，今何故别。辨義有二：一、分相門，諸德皆别。二、攝相門，諸德相成，一切皆總。攝相有二：一、攝同義。一切德上，有寂滅義，收爲涅槃。有其體義，有積聚義，攝爲法身。有絶縛義，有無累義，説爲解脱。有照鑑義，有覺知義，故爲般若。二、攝别義。具攝三事以成涅槃。是義云何。若無法身，苦報不盡，何成涅槃。若無解脱，業結不除，何成涅槃。若無般若，闇惑不滅，不成涅槃。故具一切，方成涅槃。具攝一切，以成法身。是義云何。若無涅槃，生死不滅，何名法身。若無解脱，結縛不盡，不成法身。若無般若，闇惑不除，不成法身。要具一切，方成法身，故攝諸義，以成法身。具攝諸義，共成解脱。是義云何。若無涅槃，生死不滅，不成解脱。若無法身，苦報不盡，不成解脱。若無般若，闇惑不除，不成解脱。故具一切，方成解脱。又攝諸義，共成般若。是義云何。若無涅槃，諸過不滅，何成般若。若無法身，垢鄣爲體，何成般若。若無解脱，纏縛不離，不成般若，故具一切，方成般若。涅槃三事，總別既然。自餘行德，總別例爾。此五門竟。

次明性淨方便涅槃有有[五〇]具不具。分別有三：一、性淨涅槃明具三事，方便不論。何故而然。性淨涅槃，顯本真心，以之爲體，真心體是諸功德性，故具三事。方便涅槃，體是斷結數滅無爲數滅[五一]法，故無三事。二、方便涅槃明具三事，性淨不辨，如《地經》説。何故如是。方便涅槃治斷而得，對治生死、煩惱、業苦，三事相分，故説三事。性淨涅槃，體如一味，三相不顯，故不説三。三、就實通論，性淨、方便，齊具三事。是義云何。法身有二：一、法性身，本隱今顯。如《勝鬘》説，如來之藏，顯爲法身。《維摩經》説，觀身實相，觀佛亦然。如是等也。二、實報身，方便修生。其法性身，性淨所收。實報身者，方便所攝。般若亦二：一、性照般若，亦名證智。是義云何。真識之心，本性清淨，而爲妄染之所覆蔽，相似不淨，後息妄染，彼心始顯。始顯真心，如其本性，内明法界，説之以爲性照般若。由稱本性，故名證智。二、觀照般若，亦名教智。是義云何。緣觀對治，熏發真心，令真心中智德隨生，所生智德，明照諸法，説之以爲觀照般若。即此觀照，藉教修起，故名教智。又此智麤，可以言論。又能起説，亦名教智。性照般若，性淨所收。觀照般若，方便所攝。解脱亦二：一、自性解脱，亦得名爲性淨解脱。直説[五二]之心，本性雖淨，而[五三]妄隱，説爲繫縛，後除妄染，彼性出累，名性解脱。又得脱已，返望惑染，從來不有，今非始淨，故亦名爲自性解脱。二、方便解脱，亦得名爲淨相解脱。教行功德，本無今有，方便修生，修生之德，絶離染縛，說之以爲方便解脱。自性解脱，性淨所收。方便解脱，方便所攝。故二涅槃齊具三事。

次增說四。四有兩門，一就體分四，二就義辨四。

就體分者，方便涅槃有其二種：一是斷德，除[五四]一切煩惱業苦，無爲寂滅。二是行德，具足法身、解脱、般若一切種德。性淨涅槃，亦有二種：一是斷德，證法本寂，無相可起。故經說言，諸佛如來不生煩惱，名大涅槃。又經說言，於十三相不取相貌，是[五五]名爲寂滅真二事[五六]，如此真二事，名爲斷德。十三相者，如《涅槃經》聖行中說，所謂色聲香味觸相，生、住、滅相，男相女相，苦、樂及與不苦樂相。二是行德。真識之心，從緣始顯，始顯真心，說之以爲一切種德，名爲行德。體別如是。

隨義四者，謂常樂我淨之德。辨此四義，略有五門，一明建立，二釋名辨相，三明同異，四論通局，五明大小有具不具。

言建立者，大涅槃中義別塵笇，今以何故偏說此四。蓋乃且據一門言[五七]，於中略以五義建立，一對除四患，二翻四倒，三治四鄣，四斷四過，五酬四因。除四患者，生死法中有無常、苦、無我、不淨四種大患，斷除彼故，宣說涅槃常樂我淨。翻四倒者，聲聞之[五八]由觀生死是無常、苦、無我、不淨，謂佛亦爾，遂起四倒，翻對彼故，宣說涅槃常樂我淨。治四障者，如《寶性論》說，鄣有四種。一者緣相，謂無明地障佛真淨，對除彼故，說佛真淨。二者因相，謂無漏業障真[五九]我，對除彼故，說佛真我。三者生相，謂意生身，以是意生苦陰身故，鄣佛真樂，除彼障故，說佛真樂。四者壞相，謂變易死，障佛真常，對除彼故，說佛真常。此等皆就變易因果而說其鄣。理實通障，隨相且分。斷四過者，如《寶性》說，一、闡提謗法，障佛真淨，對治彼故，說佛真淨。二、外道著我，障佛真我，對除彼故，說佛真我。三、聲聞畏苦，障佛真樂，對除彼〔六〇〕，説佛真樂。四、辟支捨心，捨諸衆生，疾求取滅，障佛真常，對除彼故，説佛真常。翻四因者，如《寳性論》説，因有四種，信心、般若、三昧、大悲。以修信心〔六一〕，對除向前闡提謗法，得佛真淨。以修般若，破除向前外道著我，得佛真我。以修三昧甚深空定，破除聲聞畏苦之心，得佛真樂。以修大悲常隨衆生，對治向前辟支捨心，得佛真常。因別無量，且據斯分。建立如是。此一門竟。

次第二門，釋名辨相。所言常者，體恒不變，目之爲常。又復隨緣化用不絶，亦名爲常。如《涅槃》説，假使烏與鵄，同共一樹栖，猶如親兄弟，爾乃永涅槃，如來視一切，猶如羅睺羅，常爲衆生尊，云何永涅槃。如是等義，是其用常。相狀如何。常義有二，一者無爲，二者不變。如《涅槃》説，無爲不生，不變無滅。又復無爲明離分段，言不變者明離變易。隨義別分，開合不定，總之一常。

或分爲二，二有三門：一、法報分二。常體有二，一法二報。如《涅槃》説，法常名常，報常稱住。無始法性，顯成今德，名爲法常。方便修生，有作行德，依真不壞，名爲報常。如經中説，諸佛所修，所謂法也，以法常故，諸佛亦常，即其義矣。二、始終分二，謂常與恒，不生名常，不滅目恒。又經中説，佛是常法〔六二〕，無爲不變，以不生故名曰無爲，由不生〔六三〕故名曰〔六四〕不滅，故〔六五〕説爲不變。三、約對分二。一離分段生老死等，名之爲常。二離變易生住滅等，曰之爲常。

或分爲三。三有三門：一、就德辨三，所謂涅槃常身、常命、常財。如《勝鬘》説，捨無常身，得不思議常住之身，名爲常身。捨無常命，得不思議智慧之命，名爲常命。捨無常財，得不思議功德之財，名爲常財。經中説此爲三堅法。堅猶常矣。二、隨想分三。如《涅槃》説：一、無別異想，三歸同體故不離不脱，故名爲常。變異無常，如汝父母，各各別異，即是無常。二、無無常想，離細生滅。三、無變異想，離麤分段。第三，約對三種無常以別三種。三無常者：一、分段無常，六道報異，翻對彼故，說佛真常，無生老死。二、念無常，念念生滅，翻對彼故，說佛真常，無生住滅。三者自性不成實[六六]無常，有爲虛集，無有性實，翻對彼故，說佛真常，無有虛妄。

亦得分四，謂無生老病死等過。又無生住異滅等過，亦得分四。亦得說五，謂常是陰。廣則無量。問曰：向說[六七]涅槃斷德，方便修得[六八]，本無今有，云何名常。又經中說，從因得法，悉是無常，涅槃之果，從因而得，云何是常。又經中說，以因莊嚴，悉是無常，涅槃如是，縱[六九]於無量道品諸行莊嚴而得，云何稱常。又經中說，可見之法，悉是無常，涅槃如是，從緣修見，云何名常。又經中說，有名可說，悉是無常，涅槃有名，云何名常。今對釋之。先就性淨釋去前難，後就方便。性淨如何。涅槃斷德，本無今有，名無常者，佛自釋言，大般涅槃，本自有之，非適今也，而諸衆生斷煩惱已，然後證得，得離始今，體本自有，故名爲常。言從因得名無常者，佛自釋言，涅槃唯從了因所顯，非生因生，非作因作，故得名常。又復不從五因所成，故名爲常。言五因者，如《涅槃》說，一是生[七〇]因，如衆煩惱生苦樂等。二是和合因，如善法與善心和合，如是一切。毗曇說此爲共有因及相應因。相扶體立，名共有因。相扶有用，名相應因。三者住因。如因大地，諸物得住，如是一切。四、增長因。如因飲食，衆生增長。因於父母，子得增長。因善知識，行得增長。如是一切。五者遠因。如因見藥，鬼毒不害，依憑國王，盜賊不侵，如是一切。涅槃不假如是五因，故得名常。言假莊嚴名無常者，佛自釋言，涅槃之體，非因非果，非去來今，常住無爲，諸[七一]衆生假於莊嚴，往見涅槃非大涅槃，假於莊嚴，方始成立，故得名常。言可修見名無常者，所謂衆生無明覆心，不見涅槃，後除闇鄣，始見涅槃，非見始有，如人治眼，始見日月，非始有故，故得名常。言有名字名字[七二]常者，佛自釋言，涅槃無名，强爲立名，故得稱常，涅槃無名，何故强立，爲求知故。性淨如是。若論方便，斷離生死無常法故，以常法性而爲體故，可[七三]以是[七四]常義[七五]。

次解樂義。涅槃之體，寂滅永安，稱之爲樂。又用自在，所爲稱心，亦名爲樂。樂隨義別，一門說四。如《涅槃》說：一、斷受樂。二、寂靜樂，亦名寂滅。三、覺知樂。四、不壞樂，亦名常樂。言斷受者，五受斷已，稱曰斷受。良以諸苦皆集受中，是故斷受得名爲樂。如《地持》中說滅盡定爲斷受樂，今說涅槃以爲斷受，滅盡暫滅，此永斷故。問曰：經說，滅無常色，獲得常色，受想行識，亦復如是。滅離苦色，獲得樂色。受想行識，亦復如是。是則涅槃具有受樂，云何名斷。釋言：經說斷受樂者，斷離凡夫分別之受、取相之受、顛倒之受，非無證法平等正受，故有受陰，亦有受樂。餘陰亦爾。寂靜樂者，滅煩惱故，不造業故，息生死故，名爲寂靜。又息一切所行事故，亦名寂靜。不寂則苦，靜名爲樂。由滅諸過，故復名爲寂滅樂矣。覺知樂者，照達諸法，名爲覺知。愚闇則苦，覺知名樂。不壞樂者，德體牢固，不爲緣惱，稱曰不壞。破壞則苦，是故不壞得名爲樂。以不壞故，亦名常樂。此四樂中，分相論之，寂滅一種是涅槃樂，斷受一種是滅定樂，覺知一種是其智慧菩提之樂，不壞是常。今據攝相，通說以爲涅槃樂矣。

次解我義。我有二種：一者就體自實名我，如《涅槃經》哀嘆中說，是真是實，是主是依。常不變者，是名爲我。二者就因，自在名我，如《涅槃經》初功德說。自在有八：一、多少自在。聚集一身以爲多身，身數多少，身之大小，猶如微塵充滿十方無量世界。如來之身，實非微塵，以自在故，現微塵身。二、充滿自在，亦得名爲大小自在。亦一塵身滿於三千大千世界，佛身無邊，實不滿於大千世界，以自在故滿大千界。三、輕舉自在。以滿三千大千之身，輕舉飛空，過無量[七六]界而無障礙。如來之身實無輕重，以自在故能爲輕重。四、自自在，亦得名爲所作自在。於中有三：一、如來心安住不動，化無量身，各令有心。二、造一事而令衆生各各異辨。三、住一界，能令他土[七七]一切悉見。具此三種，名爲自在。五、根自在。如來一根，見色聞聲、嗅香別味、覺觸知法。六、知法自在。得一切法而無得想。七、説自在。如來演説一偈之義，逕無量劫，義亦[七八]不盡。謂戒定等，雖有所説，不生説想。八、遍滿自在。如來之身，遍一切處，猶如虚空，不可得見。具斯八種，名之爲我。

次解脱[七九]義。體無垢染，稱之爲淨。又復隨化，處緣不汙，亦名爲淨。淨義不同，一門説四。四有兩門：一則如彼《涅槃經》説。四名是何。一是果淨，永斷二十五有之果。二是業淨，亦名因淨，謂離凡夫一切諸業。此二斷德。三者身淨，遠離生滅，常住不變。四者心淨，絶離諸漏。此二行德。一義如是。次[八〇]門四者，如《地持》説：一者身淨，煩惱習身，捨離無餘，得最上身，生滅自在，名爲身淨。煩惱習身，捨離無餘，得最上身，身體淨也。生滅自在，身用淨也。二、境界淨，種種現化及所言説一切境界，自在無礙，名境界淨。種種現化，是身境界。及所言説，是口境界。又復種種現化境者，是事境界。及所言説一切境者，是法境界。於中自在，名境界淨。三者心淨，煩惱悉離，善根成就。煩惱悉離，四住永亡。善根成就，功德備也。功德依心，就主以彰，故名心淨。四者智淨，捨離一切無明穢汙，一切所知無礙自在。捨離一切無明穢汙，離無明地，真諦智淨。一切所知無礙自在，除事無知，真[八一]諦智淨。具此四種，名之爲淨。此二門竟。

次明同異。據實，此四遍通諸德，名之爲同。於諸德中，不改名常，安寂稱樂，自實名我。又用自在亦名爲我。離垢亡[八二]淨，同義如是。所亡[八三]異者，隱顯論之，四德各别，稱之爲異。如《涅槃經》哀嘆章説，我是佛義，常法身義，樂涅槃義，淨是法義。四中初我就人分别，餘三就法。何故而然。佛者是人，自在作用，在人相顯，故偏就佛宣説我義。又佛出障，自在相顯，故就説我。又復我者，人之别稱，故就佛説。法身佛體，體無變動，明常義顯，故就法身宣説常義。又復顯於無始法性以成身故，明常義顯，故説爲常。涅槃安寂，永滅衆苦，明樂義顯，故就説樂。淨是法寶，法爲妙宗，能治垢染，彰淨義顯，故偏就法宣説淨義。常樂我淨，四義既然，所對無常、苦、無我等四義亦爾。通則一切有爲之法，悉無常、苦、無我、不淨。隨相别分，四種各異。如《涅槃經》哀嘆章説，言無我者，生死凡夫。生死凡夫，駈馳六道，往來受身，不得自在，無我相顯，故偏就之宣説無我。言無常者，聲聞緣覺。聲聞緣覺，不久盡滅，無常相顯，故偏就之宣説無常。又復二乘所得之法，不窮不竟，終須遷轉，故名無常。苦是外道，外道邪見，多修苦行，未來受苦[八四]，因果俱苦，苦相顯故，故偏就之宣説苦義。言不淨者，所謂一切有爲之法。有爲之法，染汙心起，能生染惑，不淨義顯，故偏就之宣説不淨。若約五陰隱顯論之，生死法中，觀身不淨，觀受是苦，觀心無常，觀法無我，翻對此四，佛果陰中亦應分别，佛身名淨，佛受是樂，佛心是常，佛法稱我。此亦是其一種别矣。同異如是。此三門竟。

次論通局。於中約就因果以辨，菩薩十地名之爲因，佛名爲果。依向同義，常樂我淨遍通諸德，以遍通故因果齊具。依前異義，常樂我淨隨法各别，以各别故因果不等，有通有局。是義云何。淨者是其法寶之義，法義齊通，上下同依，爲是淨義統遍始終。故《涅槃經》宣説，地上二種五種，兩種六種，一種七種，佛性之中悉皆有淨。常者是其法身之義，顯法成身，名爲法身。據實通論，初地以上莫不皆悉顯法成身，故皆名常。隨相别分，十地以上眼見佛性，顯法成身，明常[八五]義顯，故十地上宣説常義。九地菩薩雖未眼見，聞見中極照實明了，無始法性現在觀心，説之爲身，亦名爲常。八[八六]地已還，聞見不了，法未現心，未説爲身，故不名常。故《涅槃經》説，九地上二種六種，一種七種。佛性之中，皆悉有常，餘皆不論。我是佛義，局唯在佛，以佛出鄣，得自在故。樂者是其涅槃之義。通相論之，菩薩地中，分斷煩惱，分得涅槃，斯皆有樂。分相言之，菩薩地中雖斷煩惱，不名涅槃。諸佛如來不生煩惱，方名涅槃。如《涅槃》説，良以涅槃偏在佛故，樂唯在佛。故《涅槃經》宣説，如來七種性中有我有樂，因中悉無。問曰：若使淨通始終，常義在於九地已上，我樂二種唯在佛者，何故經言十住菩薩不見佛性，斷煩惱故，所得涅槃但有樂淨而無我常。釋言：樂者是涅槃義，彼文通相説菩薩地有斷煩惱、得涅槃義，故説有樂。常者是其法身之義，彼文宣説十住菩薩不見佛性而斷煩惱，故無法身，無法身故不説有常。問曰：何故前説十住見性有常，此文復言不見無常。釋言：十住形前見性，故説有常。望後不見，故説無常。如此隱顯，不可具責。問曰：於彼五六七種佛性之中，常樂我淨隱顯可爾，餘義云何。釋言：於彼七種性中常樂我淨，已如上辨。真實及善亦有通局，分相論之，真實二種是實諦義，實諦理通，故彼五六七種性中一切皆有善者，是其聖道之義。五地已還，慧觀未明，破相不極，治慢未盡，名善不善。六地已去，彼[八七]若增上，觀空畢竟，治慢窮盡，故唯名善。以有如是隱顯義故，如來佛性宣説七種，常樂我淨，真、實及善，後身説六，常、淨、真、實、善及少見爲他[八八]。九地説六，常、淨、真、實、善及可見。八地至六，宣説五種，真、實、淨、善，及與可見。五地至初，宣説五種，真、實、可見、淨、善不善。於此門中言可見者，簡真異妄。妄情所計我、衆生等，出自倒情，窮之則盡，所以叵見。

佛性真有，研之則明，所以可見。又欲簡彼虛空之有，故名可見。故經說言，佛性雖有，不同虛空。虛空雖以無量方便不可得見，佛性可見。是中正爲明常樂等通局之義，餘乘論之。通局如是。

此四門竟。

次就大小明具不具。大乘涅槃，備具四義，已如上釋。小乘涅槃四義不定。據小說小，小乘涅槃有常、樂、淨，唯無有我。何故如是。涅槃無爲四相不遷，故說爲常。又復所斷永滅不起，故亦名常。寂滅永安，故次名樂。絶離垢染，故得稱淨。小乘涅槃以空爲體，未證有性，故不名我。彼涅槃中，身智俱亡，用不自在，故不名我。問曰：《涅槃》初德中說，聲聞之人說佛涅槃但有常淨而無我樂，名煩惱習。彼聲聞人自見涅槃具[八九]常樂，何故說佛涅槃[九〇]。釋曰：聲聞自見涅槃有寂滅樂，類佛亦然。據斯以論，不言如來涅槃無樂，但彼自見涅槃之中身智永亡，無覺智樂，謂佛亦無，故說無樂。據小說小，其義如是。

據大說小，義則不定。或時全奪，四義悉無。故《涅槃經》初德中言，聲聞所得，無常、無樂、無我、無淨，是故不得名大涅槃。諸佛涅槃，常樂我淨，故得名大。於此門中，聲聞所得少故稱無，如河水少，名之無水。又得非真，故亦名無；如得覆[九一]物，名爲非物。如來或復隨別奪之，宣說二乘所得涅槃但有樂淨而無我常。如《涅槃經》第七德說，聲聞緣覺以得無漏八聖道故，故有樂淨。又滅惑因故說有淨，離分段苦故言有樂。彼小涅槃，體不真實，用不自在，故不名我。所滅身智，當復更生，故不名常。問曰：身智滅之已竟，何緣復生。釋言：彼生即變易果，由本所修無漏業因，無明爲緣，可以更生。無明緣者，入涅槃時，妄識心在，妄七識心是無明地，以此妄心不斷絶故依之報起，如依睡心，夢中身生。問曰：聲聞所得涅槃，滅去身智，復更生者，所滅煩惱後亦應起。釋言：不類。煩惱源由見理故滅，二乘無餘涅槃之後，心想生時亦必見理，是故本昔所斷煩惱不得更生。所未斷者，後得現起。身智源非見理斷滅，但是息滅，非治滅故，後得更起。又復二乘所得涅槃，體不究竟，終須遷轉，趣向大乘，故不名常。若後遷轉，不名常者，亦應不得名樂名淨，何故説之有樂淨乎，理亦應齊。齊義如上。但樂與淨非恒定義，故於得處隨分説之。常是定義，始終不遷，方便名常。彼終向大，而非永定，故不名常。大小相對明具不具，辨之略爾。四義如是。

次增説五，常樂我淨及與有也。翻對生死無常、苦、空、無我、不淨，故説[九三]此五。翻空説有，餘義可知。空與無我，有何差別而須別翻。准依《維摩》，衆生空者名爲無我，法體空者直名爲空。故彼經言，衆生是道場，知無我故，一切法是道場，知諸法空故。今對此二，故就涅槃説我説有。對生死中衆生無我，説佛真人，以之爲我。我者是其人之別稱，故就説之。對生死中法體空故，説涅槃法，以此爲有。又生死法體虚不實，名之爲空，用不自在，名爲無我。翻對此二，故涅槃中説我説有。體實不空，名之爲有。用能自在，故説爲我。

次增説六種，於前五上更加一善。或分爲八，如《涅槃》説：一名爲盡，盡猶滅也，盡滅諸過，故名爲盡。二名善性，離惡稱善，又能順益，亦名爲善。三名爲實，離虚僞境。四名爲真，捨去妄情，又離四倒，名之爲實。出心、想、見三倒妄，説以爲真。五常六樂，七我八淨，義如上解。問曰：如來涅槃如是，二乘涅槃竟復云何。《涅槃經》中説具六相：一者解脱，離諸苦故。二名善性，能順益故。三名不實。四名不真。佛自釋言：未得菩提，故名不實。以不實故，名爲不真。五名爲樂。六名爲淨。佛自釋言：以修無漏八聖道故，名樂名淨。亦得説八，六種如上，更加無常及與無我，通前八也。佛自釋言：當得菩提，故名無常。無我之義，備如上解。問曰：賢聖涅槃如是，凡夫涅槃其義云何。《涅槃經》中説具八相。何者是其凡夫涅槃，經言，衆生依世俗道斷煩惱者是〔九三〕涅槃。言八相者，一名解脱。離煩惱故。二名善性。違背諸惡，能順益故。三名不實。四名不真。佛自釋言：以無常故，不真不實。五名無常。六名無樂。七名無我。八名無淨。佛自釋言：所斷煩惱以還起故，無常、無樂、無我、無淨。亦得説九。前八種上更加一有。亦得説十，謂離十相。言十相者，所謂色聲香味觸相，生住滅相，男相女相，通前説十。十中前五是五塵相，次三法塵，此八法相，後二人相。涅槃絶此，故説爲十。亦得開分以爲十三，離前十相，加離苦、樂、不苦不樂，故有十三，如《涅槃經·聖行》中説。隨別細分，亦可無量。故經説言，於一名法，説無量名，於一義中，説無量義。辨相如是。

第五門中，雜義分别。於中有七：一、有無分别。二、通局分别。三、大小分别。四、約位分别。五、就時分别。六、生死涅槃體之一異。七、諸佛涅槃體之一異。

第一，明其有無之義。於中約就性淨、方便、應化涅槃，辨有無相。性淨涅槃，明有明無。所言有者，真識之心，體是一切功德之性，《起信論》中説爲一切性功德法，《勝鬘》説爲過恒沙法。彼心妄隱，名爲佛性，亦名法性。妄息體顯，説之以爲一切稱德，名之爲有。所言無者，離相離性。言離相者，證實返望，由來無妄，以無妄染可除滅故，亦無對治淨相可生，染淨雙泯，故名無對。染相既無，淨相亦無，染淨雙泯，名爲離相。言離性者，已如上釋，大涅槃中法界同體，乃無一法别守自性。次就方便明有明無。所言有者，具足福智二種莊嚴，名之爲有。又具法身、解脱、般若，亦名爲有。滅煩惱苦，斷德無爲，稱之爲無。次就應化明有明無。應化涅槃，有通有局。通而論之，依大涅槃所起義用，莫問違順、染淨等用，一切悉名應化涅槃，此涅槃中通有通無。現斷煩惱，現滅身智，名之爲無，餘悉是有。若分相説，依大涅槃所起義中具一切用，於中分取現斷煩惱，現亡身智，爲應涅槃，餘者隨義更作異名。若從是義，應化涅槃唯無非有。有無如是。此一門竟。

次明通局。於中約就凡夫、二乘、菩薩及佛五人辨之。於此人中，通局有四：

一、極通論之，此五種人齊有涅槃。如《涅槃》說，諸凡夫人依世俗道，六行斷結，名凡涅槃。又如經說，得少飯食，名涅槃等。此二是其凡夫涅槃。修八聖道，斷滅四住，所得涅槃，名爲聲聞緣覺涅槃。修治斷除無明地等，說之以爲菩薩涅槃。證法本寂，由來不生，今亦不滅，是佛涅槃。

二、簡聖異凡，聖有凡無。如《地經》說，三乘之中定有涅槃，名爲正定。外凡定無，名爲邪定。三乘內凡，形前名有，望後稱無，名爲不定。

三、簡大異小，大有小無。大乘法中實有涅槃，小乘法中權有實無。故《勝鬘》云阿[九四]羅漢、辟支佛等得涅槃者是佛方便，明知實無。又彼經說阿羅漢等去涅槃遠，明知實無。又《涅槃》說，世若無佛，非無二乘得二涅槃，一切世間唯一佛乘，更無二乘別得涅槃，故知實無。經說菩薩住大涅槃，諸佛亦爾，明知大有。

四、簡果異因，唯佛一人獨得涅槃，餘者悉無，如《涅槃》說。故彼第七功德中言，菩薩之人雖斷煩惱，不名涅槃，諸佛如來不生煩惱，乃名涅槃，是故涅槃獨唯在佛。問曰：何故斷煩惱者不名涅槃，不生煩惱方名涅槃。佛自釋言：涅是不義，槃是生義，諸佛如來不生煩惱，稱當涅槃不生之義，故佛有之。菩薩雖復斷除煩惱，不當涅槃不生之義，爲是言無。

問曰：何故菩薩斷結不名不生，諸佛斷結偏名不生。解有三義：一、約惑論，菩薩之人雖分斷結，斷之不盡，心中殘結客[九五]使更起，故非不生。佛斷已盡，更無可起，故言不生。二、就心解，菩薩之人雖斷煩惱，七識心在，心性生滅，故非不生。佛斷煩惱，妄心亦盡，真心常寂，故名不生。三、約理釋，菩薩見有煩惱可斷，非本不起，故非不生。諸佛窮實，達妄本空，無惑可起，亦無可斷，故曰不生。故經説言，法本不然[九六]，今亦不滅，是寂滅義。具此三義，故佛獨有，餘者無之。

問曰：不生偏在如來，是別[九七]涅槃唯應在佛，何故前説菩薩亦有。釋言：解義有通有局。通而論之，涅槃名滅，菩薩斷結即是滅義，故説通有。局則無者，涅槃名寂滅義[九八]，不生不斷方是寂滅，故佛獨有。有起有斷，紛動不寂，故説局[九九]無。問曰：通則涅槃名滅，得通菩薩，二乘之人亦滅煩惱，通之應齊，何故前者簡大異小，不通二乘。釋言：滅中[一〇〇]義有通有局。通則一切有所滅者悉名涅槃，故前通説二乘有之。局則斷惑辨息緣治，得實不動，方名涅槃，故説大有。二乘之人雖少斷結，未滅緣治，不得法實，故説無之。問曰：就通有可滅者悉名涅槃，得通二乘，凡夫之人亦滅煩惱，通之應好，何故前者簡聖異凡，不通凡夫。釋言：此義亦有通局。前則一切有所滅者悉名涅槃，故前通説凡夫亦有。局則永滅方名涅槃，故説聖有，凡夫暫滅，非永滅度，故説無之。通局如是。此二門竟。

次辨大小，還約凡夫、二乘、菩薩及佛辨之。於此人中，分別有三：一、簡聖異凡。凡夫涅槃，名之爲小。賢聖涅槃，悉名爲大。聖是大人，大人所得故名爲大。又復就彼一大涅槃，分爲三乘，以本收末，故悉名大。故經説言摩訶衍者出生一切聲聞緣覺，又經説言汝等所行是菩薩道，如是等也。二、簡大異小。凡夫二乘所得名小，諸佛菩薩涅槃是大。是以經中宣説，菩薩住大涅槃。二乘所得乘捨悲願，不能廣益一切衆生，故名爲小，又未證之，未得緣起三昧法門建立大義，故名爲小。諸佛菩薩可得涅槃，不捨悲願，廣益一切，故名爲大。故《地論》言，不捨大悲，以大願力，大涅槃示[一〇一]現。又佛菩薩證法實性，以此緣起法門之力，能建大義，無所不爲，故得名大。三、簡果異因。唯佛涅槃名之爲大，餘悉名小。如《涅槃經》第七德中具廣解釋。彼言，菩薩不見佛性斷煩惱故，所得涅槃但有樂淨而無我常，故不名大。諸佛見性而斷煩惱，所得涅槃常樂我淨，故名爲大。菩薩隨分亦少見性，於佛所見猶未明了，故言不見。有斷煩惱，故名爲淨。分得涅槃，故説爲樂。常者是其法身之義，由不見性，不顯成身，故不名常。我是佛義，彼未是佛，無八自在，故不名我，以是故小。佛不同此，所以是大。大小如是。此三門竟。

次就位論。小乘法中位別有三：一是凡位。在見道前，有其等智斷結涅槃。二是聖位。見道已上，有其無漏斷結涅槃，而未滿足。三、無學位。有其無漏斷結涅槃，究竟成滿。大乘法中位別有五：一是外凡常没之位，得有等智斷結涅槃，如《涅槃》説凡夫涅槃八事是者。二是外凡善趣之位，得有事識緣觀無漏斷結涅槃。以此位中修習事識無漏業因，斷煩惱故，種性已上用之受於變易之果。三、種性已上内凡之位，得有妄識緣治無漏斷結涅槃，觀法心起，捨外緣故。四、初地上真聖之位，漸息緣治，真證漸現，得有真證法性涅槃，而未滿足。五是佛位，達妄本無，淨非治顯，法性涅槃，圓滿具足。約始分終，説彼第五，至及得時，前無四階，此非第五。此四門竟。

次約時説。偏論大乘，時別衆多。麤約爲三：一是凡時，種性已前，亦可地前。二是聖時，種性已上，亦可地上。三是佛時，在於後際。若論佛時，具三涅槃，性淨、方便及與應化，備如上解。在於聖時，具有三種涅槃之分，而未滿足。若在凡時，方便、應化二種涅槃非有非無。從本已來有可生義，名爲非無。以未修得，故曰非有。如子樹中非有非無，此亦如是。善趣位中，非不亦有斷結涅槃，今此麤判，少故不説。性淨涅槃，有無不定。解有三義：第一，約緣就實分別。約緣論實，於此時中，實爲妄隱，未名涅槃，但可名爲涅槃之性及與佛性，故經説言涅槃因者所謂佛性。又經宣説涅槃名爲了因之果，故此無之。就實論實，實外無緣，誰來覆我。無緣可對，約誰名因。無緣可對，待誰稱果。是則涅槃非因非果，從來常爾。故經説言，大般涅槃，本[一〇二]自有之，非適今也。二、約凡佛二人分別。就凡聖實，實爲惑隱，未得顯了[一〇三]，不名涅槃，但[一〇四]可名因，俱得名性。若以佛眼觀衆生體，本來無染，即是涅槃。故經説言，佛知衆生畢竟寂滅，取涅槃相，不復更滅，更何所待，不名涅槃。三、就一人始終分別。始在凡時，未見法性，性爲妄隱，未名涅槃。後成佛時，返望生死，由來不有，由誰覆真，真本常淨，不待緣飾，是故本來常是涅槃。如人迷解[一〇五]，始[一〇六]見正方，及至見時，由來常正。約時如是。此五門竟。

次論生死涅槃一異。一異如何。分別有三：一、就緣説緣。斷生死體，得涅槃性，生死涅槃，體性全別。如經中説，本有今無，本無今有，三世有法，無有是處，正當此門。又經中説涅槃互無，亦當此門。二、約緣論實。轉生死體，即是涅槃，非全別體，良以迷時迷涅槃性爲生死故，是故解時解生死體即是涅槃，如人迷時正方爲邪，及至解時邪方即正。亦如夜闇見繩爲蛇，及後明時蛇即是繩。故經説言，凡夫未成佛，菩提爲煩惱，聖若成佛時，煩惱即菩提。菩提既然，涅槃亦爾。三、就實論實。生死之體，即是涅槃，不得還轉，如蛇是繩，豈待至明。生死涅槃，一異如是，不得偏取。此六門竟。

次明諸佛涅槃一異。涅槃若一，一人得時，餘亦應得。又若定一，一人得已，餘應無分。涅槃若別，別則不同，便有彼此、多少、增減、邊畔可數，即是無常。其義云何。如《涅槃》中解佛性義，不一不異，涅槃亦爾，不一不異。此修此得，彼修彼得，故非定一。所得無別，故非定異。譬如一經，學者便解，不學不解，故經不一。及其所解體[一〇七]不殊，得言不異，此亦如是。又復約緣以論其實，緣別[一〇八]彼實從異，故非定一。就實論實，實外無人，知復從誰説彼説此，爲是不異。涅槃義深，難以測窮，且尋詮況，粗述云爾。

無上菩提義，七門分別。釋名，一。定體，二。辨相，三。得不得，四。約位通局，五。約時分別，六。菩提涅槃一異，七。

第一釋名。菩提胡語，此翻名道。果德圓通，名之爲道。道義有五：一、對障分別。障累斯盡，德體無壅，名之爲通，通故名道。二、就體分別。證實返望，從來無染，自體清淨，無壅自在，名之爲通，通故名道。故經説言，諸佛聖道，自性常寂，非先有染，後時離矣。三、就德分別。菩提道中，諸德同體，緣起相成，一成一切，一切成一，虛融無礙，名之爲通，通故名道。四、就義分別。戒定慧等，行數各異，道、如、跡、乘，四義寬通[一〇九]，通故名道。五、約人分別。能通行人，至涅槃處，因之爲通，通故名道。故《地論》言，道者是因，修行此道，能到聖處，名爲聖道。問曰：經説第一義諦，亦名爲道，亦名菩提，亦名涅槃。道與菩提，義應各別，今以何故宣説菩提翻名道乎。釋言：外國説道名多，亦名菩提，亦曰末伽。如四諦中所有道諦，名末伽矣。此方名少，是故翻之，悉名爲道。與彼外國涅槃、毗尼，此悉名滅，其義相似。經中宣説第一義諦名爲道者，是末伽道。名菩提者，是菩提道。良以二種俱名道故，得翻菩提而爲道矣。問曰：菩提與彼末伽，有何差別。通釋是一，共[一一〇]猶眼目，名別而已。於中別分，非無差異。異如向前道品中説。今更論之，異有四種：一、因果分別。一切因道，名爲末伽。一切果道，説爲菩提。故《地持論》云：得方便者，一切菩薩所修學道。言得義者，無上菩提。二、通局分別。末伽之道，通因及果，是故道諦有道皆收。菩提之道，偏在果中。良以菩提偏在果故，證成佛道名得菩提。三、通別分別。戒定慧三，事別之道，名曰菩提。即此事上，道、如、跡、乘，諸義運通，説爲末伽。末伽通故，見道諦者通斷一切迷道煩惱。菩提別故，雖復觀之，不能通斷迷道之結。此亦名爲事理分別。四、行法分別。一切道法，悉名末伽，四諦論法非彰行故。一切道行名爲菩提，就人論德，非辨法故。菩提如是。

言無上者，嘆勝之辭。菩提有三，一聲聞所得，二緣覺所得，三佛所得。如來所得，超過前二，前二不如，故曰無上。問曰：菩提名爲無上，體即是[二一]。無明住地，名曰無明而體非明，其義何也。釋言：説有説無[二二]，有其二種，一對他説無，二就體説無。無上菩提對他説無，我外更無上於我者，名爲無上，非是就體故是上。言無明者，就體説無，體非慧明，名曰無明，故體是闇，不類在斯。問曰：經説諸佛菩薩所行之道，不上不下，故名中道，今以何故宣説菩提體是上乎。釋言：所對不同故爾。《涅槃》宣説不上不下名中道者，彼中宣説倒惑之心下有三塗可以趣向，名爲下道。上有菩提可以趣向，名爲上道。佛所行道，不可退下，趣向三塗，又不退下，爲凡所得，故不名下。上無所向，故不名上。不上不下，故説爲中。今言上者，對下二乘所得菩提，佛德殊勝，故名上矣。名義如是。此一門竟。

次定其體。德體無邊，今此略以三門辨之：一、約色心非色心等三門分別。二、主伴分別。三、就性淨方便分別。

初言色心非色心者，如上涅槃章中廣辨，今略顯之。菩提體中，亦有色義，亦有心義，亦有非色非心之義。

所言色者，佛具三身，法、報與應，是三身中皆有色義。法身色者，如來藏中具過恒沙眼耳等法，故彼《如來藏經》説言衆生身中有如來眼耳等，如模中像，此等説爲色性法門。故《涅槃》云：佛性亦色，色者眼見，彼色顯了，説爲諸佛法身之色。如《地持》説，性種[二三]者六入殊勝，無始法爾，即其義也。此法身色，但是色法而無色相，猶如比丘無作戒法，色而無相。報身色者，如來曠修相好之業，得相好果，於彼應身一一相處，各有無量無邊相海。如《華嚴》説，雖有是相，而不可見，如梵天王頂上寶珠，有而叵見。應身色者，隨物所現種種色像。色法如是。

所言心者，分別亦三，一法二報，三者是應。所言法者，真識之心，體是知性，如昏睡人覺知之性。以知性故，經説爲心，爲識，爲智。彼心顯了，説爲諸佛一切種德。然此但是心性法門，而無心相，如鷄在觳，無分別相。言報心者，如來曠修淨業因緣，勳發真心，令真心中智慧三昧、陀羅尼等無量德生，雖具此德，而無分別。言應心者，隨化世間種種異智。心法如是。

所言非色非心法者，分別有二：一、數滅無爲。二、法性空理。於此二中，皆無色心。隨義細分，亦有三種，法、報與應。所言法者，菩提真體，不可色取，不可心取，名非色心。故《維摩》云：菩提不可身得心得。是義云何。菩提真體，離色心相，是故不可身得心得。又菩提體，空寂無爲，離色心性，是故不可身得心得。言離相者，如《涅槃》説，如衆生心，雖復是有，而無大小、青黄赤白、長短等相。道與菩提涅槃亦爾，體雖是有而無一相，以無相故不可相取，是故不可身得心得。又經説言，寂滅是菩提，滅諸相故。不觀是菩提，離諸緣故。不行是菩提，無憶念故。斷是菩提，捨諸見故。離是菩提，離妄想故。障是菩提，障諸願故。不入是菩提，無貪著故。以是義故，不可心得。經復説言，不會是菩提，諸入不會故。不合是菩提，離煩惱習故。無處是菩提，無形色故。假名是菩提，名字空故。如化是菩提，無取捨故。以是義故，不可身得。言離性者，菩提體中，諸德同體，緣起相成，攝別成總，諸德皆有，將別分總，一切悉無，無故離性矣[二四]。法體如是。所言報者，斷離一切煩惱業苦，證寂無爲，名非色心。所言應者，隨化分齊，示有所斷，現證無爲，名非色心。初門如是。

次第二門，主伴分別。正體爲主，現[二五]助名伴。主伴不定，義别有六。第一，約就心法分别。真識之心，正是道體，説以爲主。慧等諸數，隨心之德，悉名爲伴。二、約修分别。念爲正主，餘悉爲伴。故《涅槃》云，三十七品，以念爲主。《律經》亦云，能以念爲主，諸流得解脱。故知念心爲諸行主。自餘諸行，隨念迴轉，譬如四兵，隨主將意，故説爲伴。三、就所造行業分别。思爲正主，餘皆爲伴。思心正是造作之性，故説爲主。餘行皆是思所造作，隨思而起，故名爲伴。四、就起因趣果分别。菩提之心，以爲正主。以此菩提之心種故，自餘一切助菩提法隨心趣果，齊名爲伴。五、就行德强弱分别。慧行最强，爲道正體，名之爲主，除障入法，有大力故。餘行助慧，悉名爲伴，故《地論》言智眷屬者所謂檀等。六、就諸行相成分别。一切諸行，迭互爲主，迭互爲伴。檀門辨義，强[二六]爲正主，餘行爲伴，戒門辨義，戒爲正主，餘行爲伴，如是一切。主伴不同，有斯六種。今此所謂菩提行德，多説慧行以爲正主，餘爲伴矣。此二門竟。

次第三門，性淨方便二門分别，如彼《金剛般若》説。彼説生因所得菩提，名方便淨，了因所顯，説爲性淨。此二名義，悉如向前涅槃中釋，今略辨之。

方便菩提，集從緣發，成由體起，攝德從緣[二七]，皆從緣生，如莊嚴具，工匠所爲。攝德從體，皆是佛性真心所作，如莊嚴具，真金所作。緣雖能作，作必依體，體雖能爲，爲必藉緣。此二通論，斯皆名爲生因所生。於中别分，外緣起邊，名作因作，如世工匠作莊嚴具。作因名字，如《涅槃》説。佛性起邊，名生因生，以佛性中有可生義爲生因故。《涅槃》云：佛性雖無，不同兔角，雖[二八]以無量方便，不可得生。佛性可生，以可生故名爲生因。亦得宣説，外緣起邊，爲生因生，故《涅槃》云，復有生因，六波羅蜜阿耨菩提。佛性起邊，名作因作，故《地經》云：譬如真金，作莊嚴具作[二九]，佛性真心，作諸功德。

性淨菩提，性出自古，從緣始起〔三〇〕，於中分別，有其二種：一、約緣論實，從緣始顯。二、據實亡緣，無隱無顯。從緣顯中義別有二，一是緣顯，二是體顯。攝德就體，皆是體顯。緣雖有顯，必依性體，若性體中無可顯義，雖修諸行，竟無所顯。性雖可顯，顯必藉緣，若無衆緣，畢竟不顯。如闇室中及并七寶，若無燈照，無由自顯。此二通論，皆悉名爲了因所了。外緣是其異相顯了，名爲了因，如燈照物。佛性是其自體可了，名爲了因，如瓶中燈，有可見義，破瓶則見。故《涅槃》云：佛性雖有，不同虚空。虚空雖以無量方便，不可得見，佛性可見，以可見故名爲了因。斯乃佛性從本以來有可了義，名爲了因，非是已了。於中別分，外緣了邊，名了因顯，佛性顯邊，名性因現。約緣如是。據實亡緣無隱顯中，義別亦二：一、廢人論法，法性本寂，從來無緣，實外無緣，知復約何說隱説顯、說因說果。此則是其法性菩提理門可收，不關行德。二、攝法從人，則前法性至佛乃證，證已返望，從來無緣，本無緣故，本則非染，今非新淨，同前法性，非隱非顯，非因非果。故經說言，順是菩提，順於法故。住是菩提，住便〔三一〕法性故。至是菩提，至實際故。義在於此。此之一門，攝法從人，名爲行德。雖名行德，不異法性。如《地經》說，難〔三二〕知聖道自性常寂，非先有染，後時離故，須言定滅是佛所行，正當此門。性淨方便，妙玄在斯，宜審思之。體性如是。此二門竟。

次第三門，廣辨其相。於中先就性淨論之，後就方便。性淨菩提，相別有二，一是空相，二是有相。

言空相者，如彼《金剛般若經》說，乃至無有少法可得，是名菩提。是法平等，無有高下，是名菩提。以無衆生，無人無壽，名得平等阿耨菩提。如是等比，是其空義。無法可得，等無高下，是其法空。法空有二：一、妄情所取，諸佛果德，於理本無，故名爲空。二、菩提真性，妙寂離相，故名爲空。以彼佛果性相俱空，是故無有少法可得。又此空中無有三乘果德差別，故曰平等，無有高下。此空即是菩提體中如實空義，故名菩提。無生、無人及無壽等名菩提者，是衆生空。分別有二：一、妄情所取我衆生等能得菩提，於理本無，故名爲空。二、菩提真性，緣起集成我衆生等，於真常寂，故名爲空。若存我人衆生等相，彼此別異，不名平等。存我乖道，非得菩提。以無我人衆生等故，無有凡佛彼此別異，名得平等。無人異道，無道異人，人道無隔，名得菩提。空義如是。

言不空者，如《涅槃》說，第一義諦亦名菩提，亦名爲道，亦名涅槃。如是等法，亦有亦空。如其無者，云何能斷一切煩惱。以其有故，菩薩皆悉了了知見，故知是有。彼云何有。如來藏中具過恒沙一切佛法，彼法顯了，說爲菩提一切種德，故名爲有。有無如是。若欲廣辨，如《維摩》說。寂滅菩提，滅諸相故。不觀菩提，離諸緣故。不行菩提，無憶念故。如是等也。要而論之，妙寂離相，圓備衆義，是菩提相。性淨如是。

次論方便。於中略以三門分別：一、行斷分別。二、真應分別。三、隨義分[三]。

言行斷者，煩惱業苦盡無之處，名之爲斷，此即是無。法身、般若、解脱等法，說以爲行，此即是有。分相論之，斷是滅諦，非是菩提。行德是道，方是菩提。攝相言之，行斷二門，俱是菩提。故《地持》言，二斷二智，是名菩提。二斷是斷，二智是行。義如後解。此二皆從行修方便斷障而得，名方便淨。行斷如是。

次就真應二門分別。自得相應，名之爲真。現化隨物，說以爲應。真則方便修習而得，名方便淨。應亦同然。又應用斷，名方便淨。然應菩提，義有通別。通則依於真實菩提所起化用，悉皆名爲應化菩提，菩提用故。別則八相現成佛道，是應菩提。自餘獼猴、鹿、馬等化，隨相別名，不名菩提。何者八相。如經中說，一昇兜率，二退來入胎，三住胎中，四者出生，五者出家，六成佛道，七轉法輪，八般涅槃。此等一一廣辨如經。八中第六，現成佛道，正是應化菩提之體。前五方便，後二作用。真應如是。

次第三門，隨義分別。義別六門，如《地持》說，一自性義，二無上義，三名稱功德，四隨念功德，五堪能義，六最勝義。六中前二是其自德，後四化德。就自德中，初一自性，正是德體，後一無上，顯德殊勝。就化德中，初三德體，後一最勝，彰德殊勝。今依此門，次第辨釋。

初自性者，辨明菩提行德體性，故曰自性。於中分別，略有三門，一解脱畢竟，二般若圓備，三法身窮滿。《涅槃經》中，說此三義，成大涅槃。《地持》說此爲菩提性。彼論宣說二斷二智是解脱也。二斷即是無爲解脱，故論結之名大解脱。何者二斷：一、煩惱障斷，斷離五住性結煩惱。二、智障斷，斷事無知。二智即是有爲解脱。何者二智。一、煩惱障斷，一切煩惱不相續智。二、智障斷，一切所知無障礙智。彼論說[二四]，清淨之智及一切智無礙智等，即是般若。諸佛如來證如之慧，能滅煩惱，清淨明達，是清淨智。了知世諦一切種法，是一切智。於一切智所知法中，知之自在，不假方便，發心即知，名無礙智。此三如後三智章中具廣分別。彼說如來有百四十不共佛法，及佛願智、無諍之智、四無礙辨，是名菩提，即是如來法身滿也。言百四十不共法者，所謂如來三十二相、八十種好，爲百一十二。四一切種淨，通前合爲百一十六。十力及與四無所畏，通前合爲一百三十。加三念處及三不護，通前合爲百三十六。大悲七，不忘法八，斷除諸習九，一切種妙智十，此合通爲百四十也。此佛獨有，不通二乘，名不共法。如後廣釋。如來願智及無諍智，如前五智章中具解。四無礙辨，亦如上釋。自性如是。

言無上者，佛德殊勝，超過二乘，故曰無上。分別有七：一、身無上，相好殊妙。此即就前百四十中三十二相、八十種好，説無上也。二、道無上，自度度他，多所過度，哀愍世間，利安天人。此即就前大悲等行説無上也。三、正無上，四正成就，所謂正戒、正見、威儀及與正命。言正戒者，遠離性罪。言正見者，遠離邪謗。正威儀者，離飲酒等一切逆(三五)過。言正命者，離餘一切邪命自活。此即就前三種不護及斷習等説無上也。四、智無上，謂四無礙。此即就前四無礙辨，説無上也。五、神力無上，成就六通，此即就前清淨智、一切智、無礙智及十力等説無上也，此等諸智是通體故。六、斷無上，煩惱障斷及知障斷，此就前斷説無上也。七、住無上。住有三種，所謂聖住、天住、梵住。空無相願，滅盡正受，是其聖住。四無量心，是名梵住。四禪四無色定，是名天住。如上廣解。此亦就前一切種智説無上也。無上如是。

上來自德，下明化德。於中初三化德之體，後一顯勝。前三中，初一明其名稱功德，美響外彰，令人歸敬。第二明其隨念功德，隨念起化。第三堪能獨廣益。名稱德者，所謂如來十號曰德，始從如來，乃至第十名婆伽婆，亦曰世尊，如後廣釋。隨念德者，隨諸衆生心念不同，於一切時及一切處而爲示現。堪能義者，一三千界獨一如來能爲廣益，第二佛出，更無所爲。最勝義者，勝有二種：一者德勝，一切如來化相差別，實德平等。故彼文言，一切如來唯除四事有增減相，非餘功德。言四事者，一是壽命，命有修促。二者名稱，名有遠近。三者種姓，氏族高下。四者色身，形有大小。唯此增減。自餘十力、四無畏等皆悉等也，等故勝矣。二者身勝，諸根相好，皆悉增上。不以女身得成佛道。何故如是。如來先於初阿僧祇已捨女身，況佛樹下。先捨今無，是故不以女身成佛。又復女人性多煩惱，成就惡智，不以煩惱惡智成佛，爲是無之。一一廣釋，如《地持論》。今略言耳。此三門竟。

次第四門，辨其有得無得之義。方便菩提，

修起在緣，一向有得，斷除生死，得菩提故。性淨菩提，亦得不得。約相論實，因滅無明，獲得熾燃三菩提燈，名之爲得。證實返望，從來無緣，智復從何修證菩提，故即無得。無得之義，分別有五：一、菩提體外，無別我人能得菩提，爲是無得。故《維摩》言，實無得者，亦無退者。良以有人則非菩提，無人方是，故無得者。二、菩提體外，無別有法能得菩提，是故無得。故《維摩》言，菩提不可身得心得。良以有身則非菩提，無身方是，故叵身得。良以有心則非菩提，無心方是，故叵心得。三、菩提體如，妙寂離相，無可取捨，是故無得。故彼《金剛般若經〔二六〕》乃至無小〔二七〕法可得，是名菩提，故不可得。四、菩提體常，性〔二八〕出自古，不從緣生，爲是無得。故《涅槃》云：智慧性常，不從因緣，世尊何故可〔二九〕問其因緣。以無緣故，無其能得。常非修起，故無所得。五、菩提無有住處可求，是故無得。故天女云，菩提無處，故無得在。問曰：菩提在於後際，云何無處。釋言：據凡以望菩提，生死在此，菩提在彼。若據菩提實性以論，無凡在此，約誰説彼，故無住處。問曰：《地經》説一切處得阿耨多羅三藐三菩提，云何無處。義同前解。約相論實，言一切處得於菩提，就實以望，無處可在，故言無處，以無處故，不可得矣。得無得義，辨之略爾。此四門竟。

次第五門，通局分別。約位辨之，性淨菩提有通有局。分別有二：一、就實通論，體通染淨，因中亦有。故經説言，一切衆生即菩提相。二、約人論實，菩提真性，窮證在佛，就佛返望，由來常是，本無妄染能覆障故。故經説言，凡夫未成佛，菩提爲煩惱，聖若成佛時，煩惱是菩提。與經中説佛知衆生即涅槃相，不復更滅，其義相似。三、約相辨實，在因之時但名佛性，未名菩提，至果顯了，方名菩提，菩提是其了因果故。方便菩提，凡時全無，設言有者，但於佛性真心體上有可生義，未有法體。故經説言，本有今無，本無今有，三世有法，無有是處。言本有者，本在凡時但有生死有爲之法。言今無者，當今現在有生死時，無其世出菩提行德。言本無者，本在凡時未有出世菩提行德。言今有者，本〔三〇〕現無菩提德時，但有生死。三世有法，無是處者，生死之法三世恒有，無是處故，凡有聖無，菩提行德三世恒有，無是處故，聖有凡無。經釋如是。有人説言，方便菩提凡時亦有。是義不然。若使凡時已有菩提，本有今無，本無今有，如此之偈，意何所顯。三世有法，無有是處，何得先有。又經中説，方便菩提是生因果，本無今有，何得言生。先有今顯，是了因果，何得言生。又《涅槃》中，廣舉乳酪及與樹子相生因果而爲譬況。若使凡時已有菩提，乳應有酪，樹子之中應先有樹。乳中之酪，子中之樹，佛已廣破，所況同爾，何勞强立。又《涅槃》説，若言身中全無佛性，犯波羅夷。若説身中先有菩提，犯波羅夷。此罪可畏，何用言有。又《涅槃》言，若説先有常樂我淨，不集不生，煩惱覆障，不能得見，破煩惱已，然後見之，是則名爲謗佛法僧。謗罪非輕，强立何益。又《涅槃》中辨四種性。或有佛性，闡提人有，善根人無。或有佛性，善根人有，闡提人無。或有佛性，二人俱有。或有佛性，二人俱無。如是等四句之義，汝等云何一向作解。經文如是，若言性淨方便菩提二俱本有，云何得言闡提人無，云何得言二人俱無。復釋言：不顯故無，非全無體。若言無者不顯名無，二人有者，應當是顯，二人之有非顯名有，判〔三一〕知無者非隱名無。又復方便菩提之果即是報佛，酬因名報，本來恒有，有前無因，酬誰名報。以斯驗求，本有大過，無宜更立。問曰：經説衆生身中具足如來眼耳等根及諸佛法，今云何言方便菩提凡時全無。釋言：經説具一切法，是法佛性，不論方便。凡聖相對，通局如是。

若唯就聖，通局有五：一、極通論之，三乘賢聖悉得菩提。故《地持》云：聲聞得於聲聞菩提，緣覺得於緣覺菩提，菩薩得於無上菩提。如是等也。二、簡大異小，菩提在大，不通小乘。故《大品》中説五菩提偏在大乘。五菩提義，如上廣釋，今略列之：一、發心菩提，在於無量生死海中發菩提心，位在善趣。二、伏心菩提，在於種性伏忍位中。三、明心菩提，在初地上，般若轉增，故説爲明。四、出到菩提，在七地上，出離有無，到無生忍。五、無上菩提，在於佛地。以此五種純在大乘，明不通小。三、簡作異退，菩提局在種性已上。故《華嚴》中説習種中云初發心便成正覺。又《涅槃》中説，須陀洹八萬劫到，乃至辟支十千劫到於阿耨多羅三藐三菩提。此乃到於種性已上，名到菩提。以種性上，事識之中緣觀時[三]息八識，真心薄鄣中現，依之成德，故種性上名得菩提。前未同此，所以不説。四、簡聖異凡，菩提局在初地已上，不通地前。故《法華》中宣説，菩薩聞説壽量，或有八生乃至一生得大菩提。論言八生乃至一生得菩提者，初地證智，明知菩提局在地上。以初地上七識心中，緣觀漸息，真智漸現，名得菩提。地前未同，所以不説。五、簡果異因，菩提在佛，不通餘人。故《地持》云：得方便者，一切菩薩所修學道。言得義者，無上菩提。明知菩提偏在佛果。通局如是。此五門竟。

次第六門，約時分別。時謂三世。約此三時，以辨菩提。菩提不定，有是三世非三世義。言三世者，有其二種：一、體變三世，謂佛應身隨化遷變。二、約對惑障，得有前後。非三世者，解亦有二：一、體非生滅，故非三世，翻向初門。二、證實離緣，妙亡形待，故非三世，翻向後門。故經説言，如來佛性，則非過去、未來、現在。又經亦言，我觀如來，前際不來，後際不去，今則不住。如是等也。良以菩提有斯不定，故經説言，世俗文字説有三世，非謂菩提有去來今。是義云何。汎解有四：一、就真應相對分別。應化有時，故三世攝。真德常住，猶如虛空，無去來今。二、就真中性淨方便相對分別。方便菩提，從緣修生，生有前後，故三世攝。性淨菩提，雖從修觀，性出自古，不從緣生，非去來今。第三，直就性淨之中約修就證而爲分別。性淨菩提藉緣修顯，修別前後，淨非一時，故有三世。得證返望，從來無隱，今非彰顯，非因非[二三]果，以是義故，非去來今。此之一義，與《涅槃》中捨世諦慈得第一義慈，第一義慈不從因緣，其言相似。第四，直就性淨之體，約緣就實而爲分別。據緣望實，緣外有實，緣外之實，息緣方會，會之前後，故有三世。就實論實，實外無緣，緣本不有，誰來覆我，故本無隱。今現無隱，豈有今顯。實性常寂，不隨緣變，以是義故，無去來今。具此多義，是故菩提亦是三世。約時如是。此六門竟。

次第七門，約對涅槃，辨其一異。一異不定。何故如是。法門有二，一分相門，二攝相門。分相言之，菩提、涅槃兩門各異。攝相爲論，菩提、涅槃兩體是一。於中略以二門分別，一約行斷二德分別，二約性淨方便分別。

行斷門中，分相言之，一切行德悉名菩提，行是道故，一切斷德齊稱涅槃，斷是滅故。若據攝相，一切行斷皆是菩提，並是涅槃，皆[二四]是菩提，如《地持》說。故彼文言，二斷二智，是名菩提。問曰：菩提，此翻名道，行德是道，可名菩提，斷德非道，以何義故亦名菩提。釋有三義：一、斷是道果，果從因稱，故曰菩提，如命食果，說命爲食。二、以斷義是菩提家離過之德，攝德從體，故曰菩提。如諸心法，是慧眷屬，通名爲慧，如是一切。三、以斷德體無擁障，即是道義，以是道故，說爲菩提。行斷二德，俱爲涅槃，如《涅槃》說。彼文宣說，滅諸煩惱，名爲涅槃，是其斷也。宣說三事成大涅槃，是其行也。問曰：涅槃，此翻名滅，斷德是滅，可名涅槃，行德非滅，以何義故得名涅槃。解亦有三：一、以行德是其滅因，因從果稱，故曰涅槃，如食命因，說食爲命。亦如《地持》所說因樂，因雖非槃，是樂因故，亦名爲樂，此亦同爾。二、以諸行是涅槃家對治行德，涅槃眷屬，攝德從體，故名涅槃。三、以諸行皆有離過寂滅之義，故曰涅槃。行斷如是。

次就性淨方便分別。分相言之，性淨之果悉爲涅槃，性淨體寂無爲相故。方便之果悉爲菩提，行修方便，能通行人菩[二三五]提、涅槃[二三六]故。此之一義，如《涅槃》說。故彼宣說，菩提之德，生因所生，涅槃之德，生因所顯。良以方便獨爲菩提，言無所濫，不須更以方便樹別。性淨之德獨爲涅槃，言亦無濫，是故不須性淨樹別。故《涅槃》中，一切菩提雖是方便，不名方便，一切涅槃雖是性淨，不名性淨。攝相言之，性淨方便，俱名菩提，並稱涅槃。俱名菩提，如彼《金剛般若》中說。故彼文中，本性今顯，論寂名爲性淨菩提，修生功德，論現名爲方便菩提。良以二種皆菩提故，須以性淨、方便別之。

問曰：方便修生功德，通人至果，有其道義，可名菩提。性淨之德，無如是義，有何所以，亦名菩提。解有三義：一是道家所了之果，果從因稱，故名爲道。以是道故，名曰菩提。二、道家之體，攝體從德，故曰菩提。三、性淨之德，體通無壅，即是道義，故曰菩提。性淨、方便，俱是涅槃，如《地論》說。《涅槃經》中亦有此相。彼經之中，性淨之果，名之爲常，方便報果，說之爲性。佛自說言，若能修此常住二字爲滅相者，我於其人爲般涅槃。爲滅相者，依外國語爲涅槃相，常住二字修爲滅相，即是猶爲涅槃相矣，故知二種並是涅槃。良以二種俱涅槃故，須以性淨、方便別之。

問曰：性淨法性體寂，可名涅槃。方便功德，道諦所收，修起不寂，以何義故得名涅槃。解有三義：一是性淨涅槃之因，因從果稱，故名涅槃。二、涅槃家德，攝德從體，故名涅槃。三、修起功德，亦有離相寂滅之義，故名涅槃。以其通故，性淨菩提體即是其性淨涅槃，故第一義諦，亦名菩提，亦名涅槃。方便菩提體即是其方便涅槃，故修報常得爲滅相。菩提、涅槃，一異如是。菩提之德，體深義廣，難以測窮，且隨詮况，辨之略爾。

卷第十八

校勘記

〔一〕「能」，底本原校云一本作「德」。

〔二〕「入」，底本原校云一本前有「爲」字。

〔三〕「涅」，底本原校疑前脱「故」字。

〔四〕「能」，底本原校云一本作「德」。

〔五〕「之」，底本原校云一本作「滅滅」。

〔六〕「非」，底本原校云一本前有「非一相」三字。

〔七〕「界」，底本作「字」，據底本原校及校本校勘記改。

〔八〕「曰」，校本無，校本校勘記云甲本作「四」。

〔九〕「言」，底本脱，據底本原校及校本補。

〔一〇〕「爲」，底本原校云一本無。

〔一一〕「報」，校本校勘記云甲本作「難」。

〔一二〕「唯」，底本原校疑衍。

〔一三〕「彼」，底本原校疑爲「波」。

〔一四〕「論」，底本原校疑後有脱字。

〔一五〕「亦」，底本原校疑衍。

〔一六〕「長」，底本原校疑衍。

〔一七〕「藏」，底本原校疑後脱「中」字。

〔一八〕「若」，底本原校云經作「夫」。

〔一九〕「實」，校本校勘記云甲本作「定」。

〔二〇〕「實」，校本校勘記云一本作「定」。

〔二一〕「者」，底本原校疑衍。

〔二二〕「是」，底本原校疑後脱「則」字。

〔二三〕「故」，底本原校疑衍。

〔二四〕「爲」，底本原校云一本作「屬」。

〔二五〕「從」，底本原校疑後脱「其」字，校本校勘記云甲本作「依」。

〔二六〕「作」，校本作「修對治」。

〔二七〕「先」，底本作「光」，據底本原校及校本改。

〔二八〕「心」，底本原校疑爲「必」。

〔二九〕「性」，校本校勘記疑前脱「以」字。

〔三〇〕「故」，底本原校云一本作「放」。

〔三一〕「三」，校本校勘記云甲本作「亡」。

〔三二〕「對」，底本原校疑前有脱字。

〔三三〕「一切」，底本原校云一本作「是」。

〔三四〕「動」，底本原校疑爲「熏」，校本無，校本校勘記云甲本作「力」。

〔三五〕「從」，底本脱，據校本校勘記補。

〔三六〕「論」，底本後衍「中」字，據底本原校及校本删。

〔三七〕「起」，底本後衍「緣起」二字，據底本原校及校本删。

〔三八〕「果」，底本原校疑爲「累」。

〔三九〕「法」，底本原校云一本作「此」。

〔四〇〕「又」，底本作「文」，據底本原校及校本改。

〔四一〕「没」，校本無，校本校勘記云一本作「促」。

〔四二〕「謂」，底本原校疑衍。

〔四三〕「事」，底本原校云一本前有「三」字，校本校勘記云一本作「三」。

〔四四〕「此後」至「如是」，底本原校云一本無。

〔四五〕「總」，底本原校云一本無。

〔四六〕「成」，底本原校疑後脱「就」字，校本校勘記云甲本後有「佛」字。

〔四七〕「有」，底本原校疑爲「諸」。

〔四八〕「方」，校本無，校本校勘記云甲本作「號」。

〔四九〕「各」，底本原校疑爲「名」。

〔五〇〕「有」，底本原校云一本無。

〔五一〕「爲數滅」，底本脱，據底本原校及校本補。

〔五二〕「直説」，底本原校疑爲「真識」，校本校勘記云甲本作「真脱」。

〔五三〕「而」，底本原校疑後脱「爲」字。

〔五四〕「除」，底本原校疑前脱「能」字。

〔五五〕「是」，底本原校疑後脱「故」字。

〔五六〕「二事」，底本原校疑爲「諦」，下一「二事」二字同。

〔五七〕「言」，底本後衍「聲」字，據校本删。

〔五八〕「之」，底本原校疑後脱「人」字。

〔五九〕「真」，底本原校疑前脱「佛」字。

〔六〇〕「彼」，底本原校疑後脱「故」字。

〔六一〕「心」，底本後衍「信心」二字，據底本原校及校本删。

〔六二〕「法」，底本原校疑爲「恒」，校本無，校本校勘記云甲本作「住」。

〔六三〕「生」，校本校勘記云一本作「滅」。

〔六四〕「不生故名曰」，底本原校云一本無。

〔六五〕「名曰不滅故」，校本校勘記云一本無。

〔六六〕「實」，底本原校疑衍。

〔六七〕「向説」，校本校勘記云甲本無。

〔六八〕「修得」，校本校勘記云甲本無。

〔六九〕「縱」，底本原校云一本作「假」。

〔七〇〕「生」，底本前衍「生」字，據底本原校及校本删。

〔七一〕「諸」，底本原校疑前脱「謂」字。

〔七二〕「字」，校本無，校本校勘記云甲本作「無」。

〔七三〕「可」，疑爲「所」。

〔七四〕「是」，疑衍。

〔七五〕「義」，底本原校云一本後有「如是」二字。

〔七六〕「量」，底本後衍「無量」二字，據底本原校及校本删。

〔七七〕「土」，底本作「立」，據底本原校及校本校勘記改。

〔七八〕「亦」，校本無，校本校勘記云甲本作「猶」。

〔七九〕「脱」，校本校勘記云甲本作「淨」。

〔八〇〕「次」，底本原校云一本作「淨」。

〔八一〕「真」，底本原校疑爲「俗」。

〔八二〕「亡」，校本無，底本原校疑爲「言」，校本校勘記云甲本作「云」。

〔八三〕「亡」，底本原校疑爲「言」。

〔八四〕「苦」，校本校勘記云甲本後有「報」字。

〔八五〕「常」，校本校勘記云一本作「成」。

〔八六〕「八」，底本作「入」，據底本原校及校本改。

〔八七〕「彼」，底本原校疑爲「波」。

〔八八〕「爲他」，校本無，底本原校疑衍。

〔八九〕「具」，底本原校疑後脱「有」字。

〔九〇〕「槃」，底本原校疑後脱「無槃」二字。

〔九一〕「覆」，校本校勘記云甲本作「虚」。

〔九二〕「説」，底本脱，據底本原校及校本補。

〔九三〕「是」，底本原校疑後脱「名」字，校本校勘記云甲本後有「其」字。

〔九四〕「阿」，底本原校疑前脱「諸」字。

〔九五〕「客」，底本原校云一本作「害」。

〔九六〕「然」，底本原校疑爲「生」。

〔九七〕「别」，底本原校疑爲「則」。

〔九八〕「滅義」，底本原校疑衍。

〔九九〕「局」，校本校勘記云甲本無。

〔一〇〇〕「中」，底本原校疑衍。

〔一〇一〕「示」，底本原校云一本無。

〔一〇二〕「本」，底本前衍「若」字，據底本原校及校本删。

〔一〇三〕「了」，底本作「可」，據底本原校及校本校勘記改。

〔一〇四〕「但」，底本前衍「故」字，據底本原校及校本删。

〔一〇五〕「解」，底本原校云一本作「方」。

〔一〇六〕「始」，校本校勘記云甲本作「如」。

〔一〇七〕「體」，底本原校疑前脱「經」字，校本校勘記云一本前有「法」字。

〔一〇八〕「緣别」，底本原校疑衍。

〔一〇九〕「通」，校本校勘記云甲本作「運」。

〔一一〇〕「共」，底本原校云一本作「其」。

〔一一一〕「是」，校本校勘記云甲本後有「上」字。

〔一一二〕「説無」，校本校勘記云甲本無。

〔一一三〕「種」，校本校勘記云甲本後有「性」字。

〔一一四〕「矣」，底本原校疑衍。

〔一一五〕「現」，底本原校云一本作「隨」。

〔一一六〕「强」，底本原校疑爲「施」，校本無。

〔一一七〕「緣」，底本後衍「緣」字，據底本原校及校本删。

〔一八〕「雖」，底本原校疑前脱「兔角」二字。

〔一九〕「作」，底本原校疑衍。

〔二〇〕「起」，校本校勘記云甲本作「現」。

〔二一〕「便」，底本原校疑衍。

〔二二〕「難」，底本原校疑爲「雖」，校本無。

〔二三〕「分」，底本原校疑後脱「别」字。

〔二四〕「説」，底本原校疑前脱「宣」字。

〔二五〕「逆」，底本原校疑爲「遮」。

〔二六〕「經」，校本校勘記云甲本後有「言」字。

〔二七〕「小」，底本原校疑前脱「有」字。

〔二八〕「性」，底本原校云一本作「言」。

〔二九〕「可」，底本原校疑衍。

〔三〇〕「本」，底本原校疑爲「今」。

〔三一〕「判」，校本無，校本校勘記云一本作「則」。

〔三二〕「時」，底本原校云一本作「漸」。

〔三三〕「非」，底本脱，據底本原校及校本補。

〔三四〕「皆」，校本校勘記云甲本前有「行斷二德」四字。

〔三五〕「菩」，校本校勘記云甲本前有「至」字。

〔三六〕「涅槃」，校本校勘記云甲本無。

大乘義章卷第十九

遠法師撰

淨法聚果法中，此卷有九門。淨土義。三佛義。三智義。三不護義。三念處義。四一切種淨義。二智義。四智義。四無畏義。

淨土義，六門分别。釋名，一。辨相，二。明因，三。約身明土，四。凡聖有無，五。質之同異，六。

第一釋名。言淨土者，經中或時名爲佛刹，或稱佛界，或云佛國，或言佛土，或復説爲淨刹、淨界、淨國、淨土。刹者，是其天竺人語，此方無翻，蓋乃處處之别名也。約佛辨處，故云佛刹。佛世界者，世謂世間，國土境界盛衆生處名器世間。界是界別，佛所居處，異於餘人，故名界別。又佛隨化住處各異，亦名界別。約佛辨界，名佛世界。言佛國者，攝人之所，目之爲國，約佛辨國，故名佛國。言佛土者，安身之處，號之爲土，約佛辨土，名爲佛土。若論其國，王領者有，不王者無，土即不爾，有身皆有。刹之與界，其義則通。此無雜穢，故悉名淨。淨刹性海，蓮華須彌，諸如是等，寬狹别稱。問曰：國土，衆生共俱，何故偏名佛國土乎。今明佛土，不説餘故。又佛是主，故名佛土。名義如是。此一門竟。

次辨其相。爲明佛土，兼辨餘義。分別有三，一事淨土，二相淨土，三真淨土。事淨之中，三門分別，一總辨相，二別顯之，三約諦以定。

總相云何。言事淨者，是凡夫人所居土也。凡夫以其有漏淨業，得淨境界，衆寶莊嚴[一]餝，事相嚴麗，名爲事淨。然此事淨，修因之時，情有局别，受報之時，土有分限，疆畔各異。又此修時，取相執定，受報之時，國土莊嚴，諸相各定。總相如是。

次別顯之。事淨有二：一是凡夫求有淨業所得之土，如上諸天所居等是。由從求有善業得故，受用之時還生三有，煩惱結業，不生出道。有[二]生者，別由善友教化之力，所以能起，非是所受境界之力。二是凡夫求出善根所得淨土，如安樂國衆香界等。由從出世善業得故，受用之時，能生出道。如衆香飯，其有食者，滅惑生道，如是等也。問曰：此土諸天境界[三]，爲當純是求有業生，爲當[四]有出世善得。理亦兼有，故《涅槃》中，佛説我義，無量鳥狩，聞説發心，生於天中。明知亦有出善往生，少故不論。別相如是。

次約四諦辨定其相。前兩門中，初門之因，唯是集諦，分段因故。初門之果，體唯苦諦，分段果故。後門之因，有其兩能，一正感佛果，二傍招淨土。正感佛邊，一向非集，能生佛德，不集生死諸有果故。傍招土邊，亦集非集。形於向前初門之因，得言非集，求出善根是其相似道諦攝故。當分實論，體性是集，能招有爲生滅果故。故論後門之果，形前非苦，是其相似出世果故。故論宣說，無量壽國不屬三界。彼無貪欲，故非欲界。以在地故，不名色界。有形色故，非無色界。以是相似道家之果，攝之屬道，故不名苦。似佛淨土，菩提道攝。當分實論，體是苦諦，生滅果故，有漏報身所依處故。事淨如是。

次辨相淨。於中亦以三門分別，一總辨相，二別顯之，三約諦辨定。總相云何。

言相淨者，聲聞、緣覺及諸菩薩所居土也。如龍樹說，有妙淨土，出過三界，是阿羅漢當生彼中，如是等是。此諸賢聖，修習緣觀對治無漏所得境界，妙相莊嚴，離垢清淨。土雖清淨，妄想心起，如夢所覩，虛僞不真。相中離垢，故名相淨。然此相淨，修因之時，情無局別，受報之時，土無方限。又此修時，心無定執，所得境界隨心迴轉，猶如幻化，無有定方。總相如是。

次別顯之。別有兩門，一約行分別，二約心分別。言約行者，行別有二：一是聲聞、緣覺之人，自利善根所得之土，虛寂無形，如無色界所安止處。問曰：無色云何有處。釋曰：四空但無麤色，非無細色，故得有處。故經宣說，菩薩[五]鼻根聞於無色宮殿之香。如龍樹說，有妙淨土，出過三界，羅漢生中，聞《法華經》，即其事也。由從自行善根生故，受用之時，但生自行，厭離善根，不能自然起慈悲願利他之行。設有起者，由佛菩薩教化之力，非是所受境界之力。二、諸菩薩化他善根所得之土，不捨衆生，隨物受之。如維摩室，由從化他善根生故，受用之時，自然能起利他善行。約行如是。

言約心者，心別有二：一、事識中緣觀無漏，能得淨土。二、妄識中緣觀無漏，能得淨土。事識無漏，有其[六]二種：一、增相觀所得淨土，相續住持，證實方捨。二、息相觀所得淨土，暫現如幻。妄識無漏，亦有二種：一、增相觀所得淨土，相續住持，證實方捨。二、息相觀所得淨土，暫現即滅。別相如是。

次第三門，約諦以定。相淨之因，形前非集，道諦攝故，當分是集，變(七)易因故。相淨之果，形前非苦，道果攝故，如佛淨土，菩提道攝。當分實論，體性是苦，變易果故。相淨如是。

次明真淨。四門辨之，一總辨相，二別顯之，三約諦決定，四隨義廣辨。

總相云何。言真淨者，初地以上乃至諸佛所在土也。諸佛菩薩實證善根(八)所得之土，實性緣起，妙淨離染，常不變故，故曰真淨。然此真淨，因無緣念，土無緣念(九)土無相狀，如梵天王頂上寶珠，體雖是有，向(一〇)無青黃赤白等相。亦如比丘無作戒法，體雖是色，而無一相。有而無相，土之妙也。又此真土，因無定執，土無定所。因無分別，土無彼此自他之異。總相如是。

次別顯之。於中曲有三門分別。一、對妄分別，真行有二。一離妄真，保(一一)諸菩薩所成真行爲妄所離，所得真土還與妄合，如空在霧。於此門中，土隨位別，階降不等。隨諸地位，分分漸增，妄土漸滅，真土漸現，如霧漸消，虛空轉現。二純淨真，謂佛如來所在之土，純真無雜，如淨虛空。土雖清淨，應與染合。二、約行分別。行要唯二，一智二悲。智依空成，以智攝行，行皆離相，所得之土，還同彼因，妙寂離相，猶若虛空。悲隨有生，以悲攝行，行皆爲物，所得之土，還同彼因，隨物所現，猶如淨珠，無色不現。故《地經》云：雖知諸佛國土如空，而觀無量莊嚴土行。三、約法分別。於彼真實如來藏中，法門有二。一寂滅門，依之得土，還同彼法，寂滅離相。二是緣起作用法門，依之起土，無所不現，如如意珠，隨心所求，無所不現。別相如是。

次約諦論。於此門中，淨土之因，或道或滅。行因體(一二)起，是道諦收。法門力起，是滅諦攝。果亦如之，或菩提收，道果攝故。或涅槃收，滅果攝故，似佛法身。約諦如是。

次第四門，隨義廣辨。於中開合，廣略不定。

或總爲一，唯一佛土。或分爲二，唯真與應。自所詑土，名之爲真。隨他[一三]異現，説以爲應。其真土者，即是平等法門之土，妙寂離相，圓備衆義，形無定所，無處[一四]不在。其猶陰陽五行之法，此喻似法，持[一五]宜審記。土既如是，諸相莊嚴，寧可別取。雖無別狀，不得言無。土雖妙寂，與[一六]是緣起作用之性，萬物依生，化應所託，其猶陰陽五行等法，能造世間一切色像。真土如是。

其應土者，隨情[一七]現示，有局別。染淨軀分，形殊[一八]善惡，諸相莊嚴，事別各異。應土如是。

或分爲三，一法性土，二實報土，三圓應土。法性土者，土之本性，諸義同體，虛融無礙，猶如帝網，亦如虛空，無礙不動，無所有等，同體義分。《地經》所説真實義相，即其義也。一切世界本性恒爾，而諸衆生妄想覆心，自累成隔，無礙法中，見爲定礙，有處定有，無處定無，染處定染，淨處定淨，地處定地，水處定水，如是一切。後息妄想，彼土實性，顯成我用，名法性土。實報土者，菩薩顯前法性土時，曠修法界無盡行業，以此淨業動發之力，於彼無邊淨法界處，無量殊異莊嚴事起，名實報土。此實報土，義別三種，同後報身，一依法説，還同法性，諸相莊嚴，融同無礙，如海十相，一一充遍。圓應土者，前二真土，猶如淨珠，能隨衆生，種種異現，用無缺少，名圓應土。

或分爲七，如《地經》説，一同體淨，二自在淨，三莊嚴淨，四受用淨，五住處衆生淨，六者因淨，七者果淨。七中前四，明土體相。第五一種，寄人顯勝。後之兩門，舉因顯果。就前四中，初之兩門明其土體，第三一門辨其土相，後一土用。初二體中，前一明其土體無別，後一彰其土體清淨。

同體淨者，事相隔礙，名爲不淨，同體虛[一九]融，名爲淨矣。云何同體。分別有三：一、本末分別，法性之土是其根本，報應爲末。一切報應，法性爲體，故名同體。二、真應分別，一切應土用真爲體，故名同體。三、就應中諸土相望，同體無別，故名同體。如此娑婆土田世界，異種衆生於此土上種種異見，如螺髻王見寶莊嚴，如是等也。所見異土同用娑婆土地爲體，如是一切，故名同體。故經說言，一切佛土即一佛土，一即一切。三義如前。

自在淨者，泛論淨義，有其二種：一是相淨，諸寶莊餝，清淨嚴麗，如安樂界衆香國等。二、自在淨，猶如淨珠，美惡斯現，所現無礙，故曰自在。由土體淨，故能如是無礙自在，舉用顯體，名自在淨。今此所論，義當後門。故經說言，一切國土平等清淨。淨相之土，彼穢此淨，不名平等。自在淨者，染淨圓通，法界齊等，故曰平等。此二土體。

莊嚴淨者，是其土相。泛論有三：一、人莊嚴。勝善衆生，居住其中，土名淨矣。下五[二〇]住處衆生淨者，即其義也。二、法莊嚴。具諸佛法，其土名淨。故《地論》言人及諸法莊嚴。三、事莊嚴，五欲殊妙。此三種中，《地經》偏說一事莊嚴爲莊嚴淨。土[二一]中有三：一、神通莊嚴，一切境界變現無礙。二、光明莊嚴，常有光明，滅除闇冥。三、相莊嚴，衆寶莊飾餝。故經說云，神通莊嚴，光相具足。

受用淨者，是其土用。淨土境界，受用之時，能滅煩惱，出生道[二二]。

此前四種，明土體相。第五住處衆生淨者，寄人顯勝。無量功德智慧衆生，悉滿其中，故土勝矣。又以善人居住其中，故土清淨。

後兩門中，初因淨者，舉因顯果。因有二種：一、淨土行業，所謂布施、持戒行業，如《維摩》說。二、淨土德業，所謂淨土三昧法門。得此門同[二三]故，一切境界隨心迴轉，如金剛藏所入佛國體性三昧，如是等也。《地經》之中偏據後門，故彼又[二四]言，入佛上妙平等境界，名爲因淨。諸佛如來淨土法門，名爲上妙平等境界，菩薩證入，能有異現，説爲因淨。

言果淨者，對因明果，泛論有二：一、相淨果。菩薩曠修淨土行業，得妙淨土，諸相莊嚴，純淨無穢。二、自在淨果。依前淨土三昧德業，種種異現。《地經》所説，義當後門。故彼經中，隨諸衆生心之所樂，與爲示現，名爲果淨。隨别廣論，亦可無量。辨相如是。

次第三門，辨定其因。且約三土以定其因。先約法報二土辨因，應後别説。法報二土，因相云何。分相論之，無始法性是法土因，諸度等行是報土因。攝相言之，二土並用無始法性諸度爲因。於中義分，有緣有正。緣正相對，曲有兩門：一、别相説，法性之土，無始法性以爲正因，諸度行[二五]以爲緣因。實報之土，諸度等行以爲正因，以親生故，法性爲緣。二、通相説，二土並用無始法性以爲正因。雖俱法性以爲正因，而[二六]别各[二七]因。法土之因，本有法體，與後顯時，體無增減，隱顯爲異。報土因者，本無法體，但於向前法土因上，從本已來，有其緣起可生之義，遇緣便生，如礦中金有可造作莊嚴具義，遇緣便作，非先有法以在其中。二土齊用諸度業行以爲緣因。雖俱諸度以爲緣因，於中細分，其義亦異。異相如何。諸度等行有能生義，説之以爲報土之緣，如地水等能生諸物，諸度等[二八]行有能了義，説之以爲法性[二九]土之緣。前二如是。

次論應土。應土之因，有無不定，攝用[三〇]從體，更無别因。譬如世人，因形有影，影無别物，業見土異，非我爲故，分用異體，亦説有因，以是果故。因有二種：一、同類因，還以應行而爲應因，諸佛如來得土已久，現修諸行，莊嚴佛國。如彌陀佛國現修四十八弘誓願及諸所行，莊嚴西方安樂世界，如是等也。二、異類因，實行真法爲應土因。然就應中，義别有二：一是法應，淨土三昧法門力故，現種種刹。二是報應，以本大悲願力因緣，現種種土。義别如是。此二别分，法應之土，如來藏中淨土法門以之爲因，報應之土，大悲願力以之爲因。悲願爲主，統攝諸行，皆爲因矣。分相如是。攝相言之，二應並用淨土法門悲願爲因，於義別分，有緣有正。緣正不定。若論法應，淨土法門以爲正因，大悲願等以爲緣因。若無悲願，彼法不能獨生應土。譬如火珠，雖能出火，要因見日。亦如水珠，雖能出水，要須見月。故經説言，異法有故異法出生，異法無故異法滅壞。報應之土，大悲願等以爲正因，淨土法門以爲正[三]緣因。若無彼法，雖有悲願，應土不生。譬如音聲，雖能發響，必依潤谷。面能生像，必依水鏡。問曰：應土從實悲願法門力起，何不名真，乃説爲應。釋言：大悲願力行等，正得真土。增上緣力，兼生應土。由非正起，故不名真。緣力兼生，令人見聞，故説爲應。辨因如是。

次第四門，約身明土。於中由有三門分別，一明身土相依本末，二明身土相依廣狹，三明身土相依總別。

言本末者，隨相言之，身報依土，窮實論之，國土依身。故《華嚴》云：寶華雲香諸莊嚴具，皆從如來法身中出。又彼亦言，三世劫數及諸佛剎，於一佛身一切悉現。此即是其土依身也。佛土既然，凡土亦爾。隨相論之，身報依土，窮實亦是國土依身。故經云[三]宣説，三界虚妄，唯一心作。本末如是。

次明廣狹。其義不定，分別有四：一、土寬身狹。如常所見，良以身是自己別報，所以局狹。土是共果，彼此同依，所以寬廣。二、身寬土狹。如經中説，或有佛土在佛菩薩毛孔中住，或在菩薩衣文中住，或在菩薩天冠中住，如是等也。三、身土俱寬。據實以論，身如虚空，土亦如之。四、身土俱狹。隨化衆生，或現小身，或居方便土。廣狹如是。

次明身土相依總別。總相論之，三身一身三土[三]，以一佛身依一佛土。隨義別分，用彼三身別依三土。法性之身，依法性土。實報之身，依實報土。應化之身，還依應土。問曰：法身與法性土，有何差別，與〔三四〕說相依。釋言：身土性雖無別，隨相分異，故得相依。身之實性，名法性身。土之實性，名法性等〔三五〕。此亦同體義別相依。如海十相，同體相依。問曰：應身還依應土，能依應身初時現凡，後則現聖，所依之土何不如是初穢後淨，始終恒定。釋言：爲化差別不等。或土隨身，如彌陀佛未成佛前，國土鄙穢，成佛之後，國界嚴淨，彼佛現居不定境故，如是一切。或身隨土，如此釋迦，雖久成佛，而於過去無量世中身居穢國，示爲凡俗，不取正覺，如是一切。或身異土，如今釋迦，身居穢國，而現成佛，土現爲報，報定難改，故〔三六〕始終恒穢。如佛色身，現爲報故，始終恒定。智行功德，方便非報，所以後轉，故初現凡，後轉爲聖。身土相對，分別麤爾。

次第五門，明其凡聖有無之義。昔來諸家所說各異。如生公說，佛無色身，亦無淨土，但爲化物，應現住於衆生土中。如是說者，衆生有土，諸佛則無。什公所異〔三七〕，諸佛有土，衆生全無，但佛隨化，現土不同。故《維摩》云，爲化衆生，故現此土爲不淨耳。又人復說，佛與衆生各別有土，各別住於自業果故。此等所說，義有兼通，不可偏定。是義云何。分別有三：一、攝實從相，衆生有土，諸佛無土，隨化現居衆生處故。故經說言，普賢菩薩依於如如，不依佛國。普賢既爾，諸佛亦然。生公所立，義當此門。二、攝相從實，諸佛有土，衆生無土。於一佛土，隨其業行，種種異見。如佛一身，衆生異見。故經說言，佛土清淨，如摩尼珠，隨諸衆生，種種異現。《維摩》亦云，我此國土常淨，若此爲欲度斯下劣人故，示是衆惡不淨土耳。什公所云，義當於此。經說〔三八〕既然，生公所立，佛無色身，全無淨土，是義不然。佛無色身，如前涅槃章中廣破。身既非無，土寧不有。又經中說，菩薩修習一切種行爲淨土因。經說有因，云何無果〔三九〕。人亦救言，非全無果，但應非真。若使土果唯應非真，如《維摩》説一切種行爲淨土因，應是應修。修因既實，果寧不真。若自不解，唯應訪諸[四〇]，何宜輒謗。謗佛果德，其罪至重，勿後[四一]更言。此是第二攝相從實。三、分相異實，衆生與佛，各别有土。是義云何。以業攝果，果隨業别，故凡與佛各異有土。如恒河水，餓鬼見火，如來見水。餓鬼火業，自見於火。佛以水業，自見於水。各自見自業果執，非見他事。佛土亦爾，螺髻心淨，見土清淨，舍利心垢，見土不淨，如是一切。凡聖有無，辨之略爾。

次第六門，明其所見質之同異。於中有二，一就處分别，二就事分别。

言就處者，分别有四：一、同處異見。如一世界，隨業不同，種種異見，如恒河中，世人見水，餓鬼見火，或見虚坑，如是一切。二、異處同見。如娑婆界，百億天下，處所雖别，所見相似。三、同處同見。同業衆生，於一處中共見一事，如恒河無量衆生同知見水，如是一切。四、異處異見。如娑婆界，及安樂土，所見各别，如是一切。就處如是。

次就事論。於一處中，隨義分四：一者是其一質異見。如此娑婆一土地事，衆生於中種種異見，或見爲水，或復見火，或見諸寳，或見虚空，如是一切。二者是其異質同見。於一處中，隨人所見種種異土，一段衆生見之唯一土田世界，如是一切。三、一質一見。同類衆生共見一事，質體無别。四、異質異見。如此娑婆，異種衆生各别見。如經中説，衆生見劫盡大火所燒時，我此土安穩，天人常充滿，如是一切。良以諸法[四二]，諸佛[四三]隨心所現，無定性故，見有種種淨土之義。雖[四四]以具攝[四五]，且隨其要，略辨如是。

三佛義，七門分别。釋名義，一。辨相，二。約時分别，三。明因，四。常無常分别，五。説不説分别，六。次第分别，七。

第一釋名。三佛之義，出《地經論》、《金剛般若》亦具分別。名字是何。一法身佛，二報身佛，三應身佛。

法身佛者，就體彰名。法者所謂無始法性，此法是其衆生體實，妄想覆纏，於已無用，後息妄想，彼法顯了，便爲佛體，顯法成身，名爲法身。如《勝鬘》説，隱如來藏，顯成法身，法身體有覺照之義，名法身佛。問云[四六]：人説法身體是第一義空，空非心智，云何覺照。釋言：法身離相爲空，而體實有，所謂有於過恒沙法。此法皆依真心説之。真心體是神知之性，能有覺照，故得名覺。是義云何。是以[四七]體中，從本已來，具過無量恒沙佛法。如妄心中，具足一切諸虚妄法。心於彼法，同體照明，由來無鄣。故論説言，從本已來，有大智慧光明義故，自性清淨識知義故，遍照一切法界義故，名爲本覺。性雖照明，而爲無明闇鄣所覆，相似不覺。後除闇鄣，彼心顯了，始顯真心，如其本性，内照法界，故得名佛。問曰：真心有覺照義，名佛可爾，所覺法性，非覺照義，云何得名法身佛乎。釋言：分相言之，能覺真心説爲法佛，所覺法性是其真諦法寶門收，不名爲佛。攝相言之，通亦名佛。是義云何。解有四義：一、所覺法性是佛體故，通名爲佛。如[四八]如來藏是衆生體，説爲衆生。故經説言，即此法身輪轉五道，名曰衆生。二、所覺法性雖非佛智，而是佛身，故得名佛。如佛色身，雖無覺照，而得名佛，如是一切。三、所覺法性雖非佛智，而是佛性[四九]，故得名佛。如似五陰成衆生法，名曰衆生。四、所覺法性是佛境界，爲佛覺照，能生佛智，從其所生，故得名佛。故《地論》言，智行處者，自證知[五〇]故。自證知者，依彼生故。與《大智論》説智智處同名般若，其義相似。具此四義，故通名佛。法佛如是。

報身佛者，酬因爲報，有作行德，本無今有，方便修生，修生之德，酬因名報，報德之體，名之爲身。又德聚積，亦名爲身。報身覺照，名之爲佛。問曰：報佛亦能覺照，與前法佛覺照何異。

釋言：體一，隨義以分。真心之體，本隱今顯，説爲法佛。此真心體，爲緣熏發，諸功德生，方名報佛。法佛如金，報佛如作金莊嚴具。問曰：法佛自能覺照，何用報佛。釋言：無報，法則不顯，但使顯法，必有報生，故立報佛。又復法佛，心性照明，爲非事用，故須報佛，如金雖淨，不中衣食，故須用之作莊嚴具，彼亦如是。又復法報照境有其別異之義，故須別分，義如後釋。報佛如是。

應身佛者，感化爲應[五一]。感化之中，從喻名之。是義云何。如似世間，有人呼喚，則有響應，此亦如是，衆生機感，義如呼喚，如來示化，事問[五二]響應，故名爲應。應德之體，名之爲身。又此應德聚積名身，應身應[五三]覺照，目之爲佛。問曰：應覺與真何別。自知是真，隨化現知，説以爲應。

問曰：三佛俱能覺照，所覺之法，爲同爲異。釋言：不定，分別有三：一、隨相分別。法佛唯知無始法性，名知理法。報佛能知行修對治，名知行法。應佛了知三乘化教，名知教法。又復法佛唯知理法，報佛了知自行之法。自行門中，通知一切自行爲主，是故名知自行之法。應佛了知化他行法。化他門中，亦知一切，化他爲主，是故名知化他行法。二、寬狹分別。法佛唯知無始法性。於此分齊理外更無異法可知，是故法佛唯知理法。報佛所知境界漸廣，通知一切理行二法。知理所證，知行能證。應佛所知境界最廣，通知一切理行二法。知理行法，通知一切。化衆生故，知理知行以爲所詮，知教能詮。又復法佛唯知理法。報佛知理及自行法，知理所證，自行能證。應佛知理，亦知自行及化他法，通緣一切。化衆生故，了知理法。化他所入，知其自行。起化所畏作[五四]，知其利他化他之用。三、就實通論，法佛通知理、教、行法。知如來藏無始法性，是其理法。覺已真心，顯了成德，名知行法。知已所證妙音法門，能爲無盡言説之本，能生法螺無盡言音，名知教法。故《楞伽》中宣説，法佛亦能説法。如《涅槃》説，大般涅槃，能建大義，起種種化，金剛三昧起種種説，即其事也。報佛亦知理教行法，知理所證，知行能證，知教所依。應佛通知，義如上解。

問曰：三佛通知理法，所知之理，爲同爲異。通釋義齊，隨相分別：法佛知理，無隱無顯，證實返[五五]望，從來無緣，誰能覆我，故本非隱。本既非隱，豈有今顯。故《維摩》云：我觀如來，前際不來，後際不去，今則不住。報佛知[五六]知理，從緣始顯，於事分齊[五七]，情外有理，情外之理，本爲情覆，故説有隱，去情理現，故説有顯。應佛知理，緣起作用，知如來藏緣起集成生死涅槃一切種法，故教衆生一切緣中息以求真，所覺如是。然此三佛，隨相别分，名義各别，通而論之，俱名法身，齊得名報，並得云應。是義云何。三佛莫不依法以成，是故通得名爲法身。又三皆以功德法成，故名法身。良以三佛皆法身故，於彼涅槃三事之中，三佛皆悉法身所攝。望因以論，三俱名報。是義云何。報者是其果之别稱，三佛望因，並得稱果，是果酬因，故通名報。約化以論，三俱名應，應隨物情，顯示此三，令諸衆生同見聞故。但經論中，爲别三佛，隱顯異名，故初名法，第二名報，第三名應。等别三佛，何故初者偏名爲法，乃至第三偏名爲應。此等各隨義便以彰。法佛是體，顯本法成，證法義顯，故偏名法。報佛是相，本無今有，方便修生，酬因義顯，故偏名報。應佛是用，化用隨物，應成義顯，故偏名應。名義如是。

第二門中，辨其體相。佛德無量，難以定論。今此隨義，增數辨之。總唯一佛，謂三寶中一佛寶也。

或分爲二，二有兩門：一、生身法身，分之爲二。王宫所生相好之形，名爲生身。戒定慧等五品功德，説爲法身。二、真應不同，開分爲二。自德名真，隨化所現説以爲應。真則是其法門之身，應則是其共世間身。是二如前涅槃章中具廣分別，今略辨之。法門身者，如世陰陽五行等法，亦如一切衆生體識，心雖是有而無一相，雖無一相而實有之。共世身者，隨化所現，同世色像，而或時似天，或復似人，如是一切，雖現衆相，而無一實，雖無一實，無所不爲。如《涅槃》說，如來非天非不天，非人非不人，如是等比，是其義也。又復平等法門之身，形無所在，無所不在，無所在故菩提無處，以無處故德滿法界。故《華嚴》云：無一塵處而無佛身。以德滿故，諸根相好皆遍法界。如海十相，亦如虚空，無礙不動，一一充遍。於是義中，用眼爲門，眼遍法界，諸根相好及佛刹土一切衆生，莫不皆悉一眼中現，如是一切。共世身者，形有所在，以所在故，化別彼此，諸根相好各有分限。

或分爲三，三有兩門，一開真合應以說三種，二開應合真以說三種。開真合應以說三者，如上所列真中分二，法之與報，應以爲一，故說三種。

於此門中，四義分別，一分其相別[五八]，二約色、心、非色心等三義分別，第三約就五陰分別，第四約就六根分別。

言分相者，此之三佛，義通大小，大小既殊，所說亦異。小乘法中，宣說如來事識爲體。於事識中戒定慧等五品功德，說爲法身。王宮所生相好之形，名爲報身。如來獼猴鹿馬等化，說爲應身。若就大乘破相門中，宣說如來七識爲體。於中宣說破相空理，以爲法佛。法實非佛，是佛體性，是佛境界，能生佛智，相從名佛。七識緣智照空之解，說爲報佛，空智爲主，諸德悉是。丈六等化，名爲應佛。此之一門，隨人且說，經論無文。經雖不說，准依小乘，隨化推立，理亦無傷。若據大乘顯實門中，宣說如來真識爲體。據佛以論，真識之外更無餘識可爲佛故，《唯識論》言諸佛如來所行之處，唯有藏[五九]識，更無餘識。無餘識故，三佛皆用真識爲體。真識之心，本隱今顯，說爲法身。即此真心，爲緣熏發，諸功德生，説爲報佛。《地經》宣説莊嚴具譬，正顯此義。如來藏中真實緣起法門之力，起種種化，説爲應佛。如《涅槃》説，大般涅槃，能建大義，種種現化，即其義也。分相如是。此一門竟。

次就色、心、非色心等三義分別。法佛體中，備具三義。法身色根相好光明，是其色法。此義云何。如《涅槃》説，佛性是色，可以眼見，彼色顯了，爲法身色。又《涅槃》説，念法之義，非色斷色而亦是色，非陰斷陰而亦是陰，非入斷入而亦是入，非界斷界而亦是界。諸佛菩薩所遊行處，常恒不變，此等顯了，爲法身色。又《涅槃》説，是光明者即是涅槃常住之法，不從因緣，云何問其因緣之相。如是一切，亦有因緣，因滅無明，獲得熾然三菩提燈。以是因緣，有是因緣，有是光明。如此光明，當知亦是法身色也。諸根相好，類亦同爾。真識之心，從緣顯了，説爲智慧三昧行等，是其心法。真如之空，絶離一切色心等相，是其非色非心之法。以非色故，《維摩》説言，不觀色，不觀色如，不觀色性。不取色有，名不觀色。不取色無，名不觀如。不取色法非有無義，名不觀性。又《涅槃》云入於無色大般涅槃，當知亦是非色義也。以非心故，《維摩》説言，不觀受想行識，不觀受想行識如，不觀受想行識性。義同前解。又《地經》説，自體本空，智自空故。當知亦是非心義也。有人宣説，法體之體，唯一空理，都非色心。如《涅槃》説教空得實，云何唯空。又如經説如來之藏是真識心，復言佛性體性是色，彼法顯了，説爲法身。云何説言都無色心。有人復言，法佛之體，唯色與心，一向非空。設言空者，但無他相，而體實有。如《地經》説自體本空，云何非空。又論釋言，自體空者，智自空故。云何説言唯無他相。又《楞伽》云，如來藏中過恒沙法，一切皆依法無我説，彼法顯了，説爲法身。云何不空。又復如彼《起信論》説。有人問言，如來藏中具一切法，便謂色心各有自體。對破此執，説一切法依真如說。真如猶是空之别稱，彼法顯了，說爲法身。云何不空。法佛如是。

報佛之體，亦具三義。相好之身，是其色法。彼相如何。分别有三：一、依法說，如來報身，諸根相好，光明音聲，與彼平等法門身同妙寂，雖〔六〇〕相虚融無礙，還似陰陽五行之法。如《涅槃》說，月愛光明，是光無限，非冷非熱，非青非黄。非赤非白，無有邊際。其光既然，諸根相好，及佛音聲，一切同爾。此色微妙，唯佛獨見。故《涅槃經》明金剛身，妙絶衆相，圓備諸義，唯有如來乃知是義，餘人不及。二、約應〔六一〕辨，如《華嚴》說，於佛應身，一一相處，各有無量百千相海，名字不同，作用各異，雖有是相，而不可見，如梵天王頂上寶珠，有而叵見。此之相好，地上菩薩，漸能見之。三、隨應說，應化所現，諸根相好，光明音聲，體即是報，以從過去淨業生故，此即是佛福德莊嚴。故《涅槃》云，福莊嚴者，有爲有漏，有礙非常，是凡人法，即其義也。此報麤相，地前亦見。問曰：何故有此三異。由因别故。因别如何。修有三種：一、隨事修，得第三報。良以修時隨有可見，是故得報隨有可見。又本修時，隨有益物。二、捨相修，破有入空，得第二報。良以修時所有諸行，依空以成，無相可見，得報還爾，無相可見。又復修時，依空成德，廣多無盡，得報還爾，廣多無盡。三、依實修，息妄契真，得第一報。良以修時無念無緣，得報還爾，無相離緣。又復修時，行合法界，虚融無礙，得報還爾，身滿法界，虚融無礙。又復修時，常而不動，得報還爾，常而不動。報身隨因，有此三别，報土亦然，宜復深〔六二〕記，色法如是。智慧三昧解脱行等，是其心法。數滅涅槃，是其非色非心之法。問曰：數滅是涅槃門，云何名佛。釋言：分相，涅槃非佛。攝相言之，涅槃是佛，故《華嚴》中說涅槃佛，永滅度故。

應佛體中，亦具三義：所觀色形，是其色法。應化修成智慧行等，是其心法。五陰所成假名行人，名非色心。又如毗曇隨化命〔六三〕根，亦非色心。此二門竟。

次第三門，五陰分別。色、受、想、行、識，是其五也。法佛體中，備具五陰。如《涅槃》説，色是佛性，乃至受想行識是性，彼性顯了，説爲法身五陰法也。又《涅槃》説，色是無常，因滅是色，獲得涅槃常住之色。受想行識，亦復如是。乃至色者是不寂靜，因滅是色，獲得涅槃寂靜之色。受想行識，亦復如是。此等亦是法身五陰，雖説有色，但離色法，猶如比丘無作戒法，不可事取。餘亦如是。問曰：經説入於無色大般涅槃，云何宣説法身有色。釋言：經説入於無色大般涅槃者〔六四〕，無於凡下虛僞之色，非無真色。故《涅槃》云：真解脱者，亦空不空。言其空者，謂無生死二十五有。言不空者，謂有善色常樂我淨。又彼經説，二乘解脱名爲非色，諸佛解脱名之爲色。故知諸佛法身有色。問曰：經説大般涅槃但有寂樂而無受樂，云何宣説法身有受。此同前釋，無其凡下分別之受，非無平等納法之受，故説有之。是義云何。受有二種：一、納〔六五〕受法相應，納法在心。二、受境界違順等事，名之爲受，謂苦樂等。樂受之心，受於境順。苦受之心，受於境違。捨受之心，受於境界不違不順。諸佛如來，但有初門，而無第二。第〔六六〕二故，名無受樂。有初門故，名有受陰。問曰：諸佛分別想滅，云何有想。釋言：諸佛妄想心滅，非無明淨了法之想，明達一切諸法相故。行之與識，類前可解。法佛如是。報應二佛，具足五陰，義在可知。此三門竟。

次就六根分別三佛。眼、耳、鼻、舌、身、意是六。法佛體中，備具六根，如《地持》説。性種性者，六入殊勝，展轉相續，無始法爾，名性種性。彼六至果，即名法身眼耳等根。又如經説，衆生身中，具如來眼如來耳等，如模中像，彼性顯了，説爲如來眼耳等根。雖説有之，不可相取，當知悉是法門義異。彼有何用。以是緣起眼法門故，出生者盡報應眼根，如依陰陽五行之法，出生造作一切世事。如眼既然，餘根亦爾。報佛六根，麤同法身，有而無相，無相而有。應佛六根，義在可知。上來一門，開真合應以説三種。

開應合真而説三者，如彼七卷《金光明》説，彼中有一三身之品，專論此義。名字是何。一真身佛，二應身佛，三化身佛。前法與報，合爲真身，名爲合身。前應身中，開分二種，應之與化，名爲開應。相狀如何。於中分別，曲有四門，一分其相[六七]，二明立所以，三約諸佛以辨三身[六八]，第四約就涅槃辨之。

言分相者，此之三佛，義釋有二：一、准依《涅槃》，法報兩佛，名爲真身。王宮所生，道樹現成，説爲應身。依此應身，出生無量無邊化佛，名爲化身。故《涅槃》中，如來欲令衆生望滿足，於其身上一一毛孔，化無量佛，受大衆供，即是化身。釋迦自受純陀之供，即是應身。偈中所説如來常住，即是真身。二、依《金光明》，法報兩佛，是其真身。隨化衆生，示現佛身，相好具足，威光殊勝，悉名應身。此即向前應化兩佛，入此門中同名應身。佛隨衆生現種種形，或人或天，或龍或鬼，如是一切，同世色像，不爲佛形，名爲化身。此三身中，真身爲本，依真起應，依應起化，如依煩惱而起業行，依業受報。分相如是。

此一門竟。

次第二門，明立所以。今此且依《金光明經》所辨論之。以四種義故立三身，一起因不同，二治障有異，三所淨差別，四隨化有殊。

起因不同立三身者，如彼經説，如來昔在修行地中，願爲衆生修種種行，彼行滿足，得至究竟自在之地，能隨衆生多種辨了，現種種形，故立化身。彼經復説，佛昔在因，願爲衆生演説真諦，通達生死涅槃一味，趣求佛身，又爲衆生怖畏如來無邊佛法，求佛一種相好之形，而利益之，彼行滿足，能爲衆生示現佛身，演説真諦，而度脱之，故立應身。又佛因中自修諸行，斷諸煩惱，具一切善，息除妄想，趣求實際，彼行滿足，得如實果，故立真身。其真身者，謂如如法及如如智。其如如法，即是法身。如如智者，即是報身。此是第一起因不同故立三身。

治障異者，如彼經説，一切凡夫，三相所縛，不得三身，翻對彼相，故立三身。言三相者，一、分別相，所謂煩惱妄分別心，障佛真身，斷除彼故，得佛真身。二、依他起相，所謂諸業依煩惱起，以此罪業障佛如來相好之果，斷除彼故，得佛應身。三、成就相，謂依前業成就苦報，以此苦報定礙之形，障佛如來，無鄣除彼故，得佛化身。又經復言，一切凡夫有三種心，不得三身，翻對彼故，建立三身。言三心者，一、起事心，所謂四住所起煩惱，此惑麤强，能起業事，名起事心，障佛化身。菩薩修習伏結之道，伏除此心，故得化身。二、依本心，謂四住地依無明起，名依本心，鄣佛應身。菩薩修習斷結之道，斷除此心，故得應身。三、根本心，謂無明地與彼四住煩惱爲本，故名本心，鄣佛真身。菩薩修習勝拔之道，滅此本心，故得真身。此是第二治鄣不同故立三身。

所淨別者，如彼經説，如如法性極清淨故，攝受法身，此名真心爲法身矣。如如智慧極清淨故，攝受應身。依真起用，故説智淨攝受應身。以三昧門極清淨故，攝受化身。依定起用，故三昧淨攝受化身。此是第三所淨不同故立三身。

隨化不同立三身者，如彼經説，佛隨衆生多種意故，示現化身，此爲凡夫。佛隨弟子一種意故，示現應身，此爲聲聞。聲聞弟子同求見佛，名爲一意，佛隨此意，唯現佛身，説之爲應。隨諸菩薩破相心故，顯示真身。以佛真身，遮一切相，非執相境，不同應身其唯一相，不同化身現種種相，菩薩不取一異等相，故爲顯之。此是第四隨化不同故立三身。上來四門，合爲第二明其建立三身所以。此二門竟。

次約諸佛以辨三身。如彼經説，其化身者，

與佛同事，同諸如來變化之事。其應身者，與佛同意，同諸佛[六九]如來顯揚佛法化益之意。其真身者，與佛同體，一切諸佛以如如法、如如之智而爲體故。此三門竟。

次約涅槃以辨三身。如彼經説，涅槃有二：一是有餘，隨化現滅。二是無餘，實證體寂。依前二身，宣説有餘。依後真身，宣説無餘[七〇]。又經宣説，依前二身，常隨世間，不住無餘。依後真身，常寂離相，不住有餘。三身如是。

或增説四，四有三門，一開真合應以説四種，二開應合真，三真應俱開。

開真合應以説四者，如《楞伽》説，一應化佛，二功德佛，三智慧佛，四如如佛。故彼經言，云何應化佛，云何功德佛，云何智慧佛，云何如如佛。四中初一是佛應身，後三真身。以應爲一，真分爲三，是故名爲開真合應。就真三中，功德智慧是佛報身。報德雖多，要唯福智，福名功德，智名智慧。如如一種，是佛法身。《勝鬘經》中，亦有此相。彼云，如來妙色身等，是佛應身。復言如來色無盡者，是功德身。智慧亦然，是智慧身。一切法常，是法性身。此是第一開真合應以説四種。

開應合真而説四者，如彼七卷《金光明》説。一、化身非應。如來爲物等示現一切龍鬼等，不爲佛身，名化非應。又經説言，佛涅槃後，以願力故，遺身益物，此亦是其化身非應。二、應身非化。經自釋言，謂地前身。地前菩薩所見佛身，乃從三昧法門中現，非是人天六道所攝。以是義故名應非化。三、亦應亦化，謂諸聲聞所見佛身。彼見如來相好之形，隨道成佛，故名爲應。見佛在於人中受生，相同人類，故名爲化。四、非應非化，謂佛真身。此四身中，前三是應，後一是真。由應爲三，故名開應。由真爲一，故名合真。

復有四種，開應合真，亦得説四：一、真身佛，謂法與報。二、應身佛，王宮所生，道樹現成。三、化身佛，依於應身，示現無量無邊化佛。

四、化身非佛，謂示一切龍鬼等形，攝末從本，是佛所爲，通亦是佛。是亦第〔七一〕二開應合真以説四種。

真應俱開而説四者，真中分二，法之與報，義如上解。應中分二，應之與化，亦如上釋。又就應中，更得分二。一是法應，謂從三昧法門力現。如《涅槃》説，大般涅槃，能建大義，金剛三昧種種悉爲，如是一切，是其法應。二是報應，以本大悲大願力故，能隨衆生，種種異現，此從如來報身而起，名爲報應。一真之中義分法報，一應之中義別兩應，故合有四。

或分爲五，謂如來五陰之身。又戒、定、慧、解脱、知見，五品功德，亦得説五，義如後釋。

或分爲六，前法佛中義別爲二，一體顯佛，二緣顯佛。攝德從本，名爲體顯。攝德從緣，名爲緣顯。言體顯者，如來藏性，從本已來，有何〔七二〕從緣，顯了之義，遇緣便顯。言緣顯者，曠修諸行，斷除垢染，淨於法界，體雖顯了，必藉於緣，緣雖能顯，必顯於體，此二體一，隨義分二。前報佛中，義別亦二，一體作佛，二緣作佛。攝德從本，説爲體作，如莊嚴具，是金所作。攝德從緣，是其緣作，如〔七三〕莊嚴具，工匠所作。體雖能作，作必藉緣，緣雖能作，作必依體，此二體一，隨義分二。前應佛中，義別亦二，一法應佛，二報應佛，義如上辨。攝用從本，應從法起，三昧法門之所起故。攝用從末，是從報起，大悲願力之所起故。法雖能起，必藉悲願，悲願等行雖復能起，必依於法，此二體一，隨義分二，故合説六。

亦得説七。向前六種，實從緣別。廢緣論實，無隱無顯，復以爲一，通前説七。

亦得分八，就前第七無隱顯中，義別有二。一、就實通論，從本已來，實外無緣，緣既不有，知復約何説隱説顯，以無隱故本則非因，以無顯故今則非果，此則本來自性常淨無爲法身。二、息緣證實，無隱無顯，至佛返望，從本無緣，以無緣故，本則非隱，今非始顯，本時非隱，不可名因，今非始顯，不可名果，故《涅槃》中讚嘆如來獲得無因無果報法。此之一門，從因修得，乃至得時無因可從，故《涅槃》云：因世諦慈，得第一義慈。第一義慈，不從因緣。餘德悉爾。無隱顯中義別此二，故合成八。

或得分十，如《華嚴》說。彼有兩文，大同小異。一處説言，一正覺佛，二者願佛，三業報佛，四住持佛，五者化佛，六法界佛，七者心佛，八三昧佛，九者性佛，十如意佛。此直列名，更無解釋。一處復言：一、無著佛，安住世間，成正覺故。此猶是前正覺佛也。二者願佛，願出生故。此即是前第二願佛。三、業報佛，言成就故，諸行皆成，且就一信。此即是前業報佛也。四、住持佛，隨順世間不斷絶故。此即是前住持佛也。五、涅槃佛，永滅度故。此一與前化佛小[七四]異，統而會之，不捨大悲大願力化，方得名爲大涅槃義，故前化佛[七五]是顯涅槃。六、法界佛，於一切處，無不至故。此與前同。七者心佛，善安住故。此亦同前。八、三昧佛，成就無量恒沙功德，無所著故。此亦同前。九者性佛，善決定故。此亦同前。十、如意佛，以普覆故。此亦同前。隨別廣分，亦可無量。今據一門，且説三種。辨相如是。

次第三門，約時分別。時別有三：一是凡時，善趣已前。二是聖時，種性已上。亦此地前通名凡時，初地已上名爲聖時。三是果時，在於後際。約此三時以辨三佛。就初釋中，先叙異説，次辨過非，後顯正義。

異説如何。有人宣説，三佛之體，悉是本有。何故如是。三佛皆悉就實而辨。據實佛論，本來無因，因本不有，如何待對，而令三佛偏在果時。設言在果，乃是世俗凡情所見，非正道理。又如經説如來藏中具一切法，明知三佛悉是本有。此是一論。有人復言，報應兩佛，生因所生，偏在果時，法佛之體，非生因生，一向本有。此是兩論。有人復言，三佛是果，偏在果時，因中設有，但可名性，不得名佛。此是三論。異說如是。

次辨過非。初言三佛皆悉本有，是義不然。若言就實，本來無因，欲令三佛悉本有者，本來無因，酬何名報。今若就實，本來無因，亦無衆生，隨何名應。此言文壞，何待多難。若言經說如來之藏具一切法，令三本有，此言亦非。如《勝鬘》說，過恒沙法，隱時名藏，顯爲法身。是則就彼法身法中說具一切，何開報、應。若使三佛皆悉本有，是則三佛皆了因顯，非生因生。如彼《金剛般若》中說，受持經功德，於實名了因，亦爲餘生因。彼論自解：於實了因，望於法佛。爲餘生因，望於報應。望於報應既言生因，云何本有。又《涅槃》云：若說菩提是本有者，犯波羅夷，謗佛法僧。菩提猶是，報應兩佛云何本有。又《涅槃》中，廣就乳酪樹子等譬，破其本有。若便[七六]報應二佛本有，彼何所破。又《涅槃》云：本有今無，本無[七七]今有，三世有法，無有是處。若使報應二佛本有，云何得言本有今無，本無今有，三世有法，無有是處。便有是處，云何而言無有是處。此之偈義，彼經具解，不得異釋。又《涅槃》中說四種性，或有佛性，闡提人有，善根人無，謂闡提人有不善性。或有佛性，善根人有，闡提人無，謂善根人有善根性。或有佛性，二人俱有，俱有理性。或有佛性，二人俱無，無某果性。若使報應二佛本有，云何得說二人俱無。二人俱無，經說難非。三佛本有，何須更立。報應本有，佛法大過，宜速捨離，無宜强立。此是一非。

第二家說法佛一種一向本有，是亦不然。如《勝鬘》說，過恒沙法，隱時名藏，顯爲法身。是則法身彰名在顯，那得本有。又法佛因即是佛性，《涅槃經》言衆生佛性不名爲佛，云何而言法佛本有。此是兩非。

第三家說，三佛在果，因中定無。是亦不然。若言法佛一向本無，如《維摩》說一切衆生即菩提相，即涅槃相，《涅槃》亦云大般涅槃本自有之，非適今也，菩提、涅槃，法佛別稱，菩提、涅槃既得本有，法佛云何一向本無。又如經説衆生身中具如來智、如來眼等，何所乏少，不名法佛。若言報應一向本無，是亦不然。如《涅槃》説，若有人問，是菓子中有樹無耶，應正答言亦有亦無。從子生樹，故得名有。即未有樹，故得言無。乳酪等譬，類亦同然。所説如是。若有人問，衆生身中有佛無邪，應正答言亦有亦無。從此生彼，故得言有。即未有佛，故得名無。有無合説，名爲中道。云何而言一向定無。此是三非。辨非如是。

次顯正義。三佛之義，在果圓備，聖時分有，凡時不定。若論法佛，亦有無。是義云何。分別有三：第[七八]一，約緣就實分別。約緣論實，實爲緣隱，而後顯時，淨德爲本，但名佛性，不得名佛。故經説言，衆生佛性不名爲佛。就實論實，實外無緣，無緣覆真，更何所待而不名佛。故經説言，一切衆生即菩提相，即涅槃相。佛亦如之。二、約一人始終分別。據始論之，實爲情隱，在隱未了，不得名佛，至佛返望，從來無情，由來是佛。故經説言，凡夫成佛前，菩提爲煩惱性[七九]，聖若成佛時，煩惱是菩提。又經亦言，佛知衆生即菩提相，不復更滅，不更滅故，本是涅槃，佛亦如之。三、約凡佛二人分別。凡佛相異，真體不殊，莫不皆以如來藏性佛之爲體。據凡論體，體爲惑隱，而後顯時，淨德爲本，故但名性，不得名佛。就佛以望，凡夫之體，由來常淨，本來是佛。故《涅槃》云，有苦有諦有實，乃至有道有諦有實。是實諦者，即是如來虚空佛性。約法論真，真名實諦。據凡論之，實爲情隱，説爲佛性。就佛而辨，實本常淨。故苦等實，即是如來。據實論實，實體離相，即名虚空。其義既然，定有定無，理然須捨。報應兩佛，有無不定。真義[八〇]體上，從本已來，有可從緣出生之義，名之爲有。如有乳酪，説言有蘇。有胡麻者，説言有油。即未有體，説之爲無。義既如是，若言定有，是則執著。若言定無，即是妄語。有無合説，得名中道。約時如是。

次第四門，辨定其因。先就法報而辨其因，後就應説。法報因中，兩同〔六一〕分別，一生了分別，二緣正分別。

生了如何。辨無令有，名之爲生。已有令現，説之爲了。相〔六二〕麤分，報佛一向生因所生，以本無故。法佛一向了因所顯，以本有故。於中細論，報佛具足二種因顯〔六三〕，一生因生，二了因顯。親起之者，名爲生因。疎助之者，説爲了因。故《涅槃》中，方便之果，説爲菩提。彼菩提果，有生有了。故彼文言，復有生因，六波羅蜜阿耨菩提，復有了因，佛性菩提。彼文復言，復有了因，謂八聖道阿耨菩提。以斯准驗，故知報佛有生有了。法佛唯從了因所得，非生因生，以本有故。此等因相，至彼緣正門中具辨。

緣正如何。親起名正，疎助爲緣。法佛既從了因所得，了因有二，一正因了，二緣因了。正了有二。一、就凡時，宣説佛性以爲正了。此佛性〔六四〕體，從本已來，有可從緣顯了之義，名爲了因。故《涅槃》云，佛性雖有，不同虛空。虛空雖以無量方便，不可得見，佛性可見。佛〔六五〕可見故，遇緣便見。可見，猶是可了義矣。二、就聖時，真實無作六波羅蜜以爲正了。彼前佛性，漸顯成行，説爲六度。此之六度，亦有可了圓顯之義，説爲了因。緣了有二。一、緣修六度，能顯真體，説爲緣了，如火練金。二、真實有作六波羅蜜，能顯真體，説爲緣了，如莊嚴具顯金清淨。此之二緣，都在聖時，凡時未有。

報佛既從生因所生，生因有二，一正因生，二緣因生。正因有二。一、就凡時，宣説佛性以爲正因。此佛性者，是報佛性，非法佛性。何者是其報佛性乎。八識心體是法佛性，彼心體上從本已來有可從緣生報佛義，名報佛性，更無別體。故《涅槃》云：佛性雖無，不同兔角。兔角雖以無量方便，不可得生，佛性可生。以可生故，遇緣便生。若無如是可生之義，雖以無量百千方便，報佛叵生。以可生義，名爲生因。二、就聖時，真實有作六波羅蜜以爲正因。彼前佛性可生義故，遇緣熏發，便有無量諸功德生，所生功德説爲有作六波羅蜜，此六亦能出生報佛，故名正[八六]因。譬如乳酪乃至熟蘇，前後雖異，望於醍醐，悉名生因，此亦如是。緣因有二：一、於六識七識心等，緣修六度，能熏真心，出生報佛，名爲緣因。二、法佛之性及與無作六波羅蜜，是亦能成報佛功德，故名緣因。譬如見色發生眼識，色於眼識名爲緣因，此亦如是。望於報佛，緣生既然，此緣望報，亦得名了，義在可知。法報兩佛，因相如是。

次辨應佛。應因不定。攝用從體，更無別因。修得真體，自然起用，何須別因。隨義別分，亦得説因。因有二種：一、同類因，應修諸行而爲應因。如釋迦佛成來大久，示於三大阿僧祇劫修諸所行，成應佛果，名爲應因。二、異類因，實修諸行而爲應因。但就應中有其二種，一者法應，從法佛起，二者報應，從報佛生，已如上辨。此之二應，緣正各別。若論法應，如來藏中緣起法門以爲正因，大悲願力以之爲緣。譬如鏡水，雖能生像，要藉於面。潤谷發響，要藉於聲。火珠出火，要藉於日。水珠生水，要藉於月。所況如是。三昧法門，雖能現應，要須悲願。故經説言，異法有故，異法出生，異法無故，異法滅壞。若論報[八七]，大悲願力以爲正因，三昧法門以爲緣因。大悲願力雖能生應，要須依法[八八]。譬如形質能生影像，必依鏡水，聲能發響，要依潤谷，日能生火，要依火珠，如是一切，應因如是。應皆新起，非是本有，故不説了。新起法中，隨義且分，正則是生，緣即是了，亦得無傷。因相如是。

次第五門，明其三佛常無常義。於中進退，四門分別：一、對理以論，三佛在果，悉是無常，不如理法非因非果一向是常。云何三佛悉是無常。三佛悉是道諦所收，《勝鬘經》説苦集及道三諦無常，故知三佛悉名無常。其義云何。無常有二，一者有始，二者有終。若論應佛，有始有終，故曰無常。法報兩佛，雖非有終，而是有始，故名無常，果時説故。二、簡本異末，法佛是常，應報無常。何故如是。法佛雖復從緣始顯，性出自古，體非緣生，故名爲常。報應兩佛，本無今有，方便修生，故名無常。三、簡真異應，法報是常，以不遷故，應佛無常，現同世間有起滅故。四、對生死妄法而辨，三以[八九]俱是常。生死妄法，悟要則捨，一向無常。三佛真法證實以成，一向是常。問曰：法報是常可爾，應佛生滅，云何名常。釋言：據凡以取其應，有始生應，有終滅應，得言無常。就佛辨應，化德常然，無時不爲，故得名常。現生之用，無時不生，現老之用，無時不老，如是一切，是故三佛悉得名常。常無常義，進退如是，不得偏定。

次第六門，明其[九〇]佛説不説義。分別有三：

一、隨相以論，應佛有説，法報無説。應佛隨化，吐宣言教，故得有説。真德離言，是故法報二佛不説。二、推化歸本，法報有説，應佛非説。諸佛如來一切言説，皆從三昧法門力起，是法佛説。皆從法螺圓音而起，是報是報[九一]佛説。常寂之聲，恒有恒無[九二]，圓通無礙，是法螺音。應佛乃是衆生所見，非佛如來起説之本，故不名説。故彼《金剛般若論》言，應化非真佛，亦非説法者。三、通相而辨，三俱説法，此義如彼《楞伽經》説。問曰：應佛説何等法。謂説三乘化教之法。於教道中，通説一切，以教爲主，名説教法。報佛如來説何等法。謂説行法。彼云何説。謂諸菩薩行修成就，入佛境界，諸佛報身相現其心，名之爲説。又於法螺圓音之中，隨人異聞一切種法，亦名爲説。法身如來説何等法。謂説證法。彼云何説。謂諸菩薩證入佛法，諸佛法身相現其心，故名爲説。又以一切三昧法力，令人異聞一切種法，亦名爲説。如谷發響，無有窮盡。問曰：三佛俱能説法，以何義故不悉名應。釋言：望彼諸佛如來寂滅平等，無言説義。有説隨物，俱得名應。但於説中隨相分別，應佛如來隱真隨物，故名爲應。法報雖説，顯班真德，令他趣入，非隱真德曲隨於物，故不名應。説不説義，其相如是。

次第七門，明其次第。次第有二：一、觀入次第。如《地論》説，應佛麤現，隨化易覩，先明應身。尋應有本，次明報身。尋報有本，後明法身。二、本末次第。法身是本，先明法身。依法成德，次明報身〔九三〕。依德起用，後明應身。三佛淵深，難以情測，且依詮呪，粗述若此。

三智義，兩門分別。辨相，一。攝相，二。

第一辨相。三智之義，出《地持論》。故彼文言，有三種智，名爲菩提。名字是何。一、清淨智。二、一切智。三、無礙智。清淨智者，是佛如來第一義智。觀第一義，斷離五住性結煩惱，離鄣無染，名清淨智。其一切智及無礙智，是佛如來世諦智也。於世諦中，了知四種一切法相，名一切智。何等爲四。謂一切時、一切界、一切事及一切種，是其四也。一切時者，過去未來三世時也。於此三世，窮遶〔九四〕無餘，名一切智。一切界者，所謂世界及衆生界。於此二界，窮知無餘，名一切智。一切事者，所謂有爲及無爲事。色法、心法、非色心法，是其有爲，義如上解。虚空數滅及非數滅，是其無爲，亦如上釋。於此二事，知之窮盡，名一切智。一切種者，所謂因果。有爲法中有因有果，善惡是因，苦樂是果。無爲法中有因有果，聖道是因，涅槃是果。於此因果種別法中，了知窮極，名一切智。餘經論中，第一義智名一切智，世諦之智名一切種。今此宣説，第一義智爲清淨智，世諦之智名一切智。名之左右，皆得無傷。無礙智者，於前四種一切法中，發心即知，不假方便，不同餘人思量乃知，名無礙智。辨相如是。此一門竟。

次第二門，約對餘智共相收攝。於中有四：第一，約對三種般若，共相收攝。第二，約對次約《涅槃》三種之智，共相收攝。言三智者，一名波〔九七〕若，此翻名慧。二、毗婆舍那，此翻名觀。三者闍那，此翻名智。彼經具以兩門分別：一、約人分別。其般若者，一切衆生。一切衆生同有慧數，故名波若。毗婆舍那，聲聞緣覺。彼觀四諦十二緣等故，就二乘説毗婆舍。其闍那者，諸佛菩薩。彼能了達一切法界，故名闍那。若據此門，向前三智，入此三中闍那所攝，非餘二種，波若、毗婆不在佛故。二、約法分別。其波若者是別相觀，了知世諦。毗婆舍那是總相觀，知第一義。其闍那者是彼〔九八〕相觀，觀察一實，破離二諦有無相故。若據此門，向前三智與此三種共相收攝，此毗婆舍及與闍那是前三中清淨智攝，同能觀理離染鄣故。前一切智及無礙智，是此三中波若所攝，以能了知別相法故。

次約四辨，共相收攝。法、義、辭、樂，是四辨也，義如上釋。此之四辨，在佛之者與前三智共相收攝，在因則非。就彼果中，即名以求，

《大品》三智，共相收攝。第三，約對《涅槃》三智，共相收攝。第四，約四無礙慧，共相收攝。

初門，約對三種般若，共相攝者，三種般若，如龍樹説，一、觀照般若，證空實慧，通則了達二諦之智，斯皆是〔九五〕也。二、文字般若，謂《般若經》。此非般若，能詮般若，能生般若，故名般若。三、實相般若，謂真諦空。通則二諦法相皆是，簡情取法，故云實相。此非般若，是般若境，能生般若，故名般若。前三種智，入此三種般若之中，是其第一觀照所攝，非餘二種，彼非智故。

次對《大品》三種之智，共相收攝。言三智者，一、一切智，謂諸聲聞緣覺之人，了知一切陰界入等，名一切智。二、道種智，謂諸菩薩了知種別化衆生道，名道種智。三、薩般若智，此翻名爲一切種智。諸佛如來覺知一切二諦諸法，名薩婆若。向前三智，入此二〔九六〕中薩婆若攝，非餘二種，彼二在因不在果故。

四無礙慧是前三中無礙智攝。隨義細獲，四無礙智有其多種，如《地經》說。若就世諦明四無礙，此四無礙是一切智無礙智攝，以其同知世諦法故。若就真諦法性之理名法無礙，則法無礙是前三中清淨智攝，餘之三種是一切智無礙智收。若說了知第一義諦爲義無礙，則義無礙是清淨智，餘之三種是一切智無礙智攝。三智如是。

三不護義。

三不護義，如經中說，如來三業純淨離過，不須防護，名三不護。諸阿羅漢三業雖淨，常須防護，方能離過，如來異彼，是故宣說三不護矣。問曰：如來何因緣故身口意業不須防護。久修淨戒，性成就故。常住深定，未曾出故。三業恒隨智慧行故。住大涅槃，永寂滅故。是故三業不須防護。三不護義，辨之略爾。

三念處義。

三念處義，如經中說，一切衆生是佛如來生念境界，故云念處。念處不同，隨境分三，一是正衆，二是邪衆，三非正非邪。如來自知己法最勝，然於所[九九]受者不生喜心，是初念處。於不受者不生瞋心，第二念處。於彼非受及非不受中容人所，不生癡捨，常得淨心，第三念處。於邪正等既得分三，於怨親中三種人所亦得分三。於怨不瞋，是初念處。於親不愛，第二念處。中容人所不生癡心，第三念處。問曰：如來何因緣故得三念處。久於衆生修習平等大捨心故，深觀衆生無我人故，了知諸法性空寂故，故於三衆得平等心。三念處義，略之云爾。

四一切種淨義。

四一切種淨，如《地持》說，佛德離垢，名之爲淨。淨隨義別，一門說四。四名是何。一者身淨，二者境界淨，三者心淨，四者智淨。此四窮本唯身與心，初二是身，後二是心。但就身中境體不同，開分爲二，心中隨其福智不同，復分爲二，故合爲四。言身淨者，煩惱習身永滅無餘，得最上身，生滅自在，故名身淨。煩惱習身永滅無餘，得最上身，真身淨也。生滅自在，應身淨也。又得上身是身體淨，生滅自在是身用淨。境界淨者，種種現化及所言説，無礙自在，名境界淨。種種現化是身境界，及所言説是口境界。又復種種現化境界是事境界，及所言説是理境界。於此境界，作用自在，緣中無障，名境界淨。言心淨者，明佛福德莊嚴淨也。一切福德，以心爲主，就主以彰，故云心淨。故彼文言，煩惱悉離，善根成就，名爲心淨。煩惱悉離，斷德淨也。善根成就，行德淨也。言智淨者，明佛智慧莊嚴淨也。故彼文言，捨離一切無明穢汙，一切所知無礙自在，名爲智淨。捨離一切無明穢汙，除無明地，真諦智淨。一切所知無礙自在，斷事無知，世諦智淨。四淨如是。

二智義。

其二智者，一是實智，二方便智。

言實智者，汎解有二：一、於諸法如實了知，名爲實智，非是不知妄稱知故。故《地持》云：離增上慢智，名爲如實智。此如實智與彼慢心妄智相對，不對方便。於此門中，佛一切智悉名實智，不簡方便。二、知實法，名爲實智。於中分別，曲有五義：一、對妄明實。知如來藏真實之法，名爲實智。知於妄想情所起法，名爲實[一〇〇]智。如知苦諦，名爲苦智。如是一切。於此門中，實智與彼妄智相對，不對方便。二、對假明實。知第一義真諦之法，名爲實智。知於世諦假名之法，名爲假智。於此門中，實智與彼假智相對，不對方便。三、對相明實。知一實諦實性之法，名爲實智。知於一諦有無法相，名爲相智。知於世諦假名之法，名爲假智。於此門中，實智與彼相智相對，亦得説言與第一義世智相對，不對方便。四、對教明實。證實法性，名爲實智。尋言始學，名爲教智。於此門中，實智與彼教智相對，不對方便。若名教智以爲方便，亦得無傷。五、對權明實。知於一乘真實之法，名爲實智。了知三乘權化之法，名方便智。於此門中，實智與彼方便智對。今論實智，據後言耳。

方便智者，汎解有四：一、進趣方便，如見道前七方便等，進趣向果，與果爲由，故曰方便。此一方便與果相對，不對實智。若名果德，以之爲實，義亦無傷。二、施造方便，如十波羅蜜中方便波羅蜜，於所修行善巧爲之，故曰方便。此方便中，曲有三種：一教行方便，事中善巧，如《地持》説十二巧便，是〔一〇二〕其事也。二證行方便，觀空不著，如《地經》説十方便慧，是其義也。三不住方便，於世出世，善巧雙遊，如《地論》説於世出世方便不染，善巧住故，是其義也。此三皆是施造方便。此一方便與無方便愚拙相對，不對實智。三、集成方便，諸法同體，巧相集成，故曰方便。云何巧成。一、真心中曠備法界恒沙佛法，是諸佛法以同體故，用慧爲門，餘法助成，用定爲門，餘義助成，如是一切。以同體法，巧相集成，故曰方便。故《地論》言，此法善巧成，是故名方便。又《地經》中説，一切行總相、別相、同相、異相、成相、壞相而爲方便。此亦是其集成方便。此一方便與彼一切陰界入等事法相對，不對實智。故《地論》中辨六相門，説言除事，事者所謂陰界入等。四、權巧方便。實無此事，權巧施之，故曰方便。於中分別，曲有三種：一是身巧，謂佛獮猴、鹿、馬等化。二是口巧，實無三乘，隨化説之。三是意巧，謂方便慧，起前身口二種巧化。如《法花經》尋念過去佛，所行方便力，我今所得道，亦應説三乘，如是等也。今説意巧爲方便智，此方便智得與向前實智相對。二智如是。

四智義，三門分別。約境辨定，一。體相分別，二。約對盡智無生智分別，三。

第一門中，約對四諦境界辨定。言四智者，我生已盡，梵行已立，所作已辨，不受後有，是其四也。此四猶是四諦之智。四諦智中有其二種：一者汎爾觀境之智，所觀諦境不簡自他。二、無學聖人内證之智，自證已寂，苦集已盡，自覺已寂，滅道已滿。今此所論，義當後門。於四智中，何者是其知苦之智，乃至何者知道之智。經論不同，乃有三別：

第一依彼《毗婆沙論》。我生已盡，是斷集智。集因能起未來苦果，名之爲生。無學斷竟，名我生已盡。梵行已立，是修道智。梵名爲淨，無漏聖道能除垢染，出鄣清淨，故名梵行。無學聖人道行成滿，名爲已立。所作已辦，是證滅智。斷鄣證滅，是其所作。無學聖人，證滅功成，名所作已辦。不受後有，是斷苦智。後世苦報，名爲後有。無學聖人，於此後報不復更受，名不受後有。問曰：經説四諦法門，先明苦集，後彰滅道，今明四智何不依彼，乃先明其斷集修道，然後方明證滅除苦。釋言：法門説有種種，不可一定。經説四諦，依欣厭門，先染後淨。又欣厭中，依逆觀門，先果後因。其四智者，依順觀門，先因後果。以是義故，先明集道，後論滅苦。就前因中，要先除鄣，然後善成。以是義故，先明斷集，後彰修道。就後果中，先滅現過，然後不受未來苦果。以是義故，先明證滅，後明斷苦。此是一異。

第二依彼《勝鬘經》文。我生已盡，是斷苦智。故彼文云，二種死中分段死故，説我生盡。苦報集起，名之爲生。無學斷竟，名我生盡。梵行已立，是證滅智。故彼文言得有餘果，證梵行已[一〇二]立。梵名涅槃，無學聖人證梵行成，名梵行立。所作已辦，是修道智。修道斷鄣，是其所作。無學聖人修人[一〇三]修道事建，名所作辦。不受後有，是斷集智。故彼文言所斷煩惱更不受後，名不受後有。集因能有後世之果，名爲後有。無學斷竟，更不生後，名不受後。問曰：經説四諦法門，先染後淨，染淨之中先果後因，彼説四智，何不依彼，乃先明其除苦證滅，後方宣説修道斷集。此亦聖説不同故爾。四諦法門，已如上辨。《勝鬘》所説四智之義，依逆觀門，先果後因。以是義故，在先明其除苦證滅，後方明其修道斷集。就前果中，要先除鄣，然後得滅。以是義故，先明除苦，後明證滅。就後因中，要先修治，然後剪鄣。以是義故，先明修道，後彰斷集。此是兩異。

第三依彼《涅槃經》文。一一智中，各有兩義。我生盡中，明其斷集，亦彰滅苦。彼文説言，永斷三世生因緣故，是故唱言我生已盡，是斷集也。更不復受五陰身故，是故唱言我生已盡，是滅苦也。若欲同彼《毗婆沙》説，舉果顯因。若欲同彼《勝鬘》所説，舉因顯果。梵行立中，滅道雙明。彼文説言，所修梵行已畢竟，是故唱言梵行已立，明道圓也。捨學道，亦名已立，彰滅極也[一〇四]。若欲同彼《毗婆沙》説，舉果顯因。若欲同彼《勝鬘》所説，舉因顯果。所作辦中，滅道並説。彼文説言，如本所求，今日已得，是故唱言所作已辦，是滅極也。修道得果，亦名已辦，是道圓也。若欲同彼《毗婆沙》説，舉因顯果。若欲同彼《勝鬘》所説，舉果顯因。不受後中，明其斷集，亦彰滅苦。彼文説言，獲得盡智無生智故，是故唱言不受後有。獲得盡智，是斷集也。獲無生智，是滅苦也。若欲同彼《毗婆沙》説，舉因顯果。若欲同彼《勝鬘》所説，舉果顯因。此是三異。約諦不同，有此三別。此一門竟。

次第二門，辨其體相。先就小説，後就大論。小乘法中，羅漢辟支佛所得四智，有體有相。無學聖慧，是其體也。盡、無生智是無學慧，正説此慧爲四智體。後出觀已，世俗心中自緣向前所得聖慧，生其四智究竟之想，是四智相。彼四智體，具足四義而無四緣。彼四智[一〇五]相，具足四緣而無四義。云何彼體具足四義而無四緣。無學聖慧一念現前，能斷無始生死因果，説之以爲我生已盡、不受後有。此智現時，即是道圓證滅已極，説之以爲梵行已立、所作已辦。是故此體具足四義。雖具此義，無心分別我生已盡、梵行已立、所作已辦、不受後有，是故此體不具四緣，以此聖慧正觀諦理，無異緣故。云何彼相具足四緣而無四義。無學聖人，出彼理觀，世俗心中自緣向前所得聖慧，生其四智究竟之想，我向得此聖慧之時，我生已盡，梵行已立，所作已辨，不受後有，故有四緣。雖作此緣，世俗之心不能令其我生已盡，乃至不能令不受後，以是義故不具四義。小乘如是。大乘法中，如來四智亦有體相。證如實慧，是其體也。世諦心中緣已所得生究竟相，是其相也。此體與相，麤同小乘。但小乘中，體相前後，入觀名體，出觀是相。大乘法中，體相同時，佛於二諦雙觀現前無出入故。就同時中，真諦之智說以爲體，世觀名相。於彼體中亦具四義而無四緣，於彼相中亦具四緣而無四義。云何體中具足四義而無四緣。彼如實慧一念現時，能絕無窮生死因果，說之以爲我生已盡、不受後有。得此慧時，道行已圓，證滅已極，說之以爲梵行已立、所作已辦。以是義故，得具四義。雖具此義，證如之心正與理混[一〇六]，無心分別我生已盡、梵行立等。以是義故，而無四緣。云何彼相具足四緣而無四義。諸佛如來於世諦中自緣已寂所得聖慧，生其四智究竟之想，我生已盡至不受後，故有四緣。然此世心，不能令其我生已盡至不受後，故無四義。體相如是。此二門竟。

次第三門，約對盡智及無生智而爲分別。於中先辨盡、無生智，後約四智而[一〇七]爲分別。盡、無生智，經論不同。依如毗曇，現斷一切生死因果悉名盡智。此之盡智，利鈍俱得。一切無學，無不現在，有所斷故。無生智者，於前所斷生死因果，決定自能永更不起，名無生智。此無生智，唯利人得，鈍人不得。彼說鈍人有退轉義，隨其所斷，容便更起，以是義故無無生智。利人不退，隨其所斷，永更不起，以是義故有無生智。其義如是。體相云何。鈍根之人，無學心起，多念相續，悉名盡智。利根之人，無學心起，初念名盡，第二念後即名無生。然盡智正緣諦理，能有所盡，故名盡智，非緣其盡。無生亦爾，正緣諦理，能令所斷，後更不起，故名無生，非緣無生。

問曰：此二緣於何諦。《毗婆沙》中説有種種。一家説云唯緣苦諦。何故而然。初入聖時先緣苦諦，故後出時還緣於苦，如人服藥，初入之者最後出之。一家宣説攝於集諦。何故如是。初入聖時先緣於果，後出聖時須緣其因，故緣集諦。一家宣説苦集不定，一家宣説四諦不定。毗曇如是。若依《成實》，一切無學都無退理，不可約就利鈍別之。但知斷除生死之因，名爲盡智。斷生死果，永更不受，名無生智。大乘亦爾，佛無退故。盡、無生智，相别麤爾。

次約四智而分別之。若依《成實》宣説，四中我生已盡以爲盡智，不受後有爲無生智。大乘亦爾。亦可大中説我生盡爲無生智，《勝鬘》説爲斷苦智故。説不受後以爲盡智，《勝鬘》説爲斷集智故。若依毗曇，盡智之中別具四智，無生亦爾。若齊是四，云何得分盡、無生別。如龍樹説，宣示自證，我生已盡，梵行已立，所作已辦，不受後有，是其盡智。利根之人，於前所得，起決定意：我生已盡，永更不生。梵行已立，不須更修。所作已辦，永更不作。不受後有，永更不受。起如是等決定之意，名無生智。四智如是。

四無畏義，七門分別。釋名，一。定其體性辨其境具，二。智斷分別，三。自利利他分別，四。寄對顯德，五。約對十力辨其同異，六。大小所説不同，七。

第一釋名。智心不怯，名爲無畏。無畏不同，隨義分四。名字是何。一、一切智無畏。二、漏盡無畏。第三，能説鄣道無畏。第四，能説盡苦道無畏。普[一〇八]照諸法，名一切智。緣己有智，於他不怯，名一切智無畏。結愚斯已，稱曰漏盡。照已有盡，於他不怯[一〇九]，名漏盡無畏。堪陳過礙，名能説鄣道。緣己有能，於他不怯，名爲解説盡苦道無畏。此後二種，自緣己能，於他無畏，非緣弟子。智之與斷，名義如是。此一門竟[一一〇]。

次第二門，定其體性，并辨其[一一一]境具。體性有二，一是智體，二是心體。内照自己具四功德，實有非虚，是其智也。外於難辭，情安不怯，是其心也。如論中説，智光普照，名爲無畏，即是其智。勇猛不怯，名爲無畏，即是其心。問曰：無畏用智爲體，智是慧數，用心爲體，心是何數。准毗曇心數法中，更不别立一無畏數，以義推之，凡是有畏，苦受所收，一切無畏應樂受攝。若依建立多心數家，畏及無畏悉是别數。體性如是。體既有二，約對此體以論境具，境具不定。相狀如何。若説智慧以之爲體，約對此體，辨義有四，一者是體，二者是用，三者是境，四者是緣。體者，是其内照之智，内照自己有智有[二二]盡，并具二能。用者，是其不怯心也，由前知體，知己有德，便[二三]於外難起於勇猛不怯之用。境者，自家四種德是。己智與斷并及二能爲智所照，故名爲境。緣者，外道四難辭是，寄對彼難而顯佛德。彼四是其顯德之緣，故名爲緣。若説勇猛不怯之心，以之爲體，約對此體，辨義亦四，一者是體，二者是用，三者是境，四者是具。體者，是其不怯心也。此心正是無畏之義，故名爲體。用者，是其内照智也。由照自知有德不虚，於他不怯，故名爲用。境者，外道四難辭也。無畏之心，正緣彼難而不怯懼，故名彼難以之爲境。具者，自己四種德也。持己四德，於他不怯，故名己德以之爲具。此二門竟。

次第三門，智斷分别。通相麤分，第二是斷，餘三是智。隨别細分，前二自德，後二利他。前自德中，初智後斷。利[二四]他中，即名以求：能説鄣道，説障示人，令人斷除，使他得斷。能説盡道，説道示人，令他修學，使其得智。依《大智論》，則不如是。彼説如何。能説障道，令他識鄣，除佛[二五]得道，得道是智。能説盡道，令他識知盡苦之道，修以盡苦，盡苦是斷。智斷如是。此三門竟。

次第四門，自利利他二行分别。隨相别分，初二自利，後二利他。故《地持》云，彼初二種是自安道，後之二種是安他道。通而論之，俱是自利，自心安穩，無所畏故。通是利他，如《地持》說。就利他中，初一切智偏化菩薩，以諸菩薩求一切智，故偏化之，故《地持》云，一切智無畏，爲化大乘諸菩薩故。漏盡無畏，偏化二乘，以二乘人多求寂滅，故偏化之，故《地持》云，漏盡無畏，爲化聲聞緣覺人故。餘[二六]二無畏，通化大小。大小乘人通求離鄣，故說鄣道，令其斷，通求出道，故說盡道，令其修學。故《地持》云：佛爲聲聞、菩薩行出苦道，說修多羅。結集經[二七]者，集爲二藏。以說一切聲聞所行爲聲聞藏，宣說一切菩薩所行爲菩薩藏。自利利他分別如是。此四門竟。

次第五門，寄對顯德。通而論之，佛一切德皆勝一切。隨相別分，彼四無畏多對外道，十力對魔。十八不共對於二乘。此義如彼《地論》中說。何故無畏偏對外道。外道邪智難佛無德，彼四無畏，彰已有德，翻彼邪難，故四無畏偏對外道。何故十力偏對諸魔。魔生垢弊壞人善根，十力堅固，不爲魔壞，故偏對之，故《地持》云，於一切魔，捨離得勝，名之爲力。何故十八不共之法偏對二乘。二乘小德，上濫如來，故說不共，簡別二乘，故偏對之。問曰：前說外道邪智難佛無德，佛四無畏而翻對之，外道何因難佛無德，如來云何而[二八]爲釋通。釋言：外道執迹爲難，如來顯實而爲釋通。外道何因難佛如來無一切智。如來有時言迹之中似不具足一切種智，故彼難之。是義云何。如來或時，有諸弟子從遠方來，佛便問之，彼方何以住止安樂、道路清泰、四大安穩。佛經中說，若人至[二九]其城邑聚落，問其名字，我說是人非一切智。佛爲前問，似若無智。外道執此，所以爲難。佛對報之：我隨世間安慰之義，共相慰問。弟子遠來，不可嘿住，所以問之，非是不知。世間亦有知而故問，而非無智，佛亦如是。報此難時，於他不懼，是故宣說一切智無畏。外道何因難佛如來諸漏不盡。如來有時言迹之中似漏不盡，所以難之。是義云何。如來或時愛語羅云，似有貪使。呵罵調達，似有瞋使。或時自歎人華人象，似有慢使。復教弟子，善持我法，如持油鉢，似有見使。外道執此，故難如來諸漏不盡。佛對釋之：我無煩惱，隨化故爾。或有衆生，軟言受法，以是義故，愛語羅云，非是有貪。或有衆生，麤言從律，以是義故，呵罵調達，非謂有瞋。欲令衆生起念佛心，是故自歎人花人象，非是有慢。又佛如來德多嘆少，所以非慢〔二〇〕。隨世流布，説持我〔二一〕法，如持油鉢，非謂有見。世間亦有無煩惱人，言似煩惱，佛亦如是。釋此難時，於他不怯，是故宣説漏盡無畏。外道何因難佛如來不能説鄣。現見如來諸聖弟子猶有煩惱，明佛如來不善説障令其斷除。又佛如來雖説貪等能遮聖道，須陀洹等常行貪欲而得聖道，明知如來説障道法不能障道，不障道故佛説不能。外道執此，所以爲難。佛對釋之：我能説障令人斷除，但諸弟子力未堪斷，非我不能。又我説障實能障道，故論説言，若欲在心，道法不與〔二二〕，要先除欲，然後得道。但諸煩惱所障各異，彼須陀等所行煩惱，障於修道，不遮見解。不遮見故，不妨得道。障修道故，我説障法實能障道。實障道故，我説是能。釋此難時，於他不怯，故立能説鄣道無畏。外道何因難佛不能説盡苦道。現見如來諸聖弟子須陀洹等，雖得聖果，猶有人天生死之苦，明知如來説盡苦道不能盡苦，不盡苦故佛説不能。外道執此，所以爲難。佛對釋之：我説聖道，實能盡苦，但諸弟子修之少故，諸苦不盡，非道不能。譬如蘇藥，性能破熱，服之少故熱病不除，非蘇不能，所説如是。以道實能盡諸苦故，我説是能。釋此難時，於他不怯，故立能説盡苦道無畏。寄對如是。此五門竟。

次第六門，約對十力辨其同異。言十力者，一處非處力，二自業智力，三者定力，四者根力，五者欲力，六者性力，七至處力，八宿命力，九天眼力，十漏盡力，義如後釋。無畏、聖力，有同有異。同相如何。如毗曇説，初則如初力，第二如第十，餘二如二七，是名無畏安。論文雖然，更須分別。初無畏中有境有體，佛一切智是其境也，内照自己有一切智是其體也。此境與體，莫不皆是初力體收，處非處力攝智廣故。第二無畏有境有體，佛漏盡德是其境也，照盡之智是其體也。境則第十力境所收，同以漏盡而爲境故。體則第十力體所攝，同皆以其照盡之智而爲體故。此境與體，雖復相似，寬狹不等。無畏體性，唯自知盡，其義則狹。彼第十力，汎爾觀境，其義則寬。彼云何寬。如《地持》說，第十力者，自知漏盡，知他漏盡，知漏盡方便已起未起，亦知漏盡增上慢心有起不起，故名爲寬。第三無畏有境有體，能説障道是其境也，照己有能是其體也。體則是其初力所收，以處非處攝智廣故。境界是其第二力攝。彼第二力知業煩惱，第二能説鄣道無畏知業煩惱是鄣道法，其義大同，故彼力攝。毗曇就境，是故宣説第三無畏如第二力。第四無畏有境有體，能説盡道是其境也，照己有能是其體也。體亦是其初力所收，以初力中攝智廣故。境界是其第七力攝。彼第七力知其處道，第四能説盡道無畏亦知於道，其義大同，故彼力攝。毗曇就境，故説第四如第七力。毗曇如是。若依《成實》，初無畏者即前九力，前九皆是一切智故。第二無畏即第十力，義如上釋。後二無畏，論全不説，若欲辨之，與毗曇同。同相如是。所言異者，如彼毗曇及《成實》説，智體是力，智光普照名爲無畏。具緣已處智之與斷并及二能，故云普照。又論説言，安住是力，勇猛不怯是其無畏。十力寔同，魔[二三]不能壞故名安住，以安住故名之爲力。於外鄣難勇猛不怯，説爲無畏。向前宣説智光普照名爲無畏，即是智慧爲無畏體。今言不怯名爲無畏，即是安穩不怯之心爲無畏體。論復説言，因名爲力，果名無畏，以從力心[二四]生無畏故。約對十力，同異如是。此六門竟。

次第七門，明其大小所説不同。不同有五：一、心體不同。小乘宣説如來無畏事識爲體。大乘宣説如來無畏真心爲體，至佛更無餘心識故。

二、心緣不同。小乘宣説事識之心爲無畏故，攀緣分別，緣彼外難而生無畏。大乘宣説真識之心爲無畏故，心如虚空，無所分別，無分別德難以顯彰，故對外道四種難辭而以顯之，如寄丈尺而顯虚空之高下矣。三、智行不同。小乘宣説如來無畏，十智爲體。十智如上。初中，所照一切智者具十智性，能照之慧唯等智性，以通緣故。就第二中，所照之盡是無爲法，十智不收，能照之慧唯第十力，應六智性，所謂滅智、法智、比智、盡、無生智及與等智。今爲答難，多等智性。就第三中，能説障道唯第二力，應八智性，除滅道智，今據起説，多等智性。能照之慧，唯等智性。就第四中，能説盡道唯第七力，應十智性，今據起説，多等智性。能照之慧，亦等智性。小乘如是。大乘説佛無畏之德是如實智，如龍樹説彼清淨智、一切智、無礙智是如實智，義如上辨。初無畏中，一切智者，以清淨智、一切智、無礙智三智爲體。能照之慧，是一切智無礙智攝。就第二中，所照漏盡，三智不收。能照之慧，是一切智無礙智攝。就後二中，能説鄣道，能説盡苦，是一切智無礙智攝。能照亦爾。此是第三智行不同。四、照境不同。如小乘法中説佛無畏但照前境，不照自體，分別之心不能反照自己體故。大乘不爾，能照前境，亦照自體，如《涅槃》説菩薩眼根尚能自見，何況佛智而不自照。五、得處不同。小乘法中，説佛無畏唯在道樹成佛時得。大乘不爾，圓滿在佛，種性已上隨分脱[二五]得。故《華嚴》中宣説十住初發心時，便成正覺，具足慧身，等諸如來。無畏既爾，餘德悉爾。四無畏義，厥趣麤爾。

大乘義章卷第十九

校勘記

[一]「嚴」，底本原校疑衍。

[二]「有」，底本原校云一本前有「設」字。

[三]「界」，底本後衍「名」字，據底本原校及校本删。

〔四〕「當」，底本原校云一本後有「雜」字。

〔五〕「菩薩」，校本校勘記云甲本無。

〔六〕「有其」，校本校勘記云甲本作「其有」。

〔七〕「變」，校本校勘記云甲本作「反」，下一「變」字同。

〔八〕「善根」，底本原校云一本作「菩提」。

〔九〕「土無緣念」，底本原校疑衍。

〔一〇〕「向」，底本原校云一本作「而」。

〔一一〕「保」，校本校勘記云一本疑爲「謂」。

〔一二〕「體」，底本原校云一本作「能」。

〔一三〕「他」，底本原校云一本作「化」。

〔一四〕「無處」，校本校勘記云甲本作「處無」。

〔一五〕「持」，底本原校云一本作「時」。

〔一六〕「與」，底本原校云一本作「而」。

〔一七〕「情」，底本原校云一本後有「異」字。

〔一八〕「殊」，底本原校云一本作「美」。

〔一九〕「虛」，校本校勘記云甲本作「靈」。

〔二〇〕「五」，校本校勘記云甲本作「文」。

〔二一〕「土」，底本原校疑爲「此」。

〔二二〕「道」，底本原校疑前脱「聖」字。

〔二三〕「同」，底本原校云一本無。

〔二四〕「又」，底本原校云一本作「文」。

〔二五〕「行」，底本原校云一本前有「等」字。

〔二六〕「而」，校本作「與」，底本原校云一本作「與」。

〔二七〕「各」，校本作「名」，底本原校云一本作「名」。

〔二八〕「等」，校本校勘記云甲本作「業」。

〔二九〕「性」，底本原校云一本無。

〔三〇〕「用」，校本校勘記云甲本作「因」。

〔三一〕「正」，底本原校疑衍。

〔三二〕「云」，底本原校疑衍。

〔三三〕「土」，底本原校云一本後有「一土」二字。

〔三四〕「與」，底本原校云一本作「而」。

〔三五〕「等」，底本原校云一本作「土」。

〔三六〕「故」，底本原校云一本無。

〔三七〕「異」，底本原校云一本作「立」。

〔三八〕「經說」，校本校勘記云一本作「說經」。

〔三九〕「果」，底本原校云一本作「界」，下三「果」字同。

〔四〇〕「諸」，底本原校云一本作「請」。

〔四一〕「後」，底本原校云一本作「復」。

〔四二〕「義云何以業攝果」至「諸法」，底本脱，據校本補。

〔四三〕「諸佛」，底本原校疑衍。

〔四四〕「雖」，底本原校云一本作「難」。

〔四五〕「攝」，底本原校云一本作「論」。

〔四六〕「云」，底本原校云一本作「曰」。

〔四七〕「以」，底本原校云一本作「心」。

〔四八〕「如」，校本校勘記云甲本無。

〔四九〕「性」，底本原校云一本作「法」。

〔五〇〕「知」，底本原校云論作「智」。

〔五一〕「應」，校本校勘記云甲本作「因」。

〔五二〕「問」，底本原校疑爲「間」，校本校勘記云甲本作「同」。

〔五三〕「應」，底本原校疑衍。

〔五四〕「畏作」，校本校勘記云原本校勘記、甲本均作「依」。

〔五五〕「返」，校本校勘記云甲本作「反」。

〔五六〕「知」，底本原校云一本無。

〔五七〕「齊」，校本校勘記云甲本作「看」。

〔五八〕「别」，底本原校疑衍。

〔五九〕「藏」，底本原校云論作「真」。

〔六〇〕「雖」，底本原校疑爲「離」。

〔六一〕「應」，底本原校云一本作「報」。

〔六二〕「深」，校本校勘記云甲本作「還」。

〔六三〕「命」，校本校勘記云甲本作「令」。

〔六四〕「者」，底本原校疑衍。

〔六五〕「納」，底本原校疑衍。

〔六六〕「第」，疑前脱「無」字。

〔六七〕「相」，校本校勘記云甲本後有「别」字。

〔六八〕「三身」，校本校勘記云甲本作「之」。

〔六九〕「佛」，底本原校云一本無。

〔七〇〕「無餘」，底本作「涅槃經」，據底本原校及校本改。

〔七一〕「第」，校本校勘記云甲本無。

〔七二〕「何」，底本原校云一本作「體」。

〔七三〕「如」，底本後衍「是」字，據底本原校及校本删。

〔七四〕「小」，校本校勘記云甲本無。

〔七五〕「化佛」，底本原校云一本作「舉化」。

〔七六〕「便」，底本原校疑爲「使」。

〔七七〕「本無」，校本校勘記云一本無。

〔七八〕「第」，底本後衍「子」字，據底本原校及校本删。

〔七九〕「性」，底本原校疑衍。

〔八〇〕「義」，底本原校云一本作「識」。

〔八一〕「同」，校本校勘記云甲本作「因」。

〔八二〕「相」，底本原校云一本前有「總」字。

〔八三〕「顯」，底本原校云一本作「得」。

〔八四〕「此佛性」，校本校勘記云甲本無。

〔八五〕「佛」，底本原校疑爲「以」。

〔八六〕「正」，底本原校云一本作「生」。

〔八七〕「若論報」，底本原校云一本作「佛之應」，或疑有脱誤。

〔八八〕「法」，校本校勘記疑後脱「門」字。

〔八九〕「以」，底本原校云一本無。

〔九〇〕「其」，底本原校云一本後有「三」字。

〔九一〕「是報」，底本原校疑衍。

〔九二〕「恒無」，校本校勘記云甲本無。

〔九三〕「身」，底本後衍「佛」字，據底本原校及校本删。

〔九四〕「遶」，底本原校疑爲「達」。

〔九五〕「是」，底本後衍「世」字，據校本删。

〔九六〕「二」，校本校勘記云甲本作「三」。

〔九七〕「波」，底本原校云經作「般」。

〔九八〕「彼」，底本原校云一本作「破」。

〔九九〕「所」，底本原校疑衍。

〔一〇〇〕「實」，底本原校云一本作「妄」。

〔一〇一〕「是」，校本校勘記云甲本作「良」，下一「是」字同。

〔一〇二〕「已」，底本原校疑衍。

〔一〇三〕「修人」，底本原校云一本無。

〔一〇四〕「也」，校本校勘記云甲本作「已」。

〔一〇五〕「智」，底本前衍「緣」字，據底本原校及校本删。

〔一〇六〕「混」，底本原校云一本作「冥」。

〔一〇七〕「而」，校本校勘記云甲本作「與」。

〔一〇八〕「普」，底本原校云一本作「該」。

〔一〇九〕「怯」，底本原校疑後有脱文。

〔一一〇〕「此一門竟」，底本脱，據校本補。

〔一一一〕「其」，底本原校疑衍。

〔一一二〕「有」，校本校勘記云甲本無。

〔一一三〕「便」，底本原校云一本作「使」。

〔一一四〕「利」，底本原校疑前脱「後」字。

〔一一五〕「佛」，底本原校云一本作「以」，校本校勘記云一本無。

〔一一六〕「餘」，校本校勘記云甲本無。

〔一一七〕「經」，校本校勘記云甲本作「結」。

〔一一八〕「而」，校本校勘記云甲本作「與」，下一「而」字同。

〔一一九〕「人至」，校本校勘記云甲本作「至主」。

〔一二〇〕「慢」，校本校勘記云甲本作「憎」。

〔一二一〕「我」，底本原校云一本作「戒」。

〔一二二〕「與」，底本原校疑爲「興」。

〔一二三〕「同魔」，校本校勘記云甲本作「牢固」。

〔一二四〕「心」，校本校勘記云甲本作「中」。

〔一二五〕「脱」，底本原校云一本作「段」。

大乘義章卷第二十本

遠法師撰

淨法聚果法中，此卷有七門。五分法身義。五眼義。六通義。十力義。十號義。十八不共法義。百四十不共法義。

五分法身義，四門分別。一、釋名。二、辨相。三、三學分別。四、三聚分別。

第一釋名。五分法身，諸經多説。名字是何。謂戒、定、慧、解脱、解脱知見，是其五也。此之五種，義通因果，經中多就無學説之。無學之中，統通大小，今論佛德。所言戒者，據行方便，防禁名戒，防禁諸過，永令不起。就實以論，法身體淨，無過可起，故名爲戒。所言定者，據行方便，息亂住緣，目之爲定。就實而辨，真心體寂，自性不動，故名爲定。所言慧者，據行方便，觀達名慧。就實以論，真心體明，自性無闇，目之爲慧。言解脱者，據行方便，免縛名脱。就實而辨，自體無累，故曰解脱。解脱知見者，據行方便，知已出累，名解脱知見。就實以論，證窮自實，知本無染，名解脱知見。問曰：知見，慧之別稱，舉一便足，何勞並説。龍樹釋言：知之與見，亦有別義。或有是見而非是知，如彼小乘八忍之心，推求名見，而未決[二]了，故不名知。或有是知而不名見，如彼小乘盡、無生智，於境決了故得名知，無學息求故不名見。今説異彼，知而是見，是故宣説解脱知見。於已所得，觀求名見，覺了曰知。又龍樹云：爲牢其義，知見並説。此之五種，分別名分。又分是因，此之五種，成身之因，故名爲分。法名自體，此之五種，無學自體，故名爲法。又法是其軌則之義，此之五種，成身之軌，故名爲法。身者是體，此五佛體，故名爲身。又德聚積，亦名爲身。名義如是。此初門竟。

次辨其相。戒有三種：一、別解脱戒。如《遺教》説，戒是正順解脱之本，故名解脱。又復隨分，免絶業羂，亦名解脱。散心受得，不與定道二種心俱，故名爲別。二者禪戒，亦名定共。禪定心邊別有無作離惡法生，故名禪戒。此與定俱，有定則有，失[三]定則捨，故名定共。三者道戒，亦名道共。聖道心邊別有無作離過法生，故曰道戒。此與道俱，故名道共。此義如前三律儀中具廣分別。於此三中，分果異因，偏取佛果俱生道戒以爲戒身。攝因成果，一切皆是。

次辨定身。定有二種：一者事定，謂世八禪，事中安心，息除事亂，故名事定。二者理定，三三昧等，理中安心，息除性亂，故名理定。取性違理，名爲性亂。又住實際，除滅一切妄想分別，亦名理定。相〔三〕之心，名妄分別。此二定中，簡果異因，唯取佛果相應理定爲佛定身。攝因成果，一切皆是。

次辨慧身。慧有二種：一者世智，了知世法。二、第一義智，知第一義。此之二種，並通因果。簡果異因，果中之智是佛慧身。攝因成果，一切皆是。

次論解脱。解脱有二：一、有漏解脱，無漏〔四〕聖道，免絶羈縛。二、無漏解脱，滅諦涅槃，滅離衆縛。此二解脱，並通因果。簡果異因，果中解脱是佛如來解脱之身，因中則非。攝因成果，一切皆是。又就有爲無爲之中，分相言之，有爲解脱是解脱身，無爲則非。何故而然。解脱身者是慧中差别，故有爲是，無爲非慧，所以不取。又復身者是聚積義，有爲功德有積聚義故名爲身，無爲之法無積聚義故不成身。攝相言之，一切皆是。問曰：無爲無積聚義，云何成身。釋言：身者是其體義，無爲解脱亦是如來功德法體，故得名佛。故《華嚴》中説佛十身，始從願身乃至智身，十中第九是其法身。論自釋之，言法身者謂無漏界，無漏界者所謂涅槃，故無爲法亦得成身，與《華嚴》中涅槃佛同。就有爲中，復有二種：一、心解脱，斷除四住，功德心淨。二、慧解脱，除滅無明，一切智淨。此二通名解脱身矣。

次辨知見。知見有二：一、自知解脱，於己所得覺了分明。二、知他解脱，知三乘人一切所得。此二通名知見身也。辨相如是。此二門竟。

次約三學而爲分别。戒、定、智慧，是三學也。前五身中，初一是戒，次一是定，後三是慧。

問曰：何故慧行之中獨分爲三，戒定各一。人亦釋言，慧有多能故獨分三，戒定不爾故各爲一。一相且然，未可專定。云何不定。經中或時分戒爲多，定慧各一，如六度門，前四戒學，第五是定，第六是慧。以戒行始，多法佐助方乃能成，故分爲多，餘不如是，故獨爲一。或時分定，戒慧各一，如彼四種無罪樂門：戒行爲一，名出家樂。定分爲二，謂遠離樂及寂滅樂。初禪遠離欲惡不善，名遠離樂。二禪已上覺觀止息，名寂滅樂。慧行爲一，名菩提樂。禪定息苦，樂相增强，故分爲多，戒慧不爾，故獨爲一。或時分慧，戒定各[五]，如七淨門：慧中分五，所謂見淨、度疑淨、道非道淨、行淨、行斷智淨。戒行爲一，名爲戒淨。定行爲一，名爲心淨。除障離過，慧有多能，故分爲五，戒定不爾，故獨爲一。或戒定慧三行俱分，如八正門：戒分爲三，正語、正業及與正命。定分爲二，正念、正定。慧分爲二，正見、正思惟。良以諸行各有異相，所以並分。今說五身，偏分慧行，戒定各一，義當向前七淨之門。良以法門離合非一，故不專定。此三門竟。

次約三聚分別五身。色法、心法[六]是其三也。依如毗曇，五分法身要唯色心，初戒是色，餘四是心。何故心中偏分爲多。人多釋言：心有多用故分爲多，色法不爾，所以爲一。蓋亦是其一相言之，未可專定。此義云何。經中或時廣色略心，如十二入。或時廣心而略其色，如五陰門。或時色心二事俱廣，如十八界。或時色心二事俱略，如名色門。今說五身，義當五陰。以此多門，離合非一，故不專定。若依《成實》，初戒身中，作戒是色，無作是其非色非心，後四是心。如此說者，初一戒身非情爲體，後四是情。問曰：何故非情法中獨立爲一，情法爲四。人多釋言，良以心法成人中强，故分爲四。此非專定。經中或時分戒爲多，如六度門。或分心爲多[七]，如七淨門。或戒與心並分爲多，如八正門。寧可一定。依如大乘，戒通三業，說十善道以爲戒故。於中作戒是色是心，身口作業名之爲色，意地作業説以爲心，無作是其色心之法，非色心事。色心止業從色心生，名色名心，非是形礙，復非慮知，以是義故非色心事。此義如前三聚戒中礙，復非慮知，以是義故，非色心事。如前三聚戒中[八]，具廣分別。戒身如是。餘四心法，若説無爲解脱爲身，解脱身[九]亦非色心。五身如是。

五眼義，八門分別。一、釋名。二、辨相。三、修成次第。四、約境分別。五、就人分別。六、所見分齊。七、明因。八、約對上十眼共相收攝。

第一釋名。五眼之義，諸經多説。照矚名眼。眼別不同，一門[一〇]説五。五名是何。一是肉眼，二是天眼，三是慧眼，四是法眼，五是佛眼。五中，肉眼及與慧眼，就體彰名。用肉爲眼，名爲肉眼，用慧爲眼，名爲慧眼，故云就體。法眼一種，從境立稱。以能見法，名爲法眼，故云從境。天眼、佛眼，得名不定。云何不定。天眼得名，凡有三種：一、從人立稱，人從義目。諸佛菩薩名爲淨天，生在人中[一一]，報得眼根，徹見三千大千世界，從彼淨天以立其名，故名天眼。二、就趣彰名。始從四王，上至非想，通是天趣。生彼天中，報得眼根，能遠照矚，故名天眼。三、從因受目。如《地持》説，一切禪定於三住中名爲天住。依此天住修得淨眼，從因以彰，故名天眼。良以天眼有斯三別，是故得名各別[一二]不同，宜審記知。佛眼得名，凡有二種：一、從人立稱，人從義目。諸佛如來有能覺達，故名爲佛，佛人之眼，故名佛眼。二、當體立稱。佛名爲覺，悟實之智，號之爲覺。説此覺智以爲眼故，名爲佛眼。良以佛眼有其二種，是故得名各異不同。何等爲二。一、總相佛眼。因中四眼，流至佛果，總名佛眼。故龍樹云：譬如四河流至大海，通名大海，如是四眼，流至佛果，通名佛眼。如此佛眼，就人彰名。二、別相佛眼。照見真實如來藏性，名爲佛眼。如此佛眼，當體立稱。佛眼之中，有斯兩種，亦須深記。五眼得名，有斯左右。次須釋之。言肉眼者，形膚曰肉，淨肉之眼能有照矚，故名肉眼。言天眼者，解釋不定。就趣以論，所受自然，目之爲天，如《地持》釋，天趣之眼，故名天眼。若就人解，諸佛菩薩淨故稱天，淨天之眼，故曰天眼。若依禪釋，一切禪定離欲清淨，故名爲天，依天得眼，故曰天眼。言慧眼者，觀達名慧，慧能照矚故名慧眼。言法眼者，軌則名法，又《成實》云，法名自體，善惡等事各有自體，故名爲法。照法之眼，故名法眼。言佛眼者，就總以釋。佛名覺者，覺人之眼，故名佛眼。就別而解，佛是覺智，是此覺智能有照矚，故名佛眼。名義如是。

次第二門，辨其體相。此五眼中，肉眼一種色法爲體，天眼一種亦色亦心，後三心法智慧爲體。肉眼中[一三]，有其二種，一者是報，二者長養。宿業所得，是名爲報。或以飲食醫藥等力得勝眼根，名爲長養。天眼有二：一、照現[一四]色像，色根爲體。二、照見未來，智慧爲體。色中有二，一者方便，二者是報。言方便者，依禪修得。是義云何。如毗曇説，依於上禪修習天眼，得其上地清淨四大，與下肉眼同在一處，用之遠見，名爲天眼。若依《成實》，禪定之力，轉下肉眼，令堪遠見，即名天眼，更無異。大乘所説，與毗曇同，得上四大所造眼根，與下肉眼同在一處，用之遠見。方便如是。所言報者，報有二種：一、佛菩薩宿世行業因緣力故，隨所生處，報得天眼，能見遠色。二、諸天等生在天中，報得淨眼，能見遠色。就天報中，復有二種：一、散善業果，謂欲界天。二、定善業果，謂色界天。若復通論，無色亦有，大乘宣説無色界中亦有色故。彼天眼中，慧爲體者，小[一五]法中唯有方便，大乘法中有其二種：一者方便，依禪修得。二者是報，諸佛菩薩亦修力故，報得淨智生，便能見未來世事。慧眼有二，一是方便，二是報生。言方便者，現在時中，近友聞法，思惟修習，見諸法空。言報生者，《地論》名爲報生識智，以本修故，隨所生處，自然照見一切法空，不待修習。法眼之中，亦有二種，一者方便，二者報生，與慧眼同，唯有所見境界別異。佛眼之中，亦有二種：一者方便，學觀實性。二者報成，以本修習，任性成就。以報成故，經論之中，説爲報佛。體相如是。

次第三門，明其修成次第之義。行者爲欲長養[一六]己身，先修肉眼。雖有肉眼，但能見麤，不能見細，但能見近，不能見遠，但能見明，不能見闇，但能見前，不能見後，但見鄣内，不見鄣外。有如是等衆多鄣礙，故修天眼。以天眼故，一切悉見。此前二眼，次第是定。後之三眼，次第不定。於中具論，次第有二，義别有八。

次第二者，苦依觀入，先法次慧，後明佛眼。若論從寂起用次第，先慧次法，後明佛眼。

義别八者，前門之中，義别有四，後門亦爾。前門四者，其第一門，修前天眼，但見色事，未能照見一切法相，故修法眼。法眼雖見一切法相，未能照見破相空理，次修慧眼。慧眼雖見破相空理，而未窮盡，以不盡故，次修佛眼。以佛眼故，破相畢竟，見空窮極。於此門中，佛眼慧眼同見空理，盡不盡異。如龍樹説，菩薩波若至佛轉名薩婆若智，義當於此。其第二門，修前天眼，但見色事，而不能見一切法相，次修法眼。法眼雖見一切法相，而未能見破相空理，以不見故，次修慧眼。慧眼雖見破相空理，而未能見如實真空，以不見故，須修佛眼。以佛眼故，見如實空。如龍樹説，菩薩修學生空法空，漸漸修得不可得空，不可得空是真空也。如來藏性從本以來，不起不滅，自性常寂，不待破法然後爲空，故名爲真。其第三門，修前天眼，但見色事，法眼了見一切法相，慧眼了見破相空理及見真空。故彼《無量壽經》説言，慧眼見實。此言見者，如《涅槃》説，無法可見，故名見空。慧眼雖見一切空理，而不能見佛性真有，以不見故，次修佛眼，故[一七]了達法界，如實真有。此前三門，約對別相佛眼以論。其第四門，約對總相佛眼以説。前修天眼，照見色事。法眼了見一切法相及見真實如來藏中善有之法，而不窮盡。慧眼照見破相空理，亦見真實如來藏中如實空義，而不窮極。以前四眼所見不窮，次修佛眼。以佛眼故，於前四眼所不盡處，一切悉見。於此門中，向前四眼究竟成滿，便名佛眼。觀入次第，四義如是。

起用次第，四義如何。其第一門，用前天眼，見於色事，而未能見破相空理，次修慧眼。慧眼見空，而未能見一切衆生根、欲、性、心，及一切種化衆生法，次修法眼。法眼雖見一切衆生根、欲、性、心，及化生法，而不窮盡，以不盡故，次修佛眼。以佛眼故，見之窮極。於此門中，佛眼與前法眼同見，盡不盡異。如龍樹説，菩薩法眼至佛之時轉名佛眼，義當此門。其第二門，用前天眼，見於色事。次修慧眼，見破相空。次修法眼，見諸衆生根、欲、性、心，及化生法，而未能見如來藏中法界真有。次修佛眼，以佛眼故，於真有法，一切悉見。於此門中，佛眼與前法眼見別。其第三門，用前天眼，見於色事。次修慧眼，見破相空。次修法眼，照見衆生根、欲、性、心，及化生法，并見真實如來藏中法界真有。雖見此法，而未能見非有非無如實真空。次修佛眼，以佛眼故，了達法性如實真空。此前三門，約對別相佛眼分別。其第四門，約對總相佛眼以論。前修天眼，見於色事。次修慧眼，見破相空及見佛性如實真空，而不窮盡。次修法眼，見法相有及見真有，而不究竟。以前四眼不究竟故，須修佛眼。以佛眼故，於前四眼不窮盡處，一切窮極。此則向前四眼滿足，便名佛眼，更無異法。修成次第，其相如是。

次第四門，約境分別。境別四重，一事，二法，三理，四實。陰界入等差別之事，是其事也。苦無常等通相之法，是其法也。破相空義，是其理也。如來藏中一切種義自性常爾，是其實也。此之四重，五眼所見。是義云何。今先約就別相五眼而爲分別，然後約就總別五眼而爲分別。別相五眼分別云何。肉眼、天眼唯見事中一色麤事，餘悉不見。如《涅槃》説，菩薩天眼非直見色，亦見彼色生滅之相。若從是義，亦分見法，少故不論。法眼見於陰界入等一切種事及見於法，慧眼見於破相空理，佛眼見實。別相如是。總別五眼見境云何。前之四眼是其別故，別見四境。後一佛眼是其總故，總見四境。就前別中，肉眼、天眼見一色麤，而不窮盡。法眼見於陰界入等事相之法及見一切苦無常等生滅法數，并見真實如來藏中善有之法，亦不窮盡。慧眼見於破相空理，亦見真實如來藏中自體真空，而不究竟。佛眼見前四重之法，悉皆窮盡。故龍樹云：當知佛眼，無所不見，無所不聞，無所不知，以其總故。問曰：佛眼正可言見，云何言聞。龍樹釋云：從於耳識而生智慧，故説爲聞。又復諸根，佛眼眷屬，故説爲聞。

次第五門，就人分別。人謂凡夫、聲聞、緣覺、菩薩及佛。約就此人分別五眼，於中三門：一、隨相分。肉眼、天眼見於事相，是凡夫法，判屬凡夫。假使聖有，性屬凡夫。法眼、慧眼配人不定。若就觀入次第以論，法眼見於苦無常等生滅法數，判屬二乘，故二乘人入見道時名法眼淨。慧眼見於平等空理，判屬菩薩。若依從寂起用次第，慧眼見於陰界入等空無我人，判屬二乘。法眼見於一切衆生根、欲、性、心，及見一切化衆生法，判屬菩薩。佛眼在佛，義在可知。二、簡勝異劣，上得兼下，下不及上。於此門中，凡夫唯有肉眼、天眼，無餘三種。聲聞、緣覺具[二八]義不定。若依向前觀入之門，彼有法眼、肉眼、天眼，無餘二種。若依向前起用之門，彼具慧眼、肉眼、天眼，無餘二種。菩薩之人具前四種，未得佛眼。諸佛如來，具足五眼。故經説言，具足五眼，成菩提矣。三、簡大異小。凡夫二乘是其小也。諸佛菩薩是其大也。就彼小中，下不及上，上得兼下，義如前解。就彼大中，諸佛菩薩齊具五眼，滿不滿異。約人如是。

次第六門，明其五眼所見分齊。先論肉眼。如龍樹說，凡夫肉眼極遠不能見百由旬，如轉輪王，自斯已還，近遠不定。問曰：日月去此四萬二千由旬，世人同見，云何不能滿百由旬。論自釋言：日月有光，反照自體，故人見之，非是眼力。又人雖見，不能稱實，故不名見。云何不稱。日月方圓五百由旬，見如扇許，故云不稱。聲聞、緣覺肉眼同凡。

菩薩肉眼遠近不定，如《大品》說，近則見於一百由旬，遠極三千大千世界。問曰：近處有何定准而言近見一百由旬。龍樹釋言：爲別凡夫轉輪王等，故言見百，其實不定。問曰：遠處以何義故不能多見，而言極遠見三千界。論釋有三。一義釋言：三千界外虚空之中有大風輪，與肉眼違，以此鄣故，不能遠見。第二釋言：若無天眼，强修勝福，應能遠見。以有天眼，更不修習殊異勝福，故不遠見。第三釋言：菩薩肉眼亦能遠見，但佛不說。後釋應善。何以得知。如經中說，阿彌陀國報得肉眼，徹見無數三千界事，明知不局一三千界。《大品》説言見三千界，據此言耳。問曰：肉眼不能見於鄣外之色，云何能見三千界事。論釋有二。一義釋言：雖見三千，鄣處不見，無鄣處見。第二釋云：菩薩雖復生在人中，以彼宿世淨業因緣，報得天眼與彼肉眼同在一處，以此天眼開導力故，令彼肉眼得見鄣外所有之色。問曰：若使天眼導故，肉眼得見鄣外色者，闇中之色，天眼開導，能得見不。釋言：不得。故論說言，夜闇之時，天眼獨用，肉眼不見。何故如是。釋言：於彼鄣外色處有空有明，生識緣具，故得天眼開導令見。闇中之色在於闇中，色處無明，生識緣闕，天眼雖導，而不能見。此是一理。又鄣外色不在鄣中，彼處顯了，牽心義强，故天眼導即便能見。闇中之色，在於闇中，無牽心義，故設導之亦不能見。菩薩如是。

如來肉眼所見幾何。論釋有二。一云：如來與菩薩同見三千界。第二釋言：佛法難思，所有肉眼亦能遠見。雖能遠見，佛多不用，不以爲實。此義如佛聖自在通中宣說。佛於好色，不生貪等[一九]樂，於彼惡色，不生厭惡，於此二色，或時行捨。以是義故，雖得肉眼勝過餘人，而不愛樂。以不愛故，不數用之。論釋如是。問曰：若使如來肉眼能見遠色，以何義故不名天眼而名肉眼。釋言：此從肉眼因得，故名肉眼。又爲天眼開導能見，非獨自力，故名肉眼。肉眼如是。

次論天眼所見分齊。如龍樹說，凡夫之人，修得天眼，極遠能見一四天下。凡夫之人報得天眼所見分齊，經論不辨，今宜准其住處論之。如經中說，初禪住處如千四天下，二禪住處如二千四天下，三禪住處如三千四天下，四禪住處寬廣無量。雖云無量，不定多少，准前階降，應如[二〇]四千四天下許，亦可不啻所見應爾。文無成判，未可專定。聲聞人中，有大有小。其小聲聞，見小千界，與彼初禪梵王相似。所言異者，如龍樹說，梵王身在千世界邊，向内能見，向外不見。聲聞不爾，隨身所在，向内向外恒見千界。其大聲聞見中千界，除阿那律。以阿那律專修力故見三千界，是故說爲天眼第一。緣覺人中，有大有小，小者能見中千世界，大者能見大千世界。菩薩天眼，有其二種，一者修起，二者報得。其修起者，隨人大小所見不定。論其極者，見一切界，故《地持》云：菩薩以其一切世界爲通境界。其報得者，《大品》宣說極遠能見一三千界。如來天眼，亦有二種：一者修得，見一切界。二者報得，與菩薩同見三千界，亦可能見無量世界。准前肉眼，其義應爾。後之三眼，不復可以方所論之，唯得約法淺深分別。先論慧眼。聲聞、緣覺所得慧眼唯見生空。如《地持》亦[二一]然。設得法空，少不足言。菩薩慧眼具見二空，而不窮盡。如來慧眼見空畢竟。

次論法眼。聲聞、緣覺所得法眼，但能見於陰界諸入，及四真諦、十二緣等。雖見此法，總相麤觀，不能微細。菩薩法眼，了達衆生根、欲、性、心，及一切法。於一切法，若總若別，麤細悉知，而不窮盡。如來法眼，了知衆生根、欲、性、心，及一切法，悉皆窮極。

次論佛眼。二乘全無。菩薩人中，進退不定。一義分別，地前菩薩聞見佛性，以聞見故，名大聲聞。地上菩薩眼見佛性，以眼見故，説之爲證。若依《涅槃》，九地已還聞見佛性，十地眼見而未明了。但見自身所有佛性，不見衆生，故名不了。又於自身十分見一，故名不了。如來佛眼，見性窮極。五眼所見，分齊如是。

次第七門，辨定其因。五眼之因，有通有別。通而論之，一切諸行悉共得之。故《大品》云：菩薩修學波若波羅蜜，淨於五眼。波若既然，餘行皆爾[一二]。何故不言生於五眼，乃云淨乎。龍樹自釋：菩薩之人先有肉眼，亦有四眼，分結使覆，故不得淨，如鏡性明，垢故不見，若除其垢，照明如本。如彼天眼、慧眼、法眼及以佛眼，非是新起，故不名生。本有今顯，故但言淨。以斯准驗，佛德本有，義在不虛。盖一相言，於中分別，亦有生義。通相如是。若別論之，布施燈明淨物因緣，得於肉眼。持戒、禪定因緣力故，得於天眼。持戒因緣，得於欲界有[一三]報天眼。禪定因緣，得色界上一切天眼。修習無量淨慧因緣，得餘三眼。又論宣説，修習無量功德智慧，得餘三眼。

次第八門，約對十眼共相收攝。十眼，如彼《華嚴》中説：一是肉眼，見一切色。二是天眼，見諸衆生死此生彼。三是慧眼，見一切衆[一四]生諸根差別。四是法眼，見一切法真實之相，謂見諸法第一義相。五是佛眼，見佛十力。六是智眼，分別了知一切種法。七是明眼，謂見一切諸佛光明。八、出生死眼，見涅槃法。九、無礙眼，見一切法無有鄣礙。十是普眼，謂見法界平等法[一五]門。十中，初一是前肉眼，亦兼天眼，見細遠色是天眼故。第二天眼，是前天眼。第三慧眼，第五佛眼，第六智眼，第七明眼，第八出生死眼，第九無礙眼，此之六種是前法眼。第四法眼，是前慧眼，見眞諦故。第十普眼，是前佛眼，佛眼普見平等眞法，故名普眼。五眼之義，辨之略爾。

六通義，九門分別。一、釋名。二、論體。三、通修得之義。四、大小不同。五、三性分別。六、三業分別。七、明示現等分別。八、修起次第。九、依經辨相。

第一釋名。作用無壅，名之爲通。通別不同，一門説六。名字是何。一名身通，二名天眼，三名天耳，四他心智，五宿命智，六漏盡通，是其名也。於中解釋，曲有三門，一定其名，二釋其義，第三料簡眼等諸根有其立通不立通義。

定之如何。六中，天耳、他心、宿命，此之三通，名義是定。天耳一通，就根彰名。他心、宿命，從境立稱。知於他心，名他心通。知於宿命，名宿命通。漏盡一通，其名是定，其義不定。經論之中唯名漏盡，故名是定。及論其義，別有二種：一、無學聖智能盡諸漏，名漏盡通。此之一通，就能彰名，能盡漏故，亦得名爲遣患立稱。二、知漏盡，名漏盡通。此之一義，從境立目。身通、天眼，此之二種，名之與義，並皆不定。身通之中，或名身通，或名神通，或曰神足，是名不定。尋名解義，其義各異，是義不定。異相如何。其身通者，或從所依以彰其名，或復從境。依於自己假名色身運變自在名爲身通，此則從其所依彰名。於外色身轉變自在名爲身通，此則從其境界立稱。其神通者，就能彰名，所爲神異，目之爲神，作用無壅，謂之爲通，故曰就能。其神足者，從能就喻以立其名。神者從能，義如前解。足者就喻，遊涉往來，事同脚足，故名爲足。天眼通中，或復説爲生死智通，是名不定。尋名解義，其義各異，是義不定。異相如何。天眼通者，就根彰名。生死智通，從境立稱。以是義故，身通、天眼，名之與義，並皆不定。定之麤爾。

次須解釋。其身通者，色形聚積故名爲身，於此身中作用無壅，故名身通。其神通者，窮潛[二六]難測故名爲神，又復神異亦名爲神，通義如前。言神足者，神同前釋，所爲自在，遊涉如足，故云神足。天眼通者，一切禪定名爲天住，依禪得眼故名天眼，照矚無壅，名天眼通。生死智通者，未來起盡，説爲生死，於此生死照見無壅，名生死智通。然此天眼與生死智，説有離合。如彼《增一阿含》之中，别分爲二。以别分故，彼經之中建立七通。此有何别。照現色像，名爲天眼。因現所見，尋知未來死此生彼，名生死智。以有此别，故分爲二。又如《華嚴》十明之中，亦分爲二。照現色像，説之以爲天眼智明。能知未來死此生彼，説之以爲盡知未來際劫智明。其餘經論，多合爲一。所以然者，由其天眼照現色像，尋知未來死此生彼，有此相由，故合爲一。天耳通者，天同前釋，依禪得耳，故名天耳，聽[三七]聞無壅，名天耳通。他心通者，非己之慮名曰他心，於此他心照知無壅，名他心通。問曰：此通非直知他心，亦知想等，何故偏名他心通乎。以心是主，故名他心。又復想等諸心數法通名爲心，故名他心。宿命通者，事謝於往，目之爲宿，往法相續，名之爲命，於此宿命照知無壅，名宿命通。問曰：此通非直知命，亦知過去八種事、六種同行，以何義故偏名宿命，不言宿世名性等乎。以命報主故偏言之。又命最後，據後以彰，故云宿命。漏盡通者，結患斯已，稱曰漏盡，於此漏盡照知無壅，名漏盡通。又無學智能盡諸漏，是故亦名漏盡智通。名義且然。

次須料簡眼等六根有其立通不立通義。於六根中，三根立通，謂眼、耳、意。天眼通者，依眼根説。天耳通者，依耳根説。自餘四通，依意根説。三根不立，謂鼻、舌、身。何故而然。若唯就佛，諸佛如來六根互用，齊得立通。但六通義該及餘人，今宜通約餘人釋之。六根之中，眼、耳二根，離中生知，有能遠見遠聞之義，故得立通。意根一種，離合俱知，最得自在，故立多通。鼻、舌、身根，合中生知，塵來至根，方始覺知，無遠通義，故不説通。問曰：六中有其身通，云何説言身根之中不立通乎。釋言：身通於彼假名

色身之中運變自在名爲身通，非於身根覺知自在
名爲身通，是以説言身根不立。人[二八]問：若使鼻
舌身根塵合方知，不立通者，《華嚴經》説菩薩鼻
根聞於無色宫殿之香，又如《十住斷結經》中説
有鼻通過於眼耳，云何説言鼻不立通。釋言：六
通，三乘共法。二乘之人鼻舌身根無有通義，爲
是不立。若於大乘不共法中，諸佛菩薩六根互用，
一一根中具一切用，説通無過。又佛菩薩法身自
在，用無鄣礙，一切諸根悉皆是通，不得取彼將
難六通。名義如是。

次第二門，辨其體性。於中曲有五門分別：
一、約色、心、非色心等三聚分別。第二，約就
六識分別。第三，約就十一智義而爲分別。第四，
約就十明分別。第五，約就慧心二種解脱分別。

初約色、心、非色心等而分别者，有人釋
言：眼耳二通色法爲體，清淨色根爲通體故，餘
之四通心法爲體，慧爲體故。此義不然，須有[二九]
分別。天眼、天耳體實是色，不以眼耳而爲通體。
當知通體悉是智慧心法爲體。何以得知。依如毗
曇，將其十智分別六通，六通悉是十智所收，明
知非色。又《成實》中辨六通義，創始標[三〇]言六
通智品。若使四通體性是智，二通非者，彼應標
言四通智品，何故乃云六通智品。又《華嚴》中
開分六通以爲十明，十明是智，何得説言二通是
色。又《地論》云四通名智，天眼名見。四通智
者，身通、天耳、他心、宿命。彼論既説天耳爲
智，明知天耳通體非色。天耳既爾，天眼亦然。
但彼論中以眼照矚就用名見，論體是智，故經名
爲生死智通。約就色等分別如是。此一門竟。

次第二門，約就六識分別六通。論者不同。
若依毗曇，眼耳二通以其眼耳二識相應慧數爲體，
以此二通定外用故。餘之四通，意識相應慧數爲
體，良定用故。彼宗之中，諸心心法同時而有，
故説相應慧數爲體。若依《成實》，六通皆以第
六意識彼[三一]行心中慧爲體性。彼宗五識全無智慧，
故不宣説五識中慧以之爲體。又彼宗中，諸心心

法前後別起，故不宣説相應之慧而爲通體。大乘法中，宣説凡夫二乘神通，多同毗曇。亦説心法同時有故，説佛菩薩所得神通悉以意識相應之慧以之爲體，以如實慧爲通體故。此二門竟。

次第三門，約十一智而爲分別。十一智者，所謂十智及如實智，是十一也。何者十智。苦智、集智、滅智、道智，即以爲四。法智、比智，通前爲六。前四諦智，在欲界名爲法智，在上二界説爲比智。盡智、無生智，通前爲八。向前六智，在無學果，説爲盡智、無生智矣。此前八智一向無漏，第九等智一向有漏，第十他心通漏無漏。十智如是。此義如前十智章中具廣分別。如實智者，諸佛菩薩離增上慢，於一切法悉知〔三二〕如實知，非是不知妄稱知故，名如實智。若論其體，如《地持》説，謂清淨智、一切智、無礙智是。此如向前三智章中具廣辨釋。今約此智分別六通。小乘六通，十智所收。大乘六通，如實智攝。小乘六通，十智所收，其相云何。如毗曇説，身通、天眼、天耳、宿命，此之四通，一等智性，唯有漏故。

他心一通，具五智性。若知他人有漏之心，則等智性。若知他人無漏之心，則是道〔三三〕智、法比智性。知於欲界無漏他心，則法智性，知於上界無漏他心，則比智性。知上知下，通〔三四〕道知性。知於有漏及與無漏，通皆是其他心之智，是故他心具五智性。問曰：知於無漏他心，以何義故則得名爲道智性乎。無漏他心體性是道，故知此心得名道智。若爾，所知有漏他心體是苦集，能知之智何故不名苦集智乎。釋言：應齊。但彼所知無漏他心體性微細，與彼道諦淺深相似，知彼心者則能知道，故知彼心則道智性。有漏他心事相浮麤，苦集之理其義微細。夫智麤者不及其細，是故知於有漏他心不得名爲苦集之智。此釋麤似，細窮猶非，更須微窮。

問曰：知他無漏心者，爲當知他無漏心事，爲當知他無漏心上道、如、迹、乘四義通理。釋言：正論，知他心事。若當知理，理相互通，不分自他，云何得名他心智乎。問曰：若此知他心事，不緣理者，論文自判，雖[三五]於十六行除闇非無漏，云何得名爲道智乎。釋言：此義實難不易，須有消息。正論此通知他心時非是無漏，亦非道智。而彼論中名無漏者，近於無漏，似無漏故名爲無漏。又近無漏，始末通説，故名無漏。又復説之爲[三六]道智，亦以近道，似於道觀，名具道智。又復近道，始末通説，名具道智。是義云何。凡欲知他無漏心時，要先觀其道、如、跡、乘通相之理，然後就上測知他心，是故始終通相説之名爲道智，名爲無漏。簡始論終，此非無漏，亦非道智。問曰：何故欲知他人無漏心事，要先觀理，然後就上測知他心，不得望直知他心事。釋言：道、如、跡、乘之理，從煖等來，數觀純熟，擬心則見。無漏他心，本來未知，那含已上方始學觀。凡欲知難，必須從易，是故欲知無漏他心，必先觀理。理觀是彼決定近因，故通説之云具道智。問曰：若知無漏他心必先觀理，從近方便名道智者，知有漏心亦應如是，何以不得從近方便名苦集智。釋言：不類。彼無漏中理觀在前，知心在後，先易後難，故先觀理，然後知心。彼有漏中凡夫本來數知他心，本數知時[三七]未觀苦集，是故不從苦集觀入，不從入故，不得説之具苦集智。又復他人有漏之心，本來數知，知之則易。苦集之理，本來未見，煖等已來方始學觀，知之則難。易知之者，不藉難知而爲方便。苦集之觀，非彼近因，不得通説爲苦集智。意見且然，縱有異釋，都謂是難。他心如是。

漏盡通中，攝智不定，或六或八，或具十智。若知漏盡名漏盡智，則六智性，所謂滅智、法智、比智、盡、無生智，及與等智。知欲界滅，名爲[三八]法智。知上界滅，名爲比智。知上知下，通名滅智。無學觀滅，名盡、無生[三九]。有漏心緣，則是等智。除苦、集、道及他心智，彼非盡故。若彼聖人無學聖慧能盡諸漏名漏盡智，則八智性。

除彼等智及他心智、等智。不能究竟盡結，故除等智。無學息求，不推他心，故除他心。餘八皆能究竟盡結，故具八智。問曰：法智云何能得究竟盡結，説具法智。釋言：欲界滅道法智能斷上結，得無學故。若當宣説漏盡人得名漏盡通，則十智性。小乘如是。大乘法中，如實智攝。其相云何。彼初五通皆一切智、無礙智收。漏盡通中，知於漏盡名漏盡通，亦一切智、無礙智攝。若證[四〇]盡漏名漏盡通，清淨智收。約就諸智分別如是。此三門竟。

次第四門，約對十明分別六通。十明，如彼《華嚴經》説。彼説六通以爲十明，故須約之分別六通。相狀如何。他心通者，彼説爲一他心智明。宿命通者，彼説爲一宿命智明。餘之四通，各分爲二。身通爲二：一名安住無畏神力智明，轉變自在，於十方界往來無礙。二名種種色身智明，能現種種諸身差別。天眼分二：一、天眼智明，於現色像照矚分明。二、盡未來際劫智明，了達未來死此生彼。天耳分二：一、天耳智明，能聞遠聲。二、無量種種音聲智明，解了一切衆生語言音聲差別。漏盡分二：一、如實智明，證法實性，能盡諸漏。二、滅定智明，了知三乘滅盡之法。約對十明分別如是。此四門竟。

次第五門，約對二脱分別六通。言二脱者，一慧解脱，二心解脱。經説二脱，有其兩種。其一義者，斷除愛結，定心自在，名心解脱，斷絶無明，智慧無礙，名慧解脱。故經説言，斷癡慧明，除愛心脱。《維摩》宣説永滅癡愛，起於明脱，亦當此門。於此門中，六通悉是慧解脱收，智慧攝故。心脱乃是六通所依，六通之因，非正通體。第二義者，如《涅槃》説，斷除一切性結煩惱，真心出鄣，名心解脱。彼文説言，貪欲嗔癡永斷滅[四一]滅故，名心解脱。故知斷除性結煩惱爲心解脱。又彼文言，是心本性不共貪欲嗔癡和合，譬如日月雖爲煙雲塵霧等覆，而不與彼五翳和合。以不合故，諸佛菩薩永破貪欲，名心解脱。故知真心出煩惱鄣，名心解脱。斷事無知，於一切法照見無礙，名慧解脱。故彼文言，於一切法所知無礙，名慧解脱。於此門中，六通是其二脱所攝。攝相云何。前之五通，慧解脱收。故《涅槃》云：因慧解脱，昔所不聞而今得聞，昔所不見而今得見，昔所不到而今得到。亦應説言昔所不知而今得知，文略不辨。不聞得聞，是天耳通。不見得見，是天眼通。不到得到，是其身通。不知得知，是其他心、宿命二通。漏盡通中，義有兩兼：一、自證漏盡，名漏盡通，心解脱收。二、知他漏盡，名漏盡通，慧解脱攝。體性如是。

次第三門，明其六通修得之義。得有二種，一離欲得，二方便得。斷離下欲，得上禪時，即得依禪所有神通，名離欲得。從修方便而有所得，名方便得。依如毗曇，彼六通中，漏盡一通唯離欲得，天眼、天耳唯方便得，餘之三通亦離欲得亦方便得。何故漏盡唯離欲得。結盡之處，無漏聖德即是通故。此乃宣説自證漏盡爲漏盡通，唯離欲得。若知他人漏盡不盡爲漏盡通，以他心通應須方便。今從一義，故略不説。何故天眼天耳二通唯方便得。毗曇宣説眼耳二通，體是無記。定外作用，不與定俱，斷離下欲，得上定時，不得此通，以是義故非離欲得。得定之後，别修方便，方始得之，以是義故唯方便得。何故餘三亦離欲得亦方便得。彼性是善，與定心俱，斷離下欲，得上定時，即便得之，故離欲得。離下欲時，雖復得之，但可成就而不現前，不得現用，更作方便乃得現用，故方便得。如財異處，雖復屬己，不得現用，方便往取，始得現用，彼亦如是。若依《成實》，漏盡一通唯離欲得，與毗曇同。餘之五通，唯方便得。何故如是。彼宗宣説，一切功德修得之後，成就不失，方名爲得，無有未修未現之法豫名爲得。以是義故，身通等五，離下欲時，未名爲得。修後乃得，故方便得。若依大乘，諸佛菩薩自證漏盡名漏盡通，唯離欲得。知他漏盡及餘五通，亦離欲得，亦方便得。何故如是。大乘六通用如實慧以之爲體，彼體即定。斷離煩惱，内證寂滅，如實定時，即得彼定[四二]通，故離欲得。初修之時，假想方便熏發真心中[四三]，作用隨生，故方便得。云何得知大乘六通皆與定俱。如《維摩》説，諸佛如來常在三昧，悉見佛國，不以二相。天眼既然，餘通亦爾，故皆即定。以即定故，悉離欲得。

問曰：漏盡離欲得者，離何地欲，得漏盡通。釋言[四四]分别有三：一、簡終異始。離非想欲，得漏盡通。離下地欲，非漏盡故。二、據終攝始。斷離非想一地欲已，下諸地中對治無漏悉皆增明，通攝以爲漏盡智通。三、隨分通論。於諸地中，隨分離欲，所得無漏，皆漏盡通。故《地持》中宣説菩薩有漏盡通。

問曰：漏盡離欲得者，爲離下欲得上功德，爲離上欲得下功德，爲當離於自地之欲，得自地德。釋言：兼有是義。云何。如斷欲結得初禪地無漏功德，如是一切名斷下欲得上功德。如斷二禪至非想結，得初禪地勝分無漏，如是一切名斷上欲得下功德。何者。初禪勝分無漏，依如毗曇，初禪無漏能斷初禪至非想結。《成實》、大乘，初禪無漏能斷三界一切煩惱。於此治中，能斷二禪至非想惑[四五]，名爲初禪勝分無漏。此之無漏，要斷上結方始得之，已前不得。斷初禪結，還得初禪無漏功德，名爲斷除自地煩惱得自地德。如是一切。

問曰：一切離欲得者，爲當得於先所得法，爲當得於先所未得。若唯得於先所得法無漏功德，本來未得，離欲之時不應得之。若通得於先所未得，是則凡夫離欲之時應得無漏，聲聞緣覺離欲之時應得初禪一切功德。若具得之，應同諸佛。餘地亦爾。釋言：離欲所得不定。或有但得先所得法。凡夫本來曾得諸禪乃得依禪所生功德，有時退起下地煩惱，失上功德，後斷下結，還得本昔所失之法，不得無漏。良以凡夫於無漏法無有趣[四六]向之方便故。或有通得先所未得。聖人斷離下地結時，通得上地無漏功德，先有趣向之方便故。雖復得之，各有分限，不得過量。爲是小聖不得同佛。是義云何。今且約就初禪釋之，餘類可知。初禪地中，無漏功德品殊無量。於中具有聲聞、緣覺、菩薩、佛德。隨其分限，未離欲前作方便者，離欲已後則便得之，無方便者離欲不得。爲是聲聞離欲之時，但得聲聞無漏功德，不得餘人無漏功德，如是一切。又初禪德鄣有三種：一、下地鄣，欲界煩惱鄣初禪德。二、自地鄣，初禪煩惱鄣初禪德。三、上地鄣，二禪已上一切煩惱鄣初禪功[四七]德。就下鄣中，麤細無量。聲聞斷麤，得初禪中麤品功德。緣覺之人所斷漸細，所得漸勝。乃至諸佛，斷之方盡，所得窮極。自地障中，品亦無量。聲聞斷麤，得初禪中麤品功德。緣覺轉細，所得漸勝。至佛乃窮，所得方極。上地鄣中，品亦無量，隨分斷除，所得各別。初禪既然，餘禪亦爾。以是義故，離欲雖得先所未得，不即同佛。

問曰：若言初禪煩惱還能鄣於初禪功德，二禪已上至非想結亦能鄣於初禪德者，菩薩十地，初地中鄣，還能鄣於初地德不。二地乃至佛地之鄣，亦能鄣於初地德不。釋有同異。異而論之，八禪是其生得[四八]之處，初禪地中所生無漏能斷三界一切煩惱，所斷煩惱望其能斷，齊有鄣義。餘禪亦爾。十地斷鄣，分齊別處。初地之解不能斷二地處鄣，乃至佛地障。以不斷故，二地家鄣乃至佛鄣不鄣初地。餘地亦爾。如見道解與修道解，不雜對治。

又問：十地是斷德[四九]得處，可斷下過，得上地德。八禪既非斷得之處，離下過時，不應得於上禪功德。釋言：淨禪是斷得處，與十地同，故離下欲得上禪德。淨望無漏是生得處，故依下禪所發無漏，能斷自地及上地中一切煩惱。斷彼結時，得下地中無漏功德。設用餘禪斷上煩惱，亦得下地無漏功德，同治修故，不同十地位位別斷。異義如是。同而論之，十地位法一一位中，麤細塵竿，鄣亦無量。且論初地，餘類可知。於初地中，麤品之鄣，淨心時斷，得初地中麤品功德。其微細者，二地時斷，得初地中漸勝功德。初地家鄣至佛，乃至所得功德至佛乃窮。以初地鄣諸地共斷故，諸地中所斷之鄣同鄣初地，餘地亦爾。《華嚴》宣説菩薩一地普攝一切諸地功德，義當此門。此望法位，與禪地同。

問曰：前説漏盡智通是離欲得，離相云何。如前斷結章中具辨，不可更論。問曰：毗曇説身通等亦離欲得，所離之欲與鄣通纏，爲一爲異。釋言：不同。彼所離欲，染汙煩惱。鄣通之纏，不染無知。又所離欲斷離之時，得禪得通。鄣通之纏，斷唯得通。又所離欲，偏望身通、他心、宿命。鄣通之纏，遍鄣五通。又復彼欲斷除得通，名離欲得。鄣通之纏，斷除得通，名方便得。爲是全別。

問曰：此纏五住惑中何住所攝。釋有兩義：一、分麤異細，是四住家眷屬煩惱，非無明地。無明住地，二乘不斷。鄣通之纏，凡夫二乘能斷故。二、攝末從本，是無明中不染無知。若是無明，凡夫二乘安能斷除。隨學蹔遮，不能永離，猶不名斷。

又問：此纏於彼三界九地之中，繫屬何地。釋言：此纏不同染惑定屬諸地，而是諸地纏隔之心，在於欲界至第四禪，在此地中有纏鄣故，又隨此地有麤細故。

問曰：向説身通等五皆方便得，方便云何。五通依於四根本禪而修習之。故《雜心》云，五通在四禪、根本，非餘定。且約初禪明修通相，餘類可知。

修習身通，有三種通[五〇]：一、方便道。先入初禪根本定心，此即是止。後作飛行往來之想，或爲大小轉變之想，此即是觀。還入定中，復作飛行往來等想。如是多返，此是身通方便道矣。二、無礙道。由前方便熏發之力，入定發慧，一無礙道，斷鄣通纏。三、解脱道。無礙道後，一解脱道，證除彼障。從是已後，欲有所爲，如前心想即能爲之。身通如是。

修他心通，亦三種道：一、方便道。亦先入定，次觀他心，測其心想，如是多返，名方便道。二、無礙道。由前方便熏發之力，入定發慧，一無礙道，斷鄣通壅。三、解脱道。無礙道後，一解脱道，證除彼鄣。後時欲知他人之心，即能知之。

修宿命通，亦三種道：一、方便道。先入定中，次起心想，尋憶過去所更之事，從近至遠，次第尋之，還入定中，如是多返。二無礙道，三解脱道，共前相似。

修天眼通，依如毗曇，但有二道：一、方便道。先入定心，次取日月燈明等相，作遠見想，還入定中，如是多返，極令純熟。二、無礙道。由前方便熏發之力，入定發慧，一無礙道，斷鄣通壅。後時出定，欲見即見。彼説天眼是無記故，定中不得有解脱道。若依《成實》及與大乘，天眼是善，與定心俱，如是修者有解脱道，與[五二]前身通、他心等同。

修天耳通，依如毗曇，亦有二道：一、方便道。先入定心，次取諸聲，作遠聞想，還入定中，如是多返，極令純熟。二、無礙道。由前方便熏發之力，入定發慧，一無礙道，斷鄣通壅。後時出定，欲聞即聞。無解脱道，與天眼同。《成實》、大乘，亦有解脱，似前天眼。

問曰：諸通有離欲得及方便得，此二所得有寬狹不。義釋有三。一義分別，離欲得狹，方便得寬。其離欲者，但得先來曾所得法。先所未得勝妙神通，皆由現在方便修起。第二義者，離欲得寬，方便得狹。其離欲者，無始已來曾所得法，一切皆得。其方便者，於現在世能入者得，不能入處則不得之。第三義者，離欲、方便，所得齊等。佛大菩薩隨其離欲所得之者，皆能現入。修得如是。

次第四門，明其大小不同之義。不同有五：

一、體性不同。六通皆用智慧爲體。小乘六通，用事識中慧數爲體。大乘法中，始修之時，用事識中慧數爲體，心外有法，於中自在，説名爲通。次修，用彼妄識中慧以之爲體，見一切法但從心起，心外無法，自心法中，無礙自在。究竟終成，用真識中實慧爲體，見法唯真，於其自體真實法中，無礙自在。二、緣心不同。小乘六通，凡所爲作，攀緣分別，不能無緣。大乘法中，始修有緣，次修息緣，不能無緣，究竟終成，平等無緣，如日普照而無分別，一切所作，法力而爲，都不作心。三、常無常不同。小乘六通，無常生滅。大乘六通，始則無常，究竟真常，物見興廢，體恒不變。四、依定不同。小乘六通，但依事定，事中住心是事定也。大乘六通，始依事定，次依理定。破相住空，是理定也。究竟終成，依於真實自體寂定，真心性寂是體定也。住是定中，其心不動，三昧法力，自然現用。又小乘中，前之五通唯依四禪根本定起，漏盡一通依於四禪、未來、中間及三無色。大乘法中，始修同小，究竟終成，依一切禪悉能起之。又聲聞人隨依何定所發神通，入餘定中不能起用。諸佛菩薩則不如是，隨依何定所發神通，入餘定中悉能起用。

如龍樹辨作用不同，六通別説。身通之中，不同有十：一、上下不同。聲聞緣覺依於初禪所發神通，但至初禪，不能至上，以地度故。餘定亦爾，但至自地，不能得過。諸佛菩薩則不如是，依於初禪所發神通，至一切地。餘定亦爾。二、寬狹不同。如《地持》説，聲聞之人二千國土爲通境界，緣覺之人三千國土爲通境界。又龍樹云，小聲聞中，不作意者一千國土爲通境界，若作意者二千國土爲通境界，若作意者三千國土爲通境界。大聲聞中，不作意者二千國土爲通境界，若作意者三千國土爲通境界。緣覺人中，有大有小。其小緣覺，不作意者二千國土爲通境界，若作意者三千國土爲通境界。其大緣覺，莫問作意及不作意，皆以三千大千國土爲通境界。此等名狹。諸佛菩薩，一切世界一切衆生界爲通境界，故名爲寛。三、多小不同。聲聞緣覺，一心一作，不能衆多。諸佛菩薩，一時化現十方世界一切色像，一時能現五趣之身。四、大小不同。聲聞緣覺，化現大身，不能入小，化現小身，不能容大。諸佛菩薩，化現大身滿三千界，能以大身入一塵中，化現小身，猶如微塵，能以小身容受一切。又佛菩薩，於世色物，大能入小，小能容大。二乘不能。五、遲速不同。聲聞緣覺，欲至遠處，多時乃到，以其不得如意通故。諸佛菩薩，一念能至十方世界，以其所得如意通故。六、虛實不同。聲聞緣覺，凡所化現一切境界，相似而已，不得實用。諸佛菩薩，凡所化現，皆得實用。如《地持》說。七、所作不同。諸佛菩薩，化無量人，各令有心，隨作一事，令人異辨。二乘不能。八、所現不同。諸佛菩薩，但現一身，令人異見，但出一聲，令人異聞，安住一土，十方俱現。二乘不能。九、根用不同。如《涅槃》說，諸佛菩薩六根互用，二乘不能。十、自在不同。如《涅槃》說，諸佛菩薩凡所爲作，身心自在，不相隨逐，其身現大，心亦不大，其身現小，心亦不小，其身現喜，心亦不喜，其身現憂，心亦不憂，如是一切，二乘不能。身通如是。

天耳通中，不同有六：一、上下不同。聲聞緣覺依於初禪所得天耳，但聞初禪已下音聲，上則不聞。餘禪亦爾，不過自地。諸佛菩薩隨依何禪所得天耳，聞一切聲。二、寛狹不同，准前可知。三、頓別不同。聲聞緣覺於諸音聲別別聽聞，不能一時。諸佛菩薩一時頓聞。四、麤細不同。如《地持》說，乃至耳語極微細聲，諸佛菩薩一切悉聞。二乘不能。五、遲速不同。諸佛菩薩於諸音聲發心則聞。二乘不能，多作方便乃得聞知。六、虛實不同。諸佛菩薩於諸音聲所聞不謬。二乘不爾，容有錯謬。天耳如是。

他心通中，不同有七：一、上下不同。依如毗曇，有三種度，不知其心。一者人度，下人不知上人之心。二者根度，鈍人不知利人之心。三者地度，在下禪地不知上地禪定人心。《成實》法中，唯説人度及與根度，不説地度。《成實》所説，濫同大乘。大乘所説，諸佛菩薩依下發通，亦能知於上地人心。二、寬狹不同。聲聞緣覺極唯知於一三千界衆生之心，諸佛菩薩能知一切。三、頓别不同。諸佛菩薩頓能了知一切衆生心心數法，二乘不能。四、巖細不同。聲聞緣覺但知凡夫小聖巖心，不能及細。諸佛菩薩所知微細，乃至佛心亦能知之。五、遲速不同。諸佛菩薩於一切心欲知即知。二乘不能，多作方便方乃知之。六、虚實不同。諸佛菩薩所知不謬。二乘不爾，所知容謬。七、時分不同。聲聞緣覺但知現在衆生之心，諸佛菩薩能知三世衆生之心。他心如是。

天眼通中，不同有十：一、上下不同。聲聞緣覺隨依何禪所得天眼，齊見自地，不能及上。諸佛菩薩一切悉見。二、寬狹不同。三、頓别不同。准前可知。四、巖細不同。諸佛菩薩所見微細，乃至隣空微塵色等，一切悉見。二乘不能。五、遲速不同。六、虚實不同。與前相似。七、時分不同。聲聞緣覺極遠能見未來世中八萬劫事，諸佛菩薩窮見後際。八、自他不同。如《涅槃》説，聲聞緣覺但見外色，不見自眼。諸佛菩薩能見自眼。九、見法不同。如《涅槃》説，諸佛菩薩所有天眼能見諸色念念生滅，及見自他不淨骨人。二乘不能。十、知根不同。如《涅槃》説，諸佛菩薩見人形色，即知其根利鈍大小。二乘不能。天眼不同，差别如是。

宿命通中，不同有八：一、上下不同。聲聞緣覺隨依何禪所得宿命，唯知自地及下衆生宿命之事，不能知上。諸佛菩薩一切悉知。二、寬狹不同。三、頓别不同。准前可知。四、巖細不同。諸佛菩薩於過去事巨細悉知。二乘不能。五、遲速不同。諸佛菩薩於過去事發心即知。二乘不能。六、虚實不同。諸佛菩薩所知不謬，不同二乘。七、時分不同。二乘極遠能知過去八萬劫事。

諸佛菩薩所知無極。問曰：經說迦毗羅仙能知過去八萬劫事，未來亦然。聲聞緣覺既是聖人，所知應遠，何故同彼。釋言：此用世俗智[五二]知。世俗[五三]中利根數習，所知則遠，鈍根少習，所知即近，不簡凡聖人[五四]。八、自在不同。如《地持》說，諸佛菩薩自知宿命，知他宿命，能令他人知已宿命，能令他人自知宿命，能令他人知他宿命，乃至令彼其餘衆生展轉相知。二乘不能。宿命不同，差別如是。

漏盡通中，有其[五五]種：一、知他漏盡，名漏盡通。二、自證漏盡，名漏盡通。知他漏盡，不同有七：一、上下不同。聲聞緣覺但知自地及下漏盡，不能知上。諸佛菩薩一切悉知。二、寬狹不同。聲聞緣覺於一世界知他漏盡，諸佛菩薩盡知一切。三、頓別不同。聲聞緣覺別緣別知，諸佛菩薩一時頓知。四、麤細不同。聲聞緣覺所知麤淺，諸佛菩薩所知深細。五、遲速不同。諸佛菩薩不假方便，發心即知。二乘不能。六、虛實不同。聲聞緣覺所知虛謬，諸佛菩薩所知真實。七、時分不同。聲聞緣覺知現衆生漏盡不盡，不知過未。諸佛菩薩一切悉知。知他漏盡，不同如是。自證漏盡，不同有三：一、證法不同。聲聞緣覺證法麤淺，但得人空。諸佛菩薩所證淵深，窮解二空，并證甚深如來藏性。二、除鄣不同。聲聞緣覺但斷四住，諸佛菩薩五住斯滅。三、取捨不同。聲聞緣覺得寂取證。諸佛菩薩得滅不住，得大涅槃，不捨世間，不捨世間而常涅槃。大小不同，差別如是。

次第五門，三性分別。善、惡、無記，是三性也。六通之中，漏盡一通，體性唯善。其餘五通，汎論有四：一是報通，如上諸天報得五通，如是一切。二者藥[五六]通，如諸仙等以藥力故飛行自在。三者呪通，如波羅捺有婆羅門，以呪持身，飛上帝宮，變身爲釋，與舍支夫共行欲事，如是等比，是其呪通。四者修通，依禪修得。四中前三是其無記，後一不定。依如毗曇，他心、宿命一向是善。天眼、天耳一向無記。身通一種，體性是善，所起化心是其無記。他心、宿命，意識相應慧數爲體，與禪定俱，故性是善。天眼、天耳，眼耳二識相應慧數以通爲體，不與定俱，故性無記。身通之體，亦是意識相應慧數，與定心俱，故性是善。所起化心，定前作意欲爲諸事，然其所起，或自地心，或他地心，不與定俱，故性無記。若依《成實》，五通皆用意識地中慧行爲體，悉爲利益衆生心起，故性皆善。乃至化心，亦爲利益衆生心起，故性亦善。大乘宣説世俗五通，多同毗曇，故《地持》中宣説無記化化禪矣。諸佛菩薩所成五通，實慧爲體，乃至所起種種變化皆不離定，悉是三昧法門力起，體性皆善。三性如是。

次第六門，三業分別。身、口、意業，是三業也。窮其體性，六通皆用智慧爲體。慧在内心，皆意業性。隨相論之，三業所攝。如《地論》説，初一身通，身業清淨。天耳、他心，口業清淨。宿命、天眼，意業清淨。漏盡一通，彼論不辨。身通一種，變化在形，是故説爲身業清淨。天耳、他心，依之起説，是故説爲口業清淨。云何起説？以有天耳，從佛菩薩聽受正法，及聞衆生種種言音，依之起説。以他心通，知物心欲，隨之起説。以此二通，起説中强，故論説爲口業清淨。宿命、天眼，了知過去未來之事。過去未來隔世難知，非意不了，是故説爲意業清淨。漏盡通中，自證漏盡，内心離染，亦意業淨。知他漏盡，名漏盡者，此乃知他衆生心中惑盡不盡，依之起説。似他心通，亦口業清淨。三業如是。

次第七門，通、明、示現三種分別。如《雜心》説，六皆是通，以無壅故。明與示現，義有隱顯，四句辨之：一者，示現而非是明，所謂身通及與他心。此之二通，化益衆生，生信顯了，故名示現。不能除離三種愚故，不名爲明。三愚如後。二者，是明而非示現，所謂天眼及宿命通。宿命除其先際之愚，天眼除其後際之愚，故説爲明。化物生信，不極顯了，故非示現。云何不顯。宿命知其過去世事，説過去事，化益衆生，隔世難知，人多不信，故非示現。天眼知其未來世事，説未來事，化益衆生，隔世難知，人亦不信，故非示現。第三，亦明亦是示現，謂漏盡通。了達真諦，證成漏盡，除真諦愚，故名爲明。知他漏盡，説彼衆生心中煩惱有盡不盡而勸化之，彼則生信，生信顯了，故名示現。第四，非明亦非示現，謂天耳通。不能除前三種愚故，不得名明。將此化他，生信不顯，故非示現。云何不顯。天耳雖能聞於遠聲，以此語他，他人不聞，多不信受，故曰不顯。又設導彼所化之人，屏遠之言，而欲化之前人便謂從他傳聞，非是自力，故多不信。明與示現，隱顯如是。通而論之，悉皆是明，故《華嚴》中開分六通以爲十明。亦悉示現，諸佛菩薩顯示此德，化衆生故。

問曰：宿命、天眼、漏盡，經説爲通，復説爲明，又云三達，有何差別。通釋義齊，於中別分，非無差異。異相如何。如龍樹説，直知過去八種事等，名宿命通。於中過去知業知果，因緣道理，名宿命明。知未來世死此生彼，名天眼通。知業知果因緣道理，名天眼明。直知漏盡，名漏盡通。知更不生，名漏盡明。又知從道得滅不同，亦名爲明。於如是等，知之窮盡，説爲三達。盡有四重：一、知事盡，無事不知。二、知因果法相義盡，無義不知。三、知真諦空理同盡，窮相皆空。四、知性盡，知如是法悉從本性如來藏起，相即是實。窮達此曰[五七]，名爲三達。論通共凡，唯除漏盡，明共二乘，達唯如來。通明示現，分別如是。

次第八門，明修六通次第之義。理實六通無定次第。今且言之，次第有三：一、修成次第。據佛論之，佛將成道，魔王波旬恐佛道成故來惱亂，如來于時須以神力而降伏之，以是義故，先修身通。魔既被降，隱形空中，如來于時不知所在，須以天眼知其所在，故次第二修起天眼。眼雖見形，不解其言，須以天耳聽其所説，故次第三修起天耳。耳雖聞言，不測其心，不知内心，爲怯爲勇，故次第四修他心通。以此通故，知其内心惶怖不安。雖知現心，不知過去福德多少，福若勝我，或能鄣礙，妨我道成，爲知往福，次修宿命通〔五八〕，見魔過去作一無遮大會因緣，今受此報。吾於過去無量億劫，爲諸衆生，捨身、手、足、頭、目、髓、腦，受種種苦，我福勝彼。既知勝彼，不懼彼鄣，便能斷結，證成漏盡，故次第六明漏盡通。又龍樹説，佛於初夜得一通一明。言一通者，得一身通。言一明者，得宿命明。於中夜時，得一通一明。言一通者，得天耳通。言一明者，得天眼明。於後夜時得一通一明。言一通者，得他心通。言一明者，得漏盡明。以何義故，先得其通，後得其明。論自釋言：從六通中求三明持〔五九〕用功力重，故先得通，後得其明。問曰：何故如是次第。論自釋言：初夜魔來，欲行惱亂，爲降伏之，先起身通。既降魔已，即自思念，我於一身，何因緣能〔六〇〕得如是大力，便求宿因，見已過去多修福善得如是力，故起宿命。中夜魔去，寂漠無聲，佛便慈念一切衆生，欲聞其言，故求耳〔六一〕。以得天耳，聞於十方五道衆生苦樂等音。欲見其形，故求天眼。於後夜時，欲知物心，隨爲教化，故求他心。知諸衆生皆欲離苦而求其樂，自我不得漏盡之樂，無能與之，故求漏盡。此亦是其修成次第，一義如是。二、明修成起化次第。亦約佛説，如律中辨。佛初夜時得宿命明，無明盡明生，闇盡光生。於中夜時，得天眼明，無明盡明生，闇盡光生。於後夜時，得漏盡明，無明盡明生，闇盡光生。此三是其修成次第。得漏盡已，欲化衆生，不知何等衆生須化，須以天耳聽諸衆生苦樂等音，次起天耳。雖知衆生苦樂差別，彼此隔別，難往攝化，次起身通。雖到其所，不知所欲，無宜授法，次起他心。此後三種起化次第。第三直明起化次第，亦約佛説。欲化人，不知所在，先用天眼。既見所在，須往攝化，次用身通。既到其所，不解其言，次用天耳。雖解其言，不識其根，次用宿命，觀其過去根性大小。雖識往根，不知現欲，次用他心。雖知其心，不知心中煩惱有無，次用漏盡，觀其心中煩惱有無，爲説對治，令證漏盡。次第如是。

次第九門，依經辨相。如《地持》説，身通有二，一變二化。改換舊質，名之爲變。無事不現，説以爲化。是[六三]變多種，要爲十六：一者震動，謂能震動一世界。二者熾然，身上出火，身下出水，如是等也。三者充滿，身放光明，充滿世界。四者示現，爲一切沙門衆等。五、轉作異分，變地爲水，水爲火等。六者來去，充行往來，無礙自在。七者大小，變小爲大，變大爲小。八、色像入身，令一切界一切衆生悉入己身。九、所往相似，隨其所至，現同彼衆生，音聲語言悉與彼同。十者隱顯，現出還没，如是等也。十一自在，能令衆生若來若去，若住若卧，一切隨心。十二、鄣他神通，除上及等，悉能鄣弊。十三與辨，無辨衆生，能與辨才。十四與念，失念衆生，能與正念。十五與樂，無樂衆生能與其樂。十六放光，身能出光，普照一切。變義如是。化亦無量，要攝有三：一者化身，化爲一切衆生形類。二者化語，化爲種種音聲語言。三、化境界，化爲一切飲食等事。就化身中，略有五種：一、化似自身。二、不相似。三、似他身。四、不相似。五、自身他身相似不相似。一切化現，化語有七：一、妙音説法，其聲微妙。二、廣音説法，所出音聲一切普聞。三、從自身起，化作語言，似從身起。四、從他身起，化作語言，似從他起。五、無所從起。六、説正法。七、隨事教責。化語如是。化境界中，作事無量。身通如是。

天眼有二，一者見於現在色像，二見未來死此生彼。天耳通中，一切六趣衆生音聲、聖非聖聲、麤聲細聲、辨不辨聲、化非化聲、遠聲近聲，一切悉聞。他心通中，一切衆生心心數法，悉如實知。問曰：此通爲直知心，亦知所緣。依如毗曇，唯知他心，不知所緣。若知所緣，則前人作意攀緣我心，我緣彼心，便有自心變照之過。故唯知心，不知所緣。若依《成實》，正知他心，兼知所緣。大乘亦爾。設心自緣，竟有何咎。

宿命通中，差別有六：一、自知宿命，知已過去八種事等。何者八事。一如是名，二如是性，三如是生，四如是飲食，五如是苦樂，六如是長壽，七如是久住，八如是壽限。知已過去如是八事，名爲自知。二者知他，知他衆生六種同行。何者六行。一如是名，二如是性，三如是生，四如是飲食，五如是善惡，六如是壽命。知他此事，名爲知他。三、令他衆生知已宿命。四、令他衆生自知宿命。五、令他衆生知他宿命。六、令餘衆生展轉相知。

漏盡通中，有其二種，一無學聖智能盡諸漏名漏盡通，二知漏盡名漏盡通。知漏盡中，義別有四。如《地持》說：一、自知漏盡。二、知他漏盡。三、漏盡方便已起未起，悉如實知。聖道是其漏盡方便。四、漏盡增上慢有起不起，悉如實知。未得謂得，名增上慢。六通之義，辨之略爾。

大乘義章卷第二十本

校勘記

〔一〕「決」，校本校勘記云甲本作「聞」。

〔二〕「失」，底本作「共」，據底本原校及校本改。

〔三〕「相」，底本原校云一本前有「取」字。

〔四〕「無漏」，校本作「無爲」，校本校勘記云一本作「有爲」。

〔五〕「各」，底本原校云一本後有「一」字。

〔六〕「法」，底本原校云一本後有「非色心法」四字。

〔七〕「多」，校本校勘記云甲本作「本」。

〔八〕「礙復」至「戒中」，校本校勘記云一本無。

〔九〕「解脱身」，底本原校云一本無。

〔一〇〕「一門」，底本作「所」，據底本原校及校本改。

〔一一〕「中」，底本後衍「中」字，據底本原校删。

〔一二〕「别」，校本校勘記云一本作「異」。

〔一三〕「中」，底本原校疑前脱「之」字。

〔一四〕「現」，校本校勘記云一本作「見」。

〔一五〕「小」，底本原校疑後脱「乘」字。

〔一六〕「長養」，校本校勘記云甲本作「遵類」。

〔一七〕「故」，底本原校疑衍。

〔一八〕「具」，校本校勘記云一本作「其」。

〔一九〕「等」，底本原校疑衍。

〔二〇〕「如」，校本校勘記云甲本無。

〔二一〕「亦」，底本原校云一本前有「論地持」三字。

〔二二〕「爾」，底本後衍「前」字，據底本原校及校本删。

〔二三〕「有」，校本校勘記云甲本前有「分」字。

〔二四〕「衆」，底本原校云一本無。

〔二五〕「法」，底本原校云一本作「義」。

〔二六〕「潛」，校本校勘記云甲本作「贊」。

〔二七〕「聽」，底本原校云一本作「能」。

〔二八〕「人」，底本原校疑爲「又」。

〔二九〕「有」，底本原校云一本作「見」。

〔三〇〕「標」，校本校勘記云甲本作「樹」，下一「標」字同。

〔三一〕「彼」，校本校勘記云甲本作「後」。

〔三二〕「知」，底本原校疑衍。

〔三三〕「道」，校本校勘記云甲本作「通」。

〔三四〕「通」，底本作「道」，據底本原校及校本改。

〔三五〕「雖」，底本原校云論作「離」。

〔三六〕「爲」，底本原校疑前脱「以」字。

〔三七〕「時」，校本校勘記云甲本作「持」。

〔三八〕「爲」，校本校勘記云甲本作「盡」。

〔三九〕「生」，校本校勘記云甲本後有「智」字。

〔四〇〕「證」，底本原校云一本作「知」。

〔四一〕「滅」，校本校勘記云一本無。

〔四二〕「定」，底本原校疑衍。

〔四三〕「中」，底本原校疑衍。

〔四四〕「釋言」，底本原校云一本無。

〔四五〕「惑」，校本校勘記云甲本作「或」。

〔四六〕「趣」，校本校勘記云甲本作「起」，下一「趣」字同。

〔四七〕「功」，底本原校疑衍。

〔四八〕「得」，校本校勘記云一本作「德」。

〔四九〕「德」，底本原校疑衍。

〔五〇〕「通」，底本原校疑爲「道」。

〔五一〕「與」，校本校勘記云甲本前有「及」字。

〔五二〕「智」，校本校勘記云甲本作「齊」。

〔五三〕「俗」，底本原校疑後脱「智」字。

〔五四〕「人」，底本原校疑衍。

〔五五〕「其」，底本原校疑後脱「二」字。

〔五六〕「藥」，校本校勘記云甲本作「業」。

〔五七〕「曰」，底本原校疑爲「四」。

〔五八〕「通」，底本原校云一本無。

〔五九〕「持」，底本原校疑爲「時」。

〔六〇〕「能」，底本原校疑衍。

〔六一〕「耳」，底本原校疑前脱「天」字。

〔六二〕「是」，底本原校云一本作「身」。

大乘義章卷第二十末

遠法師撰

十號義。

其十號者，是佛如來名稱功德。名有通別。釋迦、彌勒、阿閦佛等，是其別也。如來等十，是其通也。應相須分，故立別名。實德須顯，故立通稱。實德無量，依德施名，名亦無邊。今據一數，且論十種。所謂如來、應供、正遍知、明行足、善逝、世間解、無上士調御丈夫、天人師、佛、世尊。此十，經中説之爲號，或云名稱。通釋義齊，隨相分別，顯體爲名，標德云稱。名稱外彰，號令天下，説之爲號。十中前五是自利德，後五利他。就自利中，分爲兩對。初二一對，前明道圓，後彰滅極。後三一對，前二因圓，後一果極。

初如來者，外國名爲多陀阿伽度，亦云多陀阿伽馱也。此云如來，斯乃就德以立其名。德中不定，解有兩義：一、約佛解。如《涅槃》釋，如三世佛，所説不變，故名爲如。佛如而來，故名如來。若從此釋，就義立名。二、約理釋，如者如理，來者是德。故龍樹云：乘如實道，來成正覺，故曰如來。《涅槃》宣説，乘六波羅蜜十一空來，故曰如來。當知此亦約理釋矣。若從是義，如來之名，境德合目。又就此等分爲異釋。道言乘如來成正覺名如來者，就其證道解如來義。非不如説名如來者，就其教道解釋如來。乘六波羅蜜十一空來名如來者，就不住道以解如來。分相且然。究尋此等，共成一義。佛依理成，故説乘如來成正覺。乘如猶行，行謂六度，故復宣説乘六波羅蜜十一空來。十一空義，如上廣辨，此猶如也。内證難彰，寄言以顯，是以復言非不如説。

第二應供，外國名爲阿羅呵也。此云應供，此亦就德以立其名。德中不定，解有四義。一、對鄣解。如《涅槃》説，一切惡法佛應斷故，名之爲應。二、對法解。寂滅涅槃，如來應證，故名爲應。三、對人解。一切衆生，如來應化，故名爲應。故《涅槃》云：應名爲樂，諸佛過去爲菩薩時，於無量劫，爲衆生故，受諸苦惱，終無不樂而常樂之，故名爲應。此前三義，直就内德以立其名。四、對供解。於中有二：一、將佛對人，解釋應供。如來諸過悉已斷盡，福田清淨，應受物供，故名應供。此之一義，對供顯德。二、將人對佛，解釋應供。如《涅槃》釋，一切人天以（二）種種香華等事而供養佛，故名應供。此之一義，舉縁顯德。此初對竟。

第二對中，前二因圓，後一果極。復前二中，正遍知者，明其解圓。明行足者，彰其行圓。

正遍知者，經亦名爲等正覺也。此亦就德以立其名。然就德中，境體合目。正者是理，理無漏助故名爲正，此舉境也。於理窮解，故曰遍知。稱理而知，故[三]等覺，等猶遍也，覺猶知也，此舉德體。如《涅槃》中，更有多義，不可具論。

明行足者，此亦就德以立其名。佛德衆多，隨德釋名。義亦非一，略有五種：一、唯就因，解明行足。明是證行，證法顯了無闇曰明。行是教行，六波羅蜜、戒定慧等修起名行。是二圓備，稱之爲足。二、唯就果，解明行足。如《涅槃》説，明謂解脱，以離無明之闇縛故。行謂菩提，道行滿故。足謂涅槃，果窮極故。三、據果尋因，解明行足。如《涅槃》説，明者所謂阿耨菩提，此舉果也。行謂戒、慧，此脚足故。云何[三]足，此出其因。四、從因趣果，解明行足。如《涅槃》説，明者所謂不放逸心，離[四]癡濁故説爲明。行者所謂六波羅蜜。足者所謂阿耨菩提，果極名足。五、隨義汎論，明謂三明。如龍樹説，宿命、天眼及與漏盡，是其三明。如《涅槃》説，一菩薩明，二諸佛明，三無明明，是其三明。菩薩明者，所謂波若波羅蜜也。諸佛明者，所謂佛眼。無明明者，謂十一空。彼非智慧照明之性，故曰無明。是智境界，能生智明，故復名明。所言行者，如龍樹説，戒定慧等名之爲行。《涅槃》宣説，爲衆生故修諸善業，説之爲行。足者，如彼《地持》中釋，止觀具足故名爲足。《涅槃》宣説，明見佛性，所見窮極，故名爲足。問曰：此解明行足中因果備有，何故前言遍知、明行彰其因圓。此從初義具爲判矣。又經論中多就因解，從多言耳。

言善逝者，此從德義以立其名。善者名好，逝者名去，如來好去故名善逝。問曰：如來果德窮極，更何處去而言好去。釋言：此果從因而去，據因望果故説爲去。又佛如來雖無去處，非不能去，故名善逝。如劫盡火，雖無所燒，非不能燒，彼亦如是。於中分別，略有三種：一、修教行趣果以釋。如《涅槃》説，善者所謂初發道心，逝者由心得大涅槃。二、修證行趣果以釋。如《涅槃》説，善者所謂見於佛性，逝者因見得大涅槃。

三、唯就果解釋善逝。如《涅槃》説，善者即是如來之心，佛心柔濡，無有慢高，故名爲善。逝者名高，阿耨菩提位分高出，故名爲逝。

前五自德，後五化德。於中前四，德能化物，後之一種，爲世欽敬。就前四中，初一明其化他之智，解了世間。第二明其化他之能，能調物心。第三明其化他之德，師德具足。第四明其化他之行，覺行窮滿。

世間解者，就德施名。然就德中，境體合目，世間境也，解是體也。依如《華嚴》，世間有三：一、衆生世間。二、器世間，國土住處。三、智正世間。二諦諸法，於此悉解，名世間解。依《涅槃經》，世間有五：一、衆生世間，如來能知，名世間解。二、五陰[五]世間，如來能知，名世間解。此二，衆生之差别也。三、國土世間，如來能知，名世間解。四、五欲世間，如來能知，於中不著，名世間解。五、八法世間，如來能知，不爲傾動，名世間解。此三，器世之差别也。通彼智覺，世間之解義别有六。

無上士、調御丈夫，共成一號，就人立稱。名無上士，嘆其勝也。調御丈夫，彰其能也。士者是其人之别稱。人中最勝，餘不能加，名無上士。分别有七，如《地持》説：一、身無上，具相好身。二、道無上，具足自利利他道[六]。三、正無上，具足四正，所謂正見、正戒、正威儀及與正命。四、智無上，具四無礙。五、神力無上，具六神通。六、斷無上，煩惱鄣斷及知鄣斷。七、住無上，具足三住，所謂聖住、梵住、天住。空、無相、願，滅盡正受，是其聖住。四無量心，是其梵住。八禪地定，是其天住。具此七種，名無上士。《涅槃經》中但有五種[七]，無道無上、神力無上。調御丈夫者，佛是丈夫，能調丈夫，是故號佛調御丈夫。

天人師者，就人立稱。爲師匠益在於人故，能教衆生斷惡修善，故名爲師。如來實是六道之師，天之與人能入聖道，受益最多，是故偏名天人師矣。

佛者，就德以立其名。佛是覺知，就斯立稱。覺有兩義：一、覺察名覺，如人覺賊。二、覺悟名覺，如人睡寤。覺察之覺，對煩惱鄣。煩惱侵害，事等如賊，唯聖覺知，不爲其害，故名爲覺。故《涅槃》云：如人覺賊，賊無能爲，佛亦如是，能覺無量諸煩惱已，令諸煩惱無所能爲，故名爲佛。覺悟之覺，對其智鄣。無明昏寢，事等如睡，聖慧一起，朗然大悟，如睡得寤，故名爲覺。既能自覺，復能覺他，覺行窮滿，故名爲佛。遵言自覺，簡異凡夫。云言覺他，明異二乘。覺行窮滿，彰異菩薩。是故獨此偏名佛矣。

言世尊者，佛備衆德，爲世欽重，故號世尊。經中或復隱其世尊，彰婆伽婆。婆伽婆〔八〕，胡語。義翻有七，如《涅槃》説：一、婆伽名破，婆名煩惱，能破煩惱，名婆伽婆。二、能成就諸善法故，名婆伽婆。三、能善解諸法義故，名婆伽婆。四、有大功德，無能勝人故，名婆伽婆。五、有大名聞，遍十方故，名婆伽婆。六、能種種大惠施故，名婆伽婆。七、於無量阿僧祇劫吐女根故，名婆伽婆。諸惡煩惱是女根本，如來盡捨，故名爲吐。十號如是。

十力義，八門分別。釋名，一。定體，二。辨相，三。分齊差別，四。作業不同，五。次第義，六。教化教授分別，七。大小所説不同，八。

第一釋名。言十力者，一是如來〔九〕是處非處智力，二自業智力，三是定力，四是諸根利鈍智力，五是欲力，六是性力，七至處道力，八宿命智力，九天眼智力，十漏盡智力。佛〔一〇〕乘〔一一〕邊，隨化二乘，故説此十。故《鴦掘魔羅》云：説佛十種力，是則聲聞乘，斯非摩訶衍，大乘無量力，故佛不思議。

初言如來是處非處智力者，如《地持》釋。苦樂等報依差別因，名爲是處。差別因相〔一二〕違，故曰非處。照此之解，名之爲智。力有兩義，如《地持》説，一就自行於一切魔捨離得勝，故名爲力。二就利他堪能一切種[一三]利益衆生，故名爲力。理實此力知一切法是非之義。以諸外道多迷因果，佛爲化之，是故多就因果以釋。

自業智力者，造作名業，能作果故。爲簡外道所説無因顛倒因等[一四]業故，説爲自明。善是其樂家自業，不善是其苦家自業。照此之解，名業智力。問曰：此力非直知業，亦知煩惱及四法受，以何義故偏名業力。釋言：經有不盡法門，即此是也。良以業是煩惱家果，苦樂家因，據中而舉，故偏言之。尋果知因，故舉其業即知煩惱。尋因知果，故舉其業亦知四受。何者四受。有法現苦而後受樂，有法現樂而後受苦，有法現苦後亦受苦，有法現樂後亦受樂，此等名爲四法受也。

言定力者，心住不亂，名之爲定。於定自在，名爲定力。又能知定，亦名定力。此之定力，非直知定，亦知不定，以定爲主，故名定力。如漏盡通，非直知盡，亦[一五]不盡，以盡爲主，名漏盡通，此亦如是。

言根力者，信、進、念等，宿習今成，能生於後，故名爲根。知根大小利鈍等别，名爲根力。此力非直知於善根，亦知不善、無記根等，知爲授法，經多説善[一六]。

言欲力者，經中或復名悕望力，或名解力。言解力者，就始爲名。先生信解，後起悕欲，是故就始名爲解力。自[一七]前信解，後起悕欲，是故就後名爲欲力、悕望力矣。此力非直知於善欲，亦知不善、無記欲等，知爲授法，經多説善。

言性力者，《地持論》中名界智力，或復名爲使智力也。言性言界，通知善惡。若言使力，偏知不善。習欲不改，名之爲性。界是界别，三乘性别，故復名界。照此之解，名爲性力及界智力。智慧[一八]性成，隨人不捨，又能繫縛，其猶公使，故名爲使。照此之解，名使智力。爲欲依此而授對治，故説知使。

至處道力者，苦樂等報爲所至處，善惡等因名至處道。照此之解，名至處道力。問曰：初力已知業果，何須此力。《成實》釋言：初力總知，此力別知。知如是因，受如是果。知如是果，酬如是因。又復初力知是知非，此力知因能生果義，亦復知果從因生義。有是不同，故須別説。

宿命力者，事謝於往，名之爲宿。往法相續，目之爲命。照此之解，名宿命力。問曰：此力非直知命，亦知過去八種事六種因〔一九〕行，何故偏名宿命力乎。此如向前六通中釋。命是報主，故偏説命。又復八中，命分爲多，故偏説命。又命最後，據後説命。

天眼力者，經中亦名生死知力。未來起盡，名爲生死。照此之解，名生死智力。一切禪定，名爲天住。依禪得眼，名爲天眼。依於天眼，照見自在，名天眼力。

漏盡力者，結患斯已，稱曰漏盡。照此之解，名漏盡力。此非直知於漏盡，亦知不盡及漏盡方便已起未起，并知漏盡增上慢心有起不起，以盡爲主，故偏言之。名義如是。

第二，定體。於中曲有五門分別，一總定體，第二約就五眼分別，第三約就七通分別，第四約就十一智分別，第五約就四念分別。

初總定體，人説不同，如《地持》辨。有人宣説信等五根爲力體性，有人宣説智慧爲體。《地持》所存，智慧爲體。故彼文言，經説處非處智力，不説處非處信等力，如是一切，明知十力用智爲體，非是信等。總定如是。此一門竟。

次第二門，五眼分別。其五眼者，如上所辨，一是肉眼，二是天眼，三是慧眼，四是法眼，五是佛眼。五中肉眼，色法爲體。天眼一種，義有兩兼：一、色法爲體，照現色像。二、智慧爲體，言知未來生死之事。餘之三種，唯智爲體。五眼如是。十力是其四眼白〔二〇〕自性，除其肉眼。就十力中，初處非處知境寬廣，通知一切諸法是非，具四眼性。第七至處道力亦爾。了知未來所至之處，即天眼故。知五度門爲至處道，即是法眼。知空無我爲至處道，即是慧眼。了知佛性如來之藏爲至處道，即是佛眼。業力之中，具二眼性。見性造作身口等業，即天眼性。見起煩惱及意思等，即法眼性。定、根、欲、性、宿命、漏盡，此之六力，是法眼性。天眼力者，即天眼性。五眼如是。此二門竟。

次第三門，七通分別。前六通上，加法智通，是七通也。於諸法相了知無礙，是法智通。十力之中，宿命力者，即宿命通。天眼力者，即天眼通。漏盡力者，即漏盡通。定、根、欲、性，此之四力，是他心通，以知心故。處非處力、業力及與至處道力，此之三種，是法相[三]智通。麤判如是。於中細論，處非處中即具四通。知其過去因果是非，即宿命通。知其未來因果是非，即天眼通。知其漏盡是非之義，即漏盡通。知一切法是非之義，即法智通。業力之中，具有三通。知過去世業果差別，即宿命通。知未來世造業得果，即天眼通。了知一切因果道理，即法智通。至處道中，具有四通。知過去世所行之道，即宿命通。知未來世所至之處，即天眼通。知所至處漏盡之果，即漏盡通。了知二智諦[三]用强盛，說之爲力。身通但能轉變現事，不能於法窮知無礙，智力不强，故不名力。天耳但能聽聞現聲，不能於法窮知無礙，智力不强，故不名力。若爾，天眼照矚現色，何故名力。若論天眼，直了現色，實不名力。以其天眼見諸衆生盡未來際死此生彼，見一衆生盡未來際死此生彼尚用爲難，何況一切，以此難知而能知故，說之爲力。耳無此能，所以不類。此三門竟。

次第四門，約十一智而爲分別。十一智義，如上具辨。苦智等十，及如實智，是十一也。小乘法中，說佛十力，十智所收。大乘法中，說佛十力，如實知攝。相狀如何。先論小乘，如毗曇說，初力寛通，具十智性，知一切法是非義故。第二業力，具八智性，除滅、道智。滅諦非業，故除滅智。無漏聖道，破壞生死，不集後果，非業所收，故除道智。問曰：業力知其業果分段麤事，不能及理，何緣得具苦集智乎。苦集兩智，義既難備，何緣得具法智、比智、盡、無生智。釋有三義。其一義者，如來業力，非直知業，亦知業果。所知業果，通事通理。所知六道差別因果是事門收，能知之解是等智攝。於彼因上，知其因集有緣之義，是通相理，即是理集。於彼果上知苦無常、空、無我等，是通相理，即是理苦。知此通相因之與果，亦業力收，故得具於苦集智等。第二義者，如來業力非直知於世別因果，亦知念念相生因果。於彼六道因果之上，知其念念相生因果，是苦集理，故能觀智得説以爲苦集智等。第三義者，十力辨義，知法窮極，達事窮理，本末俱知，方名爲力。若不窮本，雖知非力。故業力中，知其業相，亦知業性。知其業相，即是等智。知其業性苦集之理，即苦集智、法比智等。故具八智。定、根、欲、性，此之四力，各九智性，除其滅智。所知有漏，即是等智及苦集智。所知無漏，即是道智、法比智等。此等通説爲他心智。滅非心法，故除滅智。問曰：此等知其心事，何緣得具苦集智等。此如前釋，達事窮理方名爲力，故得具之。至處道中，具十智性，所知寛故。宿命、天眼，一等智性，所知世別，非通理故。問曰：前説知事及理方名爲力，此既是力，何不知理。釋言：聖力實能知理，但以此二世別局法，乖於道[三]理，理必寛通，別則非理，是故不具苦集智等。漏盡力中，攝智不定。若知漏盡名漏盡力，則六智性，除苦集道及他心智，彼非盡故。若證漏盡名漏盡力，則八智性，除其等智及他心智。等智有漏，不能盡結，所以除之。無學息求，無推他心，故除他心。若漏盡人得名漏盡力，則十智性，以漏盡人具十智故。小乘如是。大乘法中，如實智攝。其義云何。如《地持》釋，離增上慢智名如實智，非是不知妄稱知故名爲如實。何者是乎。彼文自辨，謂清淨智、一切智、無礙智是。清淨智者，是其證理第一義智。一切、無礙，是世諦智。知法寛廣，名一切智。知法自在，名無礙智。如前三智章中具釋。彼十力中，初力是其三智所攝。業、定、根、欲及與性力，是一切智、無礙智收。至處道力，亦三智攝。宿命、天眼，亦一切智、無礙智收。漏盡智力亦三智攝，自證漏盡是清淨智，知他漏盡是一切智、無礙智收。此四門竟。

次第五門，約四念處分別十力。四念處觀，體性是慧，故約辨之。身、受、心、法，是四念也，義如上解。依《毗婆沙》，欲力及與宿命智力唯法念處，餘通四念。其言有餘，更須分別。初力寬通，具四念處，義在可知。第二業力，亦具四念。知善、不善二種五陰能爲業因，是因四念。知苦樂陰是其業果，是果四念。第三定力，即名以求，唯一法念，定是行陰，法念攝故。隨義通論，具四念處。知定共戒，亦定力收，即身念處。又知依定起變化等，亦定力收，當知亦是身念處攝。知諸禪中喜樂等受，亦定力收，即受念處。知於定心，是心念處。知定數等，是法念處。根力之中，知信等根，名爲根力，唯法念處。若論通知二十二根，名爲根力，則具四念。知眼等根，是身念處。知五受根，是受念處。所知意根，是心念處。知信等根，是法念處。第五欲力，即名以求，唯法念處，欲是行陰，法念攝故。《毗婆沙》說，據此意耳。若依大乘，通知所欲，則具四念。知欲色等，即身念處。知欲諸受，即受念處。知彼樂欲相應之心，即心念處。知欲及知所欲之法，即法念處。性力之中，知欲不改名爲性力，唯法念處。汎知一切諸法性別名爲性力，則具四念。至處道中，所知法廣，亦具四念。知不淨等，是身念處。知所至處苦樂等報，是受念處。著我多者教分別界，界中有心，即心念處。知慈悲等，是法念處。宿命智力，即名以求，唯一法念，命是法故。《毗婆沙》說，據此爲言。理實於中亦具四念。具相云何。是宿命力，知過去世八種之事、六種同行。彼八事中，知如是色、如是飲食，即身念處。如是苦樂，是受念處。知其名次第二門，寬狹分別。於中初約因果分別，次約有爲無爲分別，後約理事二[二七]門分別。

初約因果而分別者，知因及果，名之爲寬。因果別知，説以爲狹。就十力中，處非處力、至處道力，名體俱寬。名中通彰因之與果，故名是寬。理實此力因果俱知，故體是寬。業力、宿命、生死智力及漏盡力，此之四種，名狹體寬。業力之中，唯舉業因，故名是狹。理實此力知業煩惱及四法受，故體是寬。其宿命力、生死智力及漏盡力，名唯彰果，故名是狹。理實此力通知因果，故體是寬。宿命力中，知過去世如是名等，是其果也。六同行中，知善、知惡，是其因也。天眼力中，見生造作身口等行，是知因也。身壞命終，生地獄等，是知果也。漏盡力中，自知漏盡，知他漏盡，是知果也。知漏盡方便已起未起，是知因也。是故此曰名狹體寬。定、根、欲、性，名體俱狹。名唯舉因，故名是狹。力亦知因，故體是狹。理實此四亦通知果，經多説因，從多判耳。

字及壽命等，是法念處。知彼過去受報心別，即心念處。又宿命力，知其過去一生二生至無數生，知生陰身，即具四念。天眼亦爾，見生未來所受陰身，具四念處。漏盡力中，知於漏盡名漏盡力，唯法念處，若證漏盡名漏盡力，則具四念，觀一切法斷煩惱故。體性如是。

次第三門，分別其相。於中曲有三門分別，一總別分別，二寬狹分別，三長短分別。

言總別者，初之一力亦總亦別，餘之九力一而[二四]是別。統攝九[二五]，皆是非收，故初是總。於中別分餘之九力，餘九[二六]不攝，復初力在，故初是別。如十二部經中，修多羅部亦總亦別，餘者唯別，與此相似。彼攝諸部，莫不皆成一修多羅，故初是總。隨義別分餘十一部，餘部不收，還復在於修多羅中，説之爲別。又亦如彼三聚之戒，初律儀戒亦總亦別，餘二唯別。統攝三聚，皆律儀收，故初是總。別分餘二，餘所不攝，復在律儀，故初是別。此亦如是。此一門竟。

此一門竟。

次第二門，約就有爲無爲之法，以辨寬狹。通知爲寬，別知爲狹。色、心及與非色非心，是有爲也。虚空、數滅及非數滅，是無爲也。就十力中，處非處力、至處道力，名體俱寬。初力通約生死涅槃一切因果，以知是非。第七通約生死涅槃二種至處以論其道，名中具此，故名是寬。力實知此，故體是寬。漏盡一力，名狹體寬。名中唯彰知於漏盡無爲之法，故名是狹。理實此力非直知盡，亦知漏盡方便之道已起未起，及知漏盡增上慢心有起未起，通知有爲及知無爲，故體是寬。餘之七力，名體俱狹。名彰有爲，故名是狹。力知有爲，故體是狹。此二門竟。

次第三門，約就理事而事(三六)辨寬狹。真諦名理，世諦名事。通知名寬，別知名狹。就十力中，初處非處及至處道，名體俱寬。初力之中，通就一切説是説非，故名是寬。力實通知理事是非，故體是寬。至處道中，五度門等爲至處道，是其事也。如《地持》説空無我理爲至處道，是其理也。名中彰此，故名是寬。力實知此，故體是寬。漏盡一力，名狹體寬。名彰知盡，故名是狹。理實此力知盡是事，證盡知理，若不知理，漏終不盡，體具斯義，故體是寬。餘之七力，名體俱狹。名唯彰事，故名是狹。體唯知事，故體是狹。寬狹如是。此三門竟。

次第三門，長短分別，約時辨之，時謂三世。十力之中宿命一力，前長後短，前知無窮，名爲前長。不知後世，故名後短。天眼一力，前短後長。不知過去，名爲前短。能知現在及未來世，説爲後長。餘八所知，統通三世，前後俱長。辨相如是。

次第四門，彰其十力分齊差別。如《地持》説，知善得樂，知惡得苦，非顛倒受，名處非處力。知善惡業得果不失，不作不受，是其業力。乃至知彼禪解脱等此業非彼，亦是業力。知禪解脱三昧正受，三種示現，教授衆生，是其定力。

身業現通，口言説法，意地與念，名三示現。乃至知彼諸根相應禪定之心，亦名定力。故《地持》云：乃至知彼淨等俱生相應之心，名禪解脱三昧智力。淨是信也。等取精進、念、定、慧根，故云淨等。與此相應俱生定心，名爲淨等俱生心矣。知如是義，屬前定力。正知衆生軟中上根，是名根力。乃至知彼諸根方便，生於悕望，尋前知後，亦名根力。正知衆生種種悕望，名爲欲力。乃至知欲成種種性，知世種子各别不同，尋前知後，亦名欲力。正知衆生心性各異，知[三九]世種子各别不同，名爲性力。乃至知性起道至果各别不同，尋前知後，亦名性力。故《地持》云：乃至知涅槃法及順界道迹，亦名種種界智力。知涅槃法是依前性所至之處，順界道迹亦是依前性所起之道，界猶性也。隨順小性起於小道，隨順大性起於大道，名順界道迹。知如是義，名爲界力，亦名性力。知一切道種種煩惱、種種清淨各有所至，名至處力。乃至知其過去宿命一切趣因，亦名至處道智力。正知過去八種事、六種同行，名宿命力。八種事者，前六通中已列其名，今更辨之。論説不同。依如《地持》：一、如是名，知其過去名字不同。二、如是性，知其過去氏族有異，謂張、王等。三、如是生，知其過去生處有别，謂貴賤等。四、如是飲食，所食不等。五、如是苦樂，受報有殊。六、如是長壽，命極天笇。七、如是久住，命至長年。八、如是壽限，中年夭喪。若依《地論》，加如是色，謂好醜等。命中爲二，命極天笇名爲久住，餘之二種合爲壽命，當分别知，説爲此八。彼此共同，名爲同行。何者是乎。一、如是名。二、如是姓。三、如是生。四、如是飲食。五、如是善惡。六、如是壽命。正知此等，名宿命力。乃至知其過去生死，亦名生死智力。知未來生死，是生死智力。乃至知其未來世中未得究竟漏盡自我所有生死，亦名生死智力。知其究竟漏盡自我得涅槃法，名漏盡力。分齊如是。

次第五門，彰其十力作業不同。如《地持》

說，處非處力，真實因果如實了知，伏因果諍論沙門婆羅門。沙門婆羅門是求理人，故偏舉之。彼人或說行善得苦，行惡得樂，翻違正說，名爲諍論。初力正知因果是非，故能伏之。自業智力，自所作業，此業受報，如實了知，伏施福諍論沙門婆羅門。有人宣説布施有福，有言無福，名施福諍論。第二業力，知施有福，故能伏之。理伏一切，布施行初，且約言耳。第三定力，有二種業：一、依禪定三種示現，教授衆生，正化之業。二、能伏對治相違諍論沙門婆羅門，伏邪之業。有人宣説聖道能治，有人宣説苦行能治，名爲對治相違諍論。依於定力，如法正教，故能伏之。第四根力，知諸衆生上中下根，而爲説法。第五欲力，知諸衆生數中上根，教修淨解，離不淨解。第六性力，知諸衆生心性各異，爲説對治，教授利益。第七至處道力，以五度門教授衆生，如聲聞地。又授菩薩空無我義，如《地持》説。宿命智力，觀察宿命，知現由彼，伏斷常論沙門婆羅門。生死智力，説諸衆生所往生處，伏斷滅論沙門婆羅門。漏盡智力，善知漏盡，伏疑惑解脱〔三〇〕沙門婆羅門。作業如是。

次第六門，明其次第。如《地持》説，佛得阿耨三菩提時頓得十力，後隨化用，次第現前。於中有三：

一依世諦智起化次第。先以是處非處智力，觀察世諦因果部分。次以業力觀欲界業，而爲説法，令離惡業，修行善業。次以定力，觀上二界禪定之業，教諸衆生，依世俗道，斷離諸欲。後以根力至漏盡力，教諸衆生，依出世道，永斷諸欲。於此分中，先以根力，觀察衆生諸根利鈍。次以欲力，觀其悕望。次以性力，觀其使性。次以至處道力，隨患不同，以五度門而爲教授，攝令住心。次用宿命生死智力，教諸衆生，令離斷常，安住中道。有諸衆生，爲止所縛，不斷煩惱，起增上慢，故後用其漏盡智力，教授衆生，令斷煩惱，究竟漏盡。此一門竟。

次依第一義智起化次第。於此門中，先以是處非處智力，觀第一義。次以業力，觀在家人造種種業，令修淨業。次以定力，觀出家人，令修定行。後以根力至漏盡力，令諸衆生於苦解脱，以道度之。其中次第，與初門同。此二門竟。

三依緣起法界之智起化次第。何者是〔三一〕緣起法界。法相之有，是其世諦。法相之空，是第一義。有無俱離，如來藏中過恒沙法，緣起相成，名緣起法界。於中，先以處非處力，觀緣起法界。次以業力，觀世衆生，作如是業，受如是果。次以定力，爲苦衆生三種示現，而教授之，令生信解。後以根力至漏盡力，以道度脱，令出衆苦。於中次第與初門同。次第次〔三二〕如是。

次第七門，教化教授二門分別。如《地持》説，初之二力是故〔三三〕教化力，後之八力是教授力。汎宣因果，教示衆生，令生信解，名教化力。辨彰行儀，指心曲授，令起行修，名教授力。前二力中，初處非處教化衆生，令其遠離顛倒因果，第二業力教化衆生，令其遠離無因無果。後八力中，初之四力知物心器，後四授法。

就前四中，初心求者，知心求。何者是心。所謂禪定。何故名心。以定住緣，息其外用，息〔三四〕用從體，故名心〔三五〕爲心〔三六〕。心有趣法，故名爲求。餘求亦爾。何故明心。如龍樹説，散心中慧，不堪入法，如綵無膠，不住〔三七〕塗物，要依定心，方堪入法，故須明心。以何義故先明定心。經説不定。依如《華嚴》，一處之文，性力之後方始説定，一處經文，至處後説。諸經多在根力前説。釋有兩義：一、就自釋。諸佛如來自住禪定，方起化用，故先明定。二、就所化衆生以釋。衆生五根以慧爲主，慧前説定，義之次第，故先明心。

二、根求者，知根求。何者是根。所謂信、進、念、定慧等。何故名根。此如前解，先習令成，能生於後，故名爲根。何故明根。欲授道法，無根不入，故須明根。以何義故次明其根。解有兩義：一、對前釋。五根之中以慧爲主，定後説慧，義之次第，故次明根。二、對後解。根是先成，欲是現生，先成在前，故次明根。

三、悕望求者，知悕望求。何者悕望。謂樂欲心。何故名悕。欲心求法，故名爲悕。何故明悕。欲授道法，無欲不取，故須明悕。以何義故次明悕望。解有兩義：一、對前釋。根是先成，欲是現生，根後説欲，義之次第，故次明悕。二、對後解。於法始求，名之爲欲，習欲不改，方始成性，性前説欲，義之次第，故次明悕。

四、使求者，知使求。何者是使。謂煩惱性。何故名使。性成煩惱，隨人繫縛，故名爲使。何故明使。欲隨其患，授對治故。何故次辨。解有兩義：一、對前釋。習欲不改，方成使性，故於欲後，明其知使。二、對後解。要先知病，然後授藥，是故於彼至處道前，明知使性。

上來四力知物心器，下四授法。於中，初一授以事法，令諸衆生事中安心。宿命、天眼，授以理法，令其無[三八]事，趣入中道。後一漏盡，授以果法，令其究竟。初中，隨人使患不同，以五度門而教授之。

多貪衆生，教觀不淨。多瞋衆生，教修慈悲。問曰：貪瞋，欲界煩惱，正與定違，得禪定者必無此過，向前定力知他定心，有定心者已離貪瞋，今何以言多貪衆生教觀不淨，多瞋衆生教修慈悲。釋言：凡夫雖得禪定，但伏麤起，性使猶在，故此教之。又前定力，以定爲主，名爲定力，於中亦知無定心者，有定心者雖無貪瞋，有者有之，故此教觀不淨門等。

愚癡多者，教觀因緣。問曰：聲聞以鈍根故教觀四諦，不教因緣。緣覺利根，教觀因緣。今何以言愚癡多者教觀因緣。釋言：愚癡有其二種：一、闇鈍無知，如牛羊等，無所識別，名曰愚癡。二、機性聰利，妄有建立，迷正因緣[三九]果，名曰愚癡。今言愚癡教觀因緣，義當後門。雖名愚癡，性實聰利，故教因緣。教觀過去無明行等，令知往因，離無因見。教觀未來生老死等，令知後果，離無果見。教觀現在名[四〇]色等，因果俱知。問曰：向前處非處力及與業力已教因果，今教因緣令知因果，與前何別。釋言：向前處非處等雖教因果，隨語生信，離麤邪見，心未見法，性使還生。今於此中教觀因緣，令自見法，使除使性。

著我多者，教分別界。依如毗曇，教六界觀，名分別界。四大、空、識，是六界也，《涅槃》云爾[四一]。又《涅槃》說，十八界觀，名分別界。

覺觀多者，教令數息。此等如前五度章中具廣分別。

從事入理，次以宿命、天眼教之。其宿命力，教觀過去，令知現法從過因生，體性非常。其天眼力，教觀未來，令知現法生後不絕，體性非斷。非常非斷，名爲中道。問曰：向前至處道中愚癡衆生教觀因緣。觀因緣時已知過因，何須更以宿命智力教觀過因。觀因緣時亦知後果，何須復以天眼智力教觀當果。釋言：宿命、天眼所教，不異因緣，但心入法，必有階漸。前教因緣，直知過去[四二]未因果之事，未能將事以測其理。今於是中，將事驗理，淺深不等，故須重教。所教衆生，心雖入理，爲止所縛，未究竟處生究竟想，是故多起四種慢心，一不作作增上慢，二不得得增上慢，三不觸觸增上慢，四不證證增上慢。是故須以漏盡智力教除四慢，終證漏盡。

四慢何別。行有二門，一教二證。事中所行，依教修起，名爲教行。合理之[四三]契如，名證。此二種行，各有始終。教行之始，造緣修起，名之爲作。於此未作，自謂已作，名不作作增上慢。教行終成，名之爲得。於此未得，自謂已得，名不得得增上慢。證行之始，法來現心，爲心覺知，名之爲觸。於此未觸，自謂已觸，名不觸觸增上慢。證行之終，泯情會法，目之爲證。於此未證，自謂已證，名不證證增上慢。破除初慢，令其實作。破除第二，令其實得。破除第三，令其實觸。破除第四，令其實證。實德成就，名證漏盡。

如《地持》説，此八教授，三處所攝。初五爲一，未住心者令繫念緣中。次二爲一，已住心者説得自義正方便道。漏盡涅槃，義利自己，名爲自義。合理正觀，與彼爲因，趣向彼義，名爲自義正方便道。後一爲一，未究竟者終令究竟。教化教授，辨之略爾。

次第八門，明其大小所説不同。不同有七：一、體性不同。小乘所説妄心爲體，彼説事識爲力體故。大乘所説真心爲體，八識真心爲力體故。二、智行不同。小乘法中，説佛十力，十智爲體。大乘法中，説佛十力，用如實智以之爲體。三、心緣不同。小乘法中，説佛十力於法攀緣分別而知。大乘法中，説佛十力於法無緣而能普知，如鏡照物，都無緣念，諸德齊爾。何故而然。小乘所説，心外有法，法外有心，心法別體，以別體故向外取境，智於緣中攀緣覺了名之爲力，故有緣念。大乘所説，心外無法，法外無心，心法同體，以同體故不須向外攀緣取法，一切諸緣悉智中現名爲力，如世萬像鏡中而現，故無緣念。四、知法不同。小乘法中，説佛十力但能了知陰界諸入、十二因緣、四真諦等，不論餘義。大乘法中，説佛十力窮知一切，乃至甚深如來藏性，悉能了知。五、多少不同。小乘法中，宣説十力，不多不少。大乘法中，隨化衆生，説佛十力，理實佛力無量無邊。故彼《鴦掘魔羅經》言，説佛十種力，是則聲聞乘，斯非摩訶衍，大乘無量力，故佛不思議。問曰：佛力實有無量，以何義故隨化衆生但説十種。龍樹釋言：以此十種度生具足。云何具足。初之二種，教化力足，後之八種，教授力足，如前具辨。六、常無常異。小乘法中，説佛十力，體性無常，終歸磨滅，趣入無餘。大乘法中，説佛十力，用有興癈，體真常住，無爲不變。七、得度不同。小乘法中，説佛十力，菩提樹下成佛時得。大乘法中，説佛十力，種性已上，隨分得之，至佛乃滿。故《地持》中宣説，菩薩成就如來十力種性，名力種性。問曰：於彼三藏教中宣説十力是佛功德，餘人未得，何以説之。龍樹釋言：爲增聲聞菩薩信故，又欲令彼生願求故，復欲使彼起於念佛三昧心故，并欲令彼外道伏故，如是非一。問曰：於此十力之中，何者最勝。人説種種，如龍樹辨。或有説言，初力最勝，攝十力故。或有説言，漏盡力勝，至涅槃故。有言十力各於自事爲最殊勝，知處非處，初力爲勝，乃至漏盡，第十力勝，如是一切。有言十力皆以無礙解脱爲本，並皆增上，無有優劣。十力如是。

十八不共法義，六門分別。列名辨相，一。辨定是非，二。體性，三。就處分別，四。三業分別，五。四緣分別，六。

就初門中，先總釋名，次別後解。十八不共，如《大品》説。如來功德不與他同，名不共法。通而論之，一切功德悉名不共，故《地持》中説百四十不共之法。今據一門，且論十八。名字是何。三分數之。初六一分：一、身無失。二、口無失。三、意無失，亦名念無失。四、無異想。五、無不定心。六、無不知已捨。次六一分：欲〔四四〕無減。二、精進無減。三、念無減。四、智慧無減。五、解脱無減。六、解脱知見無減。後六一分：一、身業隨慧行。二、口業隨慧行。三、意業隨慧行。四、知過去無礙。五、知現在無礙。六、知未來無礙。以此通前，合爲十八。

初身口意無失者，如來三業，離過純淨，故無過失。何因緣故，得此無失。有四種義：一、無習離過，諸惡盡故。二、常守念慧，對治堅故。三、修戒定慧，對治具故。四、住第一義，對治染〔四五〕故，得此無失。

無異想者，佛住等心，於諸衆生，常行捨心，無怨親想，名無異想。何緣能爾。佛無量劫於諸衆生常修平等一子想故，見無我人，離怨親故，見法空寂，無彼此故，見諸衆生同一佛性法身故。

無不定心者，佛常一心，無有散動，名無不定。問曰：定者從未來禪乃至滅定，若佛常定，云何能得爲人説法，具四威儀。龍樹釋云：欲界有定，佛出諸禪，入欲界定，故能起説，現四威儀。又佛住於實相定中，妄想永滅，故無不定。三昧法力，無所不爲，故能起説，現四威儀。

無不知已捨者，分別有二，一自行門，二化他門。自行門中，分別有二。第一，約對三受分別。如龍樹説，餘人鈍根，多覺苦樂，知樂生貪，知苦生瞋，心生厭離，於不苦樂不能覺知，行於捨心，爲癡使使。佛於三受咸皆覺知，知已厭離，無有不知偏行捨心爲癡使使，故佛無有不知已捨。第二，約就止舉捨等三門分別。如來善修七覺分故，心沈則舉，心掉則止，離於二邊方始行捨，非是不知望直行捨。化他門中，分別亦二：一、就四無量化心分別。如來善知，無樂衆生，慈悲[四六]應與之，有苦衆生，悲應拔之，得法衆生，喜應慶之，知其究竟得解脱者方始行捨，非是不知望直行捨。二、約身口化行分別。如來有時身口息化，入於禪定一月二月，餘人生疑，如來出世，爲化衆生，豈可不知我等須化而捨入定。佛言，我知種種因緣故入禪定，非是不知而捨入定。知何因緣，須捨入定。釋有三種：一、世人常見，心生厭倦，不增渴仰，欲令渴仰，故捨入定。二、欲令人依説修行，故捨入定。三、欲以法付囑弟子，令其宣説，故捨入定。具此多義，故佛無有不知已捨。

欲無減者，佛德雖滿，而於諸法常欲不息，名欲無減。問曰：經説佛斷一切善法中欲，云何而言佛欲無減。論言，佛斷善法欲者，欲有二種，一未得欲，二者已得求增長欲。佛德滿故，斷此二欲。今不共中欲無減者，佛德[四七]雖滿，以久習故，樂欲無減。又知善法有大利故，樂欲不減。如轉輪王所有馬寶，雖到至處，去心不止，至死不已。又亦如彼劫盡之火，雖無所燒，火熱不息。又[四八]如來白[四九]善雖滿，所化未盡，故欲無減。問曰：所化衆生未盡，如來何故捨入涅槃。論言，衆生有其二種，一[五〇]現度，佛已度竟，二者後度，佛當度之。由今未度，故入涅槃。

精進無滅者，龍樹釋言，如欲中說。欲與精進，其義相似。問曰：若欲與精進同，今不共中何須別說。解有三異：一、始終異。欲爲初行，是欲增長，說爲精進。樂欲之始，如渴須水，精進之終，如集灌綆，方便求水。二、滿〔五一〕外異。欲在內心，精進在外。造修在緣，名爲外矣。三、通局異。欲唯在意，精進之行遍通三業。有是不同，故須別說。

念無滅者，於三世法，持念不失，名念無滅。問曰：向前意無失者，經中亦名爲念無失，與此何別。論自釋言：前念無失，離於錯誤。今念無滅，離於減少。又念無失，於彼威儀所作事中無錯無失。念無滅者，於諸禪定神通憶念去來現在一切法中通達無滅。問曰：聲聞亦有四念，牢固不失，何故偏說念無滅失爲佛不共。龍樹釋言：二乘之人雖有四念，牢固不失，而猶減失，不能盡達三世之事，故於過去極遠能知八萬劫事，已外不知，未來亦然。佛則盡知。又於見道十六心中，聲聞不能念念具知。佛於此等生住滅時，念念悉知，故說不共。

慧無滅者，諸佛如來得一切智，於一切法善分別知，故慧無滅。問曰：何緣得此無滅。論自釋言：以久習故，又從多佛廣受持故，復以無量功德助故，智慧無滅。

解脫無滅者，佛具心慧二種解脫，亦具有爲無爲解脫，又具法界無量無邊諸解脫門，名解脫無滅。

解脫知見無滅者，佛於一切諸佛〔五二〕解脫中，知見了了，無有闇鄣，名爲解脫知見無滅。問曰：直爾說知便是〔五三〕，何勞說見。龍樹釋言：爲明如來於所知事深知牢固，故說知見。如兩重繩縛物則牢，此亦如是。又復如彼小乘法中，但說其知，攝慧不盡，但說其見，攝亦不盡，故須並說。云何不盡。說慧有三：一、知而非見，如彼五識相應之慧，及盡無生智。以五識中慧心微劣，不能推求，所以非見。盡、無生智，是息求心，亦無推求，爲是非見。二、見而非知，謂五邪見及見道中八忍之慧。五見，推求故得名見，顛倒推求，不知法理，故不名知。八忍，推求故得名見，與疑得俱，於法不決，故不名知。三、亦見亦知，餘一切慧。以有此別，偏舉不盡，故須並說。又如從人聞法思量，可名爲知，自身得證，方名爲見。又復耳聞，得名爲知，自覩無疑，方名爲見。故須並說。問曰：二乘於解脱中亦知亦見，何故偏説解脱知見爲佛不共。釋言：二乘於解脱中雖知雖見，知見不盡，故有減少。佛於解脱知見窮盡，無所減少，故名不共。

問曰：佛德無量無邊，何故但説欲、精進等六事無減。龍樹釋言：佛於自利利他德中，有四種事，能有成辨。一者樂欲，能爲一切善法根本。二者精進，能作諸善。三者念心，守護根門。四者智慧，觀察得失，有惡斯斷。以此四事，得二果報[五]，所謂解脱及解脱知見，故但説六。

身口意業隨慧行者，諸佛如來先用智慧觀察得失，然後造作身口意業，故無過失。諸羅漢等身口意業，不隨慧故，多有過失。如憍梵婆提，食已吐竟，而更食之。摩頭槃比丘，至檀越家，跳上棟閣，上樹上壁。諸如是等，身業失也。畢陵伽婆蹉罵恒水神等，口業失也。舍利習瞋，難陀習貪，諸如是等，意業失也。佛悉無之。問曰：如來亦罵調達，云何悉無。釋言：此等爲化故爾，不名過失。問曰：前説三業無失，其義已足，何須復説三業隨慧。論言，前説三業無失，未明何因得此無失，故今明其隨智慧行故得無失。

知三世無礙者，佛於三世一切事中知無礙也。問曰：過去已滅今無，未來未有，現在無住，云何言佛通三世事。釋言：過去雖復已滅，非不曾有，未來當有，現在假有，故佛知之。問曰：前説智慧無減，無所不知，何須復説知三世乎。釋言：前説慧無減者，於諸法相通達無減。此説於彼三世事中了知無礙，故復説之。辨相如是。

次第二門，辨定是非。十八不共，有三種説。一説如前。

二、迦栴延尼子所説，如來十力，四無所畏，即爲十四。大悲十五，加三念處，合爲十八。此之一説，龍樹非之，由作此説，是故名爲迦栴延子説。若釋子説，則不如是。佛德如海，無量無邊，云何還説如來十力、四無畏等爲不共法。又論説言，羅漢辟支及諸菩薩亦能知於是處非處乃至漏盡，云何宣説十力功德爲不共法。問曰：若言十力功德，餘人分齊，非不共者，身無失等二乘之人亦有少分，云何説之爲不共法。論自釋言：我不宣説身無失等爲不共法，我説身等常無過失爲不共法，是故聲聞緣覺無之。

三、《大智論》中更有一説。一者，如來具一切智，所知寬廣。二、具無量功德。三、具大悲心。四、智慧自在，所知無礙。五、禪定自在。六、變化自在。七、能授又[五]無量記莂。八、所記不虛。九、言無失。十、慧無減，所知不退。十一、常行捨心。十二、知時非時，謂知衆生應受化時，及知衆生未可化時。十三、念無失。十四、無煩惱習。十五、無能如法出其過失。十六、無能見其頂者。十七、足下柔濡，衆生遇者即得受樂。十八、得神通力，轉衆生心，令易化度。是爲十八。此之一説，龍樹亦非，言此是非三藏中説，斯乃聲聞諸論師等撰録經中讚佛之言，爲此十八。其言無失及念無失、智慧無減、常行捨心，此於大乘不共法中取以爲論。無見頂相、足下柔濡，是佛相好。若説此等爲不共法，不共衆多，何止十八。

此三説中，初説爲是，後二爲非。是非如是。

次第三門，辨其體性。於中曲有四門分別：一、善惡無記三性分別。如龍樹説，十八不共，體性唯善。二、就有漏無漏分別。如龍樹説，十八不共，體唯無漏。三、就功德智慧分別。論説不定，從主爲言，十八不共，體唯智慧。故龍樹云：大乘中説十八不共，一切皆以智慧爲義，智慧爲主，故説爲慧。隨相別分，十八不共功德、智慧二門所攝。故龍樹云：宣説如來智慧、功德爲不共法，不説自然相好等報爲不共法。於十八中，無[五六]知己於[五七]智慧無減，知見無減，了達三世，此六是慧，餘是功德。亦可前六及解脱中智慧解脱，體性是慧，餘是功德。四、約如來五陰分別。就十八中，身口無失及與身口隨智慧行，此四色陰。無異想者，是其想陰。無不定心，應是行陰，而論文中説爲識陰，良以定中息用從體，故説爲識，非正論定。餘是行陰。略無受陰。體性如是。

次第四門，就處分別。論有兩説。一説十八在第四禪，佛成道時在第四禪得菩提故。第二家説，身口無失，身口隨慧，在欲、色界五地所攝，欲界四禪是五地也。餘不共法，遍通三界九地所攝，欲界八禪是九地也。就處如是。

次第五門，三業分別。身業無失，身隨慧行，是其身業。口業無失，口隨慧行，是其口業。餘不共法，悉是意業。三業如是。

次第六門，四緣分別。如論中説，身口無失及與身口隨智慧行，是色法故，唯二緣生，所謂因緣及增上緣，非心法故，不從緣緣、次第緣生。餘之十四，心法功德，具四緣生。從其過去善業熏起，是因緣生。心法相起，次第緣生。緣境而起，是緣緣生。萬法不鄣，增上緣生。十八不共，略之云爾。

百四十不共法義，三門分別。辨相，一。作業，二。對十八不共共相收攝，三。

第一辨相。百四十不共法，出《地持論》。如來功德，不與下同，名不共法。分別有二：一、對凡夫二乘人等，有無不同，名爲不共。二、對菩薩，滿不滿異，亦名不共。隨德廣論，不共無量，今據一門，説百四十。其名是何。所謂如來三十二相，八十種好，合爲一百一十二法。四一切種淨，合爲一百一十六法。十力通前，百二十六。加四無畏，爲百三十。大悲爲一，不忘法二，加三念處及三不護，通前爲八。斷除諸習九，一切種妙智十。通前一百四十不共，爲百四十不共法也。名數如是。

今隨門別，次第釋之。三十二相，八十種好，色形功德，一處辨之。福狀外彰，名之爲相。又表內德，亦名爲相。姿媚可愛，愜悅人情，說之爲好。辨此相好，略有三門，一明其果，二辨其因，三明修所爲。就明果中，曲有五門，一正辨列，二定多少，三論真應，四明得處，五辨定優劣。

初正辨列。何者是其三十二相。如《涅槃經》及《地持》說：一、足下安平，如奩底相。二、足下千輻輪。三、纖長指。四、傭足跟。五、手足網縵，如白鵝王。六、手足柔軟。七、傭腨踼，如伊尼延鹿王。八、踝骨不現。九、平立手摩膝。十、陰藏如馬王。十一、身圓滿，如尼拘律樹。十二、身毛上靡。十三、一一毛右旋。十四、身金色。十五、圓光一尋，此論釋迦，餘佛身光遠近不定。十六、皮膚細軟，塵垢不着。十七、兩手兩足兩肩及項七處滿。十八、上身如師子。十九、臂肘傭[五八]圓。二十、缺骨滿。二十一、身傭直。二十二、四十齒。二十三、齒齊密。二十四、齒白淨。二十五、頰車方如師子。二十六、次第得上味。二十七、頂肉髻及無見頂共成一相。二十八、廣長舌。二十九、梵音聲。三十、目紺色。三十一、眼上下瞬如牛王。三十二、眉間白毫。三十二相名字如是。

何者是其八十種好。如《地持》說，手足二十指悉皆妙好，即爲二十。兩手兩足表裏八處平滿，通前合爲二十八種好。兩跟、兩膝、兩髀、兩肩、兩肘、兩腕、兩股、兩臀、藏相、兩圓、兩膞、兩脇、兩腋、兩乳、腰背、心齊及與咽腸[五九]悉皆妙好，爲三十二，通前合爲六十種好。此咽已下六十好也。上下牙齒悉皆妙好，即以爲二。兩脣、兩齗、兩頰、兩鬢、兩眼、兩耳、兩眉、鼻兩孔、額兩角，悉皆妙好，復爲十[六〇]，通前合爲二十種好。此咽已上二十好也。是爲八十。相好如是。此一門竟。

次第二門，辨定多少。問曰：相好爲止有此，爲更有乎。如《華嚴經・相海品》說，於前三十二相之處，一一各有無量無邊阿僧祇等相好功德。是諸相好，名字各別，於十方界功德作業利益亦異。雖有是相，微妙難見，如梵天王頂上寶珠名因陀羅，一切諸天都無見者。又亦如彼如意珠王，是珠具有無量勢力，珠形可見，是珠力用不可得見。佛相如是。化身麤相，可以目覩，實德妙相，一切人天無能見者，唯大菩薩知見少分，佛乃窮了。但爲化度聲聞凡夫，故但現說三十二相、八十種好。問曰：經說如來胷中有一金剛萬字之相，名曰無比，何故向前三十二中不列其名。此乃衆多相海所攝，故於三十二中不列。多少如是。此二門竟。

次第三門，辨定真應。問曰：向說相好功德，爲真爲應。分別有二：一、對離相微妙之身所可示現三十二相、八十種好，王宮現生悉名爲應，以是應故，終歸盡滅。二、就所現三十二相、八十種好，隨義分別，亦真亦應。自業所起，名之爲真，故《地論》中名此相好爲實報身。即此相好，隨諸衆生精麤異現，或生或滅，即名爲應。良以真應不相離故，現生之身而常不生，現滅之身而亦不滅，生滅既然，大小精麤，義亦同爾。真應如是。此三門竟。

次第四門，明其得處。對因不同，得處亦異。若對地前所修善業，淨心地[六二]已去相好報生。若對地上所修之因，隨諸地中次第報生。此之兩義，如《地持》說。得處如是。此四門竟。

次第五門，辨定優劣。如《地持》說，降佛已還，一切衆生福德積聚，等於如來一毛之相。一切毛相福德積聚，等彼如來一隨形好。一切隨形福德積聚，增至百倍，乃得一相，除白毫相、肉髻相、梵音聲相。除此三相，得餘相矣。餘一切相功德積聚，增至千倍，得白毫相。白毫相功德增至百千倍，乃得肉髻無見頂相。白毫相功德增至億百千倍，乃得如來法蠡音相。是故如來隨意發聲，清淨梵音，乃至十方無量世界。如是如來無量無邊功德積聚，不可思議。上來一門，明相好果。

次第二門，明相好因。經明相因，好因不論。明相因中，四門分別，一正辨因，二就位分別，三明此因具〔六二〕無量能生相好。四明大小所説不同。正辨因中，義别三門，一者别因，二者失〔六三〕因，三者通因。

言别因者，三十二相得因各異。如《地持》説，持戒、忍辱、惠施，故得足下安平。如《涅槃》説，持戒不動，施心不移，安住實語，得足下平。供養父母和上師長，苦惱衆生爲作救護，故得足下千輻輪相。不客〔六四〕衆生，無劫盜想，於所尊重，先語問訊，合掌恭敬，以愛念財而爲供養，破諸憍慢，得纖長指。即上得三相業，得傭足跟。以四攝事，攝取衆生，故得手足網縵。爲所尊重，塗身洗浴，捉持案摩，故得手足柔軟相。修諸善法，轉身〔六五〕無厭，得傭腨踢。《涅槃經》説，專心聽法，演説正教，得鹿王蹲。自受正法，廣爲人説，爲法走使，得踝骨不現相。次第修行，三業清淨，瞻病施藥，離諸我慢，修習知足，得手摩膝。見分離者，以法和合，修習慚愧，施人衣服，得馬藏相。淨修三業，亦教人修，飲食知量，病者施藥，攝受難業，集聚難財〔六六〕，四大增損，能令調順，得身圓滿相。即上得傭腨踢業，得身毛上靡。修諸善法，智慧明達，思惟諸法微細之義，於所尊重，樂修供養，於同住者，以善友攝，教令入義，得一一毛右旋。以上衣食、車轝、瓔珞、嚴身之具，施於一切，不起嗔恚，得身金色、圓光尋〔六七〕二相。即上得一一毛右旋業，彼〔六八〕皮膚柔軟。廣施衆生供設大會，得七處滿。已起未起一切善法，爲作導首，離於我慢，柔和其性，爲除不善，教以善法，得上身如師子。即上得纖長指業，得臂肘傭圓、缺骨滿、身傭直三相。遠離兩舌，壞者和合，得四十齒、齒齊密二相。修欲界慈，思惟法義，得齒白淨。隨衆生等歡喜施與，得頰車方。施勝法味，壞諸味者爲淨其味，得次第得上味。受持五戒，轉以授人，常行悲心，迴向大法，得肉髻無見頂相及廣長舌二相。常修實語、愛語、時語、如法語，方便説法，得梵音聲。普於衆生，等行慈心，猶如父母，得目紺色、眼上下瞬二相。見實德者，稱揚讚彼，得眉間白毫相。別因如是。

次明共因。衆多相好共一因生，名爲共因。於中兩門，如《地持》説。第一，約就四修分別。於諸善法決定修者，得足下安平相。專心修者，得足下千輻輪、牗腨腸、手足網縵、手足柔軟、七處滿、缺骨滿、臂肘牗圓、身牗直、廣長舌九相。常修者，得纖長指、牗指(六九)牗足跟、立手摩膝、身圓滿、齒齊密五相。無罪修者，得餘諸相。二、約八種淨業分別。於諸衆生，無忿恚心，得手足柔軟、皮膚細濡二相。次第修時，得牗腨踼相。歡喜光明而爲供養，善心音聲而爲讚嘆，得圓光一尋、身金色、齒白淨、眉間白毫四相。聞譽不喜，覆藏功德，得馬藏相。所修善根迴向菩提，得身毛上靡、四十齒、次第得上味、肉髻四相。勤修精進，得上身如師子、頰車方二相。安衆生心，如視一子，得齒齊密、眼紺睫、眼上下瞬三相。修善無厭，獲得餘相。共因如是。

次論通因。一切諸相因行無別，名爲通因。如於此門中，差別有三：第一，總説戒行爲因。如《地持》説，三十二相無差別因，皆是持戒。若不持戒，尚不能得下賤人身，況大人相。第二，宣説百福爲因。如《涅槃》説，三十二相一一皆爲百福嚴之。其百福者，五品心中修行十善，謂下、中、上、上中、上上，即爲五十。始修五十，終成五十，是爲百福。此百猶是戒行差別。三、就一切諸行説因。理實通論，一切諸行一一皆得相好之果，無有差別。因體如是。此一門竟。

次第二門，就位分別。理實通論，始從發心，終盡法雲，一一地中，無不具修相好之因。隨相具分，善趣地中方始修習，種性已上種子成就，解行地中方便生果，初地已上得果現前。就位如是。此二門竟。

次第三門，明相好因。具三無量，能生相好。如《地持》説：一、劫無量，亦得名爲時無量也。種性已上，三阿僧祇大劫修行，故生相好。二、心無量，安樂饒益一切衆生，故生相好。三、行無量，一切善業無不備修，故生相好。此三門竟。

次第四門，明其大小所説不同。有十一門：一、就界分別。大乘人説，相好之因，唯欲界修，非上二界。龍樹宣説，欲色界修，非無色界。理亦通之，一切善業皆悉能生相好因故。二、就趣分別。小乘人説，人中修習。龍樹宣説，通於五趣。如彼娑伽龍王等輩，皆是菩薩，同修佛因。三、就處分別。小乘中説，閻浮提修，不在餘方。龍樹宣説，三天下修，除欝單越。理亦通之，菩薩遍在，一切處修，皆悉能爲相好因故。四、就身分別。小乘中説，男女[一〇]身修。龍樹通[一一]不能男等亦能修習。五、就具分別。小乘中説，唯在意修，不通身口。此之一義，龍樹不破。理通三業，一切禮拜讚嘆等善，皆悉能爲相好因故。六、就識分別。小乘宣説，意識中修。龍樹説通。七、多小分別。小乘中説，彼一一相，一思爲因，多思助成。龍樹宣説，於一一相，以無量思而以爲因。八、就時分別。小乘中説，佛出時修，餘時不修。龍樹宣説，一切時修。九、約位分別。小乘中説，菩薩度於三阿僧祇劫，别於百劫修相好業，極少九十一劫修習，如釋迦佛。龍樹宣説，從初發心，至佛恒修。十、約境分別。小乘中説，緣佛身修。龍樹説通。第十一門，次第分別。小乘法中，有人宣説，先修足下安平之相，要先足立，後能起餘。或有人説，先修如來紺青眼相，以此眼相慈視衆生，故先修之。龍樹破此，明修非次。上來第二，明相好因。

次第三門，明修所爲。理實齊通，隨義且分。

修習諸相，爲淨身器，攝受阿耨菩提淨法，如欲請王，先嚴舍宅，欲盛妙食，先嚴寶器，此亦如是，如《涅槃》說。此爲自利。修習諸好，爲攝衆生，令生愛敬，樂受所說。又《涅槃》說，世間衆生事八十神，佛爲攝取，是故修習八十種好。其八十神，如《涅槃經》十德中說。相好如是。

四一切種淨者，所謂身淨、心淨、境界淨、智淨，義如上解。

其十力者，從處非處乃至漏盡，義如上釋。今更依經略辨其相。

經說初力，有其九句：一者如來，樹人別德。如《地持》釋，言語所說，不乖於如，故名如來。二、是處非處，舉其力境。淨不淨果依差別因，故名是處。差別因違，名爲非處。三、如實智，出其力體。如《地持》釋，離增上慢智，非是不知妄稱智故。四者是力。辨力名義，如《地持》釋，於一切魔捨離得勝，名之爲力，自行力也。堪能一切利益衆生，名之爲力，化他力也。五者成就，簡果異因。如《地持》釋，修習攝受，隨欲自在，故名成就。修習攝受，力體成也。隨欲自在，力用成也。六者勝妙，彰其果圓。無上涅槃，名爲勝妙。七者安穩，顯其因熟。得八聖道，遠離一切惱亂恐怖，故名安穩。八、能轉梵輪。九、能師子吼。此二力用，化益善人，除惱得寂，名轉梵輪。摧伏邪衆，令捨異見，名師子吼。九中，前七是自安道，後二安他。

第二業力，經有七句：一、知三世業。二、知身口意三種之業。三、知四法受。有法現苦後樂，有法現樂後苦，有法現苦後苦，有法現樂後樂，如論廣辨，是四法受。四、知衆生數，爲造業人。五、知衆生及非衆生，造業境界。六、知業因。七、知業果。

定力有二：一、明如來於定自在，種種現化。二、知衆生定心有無，隨力教修。

知他衆生軟中上根，名爲根力。知他衆生軟中上欲，名爲欲力。知他衆生三乘性別及煩惱性種種不同，是名性力。知諸度門，教授衆生。及知衆生種種異見各有所至，名至處道。知過去世八種事、六種同行，名宿命力。八種事、六種同行，如前具辨。天眼力者，如來天眼，扶〔七二〕淨過人，見諸衆生好色惡色，又見衆生身口意等善不善行，身壞命終，或生善道，或墮惡趣。漏盡力者，如來自漏悉已斷盡，具一切德，亦知衆生有盡不盡，隨宜教授。十力如是。

四無畏者，謂一切智，乃至能説盡苦之道，義如上解。三念處者，如來長念我法最勝，然於受者及不受者不起惱心。衆有三種，一者正衆，二者邪衆，三非正非邪。於此三衆，以正念心，而無增減，名三念處。三不護者，佛過永盡身口意業，不須防護，名三不護。言大悲者，四無量心，總名大悲。不忘法者，如來於彼身口意等，所可作事，常念不忘，名不忘法。斷諸習者，如來動止、觀瞻、言説，離於一切煩惱所起相似餘習，名斷諸習。一切種妙智者，佛知三法：一、義饒益，是其善法。二、非義饒益，是不善法。三、非義非非義，是無記法。不同前二，故云非義非非義也。於此三中，知惡、無記，名一切種智。知於善法，名爲妙智。此二合説，爲一切種〔七三〕智矣。百四十法，相别如是。

次第二門，明其作業。此不共法，於十方界利益衆生，有十種業：一、欲令衆生，信心清淨，受丈夫身，起諸相好。二、一切所作，無礙自在，起四一切種淨。三、爲益衆生，斷一切疑，起佛十力。四、爲開如來一切知見，答一切問，伏諸邪論，建立正義，起四無畏。五、如來智慧，調伏衆生，隨諸衆生，於正法中若住不住，不起惱心，起三念處。六、一切所作無有過失，起三不護。七、常以佛眼觀察世間，起大悲心。八、於衆生一切所作皆已作故，起不忘法。九、如來所行，隨順於如，無有餘過，起斷諸習。十、不善無記，一切遠離，於諸善法，分别顯示，故起一切種妙智。作業如是。

次第三門，對彼十八不共之法，共相收攝。十八不共，如上廣辨。彼十八中，三業無失，三業隨慧，百四十中三不護收。無異想者，於諸衆生住平等心，無怨親想，百四十中三念處攝。無不定心，百四十中定力所收。無不知已捨，百四十中不忘法攝。智慧無減，知見無減，了達三世，百四十中一切種妙智攝。解脱無減，百四十中斷諸習攝。彼十八中，欲、念、精進三種無減，百四十中略而不論。百四十中三十二相、八十種好、四一切種淨、十力、四無畏、大悲，於彼十八不共法中隱而不彰。佛德無量，隱顯互舉，不可具責。一百四十不共佛法，辨之略爾。

大乘義章卷第二十末終

右二十六軸，所讐校之原本者，古寫三本，校合之善本也。曾延享二年歡喜庵，得東都增上寺山内洞譽團海藏本，而令義鏡沙彌模寫矣。近天明之初，明善寺補天，將仁和寺及與東大寺兩本更參校是非，較量同異，法顯所藏者是也。景寬政九年丁巳春起毫，未盡三軸，應二三子需，講《無量壽觀經》《序分》講了，復續於秃筆。又夏六月，於下總西念寺講正信偈，秋於自坊續講定善十三觀。今年戊午春，朝讀散善九品，夕講淨土和讚及《毗婆沙·易行品》，以故不得一事校讐。同年臘月上旬第九日，謄寫之功畢。愧多於三冢點讀之謬矣，冀後見者善揀擇，爲是正焉。

東都前光圓寺五乘院釋寶景識

校勘記

〔一〕「以」，底本原校疑前脱「應」字。

〔二〕「故」，底本原校云一本後有「曰」字。

〔三〕「何」，校本校勘記疑後脱「脚」字。

〔四〕「離」，底本原校疑後脱「心」字。

〔五〕「陰」，底本後衍「五」字，據底本原校及校本删。

〔六〕「道」，底本原校疑前脱「之」字。

〔七〕「種」，底本原校疑後有脱文。

〔八〕「婆」，底本原校云一本無，校本無。

〔九〕「如來」，底本原校疑衍，下一「如來」二字同。

〔一〇〕「佛」，底本脱，據底本原校及校本補。底本原校疑後脱「力」字。

〔一一〕「乘」，底本原校疑爲「無」。

〔一二〕「相」，底本原校疑衍。

〔一三〕「種」，底本原校疑衍。

〔一四〕「等」，底本原校云一本無。

〔一五〕「亦」，底本原校疑後脱「知」字。

〔一六〕「善」，底本脱，據校本補。

〔一七〕「自」，底本原校云一本作「因」。

〔一八〕「智慧」，底本原校云一本作「習惡」。

〔一九〕「因」，底本原校疑爲「同」。

〔二〇〕「白」，底本原校云一本無。

〔二一〕「相」，底本原校疑衍。

〔二二〕「智諦」，底本原校云一本作「智所行道法即法智通略無身通及天耳通何故如是智」，校本校勘記云一本作「諦所行道法即法智通略無身通及天耳通何故如是智」。

〔二三〕「道」，底本原校云一本作「通」。

〔二四〕「而」，底本原校疑爲「向」。

〔二五〕「九」，底本原校疑後脱「力」字。

〔二六〕「九」，底本原校疑爲「力」。

〔二七〕「二」，校本校勘記云一本無。

〔二八〕「事」，底本原校云一本無。

〔二九〕「知」，底本原校云一本作「如」。

〔三〇〕「脱」，底本原校云一本作「説」。

〔三一〕「是」，底本原校云一本後有「其」字。

〔三二〕「次」，底本原校云一本無。

〔三三〕「故」，底本原校疑衍，校本無。

〔三四〕「息」，底本原校云一本無。

〔三五〕「心」，底本原校疑爲「定」。

〔三六〕「爲心」，校本校勘記云甲本無。

〔三七〕「住」，底本原校云一本作「任」。

〔三八〕「撫」，底本原校疑爲「捨」，校本無。

〔三九〕「緣」，底本原校云一本無。

〔四〇〕「名」，底本原校云一本前有「識」字。

〔四一〕「涅槃云爾」，底本原校疑衍。

〔四二〕「去」，底本原校疑衍。

〔四三〕「之」，底本原校疑後脱「智」字，校本校勘記云甲本後有「行」字。

〔四四〕「欲」，底本原校疑前脱「一」字。

〔四五〕「染」，底本原校疑爲「深」。

〔四六〕「悲」，底本原校疑衍。

〔四七〕「德」，底本原校云一本無。

〔四八〕「又」，底本原校疑後脱「復」字，校本校勘記云一本後有「佛」字。

〔四九〕「白」，校本校勘記云甲本作「自」。

〔五〇〕「一」，底本原校疑後脱「者」字。

〔五一〕「滿」，底本原校疑爲「内」。

〔五二〕「佛」，底本原校疑衍。

〔五三〕「是」，校本校勘記云甲本作「足」。

〔五四〕「報」，底本原校疑衍。

〔五五〕「又」，底本原校疑爲「人」。

〔五六〕「無」，底本原校疑後脱「不」字。

〔五七〕「於」，底本原校疑爲「捨」。

〔五八〕「膗」，校本校勘記云甲本作「臚」，下二「膗」字同。

〔五九〕「腸」，底本原校云一本作「腹」。

〔六〇〕「十」，底本原校云一本後有「八」字。

〔六一〕「地」，底本原校云一本無。

〔六二〕「具」，底本原校疑後有脱字。

〔六三〕「失」，底本原校疑爲「共」。

〔六四〕「客」，底本原校疑爲「害」。

〔六五〕「轉身」，底本原校疑爲「展轉」。

〔六六〕「財」，底本原校云論作「時」。

〔六七〕「尋」，底本原校云論前有「一」字。

〔六八〕「彼」，校本校勘記疑爲「得」，又云甲本作「得彼」。

〔六九〕「膔指」，底本原校云論無。

〔七〇〕「女」，底本原校疑衍。

〔七一〕「通」，底本原校疑前脱「説」字。

〔七二〕「扶」，底本原校云論作「狀」。

〔七三〕「種」，校本校勘記云甲本後有「妙」字。

（孫少飛、常崢嶸整理）